Das Buch

Gleich drei Religionen haben der Stad[...]
Heilige« gegeben. Die Gläubigen jeder [...]
religonen betrachten Jerusalem als Ort, [...]
net hat. So erheben sie Anspruch auf diese Stadt und wehren sich mit
aller Kraft und allen Mitteln gegen Ansprüche Andersgläubiger. Der
jüdische Gott des »Alten Bundes« verdrängte einst Baalskult und
Mondgötter, um dann selbst in Frage gestellt zu werden durch den
Glauben an den Gott des »Neuen Bundes«. Juden und Christen mußten
schließlich gemeinsam, wenn auch in feindliche Lager getrennt, den
Ansturm des Islam erleben, dessen Gläubige überzeugt sind, daß ihr
Prophet hier seine Offenbarung empfing. So wurde die viertausendjäh-
rige Geschichte der Stadt zu einer Abfolge von Gewalt, Krieg, Bürgerkrieg, Belagerung, von Teilung und Wiedervereinigung – und gleichzeitig Ort der Hoffnung auf eine Zukunft in Frieden. Gerhard Konzelmann, einer der hervorragendsten Kenner des gesamten Nahost-Rau-
mes, schildert die Ereignisse von der ersten urkundlichen Erwähnung
Jerusalems bis in die Gegenwart. Er gibt eine Fülle von Fakten und
Details und verknüpft diese durch erklärende Verbindungen zu einem
differenzierten Gemälde der Stadt, auf dem deutlich erkennbar wird,
daß jede der beteiligten Parteien einen Teil der Wahrheit und des
Rechts für sich beanspruchen kann. Dadurch wird das Buch zu einem
unentbehrlichen Führer für jeden, der sich ein fundiertes Bild von den
Auseinandersetzungen um diese Stadt machen will.

Der Autor

Gerhard Konzelmann, 1932 in Stuttgart geboren, studierte an den Uni-
versitäten Tübingen und Besançon. 1956 begann er mit der Arbeit für
den Hörfunk, 1957 für das Fernsehen. Von 1968 bis 1985 war er Ara-
bien-Korrespondent der ARD und ständiger Kommentator für Nahost-
fragen. Seitdem ist er Chefkorrespondent des Südfunk-Fernsehens. Bekannt wurde er durch seine zahlreichen Reportagen und Kommentare
sowie durch viele Bücher, darunter u. a.: ›Mohammed. Allahs Prophet
und Feldherr‹ (1980), ›Die islamische Herausforderung‹ (1980), ›Der
Nil. Heiliger Strom unter Sonnenbarke, Kreuz und Halbmond‹ (1982),
›Der unheilige Krieg‹ (1985), ›Allahs neues Weltreich‹ (1986), ›Der
Diwan des Harun Al Rashid‹ (1987), ›Der Jordan‹ (1988), ›Die großen
Kalifen‹ (1988), ›Allahs Schwert. Der Aufbruch der Schiiten‹ (1989).

Gerhard Konzelmann
n Deutschen Taschenbuch Verlag erschienen:
Nil (10432)
unheilige Krieg (10846)
islamische Herausforderung (10873)

Vom Autor erweiterte Ausgabe
Mit einem Nachwort zur Taschenbuchausgabe
1. Auflage April 1987
Deutscher Taschenbuch Verlag GmbH & Co. KG,
München
© 1984 Hoffmann und Campe Verlag, Hamburg
ISBN 3-455-08660-8
Umschlaggestaltung: Celestino Piatti
Umschlagfoto: Werner Neumeister, München
Gesamtherstellung: C. H. Beck'sche Buchdruckerei,
Nördlingen
Printed in Germany · ISBN 3-423-10738-3
4 5 6 7 8 9 · 95 94 93 92 91 90

Gerhard Konzelmann:
Jerusalem
4000 Jahre Kampf um eine heilige Stadt

Deutscher
Taschenbuch
Verlag

Inhalt

Die Stadt des Hasses und des Leids

Ein Vormittag in der Altstadt von Jerusalem. Auf der engen Straße El-Waad, dem Talweg, gehen zwei Männer in Richtung Damaskustor. Sie geben sich schon durch ihre Kleidung als strenggläubige Juden zu erkennen: Sie tragen pelzverbrämte Hüte, aus denen Schläfenlocken herunterhängen; sie sind bekleidet mit schwarzen, seidenen Röcken und Seidenstrümpfen. Die beiden gehen vorbei an Läden, in denen arabische Händler und Handwerker sitzen. Vor einem Geschäft hängen T-Shirts mit der Aufschrift: »Join the Army, travel a lot, meet nice people, kill them all.« (»Tritt in die Armee ein, reise mit ihr, triff nette Leute und bringe sie alle um!«) Eine bittere Anspielung auf den Verlauf des Libanonkrieges im Sommer des Jahres 1982. Erfunden wurde sie von kriegsmüden israelischen Jugendlichen; die Araber aber griffen die Worte als Anklage auf.

Unbekümmert gehen die beiden Juden durch die Gasse, in der ihnen niemand wohlgesinnt ist. Ihre Schritte werden jedoch langsamer, als sie sich der Einmündung der Via Dolorosa nähern. Junge Burschen haben sich dort zusammengerottet, ein Dutzend vielleicht: Moslems, die eine Chance wittern, die beiden Juden zu demütigen. Die ersten Steine fliegen durch die Luft. Vor der Gefahr weichen die beiden zurück und gehen wieder den Talweg hinunter zur Klagemauer. Niemand registriert das Geschehen als besonderen Vorfall. Es wiederholt sich Tag für Tag.

Aus alter Zeit wird erzählt: »Gott hat einst nach Erschaffung der Erde und des Himmels alle Schönheit und allen Glanz seiner Schöpfung in zehn gleiche Teile aufgespalten. Neun Teile der Schönheit und des Glanzes gab Gott der Stadt Jerusalem, und nur einen Teil gab er der restlichen Welt. Gleichermaßen wurden alles Leid und alle Trauer von Gott in zehn Teile aufgespalten. Neun Teile Leid und Trauer gab der Schöpfer an Jerusalem und nur einen einzigen Teil der übrigen Welt.« Diese Erzählung aus dem Talmud vergißt, daß Gott auch neun von zehn Teilen des Hasses und der Unversöhnlichkeit in der Welt an Jerusalem vergeben hat.

Haß und Unversöhnlichkeit, Leid und Trauer sind mit dem urewigen

Konflikt verbunden, der wie ein Fluch an Jerusalem haftet – und der doch mehr als jede andere Auseinandersetzung und auch mehr als jede andere geistige Entwicklung zur Heilsgeschichte der Menschheit beigetragen hat. Über Jahrtausende erlosch dieser Konflikt nicht, und er wird in Jahrtausenden nicht erlöschen. Eher ist damit zu rechnen, daß irgendwann in dieser Stadt wieder ein Mensch anderen sagt, er höre die Offenbarung Gottes. Viele werden ihm folgen; die Mehrheit aber wird ihn bekämpfen. In Jerusalem wiederholt sich die Geschichte.

Gläubige betrachten die Stadt als Ort, den ihr Gott besonders gesegnet hat. Sie erheben Anspruch auf Jerusalem und wehren sich mit aller Kraft, mit guter und böser Erfindungsgabe, gegen Ansprüche anderer gläubiger Menschen und anderer Götter. Der Gott des alttestamentlichen Bundes mit dem jüdischen Volk verdrängte durch die Begeisterung seiner Anhänger Baalskult und Mondgötter und wurde selbst in Frage gestellt durch den Glauben an den Gott des Neuen Testaments. Juden und Christen mußten schließlich gemeinsam, wenn auch in feindliche Lager getrennt, den Ansturm des Islam erleben, dessen Gläubige überzeugt sind, Gott habe ihren Propheten zum letzten und absolut gültigen Wissen um die Ordnung zwischen Himmel und Erde inspiriert.

Hatten die Christen zur Zeit der Kreuzzüge Jerusalem ganz und unbedingt für sich beansprucht, so ist ihr Wille, in der Stadt auch politisch präsent zu sein, inzwischen völlig vergangen – das irdische Jerusalem ist in der Vorstellung der Christen aller Konfessionen durch ein imaginäres Himmlisches Jerusalem ersetzt worden. Das Ausscheiden der Anhänger Christi hat die Konkurrenz im Kampf um die Macht auf zwei Parteien beschränkt. Unversöhnlich stehen sich heute Moslems und Juden gegenüber. Beide Gruppen glauben, historische und religiöse Rechte zu besitzen.

Schlomo Goren, Erster unter den Rabbis in Israel, sagt: »Jerusalem ist unser Körper. Jerusalem ist unser Verstand. Jerusalem ist unsere Seele!« Er meint, die Stadt sei die Essenz des Judentums, sei das Gefäß, in dem sich jüdisches Wesen bewahre. Lebt ein Jude fern der Heiligen Stadt, so spricht er zum Passahfest die Formel: »Nächstes Jahr in Jerusalem«, um daran zu erinnern, daß seine eigentliche Heimat jene Stadt in den Bergen Judäas sei. Lebt er in der Stadt, so sagt er: »Nächstes Jahr im wiedererstandenen Jerusalem« – und er denkt an den Tempel der Juden, der, nach seinem Glauben, einst neu erstehen wird.

In unserer Zeit aber besitzen Moslems die Schlüssel zu den Toren des Geländes, auf dem jener Tempel einst stand. Fünfmal am Tag, jeweils zur Stunde der islamischen Gebete, schließen sie Juden und Christen aus. Für den Moslem ist die viereckig gestaltete Terrasse im Südosten der Stadt, die den Felsendom umgibt, »Haram asch-Scharif«, das Erhabene Heiligtum. Die Überlieferung, die Worte des Propheten Mohammed bewahrt, nennt den Vorzug dieses Platzes: »Ein Gebet am Heiligtum von Jerusalem wiegt tausend Gebete an anderen Orten auf.« Und der frühe islamische Schriftsteller Mohammed al-Muqaddesi machte die Prophezeiung: »Zwar haben Mekka und Medina ihre Bedeutung, die eine Stadt durch die Kaaba, die andere durch den Propheten Mohammed, und trotzdem werden Mekka und Medina am Tag des Jüngsten Gerichts nach Jerusalem zum Felsendom kommen, und der Glanz von allen wird vereint sein.«

Der jahrtausendealte Konflikt konzentriert sich auf diese markante viereckige Fläche von 420 Metern Länge und 300 Metern Breite im Südosten von Jerusalem, auf die Terrasse des Heiligen Bezirks, von der aus in unserer Zeit die Goldkuppel des islamischen Felsendoms strahlt. Eine Kette blutigen Geschehens ist die Geschichte dieses Platzes – bis in die Gegenwart.

Am frühen Ostersonntagmorgen des Jahres 1982 fallen Schüsse auf der freien Fläche direkt vor dem Felsendom. Der Schütze, ein bärtiger junger Mann in israelischer Armeeuniform, ist den schmalen Weg von der Klagemauer heraufgekommen. Rennend schießt er auf Menschengruppen, die sich vor dem Heiligtum aufhalten. Er benützt dazu die Standardwaffe der israelischen Armee, das Gewehr M-16. Als die Schüsse zu hören sind, als Verwundete zusammenbrechen, da packt Panik Hunderte von Frauen, Männern und Kindern. Sie stürzen, von Todesangst getrieben, auf die Ausgänge zu. Immer wieder peitscht ein Schuß über den Platz. Sonst ist nur das Gekreisch und Schreien der Flüchtenden zu hören. Ungehindert ist der junge Mann inzwischen in den Felsendom eingedrungen. Er schießt durch die Westtür nach draußen. Sein Ziel sind Männer, die palästinensische Kopftücher tragen. Die Geschosse treffen 41 Menschen. Einer stirbt sofort.

Keiner der Moslems ist bewaffnet; keiner kann sich wehren. Doch Minuten nach Beginn der Schießerei schleichen sich im Schutz der Bäume im Süden des Felsendoms Soldaten einer israelischen Spezialeinheit an das Gebäude heran. Bei der Überquerung der freien Fläche, die Baumbestand und Felsendom trennt, schießen auch sie. Ihre Salven schlagen in die Außenmauer des Heiligtums ein. Auch die Soldaten treffen Menschen, Männer und Frauen, die, vom Schreck gelähmt, auf dem Boden knien. Ohne selbst unter Feuer zu geraten, erreichen die Soldaten den Felsendom. Durch das südliche Tor stürmen sie hinein. Ein Schuß ins Bein macht den bärtigen jungen Mann kampfunfähig.

Identifiziert wird er als Israeli amerikanischer Herkunft: Alan Harry

Goodman lebt seit 1976 in Israel, ohne beruflich Fuß fassen zu können. Zum Zeitpunkt des Anschlags ist er Angehöriger der israelischen Streitkräfte. Mit gutem Grund bemüht sich das Verteidigungsministerium, deutlich zu machen, daß die Armee des Staates Israel nichts mit dem Vorfall zu tun hat. Sicher spricht das Ministerium die Wahrheit, doch kein Moslem in Jerusalem glaubt der Verlautbarung.

Alan Harry Goodman ist ein Einzeltäter, der im religiösen Wahnsinn gehandelt hat – die Moslems aber erinnern sich daran, daß schon einmal, im Jahre 1969, ein angeblich Verrückter dem islamischen Heiligtum Schaden zugefügt hat; damals ist die Al-Aqsa-Moschee in Brand gesteckt worden.

Daß zumindest einige, wenn auch ganz wenige Israelis dazu neigen, durch Gewalt die Kontrolle des Tempelbergs an sich zu reißen, beweisen die Drohungen, die dem Obersten Islamischen Rat von Jerusalem immer wieder zugehen. Zwei Wochen vor der Tat des Alan Harry Goodman hieß es in einem derartigen Schreiben: »Die Gläubigen vom Tempelberg haben den Entschluß gefaßt, den Felsendom und die Al-Aqsa-Moschee in die Luft zu sprengen.« Daß diese »Gläubigen vom Tempelberg« ihre Drohung eines Tages wahrmachen könnten, ist die Sorge der Moslems in Jerusalem.

Die Furcht richtet sich gegen die Ultra-Orthodoxen. Die Fanatiker machen sich an einem Montagabend im Juli des Jahres 1983 bemerkbar. 2000 Männer und Frauen aller Altersgruppen strömen am südwestlichen Eingang des Heiligen Bezirks zusammen. Ihre Plakate tragen Aufschriften wie: »Schluß mit den Ausgrabungen am Tempel! Keine Entweihung des Heiligtums!«

Wenige Tage zuvor hatten Archäologen damit begonnen, in den Bodenschichten vor den Umfassungsmauern der Tempelterrasse mit wissenschaftlicher Gründlichkeit frühe Kulturspuren zu suchen. Nach Meinung der Demonstranten entheiligen derartige Ausgrabungen aber den Tempelbereich: Die Zweitausend gehören zu Organisationen orthodoxer Juden, die Israel, den bestehenden Staat der Juden, ablehnen – mit der Begründung, Israel sei eine gottlose Vorwegnahme des Staates, dessen Aufbau allein Gott vorbehalten sei. Die orthodoxen Gläubigen sind überzeugt, der weltlich orientierte Staat Israel habe kein Verständnis für die Heiligkeit der Stadt Jerusalem und des Tempelbereichs; er opfere sie einer heillosen Wissenschaft, der Archäologie. Daß die Ausgrabungen der Erforschung der jüdischen Geschichte dienen, daß sie Beweise liefern für die historischen Wurzeln des jüdischen Volkes gerade in Jerusalem, ist den Orthodoxen gleichgültig. Für sie braucht der Beweis nicht erst erbracht zu werden, daß allein Juden das Recht haben, Jerusalem als ihr Eigentum zu betrachten.

Der Zorn der Zweitausend richtet sich besonders gegen den Archäologen Meir Ben-Dov, der auf der Suche nach Relikten aus der Epoche des Zweiten Tempels der Juden ist. In einer Bauhütte am Rand des Ausgrabungsfeldes liegen wohlgeordnet die Scherben einiger Krüge, die er aus den Trümmerresten des durch Titus vor 1900 Jahren zerstörten Heiligtums geborgen hat. Als die Demonstranten die Hütte anzünden, zerfallen die wertvollen Zeugnisse alter jüdischer Kultur in den Flammen. Stundenlang hallen noch Sprechchöre über das Grundstück, das den Archäologen zur Erkundung der Vergangenheit freigegeben worden war: »Laßt die Toten in Ruhe!« Die Orthodoxen glauben, rings um den Heiligen Bezirk seien die Gebeine der Vorväter bestattet.

Den Kern der Demonstranten bilden Mitglieder der Organisation »Neturei Karta«. Die beiden Worte sind der alten aramäischen Sprache entnommen und können mit »Wächter der Stadt« übersetzt werden. Ihren Sitz haben sie im Stadtteil Mea Schearim, in dem nur orthodoxe Juden leben. Von dort – aus dem Nordwesten der Stadt – sind die Demonstranten gekommen, dorthin kehren sie zurück.

Die Demonstration an jenem Montagabend hat der Polizei eine Überraschung gebracht: Die Demonstranten waren militärisch organisiert. In Abteilungen geordnet, folgten sie dem Befehl einzelner Kommandeure; und sie verwendeten, auf Befehl, eine wirkungsvolle Waffe: Sie schleuderten Flaschen mit kochendheißem Öl gegen die Polizisten, die der Protestversammlung ein Ende machen sollten.

Teddy Kollek, der Bürgermeister von Jerusalem, warf der Regierung Menachem Begin vor, sie hätte die Orthodoxen nicht genügend in die Schranken der Legalität verwiesen. Die Polizei sei nicht energisch genug gegen die Menge vorgegangen. Offenbar, so meinte Kollek, hegte die Regierung gewisse Sympathien für die Orthodoxen.

Menachem Begin war kein Anhänger der Ultra-Religiösen; er hielt fest an den Grundlagen des Staates Israel. Und doch imponierte er den Orthodoxen durch seinen Kampf um Ziele, die ihnen am Herzen liegen. Im Sommer 1980 ließ der Ministerpräsident durch das israelische Parlament ein Gesetz verabschieden, das den Ostteil von Jerusalem, vor allem die Altstadt und damit auch die umstrittene viereckige Fläche um den Felsendom, an die Weststadt angliederte. Gesamt-Jerusalem wurde zur »ewigen Hauptstadt« des Staates erklärt. Damit war nur ein Zustand legalisiert worden, der seit der israelischen Eroberung der Altstadt und des Felsendoms im Jahre 1967 bestand; bis dahin hatte diese Stadtgegend zu Jordanien gehört.

Schwerwiegender als dieser Knessetbeschluß war die Entscheidung des Ministerpräsidenten, sein Büro aus dem Regierungsviertel beim

Parlamentsgebäude im Westen von Jerusalem in den bisher arabischen Osten zu verlegen. Ein neuer Amtssitz sollte gebaut werden; dafür wurde Baugrund ausgesucht. Drei arabische Familien erhielten Räumungsbefehle, da ihre Häuser dem Neubau weichen mußten. So wurde aus einem schlichten Verwaltungsbeschluß ein Akt der Landnahme. Selbst in den USA wurden die Umzugsvorbereitungen als Phase im Prozeß der Enteignung islamisch-arabischen Besitzes gedeutet. Der Protest kam prompt.

Arye Dulzin, der Vorsitzende der Zionistischen Weltorganisation, die Israel in kritischen Zeiten bisher immer beistand, nannte den Entschluß des Ministerpräsidenten »eine sehr törichte Handlung«, die internationale Verwicklungen zur Folge haben werde. Die dreizehn Länder, die ihre diplomatischen Vertretungen zur Genugtuung der israelischen Regierung in Jerusalem angesiedelt hatten, sorgten für eine rasche Verlegung ihrer Missionen in die Küstenstadt Tel Aviv. Sie wollten damit zeigen, daß sie Begins Pläne für völkerrechtlich bedenklich hielten. Seit dem Weggang der dreizehn Botschafter befindet sich überhaupt kein Missionschef mehr in Jerusalem. So ist ein wichtiges Merkmal für den Status einer Hauptstadt verlorengegangen.

Der israelische Diplomat Walter Eytan, lange Jahre Chef des Außenministeriums, äußerte sich über die psychologischen Gründe, die den Ministerpräsidenten veranlaßten, in Ost-Jerusalem Fuß zu fassen: »Sein Büro gehört in die Nähe der Knesset und der Ministerien. Was hat es für einen Sinn, dieses Büro drei oder vier Kilometer weit wegzuverlegen? Das neue Büro kann von der Knesset aus nur über Verkehrsengpässe erreicht werden. In Wahrheit läßt der geplante Umzug Unsicherheit spüren. Das wirkliche Motiv ist die versteckte Furcht, daß wir Ost-Jerusalem doch wieder verlieren. Begin will durch seinen Umzug die Wahrscheinlichkeit des Verlustes verringern. Dies ist jedoch kaum eine realistische Politik.«

Der neue Amtssitz des Ministerpräsidenten ist gebaut worden: am Fuße des Skopusberges, nur einen Kilometer von der Klagemauer, dem Symbol der jüdischen Präsenz in Jerusalem, entfernt. Der Blick aus den Fenstern des bescheidenen Gebäudekomplexes geht über das Gelände, auf dem seit Jahrtausenden ein gnadenloser Kampf um die Stadt ausgetragen wurde. Jeder Eroberer, der ihre Mauern überwinden wollte, hat vom Skopusberg aus nach Schwachstellen in der Verteidigung gesucht. Wer auch immer in künftigen Jahren im Amtssitz in Ost-Jerusalem regiert, er wird vor allem dafür sorgen müssen, daß die Klagemauer den Juden nicht mehr entrissen wird.

Mit dem Gesicht zu den Quadern stehen täglich Tausende, nach Geschlechtern getrennt, an dieser Mauer, die allein übriggeblieben ist von der legendären Pracht des Tempels der Juden. Sie beten, und sie zeigen ihre Entschlossenheit, auf diesen letzten Rest des Tempels nie mehr zu verzichten. Unter den Betenden sind viele Soldaten zu sehen; sie lehnen ihr Schnellfeuergewehr ganz selbstverständlich an die Quader; sie sind in jedem Augenblick bereit, um die Klagemauer zu kämpfen. Wer unter den Gläubigen Gott besonders eindringlich um etwas bitten will, der schreibt die Bitte auf und steckt das Papier in eine Fuge der Quadermauer. Niemand außer Gott liest die Worte. So weiß auch niemand, wie viele Menschen um Frieden bitten – oder auch nur um eine schlichte Unterbrechung im ewigwährenden blutigen Geschehen.

Am Anfang war die Quelle

Aus ihr strömt Wasser zu allen Jahreszeiten, mit stetiger Schüttung, auch während der regenlosen Monate zwischen April und November. Die Gihonquelle fließt, wie sie vor nahezu sechs Jahrtausenden floß, als die später so gewaltige und packende Geschichte der Stadt Jerusalem bescheiden und glanzlos begann. Das Wasser der Gihonquelle versiegte nie. Jerusalem hätte in seiner politischen und wirtschaftlichen Blütezeit der Jahre des kühnen David und des weisen Salomo nicht bestehen können ohne diesen beständigen Brunnen im Kidrontal. Jerusalem wäre nie entstanden ohne die Gihonquelle.

Sie befindet sich weit außerhalb des Gebiets, auf dem die heutige Stadt gebaut ist. Ihr Wasser tritt dort ans Tageslicht, wo der Abhang des südöstlichsten Randes von Jerusalem und der Fuß des Ölbergs im Tal zusammentreffen. Dürftig ist die Vegetation des Kidrontals: Auf steinigem Grund wachsen Sträucher und anspruchslose Baumarten; mit Gras bedeckt ist der braune Boden nur während der Wochen des Frühjahrs, wenn manchmal Regenwolken über dem Tal hängen.

Niedere Gebäude drängen sich in Gruppen zusammen. Schilder weisen die wenigen Touristen, die hierher kommen, auf Getränkeausschank und Andenkenverkauf hin. Die Menschen, die hier leben und arbeiten, haben sich bis vor wenigen Jahren noch aus der Quelle versorgt. Frauen und Kinder sind die hohen, steilen und feuchtglitschigen Treppenstufen in die Felshöhle der Quelle hinuntergestiegen, um Krüge, Kannen und Wannen zu füllen.

Ein Gitter verschließt heute die Höhle. Niemand soll hier Wasser holen können. Es sieht zwar klar aus, doch es ist leicht verseucht durch Sickerflüssigkeit aus Abortgruben der Hütten und Häuser, die auf den hochgelegenen Terrassen des östlichen Hanges über dem Kidrontal stehen. Der Andenkenverkäufer weiß, wer den Schlüssel zum Gitter aufbewahrt. Bakschisch öffnet den Zugang in ein dunkles Loch. Unter der letzten Treppenstufe strömt das Wasser hervor, leicht schäumend. Es sammelt sich in einem Becken, das vor Urzeiten aus dem Fels geschlagen worden ist. Jenseits des Beckens verschwindet das Wasser in einem dunklen Tunnel.

Wer aus der Kühle der Höhle hinaustritt in die Hitze des Kidrontals, der macht Klimaerfahrungen, die zuvor schon Menschen aus unzähligen Generationen erlebt haben. Die Wege, die von der Quelle im Tal hinaufführen nach Jerusalem, sind staubig und mühsam zu begehen. Kein Haus ist hoch genug, um kühlen Schatten werfen zu können. Vom frühen Morgen bis zum Nachmittag treffen die Sonnenstrahlen mit ungebrochener Kraft den ausgetrockneten Hang. Niemand bleibt auf den Wegen stehen. Kein Kind spielt im Freien. Selbst Esel, die ihren Herrn zu tragen haben, bewegen sich eilig, um ein schattiges Ziel zu erreichen.

Um die Mittagszeit ist alles Leben vom Hang über dem Kidrontal geflohen. Während der Stunden des prallsten Sonnenscheins ist nur der Schrei der Hähne zu hören. Manchmal klirrt der Hammer eines Schmieds auf dem Amboß. Hin und wieder unterbricht die keifende Stimme einer Frau die Stille. Ein Mann antwortet ihr. Sekunden später plärren Kinder. Vielfältig wiederholen sich die wenigen Laute von selbst: Die Felsen und Hauswände an den Hängen des Kidrontals werfen ein eigenartiges Echo zurück. Dieser in der Stille der Mittagszeit seltsam berührende Effekt muß schon in uralter Zeit zu hören gewesen sein. Das Echo wird Salomo begleitet haben, als er sich hinunter begab zur Gihonquelle, um zum König gesalbt zu werden.

Eindrucksvoll ist der Kontrast zwischen der Öde des Vororts und der Lebendigkeit der Jerusalemer Altstadt und des Heiligen Bezirks um Klagemauer, Felsendom und Al-Aqsa-Moschee. Wer durch die Altstadt gewandert ist, wer herunterblickt von den Mauern des Heiligen Bezirks auf den Abhang zum Kidrontal, dem fällt die Einsicht schwer, daß dort unten, in der Öde, einst der Ort war, den König David zu seiner Hauptstadt erwählt hatte. Einer falschen Fährte sind die Historiker gefolgt, die glaubten, die Paläste und das Grab Davids weit im Nordwesten von der Gihonquelle, innerhalb des ummauerten Gebiets von Jerusalem suchen zu müssen. Nur zögernd nimmt der Besucher die Erkenntnis auf, daß er sich hinter der Stadtmauer in einem neueren Teil Jerusalems befindet, den nichts verbindet mit der glanzvollen Epoche der Könige David und Salomo. Wer ihrer Zeit nachspüren will, der muß sich hinausbegeben auf den heißen Hang, der soll hinunterwandern zur Gihonquelle.

Funde zeigen, daß bereits im vierten Jahrtausend v. Chr. Menschen im Bereich des Brunnens im Kidrontal gelebt haben. Bei Grabungen südlich der Gihonquelle, wo die Archäologen Begräbnisstätten aus einer sehr frühen Siedlungsperiode vermuteten, kamen Keramikscherben zum Vorschein: Bruchstücke von Tontöpfen aus den Anfängen der Bronzezeit.

Die Töpfer und die Benutzer der Tongefäße – die ersten Siedler am Brunnen im Kidrontal – haben wohl in Höhlen gewohnt, in Zelten aus Tierfellen, in einfachen Hütten aus Laub und Stroh. Gelebt haben sie vom Fleisch der Tiere ihrer Herden. Irgendwann im ersten Drittel des dritten Jahrtausends v. Chr. müssen diese Herden im Kidrontal nicht mehr genügend Nahrung gefunden haben. Die Ergebnisse der archäologischen Arbeit lassen den Schluß zu, daß die Hirtenfamilien damals die Quelle im Bergland wieder verlassen haben. Aus zwei Dritteln des dritten Jahrtausends fehlt bisher der Nachweis menschlicher Kultur: Kein einziger Topfscherben aus jenen Jahrhunderten konnte entdeckt werden. Als Grund für die Wanderung der Hirten mag gelten, daß anderswo an der Ostküste des Mittelmeers die Lebensbedingungen leichter zu ertragen waren. Die Gihonquelle sprudelt zwar das ganze Jahr hindurch, doch liegt sie in einer wenig fruchtbaren Gegend.

Das Kidrontal gehört zur Gebirgsformation, die parallel zur Mittelmeerküste das Land auf heute libanesischem und israelischem Boden durchzieht. Der optische Eindruck dieser Gebirgsformation läßt an das Rückgrat eines Lebewesens denken: Wie das Rückgrat ist der Bergzug aufgeteilt in einzelne Segmente. Die Gebirgsformation bildet auf israelischem Gebiet die Wasserscheide zwischen Mittelmeer und Totem Meer. Heftige Regenfälle der Wintermonate haben in Jahrtausenden fruchtbare Erde weggespült und ins Tal geschwemmt. Nicht selten sind die Kammlagen der Berge um die Wintermitte schneebedeckt. Von Frost und Schneefall bleibt auch das Kidrontal nicht verschont. Verständlich ist, daß die Hirten hinunter in die Küstenebene gezogen sind – oder ins Jordantal, in die Gegend von Jericho. Das Rätsel, warum sie jedoch bereits mehr als ein Dutzend Generationen lang die Hänge um die Gihonquelle als ihre Heimat betrachtet hatten, ist nicht zu lösen.

Die Archäologen verwarfen die Vorstellung, Jerusalem gehöre zu den ältesten Städten der Menschheitsgeschichte. Die Stadt Jericho im fruchtbaren Jordantal war längst ummauert, als die Hänge um die Gihonquelle noch verlassen lagen. Im Westen, in der Küstenebene, waren die festen Städte Megiddo, Lachisch und Beth-Schean entstanden. Ihre Bewohner hatten Kontakt zur herrschenden Schicht im Nilland und mußten sich häufig deren Willen unterwerfen. Obgleich sich alle Stadtstaaten in abhängiger Position gegenüber Ägypten befanden, bewahrten sie untereinander ihre politische Selbständigkeit. Daß sie sogar gegeneinander stritten, beweisen die Reste der Verteidigungsanlagen, die durch Ausgrabungen freigelegt wurden: Die Mauern waren nicht hochgezogen worden, um die ägyptischen Herren aus den Städten fernzuhalten – sie hätten sich kaum schrecken lassen –, die Mauern dienten zum Schutz gegen die Nachbarn.

Die enge Bindung der Siedlungen des Landes an der Ostküste des Mittelmeers zum Reich am Nil galt auch für Zeiten der Bedrohung. Um das Jahr 2180 v. Chr. brachen asiatische Völker, deren Herkunft und Lebensart im dunkel bleibt, zum Mittelmeer durch. Da Zeugnisse für ihre Kultur fehlen, stellen sich diese Völker den Historikern als Vernichter der Ordnung dar: Auf ihrem Weg zerstörten sie die Städte. Die Menschen des Gebiets zwischen Jordan und Meer und die Bewohner des unteren Niltals wurden Opfer dieser Invasion – ihr gemeinsamer Widerstand hatte wenig bewirkt.

Gerade in dieser Zeit der Not der Städte entdeckten die Menschen des Küstenlandes die Vorteile der Berge. An der Gihonquelle weideten wieder Herden. Die Hirten haben Spuren hinterlassen: Splitter von Tonkrügen, die einst in Grabstätten am Ölberg neben die Toten gelegt worden waren. Die Untersuchung der Keramikfunde ergab, daß im Kidrontal um das Jahr 2000 Menschen gewohnt haben. Mehr ist nicht zu sagen über den Neubeginn der Siedlung, aus der später Jerusalem werden sollte.

Beachtet wurden die Einsiedler im kargen Bergland zunächst nicht. Das für uns heute noch historisch greifbare Geschehen ereignete sich in den bereits bestehenden Städten, die nach den Jahren der Wirren wiederaufgebaut worden waren – meist als befestigte Plätze. Ägypten galt nach Überwindung der Schwächeperiode, die durch den Einfall der Fremden ausgelöst worden war, als Beschützer der Städte. Sie hatten für diesen Schutz Tribut zu bezahlen.

Lange dauerte die Periode der Stabilität allerdings nicht. Mit dem 18. Jahrhundert v. Chr. begann eine Zeit bitterer Überraschung und schlimmer Erfahrung für das Land am Nil. Das rätselhafte, aggressive Volk der Hyksos entthronte die angestammten Herrscher, vernichtete Traditionen und ägyptische Kultur.

Ägypten konnte vorerst nicht mehr als Ordnungsmacht am Ostufer des Mittelmeers wirken. Die Konsequenz war, daß die unabhängigen Stadtstaaten, bisher durch die starke Hand der Ägypter zu Wohlverhalten gezwungen, einander argwöhnisch beobachteten. Wer Macht besaß in einer Stadt, der fürchtete die Mächtigen der Nachbarstadt, der war überzeugt, ein Überfall stehe nahe bevor. Um ihren Herrschaftsbereich zu sichern, verstärkten die Stadtherren ihre Festungsbauwerke und sorgten für die Bewaffnung ihrer Männer.

Dennoch entwickelte sich Handel zwischen den Städten. Pfade und Wege entstanden als Verbindung der Handelsplätze. Diese Entwicklung betraf nun allerdings die Bewohner des Kidrontals. Sie mußten bemerken, daß ihr Weideplatz um die Gihonquelle ganz nahe am Kreuzungspunkt zweier wichtiger Wege lag: der Handelsstraßen Jericho–Mittelmeerküste und Hebron–Sichem. Am Brunnen bei der Kreuzung erfrischten sich Lastträger und Reittiere. Die Siedlung in den Bergen war nicht mehr abgelegen.

Die Hirten, die ihre Höhlen und Hütten im Tal allmählich verlassen hatten und sich oben am Westhang des Kidrontals Häuser aus Stein und aus Lehmziegeln bauten, folgten dem Beispiel der Bewohner von Jericho und Hebron: Vorsichtig geworden, schützten sie sich durch Mauern. Die schlichte Siedlung verwandelte sich in eine befestigte Stadt.

Die Vorsorge war berechtigt, denn Gefahr drohte keineswegs nur von einzelnen bewaffneten Haufen, die entlang der Wege plünderten. Von Osten her – aus Regionen, die heute als östliches Syrien bezeichnet werden – drängten Nomadenstämme über die Berge ins Küstenland. Da diese Menschen nie seßhaft gewesen waren, wußten sie mit der städtischen Kultur im Land zwischen Jordan und Mittelmeer nichts anzufangen: Sie zertrümmerten die Städte. Anzunehmen ist, daß auch die noch junge Stadt am Westhang des Kidrontals diesem Schicksal nicht entging. Die Archäologen haben allerdings bei Ausgrabungen in den Schutthalden des Hangs keinerlei Spuren einer sehr frühen Zerstörung entdecken können.

Nachdem sich der Sturm des Nomadeneinbruchs gelegt hatte, wurden die Häuser in den Städten wiederaufgebaut; die Mauern wurden höher und breiter als zuvor. Überreste der Festungsbauwerke, die damals auf dem Westhang des Kidrontals entstanden, sind heute noch zu sehen.

Sechs Jahre lang, von 1961 bis zum Junikrieg 1967, hat sich die englische Archäologin Kathleen M. Kenyon bemüht, im Boden des westlichen Hangs über dem Kidrontal verbliebene Teile der frühen Stadtbefestigungen von Jerusalem aufzuspüren. Sie war überzeugt, daß Grabungen in unmittelbarer Nähe der Gihonquelle erfolgreich sein würden. Ganz offensichtlich war der Brunnen in der sonst trockenen Landschaft von lebenswichtiger Bedeutung für die Stadt gewesen. Die Bewohner hatten daran denken müssen, ihren Zugang zum Wasser zu schützen. Mauern hatten hier eine doppelte Funktion: Sie hatten den Feind von der Stadt abzuhalten und vor allem von dem Ort, der die Bewohner mit Wasser versorgte. Ein hoher Grad der Wahrscheinlichkeit sprach für die Theorie der Archäologin, daß Reste der frühen Stadtmauer nahe an der Quelle zu suchen seien.

Etwa 45 Meter oberhalb der Gihonquelle befindet sich die noch recht stabile Basis eines Festungsturms, dem der englische Forscher Macalister in den zwanziger Jahren unseres Jahrhunderts die völlig falsche Bezeichnung »Davidsturm« gegeben hat. Macalister hatte geglaubt,

David hätte den Turm bauen lassen, und unter Salomos Herrschaft sei die Anlage ergänzt worden. Eine gründliche Betrachtung der behauenen Steine und der Art, wie sie zusammengefügt sind, ergab dann allerdings, daß der Turm in weit späterer Zeit, in den Jahren der Makkabäerherrschaft, errichtet worden ist. In der senkrechten Fallinie zwischen diesem Turm und der Gihonquelle trieb Kathleen M. Kenyon ihre Grabung voran.

Die Engländerin brauchte nicht lange zu warten, bis sie die Bestätigung ihrer Theorie von der Verbindung zwischen früher Mauer und Quelle fand: Schon im ersten Jahr legten die Arbeiter eine Aufschichtung grober Steine frei, die als Stadtmauer aus dem 18. Jahrhundert v. Chr. identifiziert werden konnte. Der Fels des Hangs bildet das Fundament der Mauer. Es mußte solide sein, denn immerhin fällt der Hang an dieser Stelle mit einer Neigung von 45 Grad ab.

Von der Gihonquelle ist diese Stadtmauer etwa 25 Meter entfernt. Der Brunnen lag außerhalb des Walls. Der Grund dafür ist einzusehen: Eine Mauer auf dem Boden der Talsohle hätte wenig Schutz geboten; sie hätte vom Osthang des Kidrontals aus leicht bedroht werden können. Ein Einbeziehen der Wasserversorgung in das sichere Stadtgebiet war zu diesem Zeitpunkt nicht möglich gewesen.

Beim Brunnen hat heute ein Weg seinen Ausgangspunkt. Er verläuft quer über den Hang in die Höhe. Anzunehmen ist, daß an derselben Stelle einst der Weg war, auf dem Frauen und Kinder ihre Wasserkrüge in die befestigte Stadt trugen. Sie waren wohl durch ein Tor gegangen. Diese Vermutung liegt nahe, obgleich Kathleen M. Kenyon keine Spur einer Öffnung in der Mauer hat finden können.

Die Schneise, die von den Arbeitern der Archäologin in den Hang bergab gegraben wurde, brachte wichtige Einsichten über das Aussehen der frühen Stadt an der Gihonquelle zutage: Die Häuser standen auf Terrassen, die künstlich angelegt worden waren. Mauern bildeten die Grundlage der Terrassen, Mauern, die Füllmaterial – Sand, Erde, Steine – zu halten vermochten. Vom Außenwall an, oberhalb der Gihonquelle, bis hinauf zum Scheitelpunkt des Hangs zogen sich die Terrassen hin. Auf ihnen standen Häuser, aus Lehmziegeln gebaut, einstöckig, mit meist nur einem Innenraum. Die Türhöhlung war offen. Die Feuerstelle lag vor dem Haus.

Die Idee, die Gebäude der Stadt am Westhang des Kidrontals auf Terrassen zu stellen, erscheint aus heutiger Sicht unter den gegebenen topographischen Verhältnissen als Selbstverständlichkeit. Für die Menschen jener Jahrhunderte, die wir in unserer historischen Sicht die Späte Bronzezeit nennen, aber ist diese Idee als baugeschichtliche Revolution zu bezeichnen. Bis dahin waren die Hütten auf engen, halbwegs ebenen Felsplateaus oder auf mäßig geneigten Hangstellen aufgemauert worden. Höhlen waren sicher meist leichter zu schaffen gewesen als ummauerter Wohnraum auf schiefem Grund. Die Aufschüttung von Terrassen erlaubte den Bau größerer, eher geräumiger Häuser. Für die Stadt war ein Mehrfaches an benutzbarem Boden, an Siedlungsraum gewonnen. Die Zahl der Menschen in der Stadt konnte wachsen. Im durch den Wall geschützten Gebiet am Hang fanden schließlich etwa 2500 Menschen Platz zum Wohnen.

Der archäologischen Forschung ist es gelungen, den weiteren Verlauf der Stadtmauer der ersten festen Siedlung einigermaßen zu verfolgen. Der Osthang des Kidrontals ist Teil eines Hügels, dessen westliche Seite ebenfalls wieder in ein Tal abfällt, das den Namen Tyropoion trägt. Die Westmauer der Siedlung ist offenbar nur wenig westlich des Hügelkammes errichtet worden; die nördliche Begrenzung liegt etwa 150 Meter von der heutigen Südmauer des Heiligen Bezirks entfernt. Das Ausmaß der Fläche in der ummauerten Stadt ist für Begriffe unserer Zeit gering: Die Länge, in Nord-Süd-Richtung gemessen, beträgt rund 300 Meter, die Breite etwa 75 Meter.

Der Hügel, auf dem die frühe Stadt entstanden ist, wird überragt von benachbarten Erhebungen: von der Ölbergkette jenseits des Kidrontals und vom Plateau, auf dem heute das Zentrum von Jerusalem steht. Die Platzwahl mutet seltsam an für Menschen der damaligen Zeit, die aus Sicherheitsgründen stets die höchsten Stellen einer Landschaft für ihre Siedlungen bevorzugten. Verständlich ist die Entscheidung, die Stadt auf dem niedrigen Hügel zu bauen, allein durch die Nähe der Gihonquelle.

Diese Entscheidung für den Platz in Brunnennähe bedeutete Verzicht auf geeignetes Bauland, und dieser Nachteil sollte ausgeglichen werden durch systematische Terrassierung des vorhandenen Bodens. Damit entstanden allerdings neue Probleme. Die Gesteinsmassen der gemauerten Terrassenteile kamen unter dem Druck von Sand und Erde, die hinter ihnen aufgeschüttet waren, leicht ins Rutschen. Löste sich eine Terrasse von ihrer Felsbasis, glitt sie samt den auf ihr gebauten Lehmhäusern als Lawine von Steinen, Sand und Erde auf die nächste Terrasse. Sicher war der Baugrund in der jungen Stadt nie.

Gefahr brachten vor allem die heftigen Winterregen, die Auswaschungen bewirkten, das Fundamentwerk der Terrassen freispülten, unterhöhlten und zum Einsturz brachten. Die Grabungen der Archäologen legten die Schuttlawinen frei, die einst ins Tal geglitten sind. Zu vermuten ist, daß die Bewohner der Stadt immer damit beschäftigt waren, Terrassenfundamente zu reparieren.

Den Winterregen, der so bedeutenden Schaden auslöste, für die

Bewohner nutzbar zu machen, war kaum möglich. Das Wasser konnte nicht gespeichert werden. Die Technik des Zisternenbaus war noch recht unvollkommen: Man hatte noch kein Material zur Abdichtung von Fugen bei aus Stein gemauerten Wasserbecken gefunden. Lehm war zwar geeignet, Steine an der freien Luft dicht miteinander zu verbinden, doch dieses Material hatte die unangenehme Eigenschaft, sich in Wasser zu lösen. Keine Zisterne, die nicht aus einer Höhlung im massiven Fels bestand, hielt Wasser länger als einige Tage zurück. So mußten die Bewohner zusehen, wie an den vielen regnerischen Wintertagen Sturzbäche hinunter ins Tal schossen, deren Wasser, wäre es gespeichert worden, über die trockenen Monate im Frühling, Sommer und Herbst die Versorgung hätte sichern können.

Fast eintausend Jahre lang blieb die Stadt am Westhang des Kidrontals angewiesen auf das Wasser der Gihonquelle. Die Schüttung des Brunnens reichte auch an heißen Tagen für die rund 2 500 Bewohner aus. Aber der Transport des Wassers war eine Plage: In Tonkrügen mußte es hinaufgetragen werden in die Stadt. Zwischen der Gihonquelle und den höhergelegenen Häusern war eine Steigung von 60 Metern zu überwinden.

In friedlichen Zeiten mochte die Mühe des Wassertransports zu ertragen sein. Doch Jahre ohne kriegerische Auseinandersetzung waren selten. Die Stadt mußte sich gegen Bedrohung schützen. Sie hatte mit Belagerung zu rechnen. Dagegen aber war sie schlecht gerüstet, denn sie bezog ihr gesamtes Wasser aus dem Brunnen, der vor der Mauer lag. Daß jeder Feind versuchte, den Weg von der Gihonquelle hinauf in die Stadt abzuschneiden, war taktische Selbstverständlichkeit. Besonders zur heißen Jahreszeit konnte eine belagerte Stadt, deren Wasserversorgung unterbunden war und die über keine gefüllten Reservoirs verfügte, kaum eine Woche lang gehalten werden. Es ist also anzunehmen, daß die Stadt bittere Erfahrungen zu machen hatte.

Ruhe fanden die Bewohner der Ostküste des Mittelmeers immer dann, wenn die Städte von Ägypten aus ohne Kompromiß an ihre Abhängigkeit erinnert wurden. Die Herren des Nillandes regierten das tributpflichtige Gebiet nicht durch Militärgouverneure, sondern durch Einflußnahme bei der Wahl der Stadtoberhäupter. Nur wer mit ihnen kooperierte, durfte Regent in einer bedeutenden Siedlung sein. Sobald die Stadt an der Gihonquelle ein befestigter Platz geworden war, wurde sie auch am Nil zur Kenntnis genommen. Daß Verbindung bestand zu Ägypten, wiesen die Archäologen nach. Bei der Öffnung eines Grabes aus der Späten Bronzezeit, das zur Nekropole, zur uralten Begräbnisstätte, am Ölberg gehörte, wurde ein Skarabäus entdeckt, der aus der Zeit des Pharao Thutmosis III. stammt. Dieser Pharao hatte im Jahre

1468 v. Chr. bei Megiddo eine Schlacht gegen ein aus Osten eindringendes Volk gewonnen. Mit Thutmosis III. war der glücksbringende Stein ins Land gekommen. Dieser Skarabäus war dem Verstorbenen zu Lebzeiten offenbar wichtig, wenn nicht sogar heilig gewesen.

Als der Wunsch der ägyptischen Herrscher, weitab vom Nil Einfluß auszuüben, zu erlöschen begann, da besannen sich die regionalen Machthaber im Land zwischen Mittelmeer und Jordan auf ihre Eigeninteressen. Im 14. Jahrhundert v. Chr. setzte ein Prozeß der Stärkung des eigenen Machtbereichs ein. Kultureller und politischer Umsturz in Ägypten begünstigte die Entwicklung zur Eigenständigkeit der Stadtstaaten. Echnatons Verdammung der alten Götter des Nillandes und die Einsetzung des Sonnengottes lösten Wirren am Nil aus. Der Streit um die Frage, welche Götter wirklich die Welt regieren, lähmte alle expansionistischen Tendenzen: Solange Ägypten von Religionsreformen erschüttert wurde, konnten die tributpflichtigen Regenten an der Ostküste des Mittelmeers ihre Abhängigkeit vergessen.

Jerusalem, das nicht zu den starken Stadtstaaten zählte, wurde ein Opfer dieser Entwicklung. Aus dem 14. Jahrhundert v. Chr. ist eine Tontafel erhalten, deren Schriftzeichen den Pharao der Treue der Stadt versichern und ihn um militärische Hilfe bitten. Diese Tontafel ist vor allem deshalb wichtig, weil sie zum erstenmal in vorhandenem historischem Material der Siedlung an der Gihonquelle einen deutlich lesbaren Namen gibt: Urusalim. Umstritten sind Entzifferungen auf Dokumenten noch früherer Zeit: Möglich ist, daß eine Tontafel aus dem 19. Jahrhundert mit dem Stadtnamen Ruschalimum beschriftet ist.

Über die Entwicklung des Namens sagt der israelische Forscher B. Mazar: »Das frühe hebräische Wort hieß ohne Zweifel Jeruschalem. Es ist eine Zusammensetzung der westsemitischen Sprachelemente ›jrw‹ und ›schlm‹ und kann mit ›Gründung des Gottes Schalem‹ übersetzt werden.« Der Name Jeruschalem ist in der ägyptischen Lesart Urusalim erkennbar.

Die Stadt war am Nil bekannt, doch die Mächtigen dort kümmerten sich nicht – oder nur wenig – um sie. Dieser Mangel an Interesse der Großmacht brachte Jerusalem in Gefahr: Der Herr der Nachbarstadt Sichem – er nannte sich König Labaja – ließ spüren, daß er die Siedlung an der Gihonquelle seinem Staat eingliedern wollte. Die Stadt Sichem lag im Norden; ihr Einfluß reichte bis in die Ebene von Jesreel.

In Jerusalem bestimmte damals Abdi-Hepa, was zu geschehen hatte. Da er sich über die militärische Schwäche seiner Stadt offenbar im klaren war, versuchte er, seine Position durch ein Bündnis zu verbessern. Er fand Unterstützung bei den Regierenden von Hebron, Akko und Megiddo.

König Labaja, der die Gefahr der Einkreisung seiner Stadt Sichem aus Nord und Süd erkannte, bat die Stadt Geser um Hilfe, deren Bewaffnete von Westen her Jerusalem bedrohen konnten. Ein Gleichgewicht der Kräfte war hergestellt, die Gefahr des Krieges gebannt. Da starb König Labaja von Sichem. Der Mann, der Lust gehabt hatte, Jerusalem zu annektieren, war tot. Die Bewohner der Stadt am Westhang des Kidrontals begannen gerade aufzuatmen, als sie ein neuer Schlag traf: Der König von Hebron verließ die Allianz mit Abdi-Hepa von Jerusalem und bot seine Unterstützung den Söhnen des toten Labaja an. Nun war das Gleichgewicht der Kräfte zerstört. Jerusalem sah sich von drei Seiten eingekreist: Im Norden drohte der Einmarsch der Truppen von Sichem; von Westen her war der Druck der Stadt Geser spürbar; im Süden bereiteten sich die Herren von Hebron vor, die Verteidigung von Jerusalem zu überrennen.

Hatte es in der Stadt an der Gihonquelle bis dahin wenigstens noch eine kleine Einheit Bewaffneter gegeben, die dem Pharao unterstand, so sah Jerusalem jetzt plötzlich sich selbst überlassen: Als die Kriegsgefahr wieder wuchs, waren die Kämpfer abgezogen worden. Aus der Klage des Abdi-Hepa ist zu schließen, daß der Abmarsch des Verbands in Richtung der sicheren Stadt Gaza auf Order des Oberkommandos am Nil erfolgt ist. Abdi-Hepa schrieb nach Ägypten: »Ich bitte den König, für sein Land zu sorgen. Der König möge bedacht sein, daß die Stadt, die Tribut an ihn zahlt, durch Truppen geschützt werden muß. Wenn die Truppen nicht in diesem Jahr noch zurückkommen, dann geht der Besitz meines Herrn verloren. Ich bitte darum, meinem Herrn die Lage nicht so darzustellen, als sei jetzt schon alles verloren. Dies ist nur der Fall, wenn keine Truppen kommen. Dann bitte ich meinen Herrn, er möge einen Beauftragten schicken, der mich ablöst und der mich zu meinem Herrn holt, damit ich bei ihm sterben kann.«

Ob die Ägypter oder ob Wunder Abdi-Hepa gerettet haben, läßt sich nicht mehr feststellen. Sicher ist allein, daß der Abzug der Truppen, die aus dem Nilland gekommen waren, nur eine vorübergehende Maßnahme als Resultat innenpolitischer Schwierigkeiten Ägyptens war. Pharao Ramses II. veranlaßte eine Wende ägyptischer Politik: Auf seinen Befehl marschierten wieder Heere durch die Sinai-Halbinsel zur Ostküste des Mittelmeers. Ägypten übernahm die Kontrolle des Gebiets bis zum Tal des Hundsflusses im Norden von Beirut. Ramses II. rühmte sich, die Hethiter an der Ausdehnung ihrer Macht vom heute syrischen Küstengebiet aus bis in die Region südlich des Hundsflusses gehindert zu haben. Beide Mächte waren offenbar von dem Gedanken getrieben, ein Riesenreich zu schaffen – durch Einbeziehung fremder Länder und bisher unabhängiger Völker in ihren Staat.

Ramses II. konnte den entscheidenden Erfolg, der die Hethiter für immer geschwächt hätte, nie erringen. Er rühmte sich zwar zeitlebens großer Siege – Inschriften auf zahllosen Statuen und großflächige Propagandareliefs würdigten den Feldherrn –, doch er trotzte dem Gegner nur einen Waffenstillstand ab. In seiner Hauptstadt ließ sich verheimlichen, daß auf dem weit entfernten Schlachtfeld ein Kompromiß erstritten worden war; in der Nähe des Kampfplatzes aber wurde Ramses II. nicht als überragender Gestalter der politischen Ordnung angesehen. Obgleich die Kontrolle des Gebiets bis zum Hundsfluß in ihrer Hand lag, beeinflußten die Ägypter kaum die Entwicklung der Beziehungen zwischen den Stadtstaaten. Sie achteten darauf, daß Tribut bezahlt wurde, daß die Stadttore den durchziehenden Truppen offenstanden, den Regenten aber ließen sie freie Hand. Das Schicksal von Jerusalem war dem Pharao gleichgültig. Schließlich lag die Stadt nicht am strategisch wichtigen Durchgangsweg zum Konfliktgebiet, zur Front mit den Hethitern, sondern an einer Kreuzung von Gebirgsstraßen, die von den ägyptischen Truppen gemieden wurden.

Daß Jerusalem in jener Zeit an Bedeutung verlor, ist an der Schmälerung seines Territoriums zu erkennen. Nur wenige Kilometer nordwestlich der Stadt entstand eine völlig unabhängige Siedlung – auf Gelände, das ohne allen Zweifel bisher zu Jerusalem gehört hatte. Gibeon ist der Name des neuen Gemeinwesens, das keinerlei Neigung zeigte, auf Jerusalem Rücksicht zu nehmen. Niemand rief die Mächtigen in Gibeon zur Ordnung, als sie ein Bündnis mit den Herren von Kirjat Jearim schlossen. Diese Allianz war deutlich gegen Jerusalem gerichtet. Die bisherigen Untertanen der Stadt an der Gihonquelle wandten sich gegen die Muttergemeinde. Sie bereiteten sich auf den Krieg vor, doch die Schlacht wagten sie nicht.

Dichter wurde das Netz der Siedlungen, auch im Gebirge. Schließlich kamen noch fremde Großfamilien, die mit den bisherigen Bewohnern der Gegend nicht verwandt waren und eine Sprache redeten, die keiner verstand. Diese Sippen nahmen Boden an sich, der ihnen nicht gehörte. Sie bauten Häuser, gründeten Dörfer und Städte. Die ersten der Eindringlinge hatten sich noch vertreiben lassen, doch immer mehr drängten nach. Die Kraft der ursprünglichen Bewohner, sich zu wehren, erlahmte. Semitische Großfamilien fühlten sich bald als Herren weiter Gebiete.

Wir heutigen Beobachter des Geschehens von damals in der Weltgegend, die wir jetzt Libanon, Syrien, Jordanien und Israel nennen, machen uns die Betrachtung leicht durch Namen, die wir den Völkern geben. In unseren Geschichtsbüchern ist zu lesen, das Land sei von den Kanaanitern bewohnt gewesen, und eine dieser Sippen, Jebusiter genannt, habe in Jerusalem gelebt. Die Kanaaniter werden infolge unserer vereinfachenden Art der Etikettierung als politisch und völkisch in sich gefestigte Gruppe gesehen. Doch dieser Eindruck täuscht. Im Nahen Osten haben sich allein die Hebräer möglichst nur mit Menschen gleicher Abstammung zusammengeschlossen. Die anderen Völker waren weniger wählerisch: Sie sogen Sippen auf, wenn sich die Gelegenheit dazu durch Eroberung, durch Heirat der Sippen oder durch freiwillige Unterwerfung fremder Großfamilien bot. Die Kanaaniter waren nichts anderes als die Bewohner des Landes Kanaan – eine zusammengewürfelte Gruppe von Menschen, deren Vorfahren oder die selbst in das bislang dünn besiedelte Gebiet zwischen Mittelmeer und Jordan gewandert waren. Dieses Volk war ohne gemeinsames Ziel und ohne straffe Führung. Es besaß auch keinen einheitlichen Glauben.

Die »Jebusiter«, die in Jerusalem lebten, sind anders zu sehen. Wahrscheinlich gehörten die ersten ständigen Siedler zu einer Großfamilie, die das Nomadenleben aufgegeben hatte. Gemeinsam waren sie aus dem Tal bei der Gihonquelle auf das Terrain am Westhang des Kidrontals gezogen. Durch Geburt und Heirat, durch Zuzug von ausgewählten Familien vergrößerte sich die Zahl der Menschen. Geduldet wurde innerhalb der Mauern nur, wer zu den Stammbewohnern paßte. Außenseiter hatten draußen zu bleiben.

Trotz dieser Einheitlichkeit der Stadtgemeinde im Denken und Handeln für das gemeinsame Interesse der Bewohner dürfen auch die »Jebusiter« nicht als Gruppierung von Menschen gleicher Rassenzugehörigkeit gesehen werden. In Jerusalem waren immer wieder Fremde in die Einwohnerschaft eingegliedert worden: Fremde, die als Händler und Handwerker zugewandert und geblieben waren, weil ihnen die Stadt und ihre Menschen gefielen – und weil sie sich einpassen konnten. Sie gehörten zu Sippen, die sich im Verlauf der großen Zeitspanne von fast einem Jahrtausend nach und nach aus Gebieten, die den Bewohnern von Jerusalem völlig unbekannt waren, in Richtung Westen, zum Mittelmeer, auf den Weg gemacht hatten.

Waren die semitischen Familien als Nomaden auf langer und langsamer Wanderschaft von Osten gekommen, so drangen von Westen her, aus Ländern, die jenseits des Meeres lagen, ebenfalls kriegerische Gruppen zur Ostküste des Mittelmeers. Unorganisiert war auch ihre Einwanderung. Folgten die semitischen Nomaden ihren Herden, so ließen sich die Zuwanderer aus dem Westen von Winden treiben: Sie erreichten in Hunderten von Schiffen, ebenfalls nach und nach, die Küste, die heute dem Staat Israel gehört.

Die Bewohner von Jerusalem erlebten über Generationen hin die Steigerung der Gefahren, die durch Einwanderer drohten. Sowenig die politische Führung der Stadt die Länder kannte, aus denen die semitischen Familien kamen, sowenig hatten sie eine Vorstellung von der Heimat der kriegerischen Fremden, deren Schiffe an der Küste strandeten. Die Menschen in Jerusalem mußten aber geahnt haben, daß jede der beiden geheimnisvollen Familiengruppen – das moderne Wort »Clans« ist dafür zutreffend – das ganze Land und damit auch ihre Stadt erobern wollte. Streit um Jerusalem zeichnete sich ab. Damals, vor mehr als dreitausend Jahren, wurde bereits der Nahostkonflikt unserer Zeit programmiert.

Die Nomaden, die aus weit entfernten Ländern des Sonnenaufgangs kamen, nannten sich Habiru, manchmal Apiru, hebräisch 'ivri, das in unserer Sprache zu »Hebräer« geworden ist. Den angelandeten Seefahrern aus den Ländern des Sonnenuntergangs hat die Bibel die Bezeichnung pelischtim, auf deutsch »Philister«, gegeben. Man braucht nur wenig Sprachphantasie und Erfahrung im Erkennen von Sprachwurzeln, um zu entdecken, daß dieses Wort verwandt ist mit unserem Begriff »Palästinenser«. Hebräer und Palästinenser – zwei zugewanderte Völker stießen aufeinander.

Die Bewohner von Jerusalem hatten die bedrohliche Veränderung der Bevölkerungsstruktur in ihrem weiteren und engeren Lebensbereich mit Sorge registriert. Doch Angst um ihr Überleben hatte sie nicht gepackt. Sie waren überzeugt, daß die starken Mauern rings um ihre Siedlung den Feind abhalten würden. Auch bot, nach ihrer Meinung, der schwächste Punkt des Verteidigungssystems – die exponierte Lage der Gihonquelle – keinen Grund mehr zu ernsthaften Befürchtungen. Die militärischen Führer glaubten vorgesorgt zu haben, daß die Bewohner auch während einer gnadenlosen Belagerung Wasser aus dem Brunnen im Kidrontal schöpfen konnten.

Welchen Einfall zur Sicherung der Versorgung die für Verteidigungsstrategie zuständigen Männer in Jerusalem irgendwann im Verlauf der zweiten Hälfte des zweiten Jahrtausends v. Chr. gehabt hatten, entdeckte ein englischer Offizier im Jahre 1867. Lieutenant Charles Warren war im Februar jenes Jahres im Auftrag des Palestine Exploration Fund – einer privaten Organisation zur Erforschung der den Christen heiligen Stätten – nach Jerusalem gekommen, um Ausgrabungen durchzuführen. Er hatte sich eigentlich um die Durchforschung des Bodens unter der Altstadt zu kümmern, da seine Auftraggeber und die mit ihnen befreundeten Historiker der Auffassung waren, dort allein seien die Erinnerungen an die Stadt Davids zu finden. Der türkische Gouverneur, der Vertreter des osmanischen Sultans, aber sah ungern, daß ein christlicher Offizier in der islamischen Stadt die Pflasterung der Straßen und Plätze aufriß. Lieutenant Warren hatte für die Vorbehalte des Gouverneurs Verständnis: »Ich glaube, der Dekan von Westminster wäre auch nur wenig begeistert, wenn ein türkischer Pionieroffizier auf dem Gelände der Westminsterabtei Löcher in den Boden graben wollte.« Durch kluges, diplomatisches Taktieren erhielt Warren schließlich die Genehmigung, außerhalb der Altstadt und des Heiligen Bezirks tiefe Schächte graben zu lassen: Der Lieutenant wollte erforschen, welche Kulturschichten unterhalb der heutigen Oberfläche der Stadt zu finden sind.

Der Pionieroffizier folgte jedoch nicht nur seinem eigentlichen Auftrag; aus beruflicher Neigung untersuchte er Pionierleistungen früherer Generationen – er betrachtete die Anlagen zur Wasserversorgung im Kidrontal mit besonderer Aufmerksamkeit. Direkt bei der Gihonquelle erkannte Charles Warren, daß in sehr früher Zeit Tunnels in den Fels geschlagen worden waren. Ein Durchbruch führte Wasser auf gleicher Ebene zum Siloahteich, der später in der Geschichte Jerusalems bedeutsam sein wird. Von diesem Durchbruch aus aber stieg schon nach wenigen Metern ein Schacht steil nach oben. Der Lieutenant konnte erkennen, daß dieser Schacht älter sein mußte als das wasserführende Tunnelsystem, das eben verlief. Die Vermutung lag nahe, die aufsteigende Röhre müsse von Bedeutung gewesen sein für die Geschichte der Stadt Jerusalem.

Zusammen mit einem britischen Unteroffizier wagte Lieutenant Warren den Einstieg. Der schwierigste Teil war wenige Meter von der Gihonquelle entfernt zu überwinden. Der steile Schacht bot wenig Halt für Hände und Füße. Stufen waren undeutlich zu erkennen. Die beiden Männer quälten sich mühsam nach oben: 13 Meter Höhenunterschied waren zu überwinden. Danach führte die Röhre in mäßiger Steigung weiter. Warren und der Unteroffizier konnten nirgends stehen oder aufrecht gehen. Sie bemerkten schließlich, daß die Stufen mit Geröll bedeckt waren. Vor Jahrhunderten oder gar Jahrtausenden mußte also der Tunnel durch den Fels besser begehbar gewesen sein. Nach 30 Metern mäßiger Steigung sah Warren ein aus Stein gemauertes Gewölbe vor sich, das wohl früher der obere Eingang der Röhre gewesen sein mußte. Der Lieutenant hielt dieses Gewölbe allerdings für äußerst unstabil; er machte sich, zusammen mit dem Unteroffizier, schleunigst auf den Rückweg.

Warren konnte den Schacht nicht weiter erforschen. Die Geldgeber des Palestine Exploration Fund hatten ihn nicht nach Jerusalem geschickt, um im abgelegenen Kidrontal unwichtige Schächte im Fels bei der Gihonquelle zu untersuchen. Doch war Warrens waghalsiges Kletterabenteuer nicht umsonst: Auf Grund der Veröffentlichungen des Lieutenants bemühte sich der Dominikanerpater Vincent, ein Archäologe von hohem Können aus der École Biblique et Archéologique de Saint-Etienne, im Jahr 1911 um die präzise Feststellung des Schachtverlaufs. Er bemerkte, daß vom Eingangsgewölbe aus eine zweite Röhre in die Tiefe führte, die jedoch nach etwa 15 Metern im Fels endet. Der Weiterbau dieses Schachts war abgebrochen worden; die Arbeiter hatten offenbar das überaus harte Gestein nicht bezwingen können. Sie machten einen zweiten Versuch – und hatten Glück. Sie stießen schon bald auf eine Gesteinsader, die brüchig war. Ihr entlang trieben sie die Röhre voran, auch wenn sie dabei eine Richtung einschlagen mußten, die nicht direkt auf die Gihonquelle zuführte. Allein der Umweg bot die Möglichkeit zum Erfolg, da sie nur dem weicheren Gestein mit ihren einfachen Werkzeugen beikommen konnten. Die Röhre verläuft zunächst in nordöstlicher Richtung, dann macht sie einen Knick nach Südosten, um schließlich auf einen Kanal zu stoßen, der Wasser von der Gihonquelle in ein Becken im Fels leitet.

Lieutenant Warren und Pater Vincent hatten eine Tunnelanlage zur Sicherung der Wasserversorgung der Stadt Jerusalem entdeckt. Im Falle der Belagerung konnten die Bewohner der Stadt unbehelligt am Becken im Fels ihre Tonkrüge füllen. Sie waren nicht länger in Gefahr, von den Belagerungstruppen erschlagen zu werden. Mühsam war der Weg in der Röhre, doch er war sicher.

Die englische Archäologin Kathleen M. Kenyon, die den Verlauf der Stadtmauer am Westhang des Kidrontals festgestellt hat, vertritt die Ansicht, daß der obere Eingang des Tunnelsystems innerhalb des von ihr entdeckten Walls liegt. Sie hat sich jedoch nicht durch Grabungen von der Richtigkeit ihrer Theorie überzeugen können. Fast fünf Meter dick ist die Geröllschicht, die auf dem gemauerten Gewölbe liegt. Sie besteht zum Teil aus dem Abräumschutt früherer Grabungen. Die Engländerin schloß 1967 ihre Arbeiten ab, ohne das Tunnelsystem ganz erforscht zu haben. Resignierend stellte sie fest: »Wenn einmal Archäologen kommen, die mehr Geld haben als wir, dann können sie die Berge von Schutt wegräumen lassen.«

Salem, El und der Gott Davids

Der Lieutenant, der Dominikanerpater und die Engländerin waren überzeugt, den Beweis geliefert zu haben für die Richtigkeit des Bibelberichts von der Eroberung der Stadt Jerusalem durch David. Erst ihre Forschungsarbeit hat gezeigt, wie der schwer zu deutende Text II Samuel 5,6–8 zu verstehen ist. Dort steht: »Und der König und seine Männer zogen nach Jerusalem gegen die Jebusiter, die im Lande wohnten. Die Jebusiter sprachen zu David: Du wirst hier nicht hereinkommen. Die Blinden und Lahmen werden dich verjagen. Das heißt: David wird nicht in die Stadt hineinkommen. David aber eroberte die Festung Zion, das ist die Stadt Davids. Und David sprach an diesem Tage: Derjenige, der als erster die Röhre hinaufsteigt und erschlägt die Jebusiter, der soll künftig Anführer und Hauptmann sein.«

Eine Ergänzung zu diesem Text findet sich in I Chronik 11,4–8: »Joab, der Sohn des Zeruja, stieg als erster hinauf und wurde Hauptmann.«

David hatte das Tunnelsystem zur Wasserversorgung gekannt und zur Eroberung der Stadt benützt. Aus den Bibelworten ist zu erkennen, daß die Bewohner von Jerusalem ihres Schutzes sehr sicher waren. Schon viele Belagerungen hatten sie überstanden – Belagerungen, die mit mächtigeren Truppenverbänden durchgeführt worden waren als diesmal. Sie sahen offenbar nur einen kleinen Heerhaufen vor der Mauer. Sie verhöhnten David: »Die Blinden und Lahmen werden dich verjagen.« Auf ihren Wall verließen sie sich und auf die Sicherheit der Wasserversorgung. Daß gerade die Röhre, die ihnen das Gefühl gab, dem Herausforderer draußen vor der Mauer lange trotzen zu können, Ursache einer Niederlage sein könnte – diese Sorge war ihnen fremd.

Die Gihonquelle im Kidrontal war der Kristallisationspunkt für den Anfang der Siedlung gewesen – die Gihonquelle öffnete König David den Weg in die Stadt, die er in sein Machtzentrum verwandeln wollte. Die Geschichte Jerusalems beginnt wirklich erst mit dem Ereignis der Eroberung durch David. Ohne diese Eroberung wäre der Stadtstaat schon bald untergegangen, erstickt an der eigenen Bedeutungslosigkeit. Die Erinnerung an Jerusalem wäre verblaßt. Megiddo, Jesreel, Sichem

– ihre Namen haben keinen Klang mehr. Jerusalem aber nimmt mehr denn je die Phantasie gefangen. Als Joab, der Sohn des Zeruja, durch die Röhre stieg, da öffnete er der Stadt das Tor in die Zukunft. Der Erfolg des Joab war aber auch ein Sieg des Gottes, dem sein König David gehorchte; Joabs Erfolg war die nicht mehr korrigierbare Niederlage der bisherigen Götter Jerusalems.

Der Name der Stadt wird mit »Gründung des Gottes Salem« übersetzt. Daß dieser Gott Salem in Jerusalem angebetet worden ist, bezeugt der Historiker Josephus Flavius, ein Mann jüdischer Abstammung, der im ersten Jahrhundert unserer Zeitrechnung die Anfänge der Stadt beschrieb. Der König, so schildert er, war zugleich der Erste Priester. Der Gottesdienst wurde in einem eigens für die Anbetung gebauten Haus gefeiert. Nach Ansicht des Josephus Flavius habe die Stadt zuerst Salem geheißen – nach dem Namen jenes Gottes, an den die Bewohner glaubten.

Der Glaube an den Gott Salem war nicht auf die kleine Stadt am Westhang des Kidrontals beschränkt; er war verbreitet im Gebiet der heutigen Staaten Syrien, Libanon und Israel. Als sein Symbol galt der Abendstern, der in den ersten Stunden der Dunkelheit zu sehen ist und auch auf dem Weg zum Totenreich strahlend leuchten soll. Der Gott Salem besaß im Glauben der Menschen von Jerusalem die höchste Macht im Totenreich. Er bestimmte, für wen sich das Tor zum Aufenthaltsort der Toten öffnete. Da Tod und Krieg eng miteinander verbunden sind, wurde in diesem Gott des Abendsterns die Kraft vermutet, die Kämpfer vor dem Tod zu schützen vermag. Das Bewußtsein der Gläubigen weitete die Schutzfunktion des Gottes aus auf das gesamte Gemeinwesen von Jerusalem: Salem bestimmte den Ausgang des Kampfes so, daß die Interessen der Bewohner gewahrt blieben. Allerdings mußte Salem auch häufig erst gewonnen werden, damit er im Sinne der Stadt wirkte. Opfer wurden ihm gebracht: In äußerster Gefahr, wenn der Fortbestand der Stadt nicht mehr gesichert erschien, wurden auch Kinder geopfert. Sie machten sich auf ins Totenreich, um Salem auf die Not seiner Gläubigen und seiner Stadt Jerusalem hinzuweisen. Wann diese ungeheure Maßnahme, Kinder der eigenen Stadt zu opfern – sie bedeutete Vernichtung künftiger Lebenskraft –, notwendig wurde, bestimmte der König. Er war der Oberste Priester.

In der Verbindung von Herrschertum und priesterlicher Gewalt war der König in sehr starker Position. Der Name »König« führt die Vorstellungskraft allerdings in die Irre; die Bezeichnung »Häuptling« trifft Funktion und Bedeutung dieses Mannes besser. Sein Machtbereich ist eng: Bis zur Eroberung durch David bleibt die Stadt beschränkt auf die Fläche von 300 Metern Länge und 75 Metern Breite. Die

Bevölkerungszahl wächst über 2500 nicht hinaus. Die Häuser sind nieder und ärmlich. Palast des Königs und Tempel des Gottes lassen sich nicht vergleichen mit Bauten, die im Nilland für irdische und überirdische Herrscher entstanden sind.

Aus der räumlichen und politischen Enge führt die Vorstellungskraft hinaus: Jerusalem war zwar die »Gründung des Gottes Salem«, die Stadt war ihm zugetan, doch die Bindung an Salem genügte nicht. Die Vorstellungskraft der Menschen sprengte den engen Rahmen. Die Bewohner fühlten sich mit Salem, dem Stadtgründer, verbunden, doch seine Macht genügte ihnen nicht. Salem hatte nur einen vergleichsweise bescheidenen Anteil an der Schöpfung der Welt, die sich offenbar weit in alle Himmelsrichtungen erstreckte; Salem war nicht der Erschaffer jener Gegenden, aus denen die Habiru und die Philister kamen. Für das gewaltige Werk der Schöpfung war wohl ein übermächtiger Gott zuständig. Die Menschen gaben ihm den Namen El: Er trennte Meer und Erde und spannte den Himmel über beide.

Im Glauben an El sind bereits Elemente der biblischen Schöpfungsgeschichte vorgeprägt. Die Bewohner von Jerusalem lebten schon in der Zeit vor der Eroberung durch David in der Überzeugung, das Meer stelle das Chaos dar. El aber habe das Meer zurückgetrieben, und aus dem Chaos sei die Erde und damit die Ordnung aufgestiegen. Einfach sei dieser Schöpfungsakt nicht gewesen; ein Kampf zwischen dem Chaos und El, dem Begründer der Ordnung, habe stattgefunden. Diese Glaubenslehre nimmt an, daß der Ausgang des Kampfes sogar höchst ungewiß gewesen sei. Das Meer habe die aufsteigende Erde nahezu wieder verschlungen; dem Chaos sei es sogar gelungen, die Berge ins Wanken zu bringen. Die Mächte des Chaos erlagen erst nach einer gewaltigen Anstrengung des Gottes El.

Gesagt werden muß, daß sich das Wissen um die Religion der Bewohner Jerusalems in den Jahrhunderten vor der Eroberung nicht auf Dokumente, auf Texte stützen kann. Ausgelöscht worden sind alle handgreiflichen Spuren früher Gottesanbetung: Kein Stein, keine Tonfigur ist uns geblieben, um Aufschluß zu geben. Alle Funde im Bereich der frühen Siedlung Jerusalem stammen aus späterer Zeit. Trotzdem beruht das geschilderte Wissen um die Glaubenswelt der Menschen am Hang über der Gihonquelle nicht auf Spekulation. Dr. Eckart Otto, Professor für Altes Testament und Biblische Archäologie an der Universität Hamburg, ist der Meinung, die Autoren des Alten Testaments hätten viele Elemente des Glaubens aus früher Zeit übernommen und in ihre Texte eingearbeitet. Einzelnen Textfragmenten der Bibel sei anzumerken, daß sie auf ältere Erzählungen zurückzuführen sind: Sie berichten häufig über Ereignisse aus der Stadtgeschichte, die weit zurückliegen. Solche Fragmente erlauben Rückschlüsse auf die Glaubensvorstellungen der Menschen, die noch nicht mit der Religion des Eroberers David unmittelbar in Berührung gekommen waren. Analysen der Textstellen lassen den Schluß zu, daß in Jerusalem ein allmächtiger Gott El angebetet wurde, dem allerdings andere Götter zur Seite standen.

Professor Eckart Otto findet die These hinreichend bewiesen, daß die Bewohner von Jerusalem den Hügel im Norden ihrer eigenen Stadt als Gottesberg erkannt haben, als Sitz des Gottes El. Sie sahen dort, wo sich heute der Heilige Bezirk befindet, das Zentrum der gewaltigen Schöpferkraft. Die logische Fortsetzung dieser Überzeugung ist der Glaube, daß dieser Hügel zuerst aus dem Chaos des Urmeeres emporgestiegen sei – von ihm aus habe der Schöpfer den Schöpfungsakt vollbracht. Seither sei der Hügel Berührungspunkt von Himmel und Erde; er sei folglich auch der Mittelpunkt der Erde, der gesamten Schöpfung, die dem Gott El zu verdanken sei.

So außergewöhnlich ist ein derartiges Glaubensgebäude nicht: Auch die Bewohner anderer Städte im östlichen Küstengebiet des Mittelmeers lebten zu dieser noch frühen Zeit der Menschheitsgeschichte in der Vorstellung, die Kraft, die alles geschaffen habe, lebe in ihrer unmittelbaren Nähe, sei in ihrer Stadt zu Hause. Das Alte Testament bewahrt die Erinnerung an einen Gottesberg bei der Stadt Sichem, an ein Heiligtum bei Bethel. In beiden Orten haben sich die Menschen viele Generationen lang daran geklammert, die räumliche Nachbarschaft zu Gott bringe ihnen Heil. Doch schließlich wurde der Glaube an ihr Heiligtum, an ihren Gottesberg, schwächer, während die Faszination des Hügels nördlich von Jerusalem binnen weniger Jahrzehnte, die auf die Eroberung durch David folgten, übermächtig wurde.

Lange gepflegte Gedanken verbanden sich mit den für viele Bewohner neuen Ideen der Sieger: Die ursprünglichen Glaubensvorstellungen wurden eins mit der Überzeugung, die David und sein Volk in die Stadt trugen, daß nur ein einziger Gott existiere; er sei der Schöpfer der Erde und der Lenker des Lebens. Überflüssig wurde der Gott Salem – und mit ihm andere Mächte des Himmels und des Totenreichs. Als Trugbilder erwiesen sich die Götter der anderen Städte. Aufgewertet wurde der Gott, der auf dem Hügel nördlich von Jerusalem zu finden war. David war gekommen, um die kleine Siedlung zu seiner Hauptstadt zu machen – so wurde El identisch mit dem Gott Davids.

Die Geschichte des Volkes der Habiru

Die Eroberung von Jerusalem bildet den Abschluß einer jahrhundertelangen Wanderung einer Sippe. Das Alte Testament berichtet im ersten der Bücher Mose vom Anfang dieser Wanderung: »Der Herr sprach zu Abram: Geh aus deinem Lande, verlaß deine Verwandtschaft, deines Vaters Haus, und zieh in ein Land, das ich dir zeigen will. Ich will dich zu einem großen Volk machen und dich segnen. Und durch dich sollen alle Völker der Erde Segen empfangen. Da zog Abram nach den Worten des Herrn aus, und Lot zog mit ihm. Abram war fünfundsiebzig Jahre alt, als er Haran verließ. Er nahm seine Frau Sarai und seinen Neffen Lot und alle Leute, die in Haran zu ihnen gehörten.«

Abram wird dieser Mann genannt, den Gott direkt ansprach. Der Name ist zu übersetzen mit »der erhabene Vater«. Abraham soll er erst später geheißen haben, »der Vater vieler Völker«. Nur die Bibel bewahrt die Erinnerung an den früheren Namen.

Abraham sei der erste Mensch gewesen, der die Stimme des gewaltigen Gottes gehört habe. Anzunehmen ist, daß die Erzählung des Ersten Mosesbuches nicht als mythologische Legende zu deuten ist, sondern als Darstellung einer Person, die wirklich gelebt hat. Die Geschichtsschreibung des 19. Jahrhunderts neigte dazu, die Schilderung vom Anfang des jüdischen Volkes als epische Dichtung anzusehen, der nur geringer historischer Wert beizumessen sei. Die Historiker von heute haben sich durch die Archäologen belehren lassen, daß die Begebenheiten, die im 11. und 12. Kapitel des Buches Genesis aufgeschrieben sind, eine wahre geschichtliche Basis besitzen.

In der Stadt Haran hat Abraham die Stimme Gottes gehört, doch dort, am Fluß Balich, im Grenzgebiet der heutigen Staaten Syrien und Türkei, hat die Wanderung nicht begonnen, sondern auf – in unserer Zeit – irakischem Gebiet, im einst wichtigen Siedlungszentrum Ur. Bedeutungslos ist jetzt dieser Platz; er trägt die Bezeichnung Tall al-Muqayyar. Zu finden ist er rund 300 Kilometer südostwärts von Baghdad, am Euphrat.

Die Ausgrabungen von Tall al-Muqayyar zeigen, daß sich eine uralte Stadt kilometerweit am Ufer des Flusses hinzog. Inschriften berichten vom Reichtum der Bewohner. Handelswege führten durch Ur, auf denen Waren aus Indien transportiert wurden. Das Handelszentrum Ur war auch ein politischer Mittelpunkt: Am Ende des dritten Jahrtausends v. Chr. – zwischen den Jahren 2060 und 1950 – war Ur die Hauptstadt der Dritten Dynastie sumerischer Herrscher. Mit dem Ende dieser Dynastie verlor Ur an politischer Bedeutung, blieb jedoch weiterhin eine Stadt reicher Händler.

In dieser wohlhabenden Gemeinde mitten im fruchtbaren Mesopotamien, in dem Hunger unbekannt war, wurde am Ende jener Dritten Dynastie eine Familie von Unruhe erfaßt. Der Älteste dieser Sippe hieß Terach. Abraham, mit Sara verheiratet, war Terachs Sohn. Der jüngste der Männer war Lot, der Sohn eines Bruders von Abraham. Warum diese Sippe nicht länger in Ur leben wollte, darüber schweigt der Bericht im Buch Genesis. Anzunehmen ist, daß Terach und Abraham in einen Konflikt mit den Priestern der in Ur vorherrschenden Religion geraten waren. Die Ergebnisse der archäologischen Forschung lassen auf eine Vielfalt von Göttern schließen; sie alle waren ausgestattet mit Heiligtümern, mit Tempeln. Ein Götterhaus aber muß besonders eindrucksvoll gewesen sein. Seine Überreste sind in Tall al-Muqayyar noch zu sehen. In diesem Haus wurde der Mondgott angebetet. Er wurde vom Herrscher verehrt und bekam damit die Funktion eines Staatsgottes.

Abraham, so berichtet das Alte Testament, hat die Stimme eines Gottes gehört, den er wohl nicht mit dem Mondgott gleichgesetzt hat. Er stellte sich seinen Gott gewaltig vor – und nicht mit menschlichen Charakterzügen behaftet. Die Götter der Städte im fruchtbaren Gebiet zwischen Mittelmeer und Zweistromland wurden von den ihnen zugewandten Gläubigen meist als Abbild der eigenen Existenz angesehen: Wie die Menschen waren die Götter rachsüchtig, neidisch, hinterhältig. So stellte sich auch der Mondgott nicht erhaben dar, sondern kleinlich.

Waren Abraham und sein Vater Terach von der Bedeutung ihres Gottes überzeugt, und schwiegen sie nicht über ihre Erkenntnis, dann wurden sie in Ur als Außenseiter betrachtet, als Männer, die sich nicht in die kultische Gemeinschaft einpassen wollten. Wer aber nicht dem Glauben des Herrschers anhing, dem wurde vorgeworfen, den Frieden in der Stadt zu stören.

Seltsam ist allerdings das Ziel der Wanderung. Die Sippe folgte der Handelsstraße, die von Ur aus nach Nordwesten führte, dem breiten Euphrat stromaufwärts entlang. Fast tausend Kilometer weit wanderte sie, bis sie den Ort fand, an dem sie sich niederlassen wollte. Haran war sein Name.

An Bedeutung konnte sich diese Stadt nicht mit Ur messen. Sie galt als Zwischenstation auf der Karawanenroute von Mesopotamien nach Syrien. Unbekannt war Haran den Bewohnern von Ur nicht; trotz der weiten Entfernung wurden Beziehungen gepflegt. Wahrscheinlich ist sogar, daß die Sippe aus Ur weitläufige Verwandte in Haran traf.

Als seltsam muß die Wahl des Ziels der Wanderung deshalb erscheinen, weil sich Abraham auch in Haran mit der Existenz des Mondgottes auseinandersetzen mußte. Wie in Ur stand auch in Haran der Turm dieses Gottes mitten in der Stadt. Die Bewohner waren überzeugt, er bestimme den Verlauf des Lebens und der Geschäfte. Unnahbar und kalt wie das Mondlicht, wechselhaft in seiner Erscheinung – so stellten sich die Gläubigen in Haran die Kraft vor, von der sie abhängig waren. Dieser Gott besaß keine Stimme. Abraham aber vernahm deutlich Worte seines Herrn.

Eine spätjüdische Legende schildert Streit in der Sippe: Abraham entdeckte, daß sein eigener Vater aus Ton Figuren formte, die den Mondgott darstellen sollten. Terach hatte die Absicht, den Gottesbildern eine Ecke seiner Hütte zu weihen. Er wollte in seiner Wohnung ein Heiligtum haben wie die Nachbarn, die den Staatsgott verehrten. Abraham aber, so wird berichtet, wollte nicht dulden, daß unter dem Dach, das seinen Lebensbereich schützte, ein Altar jenes stummen und kalten Gottes entstand, an den er nicht mehr glauben konnte, seit er die Stimme dessen gehört hatte, den er nun für allmächtig hielt. Abraham handelte schnell: Er zertrümmerte die Tonfiguren und zertrampelte die Scherben zu Staub.

Mit der Zerstörung der Götterbilder aber ist der Zorn des Abraham nicht verflogen – er schlägt seinen Vater. Als ungeheure, unverzeihliche Tat galt im Bewußtsein der Familien jener Zeit eine derartige Aggression gegen den Vater. Gegen den Ältesten der Sippe die Hand zu erheben, wagte niemand. Abrahams Empörung aber war derart übermächtig, daß er Sitte und Respekt vergaß. Gewalt war seine Reaktion auf den Wankelmut des Vaters, der resigniert hatte, der sich beugte vor der religiösen Tradition in Haran. Terach wollte sich nicht länger unterscheiden von anderen Sippenchefs in der Stadt. Beteten sie den Mondgott an, so geschah dies sicher mit gutem Grund. Lange genug war Terach abseits gestanden, wenn die Nachbarn ihren Glauben bekannten. In der Stadt zu bleiben war wohl sein Wunsch; die Wanderschaft sollte ein Ende haben. Terach war bereit, sich anzupassen. In Abrahams Geist aber war die Überzeugung von der Existenz des einen, alles umfassenden, des allmächtigen Gottes bereits derart stark geworden, daß er keinen anderen Gott mehr neben seinem Gott anerkennen konnte.

Die Legende von Abrahams offener Rebellion gegen religiöse Tradition und gegen den Vater gibt Grund genug an für den Entschluß, Haran zu verlassen und weiterzuziehen. Nachdem er die Götterbilder zertrümmert hatte, blieb ihm keine Wahl mehr: Er hatte sich aufgelehnt gegen die Ordnung der Stadt, die geprägt war von Demut vor dem Mondgott. Er mußte Haran verlassen. Die Stimme seines Gottes wies ihm die Richtung.

Der Vater aber, der sich entschlossen hatte zu bleiben, zog aus Haran nicht mehr fort. Er starb dort. Terach ist, nach dem Zeugnis des Alten Testaments, 205 Jahre alt geworden. Das Alter des Abraham gibt das Buch Genesis mit 75 Jahren an. Mit dem Tod des Vaters war Abraham Ältester der Sippe geworden.

In der Gewißheit, dem Auftrag des einzig wahren Gottes zu folgen, zwang Abraham die Familie zum Aufbruch. Alles, was sie an beweglichem Gut besaß, nahm sie mit. Die Familie, die nach dem langen Weg von Ur nach Haran begonnen hatte, seßhaft zu werden, mußte wieder ein Nomadenleben führen. Sie wanderte nach Süden. Die Geschwindigkeit der Wanderung wurde von den Tieren bestimmt, die mit den Menschen zogen. Langsam bewegte sich die Herde den Fluß Balich entlang und dann – in einer Wendung nach Westen – den Euphrat aufwärts.

Durch dieses Gebiet zog die Sippe des Abraham nicht als eine Gruppe von Fremden, die sich hüten mußte vor argwöhnischen Bewohnern der Gehöfte und Dörfer am Weg. Die Sippe war verwandt mit den Menschen, die in jener Gegend des großen Euphratbogens lebten.

Hinweise darauf lieferten die Archäologen; sie öffneten den Zugang für das Verständnis der Ereignisse um Abrahams Wanderung. Ihre Arbeit erst machte den hohen Wahrheitsgehalt der Bibelerzählung deutlich.

Vom Jahr 1933 an bemühte sich eine Gruppe französischer Archäologen um die systematische Durchforschung eines Hügels, der den Spezialisten auf syrischem Gebiet am rechten Euphratufer aufgefallen war. Tell Hariri wurde dieser Hügel genannt. Aus seiner Erscheinungsform schlossen die Forscher, daß seine Oberfläche Architekturreste aus einer frühen Zivilisationsperiode bergen mußte. Sie waren auf der Suche nach der legendären Ştadt Mari, die einst wohl das bedeutendste Siedlungszentrum am oberen Euphrat gewesen ist. Aus schriftlichen Zeugnissen war bekannt, daß Mari vom babylonischen König Hammurabi zerstört worden ist. Dieser König hatte von 1792 bis 1750 v. Chr. gelebt.

Selten sind Forscher mehr vom Glück gesegnet gewesen als diese Archäologengruppe aus Frankreich: Die Wissenschaftler fanden nicht nur Gebäudetrümmer, die zu einer umfangreichen Stadt gehörten – sie entdeckten in den Trümmern auch Beweise dafür, daß diese Stadt tatsächlich Mari geheißen hat. In Keilschrift war auf Tontafeln der Name vermerkt: als Absendeort von Befehlen und Meldungen. Insgesamt fanden die Franzosen 25 000 Tontafeln. Das gesamte Archiv des Königs Zimrilim, des letzten Königs von Mari, war über den riesigen Zeitraum von rund vier Jahrtausenden erhalten geblieben. Das Archiv war im Palast des Königs untergebracht gewesen.

Das gewaltige Ausmaß des Gebäudekomplexes wurde erst nach und nach sichtbar: 300 Räume umfaßte der Regierungssitz, in dessen Mauern einst die Politik am Euphrat bestimmt worden ist. Umfang und Art der politischen Arbeit am königlichen Hof konnten an Hand der Schriftdokumente festgestellt werden. Im Archiv wurden juristische und diplomatische Texte, dienstliche und private Mitteilungen gefunden.

Einige Tontafeln berichten davon, daß am oberen Euphratbogen damals Familien des Volkes der Habiru gelebt haben, jenes Volkes, dessen Name sich in unserer Sprache zum Begriff Hebräer entwickelt hat. Doch die Funde in den Überresten des Königspalastes von Mari brachten noch eine weitere Entdeckung ans Licht: Die Keilschrifttexte nennen nicht nur die »Habiru« beim Namen, sondern auch »Banu Jamina« (»das Volk, das auf der rechten Seite wohnt«) – »Benjamin«, ein Stammesname, der auch aus der späteren biblischen Geschichte bekannt ist. Die Menschen, die zu Banu Jamina und dem Volk Habiru gehörten, waren Nomaden. In Familiengruppen zogen sie durch das Land am Euphrat, auf der Suche nach Weideplätzen, die von niemand beansprucht wurden. Ob die anderen ein festes Ziel vor Augen hatten, wissen wir nicht, Abraham aber, so wird erzählt, wußte, wohin er mit seiner Sippe zu wandern hatte. Er folgte zunächst dem Flußlauf. Den direkten Weg nach Süden, in Richtung der Oase, an der später Palmyra entstand, schlug die Familie nicht ein; Rinder, Schafe und Menschen wären verdurstet auf dem wochenlangen Zug durch die Trockengebiete. Weit angenehmer für Mensch und Tier war der Weg auf die heutige Stadt Aleppo zu; an Wasserstellen war kein Mangel. Abrahams Sippe durchwanderte die Region des »Fruchtbaren Halbmonds«, die sich in einem gewaltigen Bogen vom Land zwischen Mittelmeer und Jordan über die Küste, die in unserer Zeit zu Syrien gehört, bis zum Unterlauf von Euphrat und Tigris spannt.

Wie ein Mann von der Art Abrahams ausgesehen hat, ist seit den Ausgrabungen von Mari bekannt. Die Altertumsforscher haben in den Palastruinen die Statue eines hochgewachsenen Hirten gefunden, der ein Lamm im Arm trägt. Kahlköpfig ist der Mann, doch vom Kinn bis zu den Ohren ist das Gesicht von einem Bart umrahmt, der auch die

Partie unter der Nase bedeckt. Kunstvoll gepflegt scheint dieser Bart zu sein. Doch nicht durch den Bart prägt sich das Gesicht uns ein, sondern durch den starken Ausdruck der Augen. Der handwerkliche Könner, der diese Statue geformt hat, wird zwar nicht auf Porträtähnlichkeit bedacht gewesen sein, doch die Augen hat er sicher mit Absicht betont. So gab er der Figur des Hirten die Ausstrahlung eines Sehers, eines Menschen, der die Gabe besaß, die überirdische Macht zu begreifen.

Obwohl wahrscheinlich ist, daß Abraham einer von vielen Sippenchefs war, die im Gebiet des Fruchtbaren Halbmonds nach Nahrung für sich, für die Familie und für die Herden suchten, ist bemerkenswert, wie direkt die Legenden des jüdischen Volkes die Existenz dieses Mannes mit dem Wirken des allmächtigen Gottes, dessen Stimme Abraham gehört hat, verbinden. Eine dieser Legenden erzählt: »Als Gott die Welt erschaffen hatte, da konnte sie nicht fest stehen, und sie wankte hin und her. Da fragte Gott die Welt: Warum schaukelst du so? Und die Welt sprach: Herr, ich kann nicht stabil stehen, weil ich keine Stütze habe. Da sprach Gott: Ich will dir einen Gerechten geben, Abraham mit Namen, der wird dir Stütze und Halt sein. So geschah es alsbald, und die Erde konnte fest stehen.«

Wahr ist, daß sich die Region, die wir Naher und Mittlerer Osten nennen, damals in einem Prozeß der Umwandlung befand. Der im assyrischen Staat führenden Schicht gelang die Befreiung von sumerischer Herrschaft. Das Gebiet der Assyrer erstreckte sich von beiden Tigrisufern nach Osten. Niniveh, gegenüber der modernen Stadt Mosul gelegen, wurde zum Mittelpunkt des wirtschaftlichen Lebens der fruchtbaren Zone an den beiden Urströmen Mesopotamiens. In Ruhe gelassen wurden die Assyrer jedoch nicht: Aus der syrischen Steppe drangen semitische Nomadenvölker ins Zweistromland ein – sie sicherten sich Boden, auf dem sie siedeln konnten. Einige dieser Sippen wanderten nach Westen, ins Land zwischen Mittelmeer und Jordan. Die Stämme aber, die nach Osten zogen, brachten den Glanz des Assyrischen Reiches zum Erlöschen. Nach Kämpfen, die über Generationen andauerten, stieg eine Person in den Wirren der Geschichte zu Macht und Glorie auf: König Hammurabi, der schließlich ganz Mesopotamien beherrschte. Die historischen Quellen lassen Hammurabi als Staatsmann erscheinen, der persönlich Anregungen gab für den Bau von Bewässerungsanlagen, der dafür sorgte, daß seine Ratschläge – und seine Befehle – auch beachtet wurden. Die Verbesserung der Wasserverteilung brachte dem Land Wohlstand. Hammurabi verhinderte, daß Reichtum Ungerechtigkeit wachsen ließ: Er schuf einen Gesetzeskodex, der das Leben der Menschen in ihrem privaten Bereich und in ihrer Beziehung zum Staat regelte.

Irgendwann in dieser Zeit des Wechsels zwischen Chaos und Stabilität in der Großregion zwischen Mittelmeer und Persisch-Arabischem Golf zog die Sippe des Abraham durch Steppe und durch fruchtbares Land nach Süden. Daß auch diese wandernde Menschengruppe in einen Wirbel von Krieg und Plünderung hineingerissen wurde, berichtet das Erste Buch Mose. Kleine Stadtstaaten am Toten Meer – Sodom und Gomorrha zählten dazu – wollten nicht länger Steuern an ähnliche, nur etwas mächtigere Kleinstaaten im Norden der Jordanquelle bezahlen. Zwölf Jahre lang, so besagt der Bibeltext, habe die Unterdrückung gedauert. Die Einstellung der Steuerzahlung löste allerdings eine harte Reaktion der Mächtigen in den Nordstädten aus: Ein Jahr lang warteten sie zu und bereiteten sich vor, dann aber ritten ihre Bewaffneten nach Süden und brachen in die ummauerten Siedlungen ein. Sodom und Gomorrha wurden ausgeraubt.

In Sodom aber wohnte zu jener Zeit Abrahams Neffe Lot. Der Onkel und der Neffe hatten sich in der Gegend ostwärts von Bethel getrennt, nachdem Streit ausgebrochen war zwischen den Knechten der beiden um Weideland. Abraham hatte vorgeschlagen, die Gütergemeinschaft der Sippe aufzulösen. Daraufhin war Lot mit einer großen Zahl an Tieren und mit seinen unmittelbaren Verwandten hinuntergezogen ins Jordantal. Die Stadt Sodom hatte die Teilsippe aufgenommen. Lot und die Seinen müssen zu den Reichen gezählt haben – sie wurden samt ihrem Eigentum von den plündernden Steuereintreibern als Beute mitgenommen.

Abraham aber habe, so berichtet das Erste Buch Mose, 318 Bewaffnete in seiner eigenen Familie mobilisieren können. Mit diesen Männern überfiel er am Oberlauf des Jordan die Plünderer von Sodom und Gomorrha, die nach Hause zurückkehren wollten. Abraham ließ in der Nacht angreifen – so gelang ihm die Überraschung. Seine Bewaffneten konnten Lot befreien.

Dieser militärische Erfolg führte zur ersten Berührung der Sippe des Abraham mit der Stadt Jerusalem, die damals den Namen Salem getragen haben mag. Der Herrscher von Salem ehrte Abraham. Das Alte Testament hat das Ereignis festgehalten: »Melchizedek aber, der König von Salem, ein Priester des höchsten Gottes, trug Brot und Wein aus der Stadt heraus und kam Abraham entgegen.« Die Begegnung endete mit Abrahams Unterwerfung: Er übergab dem Stadtoberhaupt ein Zehntel seines Eigentums. Damit hatte Abraham die Hoheitsrechte des Melchizedek anerkannt – er war aber auch zugleich, als Untertan, zum Aufenthalt in der Stadt berechtigt. Dieses Recht, in Salem zu wohnen, nahm Abraham nicht in Anspruch. Die Zeit war noch nicht gekommen für die enge Verbindung der Abrahamfamilie mit der Stadt am Hang oberhalb der Gihonquelle.

Jahre später wanderte er, als Hundertjähriger, noch einmal hinauf nach Jerusalem. Sein Gott hatte ihm einen furchtbaren Befehl erteilt: »Nimm deinen einzigen Sohn, den du lieb hast, den Isaak, und begib dich auf den Hügel Moria. Bringe ihn dort zum Brandopfer dar.« Abraham fügte sich dem Befehl. Drei Tage lang ritt er mit Isaak und einigen Knechten bergan. Dann sah Abraham den Hügel, der sich am Nordrand der Stadt Salem erhob. Seit Jahrhunderten schon wurde dort eine freiliegende Felsplatte als Opferstätte benützt. Auf dieser Felsplatte sollte Isaak sterben – doch Gott erließ diese Prüfung.

Weder nach dem ersten noch nach dem zweiten Besuch ist Abraham mit seiner Sippe in Jerusalem geblieben. Die Männer und Frauen zogen weiter, ohne seßhaft zu werden. Statt in festen Häusern aus Lehm oder gar aus Stein schliefen sie in Zelten, die leicht aufzubauen und wieder abzubrechen waren. Sie tranken Milch der Eselinnen und aßen Fleisch von Schafen und von gezähmten Steinböcken. Aus roh bearbeiteten Fellen und aus groben Wolltüchern bestand ihre Kleidung. An den Füßen trugen sie Sandalen oder genähte Fellschuhe, die bis zu den Knöcheln reichten. Zweckmäßig waren die Dinge, die sie bei sich trugen.

Abraham war nicht Eigentümer des Bodens, auf dem seine Tiere weideten. Die Sippe war ohne Grundbesitz ausgekommen, seit sie Haran verlassen hatte. Ein Schicksalsschlag zwang den Familienchef jedoch zum Grunderwerb. In Hebron war seine Frau gestorben. Nach der Tradition und nach den Regeln der Hygiene mußte die Tote in der Erde begraben werden. Abraham aber besaß kein Stück Land, um der Sitte gerecht zu werden. Der Boden um Hebron gehörte Familien aus den Stämmen der Hethiter. Mit den Ältesten der direkt betroffenen Familien wollte Abraham über den Erwerb einer Höhle reden, die ihm als Begräbnisplatz besonders geeignet erschien. Der alte Mann stellte sich den Einheimischen vor: »Ein Fremdling bin ich unter euch. Gebt mir Boden für ein Grab. Ich will ihn erwerben, daß ich meine Tote hinaustrage und beerdige.«

Die Grundbesitzer wiesen Abraham keineswegs ab. Im Gegenteil, sie boten ihm ihre eigenen Familiengrabstellen an. Der Chef der Nomadenfamilie aber war hartnäckig: Er wollte die eine bestimmte Höhle, die Machpela hieß – und er wollte dafür bezahlen. Die Einflußreichen in Hebron aber sahen Komplikationen: Bekam Abraham den Boden geschenkt, dann konnte er daraus kein Wohnrecht in der Stadt ableiten; kaufte er das Stück Land jedoch, erwarb er sich Rechte. Eine Versammlung wurde einberufen, um in der Sache zu entscheiden.

Vor Augen und Ohren der Honoratioren aus Hebron versuchten sich Abraham und der Grundbesitzer Ephron gegenseitig von ihrem Standpunkt zu überzeugen. So überliefert die Bibel das Gespräch der beiden: Abraham wandte sich zunächst an alle: »Wenn es euch recht ist, daß ich meine Tote begrabe, so hört mich und bittet für mich bei Ephron, daß er mir die Höhle gebe. Den vollen Kaufpreis will ich dafür bezahlen.« Ephron aber antwortete: »Nein, höre auf mein Wort. Ich schenke dir das Feld und die Höhle, die da zu finden ist.« Abraham entgegnete: »Nein, höre auf mich! Ich bezahle den Preis, den das Feld wert ist. Nimm das Geld von mir an!« Ephron aber hielt entgegen: »Nicht doch, höre mich an!« Schließlich einigten sie sich auf den Preis von 400 Silberstücken. Die Familie des Abraham kaufte Boden und Wohnrecht in Hebron, etwa 25 Kilometer von Jerusalem entfernt.

Das Alte Testament verengt unseren Blick bei der Betrachtung der Geschichte der Sippe, die 'ivriim genannt wird. Wir sehen nur Abraham und seine Familie vor uns und wundern uns kaum, daß während weniger Jahrhunderte eine Menschenmasse entstand, die Volk genannt werden konnte. Das Einzelschicksal des Abraham aber ist einzuordnen in die gewaltige Wanderbewegung von Menschen gleicher Abstammung, die sich in jener Zeit vollzog. Die semitischen Stämme, die aus dem Osten nach und nach in das Land an der Ostküste des Mittelmeers eindrangen, waren nur in ihrer Gesamtheit mächtig. Die Darstellung der Vorgänge um die Wanderung, die das Erste Buch Mose gibt, verharmlost die Infiltration aus Mesopotamien: Da waren wohl Zehntausende von Menschen unterwegs.

Nicht beweisbar, aber möglich ist, daß auch die rätselhaften Hyksos, die im 18. Jahrhundert v. Chr. ins Nilland einbrachen, semitischer Abstammung waren und damit ebenfalls zum Völkerstrom aus dem Osten gehörten.

Da überfielen Hundertschaften bewaffneter Männer die Festungen an der Ostgrenze Ägyptens. Sie siegten durch Schnelligkeit. Rascher als die Boten, die den Alarm weitergeben sollten, überrannten sie das Land. Sie fuhren in Streitwagen, von Pferden gezogen, auf den salzigverkrusteten Sandflächen an der Mittelmeerküste der Sinai-Halbinsel. Niemand hatte ähnliches bisher gesehen im Gebiet zwischen dem Toten Meer und dem Nil. Die Geschichtsschreibung sagt den Hyksos Übles nach: Sie sollen Städte und Dörfer niedergebrannt haben, sie sollen Paläste geplündert und Archive zerstört haben. Doch über ihre Art gibt uns kein handfestes Dokument aus jener Zeit Auskunft. Für 150 Jahre erlosch die ehrwürdige Kultur Ägyptens. Was wirklich während dieser Epoche geschah, hat noch kein Historiker aufzeigen können.

Vielleicht aber war das Volk, das die Ägypter offenbar »hku hsht« genannt haben – das Wort Hyksos ist nur die griechische Ableitung von »hku hsht« –, gar nicht derart barbarisch; vielleicht geschieht ihm durch die Geschichtsschreibung Unrecht. »hku hsht« läßt sich mit »die Mächtigen aus der Fremde« übersetzen. Respekt spricht aus dieser Bezeichnung, die der ägyptische Geschichtsschreiber und Priester Manetho notiert hat. Denkbar wäre, daß diese Mächtigen nur in der Eroberungsphase barbarisch gehandelt haben, als sie dem überkommenen Denken und der traditionellen Vorstellung von den Göttern ein Ende bereiten wollten.

Da jede Idee um Herkunft, Leben und Schicksal der Hyksos Spekulation ist, sei auch die Version erlaubt, die »Mächtigen aus der Fremde« hätten eigene Sitten und eigene religiöse Rituale aus der Region zwischen Jordan und Mittelmeer an den Nil mitgebracht. Einen Hinweis auf die ureigenen Sitten der »hku hsht« gibt die Ausgrabung einer Beerdigungsstätte aus der Zeit der Hyksosherrschaft im Nildelta, etwa 30 Kilometer nördlich von Cairo. Tell el-Jehudijeh heißt der Platz, Hügel der Juden – diese Bezeichnung stammt allerdings aus späterer Zeit: Dort soll im ersten Jahrtausend v. Chr. eine genaue, in gleichem Maßstab gebaute Kopie des Tempels von Jerusalem den Hügel gekrönt haben. Bemerkenswert ist Tell el-Jehudijeh, weil hier Gegenstände gefunden wurden, die in der als dunkel bezeichneten Periode ägyptischer Geschichte entstanden sind. Sie zeugen von einem beachtlichen handwerklichen Können. Wer diese Krüge und Schmuckstücke angefertigt hat, der konnte nicht zu einem primitiven Volk gehören. Die Funde unterscheiden sich durch Form und Gestaltung erheblich von anderen Relikten, die im Nildelta entdeckt wurden. Die Archäologen konnten an Hand der Forschungsergebnisse des Projekts Tell el-Jehudijeh beweisen, daß die Hyksos eine eigenständige Kultur gepflegt hatten.

Tell el-Jehudijeh war ein befestigter Ort. Rund 40000 Menschen konnten innerhalb der Mauern wohnen. Ein breites Tor ermöglichte die rasche Ausfahrt der von Pferden gezogenen Streitwagen. Ungewöhnlich für die Anlage ägyptischer Siedlungen ist die gepflasterte Ebene, die den ganzen Platz umgibt – ein Festungsvorfeld, vergleichbar dem Glacis mitteleuropäischer Forts im 18. und 19. Jahrhundert n. Chr. Diese ebene Fläche war wohl angelegt worden, um die Streitwagen schnell in Formation bringen zu können.

Diese Eigentümlichkeit ist auch bei der Freilegung der sehr alten Bastionen von Kadesch in der Ebene von Homs im heutigen Syrien aufgefallen und bei Grabungen am Tell el-Jarischa in der Gegend von Tel Aviv. Die Forscher sind der Meinung, die Festungsvorfelder seien im 18. Jahrhundert v. Chr. angelegt worden, in der Hyksoszeit, und sie bewiesen die enge Verbindung der Kulturen des Nillandes und des

Gebietes an der östlichen Mittelmeerküste in jener für die Historiker dunklen Zeit.

Die Hyksos sind aus dem Land aufgebrochen, durch das die Nachfahren des Abraham gezogen sind. Daß sie verwandt waren, ist naheliegend. Doch kein einziger Satz im Ersten Buch Mose ist direkt in Zusammenhang zu bringen mit diesem Volk aus dem Osten, was allerdings kaum ein Indiz gegen die Hypothese von der semitischen Herkunft der rätselhaften Krieger ist. Wird aber der Gedanke von der Verwandtschaft der »Mächtigen aus der Fremde« mit den Nachkommen des Abraham ausgespielt, dann erhellt ein Funke Logik den dramatischen Bericht, den das Alte Testament vom Glück und Elend der Sippe in Ägypten gibt.

Wenn die Annahme richtig ist, daß die Wanderung einer Familie jenes Volkes aus Mesopotamien nach dem Ende der Dritten Dynastie sumerischer Herrscher, also nach 1950 v. Chr., erfolgt ist, um unter Abrahams Führung nach Süden zu ziehen, so ist die Wahrscheinlichkeit groß, daß Joseph, der Urenkel des Abraham, seine Abenteuer in Ägypten zur Zeit der Hyksos erlebt hat. Joseph, als Sklave an den Nil verkauft, wurde erst persönlicher Diener des ägyptischen Herrschers, schließlich – nach einer Zeit des Unglücks, ausgelöst durch Potiphars Verleumdungen – Verwalter des Palastes und sogar Chef der Regierung. In dieser Position wurde es ihm möglich, viele seiner Verwandten nach Ägypten nachzuholen. Gegenüber den Brüdern Josephs macht der Pharao deutlich, daß er besondere Zuneigung gefaßt habe zu allen Menschen, die mit seinem Regierungschef verwandt sind: »Holt eure Familien und kommt zu mir, ich will euch das Beste Ägyptens geben, und ihr sollt die reichste Frucht des Landes essen. Und du Joseph, gib ihnen Wagen aus Ägypten mit für den Transport der kleinen Kinder und der Frauen. Das Beste Ägyptens soll euch gehören.«

Der Bericht von Josephs Aufstieg im Ersten Buch Mose betont, der Herrscher habe besonders aus religiösen Gründen Joseph vor anderen bevorzugt: »Und der Pharao sprach: Wo sollten wir einen anderen Mann finden, in dem göttlicher Geist ist wie in diesem?« Offenbar glaubten Joseph, erzogen nach den religiösen Vorstellungen Abrahams, und der Herrscher Ägyptens an denselben Gott.

Seltsam mutet diese Übereinstimmung an. Dieser Pharao unterscheidet sich von anderen Mächtigen am Nil. Die Pharaonen sahen sich zumeist selbst als Verkörperung überirdischer Kraft – und sie duldeten eine Vielzahl von Göttern noch neben sich. Anhänger des Monotheismus waren sie keineswegs. Nur Echnaton stellt eine Ausnahme dar: Ihn leitete die Vision vom einen und allmächtigen Gott; er glaubte, Gottes Abbild in der Sonne zu erkennen. Doch Echnaton gehört nicht in die Epoche, in der Joseph gelebt haben könnte. Rund 400 Jahre später erst erschütterte er durch seine religiösen Reformen die Strukturen der menschlichen Gesellschaft am Nil.

Die Schilderung der Übereinstimmung im Glauben an Gott ist kaum ohne Bedacht in das Alte Testament aufgenommen worden. Sie steht bewußt im Kontrast zur Darstellung der Begegnung des Mose mit dem Pharao seiner Zeit. Als Mose den Herrscher darauf hinwies, daß Gott den Auszug des jüdischen Volkes aus Ägypten wünsche, da bekam er die scharfe Entgegnung zu hören: »Ich weiß nichts von diesem Gott!« Ein neuer König war in Ägypten an die Macht gekommen, »der von Joseph nichts wußte« – und auch nichts von Josephs Gott. Nicht nur ein neuer König war an die Macht gelangt, sondern ein neues Königsgeschlecht.

Ein Beweis liegt nicht vor, daß die Josephslegende Ereignisse aus der Zeit der Hyksos widerspiegelt, doch von der Hand zu weisen ist der Gedanke kaum. Er gibt eine Erklärung, warum Joseph am Nil gut aufgenommen wurde – semitische Verwandte sorgten für ihn; in ihrem Stammesrahmen gelang ihm die erfolgreiche Karriere. Nur so ist auch einzusehen, daß die Jahrzehnte des angenehmen Lebens für die Nachkommen des Joseph schließlich zu Ende gingen: Die mit den Hyksos Verwandten, die von der Besatzungspolitik der »Mächtigen aus der Fremde« profitiert hatten, verloren ihre bevorzugte Position, die sie noch für Generationen nach dem Tod des Joseph hatten bewahren können. Die neuen Herren in den Palästen am Nil degradierten die Aufseher zu Sklaven, zu Lohnarbeitern. Mose sah schließlich nur eine Möglichkeit, um dem Leben des hebräischen Volkes wieder einen Sinn zu geben: Es mußte zurückgeführt werden in das Gebiet zwischen der Ostküste des Mittelmeers und dem Jordan. Am Nil war die Gefahr groß, daß die Angehörigen dieses Volkes ihren Glauben an den einen Gott verloren.

Dieser Gott hatte an Glaubwürdigkeit eingebüßt seit dem Machtantritt des neuen Herrschergeschlechts. Viele, die dem bequemeren Leben nachtrauerten, fragten sich, warum ihr Gott die Zurücksetzung seines eigenen Volkes zulasse. Sie hatten längst darüber nachzudenken begonnen, ob nicht die Götter Seth und Isis eben doch mächtigere Kräfte darstellten als der Gott, an den sie seit Abrahams Zeit glaubten.

Durch Mose wurden die Habiru erneut zu Nomaden. Die Familien, die ihre Abstammung auf Abraham und seine Verwandten zurückrechnen konnten, verließen die festen Häuser, ihre Felder und die »Fleischtöpfe Ägyptens«, um das Abenteuer einer Wanderung durch unwirtliches, fast wasserloses Land zu wagen. Freiwillig waren sie allerdings nicht bereit gewesen, die Unfreiheit, die jedoch mit Sicherheit und mit Garantie täglicher Nahrung verbunden war, aufzugeben. Doch der Wille des alten Mannes Mose war unbeugsam.

Ihm folgte zunächst eine disziplinlose und rebellische Horde, die selbst über Moses Gott respektlos redete. Mose aber beherrschte – der Legende zufolge – magische und psychologische Mittel, um den Aufsässigen die Gebote Gottes aufzuzwingen. Das Volk mußte sich dem Gesetz unterwerfen. Mose wollte eine ewigwährende Verbindung schaffen zwischen dem einen, allmächtigen Gott und den Sippen, die mit ihm zogen.

Über die erste Begegnung des Volkes der Habiru mit diesem Gott berichtet das Zweite Buch Mose: »Als der Morgen graute, da dröhnte Donner vom Berg Sinai, Blitze zuckten aus dichtem Gewölk über dem Berg, und starker Posaunenschall ertönte, so daß jeder im Lager zitterte. Da führte Mose das Volk aus dem Lager, und alle stellten sich am Fuß des Berges auf. Der ganze Berg Sinai war in Rauch gehüllt, denn Gott war gegenwärtig im Feuer, und der Berg bebte.«

An diesem Tag hörte Mose von Gott selbst die endgültige Fassung der Gesetze, die fortan für Israel gelten sollten: »Ich bin der Herr, dein Gott, der dich aus Ägypten geführt hat, aus dem Hause der Knechtschaft. Du sollst anderen Göttern, außer mir, nicht dienen.

Kein Bild, sei es aus Holz oder Stein, sollst du von mir machen. Ebenso kein Abbild himmlischer Wesen, irdischer Gestalten oder der Mächte in der Tiefe. Verbeuge dich nicht vor ihnen, diene ihnen nicht, denn ich, dein Gott, packe dich ganz, und ich strafe die Schuld der Väter an den Kindern, an Enkeln und Urenkeln. Ich strafe die Schuld derer, die mich hassen. Aber ich bin ein gnädiger Gott, ein zuverlässiger Beistand bis ins tausendste Glied für alle, die sich mir ergeben und nach meinen Geboten handeln.

Nenne nicht Gottes Namen, wenn du Nichtiges im Sinn hast, denn er wird den, der Gottes Namen für Nichtiges mißbraucht, nicht ohne Strafe lassen. Halte dich an den Sabbattag und suche an diesem Tag nichts als den heiligen Gott. Sechs Tage sollst du arbeiten und alle deine Werke tun, aber der siebente Tag ist der Ruhetag, der Ruhetag für Gott. Da sollst du keine Arbeit verrichten. Dein Sohn soll nicht arbeiten und deine Tochter auch nicht, dein Knecht nicht noch deine Magd, dein Vieh nicht noch der Gast, der in deiner Stadt weilt. Denn in sechs Tagen hat Gott den Himmel, die Erde, das Meer geschaffen und alles, was sie füllt. Am siebenten Tag aber ruhte Gott. Darum segnete er den siebenten Tag und gab ihm heiligen Glanz.

Deinen Vater ehre und deine Mutter, damit deine Tage lang seien in dem Lande, das Gott dir gibt.

Nicht töten sollst du! Nicht die Ehe brechen sollst du! Nicht stehlen! Nicht aussagen sollst du gegen deinen Nächsten als Zeuge der Lüge!

Nicht begehren sollst du das Haus deines Nächsten, nicht begehren sein Weib noch seinen Sklaven, noch seine Sklavin, nicht sein Rind, nicht seinen Esel, nichts, das sein eigen ist.«

Und das ganze Volk sah das Wetter, das Donnern und Leuchten, hörte den Schall und sah den Berg in Rauch gehüllt. Die Menschen zitterten, blieben ferne stehen und sagten zu Mose: »Sprich du mit uns, so wollen wir hören. Aber nicht Gott soll zu uns sprechen, damit wir nicht sterben.« So blieb das Volk in der Ferne, Mose aber nahte sich dem Dunkel, in dem Gott war.

Zwei steinerne Tafeln, so erzählt uns das Alte Testament im Buch Exodus, habe Gott an Mose übergeben – die Gebote, die Gott verkündet hatte, seien darauf in Schriftzeichen festgehalten gewesen. Langen Bestand hatte das Gesetzeswerk allerdings nicht: Mose selbst soll die Tafeln zertrümmert haben aus Zorn über die eigene Sippe, die, nach dem Zeugnis der Texte des Alten Testaments, seinen Aufenthalt auf dem Berg als Gelegenheit benützt hatte, um wieder die Abbilder der verworfenen Götter anzubeten. Der ewig dauernde Konflikt um Bewahrung und Abstoßung des Glaubens an den einen Gott hatte seinen Anfang genommen.

Gott aber war geduldig mit den Sippen und mit dem Sippenchef. »Und der Herr sprach zu Mose: Haue dir aus dem Fels zwei steinerne Tafeln zu, in Form und Größe genauso wie die ersten waren. Ich will darauf dieselben Worte schreiben, die auf den ersten Tafeln standen, welche du zertrümmert hast! Halte dich für den kommenden Morgen bereit, steige auf den Berg Sinai und tritt vor mich auf dem Gipfel des Bergs. So hieb sich Mose zwei Steintafeln zurecht, brach am nächsten Morgen auf und bestieg den Berg Sinai, wie der Herr ihm geboten hatte. Und Gott kam zu ihm in einer Wolke und ging vorüber. Da beugte sich Mose zur Erde, während der Herr zu ihm sprach: Ich will mit dir und deinem Volk einen Bund schließen, für heute und für immer.«

Auf dem beschwerlichen Zug durch die Öde der Sinai-Halbinsel hatte Mose für die Sippen, die mit ihm zogen, die ihm manchmal vertrauten, häufiger aber mißtrauten, einen Verbündeten gewonnen, der fortan für immer mit den Habiru den Weg in Krieg und Frieden gemeinsam ging.

Eine Frau rührte in der Frühzeit die Propagandatrommel für das Bündnis, die Prophetin Mirjam, die Schwester des Sippenchefs: »Sie nahm die Handpauke, und alle Frauen zogen tanzend hinter ihr her, ebenfalls mit Pauken in den Händen. Mirjam aber sang: Singet dem

Herrn! Er hat eine herrliche Tat getan! Roß und Mann hat er ins Meer gestürzt!« Mirjam sang zur Erinnerung an das ruhmlose Ende eines Angriffs der ägyptischen Reiterei, die den Auszug der Kolonne des Mose hatte verhindern wollen.

Die Legenden des jüdischen Volkes erzählten allerdings auch davon, daß während jenes Zuges durch die Öde nicht nur das Bündnis geschlossen wurde zwischen Gott und Volk, damals sei den Sippen des Mose auch die Stadt Jerusalem versprochen worden – doch Gott habe auch bereits die Zerstörung der Stadt und des Heiligtums dort verkündet. Ursache dieser Strafandrohung durch Gott sei die Unzufriedenheit des Volkes gewesen: »Es wird berichtet, daß die Menschen murrten, als sie durch die Wüste ziehen sollten. Einmal weinten die Familien die ganze Nacht hindurch. Da sprach der Herr zu ihnen: Ihr habt aus Unglauben und ohne Grund gejammert. Ich will euch später für diese Nacht des Weinens Anlaß geben zu Jammer, der in alle Ewigkeit dauern wird. In dieser Stunde wurde die Strafe verhängt, daß der Tempel zerstört werden und das Volk in die Verbannung ziehen muß. Das Weinen und die spätere Zerstörung Jerusalems geschahen am selben Tag des Jahres. Viele Menschenleben liegen dazwischen – für Gott aber waren sie wie ein Atemzug.«

An einen Tempel in Jerusalem hatten die Männer und Frauen, die mit Mose durch den Sinai gezogen waren, bestimmt nicht gedacht. Die Nomadensippe trug ihr Heiligtum bei sich: einen schlichten Kasten aus Akazienholz, in dem die beiden steinernen Gesetzestafeln lagen, die Mose aus dem Fels geschlagen und die Gott beschrieben hatte. Das Heiligtum wurde an hölzernen Stangen geschleppt; nur Männer der Familie Levi hatten ein Anrecht auf das ehrenvolle Amt des Trägers. Die »Leviten« schritten vor der Kolonne, zum Zeichen, daß niemand Furcht zu haben brauchte, denn die Tafeln im Kasten waren Beweis für den immerwährenden Bund zwischen Gott und Volk. »Bundeslade« wurde deshalb der hölzerne Kasten genannt. Nach der Vorstellung der führenden Schicht der Sippe sollte dieses Heiligtum zum Mittelpunkt des Lebens für alle Menschen werden, die sich zum Mose-Clan bekannten. Die Bundeslade wurde zum Symbol des Zusammenhalts.

Der Kasten wurde mit besonderer Sorgfalt behandelt, schließlich sogar mit Ehrfurcht. Er war bald das wichtigste gemeinsame Eigentum der Nomadenfamilien, die an Gottes Gesetze glaubten. Entschieden sich die Familienchefs für eine längere Rastzeit, dann wurde über dem hölzernen Kasten ein Zelt aufgespannt. Dieses Aufspannen geschah schon bald nach festen Regeln, die sich zum unwandelbaren Ritual entwickelten. War das Zelt zunächst nur zum Schutz des Kastens gegen Sonnenstrahlen und gegen den wehenden Sand bestimmt, so wurde ihm nach kurzer Zeit schon ein höherer Sinn zugesprochen. Die Männer, die das Ritual des Aufbaus beherrschten, bildeten schließlich eine Priesterkaste, die mehr zu wissen glaubte als andere Menschen – und sie ließen verkünden, Gott wohne in diesem Zelt, das von ihnen gebaut und betreut werde. Immer, wenn der Allmächtige auf der Erde weile, beziehe er diese irdische Heimstatt und halte sich damit in der Nähe der Sippe auf. Sein Segen liege auf den Männern und Frauen, die Kasten und Zelt mit Ehrfurcht betrachteten. So wuchs die Überzeugung, gerade diese Familiengruppe werde von Gott, der sich Abraham und Mose offenbart habe, besonders bevorzugt.

Doch diese Sippe unterschied sich nur durch den Besitz der Bundeslade von den vielen Nomadenstämmen, die Sinai durchzogen in der Hoffnung, Futterplätze zu entdecken, die nicht abgeweidet, und Quellen, die nicht vertrocknet waren. Da zogen Männer, Frauen, Kinder, Alte, Schwangere, Gebrechliche und Sterbende zu Fuß durch heiße Täler, begleitet von Ziegen, Schafen und Rindern. In den meist kalten Nächten ruhten sie. Waren die Tiere trächtig, dann warteten die Familien wochenlang an einem Ort, bis die neue Generation der Vierbeiner geboren und herangewachsen war.

Keine Antwort ist möglich auf die Frage nach der Zahl der Menschen, die der Bundeslade durch das öde Land folgten. Die Angaben des Alten Testaments spiegeln die Wirklichkeit kaum. Die Texte erwecken den Eindruck, ein durchaus mächtiges Volk wandere in geschlossenem Zug. In Wahrheit werden nur einige Tausend ständig beieinander geblieben sein.

Nicht mit Sicherheit festzustellen ist auch der Verlauf des Weges, den Mose der Sippe gewiesen hat. Kaum einer der Orte, die im Buch Exodus genannt werden, ist mit heutigen Oasen auf der Sinai-Halbinsel zu identifizieren. Als sicher gilt nicht einmal, ob der Berg der Begegnung zwischen Gott und Mose tatsächlich im Süden der Halbinsel zu suchen ist. Aus dem Dunkel, das die lange Wanderung umgibt, die vier Jahrzehnte gedauert haben soll, taucht die Sippe schließlich an einem geographisch genau zu fixierenden Punkt auf: Das Buch Exodus nennt ihn Kadesch-Barnea.

Die Oase heißt heute Ain el-Qudeirat. Um eine Quelle wachsen Palmenhaine. Lehmhütten stehen im Schatten der Palmen. Kamele und Ziegen grasen daneben. Kaum hundert Menschen leben in Ain el-Qudeirat, der unbedeutenden Siedlung im Norden von Sinai in der Nähe der ägyptisch-israelischen Grenze, abseits bedeutender Straßen. Beduinen tränken ihre Kamele und Pferde an der Quelle; für sie liegt Ain el-Qudeirat auf halbem Weg zwischen dem Golf von Aqaba und dem Mittelmeerort El-Arisch.

Doch als die Oase noch Kadesch-Barnea hieß, da kreuzten sich an ihrer Wasserstelle wichtige Handelsstraßen: Karawanen, die von Innerarabien an den Nil unterwegs waren, trafen auf Warentransporte vom Hafen Eilath in Richtung Hebron. Trotz ihrer Bedeutung war die Oase unbefestigt. Eine hebräische Festung, die in Ain el-Qudeirat von Archäologen freigelegt wurde, ist erst in späterer Zeit gebaut worden.

Die wandernde Sippe des Mose überfiel Kadesch-Barnea, besetzte die Lehmhäuser und übernahm die Kontrolle der Quelle. Niemand machte den Habiru diese Eroberung streitig; keines der umliegenden Kleinreiche fühlte sich bedroht. Der Clan hatte nach zweijähriger Wanderung einen Ort gefunden, der geeignet war, alle Männer, Frauen und Tiere aufzunehmen. Mehr als eine Generation lang blieben die Familien unangefochten in Kadesch-Barnea.

Eine Zeit des inneren Friedens waren die 38 Jahre nicht, die Mose und die Familiengruppen in der Oase verbrachten: Mißtrauen kam auf, Argwohn gegen den Gesetzgeber Mose, blanke Angst vor der Zukunft. Manche rebellierten gegen Gott, und selbst Mose gab sich gegenüber dem Allmächtigen eine Blöße: Als einige Tage lang Wassermangel herrschte, da schlug er mit dem Stock gegen den Felsen, um die Quelle wieder zum Sprudeln zu bringen. Er schlug sogar zweimal und mißachtete den Befehl Gottes, den Felsen allein durch Worte zu sprengen, damit er das Wasser freigebe. Mose hörte darauf eine Stimme, die ihm verkündete, da er an Gott gezweifelt habe, werde er das Ziel der Wanderung nicht erreichen.

Während der 38 Jahre starben die meisten der Männer und Frauen, die Ägypten verlassen hatten, um in ein Land zu wandern, das ihnen Heimat sein sollte. Daß der jungen Generation die Oase nicht zur ständigen Heimat wurde, dafür sorgten die Führer der Sippe: Sie organisierten die Aufstellung von Kampfverbänden, schickten Kundschafter in die fruchtbare Gegend, die weit nördlich von Kadesch-Barnea lag, und entwarfen einen Kriegsplan zur Eroberung des Gebiets. Mose hatte einen Mann gefunden, dem er den Befehl für die Invasion des Landes zwischen Jordan und Mittelmeerküste anvertrauen konnte: Josua mußte vollenden, was Mose versagt blieb.

Doch als die Invasion beginnen sollte, da scheiterte sie – an Stämmen, die mit dem wandernden Clan aus Ägypten verwandt waren. Südlich, östlich und nordöstlich des Toten Meeres, in der Region des heutigen Staates Jordanien, hatten sich während der vergangenen Jahrzehnte semitische Stämme auf Dauer festsetzen können. Die zu ihnen gehörenden Menschen waren nicht länger Nomaden. Sie hatten sich Häuser gebaut; sie bestellten Äcker. Damit Ordnung herrsche in ihrem Gemeinwesen, hatten sie Staatsgewalten geschaffen, denen sich der einzelne zu unterwerfen hatte. An der Spitze der Staatsführung standen Könige. Drei solcher Königreiche lagen eng nebeneinander: im Süden Edom, im Bereich der jetzigen Stadt Ma'an in Jordanien; weiter nördlich, auf den Bergen am Ostufer des Toten Meeres, war Moab entstanden; das Gebiet des Staates Ammon erstreckte sich nördlich der jordanischen Hauptstadt Amman.

Mit den Herrschern dieser Königreiche wollte Mose Verhandlungen aufnehmen, um eine Vereinbarung zu treffen, die der wandernden Sippe das Recht gab, durch Gebiete der verwandten Stämme zu ziehen. Das Vierte Buch Mose gibt uns Kenntnis vom Gang der Verhandlungen:

»Mose sandte aus Kadesch-Barnea Botschaft an den König von Edom: ›So läßt dir dein Bruder sagen: Du kennst alles Elend, das uns betroffen hat. Unsere Väter zogen nach Ägypten, und die Ägypter versklavten uns. Da schrien wir zum Herrn, der hörte unsere Stimme und sandte uns einen Engel, um uns aus Ägypten zu führen. Nun sind wir in Kadesch, nahe bei deiner Grenze. Laß uns durch dein Land ziehen! Wir wollen eure Äcker und Weinberge nicht betreten. Wir werden auch nicht ohne Erlaubnis Wasser aus euren Brunnen trinken. Wir werden nur die Landstraße benützen und keine Nebenwege, bis wir dein Land wieder verlassen haben.‹ Aber die Edomiter ließen sagen: ›Ihr werdet euch hüten, bei uns durchzuziehen, sonst werden wir euch mit dem Schwert entgegentreten.‹ Mose ließ antworten: ›Auf der breiten und gebahnten Straße wollen wir euer Land durchqueren. Wenn wir von eurem Wasser trinken, wir und unser Vieh, so wollen wir dafür bezahlen.‹ Aber die Edomiter weigerten sich erneut.«

Diese Absage der eigenen Verwandten zwang die Sippe zu einem Umweg von mehr als 100 Kilometern: Ihre Route führte ostwärts der Grenze des Edomreiches nach Norden; sie berührte auch nicht das Gebiet des Staates Moab. Die Familien, die aus Ägypten kamen, mußten den Völkern, die ihnen eigentlich nahestehen sollten, aus dem Weg gehen.

Überlieferte Legenden machen deutlich, daß trotz des strengen »Nein« der verwandten Herrscher Berührung zwischen den Nomaden des Mose und den seßhaften Familien in Edom und Moab möglich war. Die wandernden Familien waren auf Getreide angewiesen zur Herstellung des Fladenbrots, das zu ihrer täglichen Nahrung gehörte; Getreide aber konnten nur die Bauern aus den Dörfern beider Königreiche im Tausch gegen Tiere anbieten. Eine der alten Volksgeschichten erzählt, daß die Nomaden den ansässigen Verwandten häufig nicht gewachsen waren:

»Die Mütter aus Moab und aus Ammon begannen Hurerei mit den Ankömmlingen. Die Ältere sagte zur Tochter: ›Wir schenken den Männern Wein aus, gegen Geld, und liegen dann bei ihnen, ebenfalls gegen Geld. Vielleicht aber bringen wir sie dazu, daß sie ihre Art vergessen, daß sie werden wie wir.‹ Bald entstanden Zelte, in denen Dirnen aufwarteten. Meist saß eine Alte draußen vor dem Zelt, das wie der Laden eines Händlers aussah. Drinnen, verborgen durch einen Vorhang, saß eine junge Frau. Ging nun einer der jungen Männer, die mit Mose gekommen waren, an den Zelten vorbei, um irgend etwas zu kaufen, so wurde er von der Alten angesprochen, die sagte: ›Willst du nicht etwas Schönes erstehen, ein leinenes Gewand aus der Stadt Beth-Schean? Tritt ein in das Zelt. Dort wirst du noch schönere Dinge finden.‹ Betrat der junge Mann dann das Zelt, sprach die jüngere Frau zu ihm: ›Dies sei dein Haus. Fühle dich wohl bei mir, setze dich nieder, reinige deine Hände.‹ Ein Krug Wein stand da im Zelt, und das Mädchen war geschmückt und duftete nach Rosenwasser und nach feinen Salben. Als der junge Mann aus der Fremde sich gesetzt hatte, da sprach die junge Frau weiter: ›Woher kommt es, daß ihr uns mit Haß begegnet. Wir lieben euch doch. Wir stammen doch alle von einem Mann ab. Wir sind Nachkommen Terachs, der Abrahams Vater war. Ihr wollt nicht opfern, wie wir opfern. Ihr wollt nicht essen, wie wir essen. So nehmt euch eben Kälber und Hühner, schlachtet sie nach eurer Vorschrift und eßt sie so, wie ihr wollt.‹ Der junge Mann, berauscht vom Wein, sah keinen Grund mehr, warum ein Unterschied zwischen Verwandten sein sollte. Er gab ihr in allem recht. Als er verlangte, daß sie bei ihm liege, da sagte sie: ›Ich kann dir nicht eher gehören, bis du meinem Gott Pero ein Opfer bringst und ihn anbetest.‹ Er tat schließlich alles, was sie sagte. So wie er handelten viele – zuerst taten sie es heimlich, dann offen.«

Mose versuchte zu verhindern, daß der Gott, der bei der Sippe im Zelt lebte, in Vergessenheit geriet, samt den Gesetzen, die auf den beiden Steintafeln vermerkt waren. Als einer der Seinen eine Frau aus dem Stamm Midian, der am Golf von Aqaba Weideland und Lebensraum besaß, zu sich ins Zelt nahm, da schickte Mose den beiden einen Mann aus seiner engsten Verwandtschaft nach, damit er das Paar beim Akt der Liebe mit dem Speer durchbohre. Mit dieser blutigen Tat war ein Präzedenzfall geschaffen für die Behandlung der Mitglieder des Volkes, die sich mit Menschen anderer Rassen verbanden. Mose hat offenbar verdrängt, daß er selbst einst eine Frau aus dem Stamm Midian geheiratet hatte.

Der Abschied des Führers durch die Wüste von seiner Aufgabe und von seinem Volk wird im Alten Testament ausführlich geschildert:

Vom Berg Nebo aus, der ostwärts vom Nordzipfel des Toten Meeres zu finden ist, sieht Mose, auf Geheiß einer gewaltigen Stimme, nach Westen, auf das Land, das seinem Volk gehören soll. Er sieht Transjordanien, Galiläa, die Berge Ephraim, das Bergland von Judäa, den Negev, das Jordantal und, unmittelbar vor dem Berg Nebo, das Tote Meer. Der weite Ausblick des Mose umfaßt das Land, auf das die Juden bis heute Anspruch erheben.

Die Eroberer sparen Jerusalem aus

Mose, so wird berichtet, starb bald nachdem er die Berge und Ebenen gesehen hatte, die eine Stimme, von ihm deutlich gehört, der Sippe, die ihm gefolgt war, zusprach. Josua, der militärische Oberbefehlshaber, konnte auf Pläne zurückgreifen, die Mose hinterlassen hatte. Von Kundschaftern war entdeckt worden, daß zwischen den Staaten Moab und Ammon ein schwacher Kleinstaat mühsam um seinen Bestand kämpfte. Durch dessen Gebiet drang die Sippe nach Westen vor, in Richtung auf Jericho.

Historiker, die sich kritisch mit dem Alten Testament als Quelle historischer Erkenntnis befassen, sind der Meinung, in den Texten seien auseinanderliegende Ereignisse zusammengefaßt beschrieben und herausragenden Persönlichkeiten, wie Mose und Josua, zugeordnet worden. Untersuchungen der Texte lassen den Schluß zu, daß einer Gruppe der Familien von Kadesch-Barnea aus die Wanderung durch das Gebiet von Edom und Moab gelungen sein muß – vielleicht zu einem Zeitpunkt, als die beiden Staaten entweder noch nicht bestanden oder in sich noch nicht gefestigt waren. In Wellen mag sich der Einbruch semitischer Nomadenvölker vollzogen haben; wahrscheinlich sogar im Abstand von Generationen. Vermutet wird, daß die früheste Wanderbewegung aus dem Süden bereits im 14. Jahrhundert v. Chr. eingesetzt hatte. Das Alte Testament erzählt sicher die Wahrheit, doch in sehr verkürzter Form.

Die Ergebnisse archäologischer Arbeit zwingen zur Vorsicht gegenüber der Glaubwürdigkeit von Erfolgsberichten aus dem ersten Feldzug des Josua. Zu diesem Erfolgsbericht gehört die Erzählung von der Einnahme der Stadt Jericho im Jordantal:

»Da sprach der Herr zu Josua: Siehe, ich gebe Jericho in deine Gewalt. Sein König und seine Krieger gehören dir. Ziehet nun, sämtliche bewaffneten Männer, um die Stadt herum und kreiset sie einmal ein. Sechs Tage lang sollt ihr die Umkreisung wiederholen. Sieben Priester sollen sieben Widderhornposaunen vor der Bundeslade hertragen. Am siebten Tage aber ziehet siebenmal um die Stadt, vom Posaunenschall der Priester begleitet. Wenn der Klang der Posaunen zu hören ist, dann soll das ganze Volk ein mächtiges Kriegsgeschrei erschallen lassen. Die Stadtmauer wird dann in sich zusammenstürzen, und das Kriegsvolk steigt dort über die Trümmer, wo es sich gerade befindet.« Die Voraussage erfüllte sich: »Als das Volk den Posaunenschall vernahm, erhob es sein lautes Kriegsgeschrei, und die Stadtmauer stürzte in sich zusammen.«

Der Bericht sagt aus, niemand sei verschont worden, kein Mann, keine Frau und kein Kind. Nur die Dirne Rahab und einige Personen aus ihrem Kreis hatten ihr Leben geschenkt bekommen. Die Dirne Rahab, so wird berichtet, habe vor den Tagen der Belagerung Spione, die für die Angreifer tätig waren, auf dem Dach ihres Hauses versteckt.

Jericho war die erste Festung, die den Stoß der anstürmenden Sippen hätte aufhalten können. Daß die Festung in früher Zeit stark war, das zeigen die Reste der Wälle und Türme, die, von Sand, Lehm und Schutt befreit, am Rande der heutigen Oase Jericho zu sehen sind, bei einer Erhebung, die Tell es-Sultan heißt. Zwei Mauerreste sind freigelegt worden, aus Ziegelsteinen aufgeschichtet, deren Basis drei Meter breit ist. Die erhaltenen Mauerteile rechtfertigen die Annahme, daß der Wall einst sieben Meter hoch gewesen sein kann. Zertrümmerte Ziegel und Spuren eines Feuers geben Hinweise auf gewaltsame Zerstörung. Diese zeitlich in die Epoche der Eroberung durch die semitischen Nomaden einzuordnen ist nicht gelungen: Jericho ist bereits Jahrhunderte vorher vernichtet worden.

Keine 20 Kilometer westlich von Jericho befand sich die befestigte Siedlung Ai. Das Buch Josua läßt teilhaben an dramatischem Geschehen: Die angreifenden Kämpfer werden erst zurückgeschlagen, dann bringt geschickte Taktik schließlich doch noch den Erfolg. Der Sieger triumphiert in Brutalität: »Dann brannte Josua Ai nieder und machte es für immer zum Schutthaufen, so daß es noch heute in Trümmern liegt.«

Glaubwürdig klingt der Bericht, doch die Forschung entlarvte ihn als pure Propagandadichtung. Die Beweise traten offen zutage durch die Freilegung eines Ruinenfelds: Die Stadt Ai ist fast ein Jahrtausend vor dem Einbruch der Stämme unter Josuas Befehl in Trümmer gelegt worden. Das Volk, das vom Jordan aus nach Westen gezogen ist, muß die Mauerreste der Siedlung Ai gesehen haben. Eine sprachliche Besonderheit läßt diesen Gedanken möglich erscheinen: Der Name »Ai« besitzt im Hebräischen die Bedeutung »Ruine«.

Seit 1935 wurde der Boden, auf dem Ai einst stand, gründlich durchforscht. Der Beweis sollte erbracht werden, daß die Erzählungen von Einnahme und Zerstörung der Stadt auf Wahrheit beruhen.

Festgestellt wurden – außer Resten der zerfallenen frühen Stadt – jedoch nur Anzeichen für eine ausgesprochen dünne Besiedlung um die Mitte des 13. Jahrhunderts v. Chr., um jene Zeit also, in der die ruhmreiche Eroberung stattgefunden haben soll.

Wahr ist immerhin, daß eine starke semitische Nomadensippe über den Jordan nach Westen vordringen konnte, ohne wirkungsvoll behindert worden zu sein. Das zehnte Kapitel des Buches Josua beschreibt die Auswirkungen des Vordringens der Fremden auf die Politik der Stadt Jerusalem, die damals keine der bedeutenden Siedlungen der Region war. Die Stadt auf dem Westhang des Kidrontals lag auch nicht am Weg, den die Eindringlinge offenbar verfolgten. Dieser Weg führte von Jericho aus nach Westen über die Berge in Richtung der »Steige von Beth-Horon«, des Pfades, der raschen Abstieg in die fruchtbare Ebene bei Geser erlaubte. Doch trotz der günstigen Lage und trotz der Mauern und Türme, die der eigenen Stadt Schutz boten, beschlich Furcht die Mächtigen von Jerusalem. Das Buch Josua geht selbstverständlich davon aus, daß die Städte Ai und Jericho im Kampf genommen und zerstört worden sind: »Der König Adonizedek von Jerusalem hörte, daß Josua Ai erobert und dem Erdboden gleichgemacht hatte, daß er den Herrscher von Ai, wie zuvor den Herrscher von Jericho, hatte töten lassen. Der König von Jerusalem erfuhr auch, daß die Stadt Gibeon Frieden wollte mit Josuas Volk. Gibeon aber lag nahe. Da bekamen sie Angst in Jerusalem, denn Gibeon war eine große Stadt, weit größer als Ai, und seine Männer waren mutig. Der König Adonizedek von Jerusalem schickte an die Könige von Hebron, Jarmut, Lachisch und Eglon und forderte sie auf: ›Ziehet zu mir herauf und kommt mir zu Hilfe. Wir wollen Gibeon schlagen, weil es sich mit Josua und seinem Volk friedlich geeinigt hat.‹«

Gleichgültig ist, ob der Anlaß zur Bitte um Beistand die Zerstörung von Ai war oder allein der Invasionserfolg der fremden Sippe – Adonizedek mußte sich bedroht fühlen. Die Endung -zedek seines Namens weist darauf hin, daß der König auch zugleich der Oberste Priester in Jerusalem war. Er galt als irdischer Vertreter des Gottes El. In beiden Funktionen, als König und als Priester, sah er sich durch das Vordringen des fremden Volkes gefährdet. Die Männer und Frauen, die Josua folgten, trugen ein Heiligtum mit sich, das nicht El geweiht war. Je weiter dieses Heiligtum, die Bundeslade, nach Westen getragen wurde, desto deutlicher offenbarte sich die Macht des Gottes aus der Fremde: Im Bewußtsein der Menschen, die zwischen Mittelmeer und Jordan lebten, mußte haften bleiben, daß Gott El keinen Widerstand zu leisten vermochte gegen die Macht, die im Zelt bei der Bundeslade ihr irdisches Zuhause hatte.

Die führende Schicht von Gibeon, deren Glauben ebenfalls auf den Staatsgott El ausgerichtet war, aber zeigte sich entschlossen, die Tore ihres Gemeinwesens der Bundeslade zu öffnen. Adonizedek sah in dieser Nachgiebigkeit Verrat an der gemeinsamen Politik aller Stadtstaaten der Region. Er wollte ein Beispiel für Widerstand geben – Jerusalem sollte Zentrum der Ablehnungsfront werden. Für Adonizedek stellte sich der Einbruch des Nomadenvolkes als eine der zahlreichen Invasionen barbarischer Stämme in den Kulturkreis der Städte dar. Der Einmarsch der Fremden mit der Bundeslade aber war gefährlicher als alle Nomadenüberfälle zuvor: Die Sippe des Josua war nicht nur von Beutegier getrieben – sie glaubte an eine Ideologie, die Totschlag, Raub und Brutalität in gutem Glauben rechtfertigte. Diesem Gott, der Grausamkeit anordnete, durfte Jerusalem nicht zufallen. Adonizedek, der König von Jerusalem, erfuhr, daß die Männer von Gibeon aus Angst Frieden mit dem Befehlshaber der Eindringlinge geschlossen hatten. Er mußte aber auch zur Kenntnis nehmen, daß den Unterhändlern aus Gibeon der Friedensschluß nur durch eine List gelungen war.

Zwischen Gibeon und dem Hauptquartier des Josua in Gilgal bei Jericho im Jordantal liegt nur eine Wegstrecke von 20 Kilometern. Doch die Unterhändler aus Gibeon trafen in einem Zustand in Gilgal ein, als seien sie wochenlang unterwegs gewesen: Ihre Kleider waren zerrissen, ihre Schuhe abgenützt, ihre Weinschläuche ausgetrocknet, ihr Brot war alt und zerfiel in Brosamen. Als sie mit Josua sprechen konnten, erzählten sie ihm von der langen Reise, die hinter ihnen lag. Ihre Kleider, so sagten sie, waren neu beim Antritt der Wanderung, ihre Schuhe hatten feste Sohlen, die Weinschläuche waren gefüllt, das Brot sei frisch gewesen. So überzeugten sie den mißtrauischen Josua, daß sie im Auftrag eines weit entfernt lebenden Stammes nach Gilgal gekommen seien, um einen Friedensvertrag mit ihm, dem mächtigen Fürsten aus der Fremde, abzuschließen.

Den Trick, sich für weitgereiste Unterhändler auszugeben, die ihren Stamm erst wieder nach wochenlanger Wanderung erreichen können, hatten sich die Männer aus Gibeon deshalb ausgedacht, weil sie wußten, daß Josua mit keiner Stadt, die in der Nähe lag, ein Friedensabkommen treffen wollte: Hatte er erst Frieden mit einer Stadt geschlossen, gab es keinen Grund mehr, sie zu plündern und niederzubrennen. Auf Plünderung und Brandschatzung aber verzichtete Josua ungern. Der List der Männer aus Gibeon jedoch fiel er zum Opfer. Nur kurz regte sich sein Mißtrauen: »Vielleicht wohnt ihr doch ganz in der Nähe.« Auf ihre erneuten Beteuerungen hin, von weit im Norden hergezogen zu sein, erklärte sich Josua bereit, einen Vertrag mit ihnen zu schließen, der Leben und Eigentum des von den Unterhändlern vertretenen Stammes garantierte.

Drei Tage später erfuhr Josua, daß die Männer in Vertretung der Stadt Gibeon gehandelt hatten, die nicht einmal eine Tagreise entfernt lag. Aus Wut über die List und über die Arglosigkeit der eigenen Führung wollten Josuas Soldaten Gibeon plündern. Er jedoch sah den Vertrag, da er bei Gott beschworen worden war, als gültig an. Nachdem er den Verantwortlichen mitgeteilt hatte, daß er das Abkommen unter gewissen Auflagen einhalten wolle, fragte er die Männer aus Gibeon nach den Gründen der List. Das Buch Josua berichtet, er habe diese Antwort erhalten: »Es ist uns genau erzählt worden, was dein Gott seinem Knecht Mose befohlen hatte, nämlich das ganze Land an euch zu nehmen und alle Bewohner des Landes zu vertilgen. Da hatten wir euretwegen um unser Leben große Angst. Deshalb handelten wir so.«

Adonizedek, der König von Jerusalem, mußte annehmen, daß sich Josua kein zweites Mal zu einer gütlichen Einigung bereitfinden werde. Ihm und den anderen Stadtchefs blieb nur die Möglichkeit zum Widerstand. Die Städte Hebron, Jarmut, Lachisch und Eglon – sie lagen alle südwestlich von Jerusalem – stellten Adonizedek jeweils einen Trupp Bewaffneter zur Verfügung; jeder König behielt sich jedoch die Befehlsgewalt über den eigenen Verband vor.

Gemeinsam hatten sie den Plan ausgeheckt, zunächst die Stadt Gibeon für ihren Friedenswillen zu bestrafen und dann erst die fremde Sippe zu vertreiben. Doch die Aufspaltung des Feldzugs in getrennte Phasen mißlingt: Josuas Kämpfer kommen von Gilgal her rechtzeitig den Bewohnern von Gibeon zu Hilfe. Die Truppen der alliierten Städte werden vernichtet.

Der siegreiche Josua sieht keinen Anlaß zur Gnade. Wer ihn bekämpft hat, den straft er. Eine Feindstadt nach der anderen fällt in seine Hand. Diese Reihenfolge der Eroberung gibt das Buch Josua an: erst Lachisch, dann Eglon und schließlich Hebron. Von Hebron und der Nachbarstadt Debir aus sei Josua mit seinen Kämpfern noch weiter nach Süden und dann zurück nach Gilgal, in sein Hauptquartier und Lager, geritten. Jerusalem aber wird in der triumphalen Liste der zerstörten Städte, die das Buch Josua überliefert, nicht genannt. Offenbar ist die siegreiche Truppe beim Rückmarsch der Stadt an der Gihonquelle ausgewichen, obgleich die Entfernung zwischen Jerusalem und Gilgal nur 30 Kilometer betrug. Jerusalem war, von Gilgal aus gesehen, die nächstgelegene Bastion der feindlichen Städteallianz und hätte damit eigentlich nach Abschluß des übrigen Eroberungsprogramms noch angegriffen werden können.

Respekt vor den Festungsanlagen über dem Kidrontal wird kaum der Grund für die unvermutete Schonung gewesen sein – eher traf das Gegenteil zu: Josua sah in Jerusalem wohl einen strategisch unwichtigen Platz, nachdem dessen mutiger und entschlußfreudiger Herrscher von den Siegern gefangen und schließlich, zusammen mit den verbündeten Königen, erschlagen worden war. Der Organisator des Städtebundes, des Widerstandes war tot; seine Siedlung im Gebirge lohnte die Mühe eines Angriffs nicht. Vielleicht hat auch die nur zehn Kilometer entfernte Stadt Gibeon, die mit Josua Frieden geschlossen hatte, Garantie für das Wohlverhalten der Nachbarstadt übernommen.

Aus dem Text des Buches Josua ist zu schließen, daß Jerusalem verschont worden ist. Das Buch Richter 1 aber erwähnt die Stadt ausdrücklich als Beute siegreicher Eroberer: »Die Judäer kämpften gegen Jerusalem, nahmen es ein, schlugen es mit der Schärfe des Schwertes und steckten die Häuser in Brand.«

Dieser Bericht von der Brandschatzung Jerusalems schildert ein Ereignis, das mindestens eine Generation später, in der Zeit des ausgehenden 13. Jahrhunderts v. Chr., geschehen ist. Die Ruhmpreisung, Jerusalem zerstört zu haben, gilt nicht mehr dem Feldherrn Josua. Gemeint ist nicht sein Eroberungszug – gemeint ist der Einbruch des Stammes Juda in das Land an der Ostküste des Mittelmeers. Dieser Stamm ist als Nachzügler über den Jordan gekommen; er hat den Fluß weiter im Norden, östlich der heutigen Stadt Nablus überschritten.

Spärlich sind die konkreten Angaben, die dem Buch Richter zu diesem Vorgang entnommen werden können. Sicher ist, daß Josua zur Zeit des Einbruchs dieses Stammes Juda bereits tot war; der Beginn des Buches informiert über den Tod des Feldherrn. Sicher ist auch, daß Josuas Vernichtungsaktion gegen die Städte kein voller Erfolg war. Der Nomadensippe ist es nicht gelungen, das Land unter Kontrolle zu bekommen. Unabhängige Gemeinwesen besaßen noch immer die Kraft, sich gegen die Invasion aus dem Osten zu wehren.

Wieder, wie zu Lebzeiten des Königs Adonizedek, waren die Mächtigen in Jerusalem die wichtigsten Organisatoren des Widerstands. Wieder endete der Abwehrkampf der Eingesessenen mit einer Niederlage. Diesmal verschonten die Sieger die Stadt an der Gihonquelle nicht. Das Volk Juda nahm seine Siegerrechte in Anspruch. Doch nach schrecklichen Tagen fand die Not der Bewohner ein rasches Ende: Der Stamm Juda verlor das Interesse an Jerusalem, weil ihm der Ort nicht als passender Siedlungsplatz erschien. Juda zog weiter nach Süden.

Für die Bewohner war die Brandschatzung bald nur mehr eine Episode, die wieder in Vergessenheit geriet – ein Unglück im Gang einer langen Geschichte, das den Glauben an die sichere Lage der Stadt nicht ins Wanken bringen konnte. Die Hoffnung war groß, daß die semitische Invasion aus dem Osten bald zu Ende gehen, daß die Gefahr wie ein übler Traum schließlich verfliegen würde. So wie die Stämme gekommen waren, so konnten sie auch wieder abziehen. Nichts deutete darauf hin, daß die Eindringlinge bleiben wollten.

Auch nach dem Durchzug des Stammes Juda war der Kampf keineswegs zugunsten der Fremden entschieden. Noch waren viele Städte unberührt geblieben von den Kriegsereignissen; andere hatten nach der Katastrophe der Zerstörung wieder ihre Unabhängigkeit erlangen können, da die Eroberer an Zahl nicht stark genug waren, um ständige Besatzungen in den eingenommenen Siedlungen zu unterhalten. Wahrscheinlich waren die Nomaden nur von der Absicht getrieben zu plündern.

Der Prozeß der Ansiedlung verlief langsam. Noch im frühen 12. Jahrhundert v. Chr. zog die Sippe Dan ziellos durch das Land: Sie verließ ihren Lagerplatz bei Jerusalem und wanderte plündernd durch das Bergland von Ephraim – dort wohnten verwandte semitische Stämme –, um sich schließlich ostwärts der heute libanesischen Stadt Tyrus niederzulassen.

Die noch unabhängigen Städte lebten nicht nur in der Hoffnung, die brandschatzenden Familien würden nach Norden abziehen, sie waren auch überzeugt, die Herren am Nil würden ihnen in der Bedrängnis helfen. Vertraglich waren die Pharaonen als die rechtmäßigen Beherrscher des Gebiets dazu verpflichtet, Truppen zu schicken, um Invasionen abzuwehren. Die Dokumente, die sie hinterlassen haben, berichten auch tatsächlich von gewaltigen Kriegszügen und von ruhmreichen Siegen an der Ostküste des Mittelmeers. Mit der Wirklichkeit haben diese Berichte freilich wenig gemein. Zu den Prahlereien ist sicher die Inschrift zu zählen, die der Pharao Merenptah um das Jahr 1220 – also mitten in der Zeit der Invasion des Gebiets durch semitische Stämme – in Stein meißeln ließ. Der Text lautet: »Erbeutet ist das Land Kanaan. In Gefangenschaft ist Aschkelon, gefesselt ist Geser, vernichtet ist Jenoam. Das Volk Israel ist verdorben, es hat keinen Samen mehr. Das Land der Philister ist zur Witwe geworden für Ägypten.«

Der Siegesbericht des Merenptah gibt den Nomadensippen den Namen »Volk Israel«; diese Bezeichnung wird sich fortan durchsetzen. Der Steinmetz des Pharao unterscheidet sehr genau: Er schreibt vom »Land der Philister« und zeigt damit an, daß dieses Volk seßhaft ist; er schreibt vom »Volk Israel« und kennzeichnet die Hebräer so als Nomaden.

Den Statthaltern des Pharao in den Städten zwischen Jordan und

Mittelmeer nützten diese Prahlereien nichts. Die Wirklichkeit, mit der sie sich abmühen mußten, sah so aus: Da zogen wohnsitzlose Familien, fast immer einige tausend Menschen, durch das Land. Sie plünderten wichtige, wohlhabende Städte. Sie ernteten Felder ab, die ihnen nicht gehörten, und trieben das Vieh von den Weiden weg. Erhalten sind in ägyptischen Archiven auf Tontafeln die Klageschriften, die von den Statthaltern an die Souveräne am Nil geschickt worden sind: »Die Habiru rauben das Land aus!« Doch die Habiru sind nicht die einzigen, die Stadt und Land an der Mittelmeerküste ausplündern.

An der Außenwand des Tempels, den sich Ramses III. in Medinet Habu südlich der Totenstadt von Theben hat bauen lassen, zeigt ein Relief in sehr präziser Darstellung den Verlauf einer Seeschlacht: Segelschiffe und Boote mit Rudern prallen aufeinander, Enterkommandos besteigen feindliche Schiffe, Bogenschützen zielen auf Ruderer, Tote und Verwundete fallen ins Wasser. Am Ende aber siegt die ägyptische Flotte, siegt Ramses III. Das Relief schildert den Abwehrkampf ägyptischer Küstenschiffe gegen »Seevölker«, die in das Nildelta eindringen wollen. Die Ursache für die Niederlage der Angreifer wird deutlich gezeigt: Sie besitzen nur Bogenwaffen mit kurzer Reichweite; die Pfeile der Ägypter aber treffen noch in größerer Entfernung.

Schriftdokumente aus jener Zeit geben den fremden Seefahrern den Namen »Purastu«. Die Schreibweise ist verfälscht, da die ägyptische Schrift damals kein »l« besaß – die weitere Entwicklung des Wortes zu hebräisch Pelischtim, arabisch »Filistin« und deutsch »Philister« zeigt, daß der Name der Fremden »Pulastu« ausgesprochen wurde.

Schreckliches wird über die Pulastu berichtet: »Sie töteten Menschen ohne Rücksicht. Sie verwüsten das Land. Sie gelangten auch nach Ägypten. Feuer ging ihnen voraus.« Wie diese Menschen, die von den Ägyptern als barbarisch eingestuft wurden, wirklich ausgesehen haben, ist auf ägyptischen Reliefs zu erkennen: Die kriegerischen Fremden sind bartlos, schlank und groß. Ihre beachtliche Statur betonen sie durch hochaufragenden Kopfputz, der durch Kinnriemen festgehalten wird.

Die Pulastu waren nicht nur gewandte Seefahrer, sie verfügten auch über Transportmittel zu Lande, die von ägyptischen Armeen bislang noch nicht verwendet worden waren: Auf Ochsenkarren fuhren die Pulastu in den Krieg. Die Räder der Fahrzeuge bestanden aus runden Holzscheiben; Speichen kannten die Pulastu nicht. Die Ochsenkarren waren den Streitwagen der Ägypter an Geschwindigkeit weit unterlegen. Doch sie bewegten sich stetig und stur voran.

Als den Pulastu die Landung an der Mittelmeerküste des Nildeltas gelungen war, da hatten die ägyptischen Kämpfer Mühe, sie wieder zu verdrängen. »Sie brachen an den Flußmündungen ein wie ein Haufen Wilder. Sie glauben unverrückbar fest an ihren Sieg« – diesen Eindruck, er ist bezeugt durch ein schriftliches Dokument, machten die Fremden auf die Ägypter, die ihren Angriff abzuwehren hatten.

Genau erfaßbar ist der Weg nicht, den die Pulastu bis zu ihrer Ankunft am Nil zurückgelegt haben. Auf dem Balkan oder in Griechenland muß ihre ursprüngliche Heimat gewesen sein. Sie sind einzuordnen in eine turbulente Wanderbewegung der Völker in der Region zwischen Adriatischem Meer und Schwarzem Meer: Die Dorer stießen mit gewaltigem Druck nach Süden vor und veranlaßten Volksstämme, deren Heimat ihr Ansturm berührte, zur Flucht. Die Pulastu wichen nach Kreta aus und wurden Herren der Insel. Damit war der minoischen Kultur ein Ende gesetzt. Doch ihr Eroberungsdrang trieb sie noch weiter, in reichere Gegenden des östlichen Mittelmeerraums. Den Einfall in das Nildelta konnte das ägyptische Heer gerade noch zur Zeit des Pharao Ramses III. abwehren.

Die Pulastu flohen nach Osten. Auf dem Seeweg erreichten sie den Küstenstreifen um die heutige Stadt Gaza. Dort wurden sie seßhaft. »Peleschet« hieß dieser Landstrich schon bald, später »Philistaea« – der Name »Palästina« war geboren.

Verstärkung erhielten die aus Ägypten Geflohenen durch eine Zuwandererwelle, die von Kreta aus zunächst nach Zypern gesegelt war, um dann bis zum – in unserer Zeit – libanesischen Küstengebiet weiterzufahren. Daß wichtige Hafenstädte in die Hand der Seevölker gefallen waren, berichtete Wen-Amun, der als Priester des Amuntempels von Karnak, in Gebal, das später Byblos hieß, Zedernholz für den Bau einer Sonnenbarke kaufen wollte. Im 11. Jahrhundert v. Chr. war Wen-Amun in das Libanongebiet gereist. Die ägyptische Macht, so notierte er in sein Reisetagebuch, war nicht mehr spürbar. Die Küste gehörte den Fremden, die aus Kreta gekommen waren.

»Der Herr überlieferte das Volk Israel vierzig Jahre lang der Gewalt der Philister.« Im 13. Kapitel des Buches Richter ist diese Feststellung zu finden. Sie entspricht kaum den Tatsachen. Nach dem Abschluß der Einwanderungsbewegungen aus Ost und West entwickelte sich Koexistenz zwischen drei Volksgruppen: Da lebten noch immer Sippen der früheren Bevölkerung in Städten und Dörfern unter ihren angestammten Clanchefs – zu diesen Städten zählten Megiddo, Geser und Jerusalem; da hatte sich ein zusammenhängendes Siedlungsgebiet der semitischen Stämme geformt mit Exklaven im Norden; da war die neue Heimat der Philister entstanden. Zwischen diesen drei Volksgruppen lebten Beziehungen auf. Die Stadtstaaten, die den früheren Göttern Kanaans treu geblieben waren, tauschten mit den Siedlern, die an den

Gott im Zelt und an den göttlichen Ursprung der Gesetze in der Bundeslade glaubten, landwirtschaftliche Produkte aus. Das Volk Israel, das im Bergland lebte, konnte Ziegen und Rinder anbieten; die Bauern im Restkanaan verfügten über Getreide. Die Philister aber, die an einen Gott glaubten, der Dagon hieß, hatten Waren zu verkaufen, auf die beide anderen Volksgruppen angewiesen waren: Die Eisenwaffen der Philister waren härter als die des Volkes Israel und als die der Kämpfer des Kleinstaates Megiddo. Die Philister hatten ein Geheimnis für die Herstellung von besonders harten Metallen in die neue Heimat mitgebracht. Dieses Geheimnis bewahrten sie mit Erfolg, denn mehr als ein Jahrhundert später sind die Männer aus den semitischen Stämmen noch immer gezwungen, ihre Eisenwaren auf den Märkten der Philister zu kaufen. Im 13. Kapitel des Ersten Buches Samuel wird die Auswirkung des Unterschieds im technologischen Standard so beschrieben: »Im ganzen Lande Israel fand sich damals kein Schmied; denn die Philister sagten sich, die Hebräer könnten sich sonst Schwerter oder Lanzen herstellen. Jeder aus Israel mußte also zu den Philistern hinab, um seine Pflugschar, seinen Spaten, seine Axt oder seine Sichel schärfen zu lassen. Das Schärfen der Sicheln und der Äxte kostete einen Pim. Im Kriegsfall aber fand sich kein Schwert und keine Lanze bei den Kriegern vor.«

Daß die Philister und das Volk Israel zunächst nebeneinander und sogar miteinander leben konnten, beweist der Beginn der biblischen Geschichte von Samson. Der Mann mit den übermenschlichen Kräften gehörte zum Stamm Dan, der in der Region westlich von Jerusalem Weideland suchte, später aber nach Norden, in die Gegend von Tyrus zog. Als sich der Stamm noch bei Jerusalem aufhielt, da hatte Samson Lust, sich eine Frau ins Zelt zu holen. Vom provisorischen Lager der Danfamilie aus stieg er hinunter ins Tal, ins Siedlungsgebiet der Philister. Weit war der Weg nicht ins Dorf Timna – nur etwa sechs Kilometer. Diese Entfernung legte er nicht umsonst zurück: Tatsächlich gefiel ihm eines der Mädchen. Samsons Vater, aufgefordert, die Brautwerbung zu übernehmen, reagierte unmutig: »Gibt es denn unter den Töchtern des eigenen Stammes keine Frau. Mußt du unbedingt ein Weib von den unbeschnittenen Philistern holen?« Samson blieb hartnäckig.

Der Ärger zwischen dem Mann aus dem semitischen Stamm Dan und den Philistern begann während der Hochzeit. Samson glaubte ein Rätsel zu kennen, dessen Lösung nur ihm selbst vertraut war. Er wettete mit den Hochzeitsgästen, daß sie nie erraten würden, was gemeint war – und verlor, weil seine Frau den Männern ihres eigenen Volkes die Auflösung verriet. Voll Zorn darüber ging Samson von

Timna in die nächste größere Stadt – sie hieß Aschkelon – und erschlug dort dreißig Männer. Die Opfer hatten mit dem Streit in Timna überhaupt nichts zu tun.

Dieses Verbrechen kühlte jedoch Samsons Wut keineswegs. Das Buch Richter erzählt: »Und Samson ging hin und fing 300 Schakale. Dann nahm er Fackeln, kehrte einen Schwanz zum andern und befestigte eine Fackel zwischen zwei Schwänzen in der Mitte. Nun zündete er die Fackeln an und ließ die Schakale auf die Kornfelder der Philister los, auf denen die Frucht noch stand. Er verbrannte Garben und Halme, Weinberge und Ölberge.«

Die Philister hatten guten Grund, sich zu rächen. So begann die Kette von Schlag und Gegenschlag, von Überfall und Revanche, von Kommandoaktion und Rachefeldzug. Der Privatkrieg des Mannes aus der Sippe Dan wuchs sich zum Kampf zwischen semitischen Stämmen und den Philistern aus.

Am Ende der Legende von Samson steht die Erzählung von seinem Tod: Er opferte sich und brachte die Führungsspitze des Philistervolkes um. Unter den Trümmern des Regierungsgebäudes von Gaza, dessen tragende Säulen Samson einriß, lagen der Mann aus dem Stamm Dan und die Mächtigsten seiner Feinde gemeinsam begraben. Der Krieg war damit jedoch keineswegs entschieden.

Während der Jahrhunderte, in denen sich der historisch faßbare Vorgang der Landsuche und der allmählichen Ansiedlung vollzog, hatten die semitischen Stämme nach und nach vergessen, daß ihre Stärke in der Vergangenheit auf der Überzeugung beruhte, einen mächtigen Verbündeten im Gott ihres Glaubens zu besitzen. Das Abkommen, das Mose mit diesem Gott getroffen hatte auf dem Weg durch die Öde der Halbinsel Sinai, war im Bewußtsein der Menschen kaum mehr gegenwärtig. Vorhanden war allerdings noch immer das Zeichen dieses Abkommens: die Bundeslade mit den zwei Gesetzestafeln. Doch nie mehr hatten sie den hölzernen Kasten bei militärischen Aktionen mit sich getragen.

Im Gebiet der Familie Ephraim war der Kasten abgestellt worden, in der kleinen Stadt Schilo, nur wenige Kilometer nördlich von Jerusalem. Dem Buch Richter ist zu entnehmen, daß in Schilo ein Gotteshaus bestand; doch es wird wohl eine etwas stabilere Weiterentwicklung des einfachen Zelts der Vergangenheit gewesen sein. Im selben Buch Richter ist auch zu lesen, daß sich einzelne Stämme bereits eigene Heiligtümer geschaffen hatten, die nicht mehr der Anbetung des Gottes aus der Wüste dienten. So blieben Bundeslade und Gotteshaus in Schilo Generationen lang unbeachtet.

Erst als der Druck der Philister auf ihr Gebiet unerträglich wurde, besannen sich die Ältesten der Sippe Ephraim darauf, daß die Bundeslade in ihrer Stadt stand. Sie erinnerten sich wieder an dieses Symbol der Allianz mit Gott. Die Ältesten von Ephraim gaben Befehl, die Bundeslade sei an die Front zu bringen.

Die Ankunft des hölzernen Kastens löste Jubel aus bei den Kämpfern des Stammes. Sie erhofften sich Wunder von der Bundeslade. Der ungewohnte und langanhaltende Lärm wiederum weckte die Neugierde der Philister. Sie ließen sich nicht schrecken, überfielen das Lager der Sippe Ephraim und raubten den Kasten samt den Gesetzestafeln. Die Führung der Philister glaubte nach diesem Erfolg, daß sie und ihr Gott Dagon künftig die Herren sein würden im Land zwischen Mittelmeer und Jordan. Als die Bundeslade in Aschdod, der Philisterhauptstadt, angekommen war, da ordneten die Verantwortlichen an, das eroberte Heiligtum sei in der Gotteshalle zu Füßen der Statue des Dagon abzustellen. Damit werde die Überlegenheit des gewaltigen Beschützers von Aschdod demonstriert.

Das Erste Buch Samuel aber berichtet, der Triumph der Philister habe ein Ende in Schrecken gefunden. Kaum war die Bundeslade in Aschdod zum allgemeinen Gespött freigegeben, da wurde gleich am nächsten Morgen die Statue des Dagon am Boden liegend gefunden, auf dem Angesicht, neben dem Beutestück. Ein unglücklicher Zufall sei die Ursache des Sturzes gewesen, tröstete sich der Rat der Stadt Aschdod. Am nächsten Morgen aber war die Statue wieder umgestürzt – und diesmal fehlten ihr Kopf und Hände; sie lagen abgetrennt an der Tür.

Die Ältesten von Aschdod wollten nach diesem Erlebnis die Bundeslade nicht länger in ihrer Stadt haben. Sie brachten den Kasten auf den Weg in eine Siedlung, die im Ersten Buch Samuel den Namen Gat trägt. Ihre geographische Lage ist heute nicht mehr zu identifizieren. In Gat, so wird berichtet, seien die Bewohner krank geworden aus Angst vor dem Unheil, das der hölzerne Kasten mit den Steintafeln darin ihnen bereiten könnte. Rasch wurde die Beute weitergereicht. Doch auch die nächste Stadt, in der ein Lagerplatz für das unheilbringende Objekt gesucht wurde, wehrte sich. Aus Sorge vor Fäulnis der Glieder, vor ewigem Siechtum, vor Pest gaben die Priester endlich die wertvolle Beute, die zum Symbol der Überlegenheit ihres eigenen Gottes hätte werden sollen, an den Feind zurück. Eines Tages fanden Bauern des Stammes Ephraim weit in ihrem Gebiet die Bundeslade auf einem Wagen, der, von zwei Kühen gezogen, herrenlos auf der Straße in Richtung Jerusalem fuhr. So glücklich das Ende der Irrfahrt des Heiligtums auch war, der Vorfall wurde von den semitischen Stämmen als beschämend empfunden. War ihnen die Bundeslade über Generationen gleichgültig gewesen, so hatten sie jetzt schmerzlich den Verlust gespürt. Sieben Monate lang war der irdische Aufenthaltsort ihres Gottes in der Hand des Feindes gewesen.

Die Stämme fingen an, über die Ursache der Schmach, die ihnen von den Philistern zugefügt worden war, nachzudenken. Das Buch Richter zeigt Spuren dieses Nachdenkens. Manchmal beginnen seine Berichte mit dem Satz: »Es geschah in jenen Tagen, da es keinen König in Israel gab.«

In zwölf unterschiedliche Großfamilien hatte sich die semitische Sippe im Verlauf der Generationen gegliedert. Das Land, das nicht von den Philistern verteidigt wurde, ist nach und nach unter den zwölf Großfamilien aufgeteilt worden. Das Gebiet der Stämme erstreckte sich von Tyrus im Norden bis zur Negevwüste im Süden. Eifersüchtig wachte jeder Clan über seinen Boden. Jede Familie hatte sich in einem eigenständigen Gemeinwesen organisiert. Der Zusammenhalt der zwölf Stämme war schwach. So hatte niemand dem Stamm Ephraim im Streit mit den Philistern geholfen; Ephraim, auf sich allein gestellt, war nicht in der Lage gewesen, die Bundeslade zu schützen.

Der Schluß, zu dem die Stämme kamen, lautete: Das Unglück hätte vermieden werden können, wenn alle einen gemeinsamen König gehabt hätten – und eine gemeinsame Hauptstadt.

Ein Ansatz zur Zentralgewalt existierte allerdings: das Amt des Richters. Im Wechsel wurde es von erfahrenen Männern der Stämme ausgeübt. Sie schlichteten Streitigkeiten, die zwischen den Familien aufbrachen – und damit waren sie vollauf beschäftigt. Sie hatten nicht die Macht, politische Ziele zu setzen, an zukünftige Entwicklung zu denken. Die wichtigste Aufgabe der Richter bestand darin, Bürgerkriege unter den Stämmen des Volkes Israel zu verhindern. Doch meist hörten die Schuldigen nicht auf den Spruch der Richter. Da taten sich alle Sippen zu einer gemeinsamen Gerichtsaktion gegen die Großfamilie Benjamin zusammen, die in den Siedlungen nördlich von Jerusalem lebte: »Sie schlugen die Benjaminiten mit der Schärfe des Schwertes, Männer und Vieh und alles, was sich im Land Benjamin befand. Auch alle Ortschaften, auf die man stieß, steckten sie in Brand.« Kein Richter hatte den blutigen Bürgerkrieg verhindern können. So zieht auch das Buch Richter in seinem allerletzten Satz das Fazit: »In jenen Tagen gab es keinen König in Israel. Jeder tat, was ihm gefiel.«

Kämpfe um König und Hauptstadt

Auch die Richter handelten nach ihrem egoistischen Willen. Auch sie achteten auf ihren Vorteil. Der Richter Samuel sah am Ende seines Lebens nur das eine Ziel vor sich, das hohe Staatsamt in seiner Familie zu halten; einer der Söhne sollte es erben. Doch er mußte sich von den Ältesten der Stämme sagen lassen, daß die Söhne korrupt geworden waren, daß sie allesamt das Recht beugten, wenn ihnen Bestechungsgelder angeboten wurden. Die Ältesten wollten die Entwicklung einer dynastischen Erbfolge für das Richteramt verhindern. Sie schlugen vor, Samuel möge doch einen König einsetzen, einen Herrscher über alle Stämme – so wie das bei den anderen Völkern ringsum der Brauch war. Die semitische Sippe wollte sein wie die Nachbarvölker.

Dem Richter Samuel mißfiel dieser Wunsch. Er wollte den Plan hintertreiben. Ein kluges Argument hatte er für die Antwort bereit: Er gab zu bedenken, daß dem Volk doch schon seit langer Zeit, seit Mose gewirkt habe, ein König gegeben sei. Dieser König sei sogar so mächtig, daß seine Gewalt durch nichts übertroffen werden könne. Der allmächtige Gott selbst sei dieser König. Die Einsetzung eines irdischen Herrschers müsse Gott verärgern, denn sie könne ja letztlich wohl nur bedeuten, daß die Sippen das von Mose geschlossene Bündnis auflösen wollten.

Doch alles, was Samuel sagte, um seine eigenen Absichten zu verwirklichen, blieb unbeachtet. Der Richter wurde beschworen, bedrängt und mit aller Schärfe aufgefordert, seine Funktion einem König zu übertragen.

Samuel gab sich nicht geschlagen. In einer psychologisch geschickt formulierten Rede machte er den Ältesten deutlich, daß sie durch die Ernennung eines Königs ihre Freiheit verlieren würden. Es sei ihr Vorteil, so meinte er, den politischen Zustand im Verband der Stämme nicht anzutasten:

»Der König wird mit Recht Forderungen stellen, wenn er über euch herrscht. Er wird euch eure Söhne wegnehmen und sie für seine Zwecke einspannen. Sie werden sogar vor seinem Wagen einherlaufen müssen. Er wird Vögte über euch einsetzen, die euch Befehle geben, die darauf achten, daß ihr seine Felder pflügt und seine Ernte einholt. Er wird euch zwingen, Waffen für ihn zu schmieden und Wagen für ihn zu bauen. Eure Töchter aber werden für diesen König kochen und backen müssen. Eure schönsten Felder, Weinberge und Ölbäume wird er euch wegnehmen und sie als Belohnung an andere ihm dienliche Personen geben. Von euren Ernten in Feld und Weinberg wird er den Zehnten nehmen, um Hofbeamte und Diener bezahlen zu können. Eure Knechte und Mägde wird der König aus euren Häusern holen und sie bei sich beschäftigen. Ihr werdet schließlich selbst seine Knechte sein. Aufschreien werdet ihr dann wegen dieses Königs, den ihr unbedingt haben wolltet. Gott aber wird euch dann nicht mehr anhören!«

Doch auch nach dieser Rede blieben die Ältesten, die in großer Zahl zu Samuel gekommen waren, bei ihrer Forderung: Sie wollten einen König haben, der mit Gewalt Ordnung schaffen sollte im Verhältnis der Großfamilien untereinander. Sie erhofften sich Rettung aus Streit und Bürgerkrieg. Die Wahl des Mannes, der diese Leistung zu vollbringen hatte, überließen sie dem Richter Samuel.

Aus der Familie Benjamin holte Samuel den König. Die Wahl war von eigennützigen Gedanken des Richters bestimmt. Die Sippe Benjamin hatte nur wenige Jahre zuvor Übles erlebt: Sie war von den anderen elf Großfamilien überfallen, ausgeplündert und gedemütigt worden. Seither hatten die Ältesten des Benjaminclans wenig zu äußern gewagt im Kreis der Gleichgestellten aus den Familien Ephraim, Manasse und Juda. Bescheidenheit war eine wichtige Tugend geworden für die Männer, die nur wenig nördlich von Jerusalem lebten. Bescheiden war auch der Mann, dem Samuel das hohe Amt gab: Saul war Bauer – und er wollte Bauer bleiben, auch als König.

In jüdischen Legenden ist die Charakterbeschreibung dieses Mannes, dem nichts wichtiger war als die Bestellung des Ackers, bewahrt geblieben: »Er war ein schlichter Mann von Verstand und Gemüt. In jedem Knecht sah er seinen Bruder. Saul kannte keinen Stolz.« Die Legenden berichten jedoch auch, daß seine einfache und bescheidene Art die Ursache für sein Scheitern war: »Darum konnte sich das Haus Saul nicht fortsetzen, weil an ihm so gar kein Fehler war.«

Der Gang der Ereignisse ist erstaunlich, hatte doch die Regierungszeit des Saul erfolgreich begonnen. Gegen die Philister waren die Truppenverbände der Stämme unter seinem Kommando erfolgreicher gewesen als jemals zuvor. Sauls Strategie der Mobilisierung bewaffneter Kräfte in allen Stämmen zum gemeinsamen Kampf hatte Siege möglich gemacht. Die Gemeinsamkeit im Krieg machte Einigung im Frieden möglich. Der Streit zwischen den Clans fand allmählich ein Ende.

Erfüllt war, was sich die Ältesten der Stämme gewünscht hatten: Das Volk Israel lebte jetzt auf eigenem souveränem Staatsgebiet. In der Ausdrucksweise unserer Zeit ist für die Entwicklung damals festzustellen, daß Israel mit der Vereinigung aller Familien durch die Einsetzung eines Königs völkerrechtlich zum Staat geworden ist.

Trotzdem war der innere Frieden des Volkes nicht erreicht – auch wenn nur selten noch Stammeskrieger die Dörfer der Nachbarn überfielen. Schuld daran trug der gutmütige und makellose Charakter des Königs. Er empfand Dankbarkeit gegenüber dem einstigen Richter Samuel und gestattete ihm weiterhin Mitwirkung am politischen Leben. Saul duldete Kritik aus dem Mund des alten Mannes, auch wenn sie schroff formuliert war. So gelangten Äußerungen wie »Saul handelt blöde und dumm« rasch an die Öffentlichkeit. Das Ansehen des Königs wurde untergraben.

Samuel hatte unter anderem auch noch die Funktion des Opferpriesters behalten. Es war seine Aufgabe, vor jedem Kriegszug Gott durch Opferung von Tieren gnädig zu stimmen. Der Kampf durfte nicht beginnen, ehe Samuel die Voraussetzung dafür geschaffen hatte, daß Gott als Verbündeter wirksam werden konnte. Saul aber kümmerte sich nicht immer darum, ob Samuel die Opferung abgeschlossen hatte. Er, als Befehlshaber, mußte angreifen lassen, solange der Feind noch zu überraschen war und Ungeduld die eigenen Kämpfer antrieb. Handelte er aber nach den Gesetzen des Krieges, verletzte er Samuels Stolz. Diesen Vorwurf bekam Saul dann zu hören: »Du hast Gottes Befehl nicht befolgt!« Zu den Mächtigen der zwölf Stämme sagte der alte Richter: »Gott hütet sich noch, das Königtum des Herrschers in Israel für immer zu bestätigen.« Samuel drohte, der Allmächtige werde die Einsetzung des Königs Saul rückgängig machen.

Der König hatte eine Instanz über sich, die Beurteilungen seiner Amtsführung abgab, die Schiedsrichter sein wollte zwischen den Sippenältesten und dem Monarchen. Saul war dem geschickten Taktiker nicht gewachsen. Er schluckte die Beleidigungen. Er nahm hin, daß er angeschwärzt wurde bei den Einflußreichen in den Familien. Der ständige Ärger veränderte seine Psyche: Depressionen wechselten sich mit Tobsuchtsanfällen ab. Er spürte, daß er allein gelassen wurde. Die Mächtigen trafen sich bei Samuel. Dort berieten sie über die Stimmung im Volk, die sich bis zur Ablehnung des Königs entwickelte. Saul war der König nicht, den sich die Männer und Frauen vorgestellt hatten. Sie wollten einen Monarchen haben, der Glanz ausstrahlte, der einen Palast besaß, der nicht eine Bauernhütte als sein Zuhause betrachtete. Den Unzufriedenen im Lande ließ Samuel sagen: »Es reut Gott, daß er Saul zum König über Israel gemacht hat!«

Der einstige Richter ist entschlossen zu handeln. Insgeheim hat Samuel den künftigen König bereits ausgewählt. Aus der Stadt Bethlehem südlich von Jerusalem stammt er. Die Eltern sind Bauern, und auch er arbeitet auf Feld und Weide mit. Sein Name ist David.

Vom Berufsstand her gesehen, scheint der Unterschied zwischen Saul und David gering zu sein – Bauern waren sie beide. Doch diese Übereinstimmung besagt wenig: Die meisten Männer des einstigen Nomadenvolks, das sich erst vor rund einem halben Dutzend Generationen entschlossen hatte, seßhaft zu werden, bestellten Äcker, weideten Rinder und Schafe, pflegten Weinberge. Selbst wenn sie Handwerker waren oder Krieger, lebten sie vor allem von ihren Ernten. So kann der Umstand wenig erstaunen, daß Samuel wieder einen Bauern für das höchste und entscheidende Staatsamt ausgesucht hatte.

Diesmal aber hatte der Richter, der kein offizielles Amt mehr besaß und damit auch keinen Auftrag, Kandidaten für die Position des Königs auszusuchen, das Problem mit mehr Überlegung angepackt. Er hatte einen Charakter gesucht, der Entwicklungsmöglichkeit besaß. Ein wichtiger Unterschied zeichnete David gegenüber Saul aus: Saul wollte immer Bauer bleiben, auch als König – David hingegen fühlte keine Bindung an Boden und Herden. Er gab die Arbeit in der väterlichen Landwirtschaft gern auf.

Zerbrach Saul an der eigenen Schlichtheit, so besaß David ein weites seelisches Spektrum, das ihn flexibel machte, das ihm flinke Anpassung an veränderte Situationen erlaubte. David war talentiert als Dichter, Musiker, Sänger. Er war ein Mann mit empfindsamer Seele; weich und gutmütig aber war er nicht. Grausamkeit war ihm keineswegs fremd. Er verfügte über einen Speicher an Kraft, Krisen zu meistern. Phantasie beflügelte ihn. Visionen von der Zukunft des jüdischen Volkes inspirierten sein Handeln und vor allem sein Reden.

Der erste König der Juden, Saul, der immer noch regierte, war kein Redner, der die Zuhörer packen konnte. David aber faszinierte durch die Kunst, Worte zu wählen. Wer ihn hörte, der folgte den Zeichen, die er setzte. Gerne ließen sich die Männer, mit denen er über die große Zeit sprach, die für das ganze Volk anbrechen werde, überzeugen, daß der junge Staat eine würdige Hauptstadt brauche. Saul hatte wenig Neigung gezeigt, ein Verwaltungszentrum zu schaffen, einen Mittelpunkt des Landes, auf den die Bewohner mit Stolz und mit Ehrfurcht blicken konnten. David hatte die Absicht, dem Volk eine glanzvolle Hauptstadt zu präsentieren.

Samuel stimmte allen Ideen zu, doch war an eine Realisierung nicht zu denken, solange Saul noch König war in Israel. Der Monarch und Samuels Kandidat sind sich frühzeitig begegnet. Es wird berichtet, der seelisch kranke König habe den jungen Mann in sein Haus geholt – als Musiker. Saul hat sich offenbar Heilung versprochen für sein zerbrechendes Gemüt. Doch die Harfenklänge Davids waren kein wirksames Mittel zur Genesung. Die Depressionen wurden intensiver. Saul muß unter dem Kontrast gelitten haben, der zwischen ihm selbst und diesem vielfach begabten und optimistischen jungen Mann offenlag. Als David dann auch noch bei Kämpfen gegen die Philister Glück hatte und bei siegreicher Heimkehr bejubelt wurde, da soll Saul sogar Grauen vor David empfunden haben. Sicher ist, daß die Zuneigung des alten Mannes in Haß umschlug.

Saul wollte David schließlich vernichten. Um ihn über seine Absichten zu täuschen, versprach ihm Saul eine seiner Töchter zur Frau – unter der Vorbedingung, daß David dem König als Brautgabe einhundert Vorhäute der Geschlechtsglieder erschlagener Philister überbringe: Davids Mut war eigentlich längst erwiesen; eine derartige Probe war überflüssig. Sauls Hintergedanke war, David werde beim risikoreichen Überfall auf einen Stützpunkt, der auf dem Gebiet der Gegner lag, sein Leben verlieren.

Den schlichten und makellosen Charakter, der in den Erzählungen aus jener Zeit so sehr gerühmt wird, hatte Saul in diesem Stadium seines Lebens offenbar verloren. Saul war nicht mehr der Mann ohne Fehler. Seine Gemütskrankheit hatte ihn völlig besiegt. Der Verstand übte kaum mehr Kontrolle über die Emotionen aus.

David aber nahm die Herausforderung durch seinen künftigen Schwiegervater an. Er war gut vorbereitet: Er hatte sich eine eigene Einsatztruppe geschaffen – eine Art Kommandoorganisation –, die nach der Taktik handelte: »Zuschlagen und schnell verschwinden.« Aus den Erfordernissen des Kampfes gegen die Philister war diese Truppe entstanden. David und seine Männer waren gefürchtet in Gaza und in Aschdod. Zu den Edelsten unter den Angehörigen der Sippen zählten Davids Kämpfer nicht. Unzufriedene und Verschuldete hatten den Weg zu ihm gefunden, Meuterer und Verbrecher.

Mit einer Handvoll dieser Männer stieg David hinunter in die Philisterebene. Der Überraschungsangriff gelang. Zweihundert Vorhäute, statt der verlangten einhundert, konnte David dem König schon am nächsten Tag vorzählen.

Saul mußte, wie versprochen, dem jungen Mann die Tochter zur Frau geben. Vorübergehend ließ sich nach der Heirat, durch Vermittlung eines Sohnes von Saul, Versöhnung erreichen. David spielte wieder vor Saul auf der Harfe; er sang Lieder vom Sieg – und mußte erleben, daß Saul ihn mit der Lanze an die Wand spießen wollte. Nur durch eine geschickte Bewegung des Körpers entkam David der tödlichen Waffe. Der König erinnerte sich wohl an einen Gesang, der jetzt häufig in den Dörfern zu hören war; er endete mit diesem Refrain: »Saul erschlug tausend – David aber zehntausend.«

David entfloh zu Samuel. Die beiden berieten sich. Daß der Konflikt zwischen Saul und David den Siedepunkt erreicht hatte, gefiel dem Richter von einst. Doch er sah noch keine Möglichkeit, David an die Stelle von Saul zu setzen. Zeit für die Verwirklichung seiner Pläne blieb Samuel allerdings nicht mehr: Der Richter starb und wurde wie ein König beerdigt, beweint von allen Stämmen.

Unmittelbar vor Samuels Tod war Saul noch einmal bereit gewesen, sich mit David zu versöhnen. Die Chancen für den Frieden zwischen beiden standen gut: Der junge Mann hatte, trotz starken Argwohns, keinen Grund gesehen, den Wunsch des Alten nach Annäherung abzulehnen. Als Samuel aber nicht mehr lebte, da fühlte sich Saul von einer Bürde befreit: Nun wollte er sich des verhaßten Samuel-Schützlings entledigen.

Ein Netz von Agenten war auf die Suche nach David angesetzt. Mehrmals konnte der Gejagte nur knapp der Gefangennahme entkommen. Dieses Glück wurde allerdings dadurch begünstigt, daß keiner der Agenten wirklich bereit war, David zu töten. Sie waren alle schon der Persönlichkeit dieses Mannes verfallen. Auch daß ihn Samuel vorsorglich schon zum König gesalbt hatte, war so allmählich kein Geheimnis mehr im Gebiet zwischen Jordan und Mittelmeer.

David hatte Glück gehabt, doch konnte er sich nicht auf Dauer darauf verlassen. In Stunden der Verzweiflung entschloß er sich, bei seinen schlimmsten Feinden, bei den Philistern, Zuflucht zu suchen. Er nahm seine ganze Familie und viele Mitglieder seiner Kampforganisation ins Exil mit.

Erstaunlich gut wurde der Überläufer, der gefürchtete Kommandochef, der wenige Wochen zuvor noch einen brutalen Überfall auf einen Stützpunkt der Philister geleitet hatte, von den Gegnern aufgenommen. Sie erkannten, daß Davids Übertritt in ihr Gebiet, unter ihren Schutz, den militärischen Druck gegen ihre Front verringerte. Sie begriffen die Konsequenz: Die machtpolitischen Gewichte hatten sich verschoben, da den jüdischen Stämmen künftig der fähigste Kämpfer und Kommandeur fehlte.

Die Verantwortlichen der Philister isolierten den Überläufer nicht in einem abgelegenen Dorf, in einem leicht zu kontrollierenden Camp. Im Gegenteil: Sie nahmen voll Vertrauen sein Angebot zur Kooperation an. David wurde zum Ortskommandanten des kleinen Nests Ziqlag ernannt, das am südlichen Rand des Berglandes von Juda lag, nicht ganz 20 Kilometer nördlich von Beerscheba.

Das jüdische Volk verzieh dem Überläufer. Berichtet wird, er habe den verwandten Stämmen im Süden häufig geholfen, und oft seien die Philister von ihm getäuscht worden. Seine Vorgesetzten ließen sich berichten, er habe Ortschaften des Stammes Juda überfallen. In Wahrheit aber hatte er Gegner dieses Stammes ausgeplündert und dabei in den betroffenen Landstrichen nicht einen Menschen am Leben gelassen – aus Sorge, einer verrate seine Hinterlist.

Berichtet wird auch, David sei ganz selbstverständlich mitgezogen, samt seinen Kämpfern, als das Philisterheer aufbrach zum entscheidenden Angriff gegen die Streitmacht der jüdischen Stämme. Die Mehrheit der Philisterkommandeure aber habe gegen die Teilnahme des Überläufers am Feldzug protestiert, aus Sorge vor Verrat. David sei nach Ziqlag zurückgeritten. Da er die Stadt jedoch niedergebrannt, vorgefunden habe, sei er zu Rachefeldzügen in Richtung Negev weitergezogen.

So war David nicht dabei, als den Philistern der Vorstoß in die Ebene von Jesreel gelang, der die Voraussetzung zum Sieg schuf, denn dieser Vorstoß trieb einen Keil zwischen die Stämme im Norden und Süden. Der Überraschungserfolg machte eine Allianz möglich, die bisher von Saul hatte verhindert werden können: Das Philisterheer vereinigte sich mit den Kämpfern der Städte, die noch von den traditionellen Stämmen Kanaans bewohnt waren.

Die zweite Phase der Philisteroffensive begann mit dem Angriff der Streitwagen. Das ebene Gelände bei Jesreel bot dafür die ideale Voraussetzung: Die Streitwagenverbände konnten sich weiträumig entfalten. Saul aber verfügte über keine vergleichbaren Kampfmittel. An den Abhängen der Berge bei Gilboa versuchte er mit den schwachen Streitkräften, die auf seinen Hilferuf zusammengekommen waren, einen Riegel zu bilden, der sein Kernland schützen sollte. Der Stoß des Philisterheeres aber war nicht aufzuhalten. Mit einer furchtbaren Niederlage der jüdischen Verbände endete der Feldzug der Philister. Die Stämme besaßen kein Heer mehr und keinen Befehlshaber. Als seine Front zerbrach, stürzte sich König Saul in sein eigenes Schwert.

Der Überläufer David aber dichtete in Ziqlag ein Totenlied auf den Monarchen, der ihn hatte töten wollen:

»Ihr Berge von Gilboa,
Weder Tau noch Regen gebe es künftig auf euch,
Kein Feld mit Garben für das Opfer,
Da dort entweiht ward der Schild des Saul,
Als wäre er nicht mit Öl gesalbt.
Israels Töchter, weinet um Saul,
Der euch in Purpur und Schmuck gehüllt!

Wie sind doch die Helden gefallen im Streit,
Gestorben als tapfere Krieger!«

Doch David begnügte sich nicht mit Trauergesängen, deren Ernsthaftigkeit bezweifelt werden kann. David handelte rasch. Seine Stunde war gekommen, denn er, als einziger unter den zwölf Stämmen, besaß noch eine unverbrauchte, schlagkräftige Truppe. 600 Männer hörten auf sein Kommando. Mit diesen Kämpfern zog David nach Hebron. Dort wurde er sehnlichst erwartet, als Retter in der Not. Der Heimkehrer aus dem Land der Philister ließ sich sofort nach seiner Ankunft in der Stadt südlich von Jerusalem zum »König über das Haus Juda« ausrufen. Er war damit Herrscher eines Stammes geworden. Monarch des gesamten jüdischen Volkes aber war er noch keineswegs.

Ein Sohn des toten Königs Saul hatte ebenso schnell gehandelt: Er hatte sich von den Nordstämmen huldigen lassen, erhob aber den Anspruch, König aller Sippen zu sein. Die Proklamation Davids zum Herrn über Juda betrachtete er als Anmaßung.

Der noch junge Staat der jüdischen Stämme war zerfallen in zwei ebenbürtige Hälften. Daß der Nordstaat und der Südstaat als gleich stark anzusehen waren, erschwerte die Lösung des Problems. Keiner der beiden Könige hatte Anlaß, zugunsten eines Stärkeren zu verzichten. Gefechte und Schlachten brachten keine Entscheidung. Im jahrelangen Bürgerkrieg zerfleischte sich das Volk selbst. Erstaunlich war nur, daß die Philister während jener langen Zeit nicht versuchten, die zwei Staaten nacheinander zu besiegen und zu unterwerfen.

Mord beendete den Bürgerkrieg schließlich. Zwei der Truppenkommandeure des Nordstaats erschlugen ihren König, als er zu Hause im Schlaf lag. Das Haupt des Saulsohnes brachten sie zu David nach Hebron.

Offensichtlich war der Mord nicht eine Einzelaktion zweier Offiziere, die unzufrieden waren mit ihrem obersten Befehlshaber. So wie die beiden dachte wohl die gesamte Heeresführung im Land der nördlichen Stämme: Fast alle Offiziere wünschten sich David zum Vorgesetzten. Kein Widerstand erhob sich gegen die Absicht, eine Delegation nach Hebron zu schicken, um David die Herrschaft über alle Stämme anzubieten. Dreißig Jahre alt, so wird berichtet, sei David beim Zeitpunkt der Ausrufung zum Herrn des Gesamtstaates gewesen. Sieben Jahre lang regierte David von Hebron aus. Doch diesen Regierungssitz betrachtete er immer als Provisorium. Gewiß war die Stadt groß genug und besaß repräsentative Gebäude. Ein Nachteil aber machte alle Vorteile zunichte: Hebron war immer das Machtzentrum der Sippe Juda gewesen – daran hatte auch die Erhebung zur Hauptstadt nichts geändert. Daß David dort regierte, empfanden die Mächtigen der

Stämme im Norden als Bevorzugung der Sippe Juda. Im Verlauf von sieben Jahren nach dem Regierungsantritt mußte David eine wachsende Entfernung der Großfamilien Issachar und Naphtali zu seinem Regime feststellen. Wenn es ihm nicht gelang, den Eindruck zu verwischen, er sei den führenden Köpfen im Stamm Juda hörig, dann scheiterte die Integration der zwölf Großfamilien in einen Staat. Allein der Verzicht auf Hebron konnte die Zukunft der Union aller Teile retten. David mußte sich eine eigene Hauptstadt schaffen.

Jerusalem – die Stadt Davids

Die Geschichte schien die Stadt Jerusalem vergessen zu haben. In blutigen Kämpfen, die über Generationen gedauert hatten, war der Staat der jüdischen Stämme entstanden – Jerusalem aber war kein Teil davon. Seit 200 Jahren lebten seine Bewohner für sich, unabhängig, ohne Bindung an eine der Staatsformen, die ringsum entstanden. Mitten im Siedlungsgebiet der semitischen Stämme hatte Jerusalem seine Eigenständigkeit bewahren können.

Eine Episode, erzählt im Buch Richter, macht das Verhältnis der Stadt zur Umwelt deutlich: Jerusalem war zwar unabhängig, befand sich jedoch auch in der Isolation. Da wird berichtet, ein Mann aus dem Stamm Levi habe sich noch spät am Abend auf dem Weg befunden. Mit seinem Knecht habe er die Frage besprochen, in welcher der Städte ringsum sie übernachten könnten. Der Knecht wies darauf hin, daß die Stadt der Jebusiter – gemeint ist Jerusalem – am nächsten liege und bequem zu erreichen sei. Von seinem Herrn aber erhielt er zur Antwort: »In einer fremden Stadt, die nicht den Söhnen Israels gehört, kehren wir nicht ein. Wir gehen weiter bis nach Gibea.« Sie nahmen fast drei Stunden Wanderung hin, um Jerusalem aus dem Weg zu gehen.

Die Stadt am Westhang des Kidrontals, ohne Bindung an die Stämme, war aber auch nie in die Rivalität zwischen den Machtzentren des nördlichen und des südlichen Siedlungsgebietes hineingezogen worden. Sie hatte, als verachteter, aber unangetasteter Fremdkörper mitten im jüdischen Territorium, weder zum Norden noch zum Süden gehört. Die Mächtigen in Jerusalem waren vorsichtig gewesen. Sie hatten während der vergangenen Jahrzehnte nicht einmal Sympathie spüren lassen für eine der Parteien im Bruderkampf der Stämme. Nur strikteste Bewahrung der Neutralität hatte verhindern können, daß sich die Heere der Sippen Benjamin und Juda um die Stadt stritten. Die Herren von Jerusalem waren Meister der Diplomatie gewesen.

David, der wegen seiner engen Bindung an die Südstadt Hebron im Norden als Lakai des Südstammes Juda galt, konnte in der Eroberung von Jerusalem nur Vorteile sehen. In seinen Augen war die Stadt herrenlos – und wartete auf ihn. Hatte er erst diesen befestigten Platz am Hang über der Gihonquelle in der Hand, mußte das Argument seiner Neider und Gegner sofort erlöschen, er wirke als König mit Residenz in Hebron nur für die Interessen eines einzigen Stammes. War er einmal Sieger beim Kampf um Jerusalem, dann durfte ihm niemand den Besitz der Stadt streitig machen, denn niemand sonst besaß das Recht, Ansprüche zu erheben, als allein der Eroberer. Jerusalem mußte seine, mußte Davids Stadt werden: nicht wegen der Schönheit ihrer Lage und wegen ihrer Bauten, sondern wegen ihrer einzigartigen politischen Situation zwischen den zwei Blöcken der jüdischen Stämme.

Den Plan für den Sturm auf die Jebusiterfestung hat David selbst ausgearbeitet. Er hatte vom Tunnelsystem der Wasserversorgung erfahren. Er wußte vom Schacht, der außerhalb der Mauer seine untere Öffnung hatte. Ihm war der Gedanke gekommen, diese Anlage, die bisher im Fall der Belagerung immer den Stadtbewohnern genützt hatte, in seine Angriffsstrategie einzubeziehen. So kombinierte David den Befehl zur Attacke mit einer Verlockung, der ein ehrgeiziger junger Offizier seiner Spezialtruppe, seiner Kommandoorganisation, nicht widerstehen konnte: »Derjenige, der als erster die Röhre hinaufsteigt und erschlägt die Jebusiter, der soll künftig Anführer und Hauptmann sein.«

Ohne Risiko war der Weg durch den Schacht im Fels nicht. Gefährlich war der Ausstieg am oberen Ende, innerhalb der Stadtmauer. Immer nur einer der Angreifer konnte den Schacht verlassen. Erschöpft durch den steilen Aufstieg besaß der einzelne wenig Chancen, sich zu wehren. Hielten die Belagerten Tag und Nacht aufmerksam Wache, dann hatten sie auch bestimmt vorgesorgt, daß Posten das Tunnelsystem kontrollierten. Der Angriff konnte für David in einer blamablen Niederlage enden.

Nichts berichtet uns das Zweite Buch Samuel von den weiteren Umständen des Kampfes. Nur das Ergebnis steht fest: Joab, der Sohn des Zeruja, wurde Hauptmann; David aber wurde Herr einer Stadt, die allein ihm gehörte. »Er nannte sie Davidstadt.«

Um dem Stamm Juda nicht dankbar sein zu müssen, hat David die Eroberung nicht von der Truppe des Südstammes ausführen lassen. Hätte diese Truppe Opfer gebracht, wäre er wiederum den Ältesten von Hebron verpflichtet gewesen. Von ihnen wäre er noch lange daran erinnert worden, daß er nur mit ihrer Hilfe erfolgreich gewesen sei. Die ausschließliche Verwendung seiner eigenen Kämpfer sicherte ihm nach dem Sieg die politische Handlungsfreiheit.

Eine Besonderheit des Ereignisses ist zu vermerken: Die Einnahme der Stadt Jerusalem endete völlig anders als andere Stadteroberungen jener Zeit im Gebiet zwischen Jordan und Mittelmeerküste. Die Menschen einer im Sturm genommenen Stadt zu töten und ihre Häuser niederzubrennen galt als ruhmvoll und gottgefällig. Die Bücher des Alten Testaments berichten davon. David selbst war bisher dieser Tradition gefolgt. Er hatte sich nie als milder Armeebefehlshaber gezeigt, der an Gnade dachte, wenn er sich im Recht glaubte, töten zu lassen.

Wie das Zweite Buch Richter angibt, hat David zwar auch diesmal bei der Verkündung des Angriffsbefehls davon gesprochen, daß »Jebusiter« zu erschlagen sind, doch über die Ausführung des Befehls schweigt der Text. Wahrscheinlich blieb die Zahl der Todesopfer gering. Getötet wurde wohl nur, wer unmittelbar am Kampf beteiligt war. Alle Anzeichen sprechen dafür, daß die Bewohner, die sich in ihren Häusern aufhielten, verschont wurden, daß ihr Eigentum nicht geplündert wurde. Jerusalem ging nicht im Feuer unter. David wollte keine Stadt der Toten und der ausgeraubten Häuser übernehmen – Jerusalem sollte leben, vom ersten Tag seiner Herrschaft an.

Der Schock, im Sturm überrannt worden zu sein, bedrückte die Bewohner nicht lange. Ihr Leben verlief schon bald wie zuvor. Geändert hatte sich nur die oberste Spitze der Amtsgewalt im Stadtstaat. Die Verwaltungsbeamten, die den Bewohnern direkt vorstanden, waren aus der alten Ordnung übernommen worden. Erst nach und nach wurde die Verwaltung ergänzt durch Spezialisten, die David selbst auswählte. Er bildete schließlich ein Regierungskabinett im modernen Sinne, aufgeteilt in Ressorts, bestehend aus verantwortlichen Ministern. Da wurde das Amt des Kanzlers geschaffen, des Staatsschreibers, des Obersten Priesters. David zögerte nicht, hohe Staatsämter an erfahrene und kundige Männer aus weit entfernten Gebieten zu vergeben. In seinem Dienst standen ägyptische Verwaltungsbeamte, die mit Geld umzugehen wußten. Die Fremden waren ihm häufig angenehmer als Männer aus den jüdischen Stämmen, wenn die Entscheidung anstand, wer für ein hohes Staatsamt ausgewählt werden sollte.

Aus »Krethi und Plethi« aber war der Kern von Davids Heer zusammengesetzt: aus Kretern und Philistern. Beide Namen meinen dasselbe Volk: Die Philister waren einst aus Kreta herübergekommen; manchmal noch wurden sie nach der längst verlassenen Zwischenstation ihrer Wanderung benannt.

Zwiespältig war Davids Haltung gegenüber den Philistern: Er kämpfte zeitweise gegen sie, doch er behielt auch Kontakte zu den führenden Männern, die ihm in schwieriger Lage Asyl gewährt hatten. Nie ließ David in seiner politisch und militärisch aktiven Zeit die

Beziehung zur Garnison Ziqlag abbrechen, deren Kommandeur er gewesen war. Aus Ziqlag holte er sich viele seiner Kämpfer. Diesen Gastsoldaten vertraute sich David eher an als den Truppenverbänden aus den Stämmen, die noch befangen waren von traditioneller Rivalität. Die Fremden waren nur daran interessiert, hohen Sold zu verdienen. David nahm darauf Rücksicht: Er zahlte Prämien an Offiziere und Soldaten; er ließ Häuser bauen für die Männer seines Stabes. Er sorgte allerdings auch dafür, daß sie ihr Leben verloren, wenn ihre Haltung ihm mißfiel – oder wenn er Lust bekam auf ihre Frauen. Das Schicksal des Hethiters Uria gibt ein Beispiel.

Uria, auch er ein Gastsoldat, besaß ein Haus in der Nähe der königlichen Residenz. Davids Wohnhaus und Regierungssitz stand an der höchsten Stelle innerhalb des von der Stadtmauer umgebenen Gebiets. Das Wort »Palast« kann für das Gebäude kaum angewandt werden: Es war aus grobbehauenen Steinen und aus Lehmziegeln aufgeschichtet worden; hölzerne Balken, mehr krumm als gerade, bildeten Decken und Fußböden. Das handwerkliche Können der Baumeister von Jerusalem war damals gering; nicht vergleichbar dem Wissen ägyptischer Architekten, die bereits hohe Hallen errichten ließen, die Steine eng und stabil zusammenfügen konnten, die elegantglatte Fassaden zu schleifen verstanden, die alle Geheimnisse um die Konstruktion von Säulen beherrschten.

Davids Haus war also keineswegs prächtig, doch es hatte einen Vorzug vor anderen: Es besaß ein Stockwerk mehr. Kein Haus in Jerusalem durfte höher sein als das des Königs. Vom Dach aus konnte der Herrscher die Stadt am Hang des Kidrontals überblicken. Klein war das bebaute Gebiet. David sah hinein in die Gassen und auf die Dächer der Häuser – gerade dort bot sich ihm häufig ein besonderer Anblick.

Die Frauen der Elitefamilien, die in festen Häusern mit gutgemauertem oberen Stockwerk wohnten, hatten die Gewohnheit, sich abends, wenn die Sonne nicht mehr steil in die Stadt am Abhang herunterbrannte, auf den flachen Dächern zu waschen. Dies geschah besonders im Frühjahr, nach regnerischen Wochen, da waren die tönernen Wannen, die auf den Häusern standen, mit Wasser gefüllt.

Die Frauen konnten sich unbeobachtet fühlen; ihr Waschplatz war abgeschieden von den Zimmern der Diener und der Kinder unten im Haus. Von der Straße aus war kein Blick auf das Dach möglich. Geländermauern schützten vor Einsicht von den Nachbarhäusern aus. Nur David hatte auf seiner höheren Warte die Möglichkeit, die Frauen zu beobachten. Viele wuschen sich in der Absicht, die Aufmerksamkeit des Königs zu erregen.

Eines Tages, so wird berichtet, erblickte David die Frau des Offiziers

Uria aus dem Volk der Hethiter. Bathseba, so hieß die Frau, war ohne Mann im Hause. Uria befand sich als Truppenkommandeur an der Front im Nordosten des Königreichs. Ohne Skrupel ließ David die Frau des Untergebenen in sein Haus und in seinen Schlafraum holen. Bathseba wurde eine der Geliebten des Königs. Wann immer er Lust verspürte, folgte sie seinem Wink.

Schwierig wurde das Verhältnis des Herrschers zu Bathseba erst, als sie ihm sagte, daß sie ein Kind erwarte. Die Vaterschaft beanspruchte David für sich – er wollte sein Kind nicht dem Hethiter Uria überlassen, der als rechtmäßiger Mann der Bathseba in der Öffentlichkeit als Vater des Kindes gelten konnte. Für David gab es nur einen Ausweg: Uria mußte ausgelöscht werden. David gab seinem Oberbefehlshaber Joab den schriftlichen Auftrag, Uria an einer besonders gefährlichen Stelle der Front einzusetzen: »Du gibst ihm den Befehl, sich ganz vorne aufzuhalten. Die anderen aber sollen Uria dann im Stich lassen. Ich möchte, daß er getroffen wird und stirbt.«

Der Preis ist hoch für die Auslöschung eines Lebens: Viele Männer starben zusammen mit Uria – sie hatten ihn nicht verlassen, als er in Gefahr geraten war. Joab, der Verantwortliche an der Front, hielt mit seiner Klage nicht zurück. David aber ließ ihm mitteilen: »Gräme dich nicht. Vergiß, was geschehen ist. Das Kriegsschwert tötet bald hier und bald dort.«

Die Legenden des jüdischen Volkes ergänzen die Erzählungen des Zweiten Buches Samuel. Aus ihnen ist zu erfahren, daß David von allen höheren Offizieren beim Abmarsch an die Front einen »Scheidebrief« verlangte, der die Auflösung der Ehe des Offiziers möglich machte, wenn der König dies befahl. Keine Bindung des Königs an eine Frau aber wurde so eng wie die an Bathseba. Sie brachte Salomo zur Welt, den Erben und Nachfolger im Staatsamt. Die Dynastie Davids war begründet.

Die Berichte aus jener Zeit schildern David als Herrscher, dem das Glück treu blieb, der keine Niederlage zu erleben brauchte. Seine Siege veränderten die Machtverhältnisse im Vorderen Orient. Die alten Königreiche Moab, Ammon und Edom, die schon bestanden hatten, als Mose von Kadesch-Barnea aus den Weg ins Land zwischen Jordan und Mittelmeerküste geplant hatte, konnten dem Staatsverband der jüdischen Stämme angegliedert werden. Die drei Königreiche hatten keine Kraft mehr besessen, um zu überleben. Sie waren zu klein gewesen, um sich gegen den Landhunger des jungen, aggressiven David-Staates zu wehren.

David war mit diesen Eroberungen nicht zufrieden. Er dehnte seine Macht auch nach Norden aus. Er ließ das Heer den Jordan etwa in der

Mitte zwischen dem Toten Meer und dem See Genezareth überschreiten und langsam durch das bergige Land vorrücken, auf die damals schon reiche Oase Damaskus zu. Sein militärisches und politisches Ziel war die Zerstörung der wohlhabenden aramäischen Königreiche in Syrien. Aus Ehrgeiz, vielleicht aus Neid auf den Reichtum dieser Staaten hat David den Syrienfeldzug begonnen. Der Krieg endete mit dem Sieg der Angreifer. Vor ihrem kraftvollen Ansturm kapitulierte die Garnison von Damaskus. Das Zentrum des Handels der ganzen Region war damit der Kontrolle durch den König und durch die Regierung von Jerusalem zugefallen. Die Mächtigen der Stadt an der Gihonquelle beaufsichtigten künftig die wichtigsten Handelsstraßen des Vorderen Orients.

Die Einnahme von Damaskus aber konnte Davids Ehrgeiz noch immer nicht befriedigen. Er gab Order zum Angriff auf heute libanesisches Gebiet. Das Heer rückte daraufhin in die Bekaa-Ebene zwischen Libanonmassiv und Antilibanon ein. In dieser Aktion ist wenig Sinn und Nutzen zu erkennen.

Davids Kämpfer überwältigten die alten Reiche im Osten und im Norden. Das junge Reich der Philister auszulöschen gelang ihnen nicht; so bestand die Gefahr aus dem Westen auch weiterhin. Erstaunlich ist, daß die Philister ihren gewaltigen Erfolg gegen König Saul, der schließlich zu Davids Aufstieg in die höchste Machtposition geführt hatte, nie wirklich ausgenützt haben. Die Verantwortlichen im Philisterreich schonten den jungen Herrscher. Offensichtlich hofften sie auf leichte und nützliche Kooperation mit dem einstigen Kommandanten ihrer Stadt Ziqlag.

Davids Politik blieb zwiespältig: Den Vernichtungskrieg gegen den Staat im Westen vermied er. Im Verlauf der Jahre aber lohnte sich Davids Strategie des Wechsels zwischen militärischer Auseinandersetzung und friedlicher Koexistenz. Es gelang ihm immerhin ohne große Verluste, den Philisterstaat einzuengen. Die Grenzen umfaßten schließlich nur noch die Gebiete der Städte Gat, Ekron und Aschdod. Das Volk, das einst aus Kreta gekommen war, hatte während der zurückliegenden Generationen seine Überlegenheit in der Herstellung von harten Metallen eingebüßt: Auch die Schmiede der jüdischen Stämme hatten inzwischen gelernt, Waffen aus Eisen herzustellen. Die Versorgung mit Rohmaterial war gesichert seit der Eroberung der Erzminen in der Landsenke zwischen Totem Meer und Rotem Meer. Den Edomitern hatte dieser wertvolle Besitz bisher gehört. Das Gebiet des Staates Edom war jetzt Teil des Jüdischen Reiches.

Innerhalb weniger Jahre war Jerusalem, die bisher isolierte Siedlung, zum Mittelpunkt einer politischen Macht an der Ostküste des Mittelmeers geworden. Begünstigt worden war diese Entwicklung durch den Niedergang aller anderen größeren Staatsgebilde in diesem geographischen Bereich und durch den Verfall der Kolonialmacht Ägypten, die jetzt keine Ansprüche mehr erhob auf die Städte nördlich von Kadesch-Barnea.

Davids Staat bestand aus Ländern und Volksteilen unterschiedlicher Bedeutung: Den Schwerpunkt bildete das Gebiet der Stämme Israels; darum gruppierten sich eroberte Territorien, die teils fest annektiert, teils nur in Tributabhängigkeit mit dem Kernland verbunden waren. Von Eilath am Roten Meer bis in die Gegend von Libanon und Antilibanon war dieses Staatsgebilde mehr als 400 Kilometer lang; rund 200 Kilometer betrug seine Breite. Jerusalem aber lag in der Mitte dieses Flächenstaates.

Betrachtete David seine Hauptstadt, dann mußte er zugeben, daß sie unbedeutend war. Sie galt nicht als Attraktion unter den Städten des Staates; sie besaß keine geschichtliche Tradition, die ihr den Ruf der Ehrwürdigkeit verliehen hätte; sie barg kein Heiligtum in ihren Mauern, das die Menschen der Stämme zur Wallfahrt an die Gihonquelle veranlaßt hätte. Der ehrgeizige David aber wollte in einer Hauptstadt regieren, die sich über das Mittelmaß erhob.

Der König und seine Ratgeber waren entschlossen, dem Mangel an Zauber und geistiger Faszination abzuhelfen. Sie erinnerten sich, daß die Bundeslade mit den Gesetzessteinen des Mose nach langer Irrfahrt in einem Dorf, nur 15 Kilometer von Jerusalem entfernt, abgestellt worden war. Das Zweite Buch Samuel gibt den Namen des Dorfes mit Baala an; eine andere Bezeichnung dafür ist Kirjat Jearim. Ein Ort der Anbetung war dieses Dorf nicht. Die Bundeslade stand dort unbeachtet. Seit mehr als fünfzig Jahren war sie dem Heer auf seinen Kriegszügen nicht mehr vorangetragen worden. Der Bund, den Mose mit Gott geschlossen hatte, wurde nur noch von wenigen Menschen der Stämme ernst genommen. Das Volk, das David von Jerusalem aus regierte, unterschied sich in nichts von anderen Völkern: Es besaß einen Staat, eine Hauptstadt, einen Herrscher. Für Gott war da kaum mehr ein Platz.

Der Wille, an diesen Gott zu glauben, aber war sicher nicht erloschen. Die Wiederbelebung des Glaubens wollte David für seine Zwecke nutzen. Die Hauptstadt Jerusalem und dieser Gott mußten in einer Allianz verbunden werden, die der unbedeutenden Siedlung Glanz gab, die sie über alle anderen Städte erhob. Jerusalem sollte zur Gottesstadt werden – David aber war der Herr dieser Stadt.

Von Soldaten und Hornbläsern begleitet, wurde die Bundeslade nach Jerusalem überführt. In Kapernaum ist heute noch ein in Stein gehauenes Abbild des Gespanns zu sehen, das den Transport durchführte: Pferde in großer Zahl zogen einen vierrädrigen Wagen, auf dem der Kasten von etwa zwei Metern Länge stand. Auf beiden Längsseiten schmückten Säulen diesen Kasten; sein Deckel war gewölbt. Eine aufklappbare Tür an einer Stirnseite ermöglichte den Blick auf die Gesetzestafeln. Die Darstellung der Bundeslade in Kapernaum ist im vierten Jahrhundert n. Chr. entstanden.

Mit der Ankunft der Bundeslade in Jerusalem hatte Gott seinen irdischen Wohnsitz in dieser Stadt genommen. Bisher war dieser Wohnsitz beweglich gewesen; von jetzt an sollte er immer am selben Ort zu finden sein. Aus dem Gott der Nomaden wurde der Gott der Seßhaften.

Doch die Bundeslade blieb auch weiterhin im Freien, nur durch ein Zelttuch vor Sonne und Regen geschützt. Ein provisorisches Heiligtum entstand. Diese Zeltlösung mißfiel David: Er hatte die Idee, Gott ein festes Haus, einen Tempel, zu bauen. Seine Ratgeber aber unterstützten den Plan nicht. Sie traten dafür ein, der Bevölkerung Jerusalems eine Zeit des Übergangs zu gönnen, ehe sie ihre traditionellen Götter vergessen mußten, um allein dem einen Gott zu dienen. David verfolgte eine Innenpolitik der Integration. Die »Jebusiter« behielten ihre sozialen und religiösen Rechte. Dieser Gleichberechtigung setzte David auch ein äußeres Zeichen: Neben den Oberpriester Ebjathar, den er schon von Hebron nach Jerusalem mitgebracht hatte, stellte er den Jebusiter Zadok, der allem Anschein nach bis zur Eroberung Priester des Gottes El gewesen war. Auch Zadok erhielt Amt und Titel des Oberpriesters. Ihm war offensichtlich die Identifizierung seines bisherigen Gottes mit dem Gott Davids nicht schwergefallen.

Probleme hatten sich eher für Ebjathar ergeben, der Rücksicht auf den Stadtgott Jerusalems als Verrat am Gott des ewigen Bundes ansehen mußte. Völlige Aussöhnung zwischen Ebjathar und Zadok war während der gesamten Regierungszeit Davids nicht möglich. Der Oberpriester aus Hebron wehrte sich gegen die Einbeziehung religiöser Gedanken aus der Vergangenheit Jerusalems in sein überkommenes Glaubensgebäude. Ohne eine solche Einbeziehung aber war Friede in Jerusalem nicht möglich. Diesen Preis mußte David dafür bezahlen, daß er eine eigene Stadt besitzen wollte.

Nicht nur der politische Grund der Rücksicht auf die ursprüngliche Bevölkerung der Stadt bestimmte die Vorsicht der Berater Davids in der Frage des Tempelbaus, auch ein ganz praktisches Argument sprach gegen ein festgemauertes Gehäuse für die Bundeslade: Solange sich der Staat in der Phase der Ausdehnung befand, mußte sein Heer beweglich bleiben, um rasch in entfernten Gebieten eingesetzt werden zu können.

Die Truppe sollte immer die Möglichkeit haben, die Bundeslade – und damit Gott als Verbündeten – mit sich zu führen. Dem Feldherrn stand die Entscheidung zu, ob er den hölzernen Kasten samt den zwei Gesetzestafeln dem Heer als Ansporn vorantragen lassen wollte. Der Tempelbau aber hätte das Heiligtum für immer in der Hauptstadt festgehalten.

Den Bewohnern von Jerusalem wurden der politische und der praktische Grund nicht genannt. Sie erfuhren von Bedenken Gottes gegen Davids Absicht, den Tempel zu bauen: David habe, wenn auch im Dienste Gottes und des Staates, Blut vergossen, habe Menschen umgebracht und umbringen lassen. David, so war in der Stadt zu hören, sei als »Mann des Schwertes« nicht geeignet, den Wohnsitz Gottes zu bauen. Diese Aufgabe müsse David seinem Sohn Salomo, dem Kind der Bathseba, überlassen. Dieses religiöse Argument verhalf dazu, daß Zeit gewonnen wurde.

Der Vorbehalt gegenüber David ist nicht mit Kritik an seiner Glaubensstärke verbunden. Die Legenden preisen im Gegenteil seine Bereitschaft, sich Gottes Willen zu unterwerfen. David habe Gott geachtet, auch wenn er seine Gebote nicht immer befolgt habe. Über seinem Bett, so wird erzählt, habe David eine Harfe frei in der Luft aufhängen lassen. Wenn um Mitternacht der Wind, der bis zu dieser Stunde aus Süden wehte, umschlug und zum kühlen, stärker blasenden Nordwind wurde, dann habe der Luftzug die Saiten zum Erklingen gebracht. Vom leisen Ton sei David in jeder Nacht geweckt worden. Der König habe sich dann vom Lager erhoben, um sich bis zum Morgengrauen mit Gebet und mit Gedanken an Gott zu befassen. Das Fenster seines Zimmers habe jeweils zur halben Nacht weit über Jerusalem gestrahlt.

Die Heimstatt Gottes blieb weiterhin das Zelt, aufgespannt in unmittelbarer Nähe des Königshauses, im Norden der Stadt, auf dem hohen Teil des Abhangs über dem Kidrontal. Dort sollte, das stand für David fest, der Tempel später einmal gebaut werden.

David hat den Hügel wohl nicht nur deshalb ausgewählt, weil er seine Hauptstadt Jerusalem überragte. Das Bewußtsein, dort auf Boden zu stehen, der seit Jahrhunderten geheiligt war, wird seine Gedanken gelenkt haben. Ein Felsblock befand sich dort – er liegt heute noch an derselben Stelle, nur geborgen durch die goldglänzende Kuppel des Felsendoms. Seine Ausmaße sind beachtlich: Er ist 15 Meter lang und 12 Meter breit. Geheimnisvolle Rinnen sind in seine Oberfläche eingegraben, Kanäle mögen dies gewesen sein für den Abfluß des Blutes der Opfertiere.

Zu Davids Zeit wurden auf dem Hügel kaum mehr Opferungen dargebracht. Seit Generationen schon war der Hügel gewerblich genutzt worden: Auf der Kuppe lag der Dreschplatz für die Bauern aus der Stadt. Gegen Gebühr stand ihnen die Hügelkuppe zur Verfügung. Die Stelle war überaus geeignet für den nächsten Arbeitsgang nach dem Dreschen. Fast immer strich ein Wind über den fast unbewachsenen Berg. Diese Luftströmung machte die mühelose Trennung von Spreu und Weizen möglich. Mit Schaufeln warfen die Bauern das gedroschene Getreide in die Luft. Die leichte Spreu wurde vom Wind davongetragen; die Körner aber fielen zur Erde.

Besitzer des Platzes war ein Mann aus dem Stamm der Jebusiter, einer von denen also, die Davids Eroberung von Jerusalem überlebt hatten, die ihr Eigentum hatten behalten dürfen. Welche Rechte die Alteingesessenen unter dem neuen Stadtregime noch besitzen, ist daraus zu ersehen, daß David, der König, das Eigentum des Mannes aus dem unterlegenen Volk nicht einfach wegnimmt, um es in Staatsbesitz zu überführen. Er kauft den Dreschplatz dem Mann aus dem Stamm Jebus – das Zweite Buch Samuel gibt den Namen des Mannes mit Arauna an – für den beachtlichen Betrag von 600 Goldschekel ab. Durch den Kauf ist der Hügel, auf dem später die Tempelterrasse entstand, in den Besitz eines Hebräers übergegangen.

Zwar war dem König selbst der Entschluß zum Bau des Tempels ausgeredet worden, doch er ließ sich nicht davon abbringen, die Arbeiten wenigstens vorzubereiten. Überliefert ist, er habe Architekten, Zimmerleute, Maurer, Baumeister und Steinmetzen zusammengeholt aus benachbarten Ländern, in denen die Baukunst bereits weiterentwickelt war. Von Kaufleuten in Tyrus und Sidon seien bereits Zedernstämme aus dem Libanon geliefert worden. Die Erzminen im Süden des eigenen Landes hätten riesige Mengen an Nägeln und Eisenklammern hergestellt und auf den Weg nach Jerusalem gebracht. Gegen Ende seines Lebens habe David die fertig behauenen Steine, die Mauern und Dach des Tempels bilden sollten, auf dem Lagerplatz am Hügel über der Stadt besichtigen können.

Über andere Bauvorhaben des Königs David ist uns wenig bekannt. Im Zweiten Buch Samuel heißt es nur: »Er baute die Stadt ringsum vom Millo an nach innen zu.« Der entsprechende Text im Ersten Buch Chronik ist ebenso kurz und sagt nahezu dasselbe: »Er baute die Stadt vom Millo an und im Umkreis.« Offensichtlich konnten Textdeuter und Übersetzer, auf die sich unsere Bibelausgaben berufen, aus den überlieferten Worten nicht herauslesen, was gemeint war. Sie nahmen das Wort »Millo« hin; niemand wußte eine Erklärung dafür. Die einfachste Lösung war, das Wort als Namen eines bestimmten, jedoch längst im Lauf der Geschichte untergegangenen Stadtteils zu begreifen, als Lagebezeichnung im Stadtplan der Vorzeit. Erst in unserer Zeit wurde beachtet, daß »Millo« hebräisch »Auffüllung« oder »Aufschüttung« heißt. Als der Wortsinn erkannt war, da erwachte auch das Interesse der Archäologen: Die Wahrscheinlichkeit war groß, daß Reste oder zumindest Spuren einer Auffüllung, die aus Steinen oder Erde bestehen mußte, auch nach drei Jahrtausenden noch erkannt werden können.

Und tatsächlich brachten die Grabungen von Kathleen M. Kenyon, ausgeführt zwischen 1961 und 1967, Aufschluß. Am Westhang über dem Kidrontal entdeckte die Archäologin gut erhaltene Terrassenaufschüttungen aus der Zeit vor der Eroberung der Stadt durch David. Die Art, wie die unregelmäßig bearbeiteten Steine aus dem Fels gebrochen waren, wies auf die Späte Bronzezeit hin – den Arbeitern hatten noch die eisenharten Werkzeuge gefehlt. Über dem Terrassenfundament aus ganz früher Zeit erhebt sich eine Halde von ebenfalls unregelmäßig geformten Steinen, die jedoch schon mit Eisenwerkzeugen behauen worden sind; sie sind in der Epoche aus dem Fels gebrochen worden, die wir Eisenzeit nennen. Davids Lebensjahre zählen zu dieser Epoche.

Die beiden Steinschichten – das Terrassenfundament aus der Jebusiterzeit und die Aufschüttung aus der Zeit Davids – lassen sich deutlich unterscheiden: Von beachtlichem Ausmaß sind die Blöcke, die während der Herrschaftsjahre Davids gebrochen wurden; die Höhen und Breiten der Steinquader erreichen häufig 50 Zentimeter. Offenbar war eine aus den Jahren vor der Erstürmung bestehende Terrasse mit größeren Steinen ausgebessert worden. Die neue »Aufschüttung«, die ein hohes Maß an Festigkeit besaß, gab dem Stadtbaumeister von Jerusalem mehr ebene Grundfläche für den Bau von Häusern. Um das Jahr 1000 muß diese Erweiterung des Terrassensystems ausgeführt worden sein.

Sicher sind die Aufschüttungsarbeiten von den damaligen Bewohnern der Stadt als kühn, schwierig und mühsam bewundert worden. Anzunehmen ist sogar, daß alle Männer, die dazu fähig waren, bei diesem Werk mitgeholfen haben. Stein für Stein ist das Baumaterial durch Muskelkraft der Arbeiter vom Osthang des Kidrontals herübergebracht worden. Hilfsmittel, selbst primitiver Art, wie sie am Nil schon zum Bau der Pyramiden verwendet worden sind, konnten in diesem abschüssigen Gelände kaum eingesetzt werden. Eseln, den einzigen Transportmitteln, die in jener Zeit in größerer Zahl verfügbar waren, wagte wohl niemand die schweren Steine aufzubürden; die Tiere wären beim ersten Schritt zusammengebrochen.

So ist die »Aufschüttung« wahrscheinlich als Gemeinschaftsarbeit aller Männer der Davidstadt entstanden. Wer mitgeholfen hatte, der erinnerte sich bestimmt mit Stolz daran. Die Bezeichnung »Millo« blieb im Gedächtnis der Menschen von Jerusalem haften – sie überlebte den Bestand der Aufschüttung, des Terrassensystems insgesamt, bis in unsere Gegenwart.

Die Vermutung liegt nahe, daß die durch die »Aufschüttung« gewonnene Grundfläche vor allem für Neubauten genutzt wurde, in denen die Minister, Beamten, Offiziere arbeiteten und wohnten, die David zum Teil von weither in seine Hauptstadt holte. Die Legenden beschreiben prächtige Bauten; doch die Erinnerung hat keinen Bezug zur Wirklichkeit. Es ist nicht das Jerusalem Davids, das hier geschildert wird: »Tausend Türme ragten in Jerusalem auf. Jeder von Davids streitbaren Helden besaß einen eigenen Turm. Alle Türme aber hingen von Davids Turm ab. War dieser erleuchtet, so standen auch die anderen in hellem Licht, und ihr Glanz strahlte von einem Ende der Welt bis ans andere, so daß die Schiffe, die auf dem Ozean fuhren, sich nach diesem Licht richteten.«

David muß Jerusalem räumen

Die Herrschaft des Königs David endet nicht glanzvoll. Schwere Schatten fallen auf sein Leben. Zwist in der Familie und politische Auseinandersetzungen drohen sein Lebenswerk zu vernichten.

Die Ursache für sein politisches Scheitern liegt in seinem Willen zur Neugestaltung des Zusammenlebens im Staat der jüdischen Stämme. Seit er Jerusalem zur Hauptstadt und zum religiösen Zentrum bestimmt hat, sieht David den Staat als zentralistisch organisiertes Verwaltungssystem, in dem sich die Teile den Anweisungen aus Jerusalem zu fügen haben. Er erkennt keinen Sinn mehr in der Beibehaltung der traditionellen Stammesgrenzen – und der Stammesnamen.

Doch die Staatsreform, die er durchführt, vertuscht diesen Willen zur radikalen Neuordnung: David schafft zwölf Verwaltungsbezirke, die von ihm persönlich verantwortlichen Statthaltern überwacht werden. Den zwölf Verwaltungsbezirken aber gibt er die Namen der zwölf Stämme, obgleich die Übereinstimmung von Stammesgebiet und politischer Verwaltungsgrenze nicht mehr einzuhalten ist. Die Stämme Dan und Simeon haben ihre Unabhängigkeit eingebüßt; sie sind von den Nachbarsippen aufgesogen worden.

Die Beibehaltung der Stammesnamen erweckt den Eindruck, als habe David an der Tradition festhalten wollen. Doch die politische Realität sieht anders aus: Die Rechte der Stämme werden durch die Statthalter beträchtlich eingeschränkt. Sie führen aus, was David fordert. Die Ältesten, die noch in Sauls Regierungszeit politisch wirksam waren, werden von David nicht um Rat gefragt. Von der Stadt aus, die ihm selbst gehört, betrachtet er auch den Staat als sein Eigentum.

Das Unglück, das über David hereinbricht, kündigt sich mit blutigem Verbrechen an der eigenen Familie an. Sosehr sich David bemüht, vernünftig zu handeln, er kann die Verkettung böser Geschicke nicht unterbrechen. Hilflos muß er erleben, daß Absalom, sein Sohn, den Halbbruder Amnon durch seine Knechte ermorden läßt. Amnon, ebenfalls ein Sohn Davids – nur von einer anderen Mutter geboren –, hatte Tamar, die Tochter Davids, vergewaltigt und danach beschimpft. Diese Vergewaltigung ist vom König selbst nicht als unverzeihliche Tat beurteilt worden, ist sie doch in der eigenen Familie geschehen. Es war damals durchaus üblich, daß Schwester und Bruder einander auch körperlich liebten. Ein Mord, so meint David, sei durch den Vorwurf der Vergewaltigung nicht zu rechtfertigen. Trotz seiner Empörung ist der König bereit, dem Sohn Absalom seine Stellung am Hof von Jerusalem zu belassen.

Der Sohn aber denkt nicht an Dankbarkeit. Er will den Vater stürzen; er will ihn töten. Bei den Stämmen sucht Absalom Unterstützung für seinen Plan. Er hetzt die Stammesältesten gegen David auf und stellt sich als Kandidat für das Richteramt vor, dem er wieder die Funktion des Schlichters im Streit zwischen den Stämmen geben will.

Dahinter verbirgt sich eine geschickte List: Mit dem Versprechen, das Volk werde wieder einen starken Richter bekommen, verbindet Absalom die Zusage, die früheren politischen Bräuche wiederaufleben zu lassen. Der Richter, so läßt er verbreiten, müsse wieder mit den Ältesten zusammenarbeiten – die Ältesten seien noch immer das bestimmende Gremium im Staat. David habe frevelhaft gehandelt, als er die Autorität der Ältesten über die Stämme durch seine Verwaltungsreform zerschlagen habe.

Freunde gewinnt Absalom auch mit dem Versprechen, der Stadt Hebron erneut politische Bedeutung zu geben. Jerusalem werde sich durch die Verlagerung der Macht wieder zur unwichtigen Siedlung zurückentwickeln. Dagegen haben die Ältesten der Stämme nichts einzuwenden. Wird Jerusalems Bedeutung schwächer, können die einzelnen Mittelpunkte der Stammesgebiete an Glanz gewinnen.

Die Rückkehr zum dezentralisierten, lockeren Bundesstaat der Stämme proklamiert Absalom als Programm. Er gewinnt eine derart große Anzahl Verbündeter, daß er sich schließlich in Hebron zum König ausrufen lassen kann. David fühlt sich nicht mehr sicher in Jerusalem. Er flieht aus seinem Haus am oberen Rand der Stadt hinunter ins Kidrontal und hinauf zum Ölberg. David will die Heimstatt des allmächtigen Gottes zunächst mitnehmen, läßt sie wieder nach Jerusalem zurücktragen, um schneller voranzukommen.

In der Stadt Machanajim, östlich des Jordan in einer engen Schlucht gelegen, wird David aufgenommen. Die Verantwortlichen dort sind auf der Seite des rechtmäßigen Königs. Sie haben während der vergangenen Jahre den Schutz seiner Regierung gegen räuberische Banden aus dem Osten genossen und wollen, daß David in Jerusalem wieder das Regiment übernimmt.

Absalom aber hat die Stadt besetzt. Daß ihm die Frauen aus Davids Harem zur Verfügung stehen, gilt ihm als besonderer Triumph. Ganz

Jerusalem soll davon wissen. Schlimmer kann er den Flüchtling, der sein Vater ist, nicht demütigen.

Beschimpft wird der fliehende König in den Dörfern, durch die er reitet. Ein Blutmensch sei er, ein Verruchter, rufen Untertanen ihm nach. In der Verzweiflung dichtet David:

»Mein Gott, mein Gott, warum hast du mich verlassen? Stöhnend klage ich, doch die Hilfe bleibt fern.

Mein Gott, ruf ich bei Tag, du aber antwortest nicht. Du schweigst auch in der Nacht, und ich finde keine Ruhe. Du aber thronst als Heiliger, du Lobpreis Israels!

Auf dich vertrauten unsere Väter. Sie vertrauten, und du hast sie gerettet. Zu dir schrien sie und wurden befreit. Auf dich vertrauten sie und wurden nicht beschämt. Ich aber bin ein Wurm, kein Mensch. Der Leute Spott bin ich, verachtet vom Volk. Wer mich sieht, der verhöhnt mich, verzieht den Mund, schüttelt den Kopf: ›Er baute auf den Herrn. Der soll ihn retten, wenn er ihn liebt.‹

Ja, du halfst mir aus dem Mutterschoß, du bargst mich an der Mutterbrust. Dir bin ich anvertraut von Jugend auf. Vom Mutterleib an bist du mein Gott. Sei mir nicht fern, denn nahe ist die Not, da niemand hilft. Es umringt mich eine Herde von Stieren, Büffel umkreisen mich rasend. Den Rachen sperren sie gegen mich auf, die Löwen reißend und brüllend.

Dem Wasser gleich bin ich hingeschüttet. Alle meine Glieder lösen sich auf. Mein Herz ist wie Wachs geworden, zerschmolzen in meiner Brust.

Trocken wie ein Tonscherben ist meine Kehle, die Zunge klebt mir am Gaumen, und du legst mich in Todesstaub.

Ja, Hunde umringen mich. Eine Horde von Frevlern umgibt mich. Sie zerreißen mir Hände und Füße. Alle meine Knochen spüre ich.

Die Frevler verteilen meine Kleider unter sich und werfen über mein Gewand das Los. Du aber, Herr, bleib mir nicht fern. Du, meine Stärke, eile mir zu Hilfe. Rette mich aus dem Rachen des Löwen und vor den Hörnern der Büffel. Du bist es, der mich erhört hat.«

In einem Triumphgesang verwandelt sich, von einem Satz zum andern, Davids Dichtung:

»Nun will ich deinen Namen meinen Brüdern verkünden. Inmitten der Gemeinde will ich dich preisen. Denn er hat nicht verachtet noch verschmäht die Not des Armen. Er hat ihm sein Antlitz nicht verborgen. Auf seinen Hilferuf hat er gehört.

Dir verdanke ich meinen Jubel in großer Gemeinde. Ich erfülle meine Gelübde vor denen, die ihn fürchten.

Die Armen mögen essen und gesättigt werden. Den Herrn sollen preisen, die ihn suchen. Euer Herz lebe auf für immer.

Alle Enden der Erde sollen dessen gedenken und zum Herrn sich bekehren, vor ihm sich anbetend beugen alle Geschlechter der Völker.

Denn dem Herrn gebührt die Königsmacht. Er ist der Völkerherrscher. Ihm allein huldigen alle, die in der Erde schlafen. Vor ihm beugten sich alle, die in den Staub hinabgestiegen. Meine Seele lebt für ihn.

Meine Nachkommen werden ihm dienen und vom Herrn erzählen dem folgenden Geschlecht. Sie werden sein gerechtes Tun den später Geborenen künden. Denn er hat es vollbracht!«

Die plötzliche Wendung von der Klage zum Triumphgesang ist deshalb möglich geworden, weil der rebellierende Absalom wichtige Tage in Jerusalem verschwendet hat, ohne zum entscheidenden Stoß gegen David anzusetzen. Der flüchtende König hat in Machanajim Zeit, Atem zu schöpfen und versprengte Truppen zu sammeln. Als Absalom schließlich die Entscheidungsschlacht sucht, da sind Davids Kämpfer dem Ansturm gewachsen. Die Rebellion bricht zusammen.

Von Absaloms Ende erzählt das Zweite Buch Samuel: Absalom sei mit seiner Haarpracht im Geäst eines Baumes hängengeblieben, in dieser hilflosen Lage sei er zur Zielscheibe geworden für die Speere des Feldherrn Joab. Dieser mutige Mann hatte einst Davids Belohnung erhalten, weil er durch den Schacht der Gihonquelle hinein in die Stadt der Jebusiter geklettert war; jetzt fiel Joab in Ungnade. David hat ihm den Tod des Sohnes Absalom nie verziehen – Joab aber konnte den Zorn des Königs nicht verstehen; er hatte doch einen Rebellen getötet.

Nach Absaloms Tod glückte dem König kein Triumph mehr. Siegte er, dann blieb der Erfolg glanzlos. Ein Problem löste das andere ab. Die Nordstämme zeigten sich unzufrieden und lösten sich von David; sie wollten nicht mehr von Jerusalem aus regiert werden. Nur mühsam zwang sie der König erneut unter seine Herrschaft. Doch das Reich blieb vom Zerfall bedroht. Die Philister glaubten, sie könnten wieder die Oberhand gewinnen: Sie überfielen den östlichen Nachbarstaat im Augenblick der Schwäche. Schwer kämpfte Davids Truppe gegen eine Niederlage an.

Kaum war die Gefahr von außen beseitigt, da brach die Pest aus. David gab sich die Schuld: Er war überzeugt, Gott zürne ihm, weil er eine Volkszählung habe durchführen lassen. Gott habe dem Herrscher das Recht dazu nicht gegeben.

Nach der Flucht hat David seine Hauptstadt Jerusalem nie mehr unbestritten in die Hand bekommen. Daß er Haus und Stadt hatte räumen müssen, hatte sein Ansehen untergraben. Zwar konnte er zurückkehren, doch er blieb ein Flüchtling in den eigenen Mauern. Von den zehn Frauen, so wird berichtet, die Absalom mit höhnischer Freude auf sein Bett geholt hatte, hielt David sich künftig fern. So wurden sie Witwen zu Lebzeiten des Königs.

Jerusalem verwandelte sich in eine Stadt der Trauer. Der alternde König ließ keine Feste mehr feiern – er hielt auch nicht mehr vom Dach seines Hauses Ausschau nach den Frauen der Stadt. Das eigene Unglück nahm ihm jede Lebensfreude. Kälte beschlich ihn: »Obwohl man ihn in Decken hüllte, wurde er nicht mehr warm.« Selbst als ihm seine Hofbeamten ein junges Mädchen ins Bett legten, wich die Kälte nicht.

Die Jahre der Alterskrankheit und des langsamen Sterbens wurden vom Volk als bedrückend empfunden. Die noch verbliebenen Söhne stritten sich um die Macht. Noch einmal löste sich David aus der Erschlaffung: Er hatte versprochen, daß Salomo sein Nachfolger werde – um das Versprechen zu bekräftigen, schickte er den Priester Zadok mit Salomo hinunter zur Gihonquelle, damit er ihn dort zum Herrscher salbte. Jetzt hatte David nur noch auf den Tod zu warten, wie das ein Volksmärchen poetisch umschreibt:

»Der Todesengel stand bereit. Doch alle Tage hindurch studierte David Bücher der göttlichen Weisheit. Sooft der Todesengel hinzutreten wollte, konnte er David nicht überwinden, denn dieser unterbrach die Lektüre göttlicher Schriften nicht. David aber besaß einen Garten hinter dem Haus, in den schlich sich schließlich der Bote des Todes und ließ die Zweige der Bäume rauschen. David, durch das Geräusch neugierig geworden, wollte erfahren, was im Garten geschieht. Seine Gedanken aber blieben mit der heiligen Weisheit beschäftigt. Doch als er hinaustrat, da brach eine steinerne Stufe entzwei. Vor Schreck ließ sich David ablenken. Er dachte an den eigenen Sturz, und welche Folgen er haben könnte. Nur für einen kurzen Augenblick vergaß er, an Gott zu denken. Der Todesengel nutzte die winzige Zeit, um nach Davids Seele zu greifen.«

Salomo baut Palast und Tempel

Grausiges Geschehen fegt die Lethargie hinweg, die über Jerusalem liegt. Mord ist die erste Tat, die Salomo, der junge König, nach Davids Tod vollbringt. Er verdächtigt, wohl zu Recht, den Feldherrn Joab, er habe Adonia, Salomos älteren Bruder, zum Herrscher ausrufen wollen. Joab, der vom Verdacht des Königs hört, begibt sich in das Zelt des Herrn, um dort, in der Gegenwart Gottes, Schutz zu suchen. Obgleich er die Bundeslade umklammert, wird Joab auf Befehl Salomos erschlagen. Die Heiligkeit des Ortes hindert den jungen Herrn nicht, furchtbare Rache zu nehmen dafür, daß Joab den älteren Bruder für den wahrhaft erbberechtigten Sohn Davids ansah.

Auch diesem älteren Bruder bestimmt Salomo den Tod. So will er sich vor dessen Intrigen schützen. Aus Wohnhaus und Amtssitz des Königs wirft er alle hinaus, die dem Vater treu gedient haben. Verbannungsurteile in großer Zahl werden ausgesprochen.

Salomo ist als weiser Mann in die Geschichtsbücher eingegangen. In Wirklichkeit war er ein Despot. Kaum an der Macht, veränderte er die Staatsstruktur, die David geschaffen hatte. Das System der Statthalter behielt er zwar bei, doch er formulierte die Aufgabenstellung neu. Hatte David die Statthalter dazu benützt, um Befehle an die Stämme weiterzugeben – Befehle, die in erster Linie die Heeresaufstellung betrafen –, so waren sie für Salomo hauptsächlich Steuereintreiber. Sie hatten den königlichen Hof zu versorgen. Jeder der zwölf Statthalter mußte während eines Monats im Jahresverlauf Sachleistungen an die Verwaltung in Jerusalem erbringen. Gefordert waren Lebensmittel, Baumaterialien und Edelmetalle – Münzgeld ist in jener Zeit noch nicht geprägt worden. Die Sachleistungen waren durch Fronarbeit zu ergänzen.

Salomo dachte nicht daran, mit den Stämmen die Festsetzung der Leistungen zu beraten. Er legte die Menge Mastrinder, Weiderinder, Hirsche, Rehe und Geflügel fest, die jeder Verwaltungsbezirk abzugeben hatte; er schrieb vor, wieviel Weizengries und Mehl in die Vorratskammern der Hauptstadt gebracht werden mußten. Mit den Ältesten der Stämme redete er gar nicht mehr. Auf ihren Rat, auf ihre Vermittlung verzichtete er.

Bemerkenswert ist, daß Salomo die Verwaltungsbezirke keineswegs gleich behandelte. Eine Prüfung der Liste der zwölf Statthalter ergibt eine Überraschung: Da wird niemand als verantwortlich für das Gebiet Juda genannt. Für Juda trug Salomo selbst die Verantwortung. Die Statthalter regierten alle im Territorium nördlich der Hauptstadt. Salomo hat seinen Staat in zwei Großprovinzen aufgeteilt – entsprechend der traditionellen Rivalität zwischen Nord und Süd im Land der jüdischen Stämme.

Daß Salomos Staat in kurzer Zeit wohlhabend wurde, ist aus dem Ersten Buch Könige zu ersehen: »Die Bewohner aßen und tranken und waren wohlgemut. Salomo herrschte über alle Reiche vom Euphratstrom bis zum Philisterland und zur Grenze Ägyptens. Alle brachten Tributgeschenke.«

Innerhalb kurzer Zeit wuchs die Hauptstadt an Bevölkerungszahl und an Fläche. Salomo war nicht mehr zufrieden mit den bescheidenen Gebäuden, in denen David gelebt und regiert hatte. Er fügte den Häusern zunächst Erweiterungen an, damit die Verwaltungsbeamten Platz fanden. Er brauchte Schatzhäuser und Kornkammern. Doch selbst die bescheidenen Bauvorhaben der ersten Regierungszeit sprengten die Mauern. Jerusalem konnte nicht länger sein Stadtgebiet auf den Westhang des Kidrontales beschränken. Die Staatsverwaltung wollte ihre Dienstgebäude, die reicheren Bewohner wollten ihre Wohnhäuser auf dem oberen Teil des Hügels bauen dürfen. Die Lage in geringer Entfernung vom Dreschplatz, den David gekauft hatte, galt als attraktiv. Immerhin sollte dort in der Nähe die Heimstätte Gottes errichtet werden. Solange jedoch der längst geplante Tempelbau nicht angepackt wurde, erfolgte die Ausdehnung des ummauerten Gebiets nur zögernd. Das Gesamtkonzept der Stadtentwicklung, der Meisterplan für Jerusalem, fehlte noch. So wurde zunächst improvisiert auf der Basis früher ausgeführter und bewährter Bauprojekte: Immer höher und kühner wurden die Aufschüttungen, die als Fundamente für die Häuser dienen sollten. Die Baumeister schreckten jetzt vor ganz steilen Stellen des Hanges nicht zurück: Auch dort wurden Terrassen angelegt. Die Konsequenz war, daß die Aufschüttungen häufiger als früher in der regnerischen Jahreszeit ins Tal glitten. Die Steinlawinen, gewaltiger geworden durch das Ausmaß der gemauerten Kunstbauten, rissen tieferliegende Häuserzeilen mit sich und töteten Menschen. Da die Zahl der Unfälle anstieg, mußte die Periode der Improvisation schließlich ein Ende finden. Vier Jahre lang hatte sie gedauert.

Immerhin war in dieser Zeit die Wasserversorgung Jerusalems verbessert worden – wenig war auf diesem Gebiet geschehen während der vorangegangenen Jahre, in denen David die Verantwortung für die Bautätigkeit getragen hatte. Noch immer holten Frauen und Kinder das Wasser aus der Gihonquelle, die unten im Kidrontal außerhalb der Stadtmauer lag. Morgens und abends drängten sich groß und klein mit Tonkrügen um das winzige Becken, aus dem geschöpft werden konnte. Abhilfe gegen die Drängelei konnte nur geschaffen werden, wenn ein Reservoir zur Verfügung stand, das die gleichzeitige Füllung vieler Krüge erlaubte. Direkt an der Gihonquelle gab es kein solches Reservoir. Doch 300 Meter südlich und etwas tiefer im Kidrontal lag ein kleiner Teich, der geeignet war für Speicherung von Wasser. Archäologen haben erkannt, daß zur Zeit des Königs Salomo eine Wasserrinne mit geringem Gefälle gegraben wurde, die von der Gihonquelle zum Teich Siloah führte. Der Verlauf dieses Kanals ist 1978 festgestellt worden.

Völlig ungeschützt waren Kanal und Teich: Sie lagen außerhalb der Stadtmauer. Bei einer Belagerung waren sie dem Feind preisgegeben. Abzulesen ist aus dem sorglosen Bauprinzip dieser Anlage, daß König Salomo nicht mit kriegerischer Bedrohung seiner Hauptstadt zu rechnen brauchte.

Das Erste Buch Könige berichtet, Salomo habe an Hiram, den Herrscher von Tyrus – diese Stadt liegt heute im Staat Libanon –, diesen Brief geschrieben: »Du weißt, daß mein Vater David dem Namen seines Herrn und Gottes kein Haus bauen konnte wegen der Kriege, in die ihn seine Feinde verwickelten, bis der Herr sie unter seine Fußsohlen legte. Jetzt aber hat mir der Herr, mein Gott, ringsum Frieden beschert. Kein Gegner ist zu sehen. Es droht auch keine schlimme Heimsuchung, die meine Pläne stören könnte. So will ich jetzt meinem Gott ein Haus bauen, wie der Herr meinem Vater David verheißen hat: ›Dein Sohn, den ich nach dir auf den Thron setzen werde, baue dieses Haus.‹ Erteile nun den Befehl, daß mir Zedern im Libanon gefällt werden. Meine Arbeiter und deine Arbeiter sollen zusammen diese Aufgabe übernehmen. Den Lohn für deine Arbeiter will ich an dich übergeben, in der Höhe, die du bestimmen wirst. Du weißt ja selbst, daß wir niemand haben, der Holz so fällen kann wie die Arbeiter von Sidon.«

David hatte sich schon um die Lieferung von Baumstämmen aus dem Libanon bemüht, doch seine Bestellung hatte offenbar nicht das gewünschte Resultat gebracht. Dies wird ersichtlich aus dem weiteren Verlauf des Briefwechsels der beiden Monarchen. Der König des nördlichen Nachbarstaats antwortet dem Herrn von Jerusalem. In der Einleitung seines Schreibens drückt er seine Befriedigung aus, daß Salomo an die Stelle von David getreten sei. Dann wendet er sich der praktischen Ausführung des Auftrags zu: »Alle deine Wünsche das

Holz betreffend werde ich erfüllen. Du wirst Holz aus Zedern und Zypressen erhalten. Meine Knechte werden es vom Libanongebirge an das Meer schaffen. Ich gebe Anordnung, daß die Baumstämme über das Meer geflößt werden in den Hafen, den du mir noch nennen wirst. Dort werden die Stämme dann von meinen Arbeitern zerlegt. Danach steht das Holz zur Abholung durch deine Fuhrleute bereit.«

Als Bezahlung erbat sich Hiram Lebensmittel: Er benötigte Weizen und Olivenöl. Ein seltsamer Wunsch für den Herrn der fruchtbaren Ebene um Tyrus und Sidon, auf deren Feldern Getreide wuchs, deren Hänge mit Olivenbäumen bepflanzt waren. Salomo lieferte die gewünschten Waren aus den Vorratskammern seiner Hauptstadt Jerusalem.

Die Lektüre der überlieferten Berichte von Salomos Vorbereitungen zum Tempelbau läßt den Eindruck entstehen, als ob zur Zeit Davids wenig geschehen sei. Die bereits gelieferten Baumaterialien und auf Vorrat behauenen Steine werden mit keinem Wort erwähnt. Jedenfalls wurde der Tempelbau erst von Salomo zur wichtigsten Aufgabe für das ganze Land erklärt. Alle Anstrengungen hatten diesem Projekt zu dienen. Auf freiwillige Leistungen verließ sich Salomo dabei nicht: Er verordnete Zwangsarbeit. Ein Fronaufseher mit weitgehenden Vollmachten hatte darüber zu wachen, daß jeder Verwaltungsbezirk die Auflagen erfüllte.

Das Erste Buch Könige gibt die Zahl der Arbeiter, die allein auf dem Sektor Holzbeschaffung tätig waren, mit insgesamt 30000 an. Diese Zahl gilt nicht als übertrieben. Allerdings sind nicht alle 30000 gleichzeitig im Einsatz gewesen. Jeweils ein Drittel der zum Arbeitsdienst verpflichteten Männer befand sich im Libanon; sie mußten dort einen Monat lang arbeiten und durften dann für zwei Monate nach Hause, auf Heimaturlaub. 150000 Arbeiter, so wird berichtet, seien im eigenen Land tätig gewesen, in Steinbrüchen und bei Transportkolonnen.

Diese Angaben könnten den Eindruck entstehen lassen, Salomo habe in Jerusalem einen Monumentalbau geplant. Diese Vorstellung ist jedoch falsch. Wir kennen zwar nicht den fertigen Bauplan, den es nach dem vierten Regierungsjahr Salomos gegeben haben muß. Aus den überlieferten Texten ist die Existenz des Plans zu erkennen: Die Arbeiter des Hiram wußten die Maße, in denen Zedernholz gebraucht wurde; die Steinmetzen kannten das Format, in dem sie Bausteine nach Jerusalem zu liefern hatten; die Baumeister, die alle Tätigkeiten der Gruppen im Libanon und im eigenen Land koordinieren mußten, wußten Bescheid über die Form, Größe und innere Gestaltung des Tempels. Aber schließlich war das Heiligtum in Jerusalem nicht das erste sakrale Gebäude im Gebiet zwischen der Ostküste des Mittelmeers und dem Jordan. Zumindest die Umrisse eines Tempels sind erhalten, dessen Baustruktur den Architekten des Königs Salomo zum Vorbild gedient haben könnte.

Etwa 25 Kilometer südlich der heutigen libanesisch-israelischen Grenze, dort, wo das Jordantal in die Hügel des Libanongebirges übergeht, liegt in karger Landschaft die Siedlung Rosch Pinah. Hier befand sich vor etwas mehr als drei Jahrtausenden die bedeutende Stadt Hazor. Auf der flachen Anhöhe bei Rosch Pinah sind in den Jahren nach 1955 Ruinen ausgegraben worden.

Zu ihrer Überraschung entdeckten Archäologen unter einer harten Erdschicht, die aus dem Material zerfallener und in Regenwasser aufgelöster Lehmziegel bestand, eine Tempelanlage von beachtlichen Ausmaßen. Als die Erdschicht, die sich schon vor vielen Jahrhunderten gebildet hatte, weggeräumt war, da konnte die Ausdehnung gemessen werden: Die Gesamtanlage war einst 150 Meter lang und 10 Meter breit gewesen.

Erkennbar ist, daß der zentrale Bau in drei Kammern aufgeteilt gewesen war, deren Grundriß in Größe und Gestalt jeweils gleich war: 13 × 9 Meter. Aus Besonderheiten der Bodenplatten und der Mauerreste konnte die Funktion der drei Kammern festgestellt werden: Am Boden des Vorraums, direkt an der Mauer, die Vorraum und Halle trennte, sind die Grundplatten für zwei Säulen zu sehen. Die Baumeister hatten die Säulen einst nicht zur Abstützung des Daches aufgestellt – dafür befanden sich die Säulen viel zu nahe an der Wand. Sie müssen religiöse Bedeutung gehabt haben. Ähnliche Säulen werden dann in der vertrauten biblischen Beschreibung des salomonischen Tempels geschildert.

Die Beschaffenheit des Bodens gibt auch Auskunft über den Zweck der Halle, die sich dem Vorraum anschloß: Rinnen und Röhren sind vorhanden zur Ableitung des Blutes der Opfertiere; da stehen noch die Basaltblöcke, die als Opfertische dienten. In der Halle wurden die Opfertiere geschlachtet, die Gott geweiht waren.

In der dritten Kammer nach Vorraum und Halle ist kein Anzeichen zu entdecken, daß der Raum für religiöse Handlungen gebraucht worden ist. Weder Bodenplatten noch Mauerreste weisen auf seine Funktion hin. Der Raum muß ein Ort der Stille, der Abgeschiedenheit gewesen sein. Aus dieser Erkenntnis darf, bei aller Vorsicht, geschlossen werden, daß er allein Gott vorbehalten war und von den Gläubigen nicht betreten wurde. In Hazor war dieses Allerheiligste allerdings nicht dem Gott geweiht gewesen, mit dem Mose einst den Bund geschlossen hatte. Der Tempel in Hazor hatte dem Wettergott Hadad gehört.

Obwohl zur Zeit des Königs Salomo dieser Naturgott höchstens noch in abgelegenen Berggegenden angebetet wurde, übernahmen die Architekten das Bauprinzip seines Heiligtums für die Pläne des Tempels von Jerusalem. Festgestellt werden muß allerdings, daß der Sakralbau von Hazor kein Sonderfall war in der Art der Raumaufteilung; außerordentlich war er nur in seinem Ausmaß. Ergebnisse von Ausgrabungen in Nordsyrien machen die weite Verbreitung des dreiteiligen Tempeltyps deutlich: Nach seinem Prinzip sind im ersten und im zweiten Jahrtausend v. Chr. vielen Göttern Tempel gebaut worden.

Die Abmessungen des Salomoprojekts entsprachen ungefähr den Maßen des Tempels von Hazor. Das Erste Buch Könige gibt Zahlen an: »Der Tempel, den König Salomo für den Herrn errichtete, war 60 Ellen lang, 20 Ellen breit und 30 Ellen hoch. Der Vorraum vor der Haupthalle des Tempels hatte 20 Ellen Länge.« Die Elle ist kein sehr präzises Maß; gemeint ist der Abstand zwischen dem Ellenbogen und der Spitze des Mittelfingers: also etwa 50 Zentimeter. Übertragen in die uns vertraute Maßeinheit sehen die Zahlen so aus: Das Gebäude war rund 30 Meter lang, 15 Meter hoch und 10 Meter breit.

Die Breite war durch das Bauprinzip diktiert, keine tragenden Säulen in die Räume einzuziehen. Damit waren der Spannweite der Decke Grenzen gesetzt: Zedernstämme, die länger als zehn Meter waren, bogen sich im Deckengebälk durch und zerbrachen schließlich unter ihrem eigenen Gewicht.

Große Räume waren vom Bauherrn auch gar nicht gewünscht. Das Heiligtum war nicht für religiöse Massenveranstaltungen, sondern als Wohnstätte Gottes gedacht; es war der Ort für die Aufbewahrung der Bundeslade und der Gesetzestafeln. Die Anlage des Gebäudes nahm darauf Rücksicht, daß der Herr der Welt ungestört sein sollte. Salomo sah im Tempel wohl auch eine Begegnungsstätte, in der er – der König – sich mit dem überirdischen Herrscher treffen konnte. Das Haus, in dem die Bundeslade stand, war wohl ebensosehr dem Ruhm des irdischen Herrschers gewidmet wie der Verehrung Gottes.

Unterschied sich das Äußere des Tempels, den Salomo in Jerusalem bauen ließ, kaum von anderen Gotteshäusern der Region, so gab ihm die Phantasie des jüdischen Volkes schon für die Bauzeit die Gloriole des Besonderen. In uralten Legenden wird berichtet, die Steine hätten sich auf dem Bauplatz selbst behauen und in das richtige Maß und in die geforderte Form gebracht. Ohne von menschlicher Hand berührt worden zu sein, hätten sie sich, nach göttlichem Bauplan, aufeinander und nebeneinander gelegt. Göttliche Kräfte hätten die Zedernbalken hochgehoben und so oben auf dem Rand des Mauerwerks abgelegt, daß sie ein gezimmertes Dach bildeten. Die Legenden lassen den Frondienst der Männer aus den Sippen in Vergessenheit geraten. Das Alte Testament aber erinnert daran, daß die Bauarbeiten lange gedauert haben – sieben Jahre.

Unsicherheit herrscht darüber, ob die graue Felsplatte, über der sich heute die Kuppel des Felsendoms wölbt, in den Plan des Tempelbaus einbezogen war, ob diese Felsplatte eine rituale Funktion besaß – als Opferstätte etwa. Weder die Texte der Bibel noch ergänzende Erzählungen bringen den Felsen in Zuammenhang mit dem Tempel. Wird aber berücksichtigt, wie hoch das jüdische Volk in den Parallelerzählungen zum Alten Testament die Bedeutung des geheimnisvollen Felsens einschätzt, dann erscheint die Vorstellung als absurd, der uralte Opferplatz habe sich außerhalb des Tempels befunden, sei nicht Teil des neuen Heiligtums gewesen.

So sieht das Weltbild aus, das sich in diesen Erzählungen spiegelt: »Das Land Israel liegt im Herzen der Schöpfung, im Herzen der Welt. Jerusalem liegt im Herzen des Landes Israel. Im Herzen von Jerusalem liegt der Tempel. Bevor der Tempel erbaut worden ist, da glich die Welt einem Sessel, der nur zwei Beine hat, der sich nicht aufrecht halten kann. Nachdem jedoch der Tempel errichtet war, da hatte die Welt einen guten Halt und stand fest. Die Felsplatte aber ist der steinerne Kern der gesamten Schöpfung. Um den Fels herum hat Gott die Stadt Jerusalem, das Land Israel und die Welt geschaffen. Diesen riesigen Stein hat Gott in der Hand gehalten, als er sich Gedanken machte, in welcher Gestalt die Erde erschaffen werden soll.«

Diese Erzählung vom Weltmittelpunkt und vom Kristallisationspunkt der Schöpfung muß in früher Zeit entstanden sein. Auch sie sagt nicht aus, der Fels sei Mittelpunkt des Tempels, des Allerheiligsten. Doch der Gedanke liegt nahe, daß Salomo die Möglichkeit erkannt hatte, durch die Einbeziehung der Opferstätte die Symbolkraft des Tempels für Verstand und Gefühl der Menschen zu steigern. Die Opferstätte war ja keineswegs nach der Eroberung der Stadt durch David in Verruf geraten. Der Integrationsprozeß, den David zum Prinzip der Innenpolitik erhoben hatte, war nicht nur Basis gewesen für das Zusammenleben der ursprünglichen Bevölkerung und der Eroberer, er hatte auch die Eingliederung früherer Heiligtümer in die neue religiöse Ordnung ermöglicht.

Trotzdem ist Vorsicht geboten. Der Gedanke, die Felsplatte sei Bestandteil des Tempels gewesen, ist bestechend, doch die Frage stellt sich, warum das Erste Buch Könige nicht die geringste Andeutung dazu macht. Die Schilderung des Tempelinnern ist ausführlich: »Die Innenwände des Tempels ließ Salomo mit Brettern aus Zedernholz verkleiden. Vom Fußboden bis zu den Balken der Decke täfelte er die Räume mit Holz. Der Fußboden wurde mit Dielen aus Zypressenholz belegt. Aus Zedernbalken bestand die Wand, die das Allerheiligste von der Halle abtrennte. Diese Wand reichte vom Boden bis hinauf zum Gebälk. Aus Zedernholz war das Schnitzwerk an der Wand, das Blumen und Blütengirlanden darstellte. Den hinteren Raum, in dem die Bundeslade aufgestellt wurde, ließ Salomo mit reinem Gold verkleiden. Für diesen hinteren Raum wurden zwei geflügelte Tiergestalten angefertigt. Beide hatten dasselbe Maß und dasselbe Aussehen. Fünf Meter hoch waren diese zwei Cherubim. Sie bestanden aus Ölbaumholz. Ihre Flügel spannten sich fünf Meter weit. Sie wurden so nebeneinander gestellt, daß ihre äußeren Flügelspitzen an die Wand stießen. Die inneren Flügel aber berührten sich. Auch die Gestalt der Cheruben war mit Gold überzogen. An allen Wänden des Hauses ringsum waren geschnitzte Darstellungen von geflügelten Wesen, von Palmen und Blumengirlanden angebracht. Auch den Fußboden des hinteren Raums und der Halle ließ Salomo mit Gold überziehen. Den Eingang zum hinteren Raum sicherte er durch Türflügel aus Ölbaumholz. Die Tür besaß die Form eines langgestreckten Fünfecks. Ebenso wurden für die Haupthalle Pforten aus Ölbaumholz angefertigt.« Für die Felsplatte blieb wohl schwerlich Platz im Tempel.

Reich geschmückt war das Gebäude. Einen der Kunsthandwerker, die Salomo mit Aufträgen für den Tempelbau beschäftigte, hebt das Erste Buch Könige aus der großen Zahl der Künstler und Baumeister heraus. Sein Name war Hiram. Aus dem nördlichen Nachbarstaat, aus der Stadt Tyrus, stammte er. Mit dem König, der dort herrschte, war Hiram – trotz der Namensgleichheit – nicht verwandt. Er war der Sohn eines Schmieds aus Tyrus, von dem er die Kunst der Metallbearbeitung geerbt hatte. Seine Mutter gehörte zur jüdischen Sippe Naphtali.

Die erste Aufgabe, die Salomo dem handfertigen Hiram zuwies, bestand darin, zwei Säulen aus Erz zu gießen, die vor dem Vorraum des Tempels aufgestellt werden sollten. Solche Säulen gehörten nach überkommenem Brauch zum Standardtyp der Tempel. Seit Jahrhunderten schmückten Säulen die Tempeleingänge. Säulen waren auch schon Bestandteil des Tempels von Hazor gewesen. Als Hiram mit der Arbeit des Erzgießens fertig war, ließ Salomo den Säulen Namen geben: Die rechte Säule hieß fortan »Jachin«; die linke hieß »Boas«. Der Sinn dieser Namen ist ungewiß. Hypothesen suchen nach Erklärungen. Möglich ist, daß vor beiden Säulen Lobpreisungen Gottes und Segensformeln aufzusagen waren. »Jachin« und »Boas« könnten die Anfangsworte solcher Lobpreisungen sein. Nicht auszuschließen ist, daß sie so formuliert waren: »Jachin JHWH et kisse David le-olam wa'ed« (»Der Herr wird den Thron Davids festigen für immer und ewig«) und »be'os JHWH« (»durch die Kraft Gottes«).

In etwas mehr als zwei Generationen hatten sich auch die Nichthebräer von Jerusalem daran gewöhnt, den allmächtigen Gott mit diesen vier Buchstaben JHWH zu benennen. Die Eroberer hatten diese Bezeichnung mitgebracht. Sie war in Jerusalem an die Stelle des Gottesnamens El getreten.

Der Tempel sollte nach dem Willen des Herrschers die enge Verbindung der Davidfamilie zu Gott dokumentieren. Der Verlauf der Einweihungsfeier gibt davon ein Zeugnis: Als Hiram fertig war mit seinem Werk, als die Säulen aufgestellt waren im Haus des Herrn, als das große Wasserbecken, das im Ersten Buch Könige das »Eherne Meer« genannt wird, aufgestellt war, als Altar und Leuchter aufgestellt waren, da holte Salomo auf einen bestimmten Tag die Ältesten und die angesehensten Männer in die Hauptstadt Jerusalem. Sie durften Zeuge sein des Einzugs der Bundeslade in den Tempel.

Die überlieferten Beschreibungen lassen erkennen, daß König Salomo das Ereignis der Tempeleinweihung zum prächtigen Fest gestaltet hat. In feierlichem Zug wurde der hölzerne Kasten hinauf zum Hügel getragen. Vor der Haupthalle des Tempels übernahmen die Höchsten der Priesterschaft die Heilige Lade. Sie allein galten als vornehm genug, Kasten und Gesetzestafeln in den hintersten Raum geleiten zu dürfen.

Von nun an war es nur noch ihnen und dem König erlaubt, die Bundeslade zu sehen – das Volk hatte draußen zu bleiben, auf dem Platz außerhalb der Vorhalle. Drinnen im Tempel aber stand das Heiligtum in völligem Dunkel; kein Fenster ließ Licht in das Allerheiligste. Vor allem: Niemand konnte durch Fenster hereinsehen. Niemand, außer dem König, bekam die Möglichkeit zu sagen, er habe Gott gesehen – oder, daß sich im Allerheiligsten nichts bewege.

Die Ältesten und die angesehensten Männer der Stämme konnten von der Halle aus beobachten, wie der wichtigste Besitz des Staates, das Symbol des Bündnisses mit Gott, hinter der Mauer verschwand. Sie waren auch Zeugen dafür, so wird berichtet, daß eine Wolke das ganze Gebäude erfüllte, als die Priester, die Träger der Bundeslade, den hinteren Tempelraum wieder verließen. Laut sprach Salomo in diesem Augenblick: »Im Dunkel wolltest du wohnen, hattest du, Herr, gesagt. So baute ich einen Herrscherpalast für dich als Stätte, an der du wohnen wirst auf ewig.« Die Ältesten und Vornehmsten konnten den König hören.

Der überlieferte Bericht erweckt den Eindruck, daß die Zahl der Zweifler, die nicht glauben wollten, Gott sei jetzt in das von Salomo erbaute Haus eingezogen, groß gewesen ist. In seiner Festansprache gab der Herrscher selbst der Meinung dieser Zweifler Ausdruck: »Wohnt denn Gott wahrhaftig auf Erden? Fürwahr, der Himmel und die Himmel der Himmel fassen dich nicht, wieviel weniger dieses Haus, das ich erbaut habe.« Er gesteht in seiner Rede zu, daß der Himmel in Wahrheit Gottes wirklicher Wohnsitz sei: Gott habe nur gesagt: »Mein Name wird in diesem Haus wohnen.«

Den Skeptikern aber, die Zweifel hegten, ob Gott einen besonderen Pakt mit dem Haus Davids geschlossen habe, kommt Salomo nicht entgegen. Er verweist auf die Verheißung, Gott habe David und seinen Nachkommen versprochen, daß ihnen immer Söhne geschenkt werden, die würdig sind, Könige zu sein. Voraussetzung sei allerdings die Einhaltung der formulierten Gesetze, die seit der Zeit Moses Gültigkeit besitzen.

Die Feierlichkeit entwickelt sich nach Salomos Wunsch. Weder die Reichen der Hauptstadt noch die Sippenältesten aus Dörfern und Städten zwischen dem Libanongebirge und der Sinaiwüste sparten mit Opfergaben. 22000 Rinder und 120000 Schafe sollen vor dem Haus des Herrn geschlachtet worden sein. Nur unter einem Mangel litt der König: Gott machte sich nicht bemerkbar. Zwar sei zur Stunde der Tempeleinweihung eine Wolke im Neubau auf dem Hügel sichtbar gewesen, eine Stimme aber hatte niemand gehört. Gott antwortete offenbar dem König nicht. Nach Abschluß des Festes erst ließ Salomo in Jerusalem verbreiten, Gott sei ihm doch erschienen, ihm ganz allein. Gott habe ihm versprochen: »Mein Auge und mein Herz werden ständig hier weilen.« Wiederum habe der Allmächtige zugesagt, die Dynastie David–Salomo werde für immer über das Königreich herrschen.

Salomo glaubte, durch Weitergabe der Information über das Treffen mit Gott alle Gegner seines Regimes zum Schweigen gebracht zu haben. Ihre Wühlarbeit muß beachtlich gewesen sein. Die Wirkung der Schmähreden ist abzulesen an Salomos massiver Reaktion: Es bleibt ihm keine andere Wahl, als seine Propaganda auf Gott zu bauen, auf die höchste Instanz in der Weltordnung des jüdischen Volkes.

Die Gläubigsten der Gläubigen aber beharrten auf ihrer Kritik, ließen sich nicht überzeugen von Salomos Argument, zwischen ihm und Gott bestehe Partnerschaft. Sie warfen ihm vor, er selbst habe das Gebot, »du sollst keine fremden Götter neben mir haben«, vielfach gebrochen. Salomo, so klagten sie, verwandle Jerusalem wieder in die Stadt der Vielgötterei und gefährde damit den lebenswichtigen Pakt mit dem einen Gott. Die Klage war berechtigt. Ausgelöst wurde sie durch Salomos Milde im eigenen Harem. Das Erste Buch Könige schreibt diesem Herrscher ein Übermaß an sexueller Kraft zu. Tausend Frauen soll er im Lauf der Jahre in seinem Harem aufgenommen haben: »Er besaß 700 fürstliche Frauen und 300 Nebenfrauen, die sein Herz verführten.« Statistische Bedeutung ist diesen Zahlen nicht beizumessen – sie spiegeln nur Bewunderung für Salomos Stärke. Die Schattenseite seiner Liebesfähigkeit aber war, daß er »sein Herz« verführen ließ. Diese Verführung traf eben nicht die Sinnlichkeit – auf diesem Gebiet hätte Salomo leicht Verzeihen gefunden –, sondern die religiöse Überzeugung des Monarchen.

Als seine Sexualität nicht mehr die jugendliche Kraft besaß, da habe sich Salomo mehr mit den Seelen seiner Frauen befaßt als mit ihren Körpern. Er habe sich über die Götter erzählen lassen, die in fremden Ländern angebetet wurden. Die Glaubensvorstellungen, in denen seine Frauen aufgewachsen waren, begannen ihn zu faszinieren. Im königlichen Harem von Jerusalem lebten Töchter der Hethiter, der Völker Moab, Edom und Ammon; auch in die Familien der Jebusiter, der ursprünglichen Bewohner der Stadt am Abhang des Kidrontals, hatte Salomo eingeheiratet. Die Götter der Haremsdamen hießen Astarte, Milkom, Kamos und Moloch. Macht über Fruchtbarkeit von Frau und Feld, über Gesundheit, Wetter und Tod wurde ihnen zugeschrieben. Mose, Josua, Saul und David hatten die Glaubenswelt der vielen Götter vernichten wollen. Salomo aber machte Astarte, Milkom, Kamos und Moloch hoffähig.

»Er besaß 700 fürstliche Frauen« – so lautet der Text, der Aufschluß gibt über den Grund zu Salomos religiöser Toleranz. Er hatte die fremden Frauen aus politischen Gründen geheiratet. Die Väter der Bräute waren Könige, Vasallenfürsten oder nur Stammeschefs der Länder an den Grenzen seines Kernlands. Heirat mit den Töchtern schloß vertragliche Bindung zwischen der Heimat der Braut und dem König von Jerusalem ein. Der Vertrag aber verpflichtete den Bräutigam meist, den Glauben der Braut zu respektieren und ihr – auch in Jerusalem – die Möglichkeit zur Verehrung der ihr vertrauten Götter zu geben.

Wenn Salomo mit der Heiratspolitik Erfolg haben wollte, mußte er den Frauen Glaubensfreiheit lassen. Den Zorn der Herren fremder Völker, selbst wenn sie unterworfen waren, zu wecken, paßte nicht in die Absichten des Königs von Jerusalem. So beteten die Frauen ihre eigenen Götter an – und Salomo schaute und hörte ihnen manchmal zu.

Daß er andere Götter als den Einen und Allmächtigen in seinem Harem dulde, daß er sie sogar selbst verehre, war bald ein Gerücht und wenig später schon Gewißheit in Jerusalem. Salomos Gegner und

Kritiker erinnerten sich, daß Gott genau festgelegt habe, welche Frauen den Gläubigen erlaubt seien und welche nicht. Die Fremden im Harem, so war die Meinung vieler in der Stadt, gehörten zu den Frauen, von denen Gott gesagt hatte, »ihr sollt nicht zu ihnen gehen, und sie sollen nicht zu euch kommen, sonst wenden sie euere Herzen ihren Göttern zu«.

Was die Gegner befürchtet hatten, traf ein. Salomo, der Erbauer des Tempels, verfiel der Verführung. Den Frauen zuliebe ließ er nicht nur zu, daß sie in den Haremsräumen, ohne in der Öffentlichkeit Aufsehen zu erregen, Gebete zu fremden Göttern sprachen; er gestattete sogar den Bau von – wenn auch primitiven – Heiligtümern der Götter Kamos und Moloch auf Hügeln bei der Hauptstadt. Die Frauen, die als Töchter der Völker Moab und Ammon nach Jerusalem gekommen waren, durften dort ihre Opfer darbringen. An den Festtagen der Götter Kamos und Moloch waren schwarze Rauchfahnen über der Opferstätte weithin sichtbar.

Bis heute sind die Strenggläubigen der Meinung, Salomo sei die eigentliche Ursache für den Untergang des Reiches und für die Drangsal des jüdischen Volkes gewesen. Salomo habe das Erbe Davids zerstört. Sie werfen ihm vor, er habe nicht nur die Anbetung der fremden Götter zugelassen, er habe auch den Frevel begangen, am Tag der Tempeleinweihung ein weiteres, sogar noch prächtigeres Fest abzuhalten: seine Hochzeit mit der Tochter eines ägyptischen Pharao. Daß Salomo die Mitgift benötigt habe, um die Bauvorhaben in Jerusalem zu bezahlen, kann für die Gläubigsten bis heute keine Entschuldigung sein, denn er brauchte die Edelmetalle, die diese Braut aus dem reichen Land am Nil mitbrachte, nicht für die Kosten des Tempelbaus – weit teuerer als der Bau des Heiligtums war die Konstruktion des prächtigen Königspalastes in Jerusalem.

Der Tempel liegt im Schatten des Palasts

Das Erste Buch Könige berichtet: »An seinem eigenen Palast baute Salomo dreizehn Jahre lang. Er ließ eine Halle aus Libanonzedern errichten, die war 50 Meter lang und 25 Meter breit; 15 Meter betrug die Höhe der Halle. Drei Reihen von Säulen aus Zedernholz stützten das Dach ab. Die Zahl der Säulen war 45: je 15 standen in einer Reihe. Auch Fenster gab es in drei Reihen. Alle Türen waren viereckig. Die Vorhalle war 25 Meter lang. Auch ihr Dach war von Säulen getragen.

Eine Thronhalle entstand, die für Gerichtssitzungen bestimmt war. Sie war vom Boden bis zur Decke mit Zedernholz getäfelt. Dazu kam ein eigenes Wohnhaus, ebenso prunkvoll gebaut. In derselben Art errichtete Salomo auch ein Haus für die Tochter des Pharao, die er sich zur Frau genommen hatte. Das alles war aus kostbaren Steinen erbaut. Selbst die Fundamente bestanden aus wertvollen Blöcken.«

So detailliert dieser Bericht auch zu sein scheint, so gibt er doch – selbst bei mehrfacher Lektüre – kein Bild, das der Phantasie die Vorstellung ermöglicht, wie der königliche Palast von Jerusalem wohl in der Gesamtheit ausgesehen hat. Einigermaßen deutlich stehen die Hallen vor Augen, die für offizielle Anlässe bestimmt waren. Wenig wird mitgeteilt vom Wohntrakt des Königs, vom Haus für die Tochter des Pharao. Offensichtlich hat der unbekannte Chronist, auf dessen Augenzeugenbericht wohl der Text im Ersten Buch Könige beruht, nur die repräsentativen, aber unpersönlichen Hallen des Palasts gekannt. Der Unbekannte hatte, allen Anzeichen nach, zum Volk gehört. Wenn er das Haus des Königs hatte betreten dürfen, dann war diese Besuchserlaubnis auf die offiziellen Räume beschränkt gewesen, auf die Säle, die für Begegnung zwischen Herrscher und Untertan eingerichtet waren. Dem Chronisten war nie ein Blick erlaubt worden hinter die Mauer der Privatgemächer oder gar des Harems.

Da präzise schriftliche Zeugnisse fehlen, kann nur die archäologische Forschung Auskunft über die Architektur und innere Gestaltung des Palasts geben. Doch die naheliegendsten Maßnahmen sind den Wissenschaftlern verwehrt: Keiner darf wagen, unter den Steinplatten und Grünflächen der heutigen »Tempelterrasse«, auf der die Al-Aqsa-

Moschee und der Felsendom stehen, den Boden zu durchwühlen. Der Platz, auf dem Salomo einst Tempel und Palast bauen ließ, ist heute heiliges Gebiet des Islam – und diese Heiligkeit wird ernst genommen. Würden Archäologen, gleich welcher Glaubensrichtung, mit Schaufeln und Spaten nach Resten des Tempels der Juden und des Salomopalastes suchen, und geschähe dies noch so behutsam, sie würden heißblütig-wütende und brutal-aggressive Reaktionen der arabischen Massen auslösen. Die Wissenschaftler würden die erste Stunde ihrer Arbeit nicht überleben. Die Angst der Moslems verhindert die wissenschaftliche Durchforschung der Tempelterrasse: Häufig bewußt, doch meist unbewußt fürchten die Gläubigen des Islam, von jüdischen Extremisten werde hartnäckig das Ziel verfolgt, den Felsendom zum Einsturz zu bringen, um an seiner Stelle den Tempel der Juden wiederaufrichten zu können. Da bliebe keine Chance, den zornigen Massen zu erklären, die grabenden Wissenschaftler seien keine Helfer der Extremisten.

Die Frage ist offen, ob Grabungen überhaupt zu Resultaten führen würden, die Erkenntnisse über Aussehen von Palast und Tempel möglich machten. Die Archäologin Kathleen M. Kenyon hat mit erfahrenen Augen das Terrain der Tempelterrasse betrachtet. Sie ist seither der Meinung, unter den Steinplatten und unter bewachsener Humusschicht sei kaum mit halbwegs intakten Mauerteilen von Salomos Bauwerken zu rechnen. Spätere Architekten – präzise gesagt, die Architekten des Königs Herodes – hätten mit den Spuren früherer Bebauung radikal aufgeräumt, als sie den zweiten Tempel Gottes bauten.

Da in Jerusalem selbst keine Erkenntnisse zu erlangen sind, die der Phantasie Anhaltspunkte geben könnten, wie sie sich den Palast vorzustellen hat, bleibt nur der Blick auf Ausgrabungen anderswo in der Region. Diese Abschweifung in die Ferne ist keineswegs nur Notbehelf. Wir müssen in Betracht ziehen, daß Salomo, dessen eigener Staat kaum Männer von Talent für die Baukunst besaß, seine Architekten aus heute libanesisch-syrischem Gebiet geholt hat. Die Angeworbenen brachten Erfahrungen mit, die sie auf der Baustelle in Jerusalem zur Freude des Königs Salomo in das Großbauprojekt einbrachten. Sie erstellten dem Auftraggeber Gebäude nach dem bewährten Baumuster der Heimat. Dieses Baumuster ist mehrfach in Syrien zu erkennen.

Am Fluß Orontes, der bei Homs entspringt und im südlichsten Zipfel der Türkei ins Mittelmeer fließt, ist die wenig bekannte Ausgrabungsstätte Tell Tainat (Tell Ta'jinat) zu finden. Sie birgt eine Überraschung: Dort konnte der Grundriß eines kombinierten Gebäudekomplexes von Palast und Tempel freigelegt werden. Das Sakralgebäude entspricht dem dreiteiligen Muster des üblichen Tempeltyps, der in

Hazor vorgeprägt und schließlich in Jerusalem wiederholt worden ist. Die Ausmaße des Tempels am Orontes sind allerdings gering: Sie entsprechen nicht einmal der Hälfte der aus den Angaben des Ersten Buchs Könige errechenbaren Meterzahlen, die für Salomos Tempel gelten sollen.

Wichtig ist das Größenverhältnis von Tempel und Palast: Wie ein Anhängsel wirkt die Grundfläche des Tempels gegenüber der mächtigen Ausdehnung des Palasts. Länge und Breite des weltlichen Baus sind mehr als doppelt so groß als die entsprechenden Maße des Gotteshauses. In Rechteckform erstreckt sich der Palast in Ost-West-Richtung. An die Nordwand des Palastes schließt unmittelbar der Tempel an; er diente offenbar als Hauskapelle für den Herrschenden im Palast.

Der Palast selbst ist zweigeteilt. Die rechte Hälfte, vom Haupteingang aus gesehen, diente herrschaftlichen Zwecken: Hier regierte und repräsentierte der Monarch. Die Untertanen traten durch die mit Säulen bestückte Vorhalle in den länglichen Thronsaal. Um ihn herum gruppierten sich kleinere Räume: die Arbeitszimmer der Diener und Hofbeamten.

Die linke Hälfte des Baus enthielt die Wohnung des Mächtigen. Der Grundriß zeigt, daß nur ein schmaler Eingang in die Privatsphäre führte. Genauso eng waren die Durchgänge in der Wohnung selbst. Sie führten von einem zentralen größeren Raum aus in kleinere Kammern. Anzunehmen ist, daß jede der Frauen in einer solchen Kammer ihren privaten Bereich besaß.

Sicher war der Palast, den König Salomo sich in Jerusalem von den Baumeistern aus dem Norden bauen ließ, größer als der des Mächtigen am Orontes. Trotzdem darf die Vorstellung die Pracht nicht übertreiben. Salomo lebte nicht in der Zeit des zweiten Ludwig der Bayerndynastie. Salomos Lebensjahre gehören in die Menschheitsepoche, die wir Mittlere Eisenzeit nennen. Das Handwerkszeug der Arbeiter war einfach. Auch die Fachleute, die König Hiram aus Tyrus schickte, waren ihrer Zeit nicht weit voraus – sie waren nur besser als andere, die im jüdischen Lande selbst zur Verfügung standen. Wunder wirken konnten auch sie nicht.

Das Erste Buch Könige informiert darüber, daß die Baukosten für Palast und Tempel die Staatsfinanzen erschöpft haben. Um das Haushaltsdefizit auszugleichen, mußte Salomo zwanzig Ortschaften in Galiläa an König Hiram von Tyrus abtreten. Zwar gefielen die Dörfer dem reichen Nachbarn im Norden keineswegs, doch er handelte gegenüber Salomo so, als wisse er ihren Wert zu schätzen: Er verrechnete die Abtretung mit den Schulden aus der Vergangenheit und schickte noch 120 Talente Silber nach Jerusalem.

Damit war der finanzielle Engpaß beseitigt. Die Expansion der Stadt war möglich geworden. Innerhalb weniger Monate dehnte sich die Bebauung über die Hügelkuppe, über den einstigen Dreschplatz nach Norden aus. Rings um Palast und Tempel entstanden dichtgedrängt Häuser für Beamtenwohnungen und Regierungskanzleien; auch die Priester forderten geräumige Unterkünfte.

Noch immer blieben die Gebäude niedrig. Äußerst selten wagten Baumeister die Erweiterung der Häuser um ein zweites Stockwerk. Daran war nicht nur die Sorge um Stabilität des Bauwerks schuld. Die Zurückhaltung war vor allem durch Respekt gegenüber dem König bestimmt. Solange Palast und Tempel nur eingeschossig waren, hatte sich der Untertan zu hüten, durch ein höheres Haus aufzutrumpfen.

Die Finanzhilfe aus Tyrus wirkte sich segensreich aus. Dem Bauboom, den der Staat mit seinen Großprojekten angeheizt hatte, folgte keine Depression, kein Niedergang des Baugewerbes. Das Land war finanziell nicht ausgeblutet, die Bewohner von Jerusalem waren nicht verarmt nach der gewaltigen materiellen Anstrengung des Palastbaus. Die Untertanen konnten nun für sich selbst sorgen – sie besaßen noch die Kraft dazu.

Wer über Geld verfügte, der wollte ganz oben in der Stadt, in der Nähe von König, Priesterschaft und Hof leben. Folgen für die soziale Struktur der Stadt blieben nicht aus. Was in der kleinen Siedlung am Abhang des Kidrontals bisher zu vermeiden gewesen war, geschah nun, ohne daß jemand Kraft und Willen hatte, die Entwicklung aufzuhalten: Jerusalem teilte sich fortan auf in ein reicheres und in ein ärmeres Quartier. Unten wohnten die Armen; oben, bei Palast und Tempel, lebten die Reichen. Unten – das war die Stadt Davids; oben – das wurde die Stadt Salomos.

Jerusalem verwandelte sich rasch. Die Stadt Davids wurde bedeutungslos. Macht und Reichtum konzentrierten sich in den neuerstandenen Vierteln. Die Häuser der Mächtigen unterschieden sich im Aussehen von den Gebäuden der Davidstadt: Ihre Bausteine waren nicht mehr grobschlächtig. Sie fügten sich besser ineinander. Glatter und zugleich fester waren die Wände. Das primitive Stadium des Bauens war überwunden. Mit der Ausdehnung nach Norden vollzog Jerusalem den historischen Schritt von der Späten Bronzezeit in die Mittlere Eisenzeit.

Wichtiges aber blieb auch weiterhin unverändert in der sich wandelnden Stadt. Die Bewohner beider Quartiere, Reich und Arm, waren auch weiterhin in der Wasserversorgung von der Gihonquelle abhängig. Anderes Wasser stand kaum zur Verfügung. Die Kunst, Zisternen zu bauen, entwickelte sich nur langsam. Noch schoß im Winter und im

Frühjahr das Regenwasser in den Gassen zwischen den Häusern den Abhang hinunter, ungenutzt.

Unter den Archäologen umstritten ist die Theorie, eine Reihe von Vertiefungen im massiven Fels, die heute noch im Gebiet der ehemaligen Davidstadt zu sehen ist, gehöre zu einem Zisternensystem aus der Zeit Salomos. Auch heute noch, nach fast 3 000 Jahren, sind die Spuren der eisernen Werkzeuge, mit deren Hilfe die Mulden aus dem harten Stein geschlagen wurden, deutlich erkennbar. Wissenschaftler, die mit der Zisternentheorie nicht einverstanden sind, vertreten die Ansicht, die Vertiefungen im Gestein seien Gräber gewesen – vielleicht sogar für Mitglieder der königlichen Familie.

Die Königin von Saba auf Besuch in Jerusalem

Die Kontaktaufnahme zur Herrscherin in der Ferne sei auf Wunsch des Königs Salomo erfolgt. Dies berichtet ein uraltes Märchen: »Eines Tages ließ Salomo, dem die Gabe verliehen war, mit den Tieren reden zu können, die Vögel zu sich kommen. Sie erheiterten ihn durch Gesang, durch die Farben ihres Gefieders, durch ihre Bewegungen. Salomo wunderte sich, daß der Auerhahn fehlte. Wütend geworden, befahl er schließlich die Bestrafung dieses Vogels. Der Auerhahn, angeklagt, er habe königliches Gebot mißachtet, fand diese Ausrede: ›Ich war unterwegs, um draußen in der Welt einen Ort zu suchen, dessen Bewohner nichts von meinem Herrn und König gehört haben. Ich flog weit und kam in die Weihrauchstadt, die tief im Süden liegt. Der Boden dieses Landes ist pures Gold, und das Silber liegt in den Straßen, wie in Jerusalem der Mist. Die Bäume dort stammen noch aus der Zeit, als Gott die Welt erschaffen hat, und werden aus den Wassern des Paradieses getränkt. Über dieses Wunderreich herrscht eine Frau. Sie nennt sich die Königin von Saba.‹ Auf diese Worte hin wurde Salomo neugierig. Der König versprach dem Auerhahn, er werde nicht bestraft, wenn es ihm gelinge, die Königin von Saba nach Jerusalem zu holen. Wieder flog der Auerhahn über die Wüsten hin nach Süden, bis er den Palast der Königin von Saba erreichte. Er lud sie ein nach Jerusalem, und sie folgte ihm auch. Aber erst nachdem er gedroht hatte, alle Vögel aus dem Reich des Königs würden angeflogen kommen, um der Königin das Fleisch von den Knochen zu reißen.«

Woher die Königin kam, weiß heute niemand mehr. Vielleicht besaß sie ein Reich im Bergland des Jemen auf der arabischen Seite des Roten Meers; vielleicht war sie in Äthiopien zu Hause. Strittig ist also, ob sie Araberin war oder Afrikanerin. Als sicher gilt, daß sie souveräne Herrscherin eines Staates war, der vom Handel lebte und dessen Armee eine der beiden Küstenzonen des Roten Meers kontrollierte. »Königin des Südens« wurde die Monarchin von den Bewohnern Jerusalems benannt.

Die Kaufleute der Stadt des Königs Salomo hatten mit den Ländern des Südens enge Beziehungen geknüpft. Niederlassungen der Handelshäuser in Ezion-Geber, an der nördlichsten Spitze des Ausläufers vom Roten Meer, der heute Golf von Aqaba heißt, waren der Ausgangspunkt der Geschäftskontakte. Ezion-Geber besaß einen Hafen, eine Schiffswerft und Erzminen samt Schmelzöfen und Gießerei. In diesem Werftkomplex waren seetüchtige Schiffe gebaut worden während der Jahre, in denen sich Jerusalem verwandelt hatte.

Entwicklungshilfe für die Flotte der bislang in Seefahrt unerfahrenen Kaufleute aus dem Staat Salomos hatte wiederum der immer hilfsbereite König Hiram aus Tyrus geleistet. Seine Schiffskonstrukteure und viele Seeleute waren vom Mittelmeer ans Rote Meer gekommen, um ihre Erfahrungen in Schiffsbau, Schiffsführung, Segeltechnik und Navigation an Untertanen des Königs Salomo weiterzugeben. Die politisch und wirtschaftlich Verantwortlichen in Tyrus, die in jener Zeit den Mittelmeerhandel beherrschten, waren Partner geworden der salomonischen Handelsorganisation für den Bereich des Roten Meers.

Ezion-Geber, dessen Lage nahezu identisch war mit der des heutigen Eilath, bildete das Tor des jüdischen Staates in Richtung Arabien und Afrika – möglicherweise auch in Richtung Indien. Von Ezion-Geber aus fuhren die Schiffe der vereinigten Flotte von Tyrus und Jerusalem ins sagenhafte Land Ophir »und holten von dort 420 Talente Gold, die sie Salomo brachten« (1 Kg 9,28).

Zum Reich der »Königin des Südens« gehörte Ophir wohl nicht. Doch ihr Land war offenbar nicht weniger reich. Ihre Kaufleute lieferten eine Ware, die mit Gold aufgewogen wurde: Weihrauchholz. Rauch und Duft wurden von König und Priestern im Staatstempel der Hauptstadt Jerusalem geschätzt – vor allem aber von den immer noch zahlreichen Anbetern der Götter Astarte, Milkom, Kamos und Moloch. An Kunden bestand kein Mangel im Weihrauchgeschäft. Die meisten dieser Kunden waren in der Region zwischen der Halbinsel Sinai und Mesopotamien zu Hause. Der Markt in Jerusalem bot ihnen Gelegenheit zur Deckung ihres Bedarfs. Daß die »Königin des Südens« diesen Markt kennenlernen wollte, ist einzusehen.

Der Besuch der Königin von Saba entwickelte sich zum Erfolg, für beide Seiten. Das Erste Buch Könige berichtet: »Sie kam nach Jerusalem mit reichem Gefolge, mit Kamelen, die Weihrauch, Gewürze und viel Gold und Edelsteine trugen. Sie sprach mit Salomo und fragte ihn über manches, was sie sich ausgedacht hatte. Auf alle ihre Fragen gab ihr Salomo Antwort. Da gab es kein Gebiet, über das der König nicht Bescheid gewußt hätte. Die Königin von Saba bemerkte die große Weisheit Salomos und sah auch den Palast, den er gebaut hatte. Sie sah die Speisen auf seinem Tisch, die Rangordnung seiner Berater. Sie sah, wie seine Diener aufwarteten, wie sie gekleidet waren. Sie sah, wie er zum Tempel des Herrn ging. Über all dem blieb ihr der Atem aus.«

Die Legenden wissen, die Königin von Saba habe in Salomos Palast gewohnt. Die Höflinge, so wird berichtet, seien erstaunt gewesen, daß der Gast täglich und zu jeder Stunde einen langen Rock trug, der auch beim Gehen die Füße bedeckte. Bald sei dem Gerücht Glauben geschenkt worden, die Königin von Saba habe Füße wie eine Ziege. Auch dem König sei dieses Gerücht hinterbracht worden, und von diesem Augenblick an habe er nur darüber nachgedacht, auf welche Weise er feststellen könne, ob die Königin wirklich Füße wie eine Ziege habe. Da sei ihm die Idee gekommen, den Boden des Thronsaals mit blitzendem Kristall auslegen zu lassen, das den Eindruck erweckte, im Saal stehe knöcheltief das Wasser. Die List habe Erfolg gehabt. Als die Königin an der Schwelle angekommen sei, da habe sie erschreckt den wertvollen Rock bis zur Wade angehoben. So habe Salomo erkennen können, daß die Königin von Saba wohlgeformte Füße und Beine besaß.

Damit ist die Geschichte aber noch nicht zu Ende. Sie erzählt weiter, daß Salomo Sehnsucht nach dieser Frau bekommen habe, sein Werben aber ohne Erfolg geblieben sei. Nach wochenlangen Bemühungen habe die tugendsame Königin schließlich zugestimmt, dann in das Bett des Königs zu kommen, wenn er sie dabei ertappt habe, daß sie etwas an sich nehme, das ihr gar nicht gehörte. Die Königin von Saba fühlte sich unbedingt sicher: Sie war nicht darauf angewiesen, ihrem Gastgeber etwas wegzunehmen. Salomos Verstand aber war listenreich. Eines Abends war das Essen besonders scharf gewürzt, mit Kräutern und Salzen, die nach Stunden ein Durstgefühl erzeugen. Als die Königin in der Nacht aufwachte, von Trockenheit auf der Zunge geplagt, da suchte sie nach Wasser. Sie fand eine Karaffe – und trank. Darauf aber hatte König Salomo nur gewartet. Er wies die Königin darauf hin, sie habe damit etwas an sich genommen, das ihr nicht gehörte. Die Königin mußte sich ergeben.

Auch in äthiopischen Legenden lebt diese Geschichte weiter und wird sogar noch ergänzt: Die Königin von Saba sei schwanger aus Jerusalem abgereist. Zu Hause habe sie einen Sohn geboren, den Urvater aller Herrscher von Äthiopien, die fortan den Namen »Löwe von Juda« trugen.

Der letzte, der diesen Titel führte, war Kaiser Haile Selassie. Dieser »Löwe von Juda« ist im Jahre 1974 durch ein Militärregime als Staatschef von Äthiopien abgelöst worden. Kaiser Haile Selassie hatte sich ohne Bedenken und voll Stolz darauf berufen, ein starker Sproß der innigen Verbindung zu sein, die vielleicht vor nahezu 3 000 Jahren in Jerusalem der legendären Königin von Saba und ihrem Gastgeber Freude gemacht hat.

Daß Erotik in der Stadt Salomos zu Hause war, daß sie zum Leben der Menschen, zumindest in der höfischen Schicht, gehörte, darauf weist ein seltsames Dokument hin. Es ist Bestandteil des Alten Testaments, wurde jedoch von den Verantwortlichen der christlichen Kirchen bis in die Gegenwart herein vor den Augen und Ohren der Gläubigen eher versteckt. Der korrekte Titel des Dokuments lautet »Lied der Lieder«; die deutsche Übersetzung des Alten Testaments gibt ihm den Namen »Hohes Lied«. Als Verfasser wird König Salomo genannt.

Bibelspezialisten sagen, der Text sei erst später niedergeschrieben worden. Sie haben sicher recht: Der Text ist im Verlauf einiger Jahrhunderte bis zur Zeit um das Jahr 200 v. Chr. mehrfach angereichert, ergänzt und ausgeschmückt worden. Die Urformen der einzelnen Lieder aber sind wahrscheinlich durchaus in der ersten kulturellen Glanzperiode der Stadt Jerusalem entstanden.

Wird das »Lied der Lieder« eingeordnet in den historischen Zusammenhang, wird es als Dokument der Lebensfreude während der glücklichen Regierungsjahre des Königs Salomo gesehen, dann fällt rasch ein Mißverständnis in sich zusammen, das die Kirchen jahrhundertelang gepflegt haben. Die Theologen, verstört durch die erotische Kühnheit des Texts, bemühten sich, dieses literarische Werk als Allegorie der Liebe Gottes zu seinem Volk darzustellen. Eigentlich gibt sich diese Interpretation selbst der Lächerlichkeit preis, doch sie ist von Generationen der Kirchgänger hingenommen worden, denen anerzogen war, in den im Alten Testament zusammengefaßten Berichten nur göttliche Offenbarungen zu sehen. Erstaunlich ist, daß Theologen wagen konnten, aus dem Text eine Beschreibung der Beziehung zwischen Gott und Kirche oder zwischen Gott und Seele herauszulesen.

Salomo, oder wer der Verfasser auch war, hat einen Liederzyklus geschaffen, der aus lyrischen Elementen besteht, die in Duettform zusammengebunden sind. Vielleicht ist dieser Zyklus einst in Jerusalem szenisch präsentiert worden, als heiteres erotisches Spiel von Trennung und erfüllter Liebe:

»Die Frau singt:

Küssen sollst du mich. Mit deinem Mund sollst du mich berühren.

Köstlicher als Wein ist deine Liebe.

Mit duftenden Salben hast du dich eingerieben. Dein Name schon weckt Verlangen. Darum haben die Mädchen dich lieb.

Nimm mich mit dir, ganz schnell. Du König, bringst mich in dein Schlafgemach. Laut werden wir uns freuen, aneinander werden wir Freude haben. Höher als den Wein rühmen wir die Liebe...«

Das Reich zerfällt

Überliefert ist dieses Sprichwort: Von drei Sünden war Salomo befallen. Er hatte zu viele Weiber, er hatte zu viele Rosse, und er behielt zu viel Gold und Silber für sich.

Die Legende erzählt, daß die Priester sich noch bei Lebzeiten des Königs geweigert haben, Salomo in die Liste der guten Könige aufzunehmen, die – nach ihrer Meinung – das Recht besaßen, eine Vorzugsstellung im Reich Gottes einzunehmen. Gerade als sie Salomo abgelehnt hatten, erschien den Priestern die Gestalt seines Vaters David. Obgleich sich diese Gestalt vor den Priestern niederwarf, um für den Sohn zu bitten, achteten sie nicht weiter darauf. Ihr Urteil war gefällt.

Da fiel Feuer vom Himmel – ein Zeichen, daß dort die Entscheidung gegen Salomo nicht gebilligt wurde. Die Flammen umzüngelten die Sessel der Priester und zischten gefährlich. Den Priestern aber war diese Reaktion des Himmels gleichgültig: Für die Liste der guten Könige war Salomo auch weiterhin kein Kandidat. Allein für David war darauf Platz.

Da schallte mit gewaltiger Lautstärke die Stimme Gottes: »Salomo war es, der mir ein Haus gebaut hat. Er hat den Tempel errichtet, ehe er an seinen eigenen Palast gedacht hat. Es geziemt ihm nicht, unter die Verworfenen gerechnet zu werden.«

Diese Legende erinnert daran, daß die Priester unzufrieden waren mit dem alternden König Salomo – jedoch nur in bezug auf seine Glaubensstärke. Seine Duldung anderer Götter mußte ihnen unerträglich sein. Als er noch energischer war, da hatten die Priester geschwiegen. Keiner von den besoldeten Gottesdienern war aufgestanden, um sich dem Protest der Gläubigsten der Gläubigen anzuschließen. Dafür hatten sie von Salomo zu viele Geschenke erhalten. Dem sich mit dem Tod befreundenden Salomo durften sie ungestraft Verachtung zeigen.

Übel dachten viele in Jerusalem über den König. Doch er wurde unterschiedlich beurteilt von denen, die Einblick hatten in seine Regierungsarbeit.

Gehörten sie zu den Sippen, die nördlich von Jerusalem lebten, dann fluchten sie auf Salomo; gehörten sie zum südlichen Stamm, zur Sippe Juda, dann lobten sie ihn.

Die Männer, die zu bestimmen hatten in den Städten des Südens – in Hebron, Arad, Beerscheba und Kadesch-Barnea –, waren mit gutem Grund zufrieden. Ihre Verwandten hielten die wichtigsten Führungspositionen im Staat besetzt. Fast alle Schreiber und Finanzverwalter – soweit sie nicht überhaupt aus Ägypten kamen – waren in Hebron aufgewachsen. Sie galten kaum als besonders gescheit, doch sie verfügten über die besten Beziehungen zum königlichen Clan. Den Großfamilien aus dem Norden, aus den Städten Megiddo, Sichem, Pnuel und Dan, war es nie gelungen, Männer ihres Vertrauens in den Kanzleien der Hauptstadt unterzubringen.

Das Übergewicht des südlichen Einflusses blieb nicht ohne Folgen: Die Beamten aus Hebron befreiten ihre Verwandten von Frondienst, reduzierten ihre Steuerschulden und bevorzugten sie bei Staatsaufträgen. So wurde das Volk Juda reich; die Stämme im Norden aber konnten kaum Wohlstand entwickeln. Die politisch Verantwortlichen in Sichem und Megiddo beklagten sich, Jerusalem, die Stadt, die zu Davids Zeit weder dem Norden noch dem Süden gehört hatte, sei ganz in die Hand des Stammes Juda gefallen.

Salomo mag ein weiser Mann gewesen sein, gerecht aber war er nicht, obgleich das ihm zugeschriebene »Buch der Weisheit« – sicher ist es weit später entstanden – mit der Aufforderung beginnt: »Liebet Gerechtigkeit, ihr Regenten der Erde!«

Während Salomos letzter Lebensjahre wuchs in Jerusalem wehmütige Erinnerung heran: David wurde gelobt und besungen; in Vergessenheit gerieten seine Niederlagen und sein Unglück. Er lebte fortan in der Phantasie der Menschen als Sieger, der das Großreich der Juden geschaffen hatte. Salomo aber wurde verspottet, weil unter seiner Hand das Reich zerfiel. An den Rändern zeigten sich Auflösungserscheinungen. Das Volk Edom wollte nicht länger unter Jerusalems Herrschaft leben; seine Rebellion kostete den jüdischen Staat die Kontrolle über den Golf von Aqaba und über die Stadt Eilath, über das Tor nach Arabien und Afrika. An der nördlichen Grenze aber ging Damaskus verloren, die Oase, von der aus die Handelsstraßen der Region kontrolliert werden konnten.

Im Innern des Reiches hatte Salomo gegen wachsende Opposition zu kämpfen. Einer seiner wichtigsten Beamten, der Verantwortliche für den Arbeitsdienst, verbündete sich mit stark religiösen Kreisen, die den reinen Glauben in Jerusalem bewahrt wissen wollten. Der Name dieses Beamten war Jerobeam. Ihm, einem der Bevorzugten, nahm Salomo, der sonst manchmal versäumte zurückzuschlagen, Kritik besonders übel. Jerobeam mußte um sein Leben fürchten. Er floh nach Ägypten ins Exil. Dort wurde er sehr freundlich aufgenommen.

Vierzig Jahre lang war Salomo König in Jerusalem gewesen, als er starb. In der Stadt Davids, also im ältesten Teil der Siedlung, soll er begraben worden sein.

Zunächst schien die Dynastie gesichert und die Machtübernahme durch Salomos Sohn problemlos zu sein. Rehabeam, so hieß der Erbe, begab sich von Jerusalem nach Sichem, in die nächste Stadt der Nordstämme, um sich huldigen zu lassen. Dort allerdings erlebte Rehabeam eine Überraschung: Jerobeam, der Beamte, der vor der Wut des Salomo ins Exil geflohen war, präsentierte sich als Sprecher des benachteiligten Nordens. Rechtzeitig war er vom Nil zurückgekehrt. Er stellte sich dem König gegenüber und forderte Minderung der Fronarbeit, Verringerung der Steuerlast, Gerechtigkeit gegenüber den Bewohnern des Nordens. Der ehemalige Chef des Arbeitsdienstes griff das Verhalten seiner eigenen Organisation an.

Rehabeam, der sich als Nachfolger der absoluten Herrscher David und Salomo fühlte, hatte nicht damit gerechnet, von einem Oppositionssprecher Forderungen gestellt zu bekommen. Jerobeam verlangte bindende Zusagen für die künftige Ordnung von Frondienst und Steuerzahlung; er wollte dem König eine Art Verfassung abtrotzen. Auf diese Kühnheit reagierte Rehabeam unsicher. Er brauchte drei Tage Zeit, so ließ er wissen, um über die Wünsche der Nordstämme nachzudenken.

Mit den Beratern des verstorbenen Vaters sprach Rehabeam zuerst. Sie waren der Meinung, es sei klug nachzugeben. Gegenteiliger Ansicht aber waren seine eigenen Freunde, die aus Hebron stammten und bisher nie in der Hauptstadt Jerusalem politische Verantwortung getragen hatten. Ihrem Rat folgte Rehabeam, als er schließlich, nach drei Tagen, diese unkluge Rede hielt: »Mein kleiner Finger ist stärker als das Geschlechtsglied meines Vaters. Mein Vater hatte euch schwere Belastungen auferlegt. Ich aber werde euere Belastungen noch vergrößern. Mein Vater hat euch mit Geißeln geschlagen. Von mir aber werdet ihr mit Stachelpeitschen gezüchtigt.«

Die hitzigen Worte lösten keinen Schrecken aus. Die Vertreter der Männer des Nordens waren auf die Ablehnung ihrer Wünsche vorbereitet gewesen. Sie gaben jetzt die Parole aus: »Auf zu deinen Zelten, Israel!« Damit war die Unabhängigkeit von Jerusalem erklärt. Mit der Dynastie Davids wollten sie nichts mehr zu schaffen haben.

Davids Enkel aber konnte noch immer nicht glauben, daß er nicht König des gesamten Staates war. Als ob nichts geschehen sei, stellte er den Vertretern der Nordstämme den neuernannten Verantwortlichen für den Arbeitsdienst vor. Doch da flogen Steine, geworfen von den Zuschauern der Zeremonie. Der Beamte wurde so schwer getroffen, daß er noch auf dem Platz des Zusammentreffens starb. Dem König blieb gerade noch Zeit, seinen Wagen zu besteigen, um die gefährlich gewordene Stadt Sichem in Richtung Jerusalem zu verlassen. Den Einzug dort hatte er sich anders vorgestellt. Er erreichte Jerusalem nicht als Herrscher des eindrucksvoll starken Staates der Juden, sondern nur als Chef des Stammes Juda, der über ein Gebiet verfügte, das wenig fruchtbar war. Die Kornfelder lagen jenseits der Grenze, im Norden. Noch in Sichem erklärten die Notabeln der abgefallenen Stämme den Willen, einen eigenen Staat zu gründen. Israel sollte sein Name sein. Jerobeam, Salomos einstiger Arbeitsdienstführer, wurde zum ersten König dieses Staates Israel gewählt.

Noch besaß Jerusalems Herrscher einen Trumpf in der Hand, dem Jerobeam in seinem Staat nichts Gleichwertiges entgegensetzen konnte: Die Bundeslade war in der ehemaligen Hauptstadt des Gesamtstaates geblieben. Noch stand der Tempel auf dem Hügel über Jerusalem. Noch kamen die Gläubigen an den hohen Feiertagen auch aus dem Nordstaat. Tempel und Bundeslade waren eine Klammer, die beide Königreiche noch immer verband.

Stark genug, die Trennung zu verhindern, war diese Klammer allerdings nicht gewesen – doch sie konnte vielleicht jetzt, da die Trennung vollzogen war, intensiver wirken. Für jeden wahrhaft Gläubigen, der zum abgetrennten Reich Israel gehörte, mußte der Gedanke schmerzhaft sein, daß kein Bündnis bestand zwischen seinem Staat und Gott. Das Symbol des Bündnisses zwischen Gott und dem jüdischen Volk, die Bundeslade, wurde in Jerusalem verwahrt. Mit dieser Stadt aber hatten die Untertanen des Königs Jerobeam kaum mehr Verbindung.

Um die Attraktivität des Heiligtums in Jerusalem zu neutralisieren, bestimmte der Monarch des Staates Israel, in zwei Städten seines Landes müßten Stellen der Anbetung und des Opfers geschaffen werden. Ausgesucht für diese Würde wurde der Ort Dan, rund 30 Kilometer östlich der Stadt Tyrus, die nicht zum Staat Israel gehörte, und der Ort Beth-El, etwa 25 Kilometer nördlich von Jerusalem gelegen, fast im Grenzgebiet der beiden getrennten Staaten. Der Name Beth-El, Haus des Gottes El, weist auf die Tradition des Ortes als Heiligtum hin.

Mit Einfallsreichtum bemühte sich Jerobeam darum, seinen Heiligtümern Anziehungskraft zu geben. Er besann sich darauf, daß einst das Bild eines goldenen Stiers während der Wanderung der Stämme durch die Wüste Sinai in kritischer Zeit das Entstehen eines gefährlichen religiösen Vakuums verhindert hatte. Aaron war damals auf den Gedanken gekommen, dem durch das lange Ausbleiben des Gottesmannes Mose verzweifelten Volk den Stier als Zeichen göttlicher Macht zu präsentieren. Aaron selbst, der Bruder des Mose, hatte das Abbild des Stiers gießen lassen. Gott zürnte danach zwar dem Volk; Aaron aber blieb auch weiterhin ein geachteter Mann.

Jerobeam mutete dem Volk nicht einfach zu, in goldenen Stierbildern Darstellungen Gottes zu erkennen – diesen Fehler hatte Aaron einst gemacht. Jerobeam besaß mehr Raffinesse: Er bezeichnete den Stier als Thron, auf dem der Erhabene und Allmächtige stehe. Neu war dieser Gedanke keineswegs. Ein Relief, ausgegraben in heute syrischem Gebiet, zeigt den Mondgott Hadad breitbeinig auf einem Stier stehend. Jerobeam unterließ als gläubiger Mann die Abbildung Gottes. Den Stier aber, auf dem Gott steht, erklärte er zum Heiligtum.

So nahm der Herrscher des Nordstaats den Kampf gegen den Tempel von Jerusalem auf. Er ordnete an, daß – gleich den Tagen des Festes in Jerusalem – auch Tage des Festes in Beth-El und Dan stattzufinden hätten, nur zeitlich um einen Monat versetzt. Für niemand sollte es fortan einen Grund geben, zur Anbetung Gottes in die Stadt wandern zu müssen, die von einem Mitglied der Dynastie des einst gefürchteten und verfluchten Salomo regiert wurde.

Abgrenzung und Konkurrenz zum Heiligtum Jerusalem genügten dem Herrscher des Staates Israel jedoch nicht. Durch außenpolitische Intrigen wollte er Juda Verderben bringen. Raffiniert war sein Einfall – aber auch gefährlich.

Seit Jerobeam in Ägypten Zuflucht vor Salomo gesucht hatte, waren seine Verbindungen zum Nil nicht abgerissen. Möglich ist, daß allein seine Anwesenheit im Palast des Pharao bei der ägyptischen Führungsschicht Interesse am ehemaligen Besitz im Land der Mittelmeerostküste geweckt hatte. Als wahrscheinlicher aber gilt die These, Jerobeam habe die Machtübernahme im Norden des jüdischen Staates mit den Verantwortlichen am Nil abgesprochen – und er habe darauf hingewiesen, im Jerusalemer Tempel sei ein gewaltiger Schatz gehortet worden, der den Ägyptern leicht als Beute zufallen könne.

Pharao war in jener Zeit ein Mann, über dessen genauen Namen sich die heutigen Gelehrten nicht einigen können; die Schreibweise variiert von Sisak, Schischak und Scheschonq zu Sch'oscheng. Bekannt ist, daß er von 945 bis 924 v. Chr. in Ägypten regiert hat. Aus Libyen stammte seine Familie ursprünglich, sie war also fremd am Nil. Doch gerade dieser Pharao war vom Ehrgeiz getrieben, genauso erfolgreich zu sein wie einst Ramses II. An den Wänden des Tempels von Karnak wollte er seine Leistungen verewigt wissen. Ein Feldzug ins frühere Herrschaftsgebiet im Osten paßte in diesen Plan.

Der Pharao überfiel vor dem Jahr 925 v. Chr. Jerusalem. Das Erste

Buch Könige berichtet davon: »Im fünften Jahr des Königs Rehabeam zog Schischak, der König von Ägypten, gegen Jerusalem herauf. Er plünderte die Schätze des Tempels und die Reichtümer des Königspalasts und nahm alles mit, auch die goldenen Schilde, die Salomo hatte herstellen lassen.«

Ein Tiefrelief an der Wand der Bubastidenhalle in Karnak verkündet den Sieg des Pharao über Jerusalem. Dort werden allerdings auch die Städte Geser, Ajalon, Gibeon und Megiddo als erobert und geplündert bezeichnet – diese Städte aber gehörten zum Nordstaat Israel. Vorsicht ist geboten: Nicht immer dürfen die Erfolgsmeldungen, die auf Befehl der Pharaonen in Tempelwände gemeißelt wurden, ernst genommen werden. Die Ägyptologen aber glauben den Angaben an der Bubastidenwand des Tempels von Karnak, denn diese Angaben werden durch Funde bei Ausgrabungen in Geser und Megiddo bestätigt. In Megiddo wurde das Fragment einer Stele entdeckt, dem zu entnehmen ist, daß die Ägypter zur Zeit des Pharao Schischak diesen befestigten Platz vorübergehend besetzt hielten. Offenbar hat das Kriegsunglück nicht nur Juda und Jerusalem getroffen. Jerobeam ist zum Opfer der eigenen Intrige geworden: Auch der Staat dieses Freundes der Ägypter ist ausgeplündert worden.

Die gemeinsam erlittene Niederlage und die Armut nach der Plünderung veranlaßten die beiden Teilstaaten nicht zur Kooperation – im Gegenteil, sie leisteten sich Bruderkriege, die den letzten Rest des erarbeiteten Reichtums aufzehrten. Von Jerusalem aus eröffnete Juda die Offensive, erreichte aber nur den begrenzten Erfolg der Eroberung des nördlichen Teils der Region, die dem Stamm Benjamin gehörte. Zehn Kilometer nördlich von Beth-El endete der Angriff. Immerhin verlor der Staat Israel sein südliches Heiligtum. Der Goldene Stier von Beth-El wurde eingeschmolzen.

Diese schmerzhafte Niederlage löste innenpolitische Konsequenzen aus im Nordstaat: Die Herrschaft der Dynastie Jerobeam fand durch Putsch ein Ende. Die Nachfolger aber hatten weder Kraft noch Geschick, den Staat zu führen. Daß Jerobeam bei der Staatsgründung die Mitglieder des Stammes Levi, die in Jerusalem den Tempeldienst versahen, von den neugeschaffenen Heiligtümern ferngehalten hatte, zeigte seine Wirkung. Immer waren die Leviten auch Keimzelle der Verwaltung gewesen. Da sie entmachtet waren im Nordstaat Israel, herrschte dort ein Mangel an erfahrenen Priestern und zugleich an Verwaltungsfachleuten. Da war keine Exekutivgewalt vorhanden, die den Staat zusammenhielt. Bürgerkrieg und Herrschermord bestimmten die Politik der nächsten Jahre im Norden. Da reifte keine Persönlichkeit heran, die Mut besaß zur Versöhnung mit Jerusalem. Die Kluft vertiefte sich. Die Bruderstaaten befestigten ihre Grenzen gegeneinander. Zwischen Juda und Israel lagen Gräben, Wälle, Festungen und ein breites Niemandsland.

Hauptstadt eines Kleinstaats

Die Teilung des Landes hatte die Dynastie Davids in Jerusalem unbeschadet überstanden. Daß der Herr des Palasts sich selbst wieder eher um die Stadt und um das Volk Juda kümmern konnte, stärkte den Zusammenhalt zwischen Herrscher und Untertan.

Bedeutung in der großen Politik des Alten Orients besaßen Jerusalem und sein König nun allerdings nicht mehr. Zerfallen war die Großmacht, die respektiert worden war von Ägypten, die Einfluß besaß bis nach Mesopotamien, die Partnerin war des Königs von Tyrus, des reichsten Mannes am Mittelmeer. Jerusalem war herabgestuft zur abgelegenen Provinzhauptstadt im judäischen Bergland.

Für diese Aufgabe aber war die Stadt zu groß an Umfang, an Regierungsgebäuden. Salomo hatte den Stadtplan verändert unter dem Zwang, Platz schaffen zu müssen für die Verwaltung eines wachsenden Großreichs. Jerusalem war attraktiv gewesen für Berufssoldaten, für Männer mit politischem Ehrgeiz, für Verwaltungsbeamte, für Männer des Glaubens. Karrieren waren möglich gewesen in dieser Stadt. Jetzt bot sie Ehrgeizigen keine Chancen mehr. Viele zogen fort. Ihre Häuser standen leer.

Archäologische Ausgrabungen beweisen, daß der Umfang der Stadt im neunten Jahrhundert v. Chr. gleich blieb, daß sich die innere Struktur nicht änderte. Für Änderungen bestand keine Notwendigkeit. Im Laufe der Jahrzehnte aber alterte die Stadt in der Erstarrung. Die Häuser auf den Terrassen wurden vielfach baufällig; Aufschüttungen stürzten ein. Das Interesse an der Pflege der Bausubstanz erlosch.

Zerfall war nicht nur in der alten Siedlung, in der ehemaligen Davidstadt spürbar; er griff auch nach den neuen Quartieren oben am Hang. Dort wohnten und handelten noch immer die Mächtigen und Wohlhabenden. Bei ihnen allerdings war das Leben ruhiger geworden. Jerusalem war kaum mehr das Ziel fremder Gesandtschaften. In den Verwaltungsgebäuden rings um den Palast trafen nicht mehr Sachleistungen, Geschenke und Berichte der Statthalter ferner Provinzen ein. Im Palast selbst wurde Regionalpolitik gemacht.

Oben und unten waren auch weiterhin geschieden. Doch die Trennung blieb nicht mehr nur auf soziale Klassenunterschiede beschränkt, auf Reich und Arm; sie besaß jetzt auch eine brisante religiöse Dimension.

Oben in der Stadt wohnten die Anhänger freizügiger Gedanken, die wenig hielten von den strengen Glaubensvorschriften, die seit Mose Bestandteil des Bundes mit dem Allmächtigen waren. Die Bewohner des Regierungsviertels hatten sich schon zur Zeit Salomos angewöhnt, die Heiligtümer vielerlei Götter drüben auf dem Hügel, der später Ölberg heißen wird, zu dulden. Die meisten von ihnen nutzten selbst die freie Auswahl unter den Fruchtbarkeits-, Natur-, Mond- und Wettergöttern Astarte, Milkom, Hadad, Kamos und Moloch. Jeder Familienvater konnte den Gott wählen, der ihm behagte.

Die Ärmeren und Armen, unten in der Stadt, waren dem Gott des Bundes treu geblieben, obgleich ihnen der Zugang zum Tempel verwehrt blieb. Doch mitten unter ihnen lebten gläubige Männer: Propheten, die durch ihre Mahnung die Erinnerung wach hielten an den einen und allmächtigen Gott. Von unten in der Stadt stieg die Empörung hoch über den Verfall des wahren Glaubens.

Vor allem richtete sich die Empörung gegen die Frau des verstorbenen Königs Rehabeam, Maacha wurde sie genannt. Sie war die Tochter des Absalom, der gegen David rebelliert hatte. Die Witwe hatte deshalb Einfluß behalten können am Hof, weil sie nach dem Tod Rehabeams etwa zehn Jahre lang Regentin für den noch minderjährigen Sohn gewesen war. Sie machte kein Hehl daraus, daß sie die Besinnung auf den strengen Glauben für einen Rückfall in finstere Barbarei hielt. Maacha selbst hatte sich die Fruchtbarkeitsgöttin Aschera zur Anbetung ausgesucht; ein Kultraum in ihrem Haus war Aschera geweiht. Maacha war Mittelpunkt und Schutzpatronin des Kreises derer, die dem wachsenden Druck der Anhänger des einen Gottes widerstehen wollten, dessen harte Gesetze sie nicht befolgten.

Maachas Sohn Asa aber mußte sich Tag für Tag mit den rechtgläubigen Juden befassen – er war der König in Jerusalem. Von ihm wurde Verbot der fremden Götter gefordert. Er wurde bedrängt, der Religionsfreiheit in Jerusalem ein Ende zu machen.

Der Lautstärkste der Mahner hieß Asarja. Seine Worte sind im Zweiten Buch Chronik notiert: »Hört mich, Asa, und ganz Juda und dazu die Sippe Benjamin. Der Herr ist bei euch, wenn ihr bei ihm seid. Wenn ihr ihn sucht, läßt er sich von euch finden. Wenn ihr ihn aber verlaßt, dann verläßt er euch!«

Asa, so wird berichtet, habe die Mahnung dieses Propheten begriffen und den Befehl erteilt, die Götterbilder in der Stadt umzustoßen, die Altäre zu zerschlagen, die Tempelhuren der Fruchtbarkeitsgötter aus

Jerusalem zu vertreiben. Nur die Heiligtümer auf der hohen Erhebung im Osten habe Asa nicht angetastet. Der Mutter aber habe er das Kultbild der Göttin Aschera weggenommen, das aus Holz geschnitzt war. Unten im Kidrontal, bei der Gihonquelle, sei es verbrannt worden. Den Bewohnern der ärmeren Stadtquartiere bot sich bei diesem Anlaß ein langersehntes Bild: Eine der falschen Göttinnen brannte.

Die Konzentration des Glaubens auf die eigenen Urväter im Staat Juda und in der Hauptstadt Jerusalem wurde möglich, weil Einflüsse von außen fehlten. Die Frauen des königlichen Harems stammten nicht mehr aus Moab und Ammon oder aus Tyrus. Die Isolation des Staates führte zur Bewahrung der Tradition.

Der Staat Israel im Norden war größer, offener und anderen Machtzentren näher gelegen. Die Verbindung mit Tyrus erwies sich als verderblich für den Glauben an den einen Gott: Eine Königstochter aus jener Stadt machte erfolgreiche Propaganda für Baal. Die Propheten hatten im Nordstaat Israel einen schweren Stand.

Die Spaltung in die Staaten Israel und Juda wurde nach drei Generationen als selbstverständlich hingenommen. Die Folgen der Spaltung aber konnten überwunden werden. Jerusalem erholte sich. Während der Regierungszeit des Königs Josaphat (868 bis 851 v. Chr.) geschah ein großer Schritt nach vorn. Aus der Überlegung heraus, daß die Wiedervereinigung der getrennten Staaten nicht mehr erreichbar sein werde, setzte Josaphat eine Verwaltungsreform für Juda durch, die Jerusalems Position im Kleinstaat stärkte. In den Städten draußen wurden Statthalter eingesetzt, die der Regierungszentrale um den königlichen Hof verantwortlich waren. Salomos Staatsreform wurde von Josaphat im kleinen wiederholt. Erstmalig aber geschah die Einsetzung eines Obersten Gerichts in Jerusalem; es wurde gebildet aus Männern, die entweder im Staatsdienst oder im Tempeldienst erfahren waren. Bisher war der König die höchste Rechtsinstanz im Lande gewesen. Den Leitsatz für die Arbeit der Richter sprach Josaphat selbst: »Achtet auf das, was ihr tut. Denn nicht für Menschen richtet ihr, sondern für den Herrn. Wenn ihr urteilt, dann steht er an eurer Seite. Und nun walte über euch die Furcht des Herrn. Handelt gewissenhaft, denn beim Herrn, unserem Gott, gibt es kein Unrecht, keine Bevorzugung bestimmter Personen, keine Bestechlichkeit.«

Josaphat war der dritte in der Liste der Könige von Juda – der Herrscher in der dritten Generation seit Salomos Tod. Erkennbar ist, daß er fasziniert war von den Erinnerungen an diese glänzende Persönlichkeit, daß er anknüpfen wollte an Salomos Erfolge.

Josaphat hatte den Plan, Schiffe hinauszusenden ins Rote Meer. Wie einst zu Zeiten Salomos sollten Jerusalems Kaufleute Waren herbeiholen aus Arabien, aus Afrika. Die Staatskasse gab Geld aus für dieses Projekt: Auf Anordnung des Königs wurde der Hafen Eilath, der mehr als zwei Generationen lang dem jüdischen Staat verloren war, wieder besetzt und ausgebaut. Josaphat stellte sich vor, Eilath werde erneut zum Tor in die fernen Gegenden.

Die Marktlage war günstig. Die Städte an der phönizischen Küste versprachen gute Kunden zu sein für Gewürze und Weihrauchholz aus Arabien. Alles, was die Händler von Jerusalem an exotischen Waren liefern konnten, wurde ihnen bereitwillig abgekauft. Die Städte Tyrus, Sidon und Byblos waren noch immer wohlhabend.

Da Schiffe fehlten, gab Josaphat der Werft von Ezion-Geber Arbeit. Er öffnete die Erzmine und ließ Schmelzerei und Gießerei wieder in Betrieb nehmen. Ohne ausländische Hilfe wurde diesmal die Handelsflotte des Königs von Jerusalem auf Kiel gelegt. Die erfahrenen Schiffskonstrukteure und Seeleute aus Tyrus standen diesmal nicht als Entwicklungshelfer zur Verfügung.

Aus dem Zweiten Buch Chronik ist zu erfahren, daß ein Fluch auf den Bemühungen Josaphats lag, dem Staat Juda eine Handelsflotte zu schaffen: Gott habe keinen Gefallen an diesem Werk, sagte einer der Propheten, die in jener Zeit auch politische Bedeutung erlangten. Josaphat habe den Zorn des Allmächtigen erregt, weil er dem König von Israel Partnerschaft in der Organisierung des Flottenbetriebs und der Handelsgeschäfte angeboten hatte; der König von Israel aber sei ein Feind des wahren Gottes.

Ob der Fluch wirksam war? Ob die Qualität der Schiffe nicht genügte? Das Unternehmen scheiterte. Die Schiffe der Kaufleute von Jerusalem zerschellten im Sturm.

Das Gebiet um Eilath und Ezion-Geber ging bald wieder verloren und damit das Tor nach Arabien und Afrika. Die Handelshäuser in Jerusalem verarmten. Arabische Stämme, die sich vor Josaphat noch geduckt hatten, wurden schon unter seinem Nachfolger Joram (851 bis 845 v. Chr.) derart kühn, daß sie, zusammen mit Kampfverbänden aus dem Land der Philister, Jerusalem überfielen und ausraubten. Nichts, was wegtransportiert werden konnte, blieb im Palast zurück. Nur einer aus der königlichen Familie überlebte. Er setzte die Dynastie Davids fort.

Gute und mäßige Könige wechselten sich ab: Ahasja, Joas, Amazja, Usia, Jotham und Ahas. Brillante Persönlichkeiten sind in dieser Dynastie nicht zu finden; aber auch keiner, der durch Wagnis den Staat aufs Spiel setzte. Nicht immer waren sie glaubensstark. Fremde Kulte erhielten wieder Rechte, um eine Generation später erneut aus Jerusalem verbannt zu werden. Aufregungen beim Wechsel der Religionspolitik legten sich meist rasch. In Juda herrschte ein hohes Maß an Stabilität.

Der Nachbarstaat im Norden aber fand keine Ruhe: Offiziere, die Rivalen waren um Einfluß, töteten einander; Priester griffen nach politischer Macht und feilten an Intrigen mit den Nachbarstaaten. Immer mehr Besitz konzentrierte sich in der Hand weniger Familien. Die wirtschaftlich Schwächeren wehrten sich gegen weitere Verarmung. So flammten Konflikte auf; soziale Unruheherde entstanden. Der Nordstaat konnte keine Kraft finden, die ihn widerstandsfähig gemacht hätte gegen Gefahren, die aus dem Nordosten des Alten Orients drohten.

Jerusalem aber bereitete sich vor auf den Einbruch des Unheils, das in jener Zeit keiner so recht beschreiben konnte: Niemand wußte, wer der Gegner der Zukunft sein würde. Als bekannt galt nur, daß sich das Unheil im Zweistromland von Euphrat und Tigris zusammenbraute. Steigende Angst, nur mühsam überdeckt, bestimmte das Leben der Stadt. Die Verantwortlichen unternahmen, was ihnen möglich war.

Am Ergebnis ihrer Ausgrabungen können die Archäologen, die sich um Jerusalems Vergangenheit bemühen, die Vorsorgemaßnahmen erkennen, die getroffen worden sind. Da sind Mauerreste von großen Lagerhäusern entdeckt worden, in denen Getreide gehortet werden konnte. Da fällt auf, daß um das Jahr 800 breitere und stabilere Verteidigungsmauern aufgeschichtet und Lücken in der die Stadt umgebenden Befestigungsanlage geschlossen wurden. Bemerkbar ist die Ausdehnung der bebauten Fläche auf den nächsten Hügel im Westen, der durch das Tyropoion-Tal abgetrennt ist von der Stadt Davids und Salomos.

Dieser Hügel, im Südwestteil der heutigen Stadt Jerusalem gelegen, ist um 50 Meter höher als der Hang der Stadt Davids und um 30 Meter höher als die Plattform von Salomos Palast und Tempel. Er bot mehr Sicherheit bei Sturmangriffen: Die Erfahrung galt noch immer, daß Belagerer, die aus dem Tal angreifen mußten, die großen Höhenunterschiede fürchteten. Doch Sicherheit war nicht der einzige Grund, der dafür sprach, auf dem westlichen Hügel zu bauen. Er zeichnete sich auch durch breite und nahezu ebene Flächen aus, auf denen Häuser gebaut werden konnten, ohne daß erst Terrassen anzulegen waren, deren Festigkeit zumindest fragwürdig war.

Doch so augenfällig die Vorteile auch sein mochten, der Hügel im Westen hatte einen gewaltigen Nachteil: Von dort war der Weg zur Gihonquelle und zum Siloahteich weit. Vor allem der Rückweg kostete Frauen und Kinder, die ja die Wasserkrüge hinaufzuschleppen hatten, außerordentlich viel Kraft. In der Luftlinie betrug die Entfernung zur

Quelle 300 Meter, zum Siloahteich, seit Salomos Zeit das gebräuchliche Wasserreservoir, einen halben Kilometer. Wer auf dem hohen Hügel wohnen wollte, der hatte Mühe mit der Wasserbeschaffung.

Kaum jemand lebte dort zum Vergnügen. Die Ausdehnung der Stadt auf den Westhügel erfolgte, weil sich kein anderes Gelände mehr anbot. Bauplätze in unmittelbarer Nähe der Befestigungsanlagen waren rar. Kaum eine Familie wollte ohne Schutz leben. Und gerade die meisten der Wohnraumsuchenden in Jerusalem hatten genug von der Unsicherheit: Sie waren Flüchtlinge aus dem Nordstaat; Menschen, die Asyl suchten, weil sie Angst hatten vor Unruhen in Israel und vor der Bedrohung, von der so viel gesprochen wurde. Manche aber waren nach Jerusalem gekommen, weil sie an den Gott glaubten, dessen Symbol, die Bundeslade, im Tempel stand.

Wer glaubensfest war, der lebte sicherer in Jerusalem als im Nachbarstaat Israel.

Rasch sorgten die Verantwortlichen in Jerusalem dafür, daß auch die Neubaugebiete von Mauern umgeben wurden. So war der Westhügel schon bald in den Festungsbereich einbezogen: Steinwälle waren geschichtet und Türme erbaut worden. Am Zustand manchen Mauerrests kann heute von Spezialisten noch festgestellt werden, daß damals in Eile gearbeitet worden ist.

Diese Feststellung gilt vor allem für die Mauern, die am Hang über dem Kidrontal entstanden sind. Vor Baubeginn ist allem Anschein nach unterlassen worden, die Schicht von Geröll und Schutt wegzuräumen, die den festen Fels bedeckte, der eigentlich als Fundament hätte dienen müssen. So glitten die aufgeschichteten Steine am Hang ab, sobald Regengüsse die Mauerbasis unterspült hatten, und es wurden umfangreiche Reparaturarbeiten erforderlich.

Mit dem Bau der neuen Mauer am Osthang war die Befestigungslinie zwar in Richtung auf den Talgrund zu verschoben worden – wobei das Risiko hingenommen wurde, daß die Verteidiger vom gegenüberliegenden Hang aus mit geschleuderten Steinen und Wurfspießen getroffen werden konnten –, doch noch immer befand sich die Gihonquelle außerhalb der Stadtmauer. Auch blieb der Kanal völlig ungeschützt, der zur Wasserschöpfstelle des Siloahteichs führte. Für die wachsende Stadt, deren Menschen sich bedroht fühlten, durfte dieser Zustand nicht andauern. Da übernahm zum richtigen Zeitpunkt ein Mann die Macht in Jerusalem, der entschlossen war zu handeln.

Ein biblisches Denkmal an der Gihonquelle

König Hiskia, der elfte Herrscher nach Salomo – etwa zweihundert Jahre waren seit dem Tod des Tempelerbauers vergangen –, hatte als junger Mann eine überraschende Erfahrung gemacht. Damals hatte er noch keine Verantwortung getragen für Staat und Stadt; sein Vater Ahas regierte im Palast. Da waren im Jahre 734 v. Chr. fremde Truppen von Norden her gegen die Stadt geritten: Einheiten des Nordstaates Israel und der Aramäer, deren Hauptstadt Damaskus war. Der Widerstand der Verteidiger hatte dann bald nach Beginn des Sturmangriffs ein rasches Ende gefunden.

Das Zweite Buch Chronik schildert Ursache und Verlauf des Krieges so: »Ahas handelte nicht nach dem Willen des Herrn, vielmehr folgte er dem Vorbild, das ihm die Könige von Israel gaben. Er ließ sogar Standbilder zu Ehren des Gottes Baal gießen. Er selbst brachte im Tal Hinnom Rauchopfer dar und verbrannte seine eigenen Söhne im Opferfeuer. Er opferte und räucherte auf den Höhen und Hügeln und unter jedem grünen Baum. Daher übergab ihn der Herr, sein Gott, der Gewalt des Königs der Aramäer. Diese schlugen ihn. Sie führten Gefangene in großer Zahl fort nach Damaskus. Auch in die Hand des Königs von Israel wurde Ahas gegeben.«

Der Grund für den plötzlichen Überfall war jedoch in der politischen Situation zu sehen: König Ahas hatte sich geweigert, zur Abwendung der Bedrohung aus dem Nordosten – von der jetzt schon Näheres bekannt war – mit den beiden Herrschern der Aramäer und des Volkes Israel eine Allianz zu schließen. So sollte er mit Gewalt dazu gezwungen werden.

Die Erfahrung des Hiskia betraf die Schnelligkeit, mit der Unglück hereinbrechen kann; sie betraf jedoch auch eine seltsame Begegnung, die sein Vater Ahas mit dem Propheten Jesaja hatte – an einem ganz bestimmten kritischen Punkt der Verteidigungsanlage. Unmittelbar vor dem Anrücken der Feinde hatte diese Begegnung stattgefunden. Jesaja hatte angeblich von Gott erfahren, wo er den König treffen könne. Das Buch Jesaja teilt ohne viel Aufhebens mit: »Der Herr aber sprach zu Jesaja: Gehe zur Stadt hinaus, dem Ahas entgegen, an das

Ende der Wasserleitung am oberen Teich.« Das Buch sagt zwar nichts darüber, warum sich der König Ahas dort aufhielt, doch liegt die Vermutung nahe, daß er dort den Kanal inspizierte, der Wasser von der Gihonquelle zum Siloahteich führte; das Buch bezeichnet den Kanal zu Recht als »Wasserleitung«.

Mit dem Begriff »oberer Teich« kann nur das Siloah-Reservoir gemeint sein. Als »unterer Teich« galt die Rogelquelle, die weiter talabwärts zu finden war, dort, wo sich Kidrontal und Hinnomtal vereinigt haben. Die Rogelquelle lag fast 300 Meter außerhalb des südlichsten Punkts im Verteidigungssystem, den Wasserträgern aus Jerusalem im Fall der Belagerung unerreichbar. Aus der Rogelquelle konnten sich dann die Feinde versorgen, die den Verteidigern durch Unterbrechung der Wasserleitung den Mut zum Ausharren nehmen wollten.

Der Prophet Jesaja hat König Ahas bei der Begegnung am Ende der Wasserleitung darauf hingewiesen, daß ihn und sein Volk nur das Festhalten am Glauben der Väter vor der Niederlage durch das verbündete Heer der Aramäer und des Volkes Israel retten könne. Er ließ den König allerdings auch wissen, der König von Israel und der aus Damaskus seien »zwei bereits verkohlte Baumstümpfe«, ungefährlich; mit weit schlimmerer Bedrohung sei später zu rechnen: »Bevor ein Junge, der jetzt geboren wird, alt genug ist, um Gut und Böse zu unterscheiden, wird das Land der beiden Könige eine Öde sein. Der Herr wird über dich und dein Volk Tage kommen lassen, wie sie noch nie erlebt wurden, seit Israel von Juda abfiel.« Diese Tage, so sagte Jesaja, könnten glücklich für Jerusalem enden, wenn der König den wahren Glauben bewahre; furchtbar aber würden sie enden, wenn Ahas ein Frevler an Gott bleibe.

Ahas hat die Warnungen des Propheten nicht beachtet. Er hat sich auch nicht um die Sicherung der Wasserversorgung gekümmert. Wahrscheinlich ist ihm und seinen Beratern bei der Inspektion von Gihonquelle, Kanal und Siloahteich keine Idee gekommen, wie das lebensnotwendige Wasser dem Zugriff eines Feindes entzogen werden könnte. Hiskia, der Sohn des Ahas, aber muß sehr intensiv gerade darüber nachgedacht haben. Wenn Hiskia verhindern wollte, daß ein Feind die »Wasserleitung«, den Kanal zwischen Gihonquelle und Siloahteich, durch wenige Spatenstiche unterbrechen konnte, dann durfte das Wasser nicht länger offen im Kidrontal fließen, dann mußte es direkt durch den Berg zur Schöpfstelle geleitet werden, in einem eigens dafür zu schaffenden Tunnel.

Der Berg aber bestand aus hartem Gestein, aus gewachsenem Fels. Mit Schaufel und Spaten war der steinernen grauen Masse nicht einmal ein Kratzer beizubringen. Dazu brauchte es schon Hacke, Axt, Meißel und Hammer, an denen es gegen Ende der Eisenzeit auch in Jerusalem nicht mangelte, obgleich Archäologen darauf hinweisen, daß sie auffallend wenige Zeugnisse eiserner Werkzeuge bei Ausgrabungen im weiten Umkreis entdecken konnten. Fest steht: Die Arbeitsspuren sind im Fels heute noch zu sehen. Wo die Werkzeuge auftrafen, entstanden Schrammen, Vertiefungen.

Seit dem Jahr 1911 liegt das Ergebnis des Nachdenkens und der Initiative des Hiskia offen. Begehbar, wenn auch das Wasser bis über das Knie reicht, ist der Tunnel, den um das Jahr 720 v. Chr. der Sohn des Königs Ahas, kaum war er selbst Herrscher geworden, in den Berg treiben ließ.

Die Engländer Warren und Birtles, die sich in Jerusalem aufhielten, um steinerne Zeugen des biblischen Geschehens zu entdecken, stiegen als erste Menschen unserer Zeit in den Tunnel des Hiskia ein. Bis zum Bauch sanken sie zeitweise in den Schlamm. Mühsam nur wateten sie vorwärts. Sie verbrachten Stunden in der Angst, irgendwann, im nächsten Augenblick vielleicht schon, in einem tiefen Schlammloch, das sie ja nicht vorhersehen konnten, völlig zu versinken. Um die Hände freizuhalten, trugen sie ihre Lampen, einfache Kerzenhalter, im Mund. Viel Zeit nahmen sie sich für die Vermessung des Tunnels. Ein Kompaß ermöglichte die Bestimmung der Richtung, in der dieser Schacht vorangetrieben worden war. Warren und Birtles brachten die Erkenntnis an die Erdoberfläche mit, daß die künstliche Röhre im Berg etwa einen halben Kilometer lang sein mußte. Sie hatten den Wassertunnel des Königs Hiskia entdeckt. Bald nach ihrer Expedition wurde der Schlamm beseitigt – da sah dieses Monument biblischer Zeit wieder aus wie vor mehr als zweieinhalbtausend Jahren, wie unmittelbar nach seiner Entstehung.

Sechzig Zentimeter ist die Röhre breit. Sie ist überall hoch genug, daß ein Mann darin stehen kann. An Ort und Stelle fällt die Vorstellung leicht, wie die Arbeit im Berg geleistet wurde: Ein Mann hieb mit seiner Hacke Brocken des Gesteins los. Er schlug so lange gegen den Fels, bis er müde war, dann löste ihn ein anderer ab. Der hatte zuvor die abgesplitterten Steine zwischen den Beinen des Arbeiters, der das Werkzeug schwang, zusammengelesen und in einen aus Stroh geflochtenen Korb gefüllt. Wieder ein anderer trug den Korb nach draußen. Stickig muß die Luft gewesen sein. Solange der Tunnel nicht durchgeschlagen war, entwickelte sich kein Luftzug. Die Beleuchtung, ganz vorn an der Arbeitsstelle, bestand wohl nur aus einem brennenden Span – der Sauerstoff verbrannte und durch Ruß und Qualm die Luft noch schlechter machte. Unbeleuchtet war der Weg nach draußen. Wer den gefüllten Korb zu schleppen hatte, der quälte sich stolpernd durch den dunklen Schacht. In der Endphase der Arbeit war der Transportweg für den Gesteinsschutt mehrere hundert Meter weit.

Eine geritzte Inschrift, die aus sechs Zeilen hebräischer Buchstaben besteht, ist im Tunnel entdeckt worden. Sie wird heute in Istanbul aufbewahrt. Einen Meter lang ist die beschriebene Tafel. Eigentlich würde man annehmen, daß sie den König ehrt, den Schöpfer des kühnen Werks; daß sie der Nachwelt mitteilen soll, wer auf die Idee gekommen ist, das Wasser der Gihonquelle umzuleiten. Doch der Text birgt eine Überraschung. Er lautet: »So war die Geschichte des Durchbruchs: Von zwei Seiten gruben die Arbeiter gegeneinander. Als nur noch wenig mehr als ein Meter durchbohrt werden mußte, da konnten die Arbeiter auf beiden Seiten einander hören. Am Tag, als dann der Durchbruch gelang, da schlugen die Arbeiter mit ihren Hacken den anderen entgegen. Bald strömte das Wasser in den Teich.«

Von Norden und von Süden her war also der Fels durchbrochen worden. Die Arbeiter, die an der Gihonquelle begonnen hatten, schlugen zunächst die Richtung nach Westen ein. Das Zweite Buch Chronik erzählt davon: »Hiskia war es, der den oberen Abfluß des Gihonwassers verstopfte und es nach Westen, in die Stadt Davids herunterleitete.« Die Westrichtung, die überhaupt nicht auf den Siloahteich zuführte, wurde etwa 70 Meter weit eingehalten, dann leitete eine enge Linkskurve den Tunnel nahezu wieder zurück nach Osten. Er folgte fortan dem Verlauf der Stadtmauer, allerdings nicht in geradem Zug, sondern in seltsamen Schlangenlinien. Rund 150 Meter vom Siloahteich entfernt weicht der Schacht von der Nord-Süd-Richtung ab – hätten die Arbeiter geradeaus weitergegraben, wäre das Wasserreservoir an der Südspitze der Stadt nie erreicht worden. In weit geschwungener S-Kurve schlängelt sich der Tunnel auf den Siloahteich zu.

Erstaunlich ist dieser Verlauf des Wassertunnels. Die Schlangenlinien und die ausladenden Bögen bedeuten eine gewaltige Verlängerung des Wegs. Die Luftlinie zwischen Gihonquelle und Siloahteich mißt 330 Meter – für die Länge des Tunnels aber wurden 533 Meter festgestellt. Der Umweg von mehr als 200 Metern hatte Mehrarbeit und höheren Zeitaufwand zur Folge gehabt. Daß er ohne hinreichenden Grund eingeschlagen wurde, ist wohl nicht anzunehmen.

Der Archäologe R. Weill, der unmittelbar vor dem Ersten Weltkrieg Ausgrabungen auf dem Gelände der ehemaligen Davidstadt überwachte, bot einen logischen Grund für den besonderen Aufwand an: Er glaubte, dort, wo der Tunnel im Südteil die weit geschwungene S-Kurve zieht, das Grab des Königs David entdeckt zu haben. Weill hatte Vertiefungen in Felsblöcken gefunden, die er als Grablege aus der

Frühzeit identifizierte. Da in jener Epoche nur Mitglieder der königlichen Familie innerhalb der Stadtmauer beerdigt wurden – für die Untertanen befand sich der Friedhof unten im Kidrontal und am Abhang des Ölbergs –, lag der Schluß nahe, ein Grab in Alt-Jerusalem sei Davids letzte Ruhestätte. Hätte Weill mit dieser Ansicht recht, wäre tatsächlich die Erklärung für den seltsamen Verlauf des Wasserschachts gegeben: Die Arbeiter hätten sich dann bemühen müssen, den geheiligten Bereich der Königsgräber nicht zu berühren. Doch die heutigen Archäologen stützen Weills Theorie nicht; sie sind der Ansicht, noch keiner habe das Glück gehabt, das Grab Davids aufzuspüren.

So hält die Ratlosigkeit der Fachleute an. Wahrscheinlich ist, daß praktische Gründe die Ursache für die Windungen des Tunnels im Berg sind. Die Arbeiter folgten wohl einer erkennbaren Gesteinsspalte, durch die bereits Wasser sickerte. Beweisen läßt sich allerdings auch diese These nicht mehr.

Mehr Verwunderung erregt der Tunnelverlauf, wenn als wahr angenommen wird, was die Inschrift, die aus der Zeit des Tunnelbaus stammt, uns mitteilt: »Von zwei Seiten gruben die Arbeiter gegeneinander.« Glaubwürdig ist diese Angabe deshalb, weil sie eben keine Lobpreisung eines Herrschers darstellt, sondern Ausdruck wirklicher Freude der beteiligten Arbeiter am Erfolg ist. Sie kommen zu Wort; ihr Erlebnis wird geschildert. Festgehalten ist der Augenblick, da die Arbeiter die letzte trennende Felswand zum Einsturz bringen konnten.

Daß sie überhaupt zusammengetroffen sind, mitten im Berg, muß als Wunder bezeichnet werden. Selbst bei geradem Verlauf der Röhre wäre die Aufgabe außerordentlich schwierig gewesen, zwei Teilstücke direkt aufeinander zuzutreiben. Schon geringe Abweichungen von der geraden Linie, die dem Auge gar nicht auffallen, hätten das Vorhaben scheitern lassen können. Die Arbeiter besaßen keinerlei Instrumente, die hätten helfen können, sich in den Himmelsrichtungen zu orientieren.

Weit schwieriger aber mußte es sein, die Kurven auf beiden Seiten so auszurichten, daß sie letztlich doch an einem Punkt zusammentrafen. Selbst wenn die Arbeiter im nördlichen und im südlichen Schacht tatsächlich einer erkennbaren wasserführenden Schicht folgten, konnten sie nie sicher sein vor einem Irrtum: Befand sich jede Arbeitspartie auf einer anderen, aber ähnlichen Spur, dann scheiterte das Werk.

Der Tunnel gibt einen Hinweis darauf, daß es einen Tag des Erschreckens gegeben haben muß – wahrscheinlich zu einem Zeitpunkt, als beide Gruppen sich schon hören konnten. Sie müssen einen schweren Irrtum entdeckt haben: Sie hatten sich zwar aneinander herangearbeitet, doch auf verschiedener Höhe. Anhaltspunkte für diese These ist der unterschiedliche Abstand zwischen Boden und Decke im Verlauf des Schachts. Die Abweichung ist bemerkenswert: Im nördlichen Teil mißt die Höhe des Schachts maximal 1,94 Meter; im südlichen Teil aber erreicht sie 5,08 Meter. Hier wird der Tunnel zum hohen, wenn auch weiterhin engen Raum. Die Vergrößerung des Schachts ist durch keinen praktischen Zweck gerechtfertigt. Nur eine Erklärung ist möglich: Die Arbeiter in der Südröhre hatten den Boden um zwei bis drei Meter absenken müssen – die Höhe aber blieb unverändert. Sie hatten erkannt, daß sie ihren Vortrieb im Berg zu schnell hatten ansteigen lassen. Durch Absenkung des Bodens erreichten sie die Höhe des nördlichen Schachts.

Als das Wasser von der Gihonquelle, durch den Berg geschützt, zum Siloahteich fließen konnte, da hatten die Arbeiter und Baumeister des Königs Hiskia eine gewaltige Leistung vollbracht. Am Sinn dieses unermeßlich mühsamen Unternehmens beginnt jedoch derjenige zu zweifeln, der sich die Lage des Siloahteichs anschaut und der sich von den Archäologen informieren läßt, wo zur Zeit des Königs Hiskia die Stadtmauer verlief. Er wird zu seiner Verblüffung erfahren, daß – gemäß gesicherter wissenschaftlicher Erkenntnis – die Wasserschöpfstelle noch immer außerhalb des Verteidigungssystems lag. Sie ist erst spät, wahrscheinlich im ersten Jahrhundert v. Chr., durch Verlegung der Stadtmauer nach Süden in das geschützte Gebiet einbezogen worden. Doch es ist kaum anzunehmen, König Hiskia habe, unter gewaltiger Anstrengung, die Voraussetzung geschaffen für die Ableitung des lebensnotwendigen Wassers von einer ungeschützten Stelle vor der Stadt zur anderen.

Die Archäologin Kathleen M. Kenyon sagt, sie habe eine Menge Geld aus ihrem ohnehin knappen Grabungsfonds dafür ausgegeben, hartnäckig nach irgendeinem Anzeichen für eine Mauer, einen Wall am Hang südlich des Wasserreservoirs zu suchen. Sie konnte nicht glauben, Hiskia habe unüberlegt gehandelt. Doch die Archäologin mußte wiederum feststellen: Zur Zeit des Tunnelbaus lag der Siloahteich tatsächlich außerhalb der Stadtmauer. Welche Lösung diese Kennerin der einstigen Königsstadt und ihrer archäologischen Überreste schließlich gefunden hat, beschreibt sie selbst: »Die Frage nach dem Sinn der ganzen Anlage beschäftigte mich doch sehr. Der nächstliegende Gedanke kam mir zuletzt: Der Siloahteich liegt heute zwar offen da, doch dies muß nicht immer so gewesen sein. Er ist sicher während der Römerzeit umgestaltet worden. Die Mauereinfassungen stammen aus jener Epoche. Vom Wasserbecken führt ein Ausfluß weg, der in Stein gehauen worden ist. Ihm kann jeder ansehen, daß er in späterer Zeit verändert worden ist. Man hat ihn verstümmelt, kürzer gemacht. Der natürliche Verlauf hatte das Wasser weiter ins Tal hinabgetragen. Es sieht so aus, als ob Hiskias Ingenieure den Ausfluß verstecken wollten, bis das Wasser am Hang des Kidrontals versickert. Dieses Versteckspiel aber hat nur Sinn, wenn auch der Siloahteich selbst verborgen war. Seine Lage sollte nicht durch den Abfluß verraten werden. Daraus ist zu schließen, daß der Siloahteich damals überdeckt war, er war ganz von Fels umgeben. Er bestand aus einer Zisterne, die als Höhle in den Fels gehauen war. Der Zugang war möglich durch einen Schacht, wie das schon bei der Gihonquelle der Fall war, oder über eine Treppe. Zwar kann ich für diese Ansicht keinerlei archäologischen Beweis vorlegen, doch ich stehe dazu.«

Die aufwendigen Vorbereitungen, die König Hiskia angeordnet hatte, lohnten sich für Jerusalem. Er hatte die Hauptstadt des Staates Juda widerstandsfähig gemacht.

»Hiskia aber unterwarf sich meinem Joch nicht.«

Die Schreiber des Königs Sennacherib, des Herrschers über die Assyrer, prägten Schriftzeichen in längliche, sechseckige Prismen ein, die aus Ton gefertigt waren. Jedes der Prismen wies sechs beschriftbare Felder auf. Hatten die Schreiber diese Flächen mit ihren Holzstiften vollgeschrieben, wurden die Prismen in der Sonne getrocknet. Im Archiv des Assyrerkönigs in Niniveh am Tigris wurden sie dann aufbewahrt, zum ewigen Nachruhm des Herrschers. Viele Schriftzeichen waren eng aneinanderzufügen, denn die Texte waren lang, die Sennacherib verewigt sehen wollte. Groß war die Liste der Erfolge des Königs.

Eines der Dokumente, die erhalten sind bis heute, befaßt sich mit Sennacheribs Feldzug an die Mittelmeerostküste im Jahre 701 v. Chr. Diesen Feldzug und diesen Gegner hatte der Prophet Jesaja im Gespräch mit König Ahas am Siloahteich vorausgesagt – auf diesen Gegner hatte Hiskia gewartet. Das war ein Feind, der Furcht erregen wollte, der Panik auslösen konnte. Der Text des Dokuments, verteilt auf die sechs Prismenflächen, beginnt mit der Vorstellung des Königs:

»Sennacherib, der große König, der mächtige Herrscher, der Befehlshaber des Universums, der König der vier Regionen der Erde, der weise Hirte, der Liebling der großen Götter, der Verteidiger des Rechts, der Freund der Gerechtigkeit. Er hilft zur rechten Zeit und widmet sich den guten Werken. Er ist der vollkommene Held, der Mutigste, der Erste unter allen Fürsten. Er drückt alle Rebellionen nieder und schlägt die Schlechten durch seine zerstörenden Blitze. Ihm ist Königtum zuerkannt, ohne daß ihm jemand diese Würde streitig machen kann. Er besitzt Waffen, die ihn mächtiger machen als alle anderen Männer, die in Palästen regieren. Vom Oberen Meer bis zum Ort des Sonnenuntergangs, vom Unteren Meer bis zum Ort des Sonnenaufgangs gibt es keinen Mann, der nicht sein Haupt vor meinen Füßen zur Erde beugt. Die stärksten Prinzen haben Furcht davor, mir in der Schlacht zu begegnen. Sie verlassen ihre Länder und fliehen in unwegsame Gebiete, wie die Eule, die sich in Klüften der Felsen versteckt.«

Nach dieser langen Selbstdarstellung, die das höfische Ritual verlangt, folgen ausführliche und durchaus wahrheitsgetreue Feldzugsberichte. Drei Kriege hat Sennacherib unmittelbar hintereinander geführt gegen Feinde im Osten und im Westen seines Reiches, das sich vom Schatt al-Arab, der heutigen Grenze zwischen Iran und Irak, bis zur Stadt Sidon an der Mittelmeerküste ausdehnte. Der dritte Feldzug war dem Assyrerkönig offenbar besonders wichtig; wortreich ist der Text, der die Eroberungen beschreibt. Gegner waren Könige und Völker im Gebiet, das in unserer Zeit zu Libanon und Israel gehört. In der Ichform erzählt der Text von gewaltigen Siegen. Er verschweigt aber auch nicht, daß Jerusalem unter Hiskias Führung dem König widerstand.

»Sidqa, den König von Aschkelon, nahm ich gefangen samt Frau, Söhnen, Töchtern, Brüdern und allen anderen Angehörigen der Familie. Der König hatte sich meinem Joch nicht beugen wollen. Ich setzte den Sohn des ehemaligen Königs zum Gouverneur über Aschkelon ein, über Stadt, Land und Volk. Tribut mußte der Gouverneur bezahlen, an mich, seinen Oberherrn. Im weiteren Verlauf des Feldzugs belagerte, eroberte und plünderte ich die Festungen Beth-Dagon, Joppa, Banabarqa, Azuru. Alle diese Städte hatten Sidqa gehört, der dafür bestraft wurde, daß er sich nicht gleich vor meinen Füßen gebeugt hatte. Da begannen die Herzen der Regierenden, Adligen und des Volkes von Eqron zu zittern. Sie wußten, warum sie Angst haben mußten: Hatten sie doch ihren König Padi, der mir durch Eid verbunden war, als Gefangenen dem Hiskia von Jerusalem übergeben und seiner Gnade ausgeliefert. Die Regierenden von Eqron baten den König von Ägypten und den König von Äthiopien um Hilfe. Die beiden sollten Bogenschützen und Streitwagen samt Fahrer schicken. Die beiden Könige erfüllten die Bitte. Auf der Ebene von Eltekeh stellten sich die Gegner in Schlachtformation auf. Drohend schwenkten sie die Waffen gegen mich. Ich aber vertraute Aschur, meinem Gott, und besiegte sie alle. Mitten in der Schlacht, im Toben und Wüten, nahm ich mit eigener Hand die Kommandeure der Streitwagen und der Bogenschützen gefangen, ebenso die Söhne des Königs von Ägypten und die Adligen aus Äthiopien. Ich belagerte, eroberte und plünderte Eltekeh und Timnah, zwei reiche Städte. Dann griff ich Eqron an und siegte auch hier. Die Regierenden und Adligen ließ ich auf der Stelle umbringen, da sie sich gegen mich verbündet hatten mit Hiskia von Jerusalem. Ihre Körper wurden auf meinen Befehl hin auf der Mauer rings um die Stadt an Haken aufgehängt. Hunderte hingen, allen sichtbar, an ihrem Hals. Die Menschen der Stadt aber ließ ich aburteilen: Wer den Regierenden und Adligen geholfen hatte bei der Verschwörung mit Hiskia von Jerusalem, der wurde ebenfalls aufgehängt. Wer aber keine Schuld trug, der durfte am Leben bleiben und in Freiheit. Ihren König Padi holte ich aus Jerusalem zurück in seinen Palast. Tribut zahlte er mir künftig. Hiskia gab den König Padi frei. Ich forderte Hiskia auf, mir Jerusalem zu übergeben, Hiskia aber unterwarf sich meinem Joch nicht, auch nicht die Stadt Jerusalem. Doch 46 seiner Städte, die alle befestigt waren, und zahllose unbefestigte Orte habe ich durch meine Sturmtruppen erobern lassen. Für die Eroberungen haben wir Belagerungsmaschinen eingesetzt und Rammböcke. Wir haben Rampen aus Steinen und Erde an die Mauern hochgeführt. Wir haben die Mauern durch Stollen unterhöhlt. Ich nahm dem Hiskia von Jerusalem 200150 Menschen weg: Junge und Alte, Frauen und Männer. Ich nahm ihm auch weg Pferde, Maulesel, Esel, Kamele, Schafe und Vieh in riesiger Zahl. Ihn selbst aber sperrte ich in Jerusalem ein, in seiner Hauptstadt. Er saß da wie ein Vogel im Käfig. Ich ließ rings um Jerusalem Erdwälle aufwerfen, daß keiner aus Jerusalem herauskonnte, auch Hiskia nicht. Er war derart erschreckt von meinem furchterregenden Glanz, daß er seine besten Soldaten, die sich bei der Verteidigung von Jerusalem bewährt hatten, zu mir nach Niniveh in meine Hauptstadt schickte. Sie brachten 30 Talente Gold, 800 Talente Silber, wertvolle Steine, Elfenbeinarbeit, Elefantenzähne, Elefantenhäute und wertvolle Hölzer mit. Hiskia schickte mir auch seine Töchter und Nebenfrauen sowie männliche und weibliche Sänger. Um seine Unterwerfung mir mitzuteilen, schickte Hiskia einen Botschafter nach Niniveh.«

Dieses Dokument verschweigt einen Teil der Wahrheit. Es verhehlt einen Umstand, der für Sennacherib unangenehm, wenn nicht sogar peinlich gewesen sein muß. Zwischen dem Ereignis, das so umschrieben wird »Ihn aber sperrte ich in Jerusalem ein« – gemeint ist der Beginn der Belagerung –, und der Entsendung der Gesandtschaft aus Jerusalem nach Niniveh muß Entscheidendes geschehen sein: Sennacherib hatte sich gezwungen gesehen, die Belagerung aufzuheben.

Zu Beginn des Krieges hatten König, Hof, Geistlichkeit und Untertanen nur geringe Hoffnung auf ein gutes Ende gehabt. Der Prophet Jesaja hatte Worte gefunden, die den Schrecken aller Bewohner schilderten: »Gott pflanzt ein Panier auf für ein Volk aus der Ferne und lockt es vom Ende der Welt herbei. Da rückt das Kriegsheer eilends an. Kein Müder ist in diesem Heer zu finden, keiner, der nicht den exakten Marschtritt einhält. Ihre Kleidung sitzt einwandfrei, da löst sich kein Schurz von der Lende, da reißt keinem Mann der Schuhriemen. Ihre Pfeile sind geschärft und ihre Bogen gespannt. Sie haben die Kraft, wie Löwen zu brüllen. Wen sie ergreifen, den packen sie und schleppen ihn fort. Gegen diesen Feind weiß sich niemand zu helfen.«

Dieser Bericht über die perfekte Kriegsmaschine aus Menschen und Material wird durch eine kurze Erzählung, die zu den jüdischen Volksmärchen gehört, ergänzt: »Als Sennacheribs Heer einen Fluß überschritt, da floß soviel Wasser, daß die Vorhut nur schwimmend das andere Ufer erreichen konnte. Die Masse des Heeres aber stillte erst den Durst. Als der Mittelteil des Heeres übersetzen wollte, da war der Fluß so ausgetrunken, daß die Soldaten bequem durchwaten konnten. Die Nachhut aber ging durch das Flußbett wie auf trockenem Boden. Durstig erreichten diese Soldaten das andere Ufer. Sie wurden aus einer entfernten Quelle versorgt.«

Dasselbe Märchen weiß von einem Tagesbefehl, den der assyrische König seinen Truppen gegeben habe: »Jeder bringe mir eine Handvoll Steine von den Mauern Jerusalems. So wird die Stadt rasch abgetragen werden. Der Name Jerusalem wird ausgemerzt.«

Welches Ereignis Sennacherib, den Befehlshaber eines Heeres, das alle stark befestigten Städte ringsum erobert hatte, zum Abzug zwang, weiß niemand. Eine Legende berichtet davon, Ratten seien über die Belagerer hergefallen; eine andere sagt, die Pest habe viele Soldaten des assyrischen Heers dahingerafft. Vielleicht war beides geschehen: Ratten hatten die Pest übertragen.

Jerusalem erlitt nicht das Schicksal der Stadt Lachisch, deren Eroberung, Plünderung und Zerstörung auf einer Alabasterplatte dargestellt ist, die in den Überresten des Sennacherib-Palasts von Niniveh gefunden wurde. Da berennen Infanteristen und Berittene die Stadtmauer und durchbrechen sie; da schießen Bogenschützen auf zurückweichende Verteidiger; da ziehen Menschen aus der eroberten Stadt in die Gefangenschaft.

Die Städte in Juda und im nördlich davon gelegenen Samaria gingen in Flammen auf. Jerusalem aber überlebte. Der materielle Schaden, den die Stadt durch Sennacheribs Tributforderung erlitten hat, konnte ausgeglichen werden, da die Handelsbeziehungen der Kaufleute hinein in die arabische Welt intakt blieben. Sie erwarben bei den Stammesherren Arabiens Kupfer, Gold, Elfenbein, Duftstoffe und Schlachttiere, wie Lämmer, Widder und Ziegen, und tauschten sie gegen Pferde, Zedernholz und Stoffe, die aus dem nun assyrischen Gebiet angeliefert wurden. Durch das Geschick der Kaufleute erlebte Jerusalem nach Sennacheribs Abzug eine Zeit des Wohlstands. Zwar bestand die Tributpflicht weiterhin, doch sie war erträglich. So blieb Juda erhalten – der Nordstaat Israel aber hatte schon um das Jahr 720 v. Chr. zu bestehen aufgehört.

Das Heer des Großreichs von Assyrien war die Bedrohung gewesen, die sich einst wie ein Schatten von Nordosten her über das jüdische

Land gelegt hatte. Von Generation zu Generation hatten sich König und Volk in Jerusalem mehr vor dieser Bedrohung gefürchtet.

So stellt sich die Vorgeschichte des Konflikts zwischen Sennacherib und Jerusalem dar: Langsam war das Assyrerreich in Mesopotamien entstanden. Der Niedergang Babylons hatte den Aufstieg des jungen Staates möglich gemacht. Rund drei Generationen ehe David den jüdischen Gesamtstaat begründete, waren assyrische Reiter aus dem Tigrisgebiet zum Oberlauf des Euphrat und weiter bis zur Mittelmeerküste vorgestoßen. Die Gebiete auf heute syrischem Boden für immer zu halten war nicht ihre Absicht.

Die Truppen wurden noch für Auseinandersetzungen im Osten des wachsenden Staates gebraucht. 200 Jahre lang blieb die Mittelmeerküste verschont. Doch dann erreichten die schnellen Verbände Assyriens Byblos, Tyrus und Sidon. Die Städte wurden durch den Herrn am Tigris in Tributpflicht genommen. Im Jahre 853 v. Chr. entschlossen sich die Mächtigen aller bedeutenden Länder der Region zwischen oberem Euphrat und Nil zur Allianz gegen die Bedrohung – nur Jerusalem fügte sich nicht ein in die Abwehrfront. Der Assyrerkönig Salmanassar III. erwähnt in seinem ausführlichen Kriegsbericht, der erhalten geblieben ist, den Staat Juda überhaupt nicht. In der Liste der Gegner ist kein Kontingent aus Jerusalem vermerkt.

Die Allianz der Herrscher und Heere erkämpfte am Orontes einen Achtungserfolg. Der Weg der Assyrer nach Südwesten wurde blokkiert. Doch die verbündeten Könige wußten, daß die Bedrohung blieb. Von Dorf zu Dorf und von Stadt zu Stadt verbreiteten sich Erzählungen von der bestialischen Grausamkeit der assyrischen Krieger. Derartiges war noch nie zu hören gewesen: Den Assyrern wurde nachgesagt, sie würden furchtbare Qualen für die Gefangenen ersinnen; niemand werde verschont. Die Assyrerkönige festigten den Ruf der Brutalität durch ihre eigenen offiziellen Siegesmeldungen, die auf Steinplatten Jahrhunderte überdauert haben. Die Texte lauten so:

»Ihr Blut ließ ich in den Tälern und auf den Hochebenen der Gebirge fließen. Ich schnitt den Besiegten die Köpfe ab und stapelte sie hoch auf vor ihren Städten. Ich brannte alle ihre Häuser nieder. Ich hinterließ keine Spur, daß sie je gelebt hatten. Eine Säule errichtete ich gegenüber dem Stadttor. Einige der Vornehmen ließ ich darin einmauern, andere darauf pfählen. Allen Hauptleuten wurde zuvor die Haut abgezogen. Vielen schnitt ich Arme und Beine ab, manchmal auch nur Hände und Finger, Nasen und Ohren. Ihre jungen Männer und Mädchen ließ ich verbrennen.«

Das blutgierige Reiterheer eroberte im Jahre 806 Damaskus. Der jüdische Nordstaat war unmittelbar bedroht, konnte jedoch durch

Tributzahlung die Unabhängigkeit bewahren. Juda und Israel waren politische und militärische Zwerge, die der Bedrohung aus dem Nordosten überhaupt nichts entgegenzustellen hatten. Assyrien aber wuchs heran zum mächtigsten Reich, das bis dahin jemals existiert hatte. An räumlicher Größe und an Reichtum überragte Assyrien den ägyptischen Staat. Von ihm war keine Hilfe zu erwarten in kritischer Zeit, sosehr auch die Verantwortlichen in den beiden jüdischen Hauptstädten Samaria und Jerusalem Hoffnung auf die Armee des Nillandes setzten.

Um das Jahr 735 v. Chr. wuchs die Bedrohung zur akuten Gefahr. Tiglatpileser III. rückte gegen Gaza vor – zu Hilfe gerufen von König Ahas, dem Vater des Hiskia, der dann den Tunnel graben ließ zwischen Gihonquelle und Siloahteich.

Kurzsichtig war die Politik des Königs Ahas gewesen: Er hatte den schlimmsten Feind ins Land geholt. Die Auslöschung Israels konnte in Jerusalem nicht mehr mit Genugtuung zur Kenntnis genommen werden. Als der Nordstaat um das Jahr 720 v. Chr. vom assyrischen Heer der Gewalt des Königs am Tigris unterworfen wurde, da wußten die Verantwortlichen in Jerusalem, daß sie der Bedrohung ohne Hoffnung ausgeliefert waren.

»Mit den Leichen der Einwohner füllte ich die Straßen und Plätze der Stadt. Die Häuser zerstörte ich von den Giebeln bis zu den Grundmauern. Ich verbrannte alles, daß man in künftigen Zeiten die Lage der Stadt, ihre Tempel und Götter nicht mehr finden möge.« So hätte der Siegesbericht lauten können, wenn Sennacherib Jerusalem eingenommen hätte – doch der Text schildert das Schicksal der Stadt Babylon. Sie ist von Sennacherib erobert worden.

Die Propheten – Sprecher der Opposition

»Tage werden kommen, da wird man alles, was in deinem Palast ist und was deine Väter bis zum heutigen Tag erworben haben, nach Babylon bringen. Nichts wird hier in Jerusalem bleiben.«

Der Prophet Jesaja hat diese Sätze dem König Hiskia entgegengeschleudert. Erstaunlich ist der Zeitpunkt der Voraussage: Jesaja sprach, als Babylon, erobert und ausgelöscht durch Sennacheribs Heer, keinerlei politische Bedeutung besaß. Wer Babylon eine große Zukunft voraussagte, der mußte über ausgezeichnete Informationen und über einen ausgeprägten Spürsinn für künftige politische Entwicklungen verfügen.

Der Grund für die prophetischen Worte war, daß Jesaja sich geärgert hatte über Hiskia, seinen König. Aus Babylon, der Ruinenstadt, war eine Gruppe von Regierungsbeamten auf Staatsbesuch nach Jerusalem gekommen. Quer durch das Assyrerreich hatte der Weg geführt, durch das Land ihrer Feinde. Die Delegation vertrat einen Staat am Euphrat, der sich aus der Klammer der Assyrer hatte befreien können. Babylon hatte bescheiden begonnen, wieder politische Bedeutung zu gewinnen. Bestand konnte dem unabhängigen Staat Babylon allerdings nicht vergönnt sein. Der Optimismus, den die Delegation in Jerusalem zur Schau trug, war unbegründet.

König Hiskia, dem Kontakte zu einem natürlichen Gegner der Assyrer gelegen kamen, empfing die Gäste mit Sympathie. Stolz wollte er beweisen, daß Jerusalem nach den Kriegswirren keineswegs verarmt war. Hiskia protzte mit Geschirr aus Gold und Silber; er zeigte Edelmetallbarren vor, die er vor der Ablieferung an Sennacherib hatte retten können.

Als die Gäste aus Babylon dann auch noch, auf ihren ausdrücklichen Wunsch, die Schatzkammer des Palastes besuchen und besichtigen durften, da reagierte Jesaja wütend. Er glaubte bemerkt zu haben, daß der Blick in die Schatzkammer den Neid der Gesandten aus Babylon geweckt hatte. Neid aber hielt er wohl für ein hartnäckiges Gefühl, das Politik nachhaltig beeinflussen konnte. Die Sorge vor der Zukunft brachte Jesaja dazu, seinem König Naivität vorzuwerfen.

Jesaja ist ein herausragender Repräsentant jener Männer, die fähig waren, ihrem Herrscher die unbequeme und oft bittere Wahrheit zu sagen. Sie mußten mit zorniger Reaktion der Mächtigen rechnen. Propheten führten meist ein gefährliches Leben. Ein gewisses Maß an Sicherheit konnten sie sich selbst durch ihre Berufung auf Gott geben: Mancher behauptet, er habe Gott gesehen, seine Stimme gehört; er stehe in ständiger Beziehung zu Gott. Alle Propheten sagten, sie predigten und handelten im Namen Gottes.

Der politische Hintergrund darf nicht übersehen werden. Die Propheten waren durchweg jüdische Nationalisten. Sie forderten die Abgrenzung des Volkes im eigenen Nationalstaat, der nach den Gesetzen organisiert sein sollte, die auf den Steintafeln in der Bundeslade verzeichnet waren.

Die Propheten erkannten aber meist auch, daß der jüdische Staat nicht allein bestand, daß er eingeordnet war in eine Welt konkurrierender Mächte. Früher als anderen Menschen – die Regierenden eingeschlossen – wurden ihnen Gefahren deutlich, die aus Verschiebungen innerhalb der politischen Kräftefelder entstanden. Sie machten die Könige auf den Drang der Großmächte aufmerksam, noch größer zu werden. Sie predigten von der Gier der Mächtigen nach mehr Land, nach mehr Reichtum, nach noch mehr Macht.

Mochte diese Funktion der Propheten den Königen noch recht und wichtig gewesen sein, die Einmischung der selbsternannten Gottesmänner in die Innenpolitik erschien ihnen gefährlich: Die Propheten glaubten, das politische Geschehen im Sinne der Gesetze Gottes interpretieren zu müssen. Sie fühlten sich meist als Vertreter der Armen – und stellten sich damit in Opposition zur einflußreichen Schicht in Stadt und Staat. Sie forderten soziale Gerechtigkeit durch Verzicht der Reichen auf einen Teil ihres Wohlstands. Wer viel Eigentum besaß, der sollte darauf bedacht sein, die Klassengegensätze auszugleichen.

Eine Generation vor Jesaja hatte sich der Bauer und Schafhirt Amos berufen gefühlt, die Regierenden und Reichen anzuklagen. In Juda war er zu Hause, doch er ließ seine Stimme in Israel hören, das er in Gefahr sah, durch innere Fäulnis zu zerfallen. Er sprach deutliche Worte: »Die Niedrigen unterdrückt ihr. Die Armen zermalmt ihr!«

Ihn bedrängten Visionen vom Untergang des Nordstaates. Er spürte die Verpflichtung, den König auf die Gefahr hinzuweisen. Predigend wanderte er durch die Dörfer, bis er die Hauptstadt Samaria erreichte. Dabei war Amos kein Mann, dem die Rede leicht fiel. Dieselbe Art Sprachfehler behinderte ihn, die einst Mose zur Verzweiflung gebracht hatte. Eine Erzählung berichtet von Amos: »Er war von schwerer Zunge, daher sein Name, der ›schwerfällig‹ bedeutet. Die Menschen sagten von ihm: Gott hat keines seiner Geschöpfe mehr beachtet als diesen Stammler. Gott hat auf diesen Mann mit der schwerfälligen Zunge seinen Geist ruhen lassen.«

Aufzurütteln sah Amos als seine wichtigste Aufgabe an. Die Menschen sollten sensibel gemacht werden für die Wahrnehmung der Gefahr: »Wehe denen, die ruhen auf Elfenbeinlagern, die sich ausstrecken auf ihren Betten. Wehe denen, die Lämmer von ihrer Herde verzehren und Kälber aus ihrem Stall. Wehe denen, die grölen zum Klang der Harfe und die sich Musikinstrumente bauen wie einst David. Wehe denen, die aus Weinschalen trinken und sich mit feinstem Öl salben. Sie müssen alle in die Verbannung, allen anderen voraus. Dann ist Schluß mit dem Gelage der Weichlinge. Und es wird geschehen: Wenn zehn Mann übrigblieben im gleichen Haus, so sollen auch sie sterben.«

Derlei Prophezeiungen ärgerten den Herrscher in Jerusalem: »Der König Usia von Juda brachte aus Wut den Propheten Amos um mit einer Eisenstange, die er ihm auf die Stirn schlug.«

In einem kleinen Dorf im Steppengebiet war Amos geboren worden. Kein größerer Kontrast ist vorstellbar als der zu seinem Nachfolger in der Aufgabe, Widerpart zu sein gegen die Mächtigen und Übermächtigen: Jesaja war in Jerusalem aufgewachsen. Er stammte aus einer der einflußreichen Familien der Hauptstadt des Staates Juda; vielleicht war er sogar selbst ein Nachkomme der Könige David und Salomo. Seine religiös-politische Aufgabe packte er an, als jener König Usia starb, der Amos mit der Eisenstange erschlagen hatte.

Das sechste Kapitel des Buches Jesaja berichtet, wie der Prophet seine Berufung wahrnahm: »Im Todesjahr des Königs Usia sah ich den Herrn. Er saß auf einem erhabenen Thron. Die Schleppen seines Mantels füllten den Tempel. Über ihm schwebten Seraphim. Sechs Flügel hatte ein jeder von ihnen. Mit zwei Flügeln verhüllte jeder sein Angesicht, mit zweien bedeckte er seine Füße, mit zweien flog er. Einer rief dem anderen zu: Heilig, heilig, heilig ist der Herr der Heerscharen, die Fülle der ganzen Erde ist seine Herrlichkeit. Vor der Stimme des Rufenden erbebten die Pfosten der Tore, und der Tempelraum füllte sich zugleich mit Rauch. Da sprach ich: Wehe mir, ich bin verloren. Nicht wert bin ich zu erleben, was ich erlebe. Den König der Heerscharen haben meine Augen gesehen. Da flog zu mir einer der Seraphim heran. In seiner Hand trug er einen glühenden Stein, mit ihm berührte er meinen Mund und sprach: Damit ist deine Schuld gesühnt. Und ich hörte die Stimme des Herrn, der da sprach: Wen soll ich senden, wer wird für uns mit den Menschen reden? Und ich erwiderte: Hier bin ich, sende mich!«

Der Politiker Jesaja ließ seine Stimme laut hören. Er sagte häufig seine Meinung zu Ereignissen, die nach der damaligen Ordnung der Beziehung zwischen Herrscher und Untertan allein den königlichen Hof betrafen: Jesaja äußerte sich aus Anlaß des Besuchs einer äthiopischen Delegation in Jerusalem; er verwünschte die Verantwortlichen in Ägypten und höhnte sie: »Narren sind die Fürsten von Memphis!« Er hielt Propagandareden gegen arabische Stämme.

Welche Kontrollfunktion der Prophet sich selbst zumaß, ist dem eindrucksvollen Bericht im 22. Kapitel des Buches Jesaja zu entnehmen. Der Text schildert die Auseinandersetzung des wortgewaltigen Mannes mit dem Ministerpräsidenten der königlichen Regierung, dem Jesaja vorwarf, korrupt zu sein: »Welches Vorrecht nimmst du dir heraus, daß du dich darauf versteifst, dir am Platz, an dem es dir paßt, ein Grab aus dem Felsen schlagen zu lassen. Und auch noch dazu ganz oben im Fels. Siehe der Herr wird dich fortschleudern mit Wucht und dich zerschmettern. Er wird dich zum Knäuel zusammendrücken und dann wie einen Ball weit ins Land hinauswerfen. Dort wirst du sterben müssen. Deine Prunkwagen aber werden dir überhaupt nichts nützen, du Schandmal für das königliche Haus.«

Jesaja begnügt sich nicht mit der Anklage. Er schlägt einen Nachfolger für den korrupten Ministerpräsidenten vor. Er glaubt, einen Mann gefunden zu haben, »der Vater sein wird den Bewohnern Jerusalems und der Dynastie des Hauses Juda«.

Dem Propheten Jesaja fällt die Aufgabe zu, die Erinnerung an den einen und allmächtigen Gott des Bundes mit Mose und seinem Volk wachzuhalten. Die politische Abhängigkeit des Staates Juda von Assyrien – sie umfaßte Tributpflicht und positive Haltung zur Politik, die in der Hauptstadt Niniveh am Tigris für richtig angesehen wurde. Diese politische Öffnung hatte Folgen für das religiöse Leben in Jerusalem: Der König und seine Beamten konnten es sich nicht leisten, die Kultgebräuche der Oberherren aus Niniveh in ihrer Hauptstadt zu verbieten; sie hätten damit den Zorn der assyrischen Herren geweckt. Als Folge war erneute Belagerung und diesmal wohl gnadenlose Strafe zu erwarten. So ließen die Herren von Palast und Tempel notgedrungen zu, daß auf den Hügeln um Jerusalem wieder Opferbrände für eine Vielfalt von Göttern aufflammten: Die Altäre waren Baal geweiht oder der Herrin des Himmels, die Ischtar hieß. Auch dem Sonnengott Schamasch gehörten Tempel. Jesaja rief auf zum Widerstand gegen die Verfremdung der Glaubenswelt – die in Wahrheit Rückerinnerung war an das kulturelle Leben der Menschen des Alten Orients in der Zeit, ehe die jüdischen Stämme übermächtig geworden waren. Auch bei der Erfüllung der Aufgabe, den Glauben der Väter zu predigen, mußte der

Prophet mit dem König zusammenstoßen, den außenpolitische Rücksichten zu innenpolitischer Nachgiebigkeit zwangen.

Doch als Sprecher der Opposition zeigte Jesaja auch Flexibilität. Er kam dem König entgegen, der dem Tempel des Herrn wenig Bedeutung zumaß, als er diese Worte sagte: »Also redet der Herr: Der Himmel ist doch mein Thron, und die ganze Erde ist doch der Schemel für meine Füße. Was soll mir dann dieses Haus bedeuten, das ihr mir gebaut habt?«

Jesaja verkündete ohne Überdruß, Standhaftigkeit in der Glaubensfrage werde sich auch politisch auszahlen. Die Macht Assyriens könne nicht ewig andauern. In einem Wortgemälde stellte er die Situation aus seiner Sicht dar: »Wir sind von mächtigen Völkern umtost. Wie das schäumende Meer brüllen sie auf. Wie gewaltige Wasser brechen die Nationen über uns herein. Er aber wird nur ein Wort sagen, da werden sie gejagt wie Spreu vor dem Wind auf dem Dreschplatz an der Kuppe des Hügels. Davonfliegen werden sie wie Distelblüten, die der Wirbelwind in die Wüste treibt.«

Daß diese Prophezeiung Wirklichkeit wird, hat Jesaja nicht erlebt. Auch die nächste Generation der Bewohner Jerusalems stand unter dem Zwang, den Forderungen der Könige in Ninive, das von der Stadt über der Gihonquelle mehr als 1000 Kilometer schlechter Wege entfernt lag, unbedingt nachgeben zu müssen.

Manasse, Hiskias unmittelbarer Nachfolger, der 55 Jahre lang als König von Jerusalem amtierte, unterwarf sich schließlich so weit, daß er den Göttern Assyriens Aufnahme in den Tempel gewährte. Die Göttin Aschera erhielt einen Altar im Haus des einen Gottes. Mond-, Sonnen- und Sternengötter wurden in der Vorhalle angebetet. Dagegen erhob sich keine Prophetenstimme mehr. Schweigend wurde der Verrat am Bund mit Gott hingenommen. Anzunehmen ist, daß der Bau, den Salomo vor zweieinhalb Jahrhunderten hatte errichten lassen, längst baufällig war und nur noch wenig Anziehungskraft für die Bewohner der Stadt besaß. Das abwertende Wort des Jesaja über die Bedeutung des Tempels wird nicht ohne Wirkung gewesen sein.

Entgegen den Prognosen ging Assyrien während der folgenden Jahre nicht zugrunde. Im Gegenteil, seine Glanzzeit brach an. König Asarhaddon fällt im Jahre 671 in Unterägypten ein. Der Griff zum Nil, der in Ninive schon lange zuvor geplant worden war, gelang. Memphis wurde zur Provinzstadt des Reiches, dessen Kernland mehr als 1500 Kilometer entfernt lag. In der nächsten Generation konnte der Besitz am Nil noch vergrößert werden: Schließlich gehörte sogar Theben zum Assyrischen Reich. Assurbanipal hieß der Eroberer der Tempelstadt am Nil. Unter seiner Herrschaft reichte das Assyrische Reich von Euphrat und Tigris über den gesamten »Fruchtbaren Halbmond«, der das Gebiet der gegenwärtigen Staaten Syrien, Libanon und Israel umfaßt, bis in den Westen des Nildeltas und weit den mächtigen Fluß hinauf. Jerusalem und Juda waren fest umklammert in diesem gewaltigen Machtbereich. Ohne Hoffnung auf Selbständigkeit schien die Zukunft für Stadt und Land zu sein.

Doch Ägypten ließ sich nicht von Niniveh aus regieren, über eine Entfernung, die 2000 Kilometer maß. Das Reich Assyrien war zu groß geworden. Die Länder am Rande ergriffen jede Chance zur Revolte. Auch Ägypten erlangte rasch wieder die Unabhängigkeit.

Der größten Machtentfaltung folgte bald der völlige Zusammenbruch. König Manasse von Juda muß schon gespürt haben, daß sich die Zeiten ändern würden – so überraschend entwickelte sich der Prozeß des Niedergangs einer Großmacht wohl nicht. Am Ende seiner Regierungszeit von 55 Jahren verstärkte er die Mauern von Jerusalem in Voraussicht kriegerischer Ereignisse. Das Zweite Buch Chronik berichtet darüber: »Manasse baute eine Mauer westlich der Gihonquelle zum Kidrontal hinunter bis zum Fischtor und rings um den ganzen Hügel. Er ließ die Mauer hoch aufschichten.«

Diese Chronik meldet auch, daß Manasse vor seinem Tode, der im Jahr 639 v. Chr. eintrat, Heereskommandeure für alle befestigten Plätze ernannte. Hätte der assyrische König noch seine vollen Souveränsrechte über den Vasallenstaat Juda wahrgenommen, wären Manasse und sein Land schwer bestraft worden für diese Eigenmächtigkeit. Entscheidungen über Mauerbau und Ernennung von Kommandeuren waren, der Absprache zwischen Oberherren und Vasallen gemäß, mit Niniveh abzustimmen.

Neun Jahre nach Manasse starb Assurbanipal. Damit war der letzte der ehrgeizigen Monarchen am Tigris tot. Die Kraft der Nachfolger erschöpfte sich in der Auseinandersetzung mit zwei rivalisierenden Staaten: Die Staaten Medien im Osten und Babylonien im Süden drangen in Richtung Niniveh vor. Babylonien siegte schließlich. Im Jahre 612 v. Chr. fiel die Hauptstadt der Assyrer am Tigris in die Hand eines babylonischen Heeres.

Schon zwei Jahre später wagte dasselbe Heer den Angriff auf Haran, auf die Stadt im Bereich des Euphratoberlaufs, die einst Abraham und seiner Sippe Heimat geboten hatte. Doch um den Herrschern an der Ostküste des Mittelmeers Vorschriften machen zu können, war Babylon noch zu schwach. Die Selbständigkeit des Königs von Juda verstärkte sich im politischen Machtvakuum.

In den Jahren der Not war Jerusalem gewachsen. Als der Nordstaat zerbrochen war, flohen viele seiner Bewohner in die hochgelegene

Stadt, die nicht direkt an der Straße des Krieges lag, die Mesopotamien mit Ägypten verband. Als Israel aufgehört hatte zu bestehen, da bot Jerusalem noch den Anschein der Sicherheit.

Viele suchten aus religiösen Gründen Schutz hinter den Mauern der Stadt, auf deren Boden das Heiligtum des Tempels stand. Im Gebiet des einstigen Staates Israel bestimmten fremde Gouverneure das religiöse Leben. Sie erwarteten, daß sich die Menschen der Städte nach dem Glauben richteten, der im Palast des Regierenden gepflegt wurde. Die Anbetung des einen Gottes wurde ungern gesehen: In Jerusalem aber konnte jeder der Gläubigen, der vom Gott des Bundes mit dem jüdischen Volk überzeugt war, nach den Regeln und Gesetzen des Patriarchen Mose leben – trotz der Altäre für Baal und Ischtar in den Hallen des Tempels. Verboten war der Glaube der Väter in Jerusalem nie, auch wenn der Herrscher es für klug hielt, Opportunist zu sein.

Manasse, der 55 Jahre lang zu regieren hatte, war flexibel gewesen: Durch kulturelle Anpassung hatte er die Existenz des Staates Juda gerettet; für die assyrischen Herrscher war keine Ursache gegeben, die Hauptstadt auszulöschen. Als der Druck aus Niniveh schließlich nachließ, als vom Tigris aus die Einhaltung der Kulturvorschriften nicht mehr kontrolliert werden konnte, da war König Manasse nachlässig in der Verehrung des Gottes Baal geworden. Kurz vor seinem Tod hatte er sich wieder zum Gott des Bundes bekannt.

Der Tempelbau wird restauriert

Mit Verschwörung und Mord begann eine neue Zeit in Jerusalem. Amon, der Sohn des Manasse, war 22 Jahre alt, als er beim Tod des Vaters im Jahre 639 v. Chr. König wurde. Er hatte Manasses religiös-kulturelle Schwenkung hin zur Tradition nicht mitvollzogen; er war Baalanhänger geblieben. Diese Haltung paßte nicht ins politische Konzept der Minister und Beamten. Sie wollten kulturelle Unabhängigkeit durchsetzen, als Vorstufe zum Wiedererstarken nationaler Souveränität. König Amon fühlte sich zu sehr der vergehenden Zeit verbunden. Sie handelten rasch – obgleich zu dieser Zeit Assurbanipal, der Eroberer von Theben, noch lebte. Die Minister und Beamten verschworen sich gegen Amon und ließen ihn totschlagen. Im königlichen Palast geschah der Mord. Amon hatte nicht einmal ein Jahr lang regiert.

Das Zweite Buch Chronik erzählt von einem seltsamen Ende der Verschwörung: »Die Bürger des Landes aber erschlugen alle, die sich gegen den König Amon verschworen hatten, und erhoben seinen Sohn Josia zum König an seiner statt.« Seltsam ist das Ende deshalb, weil das Zweite Buch Chronik zuvor berichtet hatte, das Volk habe Manasses religiöse Wendung unterstützt, sei mit ihm zum Glauben der Väter zurückgekehrt. Die »Bürger des Landes« hatten also keinen Grund, wütend zu sein auf die Verschwörer, die für den Tod des Baalanhängers verantwortlich waren.

Acht Jahre alt war Josia, als der Vater ermordet wurde. Mit sechzehn Jahren habe er sich Gedanken gemacht, ob Baal oder der Gott des Bundes anzubeten sei. Mit zwanzig Jahren – so weiß das Zweite Buch Chronik – sei er zum Entschluß gekommen, die Baalsaltäre abbrechen zu lassen und die Anbetung der Mondgötter zu verbieten.

Als der Altar des Baal aus dem Tempel entfernt wurde, da stellten die Baumeister fest, daß wenig von der Gebäudesubstanz gerettet werden konnte. Fast 300 Jahre alt war der Tempel jetzt. Balken waren morsch geworden, Mauern brüchig; Säulen waren umgestürzt. Dem König wurde Bericht erstattet über den Zustand des Tempels; er entschied sich sofort dazu, eine Regierungskommission einzusetzen.

Ihr gehörten hohe Vertreter der Staatsmacht an: Mitglieder waren der Kanzler des Landes Juda und der Chef der Stadtverwaltung von Jerusalem.

Die Regierungskommission befahl als erste Maßnahme die Konfiszierung des Tempelschatzes. Alle Edelmetalle und Edelsteine, die über Jahre hin der Tempelverwaltung als Spende geschenkt worden waren, gehörten nach dem raschen Zugriff der Beschlagnahme dem Staatsfonds für Tempelreparatur. Dem Hohenpriester Hilkia war kein Einspruch erlaubt gegen die Enteignung; er mußte selbst der Regierungskommission die Schatzkammer öffnen.

Es zeigte sich, daß die Verwaltung des Tempels während der zwei Generationen seit dem Tod des Königs Hiskia zwar Werte gesammelt, jedoch nichts für die Erhaltung des Bauwerks ausgegeben hatte. Erst während der Reparaturarbeit wurde der Umfang der Schäden deutlich. Das beschlagnahmte Vermögen reichte aber aus, um den Einkauf von Holzbalken und Steinen, den Lohn für Zimmerleute und Steinmetzen, für Lastträger und Aufseher zu bezahlen.

So normal der administrative Vorgang ablief, so sehr erstaunt ein Geschehen, das die Beschlagnahme begleitete. Als der Hohepriester die Schatzkammer geleert hatte und der Bestand an wertvollen Gegenständen schriftlich durch den Staatsschreiber dokumentiert worden war, da wurde plötzlich eine Niederschrift der Gesetze Gottes entdeckt, die einst dem Propheten Mose offenbart worden waren. Das Zweite Buch Könige erzählt, der Hohepriester Hilkia habe eine Schriftrolle gefunden. Möglich ist, daß Hilkia die Urform des fünften der Bücher Mose in der Hand hielt. Hätte der Hohepriester die steinernen Gesetzestafeln des Mose, die seit langer Zeit niemand mehr gesehen hatte, aus der Schatzkammer geholt, wäre ein derartiges Ereignis von den Autoren des Alten Testaments wohl bei der Abfassung des Texts vermerkt worden.

Bedenkenswert ist, daß der Hohepriester durch den Fund in seinen Gefühlen keineswegs erregt war. Er las den Text nicht einmal durch. Hilkia überließ die Schriftrolle, die eigentlich weiterhin ihren Platz im Tempel gehabt hätte, dem Staatsschreiber Schaphan. Der las sie gründlich und nahm sie, da Hilkia ihm keinen Hinweis für die Verwendung des Dokuments gegeben hatte, zum König mit, als er ihm über den zufriedenstellenden Verlauf der Beschlagnahme des Tempelschatzes Bericht erstattete. Erst am Schluß meinte Schaphan, als ob die Angelegenheit nicht wichtig wäre: »Der Priester Hilkia hat mir eine Schriftrolle gegeben.« Der Staatsschreiber las dem König daraus vor.

Dessen Reaktion allerdings war heftig: Josia zerriß seine Kleider, die er am Leib trug, zum Zeichen großer Verzweiflung. Keineswegs machte er dem Hohenpriester Vorwürfe über dessen nachlässige Amtsführung in bezug auf Tempel und Gesetz. Im Gegenteil: Er schickte ihn mit anderen Männern aus seinem Hofstaat zur Prophetin Hulda, um zu erfragen, wie gewaltig der Zorn Gottes darüber sei, daß Gottes Gesetz bisher unbeachtet geblieben sei.

Die Prophetin Hulda gehört zu den einflußreichen Familien in Jerusalem; Verwandte von ihr waren in Hofämtern tätig. In zwei parallelen Textstellen nennt das Alte Testament die Adresse der Prophetin: »Sie wohnte in Jerusalem in der Neustadt.«

Hulda hatte, ohne sich zu bedenken, die Prophezeiung bereit, furchtbares Unheil werde über Jerusalem und über Juda kommen, da die Bewohner die Gesetze nicht beachtet hätten. Der Zorn Gottes lasse sich durch nichts löschen. Josia aber, der König, der seine Kleider am Leibe zerrissen habe, werde das Elend der Stadt Jerusalem nicht mehr erleben müssen. Noch vor dem unabänderlichen Anbruch des Unglücks könne Josia in Frieden in seinem Grab beigesetzt werden. Stadt und Land aber seien verloren.

Den Spruch der Prophetin nahm Josia nicht als Anlaß zur Resignation. Diese Haltung hätte kaum weiter verwundert, da Gottes Urteil nicht umzustoßen war. Tage des Weinens hätten über Jerusalem hereinbrechen können, doch es kamen Tage des Zorns. Die Worte der Prophetin Hulda nützte der König als göttliche Legitimation für eine tiefgreifende Staatsreform, für einen Umsturz der politischen und religiösen Werte. Der Begriff »Kulturrevolution« trifft den Ablauf der Ereignisse, der das geistige Leben in Jerusalem für alle Zeiten veränderte.

Die Schreckensherrschaft des Josia

Der König sah die Chance vor sich, in einer Anstrengung, so gewaltig sie auch sein mochte, dem nationalen Flügel der politisch Denkenden in Jerusalem zum Erfolg zu verhelfen. Josia trat für Stärkung des nationalen Selbstbewußtseins und der staatlichen Souveränität ein. Dieses Programm entsprach den Zielen der Tempelpriester; es wurde jedoch auch mitgetragen von der wirtschaftlich führenden Schicht der Stadt, von den Kaufleuten, Handwerkern und Grundbesitzern. Josia bot sich den Familien, die in der oberen Stadt und im Viertel der Neustadt auf dem westlichen Hügel wohnten, als Erfüller ihrer Wünsche an. Er schloß eine Allianz mit den Priestern und den Wohlhabenden mit dem Ziel, die Bedeutung Jerusalems zu stärken. Die Frage stellt sich, ob nicht König Josia die seltsame Auffindung der Schriftrolle selbst befohlen, also inszeniert hatte – und ob nicht der Hohepriester Hilkia der Komplize des Königs war.

Kaum war der Gesetzestext des Mose gefunden worden, da begannen die Vorbereitungen für eine politisch-religiöse Feierstunde, in die das ganze Volk einbezogen sein sollte. Der Kreis der Ältesten wurde einberufen. Seit dem Anfang der Regierungszeit der Könige von Juda hatte dieses Gremium nicht mehr getagt. Die Ältesten waren einst für Mose und seine Nachfolger wichtige Vermittler zwischen Macht und Volk gewesen; genau daran knüpfte Josia wieder an. Die Taten der bisherigen Könige zählten für ihn nicht: 400 Jahre wollte Josia zurückspringen – in die Vergangenheit.

Den Ältesten erklärte der König sein Vorhaben, und sie stimmten ihm zu. Sie organisierten den Aufmarsch des ganzen Volkes in der oberen Stadt, vor dem Tempel. Aus dem Umland, aus dem Staat Juda hatten zumindest alle Männer zu kommen; aus der Hauptstadt waren die Bewohner insgesamt verpflichtet, zum Königsappell zu erscheinen. Männer und Frauen, groß und klein, Sieche und Schwangere, Soldaten und Priester drängten sich auf dem Vorplatz des Tempels, der immer noch baufällig war, da die Reparaturarbeiten erst begonnen hatten. Bedeutendes zu verkünden hatte Josia versprochen.

Diese Worte, so weiß die Legende zu berichten, habe Josia aus der

Schriftrolle vorgelesen: »Es gibt keinen Gott neben mir. Ich bin es, der tötet. Ich mache lebendig. So wahr ich in Ewigkeit lebe, ich schwöre, daß ich mein blitzendes Schwert geschärft habe. Meine Hand erhebt sich zum Gericht. Ich nehme Rache an meinen Gegnern. Wer mich haßt, an dem übe ich Vergeltung. Meine Pfeile sind berauscht von Blut. Mein Schwert soll fressen vom Fleisch, vom Blut der Erschlagenen und Gefangenen, vom fliegenden Haupthaar des Feindes.«

Nach der feierlichen Lesung des Textes versprach König Josia, das Volk Juda sei bereit, den Bund mit Gott, den Mose einst geschlossen hatte, künftig zu halten. Hatte die Schriftlesung Entsetzen hervorgerufen, so löste die Erneuerung des Alten Bundes Jubel aus. Dann befahl Josia die Vernichtung aller Anbetungsstätten, die nicht dem einen Gott geweiht waren. Das Volk folgte ihm wie im Rausch.

Zuerst wurden aus den Hallen des Tempels sämtliche dort noch verbliebenen Sinnbilder der Götter, die Sonne, Mond und das Sternenheer darstellten, herausgerissen und unter gewaltigem Geschrei auf einen Haufen geworfen. Männer rannten hinunter ins Hinnomtal und holten die Holzfiguren, die dort bisher angebetet wurden, hoch zum Tempel.

Jeder aus der Masse wollte zu denen gehören, die für Gott Rache nahmen. Herbeigeschleppt wurden hölzerne Rosse und ein Sonnenwagen, die seit Generationen beim Arbeitszimmer des Tempelverwalters standen. Da Rosse und Wagen dem Sonnengott geweiht waren, wurden sie jetzt vernichtet. Altäre und Gebetssäulen, Andachtssteine und Holzbilder, heilige Bäume und Tierdarstellungen aus Metall bildeten schließlich hohe Stapel auf dem Tempelplatz.

Familienväter wurden aufgefordert, ihre Hausaltäre abzubrechen und die Götterbilder abzuliefern. Nachbarn sollten darauf achten, daß niemand ein Symbol versteckte, das nun nicht mehr erlaubt war. Am Eingang zum Haus des Stadthauptmanns standen Weihebilder; auch sie wurden vom Sockel gebrochen und vor den König gebracht. Niemand wurde vom Bildersturm verschont.

Frauen lebten im Tempel, Dienerinnen der Göttin Aschera. Sie webten Schleier für ihre göttliche Herrin. Verwüstet und niedergerissen wurden die Räume, in denen die Frauen lebten und arbeiteten. Das Zweite Buch Chronik nennt sie »Weihedirnen«. Was ihnen selbst geschah, wird nicht berichtet.

Die Göttersymbole wurden vernichtet: Was brennbar war, ging in Flammen auf; was nicht brennen wollte, wurde zertreten, zerschlagen, zerstampft. Als das Feuer ausgebrannt und die Zerstörungswut erloschen waren, da sammelten Männer Asche, Schutt und Staub in Körbe ein und schütteten sie im Kidrontal aus.

Am Osthang des Tals, auf dem Hügel über dem heutigen Dorf Silwan, standen noch immer die Altäre, die 300 Jahre zuvor Salomo für die Götter seiner Frauen aus den Völkern Moab, Ammon und aus der Stadt Sidon hatte errichten lassen. Diese Altäre wurden jetzt zerschlagen. Bedeutungsvoller aber war, was im Norden von Jerusalem geschah.

Die Welle der Zerstörung beschränkte sich nicht lange auf das Staatsgebiet von Juda. König Josia griff bald über die Region seiner Zuständigkeit hinaus. Da lag drei Wegstunden zu Fuß von Jerusalem entfernt die Stadt Bethel, die bei der Staatentrennung nach Salomos Tod zum Staatsheiligtum Israels erklärt worden war. In Bethel war einer der goldenen Bullen aufgestellt gewesen, die den Gläubigen als Fußschemel Gottes präsentiert wurden. Der Bulle war zur Zeit des Königs Josia offenbar nicht mehr vorhanden, sondern durch ein Bildnis der Göttin Aschera ersetzt.

Auch diesen Kultort jenseits der Grenze duldete Josia nicht länger. Er zog mit einem Truppenverband nach Bethel, das von niemand verteidigt wurde. Die Zerstörungsorgie von Jerusalem wiederholte sich. Wieder wurde die Bevölkerung durch feierliche Lesung des Texts der Schriftrolle zur Vernichtungslust getrieben. Der Rausch packte die Menschen, als sie die Worte hörten: »Mein Schwert soll fressen vom Fleisch, vom Blut der Erschlagenen und Gefangenen, vom fliegenden Haupthaar des Feindes.«

Die Aschera-Statue in Bethel wurde zu Staub zermalmt. Diesmal aber wurden auch die Toten nicht verschont, die nahe beim Heiligtum begraben lagen; ihre Gebeine ließ Josia aus den Gräbern reißen.

Daß dieser Übergriff nicht nur als Aktion in Grenznähe gedacht war, zeigte sich schon am nächsten Tag: Josia ritt mit seinen Truppen 30 Kilometer weiter in Richtung Norden, zur Stadt Samaria. Sie war rechtlich noch immer das Verwaltungszentrum einer assyrischen Provinz. Auch dort, in Samaria, in ihrer Hauptstadt, hatten die Könige von Israel einen Platz der Gottesverehrung geschaffen. Auch dieses Heiligtum wurde jetzt ausgetilgt.

Niemand stand auf in Samaria gegen den Herrscher des Südstaates, der widerrechtlich den Bewohnern von Samaria ihren Glauben nahm. Frauen und Männer ließen sich packen vom gewaltigen Wort, das ihnen vorgelesen wurde. Auch sie wollten Gott helfen bei der Rache an denen, die nicht an ihn glaubten. In Samaria blieb die Rache nicht wie in Bethel auf die Toten und Standbilder begrenzt. Hier wurde die Brutalität wesentlich gesteigert: In Samaria ließ Josia die Priester erstechen und erschlagen. Da war kein Protest zu hören, als die Gebeine der Toten auf dem Altar verbrannt wurden.

Völlig ausgelöscht waren die bildhaften Erinnerungen an göttliche Kräfte, an die nicht mehr geglaubt werden durfte. Die Priester der verbotenen Glaubensrichtungen durften sich, soweit sie die Religionsreform ohne Verwundung überstanden hatten, in Jerusalem zu Dienern der Staatsideologie umschulen lassen. Daß sie mit Gestammel der Entschuldigung beim neuen Dienstherrn erschienen, ist aus Worten des Propheten Jeremia zu entnehmen.

Jeremia war zur Regierungszeit des Königs Manasse aufgewachsen und hatte sich zum Sprecher der nationalen Opposition entwickelt, die den Herrschern den Rat gab, das Volk auf die Werte der Väter einzuschwören, um die Menschen vorzubereiten auf den kommenden Kampf um die nationale Erstarkung.

Das Buch Jeremias bewahrt die Argumente, die der Prophet einem entgegnete, der Entschuldigungen gebrauchte: »Wie kannst du sagen, ich habe mich nicht befleckt, ich bin nicht dem Baal nachgelaufen. Schau doch, was du im Kidrontal getrieben hast. Du hast dich benommen wie eine Kamelin, die ihre Triebe nicht beherrscht. Wer sie haben will, hat keine Mühe. Sie gibt sich ihm hin. Wie Diebe müßt ihr alle beschämt sein, wenn sie ertappt werden. Ihr habt zum Holz gesagt: Du bist mein Vater! Zum Stein habt ihr gesagt: Du hast mich geboren. Wo sind denn deine Götter? Warum stehen sie nicht auf und helfen dir? Blut klebt an deinen Kleidern, Blut von unschuldigen Opfern. Trotzdem wagst du zu sagen: Ich kann nichts dafür? Du änderst sehr leicht deine Meinung. Früher warst du von Assyrien beeinflußt. Doch Assyrien hat dich verraten. Jetzt hoffst du wohl auf Ägypten. Auch von Ägypten wirst du im Stich gelassen werden.«

Aus den Worten des Jeremia ist zu schließen, daß die Partei der Ägyptenfreunde noch stark war in Jerusalem. Offen zu sagen, Anschluß an ägyptische Politik könne Nutzen bringen für die Zukunft, wagten die Anhänger dieser Partei nicht. Wer sich zur Partnerschaft mit Ägypten bekannte, war in Gefahr, auch als Anhänger der fremden religiösen Kulte zu gelten – und war damit zum Staatsfeind gestempelt. Dafür sorgte schon der wortreiche Jeremia.

Verständlich war, daß manche der politisch Denkenden verstohlen zum Nil blickten. Nachrichten waren eingetroffen, Pharao Psammetich habe Staat und Armee neu organisiert; Selbstvertrauen herrsche wieder am Hof des Pharao und Lust zu expansiver Politik. Bekannt wurde die Bildung einer Koalition zwischen Ägypten und Assyrien. Kaum glaubhaft klang diese Nachricht zunächst; niemand konnte annehmen, daß die Erbfeinde vergaßen, was sie einander angetan hatten. Das Unwahrscheinliche aber wurde Wirklichkeit: Ägypten reagierte positiv auf einen Hilferuf Assyriens.

Zweck dieses Bundes ehemaliger Gegner war die Abwehr der babylonischen Gefahr. Angst herrschte am Nil nicht mehr vor der assyrischen Schlagkraft – die Hauptstadt Niniveh hatte Assyrien schon vor drei Jahren verloren –, sondern vor der jungen Macht an Euphrat und Tigris. Der Pharao dachte über den Augenblick hinaus, und Josia wäre klug beraten gewesen, ihm zu folgen. Doch die Politik der nationalen Erneuerung machte blind.

Jeremia unterstützte den König, der sein Land loslösen wollte vom zerfallenden Assyrischen Reich und damit von Assyriens Verbündeten am Nil. Jeremia war der Meinung, von Ägypten drohe dem Reformwerk des Josia keine Gefahr. Er propagierte, unabhängig vom Geschehen in der Welt ringsum, die Politik des religiös-nationalen Erwachens.

Durch militärische Gewalt hatte die Partei des einen Gottes gesiegt über die Gläubigen der vielen Götter. Anbetung der allein als verehrungswürdig erkannten, umfassenden göttlichen Macht war nach der Zerstörung des bisher konkurrierenden Heiligtums Bethel nur noch in Jerusalem möglich. Zu Ende war der Wettbewerb zwischen Bethel, Samaria und Jerusalem, der über Generationen um die Gläubigen ausgetragen worden war. Gewonnen hatten die Priester der Hauptstadt. Machtzuwachs war ihnen versprochen worden am Beginn des Bündnisses mit Josia – das Versprechen war eingelöst worden. Ihr Tempel über der Stadt Jerusalem war künftig der einzig rechtmäßige Kultort. Der eine Gott wohnte bei ihnen – und sie bei ihm.

Die Konsequenz dieser Entwicklung reichte weit in künftige Jahrhunderte hinein. Im Bewußtsein der Menschen eines ständig sich ausbreitenden Kulturkreises prägte sich die Erkenntnis ein, heilsgeschichtliche Ereignisse müßten mit Jerusalem verbunden sein, könnten überhaupt nur dort eintreten. Propheten wurden ernst genommen, wenn sie von Jerusalem aus predigten, wenn sie sich auf diese Stadt bezogen. Nur in Jerusalem konnte ein Mann der festen Überzeugung sein, er sei Gottes Sohn. Wer seine besondere Verbindung zu Gott glaubhaft machen wollte, der mußte auf eine enge Verbindung zu Jerusalem hinweisen können. Der Prophet Mohammed hat noch 1200 Jahre später den Glauben an seinen göttlichen Auftrag durch die im Koran erwähnte »Nachtreise« nach Jerusalem gefestigt.

Erst von Josias Gewaltakt an ist die Geschichte Jerusalems nicht mehr Chronik der wechselvollen Ereignisse in einer abgelegenen Siedlung über der Gihonquelle am Hang des Kidrontals in den Bergen Judäas – einer Siedlung, die zwar Hauptstadt war eines Gebietes, doch immer nur Spielball in den Fängen bedeutender oder absterbender Großmächte. Jetzt war die Basis gelegt für die universelle Bedeutung Jerusalems, für seine künftige Funktion in der Geistesgeschichte der

Welt. Diese erste Basis überlebte die verheerenden Niederlagen und Demütigungen, die das Volk, mehr aber die religiös-politische Führungsschicht in den kommenden Jahren erdulden mußte – diese erste Basis wurde durch Unglück sogar noch vielfach gestärkt. Erst nach Josias erzwungener Glaubensreform konnte die Behauptung, Jerusalem sei der Mittelpunkt der Welt, für die Menschen der Region zwischen Jordan und Mittelmeerküste als begründet gelten. Sie hielten daran fest, auch wenn alle Zeichen dagegen sprachen.

Der Anfang war erfolgversprechend: Die gewaltsam erkämpfte religiöse Vereinigung der Gebiete Juda und Samaria zog sofort den politischen Zusammenschluß nach sich. König Josia beherrschte um das Jahr 610 v. Chr. nahezu alle Kernlande des einstigen Davidreichs. Der von Jerusalem aus kontrollierte Bereich begann im Süden beim »Fluß Ägyptens«, in der Gegend der heutigen Stadt El-Arisch, und erstreckte sich im Norden bis Tyrus. Wie zur Zeit Davids war das Gebiet um Gaza, Aschkelon und Aschdod, das in unseren Jahren »Gazastreifen« heißt, das Land der Philister, der Palästinenser.

Die jüdischen Volkssagen erinnern daran, daß der Staat Davids wiederhergestellt worden ist, nach rund 360 Jahren der Zersplitterung. Sie berichten sogar irrtümlich, die von den Assyrern ins Unbekannte deportieren Stämme seien in ihr Land zurückgekehrt. »Der Prophet Jeremia holte die zehn Stämme zurück aus der Verbannung. Israel und Juda vereinigten sich wieder, und Josia war König über beide Reiche.« Hätte er weniger auf den Propheten Jeremia gehört, sein Reich wäre ihm noch lange sicher gewesen. Jeremia schätzte die Situation falsch ein. Er erkannte die wahren Feinde nicht.

»Was sitzen wir da? Schart euch zusammen!« Jeremia rief auf zum Kampf gegen Feinde aus dem Norden. Beim Namen nannte er sie nicht. Doch kein Wort der Warnung vor Ägypten. Andere Propheten jener Zeit, wie Nachum und Habakuk, waren keineswegs weitsichtiger. Wer Hoffnung setzte auf den Pharao, daß er dem harten religiösen Kurs des Josia ein Ende mache, der schwieg jetzt völlig.

Für Jeremia, den Ratgeber des Königs, war das Land am Nil militärisch machtlos. Im Jahre 609 v. Chr. aber schlug das unterschätzte ägyptische Heer zu. In Erfüllung seiner Bündnispflicht zog Pharao Necho II. auf der Küstenstraße der Halbinsel Sinai heran und durchquerte das Land der Philister, um den bedrängten Assyrern gegen Babylon zu helfen. Die Absicht, Jerusalem einzunehmen, hatte der Pharao nicht. Hätte sich Josia ruhig verhalten in seiner abseits der Kriegsstraße gelegenen befestigten Stadt, das ägyptische Heer wäre rasch vorbeigezogen – nur das eine Ziel vor Augen, zum Euphrat zu gelangen. Josia aber stellte sich ihm bei Megiddo, 50 Kilometer nördlich von Jerusalem entgegen. Der Versuch, Reiterei und Streitwagen des Pharao aufzuhalten, endete schmählich. Josia wurde erschlagen.

So erfüllte sich die Prophezeiung der Prophetin Hulda nicht, die verkündet hatte, Josia werde in Frieden in seinem Grab beigesetzt. Recht aber behielt sie mit der Voraussage, Josia werde die Stunde des großen Unheils nicht erleben.

Necho zog zunächst zum Euphrat weiter. Doch bei seiner Rückkehr drei Monate später verhängte er strenge Maßnahmen über die Stadt Jerusalem. Die unkluge Einmischung des jüdischen Heeres in den Konflikt zwischen Assyrien, Ägypten und dem aufsteigenden Babylon wurde von den Siegern des kurzen Gefechts bei Megiddo hart bestraft: Die geforderte Kriegsentschädigung betrug 3500 Kilogramm Silber und 350 Kilogramm Gold.

Zu Ende war wieder einmal die Unabhängigkeit des jüdischen Staates. Necho setzte einen Regenten nach seinem Geschmack in Jerusalem ein. Den König, den die regierende Schicht noch zum Nachfolger des Josia bestimmt hatte, nahm er zum Nil mit.

Der Prophet Jeremia hat den scheidenden Herrscher bis zum Tor der Stadt begleitet. Für die Zurückbleibenden, die das Ende der guten Zeit der nationalen Erweckung unter Josia beweinten, sagte er wenig Tröstliches:

»Weinet nicht um den toten Josia, haltet um ihn keine Trauer. Aber weinet bitter um den, der jetzt fortzieht, denn er sieht seine Heimatstadt nie wieder.«

»Gott zerschlug seinen eigenen Tempel.«

Ungetrübtes Glück war von nun an selten zu finden in der Stadt auf den Hügeln Judas. Die Jahrhunderte des Leids brachen an für Jerusalem.

Nach dem Tod des Königs Josia kontrollierte vier Jahre lang die ägyptische Besatzungsmacht das Leben in Juda. Die Verantwortlichen am Nil, der Pharao und seine Berater, machten den Traum vom selbständigen Nationalstaat der Juden zunichte. Damit war zwar die politische Komponente der Entwicklung, die Josia eingeleitet hatte, nicht mehr wirksam – die religiöse Komponente aber blieb kraftvoll erhalten. Die Bewußtseinsveränderung schritt fort: Ihren Gott ließen sich die Bewohner von Stadt und Land in Juda nicht mehr nehmen, auch wenn der von Ägypten eingesetzte König Jojakim »tat, was dem Herrn, seinem Gott mißfiel«.

Jojakim, so wird berichtet, habe nie den Tempel betreten. Die jüdischen Legenden werfen ihm üble Unmoral vor: »Jojakim beschlief seine eigene Mutter. Er scheute sich nicht, in den Schoß einzudringen, dem er entsprossen war.« Die ägyptischen Gottheiten, die Jojakim dem einen Gott vorzog, erlaubten dies.

Wie gläubig im Sinne des einen Gottes jedoch die Bewohner von Juda die Ordnung der Welt sahen, ist aus einer Wandkritzelei abzulesen, die in einer Höhle bei Lachisch – sie war in jener Zeit als Grabstätte benützt worden – gefunden wurde: »Jahwe ist der Gott der ganzen Erde. Die Berge von Juda gehören ihm, dem Gott von Jerusalem.« Die in großen und groben Buchstaben auf Kalkstein geritzten Worte sind heute im Israel Museum in Jerusalem zu sehen.

Wer an den »Gott von Jerusalem« glaubte, der konnte im Jahre 605 v. Chr. hoffnungsvoller in die Zukunft blicken. Die Macht der Ägypter verflog. Vorausgegangen war der Versuch des Pharao, die Stadt Haran, die einst für kurze Zeit Abrahams Heimat gewesen war, einzunehmen. Die Belagerung war deshalb mißlungen, weil die Nachschubwege zu lang geworden waren. Ohne Haran als Basis war die Situation des ägyptischen Truppenverbands ostwärts des Euphrats unhaltbar geworden. Der Rückzug auf den Fluß hatte zunächst wieder Zusammenhalt in Reiterei und Streitwagenverbänden gebracht. Für einige Wochen hatte der Euphrat als Grenze zwischen dem ägyptischen Reich und Babylon gelten können. Dann aber geschah der überraschende Vorstoß des babylonischen Heeres unter Nebukadnezar bei Karkemisch: Die Babylonier überschritten den Euphrat. In regelloser Flucht ritten und fuhren die Kämpfer des Pharao nach Süden. Verfolgt von raschen Verbänden Nebukadnezars fanden sie nirgends Zeit, um Widerstand zu mobilisieren: Am Orontes wurden die Ägypter überrannt, ebenso wenige Tage später am Litani. Nebukadnezars Truppe nahm bald Aschkelon und Gaza ein. Sie wagte sich schließlich vor bis zum »Fluß Ägyptens« bei der heutigen Stadt El-Arisch am Nordostrand der Halbinsel Sinai. Jerusalem ließ Nebukadnezar links von der Kriegsstraße liegen.

Auch wenn die Stadt direkt vom Kampf verschont blieb, so konnte König Jojakim, der Freund des Herrschers von Ägypten, nicht anders handeln, als dem neuen Mächtigen, dem Monarchen von Babylon, die Oberherrschaft über Juda anzubieten.

Zwar gelang Nebukadnezar der Durchbruch über den »Fluß Ägyptens« hinaus nicht, doch zwischen jenem selten fließenden Gewässer und dem Oberlauf von Euphrat und Tigris wurde alles Land von der Stadt Babylon aus regiert. Das Babylonische Reich war im Kräftemessen mit den Völkern der Meder, die aus dem Gebiet ostwärts des Zweistromlandes nach Westen aufgebrochen waren, erfolgreicher gewesen. Beide Staaten, Babylon und das Medische Reich, waren zu Erben der Assyrer geworden – wobei Babylon die besseren Erbstücke erhalten hatte. Die Medervölker lebten künftig auf Boden, der sich in unserer Zeit von Anatolien, Nordirak bis Iran erstreckt. Babylon aber waren alle Gebiete des »Fruchtbaren Halbmonds« zugefallen. Das Ackerland zwischen Mittelmeerostküste und Mesopotamien war Eigentum Nebukadnezars.

Im Spannungsfeld zwischen Nil und Euphrat hatte eine Verschiebung des Kräfteverhältnisses zugunsten des Ostens stattgefunden; der Westen war geschwächt worden. Seit Jahrhunderten schon hatten derartige Pendelschläge der Geschichte den Menschen der Landbrücke zwischen den beiden Riesenströmen Vernichtung gebracht. Mitten im Spannungsfeld lag Jerusalem.

Jojakim war der Meinung, der Hof von Babylon sei weit entfernt, und Nebukadnezar sei vollauf beschäftigt, dort Ordnung zu schaffen. Der König von Juda sah sich als mächtigen Mann. Der Palast, den Salomo vor über 300 Jahren hatte bauen lassen, genügte ihm trotz gründlicher Renovierung nicht mehr. Sein Palast, riesig und prachtvoll, entstand im Süden von Jerusalem. Die Ruinen sind noch bei Ramat Rachel, an der Straße nach Bethlehem, zu besichtigen.

Die Bewohner von Jerusalem nahmen ihm übel, daß sie für das gewaltige Landhaus des Königs Frondienste leisten mußten. Der Prophet Jeremia, der zur Regierungszeit Josias Mitglied der Königspartei war, wurde jetzt zum Sprecher der einfachen Stadtbewohner: »Weh dem, der sein Haus mit Unrecht baut, der einen Nächsten umsonst arbeiten läßt und ihm keinen Lohn gibt. Bist du König geworden, um dich eifrig mit Bauvorhaben zu beschäftigen? Dein Vater Josia hat auch gelebt, ohne sich mit Bauten aus Zedernholz zu umgeben.«

Jojakim fühlte sich stark, weil er glaubte, daß ihn der Pharao am Nil, der ihn eingesetzt hat, auch weiterhin, trotz aller Niederlagen an Euphrat, Orontes und Litani, beschützen würde. Jeremia warnte: »Der Name des Pharao, des ägyptischen Königs, ist künftig hohles Getöse, das nicht mehr in diese Zeit paßt.« Ohne auf diese Worte zu hören, stellte Jojakim die Tributzahlungen an Babylon ein und bekannte sich zur Freundschaft mit Ägypten. Nebukadnezar zögerte nicht lange. Im Jahre 598 v. Chr. nahm er Jerusalem nach kurzer Belagerungszeit ein.

Eine jüdische Sage erzählt allerdings, Nebukadnezar habe lange gewartet, ehe er sich zum Angriff auf Jerusalem entschloß: »Achtzehn Jahre lang ertönte im Palast des Nebukadnezar zu Babylon die Stimme Gottes. Der Herr forderte: Zieh nach Jerusalem und zerstöre den Tempel dort, denn der König von Juda kümmert sich nicht darum. Nebukadnezar aber fürchtete sich, dieser Stimme zu folgen, denn er wußte, was damals zur Zeit des Königs Hiskia dem Assyrer Sennacherib vor Jerusalem widerfahren war. Er konnte nicht glauben, daß der Gott des jüdischen Volkes seinen Tempel in Jerusalem wirklich aufgeben würde. Nebukadnezar wollte durch Zauberwerk erfahren, ob er den Kriegszug nach Juda unternehmen sollte oder nicht. Er schrieb die Namen vieler Städte auf Tontafeln und zielte dann mit dem Pfeil darauf. So schoß er einen Pfeil ab gegen die Tafel, auf der Antiochia geschrieben stand. Dieser Pfeil zerbrach. Ebenso zerbrachen die Pfeile, die Nebukadnezar gegen Tafeln schoß, auf denen Tyrus und Laodicea stand. Als er aber auf den Schriftzug ›Jerusalem‹ schoß, da blieb der Pfeil ganz und durchbohrte die Tontafel. Da wußte Nebukadnezar, daß er Stadt und Tempel zerstören mußte.«

Zerstört wurde Jerusalem zunächst nicht. Als günstig erwies sich, daß König Jojakim, der an die Macht der Ägypter geglaubt hatte, während der Belagerung gestorben war. Sein Sohn Jojachin hatte mitten in der Staatskrise die Führung übernehmen müssen. Da ihm keine Hoffnung blieb auf Hilfe von außen, kapitulierte er.

Die Stadt wurde zwar vor der Zerstörung bewahrt, Jojachin aber wurde nach Babylon deportiert. Mit ihm mußten die nächsten Verwandten, vor allem aber alle Hofbeamten, wie Richter, Priester und

Verwaltungsfachleute und alle Offiziere, die Stadt in Richtung Euphrat verlassen. Ihnen mußten sich einige Truppenverbände, nach Ablieferung der Waffen, anschließen. Begleitet wurde die Kolonne, der ein Fußmarsch von nahezu 2000 Kilometern bevorstand, von Wagen, auf denen die Inhalte der Schatzkammern von Tempel und Palast transportiert wurden.

Nicht nur Bewohner der oberen Stadt wurden deportiert. Aus der unteren Stadt mußten sich Angehörige der Berufsgruppen »Schmiede« und »Schlosser« unter Bewachung auf den langen Weg begeben; gemeint waren vor allem Waffenschmiede; »Schlosser« waren Hersteller von Kriegsmaschinen. Der Marschkolonne dieser Spezialisten hatten sich auch Arbeiter anzuschließen, die für die Rüstung tätig gewesen waren.

Juda sollte künftig nach dem Willen der Sieger ein Agrarstaat sein. Zum Regierungschef wurde ein Verwandter des deportierten Königs Jojachin bestimmt; sein Name war Zedekia. Da ihm Männer der Verwaltung, der Justiz, der Ordnungskräfte fehlten, konnte Zedekia weder die Organisation der Stadt noch des Staates in den Griff bekommen. Da wichtige Handwerker Jerusalem hatten verlassen müssen, standen Werkstätten leer. Das Gleichgewicht der Wirtschaft war gestört: Viele Händler lebten noch innerhalb der Stadtmauern, aber nur wenige Handwerker, die Waren produzierten. So waren auch die Läden der Händler leer.

Die Staatskasse war durch Konfiskation geleert worden. Sie konnte sich nicht füllen; da die Gewerbetreibenden nichts verdienten, zahlten sie keine Steuern. Arbeit wurde knapp in Jerusalem. Armut breitete sich aus. Sie raubte den Menschen das Selbstbewußtsein. Angst bestimmte das psychologische Klima in der Stadt. Die Emotionen wurden hochgeputscht durch Propheten, durch Klageweiber, durch hellsehende Irre, die den Weltuntergang verkündeten. Wellen der Hysterie durchpulsten Jerusalem. Totschlag, Raub und Vergewaltigung traten an die Stelle von Fleiß, Zusammengehörigkeit und Disziplin.

Mangel an Ratgebern bestand für König Zedekia keineswegs. Sie gaben sich als Propheten aus, als von Gott inspirierte Männer. Eine Legende erzählt: »Die Regierungszeit des Zedekia dauerte gerade ein Jahr, da kam ein Prophet zu ihm, der Hananja hieß. Dieser Prophet sprach: Der Gott des jüdischen Volkes sagt, daß er die Macht des Königs von Babylon zerschmettern wolle. Innerhalb von zwei Jahren werde Gott alle geraubten Schätze nach Jerusalem zurückbringen, und mit ihnen die deportierten Frauen und Männer samt dem König von Juda. Darauf antwortete Jeremia voll Spott: ›Schön wäre es, wenn deine Worte in Erfüllung gingen. Vielleicht hört Gott auf dich! Ich aber sage, weder Tempelschätze noch die verschleppten Schmiede, Schlosser und Soldaten werden zurückkehren. Wiederkehren wird allein Nebukadnezar, um sich alles zu holen, was er uns bisher gelassen hat. Nach Babylon wird unser gesamter Besitz gefahren werden, und er wird dort bleiben, solange es Gott gefällt.‹ Hierauf entgegnete Hananja dem Jeremia: ›Gib uns ein Zeichen, daß wir deine Worte als wahr erkennen.‹ Jeremia meinte: ›Ich prophezeie Schlimmes, dafür muß nicht zuvor ein Beweis erbracht werden. Du aber kündigst Gutes an, du bist derjenige, der ein Zeichen geben muß, daß er wahr spricht.‹ Hananja bestand jedoch darauf, Jeremia habe seine Weissagung durch einen Beweis zu bekräftigen. Da sagte schließlich Jeremia: ›Nun, wenn du willst, spreche ich meinen Beweis aus. In diesem Jahr noch wirst du sterben, denn du hast Worte gesprochen, die nicht im Sinne Gottes sind.‹ Was Jeremia prophezeit hatte, geschah. Hananja starb noch in demselben Jahr, genau einen Tag vor dem Beginn des neuen Jahres. Hananja aber hatte den Leuten, die bei ihm im Hause wohnten, befohlen, seinen Tod erst im neuen Jahr bekanntzugeben, damit Jeremia als Lügner erscheine.«

Die zwei Berater, Propheten genannt, vertreten vor König Zedekia zwei grundverschiedene politische Richtungen, zwei Programme. Hananja war Sprecher der Partei, die Anlehnung an Ägypten forderte, die ihre ganze Zukunftshoffnung auf einen erneuten Marsch des ägyptischen Heeres zum Euphrat setzte. Diese Partei konnte sich nicht damit abfinden, daß Ägypten seine Position als überlegene Macht in Vorderasien verloren hatte. Jeremia aber war eben davon fest überzeugt. Da eigene Politik der Regierung von Jerusalem nicht erlaubt war im Spannungsfeld zwischen Nil und Euphrat, vertrat Jeremia den Standpunkt, in dieser schlechten Lage bringe enger Anschluß an Babylon den größten Nutzen.

Die beiden Berater stritten auch darüber, wer derzeit der wahre König von Juda sei. Jeremia unterstützte den von Nebukadnezar eingesetzten Regenten. Hananja aber bewahrte dem deportierten König die Treue. Er hielt die Erinnerung an ihn wach. Er redete davon, der Verbannte sei der legitime König – selbstverständlich werde er nach der baldigen Rückkehr wieder regieren. In Zedekia sah Hananja nur den vorübergehenden Vertreter des wahren Nachfolgers des Königs David.

Jeremia gab sich alle Mühe, die von Hananja verfolgte Politik zu vereiteln. Er wollte nicht, daß der von Ägypten eingesetzte Herrscher nach Jerusalem zurückkehrte. Das Buch Jeremia zitiert einen Brief des Propheten an den Ältestenrat der Verbannten in Babylon. Jeremia gibt den Rat, nicht mit der Möglichkeit einer Heimwanderung zu rechnen: »Baut Häuser und wohnt darin. Pflanzt Gärten an und eßt die Ernte.

Nehmt Frauen, zeugt Söhne und Töchter. Gebt auch eueren Söhnen Frauen und gebt eueren Töchtern Männer, daß sie wiederum Söhne und Töchter bekommen. Ihr sollt euch dort in Babylon vermehren und nicht weniger werden an Zahl. Bemüht euch darum, daß es dem Land gut geht, in das euch Gott weggeführt hat. Denn, wenn es dem Land gut geht, dann habt auch ihr zu leben. Laßt euch nicht täuschen von anderen Propheten und von Wahrsagern. Sie träumen, und nie werden ihre Träume wahr.« Jeremia ließ die Verbannten wissen, daß Babylon siebzig Jahre lang die stärkste Großmacht bleiben werde.

Die Mitglieder des Ältestenrats in Babylon folgten den Vorschlägen der anderen Propheten nicht. Sie hörten auf Jeremia. Der König in Jerusalem aber vollzog eine gewaltige Schwenkung, als er Jeremias Rat verwarf und Hananjas Gedanken für richtig hielt. Zedekia, der enge Bindung an Babylon gepflegt hatte, schickte Schreiben nach Theben, die Treueschwüre enthielten und die Bitte, die Loslösung des Staates Juda aus dem Vasallenverhältnis zu Babylon militärisch abzuschirmen. Diese Kontakte zu den Regierenden am Nil blieben nicht verborgen. Nebukadnezar ließ sich nicht täuschen.

Etwa 40 Kilometer Luftlinie von Jerusalem entfernt, im Südwesten, dort, wo die Hügel von Juda ins ebene Land der Philister auslaufen, liegt die Stadt Lachisch. Abseits der Straße ist sie heute unbedeutend, aber einst war sie eine wichtige Grenzfestung des Staates Juda, Bastion gegen die Philisterkrieger aus Aschkelon und Gaza. Im Norden dieser Stadt ist die Ausgrabungsstätte Tell ed-Duweir zu finden. Die Archäologen haben dort Trümmer eines stark befestigten Hauses entdeckt, das Amtssitz des Gouverneurs und Kaserne der Garnison gewesen sein muß. In einer Trümmerschicht, deren Entstehung der Zeit des Königs Zedekia zuzurechnen ist, stießen die Wissenschaftler auf einige hundert Tontäfelchen, die einst mit Tinte beschrieben worden waren.

Die Tontäfelchen waren Dokumente aus dem Archiv des zivilen und militärischen Befehlshabers von Lachisch. Ihr Aufbewahrungsort war eine geschützte Ecke der Wachstube am Außentor. Zwar ist die Tintenschrift auf den meisten Täfelchen während der zweieinhalb Jahrtausende, die seit der Beschriftung vergangen sind, nahezu verblaßt, einige aber konnten entziffert werden.

Adressat der Täfelchen, die Briefe sind, war ein Mann mit Namen Jaos. Absender waren unterschiedliche Personen, die an verschiedenen Orten lebten. Die Schreiber informierten den Befehlshaber Jaos über den Vormarsch des babylonischen Feindes im Gebiet der Festung Lachisch.

Von Damaskus her war der Gegner in das jüdische Land eingebrochen, an Megiddo vorbei in Richtung auf die Straße, die hoch in die

Berge Judas führte. Diese Straße wurde von den Festungen Lachisch und Aseka beherrscht. Der Erfolg des Abwehrkampfes hing davon ab, ob beide Garnisonen dem Feind lange Widerstand leisten konnten. Hoffnung auf einen Sieg bestand nur, wenn von Westen her ein ägyptisches Entsatzheer anrückte; es hätte dann Lachisch und Aseka als Basis für weitere Operationen benützen können. Die ersten Berichte, die Jaos, der Kommandeur von Lachisch, übermittelt bekam, klangen optimistisch. Der feindlichen Infanterie war es nicht gelungen, Aseka einzunehmen. Die Wucht des Vormarsches war abgebremst worden. Die feindlichen Verbände, die auf beide Festungen angesetzt waren, lagerten in Wartestellung. Damit bestand weiterhin die Möglichkeit, den Aufmarsch ägyptischer Einheiten zu erleichtern.

Jerusalem wurde bereits von spezialisierten Belagerungstruppen erreicht, die alle notwendigen Maschinen mit sich führten. Grund zur Sorge bestand jedoch für die Kommandeure der Verteidiger nicht, da die Wasserversorgung gesichert war und Lebensmittelvorräte in ausreichender Menge rechtzeitig in die Lagerhäuser gebracht worden waren. Als ärgerlich erwies sich, daß die Stämme der Beduinen im Osten, aufgestachelt durch Nebukadnezars reitende Boten, eine Chance sahen, judäische Städte zu plündern. Juda, das Land um Jerusalem, lag schutzlos vor allen seinen Feinden.

Aus der Hauptstadt, um die sich langsam der Belagerungsring schloß, erfuhr Jaos, der Kommandeur von Lachisch, durch Briefe, daß in der Umgebung des Königs einflußreiche politische Kräfte der militärischen Führung dringend empfahlen, dem babylonischen Befehlshaber die Bereitschaft zur Kapitulation zu signalisieren: »Sie wollen die Hände der Verteidiger schlaff machen und sinken lassen.« Die Haltung des Königs selbst wurde aus dem Schreiben ersichtlich: Zedekia sah in denen, die kapitulieren wollten, Defätisten, gefährliche Schwarzseher.

Nicht genannt wurde im Bericht aus Jerusalem der Name des Sprechers der Partei, die auf Kapitulationsverhandlungen drängte. Gemeint ist der Berater Jeremia. Er, der immer für enge Anlehnung an Babylon eingetreten war, verfocht jetzt die Strategie des weichen Nachgebens, um in ausweglioser Lage wenigstens die Substanz des Volkes zu retten.

Jeremia hatte während der Anfangsphase der Belagerung noch Zugang zum Palast; aber wenig später verschlechterte sich seine persönliche Situation. Erstaunlich ist dies nicht, da Jeremia sich nicht an die höfische Sprachregelung hielt. Er sagte, was er für richtig hielt. Im Buch Jeremia sind Worte festgehalten, wie sie der Berater als Prophet an den König richtete. Jeremia berief sich darauf, damit einen Auftrag Gottes zu erfüllen: »So spricht der Herr: Ich gebe diese Stadt in die

Hand des Königs von Babylon. Er wird sie niederbrennen lassen. Auch du, König von Juda, kannst seiner Hand nicht entrinnen. Du wirst gefangengenommen werden. Den König von Babylon wirst du mit eigenen Augen sehen. Er wird mit dir reden, und du mit ihm. Dann wird er dich nach Babylon bringen lassen. Wenn du das Wort des Herrn befolgst, wenn du den Kampf aufgibst, wirst du nicht durch das Schwert sterben. Wenn du dereinst in Frieden sterben wirst, dann bekommst du eine Totenfeier samt Leichenklagen, wie sie deinen Vorfahren, den früheren Königen von Juda vergönnt gewesen ist.« In jenen Tagen, das vermerkt das Buch Jeremia ausdrücklich, waren die Festungen Lachisch und Aseka – als einzige neben Jerusalem – noch nicht vom Feind erobert.

Obgleich der Belagerungsring auf dem Tempelhügel und in den Tälern Kidron und Hinnom fest geschlossen war, gelangten noch immer Tontafelbriefe aus der Stadt hinunter nach Lachisch. Jaos, der Befehlshaber, wurde informiert, der hohe Offizier Konjahu, näher identifiziert als Sohn des El-Natan, sei auf dem Weg nach Ägypten mit der dringenden Bitte um Hilfe. Es sei wohl sicher, daß diese Bitte Erfolg haben werde. Diese Mitteilung mußte von Jaos als Aufforderung verstanden werden, unter allen Umständen die befestigten Plätze Lachisch und Aseka zu halten, damit die ägyptischen Soldaten, mit deren Ankunft bald zu rechnen war, nach dem langen Marsch über Trinkwasser, Verpflegung und Unterkunft verfügen konnten.

Seine Aufgabe zu erfüllen war dem Befehlshaber Jaos nicht mehr lange möglich. Den Meldungen, die er von seinen Untergebenen erhielt, ist zu entnehmen, daß sich die militärische Lage in der Ebene vor den Bergen Juda rapide verschlechterte. Ein Vorposten, der eine Stellung zwischen den beiden Festungen im Hügelgelände verteidigte, schickte diesen Bericht: »Möge Gott dafür sorgen, daß mein Herr heute gute Nachricht empfängt. Ganz nach der Anweisung meines Herrn habe ich gehandelt. Ich sah: In Beth Harapid hält sich niemand mehr auf. Semaja ist nach Jerusalem aufgebrochen. Die Rauchsignale von Lachisch sind noch zu erkennen. Die Rauchsignale von Aseka aber sehen wir nicht mehr.« Die 15 Kilometer nördlich von Lachisch gelegene Festung Aseka war also bereits in der Hand der Babylonier.

Lachisch muß kurze Zeit später erobert worden sein. Die Trümmerreste von Tell ed-Duweir geben Zeugnis vom Unglück, das über die Stadt hereinbrach. Die Aschenschicht, die freigelegt wurde, ist nahezu einen Meter dick. Im Feuer war Lachisch untergegangen.

Vielleicht war Verrat schuld an der raschen Niederlage. Der Untergebene, der den Vorposten zu verteidigen hatte, war für die Weiterbeförderung der Briefe verantwortlich, die von Jerusalem heruntergebracht wurden und die nach Jerusalem durch Fronten hinaufgetragen werden mußten. Jaos hatte wohl entdeckt, daß der Untergebene, der Hoschajahu hieß, die Schrift auf den Tontafeln entziffert und den Inhalt der Briefe verraten hatte. Hoschajahu verteidigte sich noch gegenüber dem Vorgesetzten kurz vor Anbruch der Katastrophe: »Bei Gott, der lebt, an niemand habe ich Briefe weitergegeben. Briefe, die durch meine Hand gingen und die nicht für mich bestimmt waren, habe ich nie gelesen.«

In einer Höhle bei der Ausgrabungsstätte Tell ed-Duweir ist ein Massengrab gefunden worden. 2000 Skelette sind dort entdeckt worden. Mehr als 2000 Menschen hatten kaum in der Festung gelebt. Anzunehmen ist, daß alle Bewohner, Kämpfer und Zivilisten, von den babylonischen Eroberern umgebracht worden sind.

Dieses Schicksal drohte auch den Menschen in Jerusalem. Für kurze Zeit kam Hoffnung auf, daß der Schrecken so gnädig ein Ende nehme wie vor mehr als hundert Jahren zur Zeit des Hiskia. Die Belagerungstruppen zogen ab, hinunter in die Ebene des Philisterlandes. Die Bewohner der Stadt, die aufatmen konnten, erfuhren bald den Grund: Das ägyptische Entsatzheer war endlich im Anmarsch. Die Reitertruppe, zu der auch Streitwagen gehörten, war in der Gegend von Rafah, an der heutigen ägyptisch-israelischen Grenze, gesehen worden.

Viele in Jerusalem nützten die Gelegenheit, die Stadt nach Wochen der Einschließung wenigstens für kurze Zeit zu verlassen. Manche hamsterten Lebensmittel, andere wollten sehen, ob Verwandte im Nachbardorf noch lebten. Jeremia, dessen Rat nicht mehr gefragt war am Königshof, hatte die Absicht, in der Nähe von Gibeon eine Erbschaftsangelegenheit zu regeln. Unter dem Bogen des Nordosttores, das nördlich des Tempels stand, wurde er durch den Wachhabenden aufgehalten. Jeremia bekam den Vorwurf zu hören, er wolle wohl zu seinem Freund, dem König Nebukadnezar, überlaufen. Er stehe ja sowieso schon lange auf der Seite des Feindes. Diese Anschuldigung wies Jeremia zurück. Daraus ergab sich ein Wortwechsel. Der Wachhabende und Jeremia schrien sich an. Der Prophet wurde schließlich verhaftet.

Seit der Deportation der Richter nach Babylon lag die Gerichtsbarkeit in den Händen von Männern, die kaum Ahnung von Rechtssprechung hatten. In Jeremia sahen die juristisch-politisch Verantwortlichen den Defätisten, der dem König Zedekia Ratschläge gegeben hatte, deren Befolgung das Land mit Schande überzogen hätte. Die Aushilfsrichter ließen den ehemaligen Berater des Königs verprügeln und in das Zisternengewölbe im Haus des Stadtschreibers einsperren.

Was Jeremia als Sprecher der probabylonischen Partei vorausgesagt hatte, traf schon bald ein: Nebukadnezar trieb das Heer des Pharao hinter den »Fluß Ägyptens« zurück. Während der nächsten 300 Jahre mischten sich die Mächtigen am Nil nicht mehr in die Ereignisse an der Ostküste des Mittelmeeres ein.

Ungefährdet begann Nebukadnezar erneut die Belagerung. Seine Kommandeure konzentrierten die Attacken auf die nördliche Mauer, die den Tempelbereich abschloß. Wenig Chancen hatten sie bei Angriffen auf die Wälle über dem Kidrontal und über dem Hinnomtal. Dort wirkte sich das Gelände zugunsten der Verteidiger aus: Die Angreifer hatten bergan zu stürmen.

Die Kommandeure konnten auch nicht die Unterbrechung der Wasserversorgung in Betracht ziehen: Gihonquelle und Siloahbecken waren gut geschützt. Dazuhin waren die Bewohner Jerusalems nicht mehr völlig auf das Wasser der Gihonquelle angewiesen, da sich die Technik des Zisternenbaus entwickelt hatte. Die Baumeister wußten jetzt, wie sie die Fugen der gemauerten Becken abdichten konnten. Jeremia war in eine solche gemauerte Zisterne eingesperrt worden.

Blickten die Bewohner Jerusalems trotz der Gefahr, von Pfeilen getroffen zu werden, über die Stadtmauer, dann sahen sie hohe Wälle aus Erde und Steinen, die das gesamte ummauerte Gebiet umgaben. Die Wälle verhinderten, daß die Verteidiger Ausbrüche wagen konnten. Im Norden hatten die Babylonier einen riesigen fahrbaren Rammbock aufgestellt, dessen mächtiger Stoßbalken gegen Mauern und Tore prallte. Hundert Männer, geschützt durch Panzerplatten aus Metall, gaben dem Rammfahrzeug auf ebenem Boden Schwung. Ebenfalls im Norden standen Türme aus Holz; auf ihnen befanden sich Steinschleudermaschinen. Daneben knieten Bogenschützen, die über gepanzerte Brüstungen hinweg einen Regen von Pfeilen in die Stadt schossen.

Israelische Archäologen haben im Jahr 1975 Teile der nördlichen Befestigungsanlagen freigraben können. Sie fanden Spuren der Kämpfe um die Stadt: In der Nordseite einer Mauer steckten einzelne Pfeilspitzen aus Bronze – sie waren damals noch bei den babylonischen Bogenschützen im Gebrauch. In den Fugen zwischen den Steinen der Innenseite aber waren eiserne Pfeilspitzen zu finden; sie waren in Jerusalem hergestellt worden. Mancher Bogenschütze in den Reihen der Verteidiger hatte offenbar zu kurz geschossen, in die eigene Mauer. Zu beachten ist, daß erst ein Jahrzehnt zuvor die erfahrenen Offiziere und Soldaten samt den Waffenschmieden nach Babylon deportiert worden waren. Sie fehlten jetzt auf den Festungsmauern und in den Werkstätten. Zedekias Verteidigungstruppe bestand aus ganz jungen Männern.

Trotzdem gelang es, die Stadt wirkungsvoll zu verteidigen. Immer wieder konnte einer der hölzernen Belagerungstürme durch flammende Wurfgeschosse in Brand gesteckt werden. Rasche Reparatur der Schäden, die der wuchtige Rammbock geschlagen hat, verhinderte den Zusammenbruch der Nordmauer.

Monat für Monat zog sich die Belagerung hin. Lebensmittel wurden knapp. Aus der Bäckergasse in der unteren Stadt aber wurde täglich eine Sonderzuteilung an Brot hinauf in den Palast geliefert. Brot war das Wertvollste, was es in der Stadt gab. Erstaunlich ist, daß Jeremia, der Gefangene, der unter Verdacht stand, Hochverrat versucht zu haben, aus der täglichen Brotlieferung an den Hof mit jeweils einem Laib versorgt wurde. Der König selbst hatte den Befehl dazu gegeben – denn in seiner verzweifelten Lage brauchte Zedekia den Berater wieder.

Die Legende berichtet: »Spät nach Mitternacht ließ der König den Jeremia zu sich in den Palast kommen. Niemand sollte etwas von dieser Begegnung erfahren. Von der Mauer hinter dem Palast war jede Stunde das Donnern des Rammbocks zu hören. Der König sprach von seiner Sorge, die Mauer könne zusammenbrechen und durch die Bresche würden die Eroberer stürmen. Er fragte dann Jeremia: ›Hörst du noch etwas von Gott?‹ Jeremia antwortete: ›Ja, ich höre von Gott. Er sagt mir, daß der König von Babylon dich gefangennehmen wird!‹ Da wurde das Gesicht des Zedekia finster, und Jeremia hatte Angst um sein Leben.« Doch der König schonte den unbequemen Berater; er ließ ihn in das reguläre Gefängnis verlegen.

Besser als die anderen Menschen in der belagerten Stadt, auch besser als die Wachen, war Jeremia mit Brot versorgt. Neid des Gefängnispersonals war die Folge. Die Wachsoldaten denunzierten den Königsberater, er rate jedem einzelnen von ihnen, sich über die Mauer in Gefangenschaft zu flüchten. Jeremia sage, ein Kämpfer könne sich nur durch Desertion vor dem Tod retten. Diese Denunziation kam den Hofbeamten zu Ohren. Sie überredeten den König, Jeremia wegen Zersetzung der Wehrkraft der normalen Justiz zu entziehen. Der Prophet sollte in einer tiefen, leeren und verschlammten Zisterne verhungern und verfaulen. Zedekia gab den Beamten zunächst freie Hand, Jeremia zu beseitigen, bereute jedoch seine Härte schon wenige Tage später. Wieder suchte der demoralisierte König den Rat des alten Mannes. Jeremia aber wußte keinen Trost: Er bestand darauf, die Stadt müsse sich ergeben. Dazu wäre Zedekia jetzt bereit gewesen, doch er fürchtete sich vor den eigenen Landsleuten, die bereits zum Feind übergelaufen waren; er glaubte, sie würden ihn mißhandeln. Zedekia hatte auch Angst davor, sich in die Nähe der Mitglieder der königlichen Familie zu begeben, die in der Deportation am Euphrat lebten; sie hätten ihm vorwerfen können, zunächst Kollaborateur der babylonischen Herren gewesen zu sein, ehe er durch eine verfehlte Ägyptenpolitik Jerusalem und Juda ins Verderben gestürzt hatte. Zedekia war entschlossen, die Stadt so lange wie möglich verteidigen zu lassen.

Hunger lähmte schließlich die Kraft der Kämpfer. Auch der königliche Hof wurde nicht mehr mit Brot beliefert. Gekochtes Heu wurde zum einzigen Nahrungsmittel in Jerusalem – und auch Heu war nur auf dem Schwarzmarkt zu bekommen, gegen Gold. Selbst höchste Angebote an Edelmetall konnten einen Händler nicht mehr dazu veranlassen, Weizen, Roggen oder Gerste herzugeben. Er hatte nichts mehr zu verkaufen.

Manche Frauen hatten, als sie ihren Familien kein Essen mehr auf den Tisch stellen konnten, in der Verzweiflung einen Weg gefunden, um an Fleischtöpfe zu gelangen. Sie schlichen in der Nacht aus der Stadt – sie fanden Mauerlöcher, überkletterten Wälle – und schlugen sich durch zu den Belagerern, bei denen die Schüsseln auf den Tischen dampften. Draußen vor der Stadt herrschte kein Hunger; die babylonische Heeresverwaltung hatte rings im Lande Getreide und Vieh beschlagnahmen lassen. Berichtet wird dieses: »Die Frauen putzten sich auf wie Huren. In Gruppen fanden sie sich draußen im Militärlager ein. Die Soldaten, Offiziere und Oberkommandierenden schliefen mit diesen Frauen. Doch die Frauen, die sich vor die Stadt wagten, wurden mit Unglück geschlagen. Bald wurde ihr Scheitel kahl und ihre Haut sah aus, als ob sie von Aussatz befallen sei.«

Krankheit und Elend packte auch die Frauen, die den Weg nach draußen nicht gehen konnten und nicht gehen wollten. Eindringliche Schilderungen sind in den Volkserzählungen überliefert: »Zwei Frauen traten auf die Straße hinaus. Da sprach die eine zur anderen: ›Man hat dich noch nie auf der Straße gesehen. Nie bin ich dir hier begegnet.‹ Die Angeredete erwiderte: ›Der Hunger treibt mich aus dem Haus. Ich halte es drinnen nicht mehr aus. Ich kann's nicht mehr ertragen. Irgendwo muß doch noch etwas zu finden sein, was man kauen kann.‹ Sie faßten einander an, um sich gegenseitig zu stützen. Vor Schwäche konnten sie kaum einen Fuß mehr vor den anderen setzen. Sie klammerten sich an einer Hauswand, an einer Säule fest. Nach einiger Zeit sanken sie in sich zusammen. Sie waren tot. Eine andere Frau hob ihr Kind an die Brust. Doch es kam kein Tropfen Milch. Die Kinder verfielen in Krämpfe und starben auf dem Schoß ihrer Mütter.«

Als sich kaum mehr jemand auf den Beinen halten konnte, um nach den dröhnenden Stößen des Rammbocks Risse in der Mauer zu flicken und Breschen zuzuschütten, da war der Untergang der Stadt nicht mehr aufzuhalten. Über die Mauer im Norden drängten und stürmten die Belagerer in die Stadt. Kurz vor dem völligen Zusammenbruch der Verteidigung floh König Zedekia aus dem Palast durch die Stadt hinunter, an der Kaserne vorbei, um die noch gekämpft wurde, zum unteren Tor beim Siloah-Wasserbecken. Zedekia war nicht allein; Beamte und Offiziere verließen mit ihm die verlorene Stadt. Da die Belagerungstruppen jetzt im Siegesrausch waren – jeder wollte sich beutegierig an der Plünderung beteiligen –, wurde die Flucht durchs Tor an der Südspitze der Stadt zunächst nicht bemerkt. Auf den Erdwällen, die Ausbrüche verhindern sollten, standen keine Wachen. Sie waren hinaufgestürmt zur Bresche in der Nordmauer, wollten teilhaben am Sieg.

Ziellos und hoffnungslos war die Flucht des Königs und seiner Begleiter ins Kidrontal und dann über Hügel nach Jericho ins Jordantal. Nirgends war Gebiet, in dem Freunde wohnten. Die Stämme im Osten von Jerusalem hatten lange darauf gewartet, mit den weichen Städtern, die in Palästen und nicht in Zelten wohnten, abzurechnen. So wurde die Gruppe von Zedekia bei Jericho abgefangen und ins Hauptquartier der Sieger beim Hügel, der heute Skopusberg heißt, gebracht. Dort mußte Zedekia zusehen, wie seine Söhne enthauptet wurden – dann stachen Soldaten ihm auf ein Zeichen des Befehlshabers die Augen aus.

Jerusalem war noch nicht ganz erobert – in der oberen Stadt gaben die Verteidiger der Kaserne erst nach Stunden auf –, da war zu erkennen, wer der Prophet Jeremia, der Berater des Königs, in Wahrheit war. Als der Sturm losgebrochen war im Bereich von Tempel und Palast, da hatte sich Jeremia noch immer im regulären Gefängnis im oberen Teil der Stadt in Haft befunden. Auf Befehl des Generals Nebusaradan, des Eroberers von Jerusalem, wurde er befreit. Nebukadnezar hatte Order erteilt, streng darauf zu achten, daß Jeremia nicht behelligt werde. Er habe als einziger das Recht, sich frei in der Stadt zu bewegen, solange die Zerstörung noch nicht angeordnet sei. Der Befehl des Herrschers von Babylon hatte den ausdrücklichen Zusatz, jeder Wunsch des Jeremia sei zu erfüllen. Diese Sonderstellung genoß Jeremia nicht deshalb, weil er ein Mann war, der mit Gott in Kontakt stand – den Gott der Stadt Jerusalem respektierte Nebukadnezar nicht; Jeremia wurde belohnt für sein jahrelanges Wirken im Sinne Babylons.

Inzwischen war die Anordnung ergangen, daß sich die Bewohner der oberen Stadt in Kolonnen aufzustellen hätten zum Abmarsch in Richtung Norden. Die Besatzungssoldaten trieben befehlsgemäß die Menschen ohne Unterschied aus den Häusern. Auch Jeremia, der in seine Wohnung zurückgekehrt war, mußte sich auf der Straße zu den anderen stellen. Er wurde jedoch schon bald von den Männern der Leibwache des Befehlshabers, die eigentlich besonders auf ihn hätten achten sollen, entdeckt und aus den Reihen der zu Deportierenden herausgeholt. General Nebusaradan entschuldigte sich für den Fehlgriff seiner Soldaten. Er bot Jeremia an, mit ihm nach Babylon zu kommen, nicht als Gefangener, sondern als Gast der babylonischen Regierung. Wenn Jeremia jedoch bleiben wolle, könne er mit dem Gouverneur Gedalja zusammenarbeiten, der eben von Nebukadnezar zum Verwalter des Gebiets Juda ernannt worden war. In Jerusalem dürfte er allerdings nur noch kurze Zeit bleiben, da die Stadt niedergebrannt und völlig ausgelöscht werde. Das Dorf Mizpa, auf einer Anhöhe neun Kilometer im Nordwesten gelegen, sei Amtssitz des Gouverneurs.

Jeremia entschied sich, im Land zu bleiben. Ihm wurden Lebensmittel für die nächsten Tage ausgehändigt und dazuhin »ein Geschenk«. Keine der Überlieferungen berichtet, womit Jeremia für seine probabylonische Haltung abgefunden wurde. Da das Geschenk im Namen des Königs von Babylon überreicht wurde, mußte es königlich gewesen sein. Die ausgehungerten Bewohner der oberen Stadt machten sich, ihrer Habe beraubt, auf den Weg an den Euphrat. Jeremia aber verließ Jerusalem beschenkt.

Er und die Deportierten konnten auf ihren unterschiedlichen Wegen die Rauchsäule sehen, die dort aufstieg, wo sie bisher gelebt hatten. Ehe das Feuer gelegt wurde, hatten die Sieger alles davongetragen, was wertvoll war. Was ihnen wertlos erschien, das hatten die Ärmeren aus der unteren Stadt an sich genommen. Sie waren vom Befehl zur Deportation nicht betroffen. Er galt nur für die Wohlhabenden und einflußreichen Familien, die alle in der oberen Stadt gewohnt hatten.

Vom Tempel und vom Palast aus hatte sich das Feuer rasch ausgebreitet. Die Flammen rasten durch die auf engem Raum gedrängt gebaute Stadt. Sie verschonten auch die Häuser der Armen nicht. Wände barsten, Mauern und Decken stürzten ein. Kein Gebäude blieb unberührt vom Feuer.

Vier Jahrhunderte lang hatte der Tempel beim Palast auf der Höhe über der Stadt das Allerheiligste des jüdischen Volkes bewahrt. Jetzt wurde der Tempel Salomos gründlich zerstört: Die Trümmer, die das Feuer übriggelassen hatte, räumten die babylonischen Soldaten ab und schütteten sie hinunter ins Kidrontal. Von der Bundeslade, von den Gesetzestafeln des Mose fand sich nie mehr auch nur eine Spur.

Klagelieder sind erhalten aus der Zeit nach der Zerstörung Jerusalems. Vielleicht stammen sie von einem Tempelpriester, der sich der Deportation hat entziehen können:

»Gott zerschlug seinen eigenen Tempel.
Zerstörte den Ort seiner Feste.
Nichts war mehr zu feiern am Sabbat.
Gott verwarf in grimmem Zorn König und Priester.
Er verwarf auch seinen Altar,
verwüstete sein Heiligtum.
Er riß ab die Mauer, Stück um Stück.
Trauernd liegen Mauer und Wall.
In den Staub sanken die Tore.
Er riß ab und zerbrach ihre Riegel.
Der König und seine Berater sind fern bei den Fremden.
Stumm sind die Propheten,
Sie hören kein Wort mehr von Gott.
Lug und Trug gaukelten dir deine Propheten vor, o Volk.
Deine Schuld enthüllten sie nicht,
Um das Schicksal zu wenden.
Worte verkündigten sie, die dich trogen, dich verführten.«

Dem Propheten Jeremia, dem Freund der Sieger, war ein eigentümliches Schicksal beschieden. In Mizpa half er bereitwillig beim Aufbau einer Verwaltung für die von Babylon besetzten Gebiete. Begünstigt wurde der bescheidene Neubeginn nach der Katastrophe durch eine ausgezeichnete Ernte im Jahre der Niederlage 587. Am Amtssitz des Gouverneurs trafen nach und nach auch Befehlshaber versprengter judäischer Truppenverbände ein, die nicht eingekesselt gewesen waren, sondern sich in den Bergen verborgen gehalten hatten. Einigen von ihnen mißfiel der Gouverneur von Nebukadnezars Gnaden. Sie waren nationalistische Draufgänger, die nicht bedachten, daß dem Unterlegenen Vorsicht anstand. In der Aufwallung des Zorns erschlugen sie schließlich den vermeintlichen Verräter Gedalja.

Da packte die anderen die Angst vor babylonischer Rache an allen einstigen judäischen Offizieren, die sich noch im Lande befanden. Sie wandten sich an Jeremia mit der Bitte um Vermittlung bei Nebukadnezar. Jeremia versprach, ihnen werde nichts geschehen. Doch sie trauten ihm nicht. Sie waren der Meinung, Jeremia werde sie an die Sieger ausliefern. Sie entschlossen sich zur Flucht und schleppten Jeremia mit sich fort. Diese Flucht nach Ägypten endete erst auf der Nil-Insel Elephantine beim ersten Katarakt, in der Nähe der jetzigen Stadt Asswan.

»Vergesse ich dich, Jerusalem, verdorre meine Rechte!«

Wieder sind große Teile des jüdischen Volkes entwurzelt worden. Sie sind auf dem Weg wie zur Zeit des Mose, doch diesmal angetrieben durch Wachmannschaften. Sie wandern den Weg zurück, den einst Abraham mit seiner Sippe in umgekehrter Richtung zurückgelegt hatte. Niemand weiß, wie viele der durch lange Hungersnot während der letzten Belagerungsmonate Geschwächten unterwegs umgekommen sind. Unbekannt ist auch, wie lange der Marsch gedauert hat durch heute libanesisches, syrisches und irakisches Gebiet – und wie die Deportierten ernährt worden sind. Ungewiß ist vor allem ihre Zahl.

Jerusalem war vor der Belagerung eine Stadt mit höchstens 20000 Einwohnern gewesen. Den Kern hatte noch immer die Siedlung am Hang über dem Kidrontal gebildet. Sie hatte sich zwar auf dem Westhügel und im Norden ausgedehnt, war aber an überbauter Fläche noch immer bescheiden geblieben. Wie in allen Städten zu allen Zeiten hatten die Ärmeren die Mehrheit gebildet. Sie hatten in Jerusalem bleiben dürfen. Wer eine Zahl der Deportierten nennen will, ist auf Schätzungen angewiesen. Anzunehmen ist, daß aus Jerusalem ungefähr 10000 Menschen weggetrieben worden sind und aus dem Umland eine etwa gleich hohe Zahl.

Die Autoren des Alten Testaments, der wichtigsten Chronik aus jener Zeit, wollen glauben machen, das gesamte jüdische Volk habe den Weg zum Euphrat antreten müssen; Jerusalem sei eine völlig entvölkerte Stadt gewesen. Da täuschen sich die Chronisten mit Absicht. Sie gehörten zu denen, die verschleppt worden sind, und sahen sich fortan als die durch Leid geprüfte Elite, die allein berechtigt war, das Wesen des jüdischen Volkes den kommenden Generationen zu vermitteln. Die Menschen im Exil betrachteten die in Jerusalem Zurückgebliebenen als minderwertig, als Abschaum, den Gott nicht für würdig erachtet hatte, die Prüfungen zu erleiden. Wer noch in den Trümmern von Jerusalem hauste, der wurde nicht beachtet, der wurde sogar verachtet. So nahmen die Auserwählten im Exil gar nicht zur Kenntnis, daß Jerusalem nur fünf Jahre nach der Zerstörung bereits wieder Ort eines Aufstands war. Die in Armut Lebenden hatten den Mut, gegen die

Besatzungsmacht zu rebellieren, die selbst beschränkten Wiederaufbau nicht dulden wollte. Da die Aufständischen außer ihrem Mut den babylonischen Kämpfern nichts entgegensetzen konnten, mußte die Rebellion scheitern.

Im Exil wurde nur im Groll über die Zurückgebliebenen geredet. Da waren Gerüchte zu hören, das »niedere Volk« habe begonnen, sich in der oberen Stadt aus Trümmersteinen primitive Häuser aufzumauern. Solche Gerüchte wurden deshalb als ärgerlich empfunden, weil die deportierten Familien während der ersten Jahre des Exils im Traum lebten, die baldige Heimkehr zum eigenen Besitz sei möglich.

Die Chroniken der Exilzeit geben an, die Deportierten seien südöstlich von Babylon, im Gebiet zwischen Euphrat und Tigris, angesiedelt worden. Viele fanden ein Unterkommen in der Stadt Babylon selbst, die damals die bedeutendste Metropole der bekannten Welt war. Dort wurden die Handwerker gebraucht, auf die Nebukadnezar so großen Wert gelegt hatte. Sie wurden bei den gewaltigen Bauprojekten eingesetzt, die rechts und links des Euphrat hochgezogen wurden. Der König baute für sich und für den Gott Baal Paläste. Wer durch Handel oder durch Kriegsbeute reich geworden war, der ahmte den König nach. Wer sich eine Vorstellung machen will von Größe und Pracht der staatlichen Bauten in Babylon, der ist nicht auf seine Phantasie angewiesen: Im Pergamon-Museum in Berlin steht das 40 Meter hohe Ischtar-Tor, das Nebukadnezar hat auftürmen lassen. Gegenüber Babylon war Jerusalem eine primitive Stadt der Späten Eisenzeit gewesen.

Doch je länger das Exil andauerte, desto schöner wurde die Stadt der Heimat in der Erinnerung der Verbannten. Sie hatten das Glück, als Gemeinschaft angesiedelt zu werden. Nebukadnezar hatte sie nicht zerstreuen lassen. So pflegten sie gemeinsam ihr Heimweh:

»An den Wassern zu Babylon
sitzen wir und weinen,
wenn wir an Jerusalem denken.
An den Weiden zu Babylon
hängen wir unsere Harfen auf.
Denn dort verlangen unsere Bewacher,
daß wir singen sollen.
Jubel fordern die Wachen:
Singt uns ein Lied von Jerusalem,
Wie könnten wir ein solches Lied singen
auf fremder Erde?
Vergesse ich dich, Jerusalem,
verdorre meine Rechte!
An meinem Gaumen vertrockne die Zunge,

wenn ich nicht rede von dir,
wenn mir Jerusalem nicht mehr gilt
als die höchste meiner Freuden.
Ach Herr, vergiß dem Volk Edom nicht,
wie sie schrien an jenem Tag,
da Jerusalem unterging:
Reißt ab, reißt ab
die Mauern bis auf den Grund!
Tochter Babylon, du Verwüsterin,
wohl dem, der dir vergilt, was du uns tatest!
Wohl dem, der deine Kinder faßt
und sie am Felsen zerschmettert!«

Der Wunsch nach Rache ging nie in Erfüllung. Nebukadnezar regierte nach der Zerstörung Jerusalems noch 25 Jahre lang. Er überlebte die meisten der Deportierten. Nebukadnezars Hauptproblem bestand darin, sein Reich gegen die Meder zu sichern, die wieder unruhig geworden waren.

Nur zwei Jahre lang, von 562 bis 560 v. Chr., regierte sein Sohn Amel-Marduk. Die Chronisten des Alten Testaments gaben ihm den Beinamen »Dummkopf«. Sie witterten die Veränderung, den Zerfall des Babylonischen Reiches. Sie erkannten, daß dem Staat die Ideologie fehlte, die Zusammenhalt schaffte. Nabunaid, der zweitletzte Herrscher in Babylon, war Verehrer des Mondgottes Sin. Er verärgerte damit die Priester des offiziellen Marduk-Kultes und die meisten der Bewohner seiner Hauptstadt. Die wachsende Zahl der innenpolitischen Gegner veranlaßte Nabunaid, auf die Herrscherwürde zu verzichten. Belsazar, der letzte König des Babylonischen Reiches, zog in den Palast.

Persien trat in die Geschichte des Alten Orients ein. Ein Mann mit Namen Kyros hatte sein Volk aus dem Verband des Mederstaates gelöst. Im Jahre 550 v. Chr. regierte Kyros bereits in Achmeta, der Hauptstadt der Meder. Elf Jahre später vertrieb Kyros den schwachen und ängstlichen König Belsazar aus seinem Palast in Babylon.

Auf den sechs Schreibseiten eines Prismas aus tönernen Tafeln hielt der Schreiber des Siegers das Ereignis fest, das dem Babylonischen Reich ein Ende bereitete: »Als ich friedlich einzog, da sorgte Gott Marduk dafür, daß sich die Herzen der Bewohner mir zuwandten. Die Einwohner Babylons befreite ich von der Unterdrückung. Ich bin Kyros, der König der Welt, der große König, König von Babylon, von Sumer und Akkad.«

Im Jahre 538 v. Chr. muß dieser Siegesbericht, der sich in Ausdruck und Inhalt so sehr von ähnlichen Texten aus vergangenen Jahrzehnten unterschied, geschrieben worden sein. Kyros rühmte sich nicht, die

Menschen der eroberten Stadt umgebracht zu haben. Im selben Jahr 538 v. Chr. ließ der tolerante König eine Verordnung abfassen, deren Wortlaut das Erste Buch Esra so zitiert: »Kyros spricht, der König von Persien: Alle Reiche der Erde hat der Herr, der Gott des Himmels, mir übergeben. Er hat mir aufgetragen, ihm in Jerusalem, in Juda, einen Tempel zu bauen. Wer von euch nun zu seinem Volk gehört, mit dem sei sein Gott, und er ziehe nach Jerusalem, das in Juda liegt, und baue den Tempel des Herrn, des Gottes Israels, des Gottes, der in Jerusalem wohnt. Jedem, der noch lebt von den Juden, den sollen die Bewohner seines gegenwärtigen Aufenthaltsortes mit Gold, Silber und Vieh unterstützen, neben den freiwilligen Gaben für den Tempel in Jerusalem.«

Diesem Wortlaut des Alten Testaments liegt sicher ein wahrer Urtext zugrunde, der wohl nur geringfügig verändert worden ist. Die Veränderung betraf die religiöse Zuordnung: König Kyros, dessen Gott Marduk hieß, nahm vom Gott des jüdischen Volkes keine Aufträge an. Fest steht aber, daß Kyros den Fremden die Erlaubnis gab, in ihre Heimat zurückzukehren. Die Genehmigung zum Wiederaufbau des Tempels erteilte er wohl auch; eine derartige Großzügigkeit paßt zu seinem Charakter. Kyros hatte wahrscheinlich auf Bitten aus der Gemeinde der Deportierten reagiert – und er rechnete bestimmt mit begeisterter Dankbarkeit. Die Reaktion der Familien, die einst aus Jerusalem gekommen waren, mußte ihn enttäuschen: Die meisten wollten gar nicht zurückkehren.

Ein Mann aus einer Deportiertenfamilie, die am Euphrat lebte, fühlte sich zum Propheten berufen. Man nannte ihn Jesaja, wie den Propheten und Berater der Könige in Juda 200 Jahre zuvor. Die Autoren der Endfassung des Alten Testaments haben seine Schriften einfach dem Buch Jesaja angehängt. Die Religionswissenschaftler gaben diesem »Zweiten Jesaja« die Bezeichnung Deuterojesaja. Ob es sich tatsächlich um einen Autor oder um mehrere handelt, läßt sich heute nicht mehr feststellen. Dieser »Zweite Jesaja« trat in religiös-politischen Liedern, die Voraussagen für die Zukunft enthielten, für den Gedanken der Rückkehr nach Jerusalem ein. Dieser Gedanke war keineswegs populär. Die Familien zögerten mit dem Aufbruch. Sie hatten sich während der vergangenen fünfzig Jahre eingelebt in Babylon und den anderen Städten. Viele hatten Handelsgeschäfte eröffnet; andere waren Handwerker, Architekten oder Steinmetz geworden.

Längst war eine neue Generation herangewachsen, die nie in Jerusalem gewesen war und nun unter einem seltsamen Zwiespalt litt: Zwar empfanden sich die Männer und Frauen als Nachkommen der Auserwählten, die Gott durch Leid geprüft hatte, doch sie fühlten sich zugleich als normale Bewohner des Landes am Euphrat. Babylon war ihre Heimat geworden. Sie weinten noch immer, erfüllt von tiefem Gefühl des Heimwehs, wenn sie von Jerusalem sprachen; sie fragten sich aber auch, warum sie das fruchtbare Gebiet am großen Fluß verlassen sollten, unter Opferung der Existenzbasis ihrer Familien. Wenn sie sich auf den Weg machten in Richtung Jerusalem, gaben sie das Resultat von fünfzig Jahren Arbeit auf.

Denen, die sich die Frage stellten, warum sie nach Jerusalem wandern sollten, präsentierte der »Zweite Jesaja« Gründe, die für die Rückkehr sprachen. Gegen ihre praktischen Zweifel setzte er die Schilderung einer herrlichen Zukunft. Er sah den Tempel vor sich, wiederaufgebaut, als das erhabenste Bauwerk der Welt. Die Tempel und Paläste Babylons sollten daneben verblassen. Das Wunder des Tempelbaus werde möglich sein, weil Gott dem leidgeprüften Volk helfe. Die Belohnung für Standhaftigkeit in schlimmer Zeit werde den Juden jetzt zuteil. Wer nicht nach Jerusalem ziehe, habe keinen Anspruch auf Belohnung. Die starken Persönlichkeiten, die den Weg auf sich nehmen, werden in eine Stadt kommen, voll stolzer Gebäude, die von Menschen vieler Nationen besucht wird.

Der »Zweite Jesaja« entwarf die Vision von Jerusalem als Hauptstadt der Welt. Er verkündigte, daß von dort aus Weisungen ergehen werden für alle Völker. Er versprach, Jerusalem werde Schiedsgericht sein für alle Streitigkeiten zwischen den Nationen. Von Jerusalem werde Frieden ausgehen. Der »Zweite Jesaja« redete seinen Zuhörern ein, Jerusalem mache den Traum vom Frieden möglich.

Locken ließen sich nur wenige. Die Ärmeren verließen Babylon, die kaum etwas aufzugeben hatten, die zu gewinnen hofften. Wieder zogen jüdische Sippen den Euphrat hinauf, um sich dort, wo der Fluß von Norden strömt, nach Süden zu wenden. Ein Jahr nach dem Erlaß des Kyros-Dekrets trafen die ersten der verbannten Familien wieder in Jerusalem ein.

Tage eines bescheidenen Neuanfangs

Hatten sie dem »Zweiten Jesaja« geglaubt, so mußte die Enttäuschung ohne Maß gewesen sein. Die Rückkehrer fanden, als sie von Norden her auf das Gelände der einstigen Stadt blickten, ein Trümmerfeld vor, das vom Fels auf der Hügelkuppe hinunterreichte zum Siloah-Wasserbecken. Einzelne Hütten waren gebaut worden. Von den unbebauten Flächen aber hatte Buschwerk Besitz ergriffen. Trostloseres war wohl selten erblickt worden.

Die Rückkehrer hatten den guten Willen, den Tempel vor allem anderen wieder zu errichten, doch ihre Tatkraft erlahmte rasch. Sie mußten sich erst Unterkünfte bauen, wobei sofort Rechtsprobleme auftauchten. Streit entstand um die Frage, wer wo bauen durfte. Die Zurückgebliebenen hatten sich nicht um frühere Eigentumsverhältnisse gekümmert. Die Rückkehrer betrachteten die Bewohner der primitiven Hütten als den übelsten Bodensatz des jüdischen Volkes; sie hatten der heimkehrenden »Elite« zu weichen. Die Tage waren mit Ärger erfüllt. Das Wunder kündigte sich nicht an.

Nicht nur die jetzigen Bewohner des Hangs über dem Kidrontal nahmen mit Argwohn wahr, daß herrische Männer Rechte aus früherer Zeit beanspruchten, auch den Bewohnern des Umlandes mißfiel die Entwicklung. Besonders die Menschen in Samaria waren besorgt. Ihre Stadt hatte sich zum wichtigsten Handelsplatz der Region entwickelt, zur Provinzhauptstadt: Der Gouverneur dort war auch für Jerusalem zuständig. Doch nun fürchteten viele Bewohner Samarias, Jerusalem könnte nach dem Wiederaufbau des Tempels wieder zur Attraktion für die Menschen ringsum werden. Ihre Sorge war, der Markt im Schatten des Tempels werde Händler und Kunden stärker anlocken als der eigene, eher nüchterne Handelsplatz. Um die eigenen wirtschaftlichen Interessen abzusichern, verleumdeten sie die Heimkehrer.

Das Buch Esra bewahrt den Text eines Briefes an die Staatsführung des Perserreiches: »Dem König sei kundgetan, daß die Männer, die aus deiner Nähe zu uns hergezogen und nach Jerusalem gekommen sind, damit begonnen haben, die aufrührerische und böse Stadt wiederaufzubauen. Sie haben begonnen, Mauern aufzuschichten und Fundamente für Häuser zu legen. Dem König sei kundgetan: Wenn diese Stadt wiederaufgebaut wird, wenn Mauern und Häuser stehen, werden die Bewohner dort keine Steuern mehr bezahlen. Der König wird den Steuerausfall zu spüren bekommen. Da wir aber treue Untertanen sind und uns das Wohlwollen des Königs bewahren wollen, warnen wir unseren Herrn. Man forsche in den Geschichtsbüchern nach. Aus ihnen ist zu ersehen, daß Jerusalem den Aufruhr liebt. Aus diesem Grunde wurde es auch zerstört. Dem König sei kundgetan, er werde alles Land westlich des Euphrat verlieren, wenn Jerusalem wiederaufgebaut wird.«

Der König läßt antworten, er habe von den Sorgen Kenntnis genommen. Tatsächlich sei aus den Chroniken zu ersehen, daß Jerusalem sich von jeher gegen die Könige empört habe. Er ordne an, den Aufbau der Stadt zu verzögern.

Daß der Wiederaufbau damals wirklich verzögert wurde, beweisen die Ergebnisse der archäologischen Grabungen im Gebiet der damaligen Stadt. Sie zeigen, daß der Westhügel, der in der Vergangenheit das vornehme Quartier war, über Jahrhunderte völlig unbewohnt geblieben ist. Der Hang über dem Kidrontal, einst der Kern der Ansiedlung, ist ebenfalls nicht mehr bebaut worden. Die Terrassen, auf denen Häuser errichtet worden waren, blieben zerfallen. Nachweisbar sind Gebäude nur auf der Kuppe des Bergrückens. Nur wenige hundert Menschen konnten in den Häusern Lebensraum gefunden haben. Die Siedlung war ungeschützt: Keine Mauer umgab sie.

Öde blieb der Platz, auf dem früher Tempel und Palast bestaunt worden waren. Bedarf für einen Palast bestand nicht in Jerusalem. Es gab keinen König von Juda mehr. Nicht einmal ein Gouverneur wohnte und regierte in der Stadt. Jerusalem gehörte zum Verwaltungsbezirk Samaria. Wer Babylon, die Metropole der Prachtbauten, verlassen hatte, um nach Jerusalem zu kommen, der hatte wahrhaft einen schlechten Tausch gemacht.

In Babylon muß die Wahrheit über das Elend der Rückwanderer bekanntgeworden sein. Die Verheißungen des »Zweiten Jesaja« hatten sich als hohle Propaganda erwiesen, als hysterische Prahlerei. Das Resultat der Ernüchterung war, daß immer mehr Familien, die eigentlich rückkehrwillig waren, den Entschluß vergaßen, sich auf den langen und mühsamen Weg zu machen. Mindestens die Hälfte des Personenkreises, der von der Genehmigung zur Rückwanderung betroffen war, blieb schließlich im Zweistromland. Aus Fremden wurden Eingesessene.

Viele, die sich tatsächlich auf den Weg gemacht hatten, mögen bereut haben, daß sie sich hatten locken lassen. In Jerusalem bestimmte der Kampf ums Überleben die Existenz des einzelnen und der Gemeinschaft. Niemand besaß die Energie, um kommunale Projekte anzupakken. Selbst der Gedanke an Gott begeisterte nicht zu gemeinsamer Anstrengung. Gottesdienste wurden seltener abgehalten als einst in Babylon. Die Gemeinde traf sich nur an höchsten Feiertagen zur Opferung. Die wenigen Feste wurden oben auf dem Hügel begangen – dort, wo der Tempel früher stand. Nur noch die graue Felsplatte erinnerte an die einstige Kultstätte.

Zwanzig Jahre dauerte es, bis die Heimkehrer den Plan bedachten, trotz aller Schwierigkeiten wieder ein festes Gebetshaus zu errichten. Daß König Kyros fast eine Generation zuvor eine generelle Baugenehmigung erlassen hatte, war im Gedächtnis der Rückwandererfamilien bewahrt geblieben. Den Behörden aber war davon nichts mehr bekannt. Der Gouverneur in Samaria wollte nicht eigenmächtig über das Baugesuch entscheiden. Er fragte bei der obersten Instanz im Staate an:

»Dem König Darius Heil und Gruß! Es sei dem König kundgetan, daß wir uns in den Bezirk Juda begeben haben, wo der Tempel Gottes gebaut wird. Die Quader sind dort schon vorhanden und die Balken für die Decke. Die Arbeit geht zügig voran. Wir haben die Aufseher gefragt: ›Wer hat euch gestattet, dieses Haus zu bauen und die Mauern zu errichten?‹ Wir haben auch gefragt, wer für sie die Verantwortung trage. Sie antworteten: ›Wir sind Knechte des Gottes von Himmel und Erde. Wir bauen das Haus wieder auf, das einst vor vielen Jahren hier gestanden hat und das ein großer König gebaut und vollendet hat. Weil aber unsere Väter den Gott des Himmels erzürnten, lieferte er sie Nebukadnezar, dem König von Babylon aus. Der zerstörte dieses Haus und führte das Volk weg nach Babylon. Aber im ersten Jahr des Königs Kyros genehmigte dieser den Bau.‹ Doch er ist noch nicht vollendet. Ich schlage vor, daß im königlichen Archiv zu Babylon nachgeforscht wird, ob es sich so verhält, wie die Aufseher sagen, ob König Kyros wirklich die Erlaubnis gegeben hat. Den Bescheid des Königs in dieser Sache möge man uns zukommen lassen.«

Wenn das Buch Esra die Wahrheit berichtet, dann konnte im Staatsarchiv des Perserreiches tatsächlich ein Dokument gefunden werden, das den Sachverhalt bestätigte: König Kyros hatte die entsprechende Genehmigung erteilt, wobei er sogar Richtmaße festgelegt hatte, die von den Baumeistern nicht überschritten werden sollten. Als Höhe und als Breite des Bauwerks waren jeweils 60 Ellen vorgesehen. Ist diese Angabe korrekt, dann durfte der neue Tempel doppelt so hoch werden, wie der des Königs Salomo. Als unwahrscheinlich gilt jedoch, daß die Heimkehrergeneration ein Gebäude mit der Fassade von 30 Metern Höhe errichtete.

In der Raumstruktur glich der neue Tempel dem Salomonischen Gotteshaus. Durch die Vorhalle gelangten die Priester zur Haupthalle, in der Altäre und ein siebenarmiger Leuchter standen. Das Allerheiligste war bei diesem Bau aber nur durch einen Vorhang abgetrennt. Der Raum hinter dem Vorhang war leer – da stand keine Bundeslade mehr.

Den Archäologen ist es bisher nicht gelungen, irgendwelche Überreste des Bauwerks nachzuweisen. Selbst wenn sie im Heiligen Bezirk graben dürften, würden sie wahrscheinlich nichts finden. Nur an der Ostmauer dieses Heiligen Bezirks ist ein Anhaltspunkt für die Existenz dieses Tempels zu entdecken. Wer vom Kidrontal hochblickt auf die Mauer, die den Bereich von Felsendom und Al-Aqsa-Moschee umgibt, der entdeckt eine Fuge, die Steinblöcke unterschiedlicher Beschaffenheit voneinander trennt. Sie müssen zu weit auseinanderliegenden Zeiten gebrochen und behauen worden sein. Die Archäologen erkennen, daß der nördliche Teil der Ostmauer des Heiligen Bereichs aus Quadern besteht, die in der Zeit der Perserherrschaft bearbeitet worden sind; die Blöcke im Südteil aber sind von Handwerkern in ihre Form gebracht worden, die zur Zeit des Königs Herodes, also rund 500 Jahre später, gelebt haben.

Die erkennbare Fuge befindet sich 32 Meter nördlich der Südostecke des Heiligen Bezirks. Der Schluß ist erlaubt, wenn auch nicht zwingend, daß sich die Terrasse des Tempels, der von den Rückkehrern gebaut wurde, von hier an nach Norden erstreckte – soweit die Steinquader aus persischer Zeit reichen. Sie bilden das Fundament jener Terrasse.

Siebzig Jahre lang war Jerusalem ohne Tempel gewesen. Jetzt stand wieder ein Gotteshaus auf dem Hügel über der Stadt. Überliefert ist, daß am Tag der Einweihung im Frühjahr 515 v. Chr. Männer gelebt haben müssen, die sich an den Salomonischen Tempel noch erinnern konnten. Diese jetzt mindestens Achtzigjährigen sollen geweint haben.

Weitere siebzig Jahre nach der Tempeleinweihung hat sich Jerusalem noch immer nicht vom Elend erholt. Beweis für diese Feststellung ist der Bericht eines Augenzeugen. Sein Name ist Nehemia. Im Buch Nehemia ist seine Erzählung zu finden: »Ich stand bei Nacht auf und nahm nur wenige Männer als Führer mit. Niemand sollte erfahren, was ich vorhatte in Jerusalem. Ich allein besaß ein Reittier. Ich ritt in der Dunkelheit zum Taltor hinaus, an der Drachenquelle vorbei. Dann gelangte ich zum Misttor. Weiter ritt ich zum Quelltor und zum Wasserbecken des Königs. Von da an war kein Platz, um mit dem Reittier durchzukommen. Ich stieg deshalb ab. Den gehauenen Schacht kletterte ich hinauf und untersuchte die Stadtmauer. Danach kehrte ich um, und ritt durch das Taltor wieder in die Stadt hinein.«

Nach heutiger topographischer Erkenntnis von der damaligen Stadt sah der Weg des nächtlichen Ritts so aus: Das Taltor befand sich im oberen Bereich der frühen Davidstadt und führte zum Zentraltal. Dieses Tal, das damals noch ausgeprägt erkennbar war, ritt Nehemia hinunter und erreichte beim Zusammentreffen von Hinnomtal und Kidrontal die Rogelquelle, die sich immer außerhalb des Mauergürtels befunden hatte. Das Misttor, durch das der Abfall aus der Stadt transportiert wurde, lag damals an der Südspitze des bebauten Gebiets. Von hier aus wandte sich Nehemia nach Norden und ritt zur Gihonquelle. Wahrscheinlich war der Reitweg im Kidrontal durch den Schutt der heruntergestürzten Terrassen des Osthangs blockiert; Nehemia konnte nur zu Fuß die Quelle und den Schacht erreichen, durch den 500 Jahre zuvor Davids Kämpfer in die Stadt eingedrungen waren.

Der Mann, der heimlich nachts um das noch immer ausgestorbene Stadtgebiet von Jerusalem ritt, war wenige Monate zuvor noch Beamter des persischen Königs Ataxerxes gewesen. Er stammte aus einer der jüdischen Familien, die nicht rückkehrwillig gewesen waren.

Nehemia hatte Briefe von Verwandten aus Jerusalem erhalten. Schlecht waren die Nachrichten aus der fernen Stadt. Sie bedrückten den königlichen Beamten. Er hatte Tag für Tag im Palast von Susa, in der Gegend des Schatt al-Arab, für den König zu arbeiten und ihm Bericht zu erstatten. Seinem Dienstherrn fiel eines Tages auf, daß sich sein Untergebener nicht so benahm wie sonst. Er fragte nach dem Grund und erhielt von Nehemia die Antwort, er leide darunter, daß die Stadt seiner Urväter noch immer ein Trümmerfeld sei, das ungeschützt daliege, räuberischen Banden preisgegeben. In den Briefen werde ihm mitgeteilt, Jerusalem besitze keine Mauer und damit keine Möglichkeit, sich zu verteidigen. Nehemia sagte, er selbst fühle sich berufen, zur Stadt der Väter zu reiten, um dort eine Mauer zu bauen. Die Männer, die in Jerusalem lebten, besäßen nicht die Kraft, endlich dafür zu sorgen, daß sich die Bewohner gegen Übergriffe verteidigen konnten.

Der Perserkönig hatte nichts gegen die Reise seines Beamten nach Jerusalem einzuwenden. Abwegig ist der Gedanke nicht, Ataxerxes habe diesen Mann sogar selbst geschickt, damit er das unbefestigte Dorf Jerusalem wieder in eine Stadt verwandle. Die Ereignisse lassen die Deutung zu, Nehemia sei vom König mit der Mission beauftragt worden, dem Bereich des früheren Staates Juda Aufschwung zu bringen.

Unmittelbar nach dem nächtlichen Inspektionsritt gewann Nehemia die Männer aus der Stadt und aus Siedlungen der Umgebung für sein Wiederaufbauprogramm. Als erstes wurde die Stadtmauer instand gesetzt, wurden die Tore mit verschließbaren Flügeln versehen. Die Juden ließen sich nicht durch den Spott des persischen Gouverneurs stören, der den Hintergrund des Vorgangs nicht begriff. Der Gouverneur erkannte nur langsam, daß Nehemia an seiner Stelle die Entscheidungen zu treffen begann.

»Wenn ein Fuchs an dieser Stadtmauer hochspringt, dann reißt er sie ein!« Das war zunächst die Meinung der Männer aus der Umgebung des Gouverneurs. Doch der Spott erstarb, als die Mauer tatsächlich entstand, als die Torflügel Riegel bekamen, als hinter den Befestigungen Wachen aufzogen. Da hatte Nehemia, der Mann aus der Fremde, den Wiederaufbau der Armee von Jerusalem in Gang gebracht – mit Duldung, wenn nicht sogar mit Unterstützung des persischen Königs.

Vorsichtig hatte Nehemia begonnen: Nachdem die Mauer gebaut worden war, mußte sie, wenn sie einen Sinn haben sollte, mit Wachen besetzt werden. Eine erste Wachtruppe wurde aufgestellt. Waffen wurden geschmiedet. Einfache Trompeten wurden gegossen, auf denen Signale geblasen werden konnten.

Noch immer fehlten der Stadt die Menschen. Nehemia mußte selbst feststellen: »Das ummauerte Gebiet war weit und groß, aber es lebten nur wenige Menschen darauf.« Mehr als 5 000 Bewohner hatte Jerusalem nicht. Jeder Mann wurde für den Wiederaufbau gebraucht. Nehemia konnte es sich nicht leisten, eine Truppe aufzustellen, deren Mitglieder allein Kämpfer waren. Er setzte deshalb ein Prinzip fest, das nahezu zweieinhalb Jahrtausende später auch im Staat Israel Gültigkeit hatte: Die Männer mußten Arbeiter und Kämpfer zugleich sein. Zum Verantwortlichen für den Wehrbereich Jerusalem bestimmte Nehemia seinen Bruder Hanani. Er selbst nannte sich fortan »Statthalter«.

Nicht durch eigenen Entschluß, sondern durch königliches Dekret war Nehemia ziviler Administrator geworden. Er trug die Verantwortung für die innere Sicherheit der Stadt. Wenn er seine Verordnungen durchsetzen wollte, mußten ihm in diesem Gemeinwesen, das an Ordnung nicht mehr gewöhnt war, Polizeikräfte zur Seite stehen. Die Aufgabe, Stütze der Staatsgewalt zu sein, übernahm eine Sondertruppe, in biblischen Texten »Leibwache« genannt. Nehemia beschrieb die Anspannung jener Tage so: »Wir alle, ich, mein Bruder und meine Leibwache behielten auch in der Nacht die Kleider an. Jeder hatte ständig seine Waffe zur Hand.«

Die Bedeutung der Mission des Nehemia für die Zukunft der Stadt kann nicht hoch genug eingeschätzt werden. Seit der Niederlage gegen Nebukadnezar im Jahre 587 v. Chr. war der Wehrwille der Menschen, die auf dem Hügel über dem Kidrontal lebten, erloschen – und mit ihm jegliches Nationalbewußtsein. Die Gefahr war nicht gering gewesen, daß die Männer und Frauen des jüdischen Volkes aus Enttäuschung über Gott und die Welt ihre Identität aufgaben, um sich einschmelzen zu lassen in andere Völker. Die Wende trat jetzt, um das Jahr 445 v. Chr., ein: Mit dem Wiederaufbau der Stadtmauer begann das Gefühl dafür zu wachsen, daß die Bewohner der gequälten und verwüsteten Stadt die Kraft aufbringen konnten, sich zu wehren gegen jede Form von Demütigung. Dieses Gefühl schwoll an in den Menschen innerhalb und außerhalb der Mauer. Eigenes Selbstbewußtsein und Respekt der anderen ergänzten sich. Der Stolz, der schon gebrochen war, erstand neu – und mit ihm der jüdische Nationalismus.

So seltsam es klingt: Die persischen Herrscher haben diese Entwicklung bewußt und mit aller Kraft gefördert. Seit den ersten Amtshandlungen des Königs Kyros bildete Toleranz gegenüber den unterschiedlichen Religionen im riesigen Vielvölkerstaat den Kern der Innenpolitik. Durch Entgegenkommen sollten die Verantwortlichen der einzelnen Nationen zwischen Indus weit im Osten und Nil und Ägäis im Westen zusammengehalten werden. Die Nachkommen des toleranten Reichsgründers Kyros behielten diese Politik bei. Sie regierten das größte Reich, das der Alte Orient je gekannt hatte, weniger durch Gewalt als durch Verständnis.

Erstaunlich ist, daß die Herrscher des Riesenreichs keinen Wert darauf legten, ihr Gebiet durch einheitliche Gesetzgebung zu verwalten. Sie respektierten eigenständige nationale Entwicklungen des Kodex von Sitten und Gebräuchen, der überall dem religiösen Glauben entsprungen war. Am Beispiel Jerusalem wird dies deutlich.

Die Religionsgesetze des Esra

Um das Jahr 435 v. Chr. – Großkönig des Persischen Reiches war seit 465 v. Chr. Ataxerxes I. – erhielt ein Beamter in Mesopotamien diese Anweisung:

»Ataxerxes, der König der Könige, an Esra, den Priester und Schreiber, der mit dem Gesetz des jüdischen Volkes vertraut ist. Friede zuvor. Von mir ist befohlen worden, daß alle aus dem Volk Israel, die wirklich den Willen haben, nach Jerusalem auszuwandern, mit dir ziehen dürfen. Diese Anweisung betrifft auch alle Priester. Du wirst vom König der Könige und von seinen sieben Räten gesandt, um nachzuforschen, wie die Situation in Juda und in Jerusalem ist. Grundlage deiner Beurteilung hat das Gesetz deines Gottes zu sein. Du hast den Gesetzestext in deiner Hand.

Die Wertgegenstände, die dir ausgehändigt werden, die vor allem aus Geräten bestehen, die im Tempel gebraucht werden, übergib denen, die vor deinem Gott in Jerusalem verantwortlich sind. Auch was du sonst noch brauchst für den Tempel deines Gottes, wirst du von der Vermögensverwaltung des Königs erhalten.

Du sollst vor allem darauf achten, daß das Gesetz deines Gottes und das Gesetz des Königs eingehalten werden. Wer sich nicht an die Gesetze hält, der soll der vorgesehenen Strafe verfallen. Sie sei Verurteilung zum Tode, zur Ausstoßung, zu Geldbuße oder zu Gefängnis.«

Deutlich erkennbar wird ein Zweistufenplan der persischen Staatsverwaltung: Nehemia war geschickt worden, um den nationalen Gedanken zu wecken und um die Stadtverwaltung aus dem Nichts aufzubauen; Esra, der Priester und Schreiber, aber hatte den Auftrag, den rechtlichen Rahmen zu stecken, der künftig für die Bewohner der Stadt verbindlich sein sollte. Dieser Gesandte mußte die Grundlage schaffen für ein geordnetes Zusammenleben. Er brachte schriftlich fixierte Gesetzestexte mit. Kein Zweifel kann daran bestehen, daß er eine Fassung der Fünf Bücher Mose in seinem Gepäck hatte, als er in Jerusalem ankam.

In der Zeit vor dem Exil in Babylon befand sich ein Exemplar dieser

Schrift in der Stadt. Geschehnisse um die Tempelreparatur zur Zeit des Königs Josia (638 bis 609 v. Chr.) beruhen darauf: Da hatte der Hohepriester im Allerheiligsten des Tempels eine Schriftrolle gefunden, deren Lektüre den König zur schwerwiegenden Entscheidung veranlaßte, den Bund, den Mose einst mit Gott geschlossen hatte, zu erneuern. Von der Vorgeschichte und vom späteren Verbleib dieser Rolle ist nichts zu erfahren. Spekulationen sind erlaubt über die Herkunft der Gesetzestexte, die Esra nach Jerusalem mitbrachte.

Seit der Aufklärung bis heute waren die Theologen nicht nur skeptisch gegenüber der Behauptung, Mose habe tatsächlich gelebt; sie waren vor allem voll Zweifel, ob Mose die ihm zugeschriebenen Fünf Bücher verfaßt haben könne. Die Skeptiker setzten sich dabei über Textstellen hinweg, die deutlich machen, daß Mose den göttlichen Auftrag gehört hat, Erlebtes schriftlich festzuhalten. Derartige Textstellen sind im Zweiten Buch Mose zu finden: »Schreibe dies zum Gedächtnis in eine Schriftrolle.« (17,14) Und: »Der Herr sprach zu Mose: Schreibe dir diese Worte auf. Denn auf Grund dieser Worte schließe ich mit dir und dem Volk einen Bund.« (34,27) Daß Mose den Auftrag Gottes ausführte, beteuert Vers 4 des Kapitels 24 im selben Buch. Daß er seine Aufschriften der wandernden Sippe vorgelesen hat, ist dem 7. Vers desselben Kapitels zu entnehmen.

Die Skepsis beruhte auf der Annahme, daß ein derartiger Text nicht in so früher Zeit der Menschheitsgeschichte habe geschrieben werden können. Da mußten sich die Theologen von den Archäologen belehren lassen. Erst in unserer Zeit hat sich die Erkenntnis durchgesetzt, daß Menschen sehr früher Kultur erstaunliche und bewundernswerte Fähigkeiten oder Kenntnisse besaßen.

Veränderungen der Einstellung zur frühen Menschheitsgeschichte haben vor allem Funde italienischer Archäologen in der nordsyrischen Ausgrabungsstätte Tell Mardich bewirkt. Aus dem Geröllschutt eines flachen Hügels, inmitten einer sonst ebenen Landschaft, wurden im Jahr 1975 Fundamente, Fußböden und Mauerreste von Kammern und Zimmern herausgeschält, in denen einst die Herrscher eines entwickelten frühgeschichtlichen Staates gelebt und regiert hatten. Das »Königreich Ebla« war lange vor dem Jahr 2000 v. Chr. bedeutungsvoll gewesen.

In den Trümmern einer Kammer stießen die Archäologen auf säuberlich geschichtete Stapel von flachen Ziegeln, von Tafeln durchweg gleicher Größe aus getrocknetem Ton. Sie trugen Schriftzeichen in großer Zahl. Die Archäologen hatten das geordnete Archiv des Königreichs Ebla entdeckt. 15000 Tontafeln konnten geborgen werden. Sie stammten, nach wissenschaftlicher Erkenntnis, aus der Zeit vor der

Wanderung Abrahams von Ur über Haran zur Ostküste des Mittelmeers. Verwunderung erregt die Entdeckung, daß tatsächlich ein Mann mit Namen Abraham in einem der Texte erwähnt wird – wobei der Urvater des jüdischen Volkes noch gar nicht gemeint sein kann.

Die Texte der meisten Dokumente behandeln Vorgänge im Königreich. Einige beschreiben jedoch auch Ereignisse überregionaler, ja, weltgeschichtlicher Bedeutung. Entziffert wurden Bruchstücke von Berichten, die in ausführlicherer Form auch Bestandteil des Ersten Buches Mose sind: Sie erzählen von der Schöpfung der Erde und von der Sintflut.

Die Funde von Tell Mardich ermutigen zur Annahme, daß während der Jahrhunderte, die auf Abraham folgten, ein Mann von Intelligenz sehr wohl die Kernepisoden des ersten der Fünf Bücher des Alten Testaments bereits in der Form, wie wir sie kennen, aufschreiben konnte. Der Schreiber verband Überliefertes und Erlebtes.

Mose, der mehr als 800 Jahre nach der Entstehung des Archivs der Könige von Ebla gelebt hat, wird ähnlich gehandelt haben. Vielleicht besaß er Tontafeln aus früher Zeit, deren Texte er, um Gedanken, Erkenntnisse und eigene Erfahrungen bereichert, auf Papyrusrollen übertragen hat. Während der langen Jahre des Wartens in Kadesch-Barnea hatte er wohl Zeit und sicher den Willen, den wundersamen Weg der Sippen aufzuzeichnen. Seine Nachfolger als Führer des Volkes, von Josua bis König Salomo, setzten das Werk fort: Sie ergänzten die Berichte und gaben ihnen die gewaltige sprachliche Form, die das Alte Testament als einzigartig erscheinen läßt. Die Schriftrollen waren in Jerusalem schließlich in Vergessenheit geraten. Der einzige König, der sich wirklich um sie gekümmert und der sie auch gelesen hat, war Josia gewesen.

Niemand weiß, wie sie Jahrhunderte der Vernachlässigung, der achtlosen Behandlung überstanden haben, wie sie vor völliger Vernichtung beim Brand des Tempels bewahrt blieben. Gläubige Männer werden sie mit sich genommen haben ins Exil. Am Euphrat waren sie nicht nur Erinnerungsstücke an die verlorene Heimat, nicht nur Zeugnis für den Bund Gottes mit dem jüdischen Volk – die Schriftrollen waren Gesetzessammlung für das Verhalten des einzelnen als Individuum und als Mitglied der Gemeinschaft. Daß die überlieferten Gesetze in der Fremde präzise beachtet wurden, ist anzunehmen. Die Gläubigen hatten das Gefühl, gutmachen zu müssen, was sie einst in der Heimat versäumt hatten.

Wenig wahrscheinlich ist, daß die persischen Behörden diesem Gesetzeswerk ungeprüft Geltung in Jerusalem verschafften. Männer wie Esra, deren Geist wohl dazu beigetragen hat, daß der Text die endgültige Form fand, haben den kontrollierenden Beamten sicher die Vorzüge des Gesetzes gepriesen und seine Übereinstimmung mit dem Rechtskodex der persischen Verwaltung festgestellt. Die höchste Instanz der Besatzungsmacht hatte Esra beauftragt, das Gesetz in Jerusalem zu verkünden. Ob sie das Resultat der Esra-Mission vorausgesehen hat, ist fraglich. Sie hatte Toleranz im Sinn. Esra aber war diese Haltung fremd.

Kaum war Esra in Jerusalem angekommen, da suchten ihn Beamte der Stadtverwaltung auf, um einzelne Bewohner zu denunzieren. Sie klagten vor allem Priester an. Der Vorwurf der Denunzianten lautete, die betreffenden Männer hätten Frauen aus nichtjüdischen Stämmen geheiratet. Ihr Verbrechen bestand darin, »heiligen Samen mit beflecktem Schoß« vermischt zu haben. Esra notierte in seinem Bericht, der überliefert ist, er habe diese Anklage mit Entsetzen und Erschütterung über den Treuebruch der Betroffenen gehört, die Gottes Gebot mißachtet hatten. Seit der Zeit des Propheten Mose sei den Angehörigen des jüdischen Volkes nicht gestattet, sich mit Fremden zu vermählen: »Gebt euere Töchter nicht ihren Söhnen und nehmt ihre Töchter nicht für euere Söhne.«

Esra reagierte mit Härte. Er befahl allen Familien, die aus Babylon zurückgekehrt waren, sich nach einer Frist von drei Tagen auf dem Platz vor dem Tempel einzufinden. Jeder, der nicht erscheine, habe mit der Strafe der Beschlagnahme seines Vermögens zu rechnen. Wichtig ist, daß Esra nur die Heimkehrer ansprechen wollte – dazu zählten auch Männer und Frauen, deren Eltern schon vor hundert Jahren, also unmittelbar nach dem Erlaß des Kyros-Edikts, nach Jerusalem zurückgekommen waren. Menschen, die nicht zu Familien gehörten, die Jahre im Exil zugebracht hatten, waren ab jetzt Stadtbewohner zweiter Klasse.

Obgleich es regnete, so berichtet das Buch Esra, habe keiner der Heimkehrer gewagt, nicht auf dem Platz vor dem Tempel zu erscheinen. Die Versammelten hörten Esras Klage, viele von ihnen hätten nach der Rückkehr Mischehen geschlossen und so gegen Gott gesündigt. Die Schuldigen wurden aufgefordert, sich von den nichtjüdischen Frauen zu trennen. Ein Untersuchungsausschuß wurde eingesetzt, der jeden Fall zu prüfen hatte.

Nach einem Vierteljahr legte der Ausschuß eine Liste vor, die den Namen jedes Mannes nannte, der sich des Verbrechens schuldig gemacht hatte, eine fremde Frau zu heiraten. Die Betroffenen beugten sich dem Gesetz. Sie jagten ihre Frauen samt den Kindern davon. Mehr als hundert Ehen wurden auf diese Weise geschieden.

Erst als die Reinheit des jüdischen Blutes gesichert war, fand sich Esra bereit, das ganze Gesetz, das er mitgebracht hatte, zu verkünden. Die Bewohner der Stadt hatten sich bei der Gihonquelle zu versammeln. Esra las dort den Gesetzestext vor, »vom frühen Morgen bis zur Tagesmitte«. Diese Zeitangabe deutet darauf hin, daß umfangreiche Schriftrollen vorhanden gewesen sein mußten. Der Text wurde zum absolut gültigen Gesetz des jüdischen Volkes.

Wie sehr die persische Reichsverwaltung den Vorschriften der Fünf Bücher Mose bei den Juden Rechtskraft verleihen wollte, ist daraus zu ersehen, daß sie den Wortlaut auch der jüdischen Gemeinde auf der Nil-Insel Elephantine beim ersten Katarakt zuschickte. Diese Gemeinde bestand seit der Flucht hitzköpfiger Armeeoffiziere nach der Ermordung des von Nebukadnezar eingesetzten Gouverneurs in der provisorischen Hauptstadt Mizpa. Die Juden der Insel Elephantine lebten im südlichsten afrikanischen Außenposten des Perserreichs. Doch ihre Gemeinschaft wurde dem in Jerusalem geltenden Gesetz unterstellt.

Den persischen Herrschern gefiel, was in der Stadt geschehen war. Mit ihrem Einverständnis hatten Nehemia und Esra den Charakter des neuen Jerusalem geformt. Er war geprägt vom einzigen Lebensziel, das den Bewohnern gestattet war: Sie hatten den Willen Gottes zu erfüllen, ohne Anforderungen zu stellen. Nehemia selbst gab das Vorbild: Er bezog als Statthalter keinerlei Einkommen oder Gratifikation.

Für Generationen verzichtete Jerusalem auf Schönheit und Pracht. Glanzlose Zeiten brachen an; sie sollten über hundert Jahre dauern. Daß die Menschen arm waren, kann die Archäologie beweisen: Die erschlossenen Kulturschichten aus jener Zeit im Boden Jerusalems enthalten keine Spur von Schmuckgegenständen.

Klein ist die Stadt, reduziert auf das Ausmaß der ersten ummauerten Siedlung. Sie hat ihre Lage etwas verändert: Die Ostmauer ist aus dem Kidrontal weit nach Westen, den Hang hinauf, zurückverlegt. Die Stadtverwaltung besaß offenbar nicht die Kraft und nicht die Mittel, das Terrassensystem zu reparieren, das Bauvorhaben in Hanglage möglich machte. Wichtigste Gebäude, außer dem Tempel, waren Kaserne und Zeughaus. Beide befanden sich etwa hundert Meter oberhalb des Siloah-Wasserbeckens.

Als Gemeinwesen der Gottesfürchtigen mit militärischer Ausbildung kann Jerusalem gekennzeichnet werden. Dem Militär sind jedoch rein defensive Ziele gesetzt. Niemand denkt daran, Nachbarsippen zu unterwerfen. Jerusalem ist eine Stadt des Friedens geworden.

»Da kam ein Ziegenbock von Westen her.«

Der Prophet Daniel soll im Palast in Mesopotamien eine Vision gehabt haben, die später Wort für Wort eintraf. Daniel gehörte zu den Deportierten, stand im Dienst des Perserkönigs und, so wird überliefert, hatte in seiner Phantasie einen seltsamen Zweikampf gesehen:

»Ich befand mich im Palast von Susa, direkt am Ulaj-Kanal. Da sah ich einen Widder stehen. Er hatte zwei Hörner, und die beiden Hörner waren sehr hoch. Ich konnte sehen, wie der Widder mit den Hörnern nach Westen, Norden und Süden stieß. Kein Tier konnte ihm Widerstand leisten. Er tat, was ihm gefiel, und wurde groß. Da kam ein Ziegenbock von Westen her über die ganze Erde, ohne den Boden zu berühren. Der Ziegenbock hatte ein einziges Horn, das saß genau zwischen den Augen. Er lief zu dem zweihörnigen Widder und stürzte sich auf ihn mit wütender Gewalt. Der Ziegenbock zerbrach dem Widder die Hörner. Der Widder war nicht stark genug, ihn abzuwehren. Da warf der Ziegenbock den Widder zu Boden und zertrampelte ihn. Nun wurde der Ziegenbock über die Maßen groß. Als er am größten war, zerbrach das eine Horn, vier andere wuchsen an seiner Stelle.«

Im Buch Daniel wird diese Vision so ausgelegt: »Der zweihörnige Widder stellt die Könige von Persien dar. Der Ziegenbock ist der König von Griechenland. Das große Horn zwischen den Augen bedeutet, daß Griechenland einen großen König haben wird. Daß es entzweibrach und vier andere an seine Stelle traten, ist so zu deuten: Vier Königreiche werden aus seinem Volk erstehen, sind jedoch nicht so stark wie er.«

Mit einer besonderen seherischen Gabe haben diese Prophezeiungen freilich nichts zu tun, denn sie sind erst in der Makkabäerzeit, wahrscheinlich zwischen 167 und 164 v. Chr., entstanden. Das Buch Daniel muß als späte Fälschung bezeichnet werden. Die apokalyptischen Schilderungen beschreiben Ereignisse, die längst die Welt verändert hatten: Von der Nordküste des Ägäischen Meeres war ein Heer von 35000 Mann nach Osten aufgebrochen, kommandiert vom Sohn des Königs Philipp II. von Makedonien. Der Feldherr war jung und stürmisch.

Sein Name: Alexander III. Er überwand die natürliche Sperre der Dardanellen und fiel in das Gebiet der heutigen Türkei ein, das von Persien abhängig war. Wie von Daniel »vorausgesagt«, hatte der Widder (Persien) nicht die Kraft, sich gegen den Ziegenbock (Griechenland) zu wehren. Ein Jahr nach Beginn des Feldzuges erreichte Alexander die nordöstliche Ecke des Mittelmeers. Genau dort, am Einfallstor Syriens, schlug er 333 v. Chr. das Perserheer. Er ließ den besiegten König Dareios jedoch entkommen; die reichen Städte der Mittelmeerostküste lockten ihn an. Sidon und Byblos ergaben sich rasch. Tyrus und Gaza mußten belagert werden.

Die einzige Stadt, die ihn im Innern des Landes interessierte, war Damaskus. Dort war wertvolle Beute zu erwarten. Der in talmudischen Schriften erwähnte Besuch des Eroberers in Jerusalem ist eine Legende ohne historischen Hintergrund, ebenso Alexanders Diskussion mit dem Hohenpriester Simon dem Gerechten. Die abgelegene Siedlung an der Gihonquelle war ohne Bedeutung für Alexander, da er Gold und Silber dort nicht finden konnte. Die Legende, Alexander habe Jerusalem besucht, entstand deshalb, weil es der Stolz der Tempelpriester nicht zulassen konnte, daß der wichtigste Mann der Welt Jerusalem, den Mittelpunkt der Welt, gar nicht zur Kenntnis nahm. Alexander wurde von den für Glaubensfragen Verantwortlichen nicht als erobernder Teufel angesehen, als Gegner der Männer des Bundes mit Gott. Die Liste der erlaubten Namen zeigt dies, die damals entstand: Jüdische Väter durften ihre Söhne Alexander nennen.

Von der Ostküste des Mittelmeers aus machte sich das griechische Heer auf den Weg, um die Grenzen der Erde zu erreichen. Persien fiel dem Reiterheer zu, es erreichte weit ostwärts den Aralsee, die Steppen Zentralasiens und zog schließlich das Indusbecken hinunter. Den Ganges, den er für das Ende der Welt hielt, konnte Alexander nicht erreichen, weil seine Truppen sich weigerten, ihm dorthin zu folgen. Die eigenen Männer haben damals seinen Willen besiegt. Er mußte zurück.

Zehn Jahre nach der Schlacht von Issos war der »Ziegenbock« tot. Verzehrt waren seine Kräfte durch sinnlose Feldzüge, die ihn kreuz und quer geführt hatten, immer unterwegs in reichen und armen Gegenden. Alexander hat erobert, doch regiert hat er nicht. Außer seinen Städtegründungen blieb nichts Erinnerungswürdiges. Daniel schreibt, daß Alexander die Erde durcheile, »ohne den Boden zu berühren«.

Alexander hat die Phantasie der Menschen zu allen Zeiten beschäftigt. Die Historiker haben mit Vorliebe auf diesen mutigen und brillanten Reitergeneral geblickt, seine Taten geschildert. Übersehen wurde, daß er eigentlich der ausgeprägteste Vertreter einer Generation von Männern war, die von einem unbändigen Expansionsdrang erfaßt waren. Die Entwicklung hatte vor Alexander begonnen, und sie überdauerte ihn: Der griechische Mensch und seine Lebensart breiteten sich über das ganze Gebiet aus. Wißbegierige griechische Reisende machten den Anfang. Herodot hatte in der Mitte des fünften Jahrhunderts unserer Zeitrechnung begonnen, die Welt jenseits der ihn umgebenden Grenzen zu erforschen. Er fand Nachahmer.

Auf die Wißbegierigen folgten die Kaufleute. Bald wurde der Handel im östlichen Mittelmeer von der Seemacht Athen beherrscht. Ihren Kaufleuten die Märkte von Sidon, Byblos, Tyrus und Gaza zu öffnen war ein wesentlicher Grund für Alexanders Eroberung der Mittelmeerostküste.

Alexander wurde Legende – die griechischen Händler blieben Realität. Gaza wurde zur wichtigsten Niederlassung, zur Basis für Beziehungen weit nach Arabien hinein. Die Gewürzkarawanen wurden bald schon von Griechen organisiert. Archäologen fanden in den Siedlungen von Gaza bis Eilath griechische Keramik und griechische Münzen mit dem Zeichen der Eule von Athen. Auch in Jerusalem ist eine derartige Münze entdeckt worden; das gängige Zahlungsmittel in der Stadt war die persische Münze mit dem Bildnis des Dareios. So arm Jerusalem auch war, die griechischen Händler fanden dort einen Markt. Sie brachten zum Beispiel Fische von der Küste hoch in die Bergstadt.

Das Reich zerfiel nach Alexanders Tod trotz der Bemühungen eines Regenten – sein Name war Perdikkas –, die Einheit zu bewahren. Die Generale waren jetzt die Mächtigen. Ehrgeizig waren sie alle. Jeder wollte stark sein wie Alexander. So stritten sie sich um Macht und Territorium. Zwei der Generale hatten sich sofort nach Alexanders Tod Gebiete gesichert, die eine breite Basis boten für den Kampf um das gesamte Erbe. Ptolemaios hatte nach Ägypten gegriffen, Seleukos nach Syrien, Irak, Iran und nach Teilen von Afghanistan. Griechen waren sie beide, doch einigen konnten sie sich nicht.

Wieder war das Land an der Ostküste des Mittelmeers die Landbrücke zwischen den beiden Machtpolen, die sich um Nil und Euphrat gebildet hatten. Wieder lag Jerusalem in umstrittenem Gebiet.

Wichtiger als der Streit der beiden Mächtigen und ihrer Nachfolger war den Bewohnern von Jerusalem die Veränderung der Lebensumstände, die sich vollzogen hatte. Die Griechenherrscher, die in einer Welt aufgewachsen waren, der die politische Bedeutung des Handels nicht fremd war, hatten dafür gesorgt, daß der Reichtum der eroberten Länder nicht in Schatzhäusern gehortet wurde: Sie hatten erbeutete Edelmetalle zu Münzen ausprägen lassen; sie hatten Edelsteine in den großen Marktzentren verkaufen lassen; sie hatten konfiszierte Ländereien gegen Pacht ausgeliehen. Die Zeit, da Gold, Silber und Land als totes Kapital festlagen, war vorüber. Die Befriedigung lag nicht mehr darin zu besitzen, sondern aus dem Besitz Gewinn zu ziehen. Die Bewegung der Werte, der Umsatz, war als profitträchtiges Prinzip der Wirtschaft erkannt worden.

Alexandria – Vorbild für Jerusalem

Den Kaufleuten von Jerusalem gefiel diese Veränderung der Einstellung zum Handel – sie entsprach ihrem lebhaften Temperament. Die meisten waren damit einverstanden, daß das Gewerbe der Händler zum wichtigsten Erwerbszweig in der Stadt wurde. Sie folgten, verspätet, dem Beispiel, das die Bewohner von Byblos, Sidon, Tyros und Gaza längst gegeben hatten. Vor allem aber orientierten sie sich am Vorbild der neuen Stadt im Nildelta, die bald alle anderen Großsiedlungen zwischen Ägypten und Mesopotamien an Glanz überstrahlte: Alexandria.

Diese Stadt war architektonischer Ausdruck der neuen Zeit des kommerziellen Denkens. Ihre Anlage war übersichtlich und großzügig, auf ebenem Gelände ausgebreitet. Die Straßen verliefen im rechten Winkel aufeinander zu. Sie waren planiert worden, damit die Bewohner sich mit Pferd und Wagen fortbewegen konnten. Alexandria war die Stadt der großen Entfernungen.

Sie hatte sich nicht, wie die Städte Vorderasiens, um einen Markt herum entwickelt. Wer, wie in Damaskus, Komplexe von Ladenstraßen sehen wollte, der suchte sie hier vergeblich. Hier besaß jede Wohnstraße ihren Laden, einen, vielleicht zwei. Die Läden waren Handelshäusern angeschlossen mit übernationalen und überseeischen Beziehungen.

Parallel zur Steigerung der Bedeutung des Handels hatte sich ein gesellschaftlicher Wandel vollzogen. Der Reichtum gehörte nicht mehr dem Herrscher und seinem Clan; Eigentum war jetzt breiter gestreut. Auch im Stadtbild spiegelte sich dieser Wandel: Die Privathäuser waren breit und mehrstöckig angelegt, durch Säulen geschmückt. Wer reich war, wollte seinen Reichtum zeigen.

In Jerusalem wuchsen über Generationen hin Tausende von Männern heran, die Begabung genug besaßen, um mithalten zu können im Wandel der Zeit. Doch die Stadt gab ihnen zunächst kaum eine Chance: Die führende Schicht war nicht an der Wirtschaft interessiert; ihr Denken war vollauf damit beschäftigt, die Gesetze zu erfüllen, die Esra erlassen hatte. Die Priester und die Statthalter, die auf Nehemia folgten, sahen Jerusalem als den Mittelpunkt der Welt. Folglich erwarteten sie, daß in Jerusalem die Maßstäbe gesetzt wurden für alles Geschehen. Richtete sich die Welt nicht nach der Stadt über dem Kidrontal, so war sie selbst schuld und mußte, früher oder später, die Konsequenzen tragen. So blieb der Blick der Stadtführung auf das eigene Gemeinwesen konzentriert. Das Interesse an der Welt endete an der Stadtmauer: Die Welt dagegen hatte sich an Jerusalem zu orientieren – das war Wunsch und Wille der bisherigen Stadtelite.

Wer die Beschränkung als kleinlich und provinziell empfand, der mußte sich trotzdem damit abfinden. Als Alternative blieb ihm nur die Auswanderung. Diesen Weg wählten viele. Die meisten der Auswanderer steckten sich ein hohes Ziel: Sie wollten erfolgreich sein am bedeutendsten Handelsplatz der Welt – in Alexandria. So wuchs im Nildelta die größte jüdische Auslandsgemeinde jener Zeit heran.

Die Ausgewanderten behielten Kontakt zur alten Heimat. Sie schrieben Briefe, in denen sie vom großzügigen Leben in Alexandria erzählten. In Jerusalem wurden manche Briefe von Hand zu Hand weitergereicht. Da wunderten sich Frauen, daß die Ausgewanderten mit Stolz vom Schmuck berichteten, den sie trugen. In Jerusalem waren Verzierungen des Gewands, Halsbänder und Armreifen noch immer verpönt. Über Seltsames schrieben manche Männer: Sie trainierten ihre Körper nackt in den Turnhallen, im Gymnasium – den Zuhausegebliebenen aber predigten die Priester von der Sündhaftigkeit des Körpers.

Ganz unmerklich erst begannen sich die Menschen der Stadt im Gebirge Juda zu verändern: Frauen steckten sich Broschen an die Kleider; Händler importierten bessere Stoffe für Röcke und Mäntel; jemand verzierte sein Haus mit einer Skulptur. Auf einmal redeten junge Männer wie selbstverständlich in der eleganten und geschmeidigen Sprache der Griechen. Da sie sich verständigen konnten mit Beamten der Ptolemäer und der Seleukiden, bildeten die Jungen bald schon die Gegenelite, zum Ärger der Priester und der Nachfolger des Nehemia. Im Ersten Buch Makkabäer wird der Zusammenprall der Meinungen geschildert: »In jenen Jahren traten gesetzesfeindliche Leute auf. Sie redeten auf viele ein. Sie sagten: Wir wollen uns mit denen, die nicht so glauben wie wir, wieder vertragen. Sie sind schließlich unsere Nachbarn. Erst seit wir uns für etwas Besonderes halten, sind wir vom Unglück geschlagen.«

Die junge Elite setzte sich schließlich durch. Sie richtete sich eine Turnstätte ein, nach dem Vorbild des Gymnasiums von Alexandria. Viel Platz war dafür nicht vorhanden in der Enge der Hügelstadt. Wahrscheinlich war das Gymnasium nur eine kleine ummauerte Fläche ohne Dach. Doch es galt als Triumph der neuen Lebensform.

Beim Turnen aber sahen die jungen Männer, daß ihre griechischen Freunde unbeschnitten waren. Sie empfanden sich plötzlich mit einem Makel behaftet; sie schämten sich. Zum Entsetzen des Hohenpriesters, der über die Bewahrung der Tradition zu wachen hatte, fanden die jungen Männer eine Methode, um die Beschneidung rückgängig zu machen. Im Ersten Buch Makkabäer findet sich dieser Hinweis: »Auch stellten sie sich die Vorhaut wieder her.« Da die Beschneidung jedoch als wesentlicher Bestandteil des Bundes zwischen Volk und Gott betrachtet wurde, verurteilten die Männer der geistlichen Führung den Widerwillen gegen diese Sitte; sie empfanden ihn als Rebellion gegen Gott.

Sportliche Betätigung, bisher nur von Kriegern geübt, wurde zur Mode. Wer modern sein wollte, mußte turnen, rennen, weitspringen, ringen. Dieser Mode konnten schließlich sogar die Priester nicht mehr widerstehen. Sie gründeten ihren eigenen Sportkreis und bauten sich eine Turnstätte, beim Tempel. Hier legten auch sie ihre Kleidung ab.

Da Sport Wettkampf darstellte, waren die Priester bald nicht mehr damit zufrieden, untereinander die Kräfte zu messen, sie forderten die Mitglieder der anderen Sportgruppen heraus und kämpften gegen sie. Der Sport wurde nach wenigen Jahren so wichtig genommen wie der Tempeldienst. Das Resultat war, daß Priestersportler Einladungen zu Wettkämpfen in den Küstenstädten annahmen, die nicht zum Kreis der jüdischen Siedlungen gehörten. Sie gerieten damit mehrmals in die Verlegenheit, um Preise ringen zu müssen, die im Tempel des Gottes Baal geweiht worden waren oder – wie in Tyrus – im Heiligtum des Stadtgottes Melkart. Daß die Priestermannschaft allerdings am Fackelzug zu Ehren Melkarts teilnahm, störte selbst die Toleranten unter den Gläubigen. Die Traditionalisten beklagten den Verfall der guten Sitten; dem Sport abspenstig machen konnten sie niemand.

Wie sehr sich die Menschen von Jerusalem den Bräuchen in der großen Stadt im Nildelta angepaßt hatten, zeigt der Reisebericht des ägyptischen Beamten Zenon. Das Finanzministerium des Nilstaates hatte Zenon im Jahre 258 v. Chr. in die Städte der Provinz Juda geschickt, damit er die Arbeit der dortigen Vertreter des Ministeriums kontrolliere und beurteile. Bei Ausgrabungen in der ägyptischen Oase Fajum sind die Reste seines Landhauses und sein privates Archiv entdeckt worden. Ein Papyrus, durchlöchert und an den Rändern ausgefranst, konnte als Bericht über die Reise nach Jerusalem entziffert werden. Zenon schrieb, er habe nichts Außergewöhnliches angetroffen; trotz der Enge der Stadt habe er sich wie zu Hause gefühlt, weil er gleichgesinnte Freunde angetroffen habe.

Die Geschäfte mit den Händlern von Jerusalem waren, so berichtete

Zenon, nicht durch Probleme belastet. Zum Nildelta hin orientierten sich die Kaufleute. Die Handelshäuser in Alexandria wurden bevorzugt und preisgünstig mit Wein, Holz und Arbeitssklaven beliefert. Besonders begehrt war das Olivenöl, das auf dem Markt von Jerusalem angeboten wurde: Öl aus Früchten des Ölbergs im Osten der Stadt war in der Qualität dem ägyptischen Öl überlegen.

Zenon informierte sein Ministerium, daß die Abwicklung der Geschäfte einem jüdischen Kaufmann und Grundbesitzer, der Tobias heiße, anvertraut sei. Dieser Tobias zeige Interesse, Bewässerungserfahrungen der Landwirte im Nildelta auf den Äckern seines Gutes im Jordantal zu nutzen. Er habe die Wechselwirkung zwischen Bewässerung und Gewinn erkannt.

Die Ausbreitung des griechischen Denkens verwandelte die Stadt jedoch nur allmählich. Mochte auch direkt beim Heiligtum von unbekümmerten Priestern Sport getrieben werden, so wurde doch der Tempel selbst zunächst nicht vom neuen Geist berührt. Lange Zeit trennten die Priester Privatleben und Dienst. Erst um das Jahr 170 v. Chr. begannen die geistigen Dämme zu brechen, die das Gotteshaus auf dem Hügel über der Stadt bisher geschützt hatten.

Die Spannung zwischen Griechenfreunden und Konservativen war zum ständigen Generationskonflikt geworden in Jerusalem. Die Auseinandersetzungen wiederholten sich: Waren die Sporttreibenden, die sich so unkonventionell gebärdet hatten, jeweils älter geworden, so wehrten sie sich gegen den, ihrer Meinung nach, unmoralischen Fortschrittsdrang der Nachwachsenden. Sie verteidigten das, was sie als Tradition betrachteten. Doch die Bewertung, was Fortschritt war – und was Tradition, veränderte sich von Generation zu Generation. Der Konflikt zwischen Alt und Jung blieb, die Menschen und die Stadt aber wandelten sich.

Der Tempel wird Gott Zeus geweiht

Daß die Bewohner der Stadt Jerusalem nicht mehr hebräisch sprachen, war die bedeutendste Veränderung. Sie betraf das Wesen des Volkes. Harmlos hatte die Entwicklung begonnen. Vor Jahrzehnten hatte die Jugend die ersten griechischen Ausdrücke gelernt. Sie fanden diese Sprache schick. So wurde Griechisch zum Idiom der jungen Männer. Der Lerneifer brachte Vorteile: Wer im Staat der griechischen Herrscher vorankommen wollte, der war gut beraten, wenn er deren Sprache zu beherrschen versuchte. Bald erkannten auch die Kaufleute, die mit Partnern in Alexandria zu verhandeln hatten, den Nutzen dieser Fremdsprache – selbst die jüdischen Verwandten, die das Geschäftsleben im Nildelta kontrollierten, sprachen und schrieben nur noch griechisch. Da der Handel das Leben in Jerusalem beherrschte, lernten immer mehr Menschen die Sprache des Handels. Schließlich verständigten sich auch die Priester untereinander in der einst fremden Sprache.

Hebräisch wurde nur noch im Gottesdienst verwendet. Da die meisten der Gläubigen die Texte der Lesungen schließlich kaum noch verstanden, drängten sie darauf, die hebräische Sprache ganz aus dem Tempel zu verbannen. Nur noch wenige wollten die alten Geschichten aus den Fünf Büchern Mose vorgelesen bekommen. So verloren die Bücher und der darin beschriebene Bund mit Gott langsam ihre Bedeutung.

Dieser dramatische Wandel, der doch so ohne spektakulären Konflikt geschah, vollzog sich keineswegs in friedlicher Zeit. Die Nachfolger der streitenden Generale hatten den Zwist beibehalten. So lag Jerusalem 150 Jahre lang im Spannungsfeld zwischen den Machtzentren zweier griechischer Dynastien. War die Stadt in der ersten Phase der Auseinandersetzung um die Landbrücke vom Nil zum Euphrat ohne Bedeutung für die Ptolemäer und die Seleukiden gewesen, so hatte sich Jerusalems Wert während der eineinhalb Jahrhunderte danach verändert. Der kommerzielle Aufschwung hatte Jerusalem reicher gemacht; es gehörte nun zu den wichtigen Städten im Bereich der Mittelmeerostküste. Jerusalem konnte nicht mehr damit rechnen, geschont zu werden.

Die Herrscher aus der Seleukidendynastie, die für Syrien und Irak zuständig waren, hatten es sich angewöhnt, Tempelschätze, die sie durchweg als totes, nutzloses Kapital betrachteten, zu rauben, um aus Gold und Silber Münzen schlagen zu lassen, die den Geldkreislauf vermehrten, den Handel belebten und damit das Sozialprodukt steigerten. Der Schatz des Tempels von Jerusalem – mehrfach ausgeraubt, aber immer rasch wieder gewachsen – reizte die Mächtigen. Doch sie legten ihrer Gier lange Zeit Zügel an; auch als sie allein, ohne Konkurrenz der Ptolemäer, über die Region zwischen Jordan und Mittelmeer regieren konnten.

Der Griff nach dem Tempelschatz war erst möglich nach gründlicher psychologischer Vorbereitung der Bewohner der Stadt um das Heiligtum. Sie bestand aus systematischer Entwertung der bisherigen Glaubensprinzipien, die tiefgreifenden Wandel des religiös-politischen Lebens nach sich zog. Antiochos IV. – seine Herrschaft begann im Jahre 175 v. Chr. – suchte und fand im Priesterstand von Jerusalem Männer, die bereit waren, die Veränderungen des Glaubens und des Gottesdienstes zu vollziehen. Antiochos trug den Beinamen »Epiphanes«, der »sichtbare Gott«. Schon dieser Titel zeigte, daß er wenig Respekt hatte vor dem unsichtbaren und unnahbaren Gott der Juden. Sein Beiname war Programm.

Ohne selbst Jerusalem zu betreten, organisierte der Seleukidenmonarch den Wandel der Überzeugung. Seine Beamten wußten, wie die Stimmung der Bewohner zu beeinflussen war; sie hatten die Möglichkeit, Steuererleichterungen zu gewähren; sie setzten die Zolltarife fest. Wer nicht den Tempel, sondern das Gymnasium besuchte, der konnte mit Bevorzugung rechnen.

Die Propaganda der griechischen Beamten war wirkungsvoll: Bald galten die Männer als rückständig und lächerlich, die noch am alten Glauben festhalten wollten. »Querköpfe und Ewiggestrige«, das waren die Schimpfworte, die sie zu hören bekamen, wenn sie gegen Zügellosigkeit und Gottes Verachtung protestierten. Sie mußten sich sagen lassen, sie gehörten nicht in die neue Zeit des Handels, sie paßten wohl kaum in eine Welt der Geschäftsbeziehungen, die nicht an engen Grenzen endeten. Da den Traditionsbewußten Verwegenheit und Einfallsreichtum fehlten, galten sie als störrisch und verstockt. Verspottet wurde, wer Jerusalem als die Stadt bewahren wollte, in der Gott zu Hause war. Dieser Gott der Väter konnte nicht mehr Gesetzgeber sein in einer Gesellschaft, die gelernt hatte zu spekulieren – die Geld rasch verdiente und rasch wieder ausgab.

Dem Hohenpriester Onias behagte diese Entwicklung nicht. Er hatte die Absicht, den Gottesdienst im Tempel auch weiterhin einigermaßen in Einklang mit der Tradition zu halten. Doch Onias war der Allianz zwischen griechischen Beamten und den jüdischen Gymnasiumsbesuchern nicht gewachsen. Ein Verwandter des Onias, der ebenfalls Priester war, spürte die Schwäche seines Vorgesetzten. Er bot sich der Partei der Fortschrittlichen »als Garant des Wandels auch im Tempelbereich« an. Sein Name war Jason. Er versprach Anpassung des Gottesdienstes an den im Seleukidenreich üblichen Zeuskult. Auf einen solchen Mann hatten die Beamten des Antiochos gewartet. Sie setzten Onias ab und ernannten Jason zum Hohenpriester.

Dieser Eingriff in die Autonomie der Tempelverwaltung blieb nicht ohne Folgen. Das Ansehen des höchsten religiösen Amts schwand: Da Jason der Mann der Griechen war, trauten ihm die jüdischen Nationalisten nicht – die Anhänger des griechischen Lebensstils kümmerten sich um die Tempelpriesterschaft ohnehin nicht. So fühlte sich kaum ein Bewohner der Stadt veranlaßt, den Tempel zu besuchen. Der Besucherschwund hatte wirtschaftliche Konsequenzen für die Priester: Sie nahmen weniger Spendengelder ein.

Vereinsamt lag der Tempel auf dem Hügel über der Stadt. Die Stille war kein Grund zur Freude für den Hohenpriester Jason. Er begriff, daß ihm keine Macht mehr blieb. Solange er als Vasall der Griechen galt, war er zur Bedeutungslosigkeit verurteilt. Er begann darüber nachzudenken, wie er an Profil gewinnen könnte.

Die Wohlhabenden, die sich für fortschrittlich hielten, hatten ein wichtiges Ziel erreicht: Vertrieben aus dem Tempel war der Mahner, der an den Gott der Fünf Bücher Mose erinnert hatte, der vor irdischen Freuden gewarnt hatte. Die neue Zeit der Aufgeschlossenheit gegenüber der Welt konnte beginnen.

Den wohlhabend gewordenen Händlern wurde rasch bewußt, welche Chancen ihnen die gesellschaftliche Veränderung bot. Hatten sie früher die Fuchtel der Priester zu spüren bekommen, so konnten sie jetzt den Priestern ihre Meinung sagen. Die Händler warfen der einst führenden Theokratenschicht vor, die Grundsätze moderner Sauberkeit in der Stadt vernachlässigt zu haben. Sie veranlaßten selbst die Einrichtung von Bädern – natürlich zunächst im Komplex des Gymnasiums. Nach und nach übernahmen sie die Verwaltung der Stadt. So entwickelte sich aus der wirtschaftlich führenden Schicht die neue politische Spitze von Jerusalem. Einstige Untertanen der Theokratie wurden zu Bürgern einer Stadt, für die sie mehr und mehr selbst die Verantwortung übernahmen. Sie folgten dabei dem Vorbild der Händler aus den Küstenstädten: Sie hatten schon eine Generation zuvor in ihren Gemeinwesen die Macht übernommen. Als Ansatz zur Demokratie kann die Machtübernahme durch die Wohlhabenden nicht verstanden werden – im Gegenteil: Eine Schicht des Geldadels bildete sich heraus, die auf ihre eigenen Bedürfnisse Rücksicht nahm.

Schutzpatron des Geldadels war der »sichtbare Gott« Antiochos IV. Er ließ dem Hohenpriester keinerlei politische Bewegungsfreiheit. Jason hatte ihm nur zu garantieren, daß die Stadt regelmäßig fällige Steuerzahlungen leistete. Um nicht länger nur als oberster Steuereintreiber zu gelten, begann Jason, der aus Gnade der mit den Griechen sympathisierenden Bürgern Hoherpriester geworden war, wieder religiöse Dekrete zu erlassen, deren Basis die Gesetzesvorschriften der Fünf Bücher Mose waren. So sollten die Bewohner von Jerusalem wieder die jüdischen Feiertage beachten.

Die neue Adelsschicht aber ließ sich die Einschränkung ihres Lebensfreiraums nicht gefallen. Sie dachte nicht daran, die Sabbatruhe einzuhalten. Sie wollte sich die Fröhlichkeit nicht nehmen lassen, die mit der Lebensart der Griechen in Jerusalem eingezogen war. Nie zuvor waren diejenigen, die sich finanziell ein gutes Leben leisten konnten, so ungezwungen und heiter gewesen. Jason, der die Absicht hatte, die Erinnerung an die Kraft der jüdischen Religion zu wecken, durfte nicht länger der Erste unter den Priestern sein. Er wurde abgesetzt, wie zuvor Onias.

Menelaos hieß der Mann, der den Griechenfreunden aus der Verlegenheit half. Seine Dienstfertigkeit gegenüber Antiochos IV. war unübertroffen. Er ging so weit, dem Herrscher zu sagen, daß alle Menschen, die in Jerusalem lebten, bereit seien, den jüdischen Glauben aufzugeben, um künftig Zeus anzubeten.

Wahrscheinlich hat Menelaos diese Versicherung in der Überzeugung abgegeben, die Juden seien tatsächlich der Religion, an die sie seit 2000 Jahren mit wechselnder Intensität geglaubt hatten, überdrüssig. Sie hätten sich gewöhnt an Lebensgenuß, der Entfaltung der Sexualität und Entdeckung des Körpers einschloß, der geistige Kräfte freisetzte, die Dichtung, Philosophie und Musik in der bisher kunstfeindlichen Stadt aufblühen ließen. Daß Menelaos das ihm brutal und archaisch erscheinende Ritual der Beschneidung hatte verbieten können, ohne gewaltige Protestdemonstrationen auszulösen, muß ihm Ermutigung gewesen sein, den Weg der »Modernisierung« fortzusetzen. War doch die Beschneidung als Zeichen und als Bekräftigung des Bundes jedes einzelnen mit Gott eingesetzt worden; so mußte Verzicht auf dieses Zeichen bedeuten, daß der Glaube an diesen Bund mit Gott erloschen war.

Menelaos, der sich schon am Ziel glaubte, wurde ganz unerwartet mit Problemen konfrontiert. Als in der Stadt bekannt wurde, daß der Hohepriester aus der Tempelkasse Zahlungen an den Griechenherr-

scher Antiochos leistete, fühlten sich viele Bewohner betrogen – sie
waren bereit, wie die Griechen zu leben, doch den griechischen Staats-
schatz wollten sie nicht auffüllen. Die Protestdemonstrationen begannen in den ärmeren Vierteln der Stadt und breiteten sich innerhalb von
Minuten den Hang hinauf aus. Die Armen rotteten sich mit Bauern
und Handwerkern zusammen. Bibelfeste Männer übernahmen die
Führung. Sie gaben die Parole aus, der Kampf für den wahren Gott
habe begonnen und damit die Abrechnung mit den irrgläubigen Griechenfreunden. Hitzköpfe drangen rasch durch die Straßen bis zum
nahezu unbewachten Haus des Hohenpriesters. Menelaos selbst entkam ihnen, doch sie packten seinen Bruder und erschlugen ihn.

Antiochos IV. konnte sich diese Rebellion nicht gefallen lassen. Er
sah seine Politik der Hellenisierung gefährdet. Er mußte befürchten,
daß Jerusalem wieder in die Hand jüdischer Traditionalisten geriet und
damit ein Signal gab für andere Städte der Region, den Prozeß der
Assimilierung in den griechischen Staat zu beenden. Entschlossen, jede
Rebellion zu unterdrücken, schickte Antiochos Truppen in die Stadt,
die dem Hohenpriester Menelaos beizustehen hatten. Er ließ wahre
und vermeintliche Schuldige am Tod seines Bruders umbringen. Andere, die nur geringe Verantwortung am Aufstand trugen, wurden in
Ketten nach Syrien gebracht. Jedem wurde deutlich, daß es nun keine
Frage der Freiwilligkeit mehr war, ob sich die Gemeinschaft oder der
einzelne zur griechischen Lebensart bekannte.

Antiochos griff deshalb hart durch, weil er in seinem Territorium
keinen Unruheherd dulden konnte. Er befand sich bereits in harter
Auseinandersetzung mit Rom, das eine expansive Politik im Ostraum
des Mittelmeers für gewinnbringend hielt. Wie sehr die Handlungsfreiheit des Seleukidenherrschers eingeschränkt war, ist daraus zu
ersehen, daß er sich einem Sondergesandten aus Rom fügen mußte, der
ihm den Befehl gab, von einem Angriff auf Ägypten abzusehen.
Antiochos hatte diesen Angriff für das Jahr 168 v. Chr. geplant. Er
empfand seine Schwäche vor römischer Gewalt als Demütigung.

Die politischen Köpfe in Jerusalem, die zu den Gegnern der Griechen
zählten, spürten, daß die Seleukidenherrschaft von einer bedeutenden
Macht bedroht war. Jason, der Monate zuvor für kurze Zeit der
Hohepriester der Griechen gewesen war, fand bei den Traditionalisten
Glauben für sein Bekenntnis, er habe wieder zum Bund der Väter
zurückgefunden. Besonders die Bauern der Dörfer, denen die Neigung
der Städter zum ungebundenen Leben mißfiel, sahen in Jason den
Bekehrten, der Führer werden konnte gegen Unmoral und Gottlosig-
keit in Jerusalem. Bewaffnet mit Spießen und Schwertern boten sie sich
Jason als Kämpfer für die Sache Gottes an. Doch nicht allein Glaubens-

eifer trieb sie zum bewaffneten Aufstand: Die Bauern hatten kaum profitiert vom wirtschaftlichen Aufschwung; dafür wollten sie sich jetzt an den Wohlhabenden rächen.

Doch trotz Unterstützung durch Bewohner der unteren Stadt konnte die Rebellion nicht gelingen. Die griechische Garnison war nicht zu überrumpeln. Für eine längere Belagerung aber bot sich Jason und seinem Haufen keine Chance, da Antiochos rasch Truppen zur Verstärkung der Verteidiger nach Jerusalem schickte. Die Bauern hatten gehofft, die Stadt plündern zu können, doch als der schnelle Erfolg ausblieb, verloren sie die Lust zu kämpfen und wanderten nach Hause zurück. Jason floh das Kidrontal hinunter in Richtung Jericho.

Antiochos vertraute nun nicht mehr darauf, daß Jerusalems Bevölkerung von selbst Stadt und Tempel Gott Zeus weihte. Zum Zeichen seiner Unzufriedenheit ließ er einen Teil der Stadtmauer abbrechen. Wieder einmal lag die Siedlung über dem Kirontal schutzlos auf dem Hügel. Zerstörung der Mauer bedeutete Brechung des Stolzes der Bewohner. Doch damit war die Demütigung nicht abgeschlossen: Wieder mußten sich Männer und Frauen zum Zug in die Gefangenschaft aufstellen. Viele Bewohner der armen Unterstadt hatten Jerusalem in Richtung der heutigen Türkei zu verlassen.

Der Hohepriester Menelaos sah sich nun am Ziel. Er glaubte, keine Rücksicht mehr nehmen zu müssen. Er beauftragte Baumeister damit, Fenster in den hintersten Raum des Tempels zu brechen. Licht sollte das Dunkel vertreiben – zusammen mit der Überzeugung, in diesem Dunkel habe Gott gewohnt. In den Raum, der bisher das Allerheiligste gewesen war, stellte Menelaos einen Zeusaltar. Für alle Zeiten sollte der griechische Gott im Tempel angebetet werden. Der wahre Glaube, so verkündete Menelaos, habe endlich über den Aberglauben triumphiert. Im Jahre 167 v. Chr. geschah diese Revolution des Glaubens.

Jerusalem, zur Stadt des Zeus geworden, veränderte sein Gesicht. Die Freunde der Griechen bauten ihre Häuser auf dem Westhügel, der durch das Zentraltal vom Osthügel der Davidstadt getrennt war. Der Westhügel bot ebene Flächen, auf denen breit hingelagerte Häuser errichtet werden konnten. Hier entstanden getreue Kopien der Gebäude in Alexandria: Sie waren durchweg mehrstöckig und durch Säulenvorhallen geschmückt. Die Kunst der Steinmetzen hatte sich so weit entwickelt, daß Säulen und Mauern mit glatten Oberflächen gestaltet werden konnten. Die neue Stadt war von eleganter Wirkung. Sie entsprach dem Geist der Bewohner und ihrer geschmeidigen Sprache. Die Besitzer der Häuser auf dem Westhügel gaben ihrem Stadtviertel die Bezeichnung »Antiochia in Jerusalem« – zu Ehren des Herrschers Antiochos IV.

Beherrscht wurde die neue Stadt durch eine Festung, die den Namen Akra trug. Das Erste Buch Makkabäer berichtet von ihren großen und starken Mauern. Den Archäologen ist es allerdings bis heute nicht gelungen, Reste dieser Mauern zu finden. So ist die genaue Lage der Akra noch immer umstritten. Da sie jedoch den Tempel überragt haben soll, muß angenommen werden, daß sie direkt auf dem Westhügel stand. Die Festung Akra ist wichtig für den Verlauf der Ereignisse während der folgenden Jahre.

Die Widerstandsbewegung des Makkabi

Das Dorf Modi'in lag einst in der Gegend des heutigen Ben-Gurion-Flughafens in der Ebene von Lod; die Entfernung zwischen Modi'in und Jerusalem betrug in der Luftlinie etwa 30 Kilometer.

Die Bewohner waren arme Bauern, die den Wandel der Zeit nicht mitmachen wollten. Der Hohepriester Menelaos aber hatte angeordnet, daß auch die Männer und Frauen von Modi'in künftig Zeus anzubeten hätten, wie dies in anderen Dörfern ringsum bereits geschah. Menelaos schickte einen Trupp Soldaten von Jerusalem hinunter in die Ebene. Ein Offizier kommandierte die Einheit. Er gab Anweisung, alle, ob alt oder jung, gesund oder krank, hätten sich auf dem Dorfplatz zu versammeln. Fernzubleiben wagte niemand. Auf dem Platz angekommen, sahen die Dorfbewohner, daß die Soldaten einen Altar mitgebracht hatten. Der Offizier verkündete, ab sofort sei dieser Altar, dem Gott Zeus geweiht, das Heiligtum von Modi'in. Das erste Opfer müsse noch in dieser Stunde vollzogen werden. Ein Mann aus dem Dorf habe vorzutreten, um auf dem Zeusaltar das Blut eines Schweines fließen zu lassen. Die geeignetste Persönlichkeit dafür sei wohl, so meinte der Offizier, Mattatias, der aus einer angesehenen Jerusalemer Priesterfamilie stammte.

Die Wahl war gut getroffen: Der alte Mattatias wurde als Mann mit Gerechtigkeitssinn respektiert. Seine fünf Söhne folgten seinem Vorbild. Hatte der königliche Offizier erst Mattatias samt Familie auf seiner Seite, dann war das Dorf Modi'in für den Zeusglauben gewonnen. Der Offizier stand unter dem Zwang, dem Kommandanten der Festung Akra in Jerusalem einen Erfolg melden zu müssen.

In jedem gläubigen Juden mußte der Befehl des Offiziers, ein Schwein zu schlachten, Abscheu auslösen. Das Schwein galt als das Unreinste der Tiere; seit Jahrhunderten war es den Juden verboten, mit seinem Blut in Berührung zu kommen. Daß die Anhänger des Zeuskultes gerade das Schwein als Opfertier gewählt hatten, zeigte den Gläubigen die Abscheulichkeit des Denkens der Griechen.

Viele Bewohner des jüdischen Landes aber hatten offenbar dieses Gefühl der Abscheu verloren, denn in Jerusalem und in anderen Städten und Dörfern war das Opfer für Zeus bereits üblich geworden. Wer sich in den Gemeinden jeweils als erster vor Zeus gebeugt und ihm ein Schwein geschlachtet hatte, der war reich entlohnt worden.

Auch Mattatias hörte das Angebot: »Du wirst Gold, Silber und viele Geschenke erhalten!« Das Erste Buch Makkabäer aber berichtet, daß der aufrechte alte Mann dem königlichen Offizier diese Antwort gegeben habe: »Selbst wenn sich alle Sippen, die unter der Herrschaft des Königs leben, seinen Wünschen angepaßt und den Glauben ihrer Väter abgelegt haben, so werden wir – ich, meine Söhne und alle Verwandten – am Bund mit unserem Gott festhalten. Seine Gesetze werden wir weiterhin beachten. Wenn uns der König Anordnungen in Glaubensfragen gibt, befolgen wir sie nicht. Weder nach rechts noch nach links werden wir vom rechten Glauben abweichen.«

Doch auch im Dorf Modi'in fand sich ein Jude, den die Geschenke des königlichen Offiziers lockten. Als er zum Altar trat, um das Schwein zu schlachten, da wurde Mattatias vom Zorn ergriffen. Der Alte schlug den opferwilligen Mann mit seinem Stock tot. Die Umstehenden verfielen einem Taumel der Raserei. Sie erschlugen den Offizier und seine Soldaten. Den Altar des Zeus zertrümmerten sie.

Mattatias rechnete damit, daß bald andere Soldaten zum gnadenlosen Strafgericht nach Modi'in reiten würden. Er floh deshalb mit seinen Söhnen. Alles, was ihnen gehört hatte, ließen sie zurück.

Beschrieben wird dieses dramatische Ereignis und seine Folgen in einem Buch, das während der Jahrzehnte des zweiten vorchristlichen Jahrhunderts weite Verbreitung fand. Wir kennen es heute unter dem Titel »Erstes Buch Makkabäer« – damals aber lautete die Überschrift »Geschichte der Fürsten des Gottesvolkes«. Es handelt sich um eine Chronik der Vorgänge, die politisch und religiös in Jerusalem und im übrigen jüdischen Land während der mehr als eineinhalb Jahrhunderte zwischen Alexanders Eroberungen und dem Niedergang der Nachfolger von Antiochos IV., während der Periode der Hellenisierung, bemerkenswert waren.

Der Autor hat in Jerusalem gelebt. Viele der Geschehnisse, deren Ablauf er gegen Ende des Buches aufzeichnete, hat er selbst beobachtet. Sein Bericht enthält eindrucksvolle Beschreibungen von Details und direkte Zitate. Doch das Außergewöhnliche der »Geschichte der Fürsten des Gottesvolks« war in jener Zeit ihre Sprache. Das Geschichtswerk ist in hebräischer Sprache verfaßt worden – von einem Bewohner jener Stadt, in der längst nicht mehr hebräisch gesprochen wurde. Dazuhin hat der Autor einen extrem altertümlichen Stil gewählt, der Satzbau und Wortwahl früher Propheten kopierte. Der Chronist war nicht nur Historiker, er wollte ein politisches Dokument schaffen, ein

Zeugnis dafür, daß sich der Heroismus der frühen jüdischen Geschichte in Zeiten der Not wiederholte.

Ein Erfolg wurde das Buch jedoch nicht in Jerusalem und auch nicht in der jüdischen Fassung. In Alexandria aber war die Nachfrage groß. Dort waren Kopisten damit beschäftigt, immer wieder eine Übersetzung ins Griechische abzuschreiben. Gerade dort, wo der Geist des Griechentums zuerst in jüdische Herzen gepflanzt worden war, fand das Buch, das den Widerstand gegen diesen Geist beschreibt, reißenden Absatz. Jeder wollte die Geschichte von Mattatias und seinem Sohn Judas Makkabäus im Buch des Widerstands lesen.

Mattatias und die Mitglieder seiner Familie flohen nach der Tötung des opferwilligen Juden, des königlichen Offiziers und seiner Soldaten in Richtung Nordosten, weg von der Bezirkshauptstadt Lydda und weg von Jerusalem. Das waldige Bergland von Grophna, nur 15 Kilometer von der Heimat entfernt, bot ihnen Unterschlupf.

In Höhlen und Hütten lebten dort bereits unterschiedliche Gruppen von Gesetzesbrechern. Da verbargen sich Kriminelle aus Neigung, hitzköpfige Meuterer und Rebellen, die Antiochos und seine Gesetze verabscheuten. Mattatias und die Seinen gaben dem verwegenen Haufen, der bisher Raubüberfälle verübt hatte, eine Aufgabe, die ihre Existenz als Banditen mit Sinn erfüllte: Die Männer hatten Zeusaltäre zu zerstören und die Bewohner der Dörfer gegen die Griechenfreunde aufzuwiegeln. Beute fiel auch weiterhin ab. Wer zur griechischen Obrigkeit hielt, der durfte nach Meinung des Mattatias ausgeraubt werden. Mattatias befahl seinen Banden auch, Beschneidungen durchzuführen – auch wenn dies von den Eltern nicht erwünscht war. Daß zu dieser rituellen Handlung schon Stärke des Herzens nötig war, zu der sich kaum noch Eltern durchringen konnten, wird verständlich aus der Lektüre einiger Sätze aus dem ersten Kapitel des Makkabäerbuchs: »Die Frauen, die ihre Söhne beschneiden ließen, wurden nach den geltenden Gesetzen zum Tod verurteilt. Die Kinder hängte man ihnen um den Hals. Ebenso wurden diejenigen getötet, die eine Beschneidung vorgenommen hatten.« Mattatias kümmerte sich um die Folgen für die Eltern der Kinder nicht, die er beschneiden ließ. Das Erste Buch Makkabäer teilt mit: »Die Kämpfer vollzogen mit Gewalt die Beschneidung.«

Mattatias war Chef einer Kommandoorganisation geworden, deren Gesetz sich jeder unterwerfen mußte, der in ihre Hand geriet. Doch konnte niemand Schutz von den Kämpfern erwarten. Sie wandten Guerillataktik an, die sich bis heute nicht verändert hat: Sie besetzten Siedlungen, doch nur für wenige Stunden; ehe reguläre Truppen eintrafen, waren sie verschwunden.

Mattatias beteiligte sich selbst an Kommandoaktionen. Doch die Anstrengungen zehrten an seinen Kräften. Nach einigen Monaten starb er. Es wird berichtet, er sei in der väterlichen Gruft bestattet worden – zu Hause, in Modi'in; im Gebiet, das von den Königstreuen beherrscht wurde.

Mattatias hatte vor seinem Tode bestimmt, daß sein Sohn Judas zum militärischen Führer der Organisation ernannt werde. Judas hatte sich während der ersten Unternehmungen als überaus geschickter Taktiker erwiesen. Er trug den Beinamen »Makkabi«, der Hammer.

Makkabi wurde rasch bekannt, als es ihm gelang, eine Abteilung des königlichen Heeres zu vernichten, die der Gouverneur von Samaria selbst in die Hügel nördlich von Jerusalem führte. Das Glück blieb Makkabi treu, als der Staat eine zweite Strafexpedition in die Bergwälder schickte. Der gegnerische Feldherr machte Fehler. Er überforderte die Kräfte seiner Soldaten. Makkabi, der über ausgezeichnete Kundschafter verfügte, erfuhr von jeder Absicht des Feindes und kannte das Gelände genau. Er konnte seine Kampfeinheiten kräftesparend einsetzen. Dazuhin war der Vorteil der Überraschung immer auf seiner Seite. Das reguläre Heer war Makkabis unkonventioneller Kriegführung nicht gewachsen. Bemerkt werden muß allerdings, daß Antiochos IV. selbst gerade damals, im Frühling des Jahres 165 v. Chr., am Euphrat unruhig gewordene Medervölker niederzuringen hatte. Sein Ansehen konnte er im Kampf gegen Makkabi nicht in die Waagschale werfen – für seinen Stellvertreter kämpften die Soldaten mit geringerer Begeisterung.

Die erste Teilung der Stadt Jerusalem

Makkabi hatte vom Anfang der Kommandoaktionen an die Absicht gehabt, den Tempel von Jerusalem unter seine Kontrolle zu bekommen. Doch er mußte zwei Jahre lang auf seine Chance warten. Er wußte, daß er Verbündete besaß innerhalb der Stadtmauer: Die Armen standen auf seiner Seite. Sie haßten die wohlhabenden Zeusgläubigen. An eine Rebellion konnten sie jedoch nicht denken: Die Griechenfreunde bildeten die mächtige Mehrheit – und waren geschützt durch die Garnison in der Burg Akra, die westlich des Tempels aus massiven Steinquadern errichtet worden war.

Mit Hoffnung blickten die armen und gläubigen Juden auf Makkabi. Sie beteten, er möge die Stadt bald besetzen, um dem Zeuskult ein Ende zu machen. Als die Siege der Kommandoorganisation bekannt wurden, da geschah es, daß die Armen den Reichen erst heimlich, dann offen durch Gebärden drohten. Manchmal wurden in der unteren Stadt aufgeregte Menschenhaufen beobachtet. Nach einigen Wochen weigerten sich viele, in Handwerksbetrieben zu arbeiten, deren Besitzer Zeus geopfert hatten. Im Sommer des Jahres 165 v. Chr. waren Gerüchte zu hören, Makkabi ziehe auf Jerusalem zu.

Diese Gerüchte berichteten die Wahrheit. Der Rückzug des königlichen Heeres nach den überraschenden Niederlagen des Frühjahrs 165 v. Chr. hatte den Weg freigemacht nach Jerusalem. Die Garnison dort war nicht stark genug, um die ganze Stadt zu verteidigen. Sie zog sich auf die Burg Akra zurück und verschanzte auch in aller Eile, aber wirkungsvoll, die umliegenden Stadtviertel auf dem Westhügel. Dies war schon seit Jahren das Wohngebiet der Griechenfreunde gewesen. Von ihren höhergelegenen Häusern aus konnten die bisherigen Herren von Jerusalem beobachten, wie sich Makkabis Kommandotruppe – noch immer schlecht bewaffnet, doch zu äußerstem Einsatz entschlossen – über die Region der Davidstadt am Hang des Kidrontals und über den Tempelhügel ergoß.

Das Erste Buch Makkabäer schildert den Eindruck, den die Kämpfer hatten: »Man sah das Heiligtum verwüstet, den Altar geschändet, die Tore verbrannt. In den Höfen wuchs Gras und Gestrüpp, da war ein

Dickicht wie auf den unbewohnten Hügeln um die Stadt.« Niemand hatte Gottesdienst hier gehalten während der vergangenen Monate – auch die Zeusgläubigen nicht.

Makkabi und seine Männer begannen sofort mit der Rodung des Dickichts. Bogenschützen, die auf den Zinnen der Akra standen, aber störten die Aufräumungsarbeiten durch systematische Beschießung der freiliegenden Tempelterrasse. Nach dieser Erfahrung gab Makkabi Befehl, um das Heiligtum Mauern aufzurichten. So wurde der Tempelhügel zur zweiten Festung in Jerusalem. Beide waren Symbol der Teilung der Stadt. Sie dauerte 24 Jahre.

Ständig von der Gefahr bedroht, daß die Besatzung der Burg Akra einen Ausfall wagte, arbeiteten Makkabis Männer an der Reinigung und Reparatur des Tempels. Der Bericht im Ersten Buch Makkabäer über die Arbeiten lautet: »Judas Makkabi gab einer Truppeneinheit den Befehl, immer kampfbereit zu sein gegen die Garnison in der Burg. Er bestimmte Männer, die etwas vom Gesetz verstanden, zu Priestern. Man entsühnte das Heiligtum und trug die Steine des Zeusaltars an einen unreinen Ort. Die Männer berieten unter sich, was mit dem geschändeten Brandopferaltar zu tun sei. Da kam ihnen der Gedanke, ihn niederzureißen. Für den Gottesdienst konnte er nicht mehr verwendet werden, weil er von den Zeusanhängern geschändet worden war. So rissen sie den Altar nieder. Die Steine aber lagerten sie abseits auf dem Tempelberg. Ihrer Meinung nach sollte sich ein späterer Prophet damit befassen, was mit den Steinen zu tun sei. Sie nahmen nach der Vorschrift des Gesetzes unbehauene Steine und bauten nach der Art des ehemaligen Altars einen neuen auf. Die Mauern des Heiligtums und die Innenräume wurden erneuert. Man weihte die Vorhöfe, erneuerte die heiligen Geräte und trug den Leuchter, den Rauchopferaltar und den Tisch in das Heiligtum. Die Männer brachten auf dem Altar Rauchopfer dar und zündeten die Lichter auf dem Leuchter an, so daß die Halle hell wurde. Auf den Tisch legten sie Schaubrote. Auch hängten sie die Vorhänge auf. So schlossen sie alle Arbeiten ab.«

Das Fest der Tempeleinweihung wird seither – bis heute – in jedem Jahr am 25. Tag des jüdischen Monats Kislev und in den acht darauffolgenden Tagen als Fest Chanukka von den Gläubigen begangen.

Freuten sich die Juden über den Erfolg des Makkabi, so ärgerten sich die Völker der Nachbarschaft. Sie hatten davon profitiert, daß Jerusalem kein Zentrum der Macht mehr war. Unter ihnen wuchs nun die Sorge, ein starker jüdischer Staat könnte entstehen, der Ansprüche stellte. Mit Argwohn sahen sie plötzlich die Juden an, die unter ihnen wohnten. Viele wurden beleidigt, geschlagen; manche wurden umgebracht.

Makkabi bewertete die Ausschreitungen als Beleidigung des Gottesvolkes. Er nahm die Herausforderung an. In der Verfolgung von
Gegnern der Juden durchzog Makkabi mit seinen Kämpfern innerhalb
weniger Monate alle Regionen, die einst zu Davids großem Reich
gehört hatten. Diese Regionen fest in einen jüdischen Staat einzubin-
den gelang ihm allerdings nicht. Makkabi hatte keine Verwaltungsspe-
zialisten zur Verfügung. Die Beamten mit Erfahrungen und Kenntnis-
sen lebten in der noch immer griechisch gebliebenen Hälfte von
Jerusalem.

Makkabi wußte, daß er seine Position an der Ostküste des Mittelmeers erst festigen konnte, wenn er Schluß machte mit der Teilung der
Stadt. Solange er Jerusalem nur zur Hälfte besaß, wurde er nicht ernst
genommen. Das Erste Buch Makkabäer faßt die Situation so zusammen: »Die Burgbesatzung behinderte die Gläubigen rings um das
Heiligtum. Sie war darauf bedacht, überall Schaden anzurichten. Für
die Zeusanhänger überall im Land war die Burg ein Rückhalt.«

Makkabis Kämpfer versuchten im Jahre 163 v. Chr. – Antiochos IV.
war inzwischen tot –, die Festung zu stürmen. Sie fuhren Rammböcke
gegen die Mauern und errichteten hölzerne Türme für die Bogenschützen. Die Guerillakrieger, erfahren in beweglicher Kampfführung,
mußten die Belagerungstechnik erst erlernen. Ihre Rammböcke zerbrachen, und die Türme gingen, getroffen von brennenden Geschossen, in
Flammen auf. Die Belagerten hatten Grund zu spotten.

Verständlich ist, daß in den erhaltenen Schriften wenig Gutes berichtet wird über die Männer, die in der Griechenhälfte der geteilten
Stadt Verantwortung trugen. Sie werden als Gottesfeinde abgetan.
Beachtenswert ist ihre Leistung: Trotz Einschließung gelang es ihnen
mehr als ein Jahrzehnt lang, die Versorgung von rund 10 000 Menschen zu sichern. Das Ungeschick der Makkabäertruppe machte es
ihnen allerdings leicht. Unterstützung erhielten sie schließlich auch
von außen.

Antiochos V. rückte auf Bitten der Eingeschlossenen mit der eindrucksvollen Streitmacht von 50 000 Kämpfern zu Fuß und 5 000
Berittenen aus der Küstenebene durch bewaldete Täler gegen Jerusalem
vor. Makkabi wußte, daß seine Männer in der Stadt Belagerung und
Sturmangriff durch einen derart starken Truppenverband nicht aushal-
ten konnten, da ihre Flanke durch die griechische Garnison in der Burg
Akra gefährdet war. Makkabi blieb nur die Chance, den Gegner im
bergigen, waldigen Gelände zu überraschen. In der Enge der Täler war
es den Reitern unmöglich, im Galopp zu attackieren; und die Infanterie
fand keinen freien Raum, um sich zu entfalten. Makkabi nützte den
Geländevorteil, doch das Heer Antiochos' V. ließ sich nicht aufhalten.

80 Elefanten – wichtiger Bestandteil des Seleukidenheeres – bahnten den Weg durch die Wälder; sie bestimmten das Tempo des Vormarsches. Zwar lagen am Weg jüdische Dörfer, die zu Festungen ausgebaut worden waren. Ihre Verteidigungskraft war jedoch deshalb geschwächt, weil man sich in einem Sabbatjahr befand. Alle sieben Jahre blieben die Äcker brach liegen; da in einem solchen Jahr nicht gepflanzt und daher auch nicht geerntet werden durfte, waren die Vorräte geringer als sonst. Die Dorfältesten und Festungskommandanten hatten Grund, zeitig zu kapitulieren.

Griffen Makkabis Kämpfer die Kolonne an, mußten sie die Erfahrung machen, daß die Kampfelefanten eine wirkungsvolle Waffe waren. Sie ließen sich nicht von Pfeilschüssen und Schwerthieben irritieren; sie schritten langsam, aber stetig voran. Während eines Gefechts glaubte Eleasar, der jüngere Bruder des Makkabi, den Elefanten entdeckt zu haben, der König Antiochos V. trug. Eleasar stürzte wagemutig auf dieses besonders geschmückte Tier zu und stieß ihm das Schwert von unten her in den Bauch. Der Elefant brach schließlich zusammen. Dabei zermalmte die Masse seines Körpers den kühnen Angreifer. Eleasar war sofort tot. Antiochos aber saß nicht in der Sänfte dieses Elefanten.

Makkabi verlor Hunderte von Männern, doch einen Erfolg erzielte er nicht. Auch das Heer des Antiochos ließ viele Tote in den Tälern zurück, trotzdem blieben die Reihen geschlossen. Mit kaum geschwächter Kampfkraft erreichte die Streitmacht Jerusalem. Begeistert wurden Antiochos, seine Kämpfer und die Elefanten von den Bewohnern der Griechenstadt begrüßt. Sie glaubten fest daran, Antiochos V. werde auch den Tempelbereich wieder der Kontrolle der Zeusgläubigen unterstellen. Sie wollten die Herren der wiedervereinigten Stadt sein.

Der Sieger aber hob die Teilung der Stadt nicht auf. Die jüdischen Bewohner mußten zwar die starken Mauern abtragen, die Makkabi um den Tempelbezirk hatte errichten lassen, doch das Heiligtum selbst wurde ihnen nicht genommen. Das Erste Buch Makkabäer berichtet, dem König sei von einem wichtigen Mann seines Stabes dieser Vorschlag gemacht worden: »Reichen wir denen, die bisher unsere Feinde waren, die Hand. Schließen wir Frieden mit ihnen und mit ihrem ganzen Volk. Wir gestehen ihnen zu, daß sie, wie früher, nach ihren eigenen Gesetzen leben können. Sie haben sich doch nur gegen uns empört, weil sie ihre Gesetze halten wollten.«

Der König stimmte dem Vorschlag zu und gab sofort Befehl, seine Friedensbereitschaft zu verkünden. Die gläubigen Juden in der Stadt atmeten auf, als sie hörten, ihnen werde keine weitere Belastung durch Tributzahlungen auferlegt. Antiochos V. gab ihnen keinen Grund zur

Unzufriedenheit: Sie durften weiterhin im Tempel Gottesdienst abhalten – jetzt sogar völlig ungestört, denn die Garnison der Burg belästigte sie nicht mehr.

Makkabi aber war mit diesem überraschenden Friedensschluß keineswegs einverstanden, denn der Ausgang des Kampfes befriedigte seinen persönlichen Ehrgeiz nicht. Er war der Verlierer, gedemütigt durch die Gnade des Siegers. Dessen Nachgiebigkeit hatte ihn selbst überflüssig gemacht. Die Gläubigen sahen keine Veranlassung, die Auseinandersetzung mit den Griechenfreunden weiterzutreiben. In der Stadt erregte sich niemand mehr darüber, daß in den griechischen Quartieren Zeus verehrt, in Wahrheit aber zumeist überhaupt kein Gott angebetet wurde. Die Gottesdienste waren dort selten geworden. Ohne den schwelenden Zorn der Bevölkerung gegen die Frevler, die einem fremden Gott opferten, aber fand Makkabi keine religiös-politisch motivierten Anhänger mehr. Ihm treu blieben nur noch die Verbrecher und Meuterer. Mit ihnen kehrte er zurück in die abgelegenen Hügel von Grophna. Die Kommandobewegung war wieder am Ort ihrer Anfänge angelangt.

Nach dem Verlust von Jerusalem wurde Makkabi nie mehr populär. Die Ursache dafür ist nicht nur in der Abkehr der Juden Jerusalems vom radikalen Kurs zu suchen, sondern auch in der politischen Entwicklung des gesamten Seleukidenreichs: Kein Herrscher besaß mehr die Kraft, den angegliederten Völkern seinen Willen aufzuzwingen. Befand sich ein solches Volk in einer Phase des aufstrebenden Nationalismus, dann versuchte es, aus dem Staatsverband auszubrechen. Fehlte einem Volk jedoch der Drang zur eigenen nationalen Entfaltung, dann schloß es Frieden mit sich selbst. Dieses Stadium hatten die Bewohner von Jerusalem und des Landes ringsum erreicht.

Die Widerstandsbewegung des Makkabi hatte den Sinn gehabt, den jüdischen Glauben vor der Auflösung im diesseitig orientierten Kult der Griechen zu bewahren. Diese Aufgabe war erfüllt. Je mehr sich die Griechenherrscher in Bruderkriegen selbst zerfleischten und schwächten, desto sinnloser erschien den Juden Makkabis Kampforganisation. Er kämpfte dennoch weiter und fand schließlich den Tod, den er wohl gesucht hatte. Wie sein Vater Mattatias wurde Makkabi in der Familiengruft im Dorf Modi'in zur Ruhe gelegt.

Antiochos V., der Makkabis Revolution und Kommandobewegung die Daseinsberechtigung genommen hatte, starb unrühmlich in der Gefangenschaft, in die ihn sein Rivale Demetrios gelockt hatte. Diesem Demetrios gelang ein genialer Zug im politischen Spiel: Er fand einen Kandidaten für das Amt des Hohenpriesters, der aus der Familie des Aaron stammte. Daß er zur Sippe des Bruders von Mose gehörte, machte den Kandidaten auch für peinlichst auf Tradition bedachte Juden annehmbar. Dem Nachfolger des Makkabi als Chef der radikalen jüdischen Bewegung – er hieß Jonathan – war damit der letzte Rest einer politischen Basis entzogen.

Jonathan hielt den Schlupfwinkel in den Wäldern der Hügel nördlich von Jerusalem für unsicher. Auf den Straßen ringsum marschierten Militärkolonnen; die Gegend Grophna lag in der Nähe der Verbindungswege zwischen Jerusalem und den Machtzentren der Seleukidenherrscher im Norden. Jonathan wich nach Süden aus, in nahezu unbewohntes Gebiet. Etwa 15 Kilometer südlich von Jerusalem, an einer Wasserstelle, schlugen Jonathan und seine Männer Zelte auf.

Der Nachfolger des Makkabi war klug und wartete ab. Damit er nicht in Vergessenheit geriet, überfiel er gelegentlich Militärkolonnen. Günstig für Jonathan war, daß über Jahre hin jeweils zwei Männer Anspruch erhoben auf die Herrschaft im Seleukidenstaat. Jeder der beiden war interessiert, mögliche Unruhestifter zu besänftigen, bewaffnete Haufen an sich zu binden, sich mit politisch Denkenden zu verbünden. Jonathan, von allen Thronprätendenten als möglicher Verbündeter angesprochen, vermied jedes Abenteuer. Kontaktaufnahmen überlegte er sich lange.

Sein politischer Wert stieg, als der von den Griechen in Jerusalem eingesetzte Hohepriester den taktischen Fehler beging, die Mauer um den inneren Tempelbereich abbrechen zu lassen. Mit dieser Maßnahme gestattete er auch Nichtjuden den Zutritt zum Tempel. Wichtige Männer der Gemeinde protestierten. Über ihre Reaktion ärgerte sich wiederum der Hohepriester so sehr, daß ihm ein Schlaganfall die Sprache raubte. Dies wurde von den Gläubigen als Gottesurteil gewertet.

Jonathan erschien den Mächtigen im Seleukidenstaat als geeigneter Ordnungshüter in der von Unruhen bedrohten Stadt. Er erhielt die Genehmigung, nach Jerusalem zu ziehen, um dort die ihm verbliebenen Streitkräfte neu zu ordnen und weitere Soldaten anzuwerben.

In Jerusalem konnte Jonathan seine Politik des Pendelns zwischen den Ehrgeizigen, die Anspruch erhoben auf den Seleukidenthron, zur höchsten Kunst entwickeln. Ernannte ihn der eine zum Hohenpriester, so versprach ihm der andere, er werde ihm die Burg Akra übergeben. Diese Pendelpolitik war jedoch von Jonathan selbst schließlich als gefährlich erkannt worden. Fehlkalkulationen der Machtverhältnisse mußten sich bitter rächen. Rettung in einer derart schwierigen Situation konnte nur ein Bündnis mit einer Großmacht bringen. Und tatsächlich hatte ein Staat während der vergangenen Jahrzehnte mehr und mehr an Einfluß gewonnen im östlichen Mittelmeerraum – Rom.

Zum Senat von Rom schickte Jonathan, ohne daß er einen politischen Auftrag besaß, Gesandte mit dem Vorschlag, Rom und Jerusalem sollten eine Partnerschaft eingehen.

Zwei Auswirkungen dieses Angebots waren von Jonathan allerdings nicht in Betracht gezogen worden: Die Partnerschaft weckte Interessen der auf Expansion bedachten römischen Politiker – und sie erregte Argwohn des Seleukidenmonarchen und seines Rivalen.

Einer der Generäle Antiochos' VI. – sein Name war Tryphon – machte der Intrigenpolitik ein Ende. Durch plumpes Schmeicheln schläferte Tryphon Jonathans Argwohn und Wachsamkeit derart ein, daß dieser, nur von einer kleinen Leibwache begleitet, ins Lager des Griechenheeres ritt. Dort wurde Jonathan verhaftet. Er sollte nach Jerusalem gebracht werden – in den griechischen Teil der Stadt. Die Militärkolonne, die ihn bewachte, geriet jedoch in den Hügeln südlich von Jerusalem in einen gewaltigen Schneesturm. Verwehungen blockierten die Straßen. Die Soldaten wichen ins warme Jordantal aus. Irgendwo am See Genezareth wurde Jonathan der Kopf vom Rumpf getrennt.

Als auch Jonathan in der Familiengruft zu Modi'in beigesetzt war, da wurde sein Bruder Simon der führende Kopf der religiös-nationalistischen Bevölkerungsschicht in Jerusalem, die rasch Einfluß gewann. Da die Macht der Griechenmonarchen schwand, verminderte sich auch die Zahl ihrer Freunde. Viele Familien verließen das Stadtviertel auf dem Westhügel und zogen in Häuser auf dem Hang über dem Kidrontal.

Simon machte rasch Schluß mit der Pendelpolitik zwischen den Thronanwärtern. Er bekannte offen, Demetrios II. gegen Tryphon zu unterstützen. Diese Bündniszusage lohnte sich: Im Jahre 141 v. Chr. durfte Simon die Unabhängigkeit des Staates Judäa verkünden – nach 400 Jahren der Zugehörigkeit zu fremden Reichen. Seit Nebukadnezars Sieg war das Land um Jerusalem kein selbständiger Staat mehr gewesen. Verständlich ist, daß die jüdischen Menschen in der Stadt an den Beginn einer neuen Zeit glaubten. Urkunden aus jenen Tagen beginnen mit dem Satz: »Im ersten Jahr Simons, des großen Hohenpriesters, Heerführers und Fürsten der Juden.«

Die von Demetrios II. gebilligte Unabhängigkeitserklärung des Hohenpriesters Simon hatte die politische Situation in der geteilten Stadt radikal verändert. Hatten die Bewohner des Westhügels sich bisher darauf berufen können, die Gunst des Seleukidenherrschers zu genießen und damit die legitime Macht in Jerusalem zu repräsentieren, so mußten sie jetzt feststellen, daß Demetrios II. sie im Stich gelassen hatte. Sie konnten nie mehr mit seinem Schutz rechnen. Die Stadtteile der Griechen und die Burg Akra waren zum Fremdkörper in Jerusalem geworden. Vorauszusehen war eine energische Aktion der Truppe des Hohenpriesters mit dem Ziel, die Wiedervereinigung Jerusalems zu erringen.

Um die Folgen der Flucht vieler Menschen vom Westhügel in die andere Hälfte der Stadt gering zu halten, hatte die Führung der Griechenfreunde beschlossen, Häuser am Rande ihres Gebiets aufzugeben. Die Konzentration auf den Kern ihrer Stadthälfte erleichterte die Verteidigung. Allerdings zog auch Simon Nutzen daraus: Der Wall, den er um die Stadtteile der Griechen aufwerfen ließ – er wurde Kaphernata genannt –, kam mit geringerem Durchmesser aus als ursprünglich geplant.

Dieser Wall erst war die Vollendung der Teilung. Er verhinderte, daß die Menschen der geteilten Stadt miteinander Handel trieben, daß sie überhaupt Kontakt untereinander hatten. Die Bewohner der Griechenstadt hätten nie über zwanzig Jahre hin die Isolation ausgehalten, wenn die Händler nicht Lebensmittel auf dem jüdischen Markt hätten kaufen können, wenn die Handwerker nicht draußen Absatz für ihre Erzeugnisse gefunden hätten. Während der zwanzig Jahre der Stadtteilung hatte kaum jemand Not gelitten auf dem Westhügel. Doch jetzt wurden alle vom Hunger geplagt. Die Führung mußte einsehen, daß sie den Hungertod von Hunderten der Bewohner nicht verhindern konnte. Sich die Freiheit durch Angriff und Ausfall zu erkämpfen war ausgeschlossen. Auf Entsatz bestand überhaupt keine Hoffnung. Das Heer des Seleukidenstaates befand sich 200 Kilometer entfernt in den Städten nördlich des Litaniflusses. Sein Befehlshaber dachte nicht daran, nach Süden, in Richtung Jerusalem auszurücken, schließlich hatte sein Herrscher dem Hohenpriester Simon die freie Verfügung über das Territorium von Judäa ohne jede Einschränkung vertraglich zugesichert. So blieb der Garnison nur die Möglichkeit der Kapitulation.

Vereinzelt flackerten Kämpfe auf, als die Soldaten des Hohenpriesters die Kontrolle über die bisher griechische Hälfte der Stadt übernahmen. Sie verlangten die Räumung der Burg und der umliegenden Häuser. Auf Befehl Simons wurde sofort mit dem Abbruch der Burg Akra begonnen.

Innerhalb weniger Tage waren die starken Mauern bis auf das Fundament abgetragen. Die Quader wurden zur Verstärkung der Bastionen auf dem Tempelhügel benützt.

So verlief die Vereinigung der beiden Stadthälften ohne brutale Ausschreitungen, ohne Racheakte der siegreichen Traditionalisten an den jetzt hilflosen Griechenfreunden. Wer von den Zeusgläubigen Judäa verlassen wollte, durfte ungehindert auswandern, wobei seine feste Habe, wie Haus und Boden, der Tempelverwaltung zu überschreiben war. Wer bleiben wollte, der konnte sich in der traditionell jüdischen Hälfte der Stadt nach einer Unterkunft umsehen – er war aber gut beraten, wenn er sich in Glaubensdingen den Juden anpaßte. Für den Zeuskult gab es keinen Altar mehr in Jerusalem.

Trotz Wiedervereinigung interne Spaltung

Simon und seinen Nachfolgern gelang die Abwehr aller Versuche, Judäa doch wieder einem Seleukidenherrscher zu unterwerfen. Das Heer war stark genug, jede Bedrohung von der Stadt abzuwenden. Die äußere Ruhe löste einen wirtschaftlichen Aufschwung aus: Baugewerbe und Handwerk waren gut beschäftigt, erst durch staatliche Aufträge, dann durch private Bauherren.

Das Stadtbild von Jerusalem veränderte sich. Dort, wo sich zuvor die Festung Akra erhoben hatte, entstand jetzt ein Palast für den Hohenpriester Simon. Dieser Repräsentant der religiösen Traditionalisten ließ sich ein Haus bauen mit allen Annehmlichkeiten, die Jerusalem der griechischen Kultur verdankte. Elegante Säulen schmückten die geräumigen und luftigen Hallen; zahlreiche Bäder standen den Hofbeamten und der Familie des Hohenpriesters zur Verfügung.

Damit Simon, der Regierungschef und oberster Geistlicher war, ohne Anstrengung vom Sitz seiner weltlichen Macht, vom Palast, hinübergehen konnte zum Tempel, errichteten ihm die Steinmetzen des Heiligtums eine Brücke über das Zentraltal. Sie durfte auch von den Bewohnern benutzt werden, die nicht zum Hof gehörten.

Zum erstenmal in der Geschichte Jerusalems befand sich jetzt das politische Machtzentrum nicht mehr in unmittelbarer Nähe des Tempels, sondern auf dem Hügel westlich des Heiligtums. Damit war mit der Tradition gebrochen worden, die David und Salomo einst begründet hatten. Absichtlich hatte Simon den Platz gewechselt: Mit dem Umzug auf das Gelände der bisherigen Burg handelte er in den Augen der Traditionalisten, wie dies einem Sieger anstand – die Griechenfreunde aber sahen darin auch eine Geste des Respekts vor ihrer kulturellen Leistung. So bewältigte Simon die Vergangenheit: Aussöhnung war möglich in der Stadt, von der künftig niemand mehr sagen konnte, sie liege am Hang über dem Kidrontal.

Die Spaltung in Griechenfreunde und Griechengegner schien überwunden. Zuerst suchten und fanden Geschäftsleute aus den bisher getrennten Volkskreisen gemeinsame Geschäftsgrundlagen – dann wurden Heiratsbünde geschlossen. Die wohlhabenden Familien beider

Lager knüpften enge Beziehungen. Eine Generation war vergangen seit dem Ende der Stadtteilung, da wohnten reiche Sippen, die zuvor griechisch orientiert waren, als fromme Juden auf dem Westhügel.

Der Hohepriester Simon, dessen Vater Mattatias gewesen war, der Begründer der national-religiösen Kampfbewegung, und dessen Bruder der Kommandochef Makkabi war, bewahrte die Ideale der Familie. Sie hatte sich eingesetzt und geopfert für die Auferstehung des jüdischen Nationalstaats, dessen Grundlage das Bündnis mit Gott war. Simon trat, getreu der Familientradition, für kompromißlose Beachtung der Gesetze ein, die Gott dem jüdischen Volk durch Mose verordnet hatte. Als solide Grundlage des Glaubens und damit der sozialen Ordnung galt ihm deshalb die Thora, die Schrift der Fünf Bücher Mose. Nach seiner Meinung genügten die darin enthaltenen Gesetze noch immer – trotz der tausend Jahre des Wandels, die seit Mose vergangen waren.

Gleicher Ansicht war zunächst die neue Führungsschicht; sie akzeptierte den theokratischen Staat, der vom Hohenpriester geführt wurde. Die Tempelpriester, die Grundbesitzer, die wohlhabenden Händler schlossen sich zu einem lockeren Zweckverband zusammen, der von den übrigen Bewohnern Jerusalems schon bald »Sadduzäer« genannt wurde. Namenspatron war der Hohepriester Zadok, der zur Zeit Davids gelebt hatte.

Nur wenige Jahre vergingen, und die Sadduzäer hatten sich an die Macht gewöhnt. Sie hatten erkannt, daß Politik nicht immer nach den Vorschriften der Thora zu führen war. Die Sadduzäer beherrschten bald die Spielregeln – und unterschieden sich schließlich in Verhalten und Lebensweise kaum noch von den früheren Bewohnern des Westhügels.

Beeinflußt wurde die Wandlung der Sadduzäer durch ihren Reichtum, durch ihre wirtschaftliche Kraft. Sie standen in Verbindung mit der reichen Schicht wichtiger Städte außerhalb des Staates Judäa. Da die Kaufleute aus Jerusalem nicht gerne als lächerlich gelten wollten, mußten sie sich anpassen: Sie sprachen weiterhin griechisch, sie trugen Kleidung nach der Mode, die in Alexandria gültig war.

Mit dem persönlichen Reichtum des einzelnen ist jedoch das Gesamtverhalten der Schicht nicht erklärt. Die Selbstsicherheit, die den Sadduzäern über die engen Gesetze hinaus Entfaltung der Persönlichkeit ermöglichte, beruhte auf dem Gefühl, über die Staatskasse verfügen zu können. Männer aus ihrem Kreis verwalteten den Tempelschatz, der zugleich das Vermögen des Landes Judäa darstellte.

Religion und Staat waren aufs engste verbunden in der Theokratie. Der Hohepriester war zugleich Staatschef. Ganz selbstverständlich war damit auch die Verwaltung von Tempel und Staat in einer Institution zusammengeschlossen. Die Schatzkammer im Heiligtum hatte die Funktion der staatlichen Finanzkasse. Daß sie immer gefüllt war, dafür sorgten die Vorschriften, die von Angehörigen der Sadduzäerschicht erlassen wurden.

Diese Vorschriften verlangten, daß jeder Jude einmal im Jahr den Tempel von Jerusalem zu besuchen hatte, um dort zu opfern. Er konnte das Opfer in Sachwerten leisten: in Tieren aus seiner Zucht, in Erzeugnissen seines Handwerks; er mußte nicht unbedingt Geld an die Verwaltung bezahlen. Dazu aber war fast jeder gezwungen, der außerhalb des Staates Judäa lebte. Ihm war zwar erlaubt, den Tempelbesuch zu unterlassen, die Steuer aber mußte nach Jerusalem bezahlt werden.

Der Steuerhöchstsatz betrug zehn Prozent des Einkommens. Er kam in Anwendung für einige der reichen Kaufleute, die in Alexandria lebten. Auch sie waren zur Zahlung an den Tempel verpflichtet – und mit ihnen alle Juden, die irgendwo in der Welt rings um das Mittelmeer lebten.

Daß die Reichen in Jerusalem immer reicher und mächtiger wurden, sahen die Ärmeren mit Zorn. Zu den Ärmeren zählten vor allem die Kleinbauern, die Markthändler, die nicht in internationale Geschäfte verwickelt waren, und die Handwerker. Auch diese Menschen erkannten, daß sie durch Lebenslage und Interessen zu einer Schicht, zu einer Klasse gehörten. Sie besprachen ihre Probleme und die Ursache ihrer Wut auf dem Markt oder in den Gewölben der Barbiere, Schuster und Schneider. Bald war erkennbar, daß auch die Ärmeren einen Zweckverband bildeten. Wer ihm den Namen »Pharisäer« gab, ist nicht mehr festzustellen. Abgeleitet wird er vom hebräischen Wort »Peruschim«, das mit »die Abgesonderten« übersetzt werden kann.

Viele von ihnen hatten als einfache Mitglieder in der Kommandoorganisation des Makkabi gekämpft und mit dessen Nachfolgern Jerusalem dem reinen jüdischen Glauben erobert. Daß sie nun erleben mußten, wie die Führungsschicht erneut in einen Sog der Liberalisierung geriet, trug zu ihrer Wut bei.

Verständlich ist, daß sich die Mitglieder der Pharisäerschicht wenig sagen ließen von den Tempelpriestern. Sie vertrauten eher ihren eigenen Glaubensautoritäten, die nicht abgesegnet waren vom Hohenpriester. In jeder Straße fand sich bald eine solche Autorität – Rabbi genannt –, ein Mann, von Beruf Handwerker oder Händler, der sich durch Studium der Fünf Bücher Mose und anderer Überlieferungen in der eigenen Kammer mit dem Willen Gottes befaßt hatte. Diese Rabbis waren allerdings nicht bloße Nachbeter alter Texte. Sie hatten durchaus begriffen, daß sie und die Menschen, die ihnen vertrauten, in einer Welt zu arbeiten und sich zu bewähren hatten, die in nichts zu

vergleichen war mit der Welt, in der das jüdische Volk zu Zeiten von
Mose und Aaron gelebt hatte. Die Rabbis paßten sich an: Ihre Interpre-
tationen ließen humane Gedanken in die Glaubenswelt einfließen. Das
mosaische Gesetz »Auge um Auge und Zahn um Zahn« wollten die
Laiengeistlichen gemildert wissen. Sie glaubten nicht, daß sich eine
städtische Bevölkerung danach richten sollte.

Die Sadduzäer aber fürchteten neue Ideen im religiösen Bereich.
Beweglich in ihrem Geiste waren sie nur, wenn sie die Bedingungen für
ihr privates und geschäftliches Leben formten. Freiere Interpretation
der Fünf Bücher Mose leisteten sich die Tempelpriester lange nicht. Ihr
Denken war befangen vom täglichen Ritual des Gottesdienstes. Theologen im eigentlichen Sinne waren sie nicht.

Die Rabbis aber fanden neben ihrer Arbeit als Handwerker und
Händler noch Zeit, dem jüdischen Glauben neue Aspekte abzugewin-
nen. Sie überraschten die Gläubigen mit der Feststellung, der Mensch
sei unsterblich, sein Leben ende keineswegs mit dem Augenblick des
Todes. Dieser Gedanke gefiel den Zuhörern. Ihnen war die Vision vom
Weiterleben über das Grab hinaus völlig fremd gewesen. Die mosaische
Lehre hatte bisher die Dimension des Menschen auf sein irdisches
Leben beschränkt gesehen. Die Rabbis aber betonten schon bald, daß
dem künftigen Leben größere Bedeutung zukomme als der irdischen
Existenz. Die Nebenberufstheologen erkannten das Weiterleben als
ganz realistischen Vorgang: Ihre Lehre sprach von der Auferstehung
des Leibes.

Diese Öffnung der Glaubensvorstellung zum Bereich des Übersinn-
lichen ließ der Phantasie freien Spielraum. Die Rabbis sahen die Luft
bevölkert von Engeln und schlimmen Geistern. Diese unirdischen
Wesen markierten das Spannungsfeld zwischen Gut und Böse, in das
der Mensch auf der Erde hineingestellt ist. Aus diesem Spannungsfeld,
so predigten die Rabbis, werde der Mensch jüdischen Glaubens schließlich erlöst durch die Erscheinung des Messias, der das Gottesreich
anbrechen lasse, aus dem das Übel verbannt sei. Im Verlauf weniger
Jahre entwickelte sich die Überzeugung, der Erlöser werde kommen,
zum beherrschenden Gedanken der rabbinischen Theologie. Einige der
Denker in den eigenen Reihen glaubten darin eine Gefahr zu bemerken: Sie warnten vor übertriebenen Hoffnungen.

Die Sadduzäer blickten mit Erstaunen auf das geistige Leben in den
ärmeren Vierteln der Stadt. Vieles, was dort gedacht wurde, erschien
den Tempelpriestern als Irrglauben. Doch ihre Machtmittel zur Ver-
hinderung des freien Denkens waren gering.

Die Bildung geistiger und sozialer Fronten in Jerusalem wurde
zunächst überdeckt durch die Sorge vor äußerer Gefahr. Manchmal

noch, wenn sie Aufstände in anderen Gegenden besiegt hatten, fiel den Herrschern des sterbenden Seleukidenstaats ein, die Unabhängigkeitserklärung für den judäischen Staat wieder aufzuheben. Doch der Armee des bedrohten Staates, die aus der Kommandoorganisation des Makkabi hervorgegangen war, gelang es immer wieder, die Gefahr abzuwenden. Als die Angst vor erneuter Unterwerfung abklang, begann der judäische Staat seinerseits mit einer expansiven Politik: Landschaften in allen Himmelrichtungen wurden dem eigenen Territorium angegliedert, wobei die jüdischen Bewaffneten vor allem Gegenden annektierten, die einst zum Reich des Königs David gehört hatten.

Die Wiederherstellung des Davidstaates in seiner vollen Ausdehnung gelang während der Regierungszeit des Hohenpriesters Alexander Jannai (103 bis 76 v. Chr.). Er war noch immer ein Nachfahre des Aufrührers Mattatias. Sein Ziel, das Reich Davids neu zu errichten, verlangte dem judäischen Volk gewaltige Opfer ab. Die jungen Männer waren gezwungen, in jedem Jahr viele Wochen lang Militärdienst zu leisten. Nur durch permanente Wehrbereitschaft konnten die unterjochten Völker im Gebiet der heutigen Staaten Libanon, Syrien und Jordanien an Jerusalem gebunden werden. Häufig aber reichte die Zahl der ausgehobenen Soldaten nicht aus, dann mußten griechische Söldner angeworben werden. Solche Anwerbungen ließen das Argument sehr rasch verfliegen, die Armee Judäas kämpfe für den wahren Glauben.

Deutlich werden die expansiven Kriegsziele beim Blick auf die Behandlung der besiegten Völker. Sie wurden von Alexander Jannai vor die Wahl gestellt, entweder den jüdischen Glauben anzunehmen oder das Land, auf dem sie bisher gelebt hatten, zu verlassen. Da sie kein unbesiedeltes Land kannten, wohin sie hätten auswandern können, blieben die meisten Sippen auf ihrem angestammten Grund und Boden und fügten sich den religiösen Vorschriften. Sie wurden Juden.

Der erfolgreiche Eroberer Alexander Jannai wollte auch, genau wie David in den ersten Jahren seiner Regierungszeit, Herrscher mit unbeschränkter Macht sein. Um den »Rat der Ältesten«, der sich während der Regierungsjahre des Simon formiert und mit Kompetenz versehen hatte, kümmerte sich Alexander Jannai nicht. Den Sadduzäern war es gleichgültig, ob der Hohepriester diese Volksvertretung achtete oder nicht; sie behielten ihren Einfluß. Der »Rat der Ältesten« war von den Pharisäern als Gremium betrachtet worden, in dem sie ihre Meinung äußern durften. Daß der Rat nicht mehr um seine Meinung gefragt wurde, traf die Rabbis und ihre Anhänger sehr. Unvorstellbar ist die Enttäuschung derer, deren Eltern zusammen mit Makkabi für den Gottesstaat gekämpft hatten. Sie mußten zusehen, wie der Nachfahre des Helden zum weltlichen Fürsten wurde, wie er sogar seinen Namen in griechische Form brachte: Er hieß fortan Alexander Jannaios. Die armen Schichten und ihre Theologen wollten sich schließlich von diesem Herrn nichts mehr sagen lassen.

In der Stadt auf dem Osthügel begann es zu gären. Die Handwerker und kleinen Händler bewaffneten sich. Unter der Anleitung durch einstige Makkabikämpfer bildeten sie Kampfgruppen. Innerhalb weniger Wochen entstand in der Stadt eine Geheimarmee mit erfahrenen Kommandeuren. Rieten einige Besonnene zur Vorsicht, so hetzten andere zum Klassenkampf.

Während eines religiösen Festtages brachen die Emotionen auf. Die Armen hatten bemerkt, daß die Schicht der Sadduzäer den Gottesdiensten ferngeblieben war, daß die Tempelpriester ihr Amt nachlässig versehen hatten. 10000 Männer und Frauen rotteten sich vor dem Palast auf dem Westhügel zusammen. Doch ehe es ihnen gelang, durch die Tore zu brechen, griffen die ausländischen Söldner des Alexander Jannaios die Empörer an. Die Kampfgruppen der Pharisäer verteidigten sich, den Söldnertruppen aber konnten sie nicht standhalten. Mehrere tausend Aufrührer verloren ihr Leben.

Dieser eindeutige Sieg der Sadduzäerpartei beendete den Bürgerkrieg in Jerusalem keineswegs. Als Alexander Jannaios nach verlustreichen Gefechten gegen Araberstämme aus dem Gebiet ostwärts des Jordan mit einem klein gewordenen Heer zurückkehrte, da glaubte die Pharisäerführung wieder, ihre Stunde sei gekommen – doch erneut wurde der Aufstand niedergeschlagen.

Alexander Jannaios sah die Gefahr, daß sich das eigene Volk im Bürgerkrieg aufrieb. Er konnte nicht zufrieden sein, wenn er bei jedem »Sieg« über Aufrührer Tausende von Untertanen verlor. Das wirtschaftliche Leben erstarb im Streit zwischen Arm und Reich. Der Markt war verödet. Um das Elend von Jerusalem abzuwenden, versuchte er einen Frieden zwischen Sadduzäern und Pharisäern auszuhandeln. Auf sein Drängen schickten die Armen eine Delegation in den Palast. Ihr gehörten die wichtigsten Rabbis an. Sie sahen im Wunsch des Staatschefs, eine Mittlerrolle zu spielen, die höchste Form der Anmaßung. Alexander Jannaios zeigte sich nachgiebig. Er bat um eine präzise Antwort auf die Frage: »Welche Voraussetzung ist nötig, damit wieder Ruhe herrscht in Jerusalem?« Alexander Jannaios erhielt eine Antwort, die ihm wenig gefiel. Sie lautete: »Wir halten Ruhe, wenn du gestorben bist!«

Die glaubenstreuen Pharisäer, die Alexander Jannaios vorwarfen, er sei zu sehr von den Griechen beeinflußt und verrate deshalb die jüdische Tradition, gaben nun selbst die Ablehnung der Griechen auf und suchten sich einen griechischen Verbündeten: Sie wandten sich an den Seleukidenherrscher Demetrios Eukairos und baten ihn um Hilfe.

Der Seleukidenstaat befand sich gerade in einer letzten Phase der Erholung, ehe er in der Auseinandersetzung mit der Expansivpolitik Roms unterging. Seine Armee hatte Monate der Ruhe hinter sich und war bereit, in den Bürgerkrieg in Jerusalem einzugreifen. Demetrios hoffte, aus dem Tempelschatz entschädigt zu werden.

Alexander Jannaios verfügte nur noch über eine kleine Truppe von nicht einmal 1 000 Söldnern. Er hatte damit gegen eine doppelte Zahl von Soldaten zu kämpfen. Seine Sorge war, daß seine zahlreichen griechischen Gastsoldaten zu Demetrios überliefen, doch sie blieben ihrem gutzahlenden Befehlshaber treu, bis sie von der Übermacht erdrückt wurden.

Alexander Jannaios, der seine Stadt Jerusalem verloren glaubte, floh in eine abgelegene Berggegend, doch er wurde durch die Pharisäer, durch seine Gegner, die ihn haßten, gerettet. Sie wollten nach der gewonnenen Schlacht nichts mehr wissen von ihrem Bündnis mit Demetrios. Sie ließen ihn wissen, er werde nicht mehr gebraucht und möge sich in sein eigenes Land zurückbegeben. Viele der Handwerker und Händler bekannten sich jetzt wieder zu Alexander Jannaios.

Demetrios Eukairos verstand diesen Sinneswandel nicht. Er war klug und spürte, daß er hineingeriet in den Wirbel innerstädtischer Auseinandersetzungen. Einer Koalition von Pharisäern und Sadduzäern fühlte er sich kaum gewachsen. Demetrios nahm den Rat derer, die ihn geholt hatten, an und zog nach Norden ab.

Kaum waren jedoch Demetrios und sein Heer fort, da besannen sich die Pharisäer darauf, daß Alexander Jannaios eigentlich ihr Feind sei. Der Bürgerkrieg brach erneut aus. Er wurde mit außerordentlicher Brutalität geführt. Über den Verlauf berichtete der jüdische Historiker Josephus Flavius, der etwa hundert Jahre später lebte, in seinem Buch »Der Jüdische Krieg«: »Alexander kämpfte, bis ihm die meisten der Rebellen zum Opfer gefallen waren. Die Restlichen trieb er in der Stadt Bemeselis zusammen, um sie nach der Einnahme der Stadt nach Jerusalem zu bringen. Sein Zorn nahm nun ein solches Ausmaß an, daß er sich in seiner Grausamkeit nicht mehr vor einem Frevel wider Gott scheute. 800 der Gefangenen ließ er nämlich inmitten der Stadt Jerusalem kreuzigen und unmittelbar unter ihren Augen deren Frauen und Kinder niedermetzeln. Er selbst sah dabei mit seinen Dirnen zu, während er ein Zechgelage abhielt. Das Volk war darüber so entsetzt, daß in der folgenden Nacht 8 000 seiner Gegner die Flucht ergriffen.«

Versöhnung zwischen Sadduzäern und Pharisäern war ausgeschlossen, solange Alexander Jannaios lebte. Kurz vor seinem Tode traf er eine kluge Entscheidung: Er bestimmte, daß seine Frau Alexandra Herrscherin von Judäa werden sollte. Sie hatte seine Grausamkeit immer abgelehnt und sich auch offen dagegen ausgesprochen. So war sie den Pharisäern willkommen, als sie zum Versöhnungsdialog aufrief. Da sie eine gläubige Frau war, gefiel ihr der religiöse Eifer der Pharisäer. Sie ließ sich rasch überzeugen, daß die Rabbis gottgefällige Männer und daß ihre Anhänger rechtschaffen waren. Während der Gespräche lernte sie geschäftstüchtige Kaufleute aus der Pharisäerschicht kennen, denen sie bald schon Aufgaben in der Staatsverwaltung anvertraute.

Die Pharisäer, die bisher die Unterprivilegierten gewesen waren, ergriffen die einzigartige Chance, die sich ihnen bot: Sie machten sich der Herrscherin, die unabhängig sein wollte von den Beamten aus der Schicht der Sadduzäer, innerhalb weniger Monate völlig unentbehrlich. Männer der Pharisäerschicht kümmerten sich um Sauberkeit in der Stadt; sie überprüften die Wasserversorgung; sie entwarfen Gesetzestexte, die das Verhältnis der Bewohner zum Staat regelten. Sie organisierten den geordneten Steuereinzug und waren schließlich verantwortlich für die Sicherheit der Menschen und vor allem des Staates. Männer aus den armen Teilen der Stadt verfügten Verhaftungen und Freilassungen.

Erstaunliches geschah während der neunjährigen Herrschaft der Witwe Alexandra (76 bis 67 v. Chr.). Die Pharisäerschicht wurde derart mächtig, daß sie die Hinrichtung der wichtigsten Freunde Alexanders durchsetzen konnte. Wer mit dem Herrscher zugesehen hatte bei der Kreuzigung der Achthundert, der mußte jetzt sterben. Die Tage der Rache waren gekommen, doch sie dauerten nicht lange.

Zwei Söhne hatten Alexandra und Alexander: Sie hießen Aristobulos und Hyrkanos. Temperamentvoll war der eine, phlegmatisch der andere. Aristobulos vertrat die Interessen der reichen Schicht. Er war der Meinung, den Sadduzäern geschähe Unrecht, und die Pharisäer besäßen zuviel Macht. Hyrkanos aber – als der Ältere berechtigt, die Herrschaft nach dem Tod der Mutter zu übernehmen – setzte auf die Ärmeren. Aristobulos hielt seinen älteren Bruder für unfähig, den Staat zu führen, und erkannte die Rechte des Hyrkanos nicht an. Der Kampf um den Einzug in den Palast entwickelte sich rasch zum Bürgerkrieg.

Wieder wurde Jerusalem geteilt: In den Quartieren der Ärmeren verschanzten sich die Rabbis und ihre Anhänger, die hervorragend bewaffnet und organisiert waren. Im Tempel und im Stadtviertel auf dem überragenden Westhügel bereiteten sich die Reichen auf die

Auseinandersetzung vor. Sie konnten sich auf eine Söldnertruppe verlassen.

Kurz vor dem Passahfest des Jahres 64 v. Chr. begannen die Pharisäerkämpfer den Tempel und den Westhügel zu belagern. Aristobulos hatte in den Wochen zuvor die Mauern verstärken lassen. Er war sicher, mit den Pharisäern letztlich doch verhandeln zu können. Doch er mußte erkennen, daß die Gegner überhaupt nicht mit sich reden ließen.

Als das Passahfest unmittelbar bevorstand, da stellten die Tempelpriester fest, daß die Zahl der Opfertiere in der belagerten Stadt zu gering war, um den Gottesdienst vorschriftsmäßig abhalten zu können. Das Passahfest ausfallen zu lassen oder die Rituale auch nur unkorrekt auszuführen, wollten Aristobulos und die Tempelpriester nicht wagen. Für die Gläubigen unter den Bewohnern des Westhügels konnte dieses Verhalten Anlaß sein zu desertieren. Aristobulos stand unter Zwang: Er mußte Schafe und Widder bekommen – nicht einzelne Tiere, sondern ganze Herden. Sie an der Pharisäertruppe vorbei in die belagerte Stadt zu treiben war unmöglich. Dem stolzen Aristobulos blieb nur der Ausweg, sich zu demütigen und den Gegner um Hilfe zu bitten. Er ließ Briefe über die Mauer hinunterwerfen, in denen die Tempelpriester ein Geschäft vorschlugen. Der Pharisäerführung wurde viel Geld angeboten, wenn sie bereit war, den Glaubensbrüdern in der Stadt zu helfen. Auf den Antwortbrief mußten die Belagerten nicht lange warten: Ein Pfeil trug ihn über die Befestigungen hinweg. Die Chefs der Sadduzäer lasen, daß ihr gottgefälliger Wunsch erfüllt werde – gegen sofortige Bezahlung in Gold. Aristobulos fügte sich. Gold, aus dem Tempelschatz geholt, wurde in Säcke verpackt und dann über die Mauer abgeseilt. Die Belagerer schnitten die Säcke von den Seilen. Opfertiere aber lieferten sie nicht. In hilflosem Zorn sahen die Belagerten zu, wie die Rabbis ordnungsgemäß das Passahfest durch Opferung von Schafen und Widdern feierten.

Über Monate zeichnete sich keine Entscheidung ab. Den Pharisäern gelang der Sturm auf Jerusalem nicht, die Sadduzäer konnten den Belagerungsring nicht durchbrechen. Da kamen beide Bürgerkriegsparteien gleichzeitig auf den Gedanken, einen Schiedsrichter anzurufen: einen Mächtigen, der eben mit seinem Heer in Damaskus angekommen war, den Römer Pompejus. An ihn wandten sich beide Chefs der streitenden Parteien. Beide, Hyrkanos und Aristobulos, wünschten, daß Pompejus die Entscheidung treffe, welcher von ihnen das Recht habe, in Jerusalem zu herrschen. Jeder wollte, daß sich Pompejus für seine gerechte Sache einsetze. Jeder bezahlte.

Jerusalem und Rom

Daß ein römischer General Schiedsrichter sein konnte in einem Streit-fall an der Ostküste des Mittelmeers, ist die Folge einer Entwicklung, die eineinhalb Jahrhunderte gedauert hatte. Am Ende des dritten vorchristlichen Jahrhunderts hatte Rom begonnen, die damals bekann-te Welt – und angrenzende Gebiete – zu unterwerfen. Nach Osten und nach Westen waren die Legionen vorgestoßen. Im zweiten Jahrhundert waren die Küstenbereiche des Balkans erobert worden, dann hatte schon bald das ganze Gebiet des heutigen Griechenland zu Rom gehört. Schließlich war der Sprung nach Kleinasien gelungen. Wie wichtig am Tiber die Länder des Ostens eingestuft wurden, ist daran abzulesen, daß im Jahr 133 v. Chr. die eigenständige Provinz Asia gegründet wurde.

Der Seleukidenstaat hatte versucht, Widerstand zu leisten, war jedoch nach Osten abgedrängt worden. Die römische Militärmacht ließ in ihrem expansiven Druck nur nach, wenn Rom von inneren Wirren erschüttert wurde. Kaum aber hatten sich die Machtverhältnisse stabi-lisiert, trafen an den östlichen Grenzen Befehle ein, die weitere Erobe-rung verlangten. Wer auch immer regierte, ob einzelne oder der Senat, er wußte, daß sein Reichtum von der Beschlagnahme weiterer Schätze im Osten abhing.

Mit offenen Armen wurden die römischen Generäle und Statthalter nirgends empfangen. Sie waren als Plünderer verhaßt. Genauso ge-fürchtet wie die römischen Soldaten aber waren die römischen Kaufleu-te, die den Heeren folgten. Um die gierigen Fremden von seinem Land fernzuhalten, wehrte sich König Mithridates von Pontus mit großer Energie. Sein Reich lag im Norden der heutigen Türkei. Seine Verbün-deten waren die Piraten von Kreta und Cilicia, das im Süden der Türkei zu finden war. Doch die römischen Legionen brannten erst die Basen der Piraten nieder, dann konzentrierten sie sich auf das Stammland des Königs Mithridates. Verlustreich für die Römer war dieser Kampf, er endete trotzdem mit ihrem Sieg.

Mit dem Zusammenbruch des Staates Pontus war Rom Herr über die Länder am östlichen Mittelmeer geworden. Im Jahre 64 v. Chr. rückte der General Pompejus, ausgestattet mit aller Vollmacht, souverän den Alten Orient zu gestalten, in Damaskus ein.

Daß ihn die zwei Bürgerkriegsparteien in Jerusalem aufriefen, Schiedsrichter zu sein, war ganz im Sinne des Generals. Er hatte vor, den Mann, dem er helfen wollte, so eng an sich zu binden, daß seine Unabhängigkeit zu Ende war. Er sollte als Vasall künftig in Jerusalem herrschen dürfen – nachdem er den Tempelschatz abgeliefert hatte.

Die feindlichen Brüder Hyrkanos und Aristobulos aber machten ihm die Verwirklichung dieser Absicht schwer. Zwar kamen beide zu ihm nach Damaskus, um ihre Ansprüche vorzutragen und sich seinem Schiedsspruch zu beugen. Doch als Pompejus sich für Hyrkanos entschied, in dem er die leichtere Beute sah, da wurde er hineingezogen in ein Netz von Intrigen, das beide Brüder spannen. Der brillanteste Feldherr Roms wurde zum Erfüllungsgehilfen der beiden gerissenen Politiker. Pompejus erkannte schließlich, daß er sein eigenes Ansehen nur durch eine erfolgreiche militärische Aktion wiederherstellen konnte: Er mußte Jerusalem einnehmen.

Aus dem Jordantal, an Jericho vorbei, marschierte das römische Heer auf Jerusalem zu. Als die Bedrohung von Stunde zu Stunde wuchs, da entschieden die Rabbis der Pharisäerpartei, daß sie und ihre Anhänger sich nicht in den unvermeidbaren Untergang der Stadt hineinreißen lassen würden. Sie verkündeten, die Stadttore ihrer Quartiere würden offenbleiben. Sie dachten also nicht an Verteidigung.

Da erkannte auch Aristobulos, daß sein Intrigenspiel zu Ende war. Aus war der Traum, er und die Sadduzäerpartei könnten mit Hilfe der Römer die Macht in der Stadt übernehmen. Ganz offensichtlich richtete sich der Zorn des römischen Generals gegen ihn. In dieser kritischen Situation entschloß sich Aristobulos zu einem mutigen Schritt: Er wollte selbst mit Pompejus reden.

Die Begegnung fand vor den Mauern von Jerusalem statt. Aristobulos versprach, er werde alles Gold, das sich in der Schatzkammer des Tempels befinde, an die römische Kriegskasse abliefern, wenn der Kampf um Jerusalem vermieden werde. Pompejus zögerte nicht, das Angebot anzunehmen, denn schließlich hatte er immer nur die Absicht gehabt, den Tempelschatz für Rom an sich zu nehmen. Gerade als die Einigung bekräftigt wurde, sahen Pompejus und Aristobulos zu ihrem Erstaunen, wie sich die Stadttore von Jerusalem schlossen. Die Führung der Sadduzäerpartei hatte kurz zuvor die Entscheidung gefällt, den Widerstand fortzusetzen. Sie trennte sich damit ohne langes Zögern von ihrem bisherigen Repräsentanten Aristobulos, dem die Rückkehr in die Stadt verwehrt blieb – die Tore von Jerusalem öffneten sich ihm nie wieder.

Pompejus war über das Verhalten der reichen Schicht wütend: Der Meinungsumschwung hatte ihn der Chance eines raschen Erfolgs beraubt. Er rächte sich zunächst an seinem Verhandlungspartner Aristobulos. Der bisherige Interessenvertreter der Wohlhabenden wurde in Ketten gelegt.

Ein letzter Versuch des römischen Feldherrn, mit der Führung der Sadduzäer eine gütliche Einigung zu erzielen, schlug fehl. Die Verantwortlichen dieser Partei dachten nicht daran, den Tempelschatz oder auch nur Teile davon an die Römer auszuliefern. Die Kommandeure an den Toren ließen den Unterhändler des Pompejus nicht einmal in die Stadt ein. Sie fühlten sich hinter den Mauern sicher.

Pompejus entschloß sich zur Belagerung. Jerusalem – für ihn eine Stadt, deren Führung vom Hochmut befallen war – mußte bezwungen und gezähmt werden. Der Stolz der Republik Rom verlangte die Zerstörung des Tempels. Nur durch diese harte Maßnahme war die zweimalige Beleidigung des Generals als Symbolfigur römischer Macht zu sühnen.

Daß der Sturm auf Jerusalem keine Aufgabe war, die auf Anhieb gelöst werden konnte, das wußte Pompejus. Schon beim Anmarsch auf der Straße von Jericho her waren ihm während einer kurzen Rast am Südhang des Ölbergs die Tücken der Befestigungsanlage aufgefallen: Hohe Mauern standen auf dem steilsten Teil des Anstiegs über dem Kidrontal. Unüberwindbar erschienen die aufgeschichteten Steinwälle. Der erfahrene Offizier Pompejus hatte sofort erkannt, daß der Tempelbereich, in dem sich die Sadduzäer verschanzt hatten, von der Talseite aus nicht einzunehmen war. Seinen Kämpfern konnte Pompejus nicht zumuten, im Sturmlauf erst den Westhang des Kidrontals zu erklimmen, um dann noch, gegen feindlichen Widerstand, die Mauern und Türme zu überwinden. Ein Blick auf das Gelände hatte dem römischen Befehlshaber deutlich gemacht, daß allein im Norden der Stadt die Möglichkeit bestand, Sturmangriffe mit Aussicht auf Erfolg durchführen zu können.

Pompejus zögerte jedoch zunächst mit der Ausarbeitung eines konkreten Kampfplans und ließ auf der Anhöhe südwestlich des Hinnomtals ein Lager für die Truppe aufschlagen. Von diesem Hügel, der bei der heutigen Straße von Jerusalem nach Bethlehem lag, konnten der General und seine Stabsoffiziere Tempel und Befestigungen einsehen. Die Entfernung zur Bastion der Sadduzäer betrug nur 1000 Meter. Hier richtete Pompejus sein Hauptquartier ein. Zum Standort für das Lager, das als Basis gedacht war für die aktiven Kämpfer, bestimmte Pompejus ein flaches, hochgelegenes Gelände, das sich im Nordwesten des Tempels erstreckte.

Erst nach gründlicher Inspektion der Festungsmauern, die nahezu ein Quadrat von 400 Metern Seitenlänge umfaßten, entwickelte Pompejus die Angriffsstrategie. Die Tempelbastion sollte durch einen Zangenangriff aufgebrochen werden. Als Orte der Attacken waren die Nordmauer und die Brücke vorgesehen, die den Palast der Makkabäer in der Weststadt mit dem Tempelhügel verband.

Die Absicht der Römer, die Brücke im Handstreich einzunehmen, wurde den Kämpfern der Sadduzäer verraten. Sie brachten daraufhin den steinernen Brückenbogen zum Einsturz. Jerusalem war wieder eine geteilte Stadt.

Die Pharisäer, die Ärmeren und Unterprivilegierten, hatten lange auf diesen Tag gewartet, an dem ihre Feinde, die Sadduzäer, den Palast auf dem Westhügel räumten. Dieser Fall trat nun ein. Die Pharisäer besetzten das bisherige Machtzentrum der Stadt. Kaum hatten sie die Kontrolle über die Häuser und Straßen der westlichen Quartiere übernommen, da boten sie den Römern jede Unterstützung an. Die Soldaten des Pompejus konnten bis zur zerstörten Brücke vorrücken.

Vorarbeiten waren nötig für den Sturmangriff. Im Norden waren die Mauerbefestigungen durch einen tiefen Graben zusätzlich verstärkt. Die Grabensohle lag tief unter der Basis der steinernen Wälle. Die Höhendifferenz konnte durch Sturmleitern nicht überwunden werden. Dazuhin verhinderte der Graben den Einsatz des Sturmbocks. Der Graben mußte zugeschnüttet werden, erst dann war an einen Angriff zu denken.

Der Entschluß, Erde und Sand in die Vertiefung zu schütten, war leicht gefaßt, jedoch nur unter Todesgefahr auszuführen. Auf den Mauerzinnen standen Scharfschützen, die darauf lauerten, ihre Pfeile gegen jeden abzuschießen, der sich dem Grabenrand zu nähern wagte. Über Tage hin verhinderten die treffsicheren Männer, die selbst in Deckung standen, mit ihren tödlichen Geschossen den Beginn der Erdarbeiten. Römische Soldaten und jüdische Arbeiter, die alle aus der Pharisäerschicht stammten, waren getroffen worden. Selbst gegen hohe Belohnung war kaum noch einer bereit, Erde und Sand in Körben zum Graben zu schleppen. Das Projekt der Aufschüttung wurde bereits als außerordentliches Risiko angesehen, da erlebten die Belagerer eine Überraschung: Am Sabbattag zischten keine Pfeile von der Mauer, wenn sich die Arbeitskolonne mit gefüllten Körben an den Graben heranwagte. Der Grund für diese Zurückhaltung war bei den Belagerern bald bekannt: Die Tempelgeistlichkeit hatte darauf bestanden, daß während der kritischen Zeit der Belagerung Gottes Gebote noch strenger beachtet werden mußten als zuvor. Jeder, der im belagerten Tempelbereich lebte, sollte sich Mühe geben, Gott weder durch Gedanken noch durch Taten zu beleidigen. Der Allmächtige durfte nicht zu Maßnahmen gegen Jerusalem gereizt werden. Die Führung der Sadduzäer, die in der Vergangenheit die Gebote insgesamt weniger rigoros ausgelegt hatte, war strenggläubiger geworden.

Da keine Ausnahmen geduldet wurden, hüteten sich die Kämpfer am geheiligten Sabbat, Pfeile auf die Belagerer zu schießen. Sie ließen auch nicht ab, das Gebot der Feiertagsheiligung zu beachten, als sie wahrnehmen mußten, wie der schützende Graben von Sabbat zu Sabbat an Tiefe verlor. An zwölf in Wochenabstand aufeinanderfolgenden Tagen konnten die Arbeiter völlig ungehindert Sand und Erde aufschütten – dann war der Graben in ebenen Boden verwandelt. Pompejus konnte die Belagerungsmaschinen einsetzen: Bewegliche Türme, mit Schützen besetzt, und der Rammbock wurden an die Mauer herangeschoben.

Als der gewaltige Arm des Rammbocks eine Bresche in die nördliche Stadtbefestigung geschlagen hatte, da wartete Pompejus noch ab, ehe er das Signal zum Angriff geben ließ. Nach den Erfahrungen der zwölf vergangenen Wochen erschien der Sabbat als günstiger Termin für die Attacke. Die Pharisäer ließen den römischen Befehlshaber wissen, daß sie keine Bedenken hätten, den Sturmtruppen am Feiertag zu helfen – sie verwiesen darauf, daß sie auch an den zwölf Sabbattagen ohne Skrupel Arbeiter für den Transport von Sand und Erde zur Verfügung gestellt hätten.

Die Römer stießen kaum auf Widerstand, als sie am Morgen des dreizehnten Sabattages der Belagerungszeit durch die Bresche in die Tempelstadt hochstiegen. Innerhalb weniger Minuten war das Festungsareal besetzt. Die Angreifer, die von der zerstörten Brücke im Westen aus den Einstieg versuchten, fanden schon bald ein geöffnetes Tor vor sich. Auf sie wartete kein Kampf mehr.

Unmittelbar hinter den römischen Soldaten waren Tausende von Männern aus der Pharisäerschicht zum Tempel vorgedrungen. Die Handwerker, Bauern, Arbeiter und Laientheologen fühlten sich jetzt, im Gefolge der Römer, als die Herren der Stadt. In der Sprache unserer Zeit ausgedrückt: Das Proletariat herrschte in Jerusalem. Pompejus legte ihm keine Zügel an. Er ließ zu, daß die Ärmeren ihren Haß gegen die bisherige Oberschicht austobten. Er schritt nicht ein, als Männer, Frauen und Kinder vor dem Tempel und in den umliegenden Häusern und Straßen erschlagen wurden. Josephus Flavius berichtet, 12000 Juden hätten an jenem Tag des Jahres 63 v. Chr. durch Mordwaffen der Pharisäer ihr Leben verloren. Diese Zahl kann nicht korrekt sein, denn sie übersteigt die Gesamtzahl aller Angehörigen der Sadduzäerpartei, die sich in der Tempelfestung verschanzt hatten.

Josephus Flavius teilt auch mit, daß Pompejus, der Sieger, neugierig war. Er wollte den Tempel sehen jenes Gottes, den die Bewohner von Jerusalem gemeinsam anbeteten, auch wenn sie durch unbarmherzige Klassenkämpfe zerstritten waren. Zusammen mit den Offizieren seines Stabes durchschritt der General die Höfe und Hallen. Er suchte nach einem Abbild dieses Gottes und fand keines. Nirgends war eine Statue, ein Relief oder auch nur das kleinste Symbol zu sehen.

Josephus Flavius beschreibt die Stimmung in Jerusalem, als bekannt wurde, daß sich Pompejus im Tempel aufhalte: »Niederschmetternd wirkte die Erkenntnis, daß dieses Heiligtum, das bis dahin ›unschaubar‹ war, von den Angehörigen eines fremden Volkes enthüllt wurde. Pompejus stand dort, wo nach heiligem Gesetz nur der Hohepriester stehen darf. Er sah sich alles an, was im Tempel war: Der Leuchter mit den Lampen, den Tisch, die Opferschalen und Räuchergefäße – alles war aus massivem Gold. Er sah die Stapel von Räucherwerk, und er betrachtete eingehend den Tempelschatz. Doch er faßte nichts an und nahm nichts an sich. Sogar die Geräte ließ er unberührt. Pompejus befahl vielmehr am ersten Tag nach der Eroberung den Tempeldienern, die Kulträume zu reinigen und dem Brauch gemäß die Opfer darzubringen. So machte er sich das Volk, wie es sich für einen tüchtigen Feldherrn gehört, mehr durch Güte als durch Schrecken gefügig.«

Erstaunlich ist diese Wendung, war Pompejus doch hauptsächlich deshalb mit seinem Heer nach Jerusalem gezogen, weil er den Tempelschatz in die Hand bekommen wollte. Josephus Flavius ist vielleicht in diesem Fall als Berichterstatter wenig zuverlässig – aus ganz persönlichen Gründen. Er hatte seinen beruflichen Lebenslauf um das Jahr 60 n. Chr. als Denker und Diplomat der Pharisäerpartei begonnen, war aber zehn Jahre später Politiker im Dienste Roms. Angefeindet von seinen jüdischen Landsleuten schrieb Josephus Flavius historische Werke, die vor allem den Zweck hatten, sein eigenes Verhalten zu rechtfertigen. Er verteidigte dabei sich selbst und die Römer. Sie hatten in seiner Niederschrift auch bei Ereignissen aus einer Zeit, die Josephus Flavius nicht selbst erlebt hatte, als menschliche Soldaten und als vernünftige Politiker zu wirken.

Daß Jerusalem doch erhebliche Summen an Pompejus zu zahlen hatte, ist diesem Satz des römisch-jüdischen Historikers zu entnehmen: »Dem Lande Judäa und den Bewohnern der Stadt Jerusalem legte Pompejus die Zahlung einer Kriegskontribution auf.« Da Land und Stadt keine andere Kasse besaßen als die Schatzkammer des Tempels, konnte die Forderung der Römer nur aus deren Reserven an Silber und Gold erfüllt werden.

Die Hauptstadt eines zerschlagenen Staates

Das wichtigste Ergebnis dieses Krieges war die Auflösung des unabhängigen Staates Judäa. Befreit – genau dieses Wort gebrauchten die Römer – wurden alle Gebiete, die von den Nachfolgern des Makkabi erobert worden waren. Befreit wurde das Umland von Damaskus, die Gegend der heutigen Stadt Amman und der gesamte Küstenstreifen des Mittelmeers mit den Städten Aschkelon, Gaza, Joppe und Dor. Befreiung bedeutet, daß die von den Makkabäern brutal vertriebene Bevölkerung wieder zurückkehren konnte. Die Sippen, die eine Generation zuvor aus ihren Städten und Dörfern gejagt worden waren, erhielten ihre Heimat wieder. Die Siedlungspolitik der Makkabäer war gescheitert. Was vom jüdischen Staat übrigblieb, wurde durch Entscheidung der römischen Verwaltung in zwei Teile gespalten. Galiläa, das Gebiet westlich des Sees Genezareth, war künftig abgetrennt von Judäa durch Samaria, das einen unabhängigen Status erhalten hatte, und durch die »Dekapolis«, den Zehnstädtebund. Das Gebiet der Dekapolis lag südlich des Sees Genezareth.

Der Unionsstaat der getrennten Gebiete Judäa und Galiläa besaß im Römischen Reich keinerlei Gewicht. Er war unbedeutend auf wirtschaftlichem Sektor, denn er umfaßte rein landwirtschaftliche Gegenden und verfügte über keinen Zugang zum Mittelmeer – er fand keine Beachtung in der Politik, da den führenden Männern des Vasallenstaats keinerlei Autonomie der Ideen und der Initiativen erlaubt war. Selbst den Chefs der Pharisäerschicht nützte es jetzt wenig, daß sie mit Pompejus paktiert hatten; auch sie mußten sich den Anordnungen des römischen Statthalters fügen.

Ruhe aber war Jerusalem wiederum nicht beschieden. Ein Sohn des Aristobulos – sein Name war Alexander – hatte dem Feldherrn Pompejus, der im Triumph nach Rom heimgekehrt war, entweichen können. Verblüffend schnell gelang es ihm, Veteranen vergangener Kriege um sich zu sammeln. Bald kommandierte er ein Heer von 10 000 schwerbewaffneten und erfahrenen Infanteristen und 1 500 Kämpfern zu Pferde. Da er über die einzige schlagkräftige Streitmacht zwischen der Ostküste des Mittelmeers und dem Jordan verfügte – die römischen Legionen befanden sich auf Eroberungszügen ostwärts des Jordan –, konnte Alexander zum Schrecken der Handwerker, Arbeiter, Bauern und Laientheologen Jerusalem besetzen. Doch die Pharisäer brauchten sich nicht lange unter der Fuchtel der Sadduzäer zu ducken. Noch ehe auf Alexanders Befehl die vom Rammbock der Pompejustruppe beschädigte Nordmauer wiederhergestellt werden konnte, verbreitete sich in Jerusalem die Nachricht, eine römische Reitereinheit unter dem Kommando von Marcus Antonius nähere sich. Obgleich Alexanders Kampfverband stark genug war, um hinter den Wällen der Stadt den Römern zu trotzen, wollte er sich mit seinen Soldaten nicht einer Belagerung aussetzen. Er verließ Jerusalem – und wurde außerhalb der Mauern geschlagen.

Nur wenige Monate später gelang Aristobulos selbst die Flucht aus seiner schwerbewachten Villa in Rom. Möglich war sein Ausbruch geworden, weil sich die Verantwortlichen in der Hauptstadt des Riesenreichs nicht mehr um das Problem der jüdischen Gefangenen kümmerten. Sie hatten zwar Posten vor der Residenz des Aristobulos belassen, doch diese waren nicht mehr kontrolliert worden und hatten selten Anweisungen erhalten. Die innere Sicherheit Roms wurde brüchig in jener Zeit. Die Vorahnung eines Bürgerkriegs zerfraß die etablierte Ordnung.

Quer durch das Reich ritt Aristobulos nach Osten, fast ohne Rast. Er war nur mit einer Handvoll Männer unterwegs auf der weiten Landstrecke bis zur Ostküste des Mittelmeers. Als er in der Gegend ankam, in der zu unserer Zeit die Staaten Türkei und Syrien aneinanderstoßen, da waren schon Hunderte von bewaffneten Abenteurern versammelt, die mit ihm nach Jerusalem ziehen wollten. Bald kam ihm sogar ein Kampfverband der Sadduzäer aus der Stadt entgegen. Doch Aristobulos erreichte Jerusalem trotzdem nicht. Die Römer waren wachsam. Sie schnitten Aristobulos und seinen Kämpfern den Weg ab. 5 000 Juden verloren ihr Leben. Aristobulos wurde wieder nach Rom zurückgebracht.

Dort hatte die Zersetzung der Ordnung Fortschritte gemacht. Die Staatsgewalt löste sich deshalb auf, weil zwei starke Persönlichkeiten als Pole wirkten, die Spannungsfelder erzeugten. Pompejus und Caesar machten sich Ruhm und Einfluß streitig. Hatte Pompejus sein Ansehen in der Provinz Asien erworben, so war Caesar in Gallien und Britannien erfolgreich gewesen. Beide hatten riesige Reichtümer nach Rom gebracht – beide verlangten Belohnung dafür.

Pompejus und Caesar bildeten Machtzentren, die nebeneinander in der Stadt am Tiber nicht bestehen konnten. Caesar war schließlich der geschicktere Taktiker. Dank seiner schriftstellerischen Begabung gelang ihm ein wirkungsvoller Propagandafeldzug, dem Pompejus nichts entgegenzusetzen hatte. Der Eroberer von Jerusalem mußte schließlich vor Caesar aus Rom fliehen. Nirgends gelang es ihm, wieder Fuß zu fassen. Da Pompejus im Osten seine Erfolge erzielt hatte, glaubte er, dort eine neue Basis finden zu können. Zuletzt war Alexandria im Nildelta sein Zufluchtsort. Doch als er dort am 28. September des Jahres 48 v. Chr. ankam, im guten Glauben, vom griechischen Herrscher Ägyptens Truppen – und vor allem Geld – zum Kampf gegen Caesar zu erhalten, wurde er ermordet. Ptolemaios XIII., der Griechenherrscher, trug selbst Verantwortung für diese Tat.

Caesar hätte dem Konkurrenten keine Ruhe gelassen. Als Pompejus erstochen wurde, da war Caesar längst unterwegs nach Ägypten. Er landete eine Woche nach dem Mord mit einer Flotte von zehn Schiffen im Hafen von Alexandria. Arrogant trat Caesar auf. Er fühlte sich als Herrscher am Nil. Er erhob auch Anspruch auf alle angrenzenden Gebiete. Caesar ernannte sich zur obersten Glaubensautorität für Jerusalem, und er vernachlässigte diese Aufgabe keineswegs. Die Stadt war ihm vor allem deshalb wichtig, weil sie in einem Gebiet lag, das ihm als Ausgangspunkt dienen sollte für einen Feldzug in Richtung Persien. Doch dieser Traum blieb unerfüllt: Caesar fand nie die Zeit, den Gewaltmarsch Alexanders des Großen nachzuahmen.

Der Bürgerkrieg in Rom war nicht ohne Auswirkung auf die Politik in Jerusalem geblieben. Kaum war Pompejus vor dem übermächtig gewordenen Caesar aus Rom geflohen, hatte Caesar dem gefangenen Aristobulos völlige Freiheit gegeben. Er hatte dem Mann aus der Sadduzäerelite sogar zwei Legionen unterstellt, die auf dem Weg nach Syrien waren. Aristobulos war beauftragt, Judäa für Caesar zu sichern. Doch wiederum gelangte Aristobulos nicht nach Jerusalem: Er wurde vergiftet. Freunde des Pompejus, der um diese Zeit noch am Leben war, verhinderten so, daß Caesars Agent Judäa kontrollierte.

Einer dieser Freunde hieß Antipater. Er war der einflußreichste Mann der Idumäer, des uralten Volkes Edom. Die Idumäer besaßen damals südlich von Judäa ihre Heimat. Sie zählten nicht zu den wirklich jüdischen Sippen.

Was Antipater, als erstem Mann eines winzigen Volkes, an Macht fehlte, ersetzte er durch Skrupellosigkeit, Wendigkeit und politisches Gespür. Schmal war sein Ausgangspunkt gewesen auf dem Weg zu größerer Macht. Er hatte zunächst die Karriere des Ratgebers gewählt: Er beriet die Pharisäerpartei in Jerusalem, die Mangel an Köpfen mit Weitsicht hatte. So wurde Antipater unentbehrlicher zweiter Mann in der Stadt. Als Antipater die Information erhielt, Pompejus, der in den Ostprovinzen mächtig war, habe in Rom jeglichen Einfluß verloren, nahm er Kontakt zu Caesar auf. Antipater stellte sich Caesar zur Verfügung.

Antipaters Glück begann mit Caesars Landung im Nildelta. Der römische Feldherr hatte nur eine kleine Truppe mitgebracht, die nicht alle Schwierigkeiten lösen konnte. Antipater wurde Caesars Helfer in kritischen Stunden. Josephus Flavius erzählt: »Er kämpfte bei jeder Gelegenheit mit außerordentlicher Kühnheit und erlitt zahlreiche Verwundungen. Fast am ganzen Körper konnte er Spuren seines tapferen Einsatzes vorzeigen. Als Caesar in Ägypten wieder stabile Verhältnisse geschaffen hatte, zog er nach Syrien. Antipater wurde mit dem römischen Bürgerrecht beschenkt. Außerdem wurde ihm Steuerfreiheit zugesprochen. Auch durch andere Ehrungen zeichnete Caesar seinen Verbündeten aus. Beneidenswert war Antipater.«

Der Idumäer erregte tatsächlich Neid. Der Sohn des vergifteten Aristobulos klagte Antipater wohl zu Recht an, er sei mitschuldig am Tod des Vaters und habe die Partei des Pompejus nur aus Opportunismus verlassen. Antipater sei nur aus Angst, für frühere Verbrechen, die er im Dienst des Pompejus verübt habe, zur Rechenschaft gezogen zu werden, derart aktiv im Kampf auf der Seite Caesars gewesen. Die Reaktion des Antipater beschreibt Josephus Flavius so: »Er riß sich sein Gewand vom Leibe und zeigte die Unzahl seiner Wunden vor. Dann sagte Antipater, er brauche wohl keine Worte zu machen über seine freundschaftliche Haltung gegenüber Caesar. Denn, wenn er auch schweige, so führe doch sein Leib eine laute Sprache. Er müsse sich aber wundern, wie weit sich dieser Sohn des Aristobulos in seiner Unverschämtheit vorwage. Schließlich sei der Vater ein Feind der Römer gewesen und dazuhin aus der Gefangenschaft entlaufen. Der Geist der Empörung und der Revolution sei wohl das Erbe, das der Vater ihm hinterlassen habe, wenn er sich, als der Sohn dieses Verbrechers, jetzt so tollkühn aufführe und beim obersten Feldherrn des Römerheeres den Ankläger spiele. Er solle froh sein, daß er überhaupt noch am Leben sei. Dem Sohn des Aristobulos stehe es nicht an, Gewinn für sich herausschlagen zu wollen. Er sei doch einzig darauf bedacht, die Juden aufzuwiegeln, sie zum Aufruhr zu veranlassen.«

Caesar war überzeugt, in Antipater einen getreuen Vasallen zu besitzen – er gab ihm das Amt des Statthalters von Judäa. Nach Rom schickte Caesar den Befehl, die Ernennung Antipaters sei durch Meißelung einer Steintafel zu dokumentieren, deren Text den Sachverhalt darstelle. Die Tafel müsse gut sichtbar an einer Wand des Kapitols angebracht werden. Caesar billigte, daß Antipater einen Teil der Autorität an seine Söhne übertrug: Phasael, der älteste, wurde Befehlshaber von Ierusalem; Herodes, der zweitälteste, bekam dasselbe Amt in der nördlichen Staatshälfte Galiläa.

Der König der Juden, der kein Jude war

Im Jahre 47 v. Chr. hat Herodes politische und militärische Verantwortung in Galiläa übernommen. Er war damals 25 Jahre alt. Seine Heimat war Idumäa, der Verwaltungsbezirk im Süden des jüdischen Staates. Den Mittelpunkt der Region bildete Hebron.

Region und Stadt galten damals nicht als eigentlich jüdisch. Dies erscheint seltsam – war Hebron doch einst Eigentum des Stammes Juda gewesen; David hatte von Hebron aus Jerusalem erobert. Hebron, die Stadt, die also länger in jüdischer Hand gewesen war als Jerusalem, gibt ein Beispiel der Veränderungen in der Bevölkerungsstruktur vieler Städte des gesamten Gebiets zwischen Mittelmeer und Jordan. Allein Jerusalem war von diesen Veränderungen verschont geblieben.

Seit dem sechsten Jahrhundert v. Chr. wohnten um Hebron, und hauptsächlich im Süden dieser Stadt, die Idumäer, die Nachfahren der im Alten Testament genannten Edomiter. Ihr Land war aber in jener Frühzeit, also tausend Jahre zuvor, das Hügelland südöstlich des Toten Meeres gewesen. Dort waren die Edomiter jedoch von hartnäckigen arabischen Stämmen bedrängt worden, die von Osten her Weideland für ihre Tiere suchten. Da die Seßhaften den Angriffen der Beduinen schließlich nicht gewachsen waren, hatten sie ihre Heimat mit Habe und Herden in langsamem Zug nach Westen verlassen. Ihre Wanderrichtung änderte sich, als sie entdeckten, daß fruchtbarer Boden nur wenige Tagesmärsche weiter im Norden brachlag. So verließen sie die Wüstenzone, um in den Ausläufern des Gebirges westlich des Toten Meeres zu siedeln. Fast menschenleer war diese Region damals deshalb gewesen, weil viele der Bewohner nach Babylon verschleppt worden waren. So war das Land um Hebron den Juden verlorengegangen.

Erst ein halbes Jahrhundert vor der Geburt des Herodes hatte ein Nachkomme des Makkabi das Land der Idumäer dem Staat Juda angegliedert. Die Bewohner waren gezwungen worden, den jüdischen Glauben anzunehmen. Zum Zeichen des Bundes mit Gott waren fortan die Neugeborenen männlichen Geschlechts beschnitten worden.

Diese zwangsweise Bekehrung entsprach jedoch nicht der Tradition, das Blut des eigenen Volkes von fremdem Blut rein zu halten. So wurde das Judentum der Idumäer nie voll von den Rabbis der Pharisäer anerkannt. Nie wurden die Idumäer den Bewohnern des Umlands von Jerusalem gleichgestellt.

Auch die Erinnerung an frühere Zeiten belastete das Verhältnis zwischen den angestammten und den zwangsbekehrten Juden. Von Generation zu Generation erzählten sich die Menschen in Jerusalem, daß es die Vorfahren der Idumäer gewesen waren, die einst Nebukadnezar zur Zerstörung Jerusalems angestachelt hatten – dieses Volk hätte dazuhin schon dem Mose und den aus ägyptischer Gefangenschaft Heimkehrenden den Durchzug verweigert. In dieses Volk, das gegenüber den Juden – nach deren Vorstellung – so abscheulich gehandelt hatte, war Herodes geboren worden; in eine wohlhabende Familie allerdings. Sein Großvater Antipas war vom Makkabi-Nachfahren Alexander Jannaios (103 bis 76 v. Chr.) zum Verwalter von Idumäa ernannt worden. Seither waren Macht und Geld in dieser Familie Selbstverständlichkeit.

Über die Herkunft des Antipas wurde allerdings nach dessen Tod erzählt, er sei Sklave im Apollotempel von Aschkelon gewesen und habe sich durch Prostitution hochgedient. Diese Erzählung ist wohl böswillig erfunden worden, um Antipas und dessen Söhnen zu schaden. Eigenartig ist, daß seinem Sohn Antipater – er war der Politiker, der Pompejus verließ, um Caesar zu helfen – nachgesagt wurde, er sei von Verbrechern aus Aschkelon entführt und an Antipas verkauft worden. In beiden Fällen wird die Küstenstadt Aschkelon als Herkunftsort genannt. Seltsam, daß Herodes, als er dann mächtig wurde, Aschkelon vor anderen Städten bevorzugte.

Antipater, der vom Vater Einfluß auf die Idumäer geerbt hatte, führte ein fürstliches Haus, dem mehrere Frauen angehörten. Eine dieser Frauen stammte aus einer vornehmen arabischen Sippe. Sie wurde die Mutter des Herodes. Jüdin war sie nicht. Die Schriftgelehrten aber haben zu allen Zeiten betont, daß jüdische Herkunft nur durch eine jüdische Mutter möglich sei.

Caesar hat wohl gewußt, daß Antipater und seine Söhne Phasael und Herodes nicht die Wunschkandidaten der Bewohner von Jerusalem für verantwortliche Posten im jüdischen Staat waren. Vielleicht paßte gerade der Nachteil der drei Männer, zu den unbeliebten Idumäern zu gehören, in sein Kalkül. Herodes, der Fremde in Judäa, wurde in eine Provinz geschickt, deren Menschen immer das Gefühl hatten, im jüdischen Staat als Fremde behandelt zu werden. Herodes in Galiläa – ein Fremder unter Fremden.

Galiläa war einst fester Bestandteil von Davids Königreich gewesen; das Land hatte damals den Namen Ascher getragen. In Salomos

Verwaltungsstruktur hatte Galiläa zum Bezirk Naphtali gehört. Dann war Galiläa eingegliedert in den Nordstaat Israel. Nach Israels Untergang schufen die assyrischen Eroberer die Kleinprovinz Megiddo, zu der das Land westlich des Sees Genezareth geschlagen wurde. Jesaja hat damals dieser Gegend die Bezeichnung »Galil ha Gojim« gegeben – der Heidengau. Aus diesem Begriff hatte sich etwa zur Zeit Jesajas der Name Galiläa entwickelt. Die Rückgewinnung des Landes für den jüdischen Glauben erfolgte erst, kurz ehe das letzte Jahrhundert v. Chr. anbrach. Der Anschluß an den Makkabäerstaat brachte die zwangsweise Judaisierung, die den meisten Galiläern mißfiel. Die Gebietsreform des Pompejus hatte Galiläa vom übrigen Judäa isoliert; Caesar wollte daran nichts ändern. So wurde Herodes Befehlshaber einer Provinz, die durch fremde Gebiete von der Hauptstadt Jerusalem getrennt war. Ihre Bewohner galten als abweisend, dickköpfig und nicht leicht zu regieren. Mit diesen Menschen mußte Herodes auskommen.

Der vom Juden zum Römer gewordene Josephus Flavius schreibt hundert Jahre später, Herodes habe als erstes einen Bandenhaufen niedergekämpft, der von einem Mann namens Ezekias angeführt worden war. Nähere Angaben zur Person dieses Ezekias fehlen, doch ist anzunehmen, daß er nicht als gewöhnlicher Räuberhauptmann eingeschätzt werden darf. Er und seine Männer gehörten wohl zu den zahlreichen bewaffneten Gruppen, die einst Aristobulos unterstützt hatten und sich jetzt als Freiheitskämpfer gegen die Römer fühlten. Der Truppe des Herodes gelang gegen die Kampfgruppe des Ezekias ein rascher Erfolg: Sie nahm die meisten der Mitglieder gefangen. Herodes gab Befehl, sie alle hinzurichten – ohne Gerichtsverfahren und ohne Nachfrage in Jerusalem. Diese Übereile aber kostete Herodes selbst fast das Leben. Der Sanhedrin wollte ihn verurteilen.

Dieses Oberste jüdische Gericht hatte erst wenige Jahre zuvor Bedeutung erlangt als Machtinstrument der Sadduzäerpartei; es sollte die Einhaltung der Gesetze kontrollieren. Aristobulos hatte dieses Gremium gefördert – er war dafür von den 71 Mitgliedern politisch unterstützt worden. Der Sanhedrin hatte von Aristobulos die Funktion eines Staatsrats zugewiesen bekommen. Damit verbunden war das Recht, nicht nur in religiösen, sondern auch in politischen Fragen zu urteilen und dabei sogar die Todesstrafe zu verhängen.

Die Mitglieder des Sanhedrin waren der Meinung, Herodes habe durch die Hinrichtung des Ezekias und seiner Genossen widerrechtlich in ihre Befugnisse eingegriffen. Dafür müsse der Befehlshaber von Galiläa zur Rechenschaft gezogen werden.

Für die Herren des Obersten jüdischen Gerichts war diese Auseinandersetzung nicht ein müßiger Streit um Kompetenzen, sondern ein

Ereignis im langen Streit der sozialen Schichten um Einfluß in Jerusalem. Sie hätten im Fall der Anhänger des Aristobulos keine Todesurteile ausgesprochen. Sie erinnerten sich zu gut der glänzenden Zusammenarbeit mit dem einstigen Chef der Sadduzäerpartei und empfanden Sympathie für jeden, der diesem Toten die Treue bewahrt hatte. Das Gremium, das aus Angehörigen der Priesterfamilien und aus wohlhabenden Männern bestand, erwünschte sich die Rückkehr der alten Zeiten, als die Sadduzäer die Schicht der Einflußreichen in der Stadt bildeten.

Herodes hatte über Sympathie und Antipathie der Sanhedrin-Mitglieder Bescheid gewußt. Da kein Todesurteil gegen Ezekias und seine Kämpfer zu erwarten gewesen war, hatte er den Fall dem Gericht erst gar nicht vorgetragen. Der Sanhedrin aber reagierte verärgert und wollte sich rächen. Die 71 Männer zeigten sich auch deshalb verstimmt, weil der Nichtjude Herodes sich das Recht anmaßte, über Juden die Todesstrafe auszusprechen. Sie selbst hatten alle nachweisen müssen, daß sie aus absolut reinblütigen Familien stammten.

Der Hohepriester Hyrkanos gehörte, obgleich er der Bruder des Aristobulos war, nicht zur Partei der Sadduzäer; er sah seine politische Basis in der Schicht der Handwerker, Arbeiter, Bauern und der kleinen Theologen, denen Dienst im Tempel gar nicht erlaubt war. Hyrkanos wollte den Fall Herodes in Vergessenheit geraten lassen, als die Affäre eines noch jugendlichen Hitzkopfes, dem zu früh Verantwortung übertragen worden war. Er wurde jedoch, nach Aussage des Josephus Flavius, von den Mitgliedern des Sanhedrin mit diesen Argumenten an die politische Realität erinnert: »Du siehst ruhig zu und merkst nicht, daß Antipater und seine Söhne alle Gewalt an sich reißen und du mit leeren Händen dastehst. Wer hat etwas zu sagen in diesem Staat? Da hat Herodes den Ezekias und dessen Genossen hinrichten lassen, ohne sich an die Gesetze zu halten. Ausdrücklich verbietet das Gesetz, einen Verbrecher umbringen zu lassen, ehe nicht der Sanhedrin die Klage angehört und entschieden hat. Nicht einmal du hast ihn zu diesen Hinrichtungen ermächtigt.«

Die Sadduzäerpartei glaubte, nach altem Recht daran festhalten zu können, daß der Hohepriester zugleich auch politischer Chef in Jerusalem und in ganz Judäa war. Diese Tradition beizubehalten, die schon oft genug durchbrochen worden war, hatte Caesar bei seiner Neuordnung der Machtverhältnisse nicht beabsichtigt. Caesar war für die Trennung von Tempel und Staat eingetreten, als er Antipater zum Statthalter und dessen Sohn Phasael zum Befehlshaber in Jerusalem ernannt hatte – unter Beibehaltung des Hohenpriesteramtes, das Hyrkanos, ein später Nachfahre des Makkabi, sich reservieren konnte.

Hyrkanos, auf Würde und Erhöhung seines Amtes bedacht, konnte die Argumente eines Gremiums, das Oberster jüdischer Gerichtshof und Staatsrat zugleich war, nicht unbeachtet lassen. Dazuhin geriet er unter psychologischen Druck. Die Mütter der Hingerichteten versammelten sich Tag für Tag vor dem Tempel, um ihr Leid zu demonstrieren. Sie klagten Herodes an, edle Helden der Sadduzäerpartei erschlagen zu haben. Sie bejammerten in gellenden Schreien die Rechtlosigkeit im jüdischen Staat. Da Tempelpriester und Führung der Sadduzäerschicht ein Interesse daran hatten, diesen Fall heiß zu halten, sorgten sie dafür, daß die Frauen jeden Tag aufs neue zur Demonstration erschienen. Hyrkanos konnte dagegen nichts unternehmen. Er gab schließlich die Order, Herodes habe in Jerusalem zu erscheinen.

Da Herodes die Situation zu Recht als gefährlich empfand – er mußte mit einer Anklage wegen vielfachen Mordes und mit einem entsprechenden Urteil rechnen –, holte er Rat ein beim höchsten Befehlshaber der Römer im Gebiet. Sextus Caesar hieß dieser Offizier; er war ein Neffe von Julius Caesar. Sein Amtssitz war Damaskus. Daß seinem Onkel in kritischer Zeit vom Vater des Herodes geholfen worden war, wußte Sextus Caesar. Er hielt es für seine Pflicht, einen Brief an Hyrkanos zu schreiben, mit der ausdrücklichen Anweisung, gegen Herodes dürfe vom Sanhedrin kein Urteil ausgesprochen werden. Mit diesem Schreiben in der Tasche ritt Herodes von Galiläa nach Jerusalem. Eine Leibgarde von beachtlicher Stärke umgab ihn.

Josephus Flavius beschrieb sein Erscheinen so: »Als sich nun Herodes mit seinen Wachen dem Gerichtshof stellte, da erzitterte alles. Keiner der Ankläger, die ihn vorher geschmäht hatten, brachten noch Worte heraus. Tiefes Schweigen herrschte. Dann aber erhob sich der Gerechte Sameos, der keine Furcht hatte. Er sagte: Ihr Richter! Ich habe niemals einen Menschen gesehen, der so als Angeklagter vor euch aufzutreten gewagt hätte. Ihr könnt mir bestimmt keinen ähnlichen Fall nennen. Wer immer vor den Gerichtshof gerufen wurde, der erschien in demütiger Haltung, zaghaft, um unser Mitleid zu erregen, mit lang herabhängendem Haar und in schwarzem Kleid. Herodes, unser Freund, der beschuldigt ist, Morde begangen zu haben, und der deswegen unter Anklage steht, tritt vor uns auf in Purpur, mit feinfrisiertem Haupthaar. Er ist von Bewaffneten umringt, die doch wohl deshalb hier sind, um uns, wenn wir Herodes gemäß dem Gesetz verurteilen, niederzustechen unter Verhöhnung des Gesetzes.«

Hyrkanos schätzte die Situation richtig ein: Diese Rede eines angesehenen alten Mannes nahm Herodes die letzte Chance, freigesprochen zu werden. Als Hoherpriester hatte er das Verfahren zu leiten. Die Geschäftsordnung des Sanhedrin gab ihm die Möglichkeit, die Verhandlung auf den nächsten Morgen zu vertagen. Daß er dies tat, hielt niemand für unvernünftig, denn über Nacht konnte das Problem der bewaffneten Wachen besprochen und gelöst werden. In der Nacht aber ritt Herodes aus Jerusalem davon, als Geächteter, als Flüchtling.

Allerdings wollte er rasch wiederkommen, um den Sadduzäern zu zeigen, daß er sich von ihnen nicht ungestraft demütigen ließ. Der Römer Sextus Caesar, der wütend war über die Wirkungslosigkeit seines Schreibens an Hyrkanos, gab Herodes die Erlaubnis, Truppen aus Galiläa und Syrien in Richtung Jerusalem zu beordern. Eine Strafexpedition machte sich auf den Weg. Bei der Ankunft vor der Stadt war Herodes entschlossen zur Belagerung. Seine Armee wäre stark genug gewesen, um wenigstens den Tempelbereich einzuschließen, doch Vater und Bruder, die ihn im Lager vor der Stadt besuchten, überzeugten Herodes, es sei besser für ihn, wieder abzuziehen. Sie argumentierten, daß er schließlich mit Hilfe des Hyrkanos aus Jerusalem entkommen sei. Ein gewisses Maß an Dankbarkeit dürfe der Hohepriester wohl erwarten. Antipaters Meinung war, Herodes sei klug beraten, wenn er der Stadt keinen Schaden zufüge. Widerstrebend folgte Herodes dem Rat des Vaters – er zog nach Norden ab. Seinen Truppenführern gefiel dieser Ausgang des Unternehmens überhaupt nicht. Daß sie keine Beute zu erwarten hatten, enttäuschte sie.

Ein Ereignis machte die Offiziere einsichtig: In Damaskus war blutiger Streit ausgebrochen zwischen Anhängern Caesars und des toten Pompejus. Noch immer konnten römische Soldaten höherer Ränge nicht vergessen, daß sie vor allem durch Pompejus zu Reichtum und Ansehen gekommen waren. Sie glaubten, am Randgebiet des Reichs das Ansehen des toten Generals hochhalten zu müssen. Dazuhin wollten sie sich nicht von Anhängern Caesars aus ihren einträglichen Positionen verdrängen lassen. Die Auseinandersetzung entwickelte sich zu gnadenlosem Kampf und Gemetzel. Sextus Caesar wurde getötet.

Damit war die Auseinandersetzung jedoch noch nicht entschieden. Die Kämpfe flammten immer wieder auf. Herodes aber ließ keinen Zweifel daran, daß er weiterhin treu auf der Seite Caesars stand im Streit der Unterfeldherrn um Geld und regionale Macht. Von Caesar, dessen Gewalt in Rom schließlich unumschränkt war, hatte Herodes noch viel zu erwarten.

Caesar hatte eine gewisse Neigung gefaßt zu diesem Volk, dem sich Herodes zurechnete. Josephus Flavius teilt mit, Caesar habe dieses für die Juden vorteilhafte Dekret erlassen: »Kein Beamter und kein Offizier darf im Gebiet der Juden Männer zum Militärdienst ausheben. Keinem römischen Soldaten ist es erlaubt, von den Juden Geld einzutreiben, auch nicht zum Zweck der Unterbringung und Versorgung der römischen Truppen. Die Juden sollen von jeder Form der Dienstleistung verschont bleiben. Ihr Besitz darf jetzt und in Zukunft nicht angetastet werden.«

Einen Schock muß im Lager des Herodes im März 44 v. Chr. die Nachricht ausgelöst haben, Caesar sei in Rom ermordet worden. Der Wohltäter lebte nicht mehr. Eine Zeit der Ungewißheit begann für Herodes.

Da traf in Damaskus Cassius Longinus ein; er gehörte zum Kreis der Mörder, die Caesars Leben ausgelöscht hatten. Innerhalb weniger Tage gelang es ihm, den jetzt völlig sinnlos gewordenen Streit zwischen den Anhängern des Pompejus und des eben Ermordeten zu beenden. Die römischen Truppen an der Ostküste des Mittelmeers unterstellten sich dem Befehl des Caesarmörders.

Die Kommandeure der Legionen erwarteten selbstverständlich von Cassius Longinus eine Belohnung. Die Kriegskassen aber waren leer. Cassius Longinus mußte neue Geldquellen erschließen. Da einträgliche Eroberungen nicht mehr möglich waren, blieb ihm nur der Ausweg, Sondersteuern zu erheben – diesmal auch von den Bewohnern des Staates Judäa. Caesars Edikt, das den Juden Steuerfreiheit gewährte, wurde außer Kraft gesetzt. Den nicht einmal 10 000 Bewohnern Judäas wurde eine gewaltige Belastung auferlegt: Sie mußten etwa 20 Tonnen Silber abliefern. Cassius Longinus ließ erkennen, daß er nicht bereit war, über sein Recht, Steuer zu erheben, und über die Höhe der Abgabe zu diskutieren: Als die vier Städte Emmaus, Gophna, Thamna und Lydda sich weigerten, Silber abzuliefern, ließ Cassius Longinus die männlichen Einwohner auf den Sklavenmärkten Arabiens verkaufen.

Antipater und seine Söhne hatten die Aufgabe übernommen, die Sondersteuer einzutreiben. Herodes sah darin eine Chance, sich bei den Nachfolgern Caesars beliebt zu machen. Er pochte gar nicht erst auf das durch Caesar verbriefte Recht der Steuerfreiheit – er unterwarf sich. Dies wurde ihm von den Reichen aus der Sadduzäerschicht, die hauptsächlich von der Steuer betroffen waren, übelgenommen. Die Pharisäer, die meist wenig besaßen, billigten die römerfreundliche Politik der Sippe des Antipater.

Zu denen, die sich gegen die Steuerzahlungen äußerten, gehörte ein Mann namens Malichus. Der Name ist die lateinische Form von Malik; dieses arabische Wort heißt König. In Malichus erwuchs der Familie des Antipater ein Konkurrent auf dem Weg zum höchsten Einfluß in der Region. Zuerst hatte Malichus geholfen, die Steuer einzutreiben, dann aber glaubte er, sich durch Widerstand gegen die römische Forderung profilieren zu können. Er, der Araber, dachte schließlich daran, König der Juden zu werden. In Antipater mußte er einen schroffen Gegner dieser ehrgeizigen Idee erkennen. Ohne Skrupel handelte er rasch: Malichus lud Antipater zum Essen ein – und vergiftete ihn.

Dieselben Kreise der Sadduzäerpartei, die sich über die Hinrichtung des Ezekias erregt hatten, schwiegen diesmal. Die Ermordung des geschickten Politikers Antipater paßte in ihre Strategie. Diesmal waren die Pharisäer wütend. Sie wollten, daß Herodes sofort Rache nehme. Gerne hätten sie den Sohn des Antipater drohend vor der Tempelmauer stehen sehen in der Absicht, die triumphierenden Sadduzäer zu züchtigen. Phasael aber hatte den jähzornigen Bruder beschwichtigen können mit der Bemerkung, Rache sei dann erst wirklich befriedigend, wenn sie ohne großen Aufwand vollzogen werde. Herodes wandte sich an Cassius Longinus und legte ihm den Fall dar. Dem römischen Befehlshaber hatte ohnehin die Haltung des Malichus in der Frage der Sondersteuer mißfallen. Er gab einigen seiner Offiziere den Befehl, den ehrgeizigen und aufmüpfigen Araber zu ermorden. Die Gelegenheit dazu bot sich, als Malichus die Stadt Tyrus besuchte.

Herodes hatte sich inzwischen mit Cassius Longinus angefreundet. Der war jedoch nicht mehr allein Befehlshaber in Damaskus – auch Brutus war angekommen, der ebenfalls zur Gruppe der Mörder Caesars gehörte. Sie hatten sich im Osten des Reichs eine Basis geschaffen, die allerdings bedroht war vom anrückenden Heer des Marc Antonius, der weder Brutus noch Cassius Longinus für den Caesarmord mit dem Besitz der reichen Ostprovinzen belohnt sehen wollte.

Für Herodes stellte sich die Frage, ob er auf den Rächer Marc Antonius oder weiterhin auf die Mörder Brutus und Cassius setzen sollte. Seine Existenz hing von der richtigen Antwort ab. Lange hoffte Herodes, Brutus und Cassius könnten zumindest ihre Position im Osten des Römischen Reiches halten. Ein militärischer Erfolg gegen Marc Antonius hätte bedeuten können, daß für beide die Rückkehr nach Rom in den Bereich des Möglichen gerückt wäre. Doch die Hoffnungen zerschlugen sich: Marc Antonius siegte; Brutus und Cassius töteten sich selbst im Herbst des Jahres 42 v. Chr.

Marc Antonius teilte nach diesem Erfolg Lohn und Strafe aus. Wer Cassius nicht mit offenen Armen empfangen hatte, der konnte mit der Dankbarkeit des Römers rechnen. Herodes aber gehörte zu den Verlierern. Die Sadduzäer sahen Anlaß zum Triumph. Sie unterschätzten Herodes.

Zu seinen Charakterzügen gehörte ein außerordentliches Maß an Hartnäckigkeit. Gegen Niederlagen kämpfte er mit Energie an und mit Einsatz all seiner Intelligenz. Er spürte, daß Marc Antonius nicht strafen wollte um der politischen Gerechtigkeit willen – für Marc Antonius zählte nur das wirtschaftliche Ergebnis der Strafe: Die Verlierer sollten bezahlen. Als Herodes das Motiv des Marc Antonius begriffen hatte, ließ er Silber zusammensuchen, das zwei Jahre zuvor, nach der Steuerzahlung an Cassius Longinus, übriggeblieben war. Mit diesem Silber ritt er dem Sieger entgegen.

Marc Antonius war angetan von diesem aufmerksamen Dreißigjährigen, der ihm Silberbarren zu Füßen legte. Als eine Delegation der Sadduzäer im römischen Heerlager erschien, um Herodes anzuschwärzen – diese Schicht konnte nicht vergessen, daß Herodes mit ihrem Silber die Kriegskasse des Cassius Longinus gefüllt hatte –, da wurden sie bei Marc Antonius gar nicht erst vorgelassen. Mit Geschick hatte Herodes den Wechsel ins Lager des Siegers vollzogen. Die Juden fanden durch ihn erneut einen römischen Wohltäter.

Marc Antonius schrieb nach Jerusalem: »Den Frieden, den Gott uns geschenkt hat, gönnen wir auch unseren Bundesgenossen und Freunden. Es ist unser Wunsch, daß die Provinz Asien von ihrer schweren Krankheit der inneren Zerrüttung befreit wird. Das jüdische Volk liegt uns besonders am Herzen. Es ist uns ein Anliegen, für sein Wohlergehen zu sorgen. Wir haben deswegen an die Städte geschrieben, die jüdische Männer als Sklaven von Cassius Longinus oder von dessen Offizieren gekauft haben. Die betreffenden Städte sollen diese Personen sofort freilassen.« Tatsächlich kamen fast alle Männer der Städte Emmaus, Gophna, Thamna und Lydda innerhalb der nächsten Wochen wieder in die Heimat zurück.

Marc Antonius hatte von Frieden geschrieben, doch ihn zu sichern, das überstieg seine Kraft. Die ägyptische Herrscherin Kleopatra, die schon Caesar bezaubert hatte, hielt auch seine Sinne gefangen. In Alexandria lebte Marc Antonius; der richtige Platz für ihn aber wäre Damaskus gewesen. Von dort aus hätte der römische Feldherr beobachten können, wie sich im Osten eine Streitmacht formierte, die schließlich eine gewaltige Bedrohung für die Provinz Asia darstellte. Das Partherreich wurde von seinen Führern als Nachfolger der assyrischen und babylonischen Großstaaten gesehen; den Vorbildern gemäß schickten auch sie sich an, nach den Ländern im Westen zu greifen. Die Ostküste des Mittelmeers sollte nach ihren Plänen Bestandteil des Partherreiches werden.

Für die römischen Kommandeure in Damaskus und ihren Verbündeten Herodes brach die Offensive der Parther nicht als Überraschung herein. Die Wucht des Angriffs aber verblüffte sie – und die Stoßrichtung. Der Angriff der Parther zielte direkt auf Judäa, auf Jerusalem. Die Römer wichen vor dem Heer der Parther aus.

Die Invasionstruppen marschierten bis südlich der heutigen Stadt Haifa auf der Küstenstraße. Sie zogen plündernd durch Samaria. Ihre Zahl wuchs ständig, denn vom Berg Karmel und aus den Eichenwäldern, die damals das Küstengebiet Samarias bedeckten, stießen Kampforganisationen der Juden, Guerillagruppen, zu ihnen. Diese Widerstandszellen rekrutierten sich noch immer aus Anhängern des längst toten Aristobulos. Die Parther waren für sie keine Gegner. Ihre politische Wurzel war in der Zeit der Makkabiherrscher zu suchen; damals hatte der jüdische Staat Kontakte zur Regierung des wachsenden Reiches der Parther im Osten gepflegt. Jüdische Gemeinden im Gebiet des Euphrat hatten die Verbindung zwischen Jerusalem und den Mächtigen im Zweistromland geknüpft. Von jenen jüdischen Gemeinden wurde jetzt die Idee verbreitet, die Parther seien das Werkzeug der Vorsehung zur Befreiung des jüdischen Staates von der Geißel der Römer.

Die Reichen in Jerusalem, die Schicht der Sadduzäer, griffen diesen Gedanken bereitwillig auf – und die Chefs der zahlreichen Guerillagruppen ebenfalls. In Herodes sahen sie den Mann, der zuerst beseitigt werden mußte, weil er gegenüber den Römern willfährig war, weil er das Geld des Landes an die Fremden auslieferte. Als schwere Sünde empfanden diese Kreise, daß Herodes für die Steuerzahlungen auch über das »Heilige Geld« des Tempels verfügte.

Trotz aller Wirren im Orient trafen noch immer die jährlichen Zahlungen der religiösen Abgaben aller jüdischen Gemeinden in Jerusalem ein – wobei allein die Abgaben der reichen jüdischen Bürger aus Alexandria am Nildelta jeweils mehrere Tonnen Silber betrugen. Manche Tonne Silber wurde auf Befehl von Herodes sofort an die römische Kriegskasse weitertransportiert. Die Tempelpriester klagten, mit dieser Untat verrate Herodes den allmächtigen Gott.

Daß auch die Parther nicht aus uneigennützigen Gründen in Richtung Jerusalem marschierten, wollten die Reichen der Stadt nicht erkennen. Sie schlossen, unterstützt von den Kommandeuren der Kampforganisationen, eine Allianz mit den Angreifern. Sie suchten einen Mann, dessen Name zugkräftig genug war, um gegen Herodes bestehen zu können, und fanden einen Sohn des Aristobulos. Sein Name war Antigonos.

Herodes erkannte, daß ein internationales Komplott gegen ihn und seine Familie geschmiedet worden war. Hoffnung auf Hilfe durch Marc Antonius bestand nicht. Er wußte, daß die einflußreichen Sadduzäer Antigonos zum Herrscher über die Stadt einsetzen wollten. Allein seine Heimat Idumäa erschien ihm sicher. Dorthin ließ er die wertvollen Teile seines Eigentums verlagern. Die Reitertruppe und die Wagenkolonne, die den Schatz aus Gold- und Silberbarren nach Süden zu bringen hatte, konnten Jerusalem gerade noch vor Ausbruch des Bürgerkriegs verlassen.

Noch ehe Antigonos Jerusalem erreicht hatte, besetzten bewaffnete Gruppen der Sadduzäerpartei die Straßen um den Palast auf dem Westhügel. Die ganze Stadt war bald vom Aufruhr befallen. Die Gefühle der Bewohner brachen auf. Haß löste Mordlust aus. Den Gegnern des Herodes war es in den zurückliegenden Monaten gelungen, Massen zu mobilisieren. Offensichtlich beteiligten sich auch Männer und Frauen der ärmeren Schichten auf der Seite der Sadduzäerpartei am Straßenkampf. Die traditionelle Trennung zwischen Arm und Reich galt nicht mehr. Herodes, der Römerfreund, war zum Gegner beider Klassen geworden. Er konnte die Kontrolle über die Stadt nicht zurückgewinnen. Ungeheuer soll sein Wutausbruch gewesen sein, als er erfuhr, daß die Aufständischen einige Häuser angezündet hatten, in denen sich Dutzende seiner Männer verschanzt hatten. Er hatte diese Kämpfer nicht vor dem Flammentod bewahren können.

Josephus Flavius schreibt: »Es war des Mordens kein Ende.« Am Passahfest des Jahres 40 v. Chr. hatte Herodes die Übersicht verloren, gegen wen er eigentlich kämpfte. Josephus Flavius schildert die Situation so: »Der Tempelbereich und die ganze Stadt waren vollgepfropft von einer Menge Leute, die von draußen hereingekommen waren. Die meisten trugen Waffen mit sich. Phasael hatte die Mauer besetzt, Herodes aber hielt mit wenigen Kämpfern den Palast. Von dort aus griff er immer wieder an.«

Antigonos war sich seiner Sache keineswegs sicher. Herodes, Phasael und der Hohepriester Hyrkanos wurden von treuen Kampfverbänden gestützt. Da er am militärischen Erfolg zweifelte, machte er den Vorschlag, der Befehlshaber des Partherheeres solle einen Vermittlungsvorschlag ausarbeiten, der dann als Basis für die Lösung des Konflikts dienen solle – nur mit Hilfe der Großmacht könne der Bürgerkrieg beendet werden. Da das Hauptquartier des Befehlshabers der Parther rund 120 Kilometer entfernt im Norden aufgeschlagen sei, müßten sich die Führer beider Bürgerkriegsparteien dorthin begeben, um ihre Sache vorzutragen.

Phasael und Hyrkanos ließen sich auf diesen Vorschlag ein. Sie hatten wohl jegliche Hoffnung verloren. Herodes aber konnte nicht glauben, daß sich Antigonos ohne Hinterhalt einem Schiedsverfahren unterwarf. Er blieb in jenem Teil von Jerusalem, den er noch hatte halten können; dieser Teil beschränkte sich bald nur noch auf den Palast.

Es nützte ihm wenig, daß er mit seinem Mißtrauen recht behielt: Dem Hohenpriester Hyrkanos wurden von den Parthern die Ohren abgeschnitten, so daß er nach jüdischem Recht nicht mehr Hoherpriester sein durfte; Phasael tötete sich in der Gefangenschaft selbst. Herodes verlor von Tag zu Tag mehr an Boden in Jerusalem. Er floh mit der Familie aus der von Parthern und Aufständischen beherrschten Stadt. Wie er seinen Gegnern entkommen konnte, wußte niemand zu erklären.

Nach Süden ritt Herodes, nach Idumäa. Bis er die Heimat erreichte, wurde er mehrmals von Reiterpatrouillen der Parther bedroht, die ihm den Weg abschneiden wollten. Sein Ziel war die Festung Masada am Toten Meer: Auf dem nur schwer zugänglichen Felsblock brachte er seine Familie unter, die von 800 Mann beschützt wurde. Herodes selbst gönnte sich nur einen kurzen Aufenthalt. Er eilte weiter nach Osten. In Petra, das heute zu Jordanien gehört, wollte Herodes vom arabischen König Malichus eine Schuld eintreiben. Antipater hatte diesem Malichus vor Jahren nahezu 8000 Kilogramm Silber geliehen. Der Schuldner aber dachte gar nicht daran, dem bedrängten Herodes Silberbarren auszuhändigen. Malichus ließ Herodes mitteilen, er könne ihn in Petra nicht empfangen, da die Parther ihn gebeten hätten, den Flüchtling zu vertreiben. Dies war für Herodes die Stunde der tiefsten Demütigung.

Hatte er einen Augenblick an Selbstmord gedacht, so verflog die Resignation bald. Wenn er die Niederlage überwinden wollte, brauchte er die volle Unterstützung des Römers Marc Antonius. Der aber befand sich inzwischen wieder in Rom. Nirgends als am Tiber konnte sich also das Schicksal des Herodes entscheiden.

Durch die Wüste ritt er zum Nildelta, zum Hafen Alexandria. Kleopatra wollte ihn aufhalten; sie bot ihm den Posten eines Kommandierenden Generals an. Doch Herodes bestand auf rascher Weiterreise. Obgleich die Herbststürme des Jahres 40 v. Chr. schon das Meer aufpeitschten, fuhr er auf einem gemieteten Schiff von Alexandria ab. Herodes hatte inzwischen beschlossen, die Mächtigen in Rom unbescheiden um die Würde des Königs von Judäa zu bitten. Mit jedem Tag, der verstrich, konnte sich in Jerusalem der Sieger Antigonos fester einnisten. Eile war geboten. Doch die Stürme zermürbten Schiff und Besatzung. Nahezu schiffbrüchig, mußte Herodes die Seereise auf Rhodos unterbrechen. Da ihm dort niemand ein Schiff vermietete, kaufte er sich eines. Er hatte inzwischen Geld bekommen, vielleicht von Kleopatra. Herodes war ein Politiker, der immer wieder zahlungskräftige Freunde fand.

Im Hafen von Brindisi legte sein Schiff an. Immerhin war Italien erreicht. Auch die letzten 600 Kilometer überwand Herodes rasch. Das Maximum an Tempo aber entwickelte der Flüchtling in Rom. Innerhalb weniger Stunden nach der Ankunft hatte Herodes bereits eine

Übereinkunft getroffen mit Marc Antonius und mit dessen Partner Octavian, der später, unter dem Namen Augustus, Kaiser wurde. Die Übereinkunft sah vor, daß Judäa wieder zum Königreich erklärt wurde; das Recht, sich König von Judäa zu nennen, wurde dem »Freund des römischen Volkes« Herodes zugesprochen. Antigonos erhielt die Bezeichnung »Feind der Römer«.

Der Senat folgte den Vorschlägen. Im Eilverfahren wurden die entsprechenden Zustimmungen verabschiedet. Herodes hatte durch seine Überredungskunst – er sprach lateinisch – und durch eine bescheidene Art, sich vorzustellen, Sympathien geweckt. Wichtig war, daß er den entscheidenden Persönlichkeiten der römischen Politik finanzielle Zuwendungen versprach, wenn er erst einmal sein Königreich in Besitz genommen habe. Marc Antonius konnte mitteilen, er habe gute Erfahrungen mit entsprechenden Zusicherungen des Herodes gemacht.

Zum Abschluß der vorgeschriebenen Prozedur feierten Marc Antonius, Octavian und Herodes eine offizielle und öffentliche religiöse Zeremonie: Sie opferten gemeinsam auf dem Kapitol Gott Jupiter zu Ehren. Herodes, der kein Jude war, hatte am Ende des Jahres 40 v. Chr. seinen Willen, König der Juden zu werden, durchgesetzt. Als erste Amtshandlung hatte er Jupiter, einen fremden Gott, anerkannt. Die Juden Roms waren entsetzt. Die Opferung vor Jupiter wurde auch in Jerusalem bekannt.

Genau eine Woche war vergangen seit der Ankunft des Herodes in Rom, da befand er sich, als König ohne Staat, zu Schiff auf der Fahrt nach Osten. Ihn drängte nicht so sehr der Wunsch, rasch das versprochene Königreich in Besitz zu nehmen, sondern die Unruhe über schlechte Nachrichten aus Idumäa: Die Heimat war von Antigonos erobert, die Städte waren zerstört worden. Allein das Felsplateau von Masada hatten die Gegner noch nicht erstürmen können.

Im Februar des Jahres 39 v. Chr. erreichte Herodes die Ostküste des Mittelmeers genau westlich des Sees Genezareth. Von der Grenze Galiläas trennten ihn nur 15 Kilometer. Dorthin begab sich Herodes zunächst, in der Absicht, Soldaten anzuwerben. Das dazu nötige Kapital hatte er aus Rom mitgebracht. Herodes hatte das Geld dort als Anleihe auf sein künftiges Königreich Judäa aufgenommen.

Doch nur zögernd stellten sich ihm erfahrene Kämpfer zur Verfügung. Ringsum im Lande war schon bekannt geworden, daß sich Herodes am Tiber überaus eng mit den Römern verbündet hatte. Zunächst ließen sich nur Männer aus Idumäa nicht abschrecken, Herodes die Treue zu schwören; nach und nach trafen auch jüdische Soldaten in seinem Lager ein, die sich durch seine Propaganda hatten fangen lassen, er komme, um das Land von den plündernden Parthern zu befreien und von Antigonos, der die Plünderungen zugelassen habe.

Herodes war zunächst vom Glück begünstigt: Schon vor seiner Ankunft hatten die Parther unter römischem Druck nach Nordosten ausweichen müssen. Das Glück auszunützen war ihm jedoch nicht vergönnt: Herodes mußte sich schleunigst um seine Familie kümmern, die 45 Kilometer südöstlich von Jerusalem auf dem Felsplateau von Masada nahezu ohne Wasservorräte ausharrte. Herodes brach den Belagerungsring auf und befreite Mutter, Geschwister und Braut aus der Gefahr.

Nun wollte Herodes das ihm von den Mächtigen in Rom übertragene Königreich in Besitz nehmen. Doch die Verwirklichung dieses Wunsches gelang zunächst nicht, da die Mehrheit der Bewohner von Jerusalem und Judäa ihn als »Knecht der Römer« ablehnte. Es hatte sich herumgesprochen, daß Herodes in Rom dem Jupiter geopfert hatte. Wie konnte einem solchen Mann die Stadt anvertraut werden, in der sich der Tempel des wahren Gottes befand?

Die Meinung der Bewohner hätte Herodes gleichgültig sein können, wenn ihm die römischen Legionen tatkräftig geholfen hätten, den Senatsbeschluß über die Wiederaufrichtung des Königreichs Judäa unter seiner Herrschaft Wirklichkeit werden zu lassen. Inzwischen hatten die Heerführer in Damaskus Anweisung erhalten, den vom Senat ernannten König der Juden bei allen Vorhaben zu unterstützen, aber seltsamerweise kümmerten sie sich nicht darum. Wahrscheinlich waren die örtlichen Befehlshaber in Syrien von Antigonos bestochen worden. Zur Verblüffung des Herodes erklärten sie, ihre Soldaten hätten eine Ruhepause nötig. Der von den Römern protegierte Anwärter auf die Herrschaft im Judenstaat hatte, in der sicheren Hoffnung auf römische Hilfe, schon mit der Belagerung von Jerusalem begonnen. Daß er sie abbrechen mußte, schadete seinem Ansehen gewaltig: Auch die getreuen Anhänger fragten sich, ob Herodes wirklich die Unterstützung der starken Männer im gewaltigen Römischen Reich besitze.

Herodes verzettelte seine Kräfte im Kleinkrieg gegen Widerstandsgruppen, die sich überall im Land organisierten. Da hatten sich in der gebirgigen Gegend nur wenige Kilometer westlich des Sees Genezareth, ganz in der Nähe der heutigen Kleinstadt Arbel, Guerillaverbände in Höhlen eingenistet. Die Eingänge der Höhlen waren nur über schmale Pfade an Steilhängen zu erreichen und damit eigentlich für jeden Angreifer unzugänglich. Herodes fand eine Taktik, die direkten Angriff möglich machte: Er ließ seine Männer an Körben, die von Stricken gehalten wurden, vor die Höhleneingänge schweben; sie mußten dann versuchen, die Verteidiger durch Pechfackeln auszuräuchern. Herodes überwachte selbst die verlustreiche Aktion. Gern hätte er die Guerillakämpfer für seine eigene Truppe gewonnen, doch seinem Aufruf zur Kapitulation folgte niemand.

Aus einem Erlebnis konnte er deutlich ablesen, wie stark die Ablehnung war, auf die er stieß – besonders bei nationalistisch gesinnten Männern. Josephus Flavius schildert den Vorfall so: »Einer der älteren Männer wurde von seinen sieben Söhnen und von seiner Frau angefleht, er möge doch, da Herodes Gnade verspreche, sich mit der ganzen Familie ergeben. Der Mann benahm sich so, als ob er nachgeben würde. Er befahl den Söhnen, einer nach dem anderen solle herauskommen. Er selbst stellte sich am Eingang der Höhle auf und stach seine Söhne nacheinander nieder. Herodes sah von ferne, was geschah. Er spürte Mitleid. Von seinem Gefühl bewegt, streckte er dem Vater seine rechte Hand entgegen und beschwor ihn, doch seine übrigen Kinder zu verschonen. Der Vater hörte nicht auf Herodes, sondern beschimpfte ihn, er sei niedriger Abstammung. Alle Söhne wurden von ihrem Vater umgebracht, und schließlich starb auch die Frau. Der Mann warf die Leichen den Steilhang hinunter. Zuletzt sprang er ihnen nach.«

Nirgends wurde Herodes mit Begeisterung oder auch nur mit Zustimmung empfangen. Die Bevölkerung keiner Schicht und keiner Gegend wollte diesen Mann zum Herrscher haben. Deshalb gelang ihm der Einzug in die Hauptstadt erst, als der römische Statthalter in Damaskus wirklich bereit war zu helfen. Ohne die Unterstützung der Besatzungsmacht hätte Herodes nie daran denken können, sein Amt wirklich zu übernehmen. Er benötigte elf römische Legionen, mit einem Mannschaftsbestand von 65 000, um die Menschen seiner künftigen Hauptstadt niederzuzwingen. Jerusalem wehrte sich gegen ihn, als ob er das schlimmste aller Übel wäre.

Im Februar des Jahres 37 v. Chr. beginnt die Zeit der Belagerung. Mehr als drei Jahre sind vergangen, seit Herodes durch Beschluß des Senats in Rom zum König der Juden ernannt worden ist. Der Partei der Sadduzäer gibt Herodes die Schuld an der Verzögerung. Doch die Sadduzäer stehen mit ihrem Widerstand nicht allein; da ist niemand in der Stadt, der die Klasse der Reichen dafür kritisiert, daß sie den Kampf führt gegen den »Römerknecht«. Auch die Händler, Handwerker, Arbeiter und kleinen Theologen lehnen Herodes ab. Nur einige wenige der Rabbis sagen, Jerusalem müsse sich Herodes öffnen – er sei die Zuchtrute Gottes; es wäre gottlos, sich gegen sie zu wehren.

Die Theologen, die sich der Strafe Gottes beugen wollten, setzten sich nicht durch. Der Widerstandswille der Verteidiger blieb zäh. Sie hatten, begünstigt durch die Jahreszeit, keine Not zu leiden. Das Problem der Wasserversorgung bedrückte die Verantwortlichen der belagerten Stadt nicht: Die Einschließung hatte während der Regenwochen des Frühjahrs begonnen; für die heißeren Frühsommermonate reichten die Vorräte. Die Stadt versorgte sich nicht mehr aus der Gihonquelle im Kidrontal. Dort schöpften nur noch die Frauen Wasser, deren Familien in den winzigen Dörfern des Tals lebten. Auch das Bassin am südlichen Ausgang des Hiskiatunnels war für die Wasserversorgung der Stadt unbedeutend geworden. Die Bewohner benötigten keine ständig fließende Quelle mehr; sie holten sich das Wasser aus privaten und öffentlichen Regenauffangbecken. Die Kunst des Zisternenbaus war unübertrefflich geworden während der zurückliegenden Generationen. Jedes Stadtviertel besaß gemauerte Reservoirs, in denen das Wasser der ergiebigen Frühjahrsregenfälle aufgefangen und gespeichert wurde.

Die Hoffnung, die Menschen von Jerusalem durch Durst zu bezwingen, gab es für Herodes nicht. Seine Kämpfer mußten durch mühsame und verlustreiche Angriffe die militärischen Kräfte der Verteidiger erlahmen lassen. Herodes verfügte über keinen originellen Plan zur Überwindung der Mauern; er ahmte die einfache Strategie des Pompejus nach und ließ von Norden her angreifen.

Vierzig Tage lang war von morgens bis in die Nacht im Stundentakt das Donnern des Rammbocks zu hören, dann war eine Lücke in die Mauer nordwestlich des Tempels geschlagen. Ausgrabungen im Bereich der Zitadelle brachten Teile der Außenmauer zu Tage, die damals eingestürzt waren und kurze Zeit später wieder aufgeschichtet wurden. Manches Stück der Nordbefestigung, das freigelegt werden konnte, weist die Mauerstärke von zweieinhalb Metern auf. Am vierzigsten Tag des Angriffs konnten die Belagerten die Mauer nicht mehr halten. Sie räumten einen Teil der Stadt und zogen sich auf den Südwesthügel zurück.

Herodes sah den Sieg vor sich. Er begann zu feiern. Er heiratete die schöne Enkelin des Hohenpriesters Hyrkanos, mit der er schon seit vier Jahren verlobt war. Sie hieß Mariamme.

Nach weiteren zwei Wochen wurden die Verteidiger auch vom Südwesthügel verdrängt. Sie beherrschten jetzt nur noch den eigentlichen Tempelbereich.

Gerade diese Siegesphase war kritisch für Herodes. Der König der Juden befand sich in der eigentümlichen Lage, daß er sich sein Volk durch fremde Truppen erobern lassen mußte. Wollte er mit diesem Volk als sein Herrscher zusammenleben, hatte er baldige Aussöhnung im Auge zu behalten: Rasch sollte der Kampf vergessen werden.

Aussöhnung aber war nur möglich, wenn der Krieg keine derart verheerenden Wunden schlug, daß der Haß gegen den König nicht mehr aufzulösen und zu überwinden war. Den römischen Legionären aber war das künftige Zusammenleben des Herodes mit seinem Volk völlig gleichgültig. Ihrer Gewohnheit gemäß plünderten sie aus, was sie erobert hatten; sie mordeten jeden, der ihnen vor das Schwert lief. Daß sich Herodes dafür einsetzte, die Zahl der Opfer gering zu halten, beschreibt Josephus Flavius. So schildert er das Ende dieser Belagerung Jerusalems:

»Eine vieltausendfache Metzelei begann. Die Römer waren wütend über die Länge der Belagerung. Den jüdischen Truppen des Herodes war jetzt jedes Mittel recht, den letzten Widerstand zu brechen. In Scharen wurden die Leute in den engen Straßen und in den Häusern zusammengedrängt und niedergestochen. Wer auf der Flucht war zum Tempel, der wurde erschlagen. Niemand kam davon, nicht einmal Kinder und ganz alte Leute. Obgleich Herodes zu allen Kampfplätzen verläßliche Offiziere schickte, die auf Mäßigung drängen sollten, schlugen die Sieger wie von Sinnen weiter auf die Besiegten ein. Herodes gab sich alle Mühe, die römischen Soldaten zur Disziplin zu bringen. Sie waren jetzt nahe am Tempel und drängten sich heran, um das Gebäude und die darin befindlichen Heiligtümer zu sehen. Herodes gab seinen eigenen Kämpfern Befehl, mit Waffengewalt den Römern den Zutritt zu verwehren. Er war der Meinung, daß sich der Sieg nicht lohne, wenn erst das ›Unschaubare‹ von fremden Augen angegafft werden würde. Als der Tempeleingang gesichert war, da begann Herodes die Plage der Plünderung zu mildern. Den römischen General Sossius fragte Herodes mehrfach, ob er Jerusalem völlig arm an Gütern und Menschen machen wolle; ob er, Herodes, künftig in einer Einöde regieren solle. Selbst die Weltherrschaft zu gewinnen lohne sich nicht, wenn soviele Menschen dafür ihr Leben lassen müßten. Als General Sossius zur Antwort gab, es sei nur recht und billig, den Soldaten zum Ausgleich für die Entbehrungen während der Belagerungszeit die Stadt zum Plündern zu überlassen, da sagte Herodes, er selbst werde jedem Soldaten Geld geben, der sich nicht an Mord und Räuberei beteilige.«

Die Auszahlungen an römische Soldaten und Offiziere erfolgten tatsächlich. Die Mittel dazu mußten allerdings die eigentlichen Verlierer des Krieges, die Wohlhabenden der Sadduzäerschicht, aufbringen. Sie hatten zu zahlen, ehe sie hingerichtet wurden. Wer Antigonos unterstützt hatte, der verlor sein Leben. Jetzt konnte Herodes auch endlich Rache nehmen an einigen Mitgliedern des Sanhedrin, des Obersten Gerichtshofes; wer im Verdacht stand, vier Jahre zuvor die

Absicht gehabt zu haben, ein Todesurteil gegen Herodes auszusprechen, überlebte nicht.

Ende August des Jahres 37 v. Chr. nahm Herodes von Jerusalem Besitz. Er hatte den Willen, das Gesicht der Stadt zu verändern, neu zu prägen für alle Zeiten.

Mehr als 10000 Menschen waren gestorben, doch eine entvölkerte Stadt war Jerusalem damit nicht. Die Sadduzäer hatten ihre beherrschende Position eingebüßt, doch sie bildeten auch weiterhin eine wichtige politische Kraft. Ihre Überzeugung, daß der Fremdling und Nichtjude Herodes unter keinen Umständen das Recht habe, sich König der Juden zu nennen, war durch die Niederlage nicht ausgerottet worden.

Die Sadduzäer ließen sich auch durch Terror nicht dazu zwingen, Herodes entgegenzukommen. Die Pharisäer aber zeigten sich bereit zur Zusammenarbeit. Diese Partei wurde von etwa 5000 Mitgliedern getragen. Die Männer, die zu ihr gehörten, waren verpflichtet, mitten im Volk zu leben, den Menschen zu helfen. Als Volkspartei sind die Pharisäer zu sehen. Elitäres Denken war den Mitgliedern fremd.

Unsere Vorstellung von den Pharisäern ist geprägt durch den Zorn Jesu, der sie – zumindest nach der Darstellung des Neuen Testaments – für spitzfindige Pedanten hielt, die den Gesetzestext über die Erfordernisse des menschlichen Lebens stellten. Zur Zeit des Herodes erwies sich diese Schicht jedoch als außerordentlich flexibel: Da Herodes gewonnen hatte, mußte er als Herrscher angenommen werden – nur durch diese Haltung war der Wille Gottes zu erfüllen.

Zwei Denker prägten während jener Jahre die Vorstellungswelt der Pharisäer: Auslegungsfreudig war der eine, absolut gesetzestreu der andere. Beide zusammen – sie hießen Hillel und Schamai – entwickelten die Ideologie der Partei. Dabei gewann nicht der sorgfältig abwägende Schamai den größten Einfluß, sondern der eher menschlich reagierende Hillel, der auch einen impulsiveren Charakter besaß als sein Partner. Hillel war Arbeiter, er verdiente seinen Lebensunterhalt als Austräger von Wasser und Holz. In Babylon war Hillel geboren und aufgewachsen. Er gehörte zu einer Sippe, die das »Babylonische Exil« nicht hatte verlassen wollen, die nur immer wieder einzelne Familienmitglieder in die alte Heimat reisen ließ.

Hillel hat den Satz geprägt: »Was du nicht willst, das man dir tu', das füg' auch keinem andern zu.« Er hielt diese Worte für das Fazit der

Lehre aus den Fünf Büchern Mose – alles übrige, so sagte er, sei nur Erklärung und Auslegung. Als sanft und demütig galt Hillel, auch gegenüber der Staatsgewalt. Er war überzeugt, daß die Menschen nur durch Furcht vor der Macht des Staates davon abgehalten werden, sich gegenseitig zu vernichten.

Kein Wort des Aufruhrs gegen Herodes war von ihm zu hören, allerdings auch kein Wort der Unterstützung. Grundsatz der Pharisäer war: »Habe nichts gemein mit der Gewalt der Herrschenden.« Sie waren entschlossen, sich still zu verhalten. Darauf konnte sich Herodes verlassen. Die Pharisäer wurden so zu seiner Partei in Jerusalem.

Ihr Quartier war die Unterstadt. Die Schmiede, Schuhmacher, Händler und Weber wohnten ursprünglich auf dem vom Tempelberg abfallenden Osthügel über dem Kidrontal, auf dem Gelände, das einst die Davidstadt getragen hatte. Doch dieser Stadtteil veränderte sich innerhalb weniger Jahre grundlegend; er wurde zur Gegend der Villen und Paläste. Ein reiches Geschlecht aus Mesopotamien finanzierte die Bauten. Die Sippe der Fürsten von Adiabene war zum Judentum übergetreten. Sie wollte fortan in der Stadt Davids leben, ganz in der Nähe des Tempels. Zu erwarten wäre gewesen, daß sich die reichen Bauherren Plätze in der luftigen Oberstadt auf dem Westhügel ausgesucht hätten und nicht gerade dort, wo sich die Hitze mehr als sonstwo staute. Doch mit Bedacht baute die Familie ihre Häuser dorthin, wo bisher die Ärmsten und Gläubigsten gelebt hatten. Damit zeigten die Fürsten von Adiabene – die als Konvertiten glaubenseifriger sein mußten als Männer und Frauen aus traditionell jüdischen Familien –, daß sie den griechisch orientierten Lebensstil der Reichen und Mächtigen ablehnten.

Die Häuser der Adiabenefamilie aber waren dennoch keineswegs bescheiden. Sie umfaßten drei Stockwerke, zu denen breite Treppen hinaufführten.

Ausgrabungen, die 1940 gezielt nach Angaben aus den Büchern des Josephus Flavius durchgeführt wurden, legten Fundamente mehrerer Großgebäude frei, die direkt in der Mitte des Hangrückens standen.

Die Handwerker und Arbeiter wohnten künftig der Davidstadt gegenüber, am unteren Hang des Westhügels. Dort entstanden die neuen Quartiere der Ärmeren. Die Häuser waren geräumiger und solider als die früheren. Zu beklagen hatten sich die Handwerker und Arbeiter nicht.

Direkt unterhalb der Adiabenepaläste befand sich eine Badeanlage, die mit einer Synagoge verbunden gewesen sein muß. Als Archäologen die Zisternen freilegten, fanden sie auf einem Stein diese Inschrift: »Theodotos, Sohn des Vettenos, Priester und Synagogenvorsteher,

Sohn eines Synagogenvorstehers, Enkel eines Synagogenvorstehers, baute die Synagoge zur Vorlesung des Gesetzes und zur Unterweisung in den Geboten. Er baute das Fremdenheim und die Zimmer sowie die Wasserbehälter, die zum Bad der Herberge gehören, zum Nutzen derer, die Verlangen haben nach Herberge und Bad.«

Griechisch ist dieser Text. Diese Feststellung überrascht, denn er vermittelt Gedanken der Pharisäerschicht. Ihnen lag der »Unterricht in den Geboten« besonders am Herzen; Sadduzäer neigten eher dazu, solche Unterweisung zu vernachlässigen. Tatsache ist, daß sich auch die ärmere Schicht in Jerusalem der griechischen Sprache bediente; Hebräisch, die Sprache des Mose, war beim Volk in Vergessenheit geraten. Seit der Rückkehr aus Babylon hatte sich zuerst das aramäische Idiom in der Stadt durchgesetzt, jetzt war Griechisch zur verbindenden Sprache für viele geworden. Das Hebräische beherrschten nur noch die Rabbis.

Der Verzicht auf die eigene, unverwechselbare Sprache kennzeichnet die Identitätskrise des jüdischen Volkes in jenen Jahren. Zur Symbolfigur dieser Krise ist Herodes geworden: der Fremde, der aus Idumäa stammte, der König der Juden war, der aber eigentlich doch lieber ein Römer sein wollte. Seine Stadt sollte aussehen wie Rom, auf Hügeln gebaut. Besaß Rom Theater, so mußte Jerusalem wenigstens eines vorzeigen können. Was dort gespielt wurde, wissen wir nicht. Josephus Flavius berichtet, in diesem Theater habe alle fünf Jahre ein Wettkampf der Ringer stattgefunden. Dies kann nicht alles gewesen sein, was dort geschah. Über das Äußere des Theaters schreibt Josephus Flavius: »Es war auf allen Seiten von Inschriften zu Ehren des römischen Kaisers bedeckt, und von Trophäen, die der Kaiser fremden Völkern abgenommen hatte. Alles war aus reinem Gold gearbeitet.« Josephus Flavius zieht das Fazit: »Das Theater wurde wegen seines Prunkes bewundert, doch es ist der Lebensweise der Juden fremd.«

Die Archäologen sind sich nicht sicher, wo in der Stadt dieses Theater zu finden war. Nirgends konnten sie Spuren und Anhaltspunkte entdecken. Manche bezweifeln, ob Herodes es gewagt hat, einen Bau, der so offensichtlich zum Kulturkreis der Griechen und Römer gehörte, mitten in Jerusalem erstellen zu lassen. Am Ende des vergangenen Jahrhunderts glaubte ein Forscher entdeckt zu haben, daß sich dieses Theater, in Felsen gehauen, weit außerhalb der Stadt befand, im Süden, in der Nähe der Rogelquelle. Diese These wurde schon bald wieder verworfen, da der betreffende Platz an der Rogelquelle nur schwer zugänglich und damit für ein Theater ungeeignet war.

Zehn Jahre lang lebte Herodes, als König, im alten Palast der Makkabäer, direkt westlich des Tempels. Um das Jahr 23 v. Chr.

begann er einen Neubau hochziehen zu lassen – etwa dort, wo heute die als Davidsturm bezeichnete Zitadelle steht. Am äußersten Westrand der Stadt wollte Herodes wohnen. Der König wußte, daß er von den Bewohnern nicht geliebt wurde. Vom Palast an der Westmauer konnte Herodes, im Fall der Gefahr, rasch aus der Stadt verschwinden.

Die einzige Schilderung des Palasts, die erhalten ist, hat Josephus Flavius aufgeschrieben: »Unübertrefflich war das verwendete Material und dessen Bearbeitung. Fünfzehn Meter hoch war die Ringmauer, die den Palast schützte. Ziertürme schmückten die Mauer. Riesige Säle enthielt der Palast. Hundert Gäste konnten ohne Schwierigkeit untergebracht werden. Die Räume waren mit unsagbar mannigfaltigen Steinen ausgekleidet. Seltene Stücke aus aller Herren Länder waren zusammengeholt worden. Wunderbar waren die Decken mit ihren langen Balken und Ornamenten. Reich ausgestattet waren die Räume. Die Mehrzahl der in jedem einzelnen Gemach befindlichen Gegenstände war aus Gold und Silber gefertigt. Ringsherum führten viele Säulenhallen, die ineinander übergingen. Die Innenhöfe, die unter freiem Himmel lagen, erfreuten durch das frische Grün der Pflanzen. Lange Spazierwege führten durch Gärten, in denen Kanäle Wasser führten. Teiche waren dort zu sehen und Bronzestatuen, aus denen sich Wasser ergoß. Zwischen den künstlichen Gewässern standen Türme, in denen zahme Tauben hausten. Es ist überhaupt nicht möglich, den Königspalast in angemessener Weise darzustellen.« Wahrscheinlich ist, daß Josephus Flavius gewaltig übertrieb. Offenbar aber war Wasser im Überfluß vorhanden – sogar fließendes Wasser. Dies war eine neue Errungenschaft in der Stadt. Mit dem Versorgungssystem der Zisternen waren Kanäle und Brunnen nicht zu speisen. Solange Jerusalem von gespeichertem Regen lebte, hatte Wasser als Kostbarkeit gegolten. Die Zeiten des knappen Wassers waren vorüber.

Texte des Talmud geben einen Hinweis, woher das Wasser kam. Da ist von der Quelle Etam zu lesen, die höher lag als die Stadt. Wo sich diese Quelle einst befand, steht heute fest.

Fünf Kilometer von Bethlehem entfernt liegt das arabische Dorf Artas. Westlich von Artas sind drei längliche Teiche angelegt von beachtlichem Ausmaß. Der längste der Teiche erstreckt sich über 177 Meter, bei einer Tiefe von 15 Metern. Diese künstlichen Wasserbecken im Bergland von Judäa werden seit Jahrhunderten die »Teiche des Salomo« genannt, obgleich sie mit diesem König nicht in Verbindung gebracht werden können; sie sind zur Regierungszeit des Königs Herodes entstanden. Die Teiche beim Dorf Artas waren Auffangbecken für Quellen der Umgebung. Von hier aus floß das Wasser in einem Kanal nach Norden, in Richtung Jerusalem. Die Stadt ist in der Luftlinie

12 Kilometer von der Quelle entfernt; der Kanal aber schlängelte sich 21 Kilometer weit an Abhängen der Hügel entlang, über Täler, die durch gemauerte Aquädukte überbrückt wurden.

Sorgfältig kalkuliert war das Gefälle. Es konnte, da die Höhendifferenz zwischen Quelle und Stadt klein war, ebenfalls nur gering sein. Bei 800 Metern Höhe trat das Wasser aus der Erde; die Kanäle und Springbrunnen in den Gärten des Palasts lagen 770 Meter hoch. Nur ein Gefälle von 30 Metern stand den Erbauern der Leitung zur Verfügung. Träge muß das Wasser zur Stadt geflossen sein.

An zwei Stellen verlief die Wasserleitung in Tunnels: Unterirdisch durchquerte sie die Stadt Bethlehem und den Mukabbir-Hügel beim Government House unmittelbar vor Jerusalem. Der Tunnel von Bethlehem war 400 Meter lang; seine Zugänge sind heute blockiert. Der Tunnel von Jebel Mukabbir ist um 30 Meter kürzer. Er ist in den Fels geschlagen worden wie 500 Jahre zuvor der Tunnel des Hiskia. Wenig verändert hatten sich seither die Werkzeuge. Auch hier sind die Schlagspuren der eisernen Äxte an den Wänden zu sehen.

Im Verlauf der Jahre muß das Wasser den Quellen um die »Salomoteiche« nicht mehr ausgereicht haben. Das Einzugsgebiet der Versorgung von Jerusalem vergrößerte sich. Weiter im Süden wurden Wasseraustritte erschlossen und durch Kanäle mit dem Sammelreservoir der drei Teiche verbunden. Von dort aus wurden weitere Leitungen nach Jerusalem gebaut. Das Kanalsystem erweiterte sich auf über 100 Kilometer Länge. Notwendig war dieser Ausbau nicht nur deshalb geworden, weil sich Jerusalem ständig vergrößerte, sondern vor allem auch, weil das Heiligtum auf dem Tempelberg zur Attraktion wurde, das fromme Juden zur Pilgerwanderung anregte. Für die Waschungen vor jeder heiligen Handlung wurde Wasser gebraucht. Herodes, der Nichtjude, sorgte dafür, daß sich mehr Menschen zum Tempel begaben als je zuvor. Sein Programm zur Belebung des religiösen Lebens war einfach. Es hieß: Abbruch des alten, kümmerlichen Tempels und Erstellung eines prächtigen Neubaus.

Erst spät, im fünfzehnten Jahr seiner Regierung, packte Herodes die Krönung seiner Bautätigkeit an. Längst hatte Jerusalem sein Gesicht verändert. Die Häuser waren größer und höher geworden, die Straßen breiter. Herodes hatte seinen weitgerühmten Palast bezogen – nur Gott hatte sich noch immer mit einem Haus zu begnügen, das bei seiner Erbauung vor 500 Jahren nur als Provisorium geplant war. Der Tempel war renoviert, vielleicht auch erweitert worden, doch seine Bausubstanz war unverändert geblieben seit ungefähr 510 v. Chr.

Der Tempel des Herodes

Obgleich das uralte Haus Gottes baufällig war und nicht mehr in das Stadtbild paßte, herrschte keineswegs einhellige Begeisterung, als der König im Jahre 20 v. Chr. verkündete, er wolle Auftrag geben, daß ein neuer Tempel gebaut werde. Herodes selbst informierte die Bewohner der Stadt – er hatte dazu eigens eine Generalversammlung aller Männer und Frauen auf dem freien Platz vor dem alten Gotteshaus einberufen lassen. Sicher war er überzeugt gewesen, Zustimmung werde laut, doch er bekam Stimmen der Skepsis zu hören.

Mancher Rabbi aus der Pharisäerschicht hielt die Ankündigung für eine List. Die Zweifler waren der Meinung, Herodes werde den alten Tempel abreißen lassen, ohne je daran zu denken, dem Gott der Juden ein neues Haus zu bauen. Sie trauten dem Nichtjuden zu, sein Motiv sei Hinterlist gegen Gott und gegen den Glauben. Herodes ging auf die zweifelnden Stimmen ein und zeigte während der nächsten Monate Verständnis für die Skeptiker: Kein Stein, kein Balken wurde vom alten Bauwerk abgetragen, ehe die Architekten der Öffentlichkeit ein gewaltiges Modell des Neubaus vorstellen konnten.

Mit Argwohn beobachtet, begannen die Arbeiten nach zwanzigmonatiger Vorbereitungszeit. So lange als nur möglich blieb der bisherige Tempel stehen. Noch während der Planierungsarbeiten an der Tempelplattform konnte Gottesdienst abgehalten werden. Die Erweiterung der Terrasse nach Süden war erschwert durch die Geländeform: Vom Heiligen Felsen an fiel der Boden rasch ab. Gewölbe, die zum Teil heute noch erhalten sind, wurden zum Ausgleich der Höhenunterschiede aufgemauert. Im Westen der bisherigen Terrasse mußte das Zentraltal in einer Länge von 20 Metern aufgeschüttet werden.

Zum Bau der Umfassungsmauer wurden gewaltige Blöcke verwendet; sie sollten Gewölben und Aufschüttungen Halt bieten. Einige der Eckquader haben eine Länge von zwölf Metern. Ihr Gewicht beträgt mehr als 100 Tonnen. Der Transportweg war allerdings nicht weit. Die Baumeister des Herodes benützten dieselben Steinbrüche im Norden des Tempelbergs, aus denen schon ihre Kollegen tausend Jahre früher, zur Zeit des Königs Salomo, Steine schlagen ließen.

Eindrucksvolle Reste der herodianischen Mauer sind erhalten – und stehen unter besonderem Schutz: Die neun unteren Quaderreihen der Klagemauer waren einst Bestandteil der Stützkonstruktionen der westlichen Umfassung der Tempelplattform.

Um sich keinem Verdacht auszusetzen, er handle leichtfertig, gab Herodes Order, jede traditionell anerkannte religiöse Vorschrift müsse beachtet werden. So waren während der Vorbereitungsphase etwa tausend Priester zu Steinmetzen und Zimmerleuten ausgebildet worden. Sie waren dazu ausersehen, Arbeiten im Bereich des Allerheiligsten auszuführen, da Laien sich nicht in der Nähe dieses Tempelzentrums aufhalten durften. Insgesamt, so wird berichtet, seien 10000 Männer beim Bau der gesamten heiligen Anlage beschäftigt gewesen.

Die riesige Arbeiterzahl soll raschen Fortschritt und Abschluß der Arbeiten ermöglicht haben. Nach achtzehn Monaten schon feierte Herodes mit großem Aufwand die Einweihung des Tempels. So schnell als möglich wollte er den Ruhm ernten, Gott und dem Volk ein Heiligtum geschenkt zu haben. Daß dies ihm und nicht den religiös-nationalistisch eingestellten Nachkommen des Judas Makkabi gelungen sei, darauf hat Herodes immer mit Stolz hingewiesen.

Zur Einweihungsfeier waren die Bauten auf der Tempelterrasse noch nicht fertig; an ihnen wurde weitere zehn Jahre lang gearbeitet. Es ist sogar anzunehmen, daß selbst zur Zeit Jesu das Projekt noch nicht ganz abgeschlossen war.

Das meiste bleibt der Phantasie überlassen bei der Vorstellung, wie der Tempel des Herodes wohl ausgesehen haben mag. Die Ergebnisse der archäologischen Forschung können der Phantasie nur Stütze sein. Erwiesen ist wohl, daß sich der Haupteingang des Tempelkomplexes im Süden befand. Breite Treppen führten vom oberen Bereich der ehemaligen Davidstadt zur Südmauer, die zwei Doppeltore aufwies. Der Platz des östlichen Doppeltors ist deutlich zu erkennen; zu sehen ist allerdings auch, daß es in späterer Zeit zu drei Öffnungen erweitert worden ist. In der Nähe des westlichen Doppeltors wurden Mauerreste eines Gebäudes gefunden, in dem sich Zisternen befanden. Hier war wohl der Ort, an dem sich die Gläubigen den Ritualwaschungen unterzogen.

Zugang zur Tempelanlage war auch von Westen her möglich. In der Westmauer ist der Ansatz eines Bogens sichtbar, das Widerlager eines Gewölbes. Der erhaltene Rest deutet darauf hin, daß der Bogen eine Spannweite von mehr als zehn Metern hatte. Als der Brückenansatz im vergangenen Jahrhundert bemerkt wurde, setzte sich rasch die Meinung durch, der Bogen sei Teil einer Straßenbrücke gewesen, die einst den Tempelbereich mit dem Westhügel verbunden habe. Neuere Forschungsergebnisse lassen den Schluß zu, daß der Bogenansatz den oberen Beginn einer heraufführenden Treppe gebildet hatte. Die Treppe verlief zunächst in Westrichtung und bog dann in rechtem Winkel nach Süden ab. Sie traf unten auf eine gepflasterte Straße. Am tiefen Ende der Treppe sind Mauerstrukturen gefunden worden, die wohl Fundamente von Läden gebildet hatten. Vereinzelt hatten die israelischen Forscher, die um Festlegung der Zeit bemüht waren, in der die Läden benützt wurden, Münzen, Gewichte und Tonscherben aus den Regierungsjahren des Königs Herodes entdecken können. Wenige Meter südlich der Läden stießen die Ausgräber auf einen behauenen Stein, der, unter Erde und Schutt begraben, auf gepflasterter Straße lag. Er trägt eine Aufschrift in Hebräisch: »Für den Platz, wo die Trompete geblasen wird.« Dieser Quader muß der oberste Eckstein an der südwestlichen Kante des Tempels gewesen sein. Dort hatten die Priester einst an den Freitagabenden das Zeichen zum Sabbatbeginn geblasen, das weit über die Stadt hinaus zu hören war. Der Quader ist bei der Zerstörung des Tempels im April des Jahres 70 n. Chr. auf die gepflasterte Straße bei den Läden heruntergestürzt.

180 Meter nördlich dieser Fundstelle beim Bogenansatz der Treppe ist an der Mauer ein zweiter derartiger Ansatz aus der Zeit des Herodes zu sehen; er ist später von arabischen Architekten ergänzt worden. Dieses Widerlager ist nun wirklich die Verankerung einer Brücke, die von der Weststadt zum Tempelplateau hinüberführte. Diesen direktesten Zugang zum Heiligtum wird Herodes selbst benützt haben, wenn er sich von seinem Palast im Westen der Stadt in den Tempel begab. Er durchschritt dabei Hallen, die oben auf den mächtigen Umfassungsmauern standen. Die Dächer der Hallen, aus Zedernholz gezimmert, wurden von Säulen getragen. Auf drei Seiten umgaben die Hallen den äußeren Hof des Tempelbezirks, der »Vorhof der Heiden« genannt wurde. Seinen Boden, der mit vielfarbigen Steinen belegt war, durften auch Nichtjuden betreten.

Im Süden des »Vorhofs der Heiden«, dort, wo sich heute die Al-Aqsa-Moschee befindet, stand die gewaltige »Halle des Königs«, die 185 Meter lang gewesen sein soll. Sie wurde von König Herodes an bedeutenden Festtagen zu Empfängen benützt. Wie die Säulen dieses riesigen Bauwerks ausgesehen haben, ist bekannt: Vor etwa hundert Jahren wurde in einem einstigen Steinbruch an der Jaffastraße eine über zehn Meter hohe Säule, geschmückt mit einem korinthischen Kapitell, gefunden – in geborstenem Zustand. Sie war während der Steinmetzarbeiten zerbrochen.

Eine Balustrade mit eineinhalb Meter hohen Säulen schirmte den inneren Tempelbereich ab. Sie hatte dreizehn Öffnungen. An diesen Eingängen waren Tafeln aufgestellt, die jeden Nichtjuden in lateinischer und griechischer Sprache davor warnten, weiter ins Innere des Tempels zu gehen. Es bestand Gefahr, daß Gläubige, wütend über die Entweihung, den Eindringling erschlugen. Eine der Tafeln ist im Jahr 1872, eine andere 1936 entdeckt worden. Ihre Inschriften lauten: »Daß kein Fremder eintrete hinter die Schranken und Einfriedigungen des Heiligtums. Wer ergriffen wird, der findet den Tod. Die Schuld hat er sich selbst zuzuschreiben.«

Über eine Treppe gelangte der gläubige Jude zum eigentlichen Heiligtum. Er betrat zunächst den »Vorhof der Frauen«. Den Eingang dazu schmückten Torflügel, die 25 Meter hoch und mit Platten aus Gold und Silber beschlagen waren. Dieser Hof war keineswegs den Jüdinnen vorbehalten; er wurde auch von Männern betreten – die Frauen durften sich nur nicht weiter dem Heiligtum nähern. Der Schritt über die Schwelle zum Altar war nur den Männern vorbehalten. Sie durften hineingehen in den »Hof der Israeliten«. Dort standen den Gläubigen, die keine Priester waren, nur wenige Quadratmeter an der östlichen Stirnseite zur Verfügung. Es war nie daran gedacht, im Tempelinnenraum Massengottesdienste zu feiern.

Ein Geländer, 50 Zentimeter hoch, versperrte den Weg zum inneren Altarbereich im Priestervorhof. Zutritt war nur den Tempelpriestern gestattet. Über eine Rampe schritten sie hinauf zum Altar und zum Schlachtplatz für die Opfertiere. Erhaben standen sie über den Gläubigen.

Doch dieser Platz im »Hof der Priester« war noch keineswegs die heiligste Stelle des Tempels. Das eigentliche Gotteshaus erhob sich westlich von Altar und Schlachtplatz. Der Bau war mit weißem Marmor verkleidet; goldene Säulen schmückten ihn. Quadratisch war seine Vorderfront geformt: Länge und Höhe maßen jeweils 30 Meter. Die Architekten waren bemüht gewesen, die Grundfläche des Tempels so zu gestalten, wie sie einst beim heiligen Bauwerk des Salomo gewesen war. Nur für das Maß der Höhe fühlten sie sich nicht festgelegt.

Dem Vorbild entsprechend, war das Heiligtum in Vorhalle, Haupthalle und Allerheiligstes eingeteilt. Der innerste Raum, der beim Tempel des Salomo völlig dunkel gehalten war, blieb jetzt nur durch einen Vorhang von der Haupthalle abgetrennt. Sich diesem Vorhang nähern durfte nur der Hohepriester – und dies nur am Fest Jom Kippur, am Versöhnungstag. Selbst dem König blieb das Allerheiligste versperrt. Dem stolzen Herodes gefiel diese Einschränkung seiner Macht nicht, doch er mußte sich diese Zurücksetzung gefallen lassen.

Talmudschriften machen deutlich, daß ein System der Abstufung gewollt war: »Heiliger als die Stadt Jerusalem ist der Tempelberg, denn ihn dürfen Männer und Frauen, die an Ausfluß leiden, nicht betreten.

Heiliger als der Tempelberg ist der Platz hinter der Balustrade, denn ihn darf kein Nichtjude betreten. Heiliger als der Platz hinter der Balustrade ist der Vorhof der Frauen, denn Reinheit ist nötig für den, der das Tor zu ihm durchschreiten will. Heiliger als der Vorhof der Frauen ist der Hof der Israeliten, denn dorthin darf niemand, der nicht im Zustand völliger Sühne ist. Heiliger ist der Platz der Priester, denn niemand, der kein Priester ist, soll auf ihm stehen. Die Vorhalle des Tempels ist noch heiliger, denn in sie darf niemand eintreten, der mit einem Fehler behaftet ist. Heiliger ist die Haupthalle und weit heiliger noch das Allerheiligste, denn dorthin darf sich nur der Hohepriester begeben, und nur zum Zweck des Gottesdienstes.«

Durch keine Beschreibung und durch keinen archäologischen Fund zu beweisen, aber dennoch als sicher gilt, daß die Felsplatte, über der sich heute die Kuppel des Felsendoms wölbt, Bestandteil des Tempelzentrums war. Seit mehr als einem Jahrtausend vor der Zeit des Herodes war dieser Fels Opferplatz gewesen. Unwahrscheinlich ist, daß er beim Bau des Heiligtums nicht mehr in das Projektkonzept einbezogen worden ist, zumal die talmudische Tradition davon spricht, der Fels sei der Grundstein der Erde.

Den Eindruck, den der fertige Tempel auf Betrachter machte, beschreibt Josephus Flavius. Er hatte das Bauwerk gesehen; er mußte wissen, wie es wirkte. Er war begeistert gewesen: »Die äußere Gestalt des Tempels versetzte sowohl das Auge als auch die Seele in Erstaunen. Der Tempel war fast überall mit massiven Goldplatten belegt, und von Sonnenaufgang an strahlte er einen feurigen Glanz aus, so daß Beschauer, auch wenn sie sich zwangen hinzusehen, die Augen wie von der Sonnenscheibe abwenden mußten. Der Tempel erschien den Fremden, die sich Jerusalem näherten, wie eine schneebedeckte Bergkuppe, denn überall dort, wo er nicht mit Gold bedeckt war, hatten ihn die Baumeister blendend weiß gemacht. Das eigentliche Tempelgebäude trug auf dem Dach spitze Stangen. Sie sollten verhindern, daß sich dort Vögel niederließen und das heilige Gebäude beschmutzten.«

Nichts wissen wir von den Architekten und Baumeistern, die an den Bauplänen gearbeitet haben. Als beim Erdaushub in Giv'at Hamivtar im Norden von Jerusalem eine Grabstätte entdeckt wurde, in der – laut Inschrift – »Simon, der Tempelerbauer« bestattet lag, da war die Hoffnung groß, einen Anhaltspunkt zu besitzen. Erfahrene Archäologen aber erkannten, daß der Sarg doch zu einfach gestaltet war für einen Mann dieser Bedeutung. Sie zogen den Schluß, die aramäische Aufschrift bedeute, daß hier ein Mann bestattet liegt, der Simon hieß und in sehr bescheidener Funktion am Tempelbau mitgearbeitet hatte. Wahrscheinlich hatte dieser Mann seinen Nachkommen viel erzählt von der Zeit, als er am Tempel gebaut hatte. Die Nachkommen hatten ihm dann den Spitznamen »der Tempelerbauer« gegeben.

Dieser logische Schluß war den Forschern deshalb möglich, weil sie ein anderes Grab kannten, das Gebeine eines Mannes enthält, der mit dem Tempelbau zu tun hatte. Dieses andere Grab war zu Beginn dieses Jahrhunderts ganz in der Nähe von Giv'at Hamivtar am Skopusberg geöffnet worden. Wer hier bestattet lag, war aus dieser Inschrift zu erkennen: »Nikanor von Alexandria, der die Tempeltore gemacht hat.« Dieser Nikanor, das war seinem Grab anzusehen, war ein wohlhabender und geachteter Mann gewesen. Mehr ist über ihn nicht bekannt. Zwei Namen kennen wir – Aufschluß über die Personen der Tempelbaumeister geben sie nicht.

Als der Tempel fertig war, da lehnte ihn kaum mehr jemand ab in Jerualem, obgleich er doch vom ungeliebten König Herodes ausgedacht und finanziert worden war. Das Heiligtum wurde zum Integrationspunkt des Volkes: Hier begegneten sich die wichtigen Männer der zwei rivalisierenden Schichten. Die Tempelpriester der Sadduzäerklasse konnten nicht verhindern, daß auch die Laientheologen der Pharisäer sich in den Schatten der Säulenhallen setzten, um über Gott zu reden. Da sie über bedeutende Sachkenntnis verfügten, gelang es ihnen, in die Reihe der zahlreichen Beamten aufgenommen zu werden, die für religiösen Dienst und für Administration benötigt wurden. Schließlich erreichten gebildete Pharisäer auch die Spitze der Hierarchie: Sie wurden in den Kreis der Stellvertreter des Hohenpriesters aufgenommen. Sie hatten damit auch politische Macht errungen.

Der Tempel war zum wichtigsten Arbeitgeber in Jerusalem geworden. Die Zahl der hier Tätigen entsprach der Zahl der königlichen Hofbeamten. Ihre wichtigste Arbeit war, dafür zu sorgen, daß zweimal am Tag Opfergottesdienste stattfinden konnten. Der Zeitpunkt dafür war jeweils kurz nach der Morgendämmerung und unmittelbar vor Sonnenuntergang. Der Gottesdienst begann mit der Entzündung von Weihrauch vor dem Vorhang zum Allerheiligsten. Den Höhepunkt bildete die Schlachtung der Opfertiere. Damit verbunden waren Dankgebete, Bitten und Anrufungen Gottes. Die Priester verwahrten die Schriftrolle mit den Texten der Fünf Bücher Mose. Damit die Heilige Schrift nicht mit unreinen Fingern berührt wurde, waren die Pergamente auf zwei Rollen verteilt, die mit Handgriffen versehen waren.

Ordnung und Frieden herrschten im Tempel, doch Herodes muß der Ordnung und dem Frieden mißtraut haben. Noch ehe der erste Arbeiter am Tempelbau tätig gewesen war, hatte der König Befehl gegeben, am Nordwestrand des künftigen Tempelareals eine gewaltige Festung zu bauen. Der Zeitpunkt des Bauauftrags kann aus dem Namen der

Burg geschlossen werden. Herodes hatte sie »Antonia« genannt, als Huldigung an seinen Wohltäter Marc Antonius. Josephus Flavius beschreibt die Festung so:

»Die Burg Antonia lag an der Ecke, die von zwei Säulenhallen auf den Mauerkanten, von der westlichen und der nördlichen Säulenhalle gebildet wurde. Die Burg war auf einem 50 Meter hohen Fels erbaut, der auf allen Seiten sehr steil abfiel. Dieses Bauwerk brachte den angeborenen Stolz des Königs Herodes besonders zur Geltung. Diese Festung sollte außerordentlich schön sein. Zunächst einmal war der gewachsene Fels von unten an mit geglätteten Steinplatten bedeckt, womit die Wirkung von Eleganz erzielt wurde. Dazuhin wurde erreicht, daß jeder, der auf den Steinplatten nach oben klettern wollte, daran herunterglitt. Dann befand sich unmittelbar vor dem Hauptbau der Festung eine Mauer, eineinhalb Meter hoch, hinter der sich die eigentliche Anlage der Antonia 20 Meter hoch erhob. Das Innere hatte das Aussehen und die Einrichtung eines Palastes, denn es war in Gemächer für jeden denkbaren Zweck eingeteilt. Die Burg besaß überdeckte Gänge, Bäder und geräumige Höfe, in denen sich die Soldaten lagern konnten. Alles war in der Antonia vorhanden wie in einer Stadt. Von außen sah die Anlage wie ein Turm aus, auf dessen Ecken vier weitere Türme gesetzt waren. Drei von ihnen waren jeweils 25 Meter hoch, während der in der Südostecke stehende Turm eine Höhe von 35 Metern besaß, so daß man von seiner Spitze aus das ganze Tempelgelände überblicken konnte. Wenn der Tempel als Festung über der Stadt lag, so bildete die Antonia die Zwingburg des Tempels, und die dort eingesetzten Truppen überwachten Stadt und Tempel. Die Oberstadt hatte in dem Palast des Herodes eine eigene Zwingburg.«

Gering sind die Spuren, die von der mächtigen Turmfestung geblieben sind. Angenommen wird, daß die Via Dolorosa im Norden des heutigen Heiligen Bezirks das Gelände des einstigen Bauwerks durchschneidet oder zumindest berührt. So konzentrierte sich die Suche nach Überresten und Hinweisen auf die Höfe und Keller der Klöster um den Ecce-Homo-Bogen. Grabungen sind in dieser Stadtgegend schon deshalb von Bedeutung, weil Ergebnisse erwartet werden, die Einblick in den Zustand Jerusalems zur Zeit Jesu Christi geben. Gefunden wurden Felsen, die der Bearbeitung nach zu dem von Josephus Flavius geschilderten Antonia-Turmbau gehören könnten. Da liegt zwischen dem Heiligen Bezirk und der Via Dolorosa ein Felskomplex, der um zehn Meter das Gelände ringsum überragt. Der Niveauunterschied ist nicht sonderlich auffällig, weil das Gebiet eng bebaut ist. Auf dem Fels steht heute die Omarijja-Schule. Eine genaue Betrachtung ergibt, daß der Felskomplex ein viereckiges Plateau bildet mit den Ausmaßen von 120 mal 45 Metern. Der Gedanke bietet sich an, daß dies der Basisfels der Antonia war.

Andere Spuren helfen nur wenig weiter. Unter dem Boden des Konvents der Zionsschwestern im Bereich der Via Dolorosa konnten Steinplatten freigelegt werden, die einst aufgerauht worden sind, damit Pferdehufe auf ihnen besser Halt fanden. Möglich ist, daß hier die Reste einer Pflasterung des Innenhofes der Antonia entdeckt worden sind.

Durch Zwingburgen sicherte Herodes seine Herrschaft in Jerusalem, doch es war ihm wohl bewußt, daß er die Menschen dieser Stadt auf Dauer nicht durch Unterdrückung in ruhige, zufriedene, vielleicht sogar loyale Untertanen verwandeln konnte. Er mußte Sympathien gewinnen. Dies konnte ihm nur gelingen, wenn die Bewohner das Gefühl bekamen, der Monarch sei ihnen in schwierigen Zeiten von Nutzen. Herodes ergriff seine Chance, als Jahre der Mißernten über das Hochland von Judäa hereinbrachen. Der König erwies sich als glänzender Organisator eines Versorgungssystems, der Arme und Reiche mit Lebensmittel versorgte. Seine guten Beziehungen zu den Römern erwiesen sich dabei als vorteilhaft: Der Gouverneur der Kornkammer Ägypten stellte Herodes Getreide zur Verfügung. Die Lieferung mußte allerdings teuer in Goldwährung bezahlt werden. Die Staatskasse in Jerusalem aber war für prompte Zahlung bekannt. Die Zahlungsfähigkeit der königlichen Finanzverwaltung ist erstaunlich: Herodes stand Geld für riesige Bauvorhaben zur Verfügung, und in Notfällen konnte er Goldreserven einsetzen – dabei regierte er keineswegs ein wohlhabendes Land. Karg war der landwirtschaftlich nutzbare Boden des Landes Judäa. Allein die Provinz Galiläa erbrachte reichere Erträge; dort wuchsen Feigen, Oliven, Walnüsse. In Schriften des Talmud ist dieses Sprichwort zu finden: »Es ist leichter einen Ölbaum in Galiläa aufzuziehen als ein Kind in Judäa.«

Landwirtschaft und Handwerk erwirtschafteten nahezu allein das Volksvermögen. Jerusalem war keine Handelsstadt mehr wie zur Zeit der Griechenherrschaft. Seit einigen Generationen war der Berufsstand der Händler sogar in Verruf geraten, wie dieses Sprichwort aus jenen Jahren zeigt: »Wie sich zwischen zwei Steine ein Pflock stecken läßt, so drängt sich zwischen Kauf und Verkauf die Sünde.« Vom Beginn seiner Regierungszeit an bekämpfte Herodes den Niedergang des Handels. Er wußte, daß er seine Staatseinnahmen nur durch Besteuerung blühender Handelsunternehmen steigern konnte; sie mußten jedoch erst gegründet werden. Ein wesentliches Hindernis war der Vorbehalt der religiösen Männer aus der Pharisäerschicht gegen Großhandel und gegen internationale Geschäftsverbindungen.

Um dieses Hindernis zu überwinden, schuf Herodes kommerzielle Anreize. Er hörte auf die Klagen der interessierten Kaufleute, Judäa besitze keinen Hafen, über den Waren ein- und ausgeführt werden könnten. Wollte er die Großhändler zur Ausweitung ihrer Aktivitäten überreden, blieb dem König nichts anderes übrig, als einen neuen Hafen bauen zu lassen. An die Alternative, eine bestehende Anlage zu erweitern, dachte Herodes gar nicht erst; diese Lösung wäre ihm zu kleinlich erschienen. Sein Hafen sollte der größte und prächtigste an der Ostküste des Mittelmeers sein. Für dieses Projekt wählten seine Spezialisten ein winziges Dorf aus, eine griechische Siedlung, die Stratonis Turris (Stratons Turm) genannt wurde. An der Stelle des kleinen Fischernestes entstand, nach vorbereitetem Plan, ein Komplex von Hafenbecken, Molen, Leuchttürmen und Befestigungsanlagen, der umfangreicher konzipiert war als der damals bedeutende Hafen von Piräus.

Schutz gegen Stürme, die von der afrikanischen Küste herüberwehten, bot eine Barriere, die im Halbkreis draußen im Meer verlief und aus gewaltigen Steinblöcken bestand. Ausgrabungen haben einige solcher Blöcke zutage gebracht – manche wiegen 20, einer sogar 30 Tonnen.

Mit der Namensgebung für die Hafenstadt, die nach der Idee des Herodes glänzender werden sollte als Alexandria, deren Namen auf Alexander den Großen zurückging, wollte Herodes seine Dankbarkeit gegenüber Rom und gegenüber den siegreichen Erben des Julius Caesar zum Ausdruck bringen. Herodes nannte seine Schöpfung Caesarea. Als Staatschef und Privatmann hatte er viel Geld in das Projekt investiert.

Herodes war persönlich ein überaus reicher Mann. Aus dem väterlichen Erbe in Idumäa flossen jährlich riesige Summen in seine eigene Finanzverwaltung. Seine zweite Einnahmequelle waren die Plantagen bei Jericho im fruchtbaren Jordantal. Der Besitz des Königs erbrachte Einnahmen, die nach vorsichtiger und trotzdem problematischer Schätzung – unter Berücksichtigung der Veränderung des Kaufwerts – rund einhundert Millionen Mark im Jahr betrugen. Das gesamte Einkommen des Staates Judäa aus Steuern, Zöllen und aus den Abgaben an die Administration des Salzmonopols summierten sich über lange Zeit hin, bis schließlich der Handel im Hafen Caesarea zu blühen begann, auf nur etwa 80 Millionen Mark heutiger Kaufkraft im Jahr. Zu bedenken ist beim Blick auf diese Beträge, daß der wenig ergiebige Boden Judäas nur von drei Millionen Menschen bewohnt wurde und daß die mit gutem Ackerland bedachte Provinz Idumäa, bei etwas geringerer Einwohnerzahl, exzellente Handelsbeziehungen bis tief hinein nach Arabien pflegte. Idumäa war Eigentum des Herodesclans. Der König, von Charakter ein freigebiger Mann, konnte es sich leisten, großzügig zu sein.

Die Mächtigen in Rom konnten sich auf regelmäßige Zahlungen verlassen, und die Baumeister in Jerusalem, Caesarea und mancher anderen Stadt ebenfalls.

Von den Bewohnern seines Landes erwartete der König Dankbarkeit, doch der Jubel blieb verhalten. Die Eigenwilligkeit des Herrschers zerstörte häufig Ansätze der Sympathie, die sich im Volk zu entwickeln begannen. Selbst der Bau von Caesarea brachte ihm nur wenig Dank ein. Ursache des Ärgers war der königliche Befehl, daß ein Tempel zu Ehren des Kaisers Augustus gebaut werde. Mitten in die Tempelhalle ließ Herodes eine Bildsäule stellen, die den Gott zeigte, der verehrt werden sollte: Es war Kaiser Augustus selbst. Für die wahren Gläubigen war Caesarea fortan ein Ort der Greuel.

Jerusalem fällt in Ungnade

Daß die Gläubigen Caesarea mieden, mißfiel Herodes keineswegs. Er selbst hatte die Absicht, dorthin umzuziehen. Sollten die Gottesfürchtigen doch künftig in Jerusalem bleiben, fern von ihm. Zuwider waren ihm die Klagen, er verziere die Mauern der Paläste, Sportstätten und heilige Orte durch Darstellungen menschlicher Figuren und versündige sich damit gegen Gott.

So glanzvoll Jerusalem mit der Vollendung des königlichen Bauprogramms auch geworden war, die Menschen dort hatten sich damit nicht in Bewohner einer Weltstadt verwandelt. Herodes ärgerte sich darüber, daß sie so wenig politisches Verständnis zeigten, daß sie kaum begriffen, welche Zwänge sein Handeln bestimmten. Immer wieder wurden ihm Petitionen unterbreitet, die sich gegen gesetzwidrige Nutzung des Tempels wandten. Die Gläubigen protestierten dagegen, daß zweimal täglich, wenn auch nicht im Allerheiligsten, sondern in einem der Vorhöfe für Kaiser Augustus geopfert wurde; daß dies aus Gründen der guten Beziehungen zum allgewaltigen Herrscher in Rom nötig war, begriffen sie nicht.

Jerusalem war keine Hauptstadt für König Herodes. Der Neugründung Caesarea galt seine Hoffnung. Zu erwarten war, daß sich die Stadt an der Küste weltoffener entwickeln würde als die großgewordene Siedlung in den Bergen Judäas. Es war der Wunsch des Königs, daß sich Caesarea würdig neben Alexandria stelle.

Um die Übersiedlung vorbereiten zu können, brauchte Herodes eine Periode des innerstaatlichen und des außenpolitischen Friedens. Sie war ihm jedoch nicht vergönnt. Zu großzügige Auslegung der Handlungsfreiheit gegenüber arabischen Herrschern wurde von Kaiser Augustus als Anmaßung empfunden. Daß er sich nicht aufs Wort an kaiserliche Direktiven gehalten hatte, brachte Herodes bei der römischen Verwaltung in Mißkredit. Nichts konnte schlimmer sein für einen abhängigen Herrscher als der Verlust des Vertrauens seiner Oberherren: Unruhen an den Grenzen und im Land selbst waren die Folge.

Die schlimmsten Gegner des Herodes aber waren die Mitglieder der eigenen Familie. Sie erwiesen sich als Meister der Intrige. Sie beschuldigten sich gegenseitig der Verschwörung und übten gnadenlosen Haß. Ein Drama entwickelte sich in Jerusalem, dessen Elemente Neid, Blutgier, Erotik, Sadismus und Lust zur Macht waren. Herodes, selbst nicht zimperlich, wenn er seinen Willen durchsetzen wollte, konnte schließlich die Hinterhältigkeit nur mit dem Mittel der Hinrichtung bekämpfen. Seine Lieblingsfrau Mariamme ließ er in der Festung Antonia umbringen – und wurde, aus Gewissensbissen, von schlimmer Niedergeschlagenheit heimgesucht. Er klagte drei Söhne an, sie hätten Hochverrrat geplant, und setzte so ihr Leben aufs Spiel. Alle diese Machenschaften rankten sich um Testament und Nachfolge des Königs. Er hatte vom Kaiser in Rom ausnahmsweise das Recht zugesprochen erhalten, selbst zu bestimmen, wer nach ihm Herrscher in Judäa sein sollte.

In der eigenen Familie, die über die Herkunft des Herodesvermögens doch wohl gut informiert war, wurde das Gerücht verbreitet, Herodes habe das Grab des Königs David im Felsgrund der ehemaligen Davidstadt suchen und ausplündern lassen. Unermeßliche Reichtümer habe er dort zwar nicht finden können, wohl aber einiges Wertvolle aus Davids Besitz. Das Gerücht erklärte den König zum Grabräuber und damit zum schändlichen Verbrecher. Es wurde schließlich von vielen Menschen in der Stadt geglaubt – so unwahrscheinlich es auch klang.

Als Legende hatte sich die Erinnerung fortgesponnen, David sei einst auf dem Hügel über dem Kidrontal, innerhalb der ummauerten Stadt, in aller Pracht beigesetzt worden. Schon bald nach der Bestattung seines Sohnes und Nachfolgers Salomo – dessen nicht minder prächtiges Grab sich unmittelbar bei Davids letzter Ruhestätte befunden haben soll – habe allerdings niemand mehr gewußt, in welcher Höhle oder in welcher Grube die Leichname der beiden Könige und die reichen Beigaben an Gold und Silber lagen. Immer wieder in der Geschichte der Stadt Jerusalem dachten kluge Köpfe, die Lage der Gräber von David und Salomo entdeckt zu haben. Daß die Beisetzungsstätten wirklich gefunden wurden, hat nie jemand glaubwürdig berichtet. Die legendären Gräber aber reizten die Phantasie. Wem nachgesagt wurde, er wisse, wo Gebeine und Schätze ruhten, der wurde bewundert; von wem behauptet wurde, er sei im Innern der Gräber gewesen, der wurde verachtet.

Josephus Flavius hielt es für richtig, das Gerücht vom Grabräuber Herodes so in seinen Band »Jüdische Altertümer« aufzunehmen: »Herodes, der innerhalb und außerhalb seines Landes viel von seinem Reichtum ausgegeben hatte, erinnerte sich daran, daß sein Vorgänger Hyrkanos Davids Grab geöffnet und daraus dreitausend Talente Silber entnommen habe. Herodes glaubte, daß sich im Grab noch einmal so viel Silber befinde. Damit wollte er seinen Bedarf decken. Er ließ daher in einer Nacht das Grab öffnen und begab sich mit Männern, denen er vertrauen konnte, hinein. In aller Stille geschah dies, denn in der Stadt sollte niemand etwas davon wissen. Geld fand Herodes keines darin, doch er nahm eine Menge goldener Schmucksachen und kostbarer Geräte mit. Keine Ecke wollte er undurchsucht lassen, deshalb entschloß er sich, sogar bis dorthin vorzudringen, wo die Gebeine der Könige wirklich ruhten. Dabei verlor Herodes zwei seiner Leibwächter. Berichtet wird, sie seien durch eine Feuerflamme umgekommen, die ihnen aus dem Innern der Grabkammer entgegenschlug. Getrieben vom größten Schrecken beeilte sich Herodes, diesen Ort zu verlassen. Er hat bald darauf, um Gott zu versöhnen, ein Denkmal für David und Salomo aus weißem Marmor errichten lassen.«

Wahr an dieser Geschichte ist wohl nur, daß Herodes ein Denkmal für die beiden Könige aufstellen ließ. Sie zu ehren war seine Absicht. Doch in Jerusalem glaubte kaum noch jemand an gute Absichten dieses Königs. Jerusalem war für Herodes verloren.

In den anderen Bereichen von Judäa und Galiläa fand er eher Verständnis für die Verehrung des römischen Kaisers. Überall im Land entstanden Tempel und Statuen, die Augustus gewidmet waren, sogar an der Jordanquelle, die traditionell als verehrungswürdiger Platz galt. Diese Reverenz vor dem Mächtigen am Tiber geschah nur zum Teil aus Berechnung – natürlich freute sich der Kaiser, wenn ihm berichtet wurde, in entferntesten Provinzen werde voll Ehrfurcht an ihn gedacht, und er zeigte sich häufig erkenntlich. Herodes verneigte sich aus Überzeugung. Er wollte seinen Staat einpassen in die umfassende Ordnung, die von Rom aus gelenkt wurde. Der König sah das Imperium keineswegs als ausbeutende Kolonialmacht an, sondern als Organisationsform einer überlegenen Kultur.

Fortschrittsgläubig war dieser König der Juden: Neue Gedanken ersetzten alte Vorstellungen. Das Neue war der hellenistisch-römische Geist, der das Lebensgefühl veränderte, der die Sinne ansprach und zur Sinnlichkeit anregte. Bisher gültige Überzeugungen verloren an Bedeutung, andere Werte traten an ihre Stelle. Als wichtig empfand Herodes das Gefühl, er und die Menschen seines Staates gehörten in die Gemeinschaft des Römischen Reiches. Augustus förderte die Eingliederung ins Imperium durch ein äußerst großzügiges Bürgerrechtsgesetz, das Millionen von Menschen in den Provinzen zu Römern machte. Hinter dieser Großzügigkeit stand der Gedanke, ein Imperium, in dem Provinzen und Menschen gleichberechtigt sind, müsse ein Reich ohne zerstörerische Spannungen und damit ein Reich des Friedens sein. Augustus war tatsächlich vom festen Willen geleitet, die Welt so zu gestalten, daß Ausgleich möglich war zwischen vielfältigen Interessen. Als Friedensfürst wollte Kaiser Augustus gelten. Herodes hielt sich daran.

Den Bewohnern von Caesarea gefiel diese Entwicklung; auch die Juden, die dort lebten und arbeiteten, waren damit einverstanden. War die Siedlung Stratonis Turris ursprünglich von Griechen und von hellenisierten Syrern bewohnt gewesen, so nahm, als der Hafen benützt werden konnte, der jüdische Bevölkerungsanteil rasch zu. Wer mit Erfolg Handel treiben wollte, der ließ sich in Caesarea nieder, der unterstützte auch die Eingliederungspolitik des Herodes. Die führenden Männer des Hafens am Mittelmeer wollten zum »Orbis Romanum« gehören.

Die Gläubigen in Jerusalem – in unserer Zeit Orthodoxe genannt – aber lehnten diese Eingliederung ab, denn sie bedeutete Verzicht auf die Sonderstellung der Juden, die auf eine besonders enge Beziehung zu Gott zurückzuführen war. Die Gläubigen hielten fest an der Gewißheit, das jüdische Volk sei auserwählt worden vor anderen. Die Theologen aller Schichten, auch die der Pharisäer, waren überzeugt, daß das Heil für die Welt von den Juden ausgehen werde, da der Erlöser in Judäa auftreten und von hier aus das Friedensreich der Ewigkeit gründen werde. Dies war nicht nur ein theologisches Gedankengebäude zur Befriedigung orthodoxer Vorstellung. Die Heilstheorie enthielt politischen Sprengstoff. War das jüdische Volk Mittelpunkt göttlicher Absicht, dann konnte es nicht an einen Friedensfürsten in Rom glauben, der sich selbst als Erlöser vom Unfrieden sah.

Die Überzeugung vom Kaiser als Friedensfürsten war fester Bestandteil der Politik des Herodes. Dieser König der Juden machte kein Hehl daraus, daß er nicht überzeugt war von der besonderen Beziehung des jüdischen Volkes zu Gott. Die Meinung des Kaisers in dieser Frage kannte er: Augustus hatte wissen lassen, ihn störe die beharrliche Aussage wichtiger Männer in Jerusalem, das jüdische Volk dürfe sich ganz allein als auserwählt betrachten. Augustus hatte einen derartigen Anspruch immer als starrköpfige Eigenart der Juden bezeichnet.

Doch ganz so starrköpfig waren die Gläubigen von Jerusalem nicht. Der Pharisäer Hillel konnte zwar mit Herodes nicht einig sein in der Frage nach der Stellung des jüdischen Volkes zu Gott, doch er kam dem König in der Diskussion um den Messias entgegen. Hillel warnte vor übertriebener Hoffnung auf den Erlöser. Vielleicht kommt er nicht so rasch, vielleicht auch gar nicht – es sei deshalb klug, sich mit den Gegebenheiten einzurichten. Diese Nachgiebigkeit einflußreicher Pharisäer fand kurz vor dem Tod des Herodes ein Ende.

Aufstand gegen Herodes

Als Herodes etwa 70 Jahre alt war und schon vielerlei über seinen Gesundheitszustand gemunkelt wurde, brachten Arbeiter, sicher auf Befehl des Königs, oben am Haupttor des Tempels einen aus solidem Gold gearbeiteten Adler an. Der Platz dieser Verzierung war wohl eines der beiden Tore im Süden, auf jeden Fall am äußersten Rand des Tempels, hoch über dem Gebiet der einstigen Davidstadt. Weithin sichtbar war dieses Wahrzeichen römischer Macht; Sonnenreflexe lenkten den Blick darauf.

Das war eine Provokation. Herodes kann nicht angenommen haben, daß die Theologen der Sadduzäer und der Pharisäer dazu schwiegen. Für sie galt der Adler ja nicht nur als unzulässige Nachbildung eines lebenden Wesens, sie hielten ihn für das Symbol des königlichen Willens, den Tempel dem Friedensfürsten Augustus zu öffnen. Wohl bekannt war ihnen, daß römische Tempel – ob dem Kaiser oder anderen mächtigen Kräften geweiht – durch goldene Adler verziert waren.

Die Argumentation der Berater des Königs, bereits im Fünften Buch Mose sei Gott mit einem Adler verglichen worden, fand kein Gehör. Zwei Rabbis – sie trugen die damals weit verbreiteten Namen Judas und Mattatias – empörten sich derart über die Schamlosigkeit Herodes', seine Absichten so offen zu enthüllen, daß sie ihre jungen Schüler aufforderten, den goldenen Adler vom Tempeltor herunterzustürzen. Befolgt wurde die Aufforderung der Rabbis allerdings erst, als im Quartier der Pharisäer die Meldung umlief, Herodes sei eben gestorben.

Zur Mittagszeit – der Tempel war gut besucht – stiegen einige Schüler des Judas und des Mattatias, durch Seile gesichert, von der Mauer der Vorhalle etwa fünf Meter bis zur oberen Partie des Tempeltors herunter. Dort angekommen, zertrümmerten sie den goldenen Adler mit Beilen und Hämmern. Die Goldbrocken fielen herunter auf die Treppen.

Die Tempelwächter, die den Anschlag nicht hatten verhindern können, griffen jetzt zu. Sie verhafteten die beiden Anstifter, die am Anschlag beteiligten Schüler und eine Reihe von Männern, die regungslos der Aktion zugeschaut hatten. Die Gefangenen wurden nicht hinüber in die Festung Antonia gebracht, sondern sofort hinunter nach Jericho, wo sich Herodes gerade aufhielt. Es war noch Winter – in Jerusalem eine ungute Zeit für die kranken Glieder des Königs. Die Wärme des Jordantals bekam ihm besser.

Während der Verhandlung gegen die Täter, die sofort eröffnet wurde, konnte jeder sehen, daß der König sehr krank war. Er führte zwar wortreich die Anklage, war aber nicht in der Lage zu stehen, da seine schmerzenden Beine ihn nicht mehr trugen. Liegend sprach Herodes, daß er große eigene Opfer für den Tempelbau gebracht habe, für die er eigentlich Dank erwartet hätte. Nach diesen persönlichen Worten verurteilte er die Tat, gemäß den Gesetzen, als Tempelschändung. Diese Anklage verblüffte die Rabbis, denn sie vertraten den Standpunkt, Herodes habe selbst, durch die Anbringung des Adlerbilds, den Tempel geschändet.

Über den Ausgang des kurzen Prozesses liegen zwei unterschiedliche Berichte aus der Feder des Josephus Flavius vor. Fest steht nur, daß Herodes einen oder beide Rabbis hat öffentlich verbrennen lassen. Der eine oder beide Verurteilten starben am 13. März des Jahres 4 v. Chr. zusammen mit einer unbekannten Zahl weiterer Personen, die unmittelbar am Anschlag auf den goldenen Adler am Tempeltor beteiligt gewesen waren.

Im selben Jahr noch verschied Herodes.

Bis in die letzten Lebenstage hinein hatte der kranke König Probleme mit seiner intrigensüchtigen Familie. Dem ältesten Sohn Antipater lebte Herodes zu lange: Antipater selbst wollte König werden. Herodes erkannte zwar, daß Antipater Hochverrat begangen hatte, doch wollte er kein Urteil sprechen; er ließ den Kaiser in Rom entscheiden. Als dann das harte Urteil des Augustus eintraf, mußte sich Herodes daran halten: Antipater wurde umgebracht.

Wenige Tage später erlag Herodes seinen Leiden. In einer letzten Entscheidung hatte er bestimmt, daß in der Stunde seines Todes die führenden Männer der Städte und Dörfer Judäas verhaftet und nach Jerusalem gebracht werden sollten. Im Hippodrom sollten sie so lange als Geiseln festgehalten werden, bis der Nachfolger das Königreich unter Kontrolle hatte. Kaiser Augustus hatte dem Provinzkönig Herodes das Ausnahmerecht zugestanden, die Person des nächsten Herrschers in Judäa selbst bestimmen zu dürfen. Der Sterbende hatte sich für seinen Sohn Herodes Archelaos entschieden.

Seinem Testament gemäß wurde Herodes nicht in seiner Hauptstadt Jerusalem beigesetzt, sondern in der Festung Herodeion in der Nähe von Bethlehem. Sein Leichnam sollte nicht innerhalb der Mauern der ungeliebten Stadt ruhen, sondern hinter den Schanzen einer eigens dafür gebauten Grabesburg.

Kaum war Herodes bestattet, da brach der Aufstand los, der eigentlich schon Mitte März zu erwarten gewesen war, nach der Hinrichtung der Männer, die den Anschlag auf den Adler am Tempeltor ausgeführt hatten. Herodes Archelaos, der neue Herrscher, war bemüht gewesen, die Emotionen zu dämpfen; auf einer Volksversammlung vor dem Tempel hatte er Steuererleichterungen versprochen und Korrekturen des Herrschaftssystems. Den Pharisäern aber war das Regierungsprogramm des Herodes Archelaos zu verschwommen formuliert gewesen; das Eingeständnis, Herodes hätte Fehler gemacht, hatte ihnen nicht genügt.

Als die Unruhen begannen, da glaubten die Führer der Pharisäerpartei, der Nachfolger des Herodes befinde sich in einer Phase der politischen Schwäche. Vom Kaiser in Rom war die Übernahme der Herrschaft noch nicht genehmigt worden; Herodes Archelaos konnte sich nur als Amtsverweser fühlen. Die Rabbis ließen ihn wissen, sie stellten sich vor, daß der Staat um die Stadt Jerusalem künftig gar nicht mehr durch einen Monarchen, sondern durch geistliche Männer regiert werde. Sie erhoben die Forderung, die Theokratie müsse ausgerufen werden. Zunächst aber seien diejenigen am königlichen Hof zu bestrafen, die König Herodes bei der Verurteilung der Männer geholfen hatten, die den goldenen Adler vom Tempeltor gerissen hatten.

Obgleich täglich Tausende von Männern und Frauen gegen die Fortsetzung der Herodesdynastie demonstrierten, weigerte sich Herodes Archelaos, der Pharisäerführung Zugeständnisse zu machen. Er glaubte, daß der Demonstrationseifer der Massen mit der Zeit nachlassen würde. Doch der Amtsverweser unterschätzte die Rabbis. Sie sorgten dafür, daß zum Passahfest des Jahres 4 v. Chr. mehr Menschen als sonst in die Stadt kamen. Unmittelbar vor den Feiertagen peitschten sie die Gefühle der Massen auf mit der Parole, Gott wolle wieder die Macht übernehmen in Jerusalem, niemand dürfe seinem Herrschaftsanspruch im Wege stehen. Die Rabbis wiesen den Demonstranten den Weg: hinauf zum Palast des Herodes. Über die Treppen und Straßen am Westhang des Zentraltals drängten sich Zehntausende. Aufgehalten wurden sie erst unmittelbar vor dem Palast. Die Wachen dort waren angewiesen, unbedingt Widerstand zu leisten. Sie brachen die Wucht des Ansturms und trieben die Demonstranten schließlich zurück. Wie viele Menschen an jenem Tag des Passahfestes ihr Leben verloren, hat niemand registriert.

Zwar hatte der Aufstand niedergeschlagen werden können, doch war deutlich geworden, daß der Staat des Herodes an inneren Spannungen zerbrach. Nach gründlicher Prüfung des Sachverhalts entschied sich Kaiser Augustus dafür, das rechtlich gültige Testament des Herodes nicht anzuerkennen: Der Nachfolger wurde nicht bestätigt. Augustus teilte den Staat der Juden auf in eine Provinz, die Judäa, Samaria und Idumäa umfaßte, in eine andere mit den Gebieten Galiläa und Peräa und in eine dritte mit den nichtjüdischen Gegenden des Nordens.

Es erwies sich, daß der Kaiser in Rom allein König Herodes vertraut hatte. Nur ihm zuliebe hatte Augustus dem Volk der Juden Eigenheiten und Freiheiten gestattet. Von nun an blieben römische Garnisonen im Land, die dafür sorgten, daß die Gesetze des Römischen Imperiums geachtet wurden. Keiner der Herodessöhne bekam Unabhängigkeit zugestanden. Der Sohn, den Herodes selbst noch zum König der Juden eingesetzt sehen wollte, starb schließlich im Exil in Gallien. Die späte Revolte gegen das Regime des Herodes hatte bewirkt, daß die Führung des Römischen Imperiums nur noch an die Bewahrung ihrer souveränen Rechte im Gebiet der Mittelmeerostküste dachte. Sie reagierte mit imperialistischen Methoden. Verflogen war die Vision von den gleichberechtigten Partnern im Römischen Reich. Eine römische Besatzungstruppe zog auch in Jerusalem ein.

Römischer Druck bewirkte Gegendruck: Die religiös-nationalen Kreise versuchten, sich zu wehren. Die Rabbis predigten das Recht des Widerstands gegen die fremden Gottesfeinde. Der Boden wurde bereitet für die Aufstände der kommenden Jahre. Nationalismus und Fanatismus blühten auf.

Volle 33 Jahre hatte Herodes regiert – er war der König einer Friedensepoche gewesen. Das jüdische Volk hat ihn nie dafür gelobt. Herodes wurde beurteilt aus der Situation der Ereignisse, die auf seinen Tod folgten, für die er jedoch kaum Verantwortung trug.

Pontius Pilatus und Jesus

Wie viele Schikanen und alltägliche Plagen Herodes von seinem Volk tatsächlich hatte fernhalten können, von jedem einzelnen Mitglied dieses Volkes, wurde bald nach dem Tod des Königs deutlich. Doch die Sympathie für ihn steigerte sich damit keineswegs. Römische Soldaten, zu denen vor allem Germanen und Gallier gehörten, empfanden keinerlei Verständnis für die religiös bedingten Besonderheiten der Juden. Daß sich die römischen Legionäre arrogant benahmen, wurde hingenommen – sich mächtig zu fühlen gehörte zum Vorrecht der Angehörigen einer Besatzungsmacht, auch wenn sie in einem Gebiet überlegener Kultur stationiert waren. Daß die Soldaten unbedingt das Zentrum des Tempels sehen wollten, weil sie, aus Neugierde, sich die Gelegenheit kaum entgehen lassen wollten, etwas »Unanschaubares« anzuschauen – und damit zu entheiligen –, war nicht zu ertragen. Die Militärverwaltung versuchte solche Übergriffe zu verhindern; Erfolg hatte sie dabei nicht immer. Tagtäglich klagten die Tempelwärter darüber, daß die Soldaten die Vorhallen des Tempels verunreinigten. Doch der Protest nützte wenig.

Selbst als einer der römischen Legionäre, der vielleicht aus Germanien stammte, den jüdischen Gläubigen am Passahfest sein Gesäß zeigte, duldete der Stadtkommandant die wütende Reaktion der Tempelbesucher nicht: Um zu verhindern, daß der Mann verprügelt wurde, schickte er Wachen in den Vorhof des Heiligtums. Sie hieben ihren Kameraden mit Schwertern aus der Bedrängnis. Der Stadtkommandant war vom Gouverneur angewiesen, jedes Aufmucken der Bevölkerung mit Härte zu unterbinden. Wie viele Juden dabei totgeschlagen wurden, war ihm gleichgültig. Die römischen Verwalter hatten sich nicht darum zu kümmern, ob es den Menschen gutging, die sie zu beaufsichtigen hatten. Sie waren dazu eingesetzt, in einer aus strategischen Gründen wichtigen Randzone des Reiches für Ruhe und Ordnung zu sorgen.

Im Jahre 26 unserer Zeitrechnung wurde Pontius Pilatus Chef der Militäradministration in Jerusalem. Er hielt sich jedoch zumeist in Caesarea auf, in der unter Herodes erbauten Stadt am Mittelmeer. Sie ließ sich in manchen Annehmlichkeiten mit Rom vergleichen. Jerusalem war zwar vom König der Juden durch gewaltige Bauprojekte zur Weltstadt entwickelt worden, seit dem Tode des Herodes aber standen Theater und Hippodrom leer. Dafür waren die zahlreichen Schulen der Rabbis gut besucht. Selten waren die Fünf Bücher Mose in Jerusalem so intensiv studiert worden, wie in jenen Jahren. Das »auserwählte Volk«, enttäuscht durch seine Erniedrigung, suchte in den Schriften nach Weissagungen kommenden Glücks.

Der Beamte, dem die gottesfürchtig gewordene Stadt damals unterstand, gehört zu den bekanntesten Persönlichkeiten der Weltgeschichte, ohne daß seine Person wirklich für uns begreifbar wird. Er war der fünfte in der Reihe der römischen Statthalter für Judäa. Sein Ruhm beruht auf dem Evangelienbericht vom Prozeß gegen Jesus: Pontius Pilatus habe, gegen bessere Einsicht, Jesus zum Tode verurteilt. Ein Schwächling, ein Opportunist sei Pilatus gewesen, heißt es dort. Seine Berufung auf den verantwortlichen Posten an der Ostküste des Mittelmeers verdankte er der Bekanntschaft mit einem Günstling des Kaisers Tiberius. Zehn Jahre lang konnte er sich im Amt das Prokurators von Judäa halten, dann wurde Pontius Pilatus nach Rom zurückgeholt und wegen übermäßiger Grausamkeit während seiner Dienstjahre in Judäa angeklagt. Er soll sich auf Anordnung des Kaisers Caligula im Jahre 39 selbst umgebracht haben.

Josephus Flavius schildert ihn als gewalttätigen Verwalter des Landes Judäa mit geringer Sensibilität für Brauch und religiöse Tradition. Pontius Pilatus hatte bald nach der Amtsübernahme den richtigen Gedanken, daß die Wasserleitungssysteme aus der Herodeszeit ausgebessert und erweitert werden müßten. Weniger richtig war die Idee, das Projekt aus der Tempelkasse zu finanzieren. In den Schatzgewölben lagerten Hunderte von Tonnen an Gold und Silber. Verfügungsgewalt darüber hatte allein der Hohepriester.

Unberührt vom politischen Wandel in Jerusalem war der Reichtum stetig gewachsen. Jedes Jahr erreichten Edelmetalltransporte aus den jüdischen Siedlungszentren im Mittelmeerraum die Hauptstadt Judäas. Kaum ein Jude, der in Alexandria, in griechischen Städten oder in Rom lebte, konnte die Tempelsteuer verweigern.

Verwunderlich war es keineswegs, daß der oberste römische Beamte, der das Steuereinkommen der Provinz zu verwalten hatte, voll Neid auf die Vorräte an Silber und Gold blickte, die vom Hohenpriester gehortet wurden. Sowenig die Tempelverwaltung diese Werte zeitweise nutzen konnte, weil keine größeren Ausgaben anstanden, sowenig war sie bereit, auf das Recht zu verzichten, selbst über die Verwendung zu bestimmen. Der Griff des Römers nach dem Tempelschatz löste Unruhe in der Stadt aus; sie wurde angeheizt durch die bestallten Priester. Seinen Entschluß der Projektfinazierung aus Schätzen, die ihm gar nicht unterstanden, konnte Pontius Pilatus nicht rückgängig machen, ohne von der Bevölkerung als wankelmütiger Statthalter angesehen zu werden, der, einmal unter Druck gesetzt, schnell nachgab und damit lenkbar war. Mit einem Trick wollte Pontius Pilatus die Krise zu seinen Gunsten beenden: Er befahl einer Hundertschaft von Legionären, sich verkleidet unter die Menge zu mischen, mit der Absicht, Demonstrationen zu zerstreuen. Die Soldaten waren jedoch keine Psychologen, sondern Kämpfer. Sie erschlugen die Demonstranten, die sich weigerten, nach Hause zu gehen.

Einen weiteren Zwischenfall provozierte Pontius Pilatus durch den Befehl, daß bewaffnete Einheiten, die von Caesarea nach Jerusalem verlegt wurden, ihre Feldzeichen, die adlergeschmückten Standarten, mitzunehmen hätten. Bisher waren bei derartigen Truppenbewegungen die Adler immer in Caesarea zurückgeblieben, um den Frommen in Jerusalem den Anblick der Götzenbilder zu ersparen. Diese Maßnahme hatte berücksichtigt, daß die Unruhe in der Stadt mit der Order des Herodes begonnen hatte, einen goldenen Adler über dem Tempeltor anzubringen. Pontius Pilatus aber hielt nicht viel von der Zurückhaltung seiner Vorgänger; er verlangte sogar, daß die Feldzeichen im Vorhof des Tempels aufgestellt wurden. Doch diesmal widerrief Pontius Pilatus seinen Befehl schon nach kurzer Zeit. Ausgelöst hatte die Sinnesänderung nicht der laute Protest der traditonell Frommen in Jerusalem, sondern die Demonstration der Juden von Caesarea. Daß auch die Händler der Hafenstadt nicht mit dem Einzug der Adler in Jerusalem einverstanden waren, verblüffte den Prokurator, waren doch die Juden von Caesarea in den vergangenen Jahren nicht durch strenge Beachtung religiöser Vorschriften aufgefallen. Die Feldzeichen, die Adler, waren wieder aus dem Tempel entfernt worden.

Aber lang hielt die Ruhe nicht an. Ein Mann namens Jesus sorgte für Tumult. Das Johannesevangelium berichtet: »Er sah die Verkäufer von Ochsen, Schafen und Tauben, die beim Tempel saßen. Er machte eine Geißel aus Stricken und trieb alle aus dem Tempel hinaus. Den Wechslern schüttete er das Geld aus und stieß ihnen die Tische um. Und zu den Taubenverkäufern sprach er: Nehmt eure Ware von hier fort. Machet nicht das Haus meines Vaters zu einem Kaufhaus!«

Tatsächlich sind die Vorhallen des Tempels zu Zwecken benützt worden, die nach heutigen Begriffen nichts mit Gottesdienst zu tun haben. Kaufleute boten Opfertiere feil, Händler tauschten fremde Währungen gegen gebräuchliches heimisches Geld ein, damit die Opfergabe entrichtet werden konnte. Das war Teil des Tempelalltags.

Die reiche Schicht der Sadduzäer, die eng mit dem Berufsstand der Tempelpriester verzahnt war, hatte an diesem kommerziellen Sektor im Tempelbetrieb insofern Anteil, als sie Gelder aus dem Tempelschatz gewinnbringend anlegte und die beamteten Geldwechsler bestellte. Die Mitglieder dieser Organisation waren nun allerdings nicht dafür bekannt, besonders ehrliche Leute zu sein. Sie sorgten auch dafür, daß die eigene Tasche gefüllt war. Die beamteten Wechsler erweiterten schon bald ihr Angebot an Dienstleistungen. Sie vergaben Darlehen gegen Provision und Zinsen. Sie verpachteten Ackerland, Weinberge und Ölbaumplantagen, die Tempeleigentum waren. Aber all das erklären die Evangelienberichte nicht.

Für die Beurteilung der nachfolgenden Ereignisse sind zwei Aspekte wichtig, die uns heute kaum mehr geläufig sind: die Rolle des Tempels und der Zeitpunkt der Niederschrift der Evangelien.

Der Tempel war nicht nur Heiligtum, sondern zugleich auch Sitz der Exekutive und des Obersten Gerichts, der Nationalbank und des Staatsarchivs. Sorgte Jesus für Unruhe auf dem Tempelberg, dann war dies ein Angriff auf die etablierte Macht. Es ist auch keineswegs sicher, ob es nicht zu einer vorübergehenden Besetzung eines oder mehrerer Höfe durch Anhänger Jesu gekommen ist. Immerhin erwähnen sogar die Evangelien Handgemenge und Hiebe. Im übrigen aber stellen sie die Szene so dar, als sei es Jesus nur um die Beseitigung einer »Unsitte« gegangen. Ohne den Wechsel- und Händlerbetrieb aber hätten gar keine Opfer stattfinden können. Analoge Einrichtungen gehörten zum Normalbetrieb aller antiken Tempelbezirke. Die Szene im Tempel wurde in den Evangelien bewußt verzeichnet.

Merkwürdigerweise berichtet keines der Evangelien, die Tempelwache – die sonst jeden packte, der sich nicht korrekt benahm – habe eingegriffen, habe diesen Mann Jesus verhaftet oder auch nur vom Tempelgelände gewiesen. Offenbar ist Jesus nach dem »Zornausbruch« ungehindert weggegangen. Jesus ließ sich, so heißt es in den Evangelien weiter, während der nächsten Tage regelmäßig im Tempel sehen; er predigte und lehrte. Er stritt wohl auch noch mehrmals mit Priestern und Beamten. Eine Äußerung Jesu, die im Markusevangelium zitiert wird, macht deutlich, daß er selbst darüber verwundert gewesen sei, wie unbehelligt er die Tempeltore passieren konnte: »Täglich war ich bei euch im Tempel, und ihr habt mich nicht festgenommen.«

Doch die Evangelien sind keine exakte Chronik der Ereignisse um Jesu Leben. Sie sind »Propagandaschriften«, die zu einer ganz bestimmten Zeit einen Glauben populär machen sollten. Sie spiegeln den Ablauf des Geschehens in einer seltsamen Brechung wider. Die Texte sind redigiert und umgeschrieben worden. Jesus wurde zum Wanderprediger und zum Erlöser von irdischer Schuld. Als Messias sollte er »das Reich Gottes« errichten, aber dieses war nicht mehr von dieser Welt.

Nur wenige anderslautende Textstellen sind von den Revisoren übersehen worden. So überliefert das Johannesevangelium eine Diskussion der Tempelpriester um die politische Funktion des Mannes, der Ärger im Tempel bereitet hatte: »Lassen wir ihn, dann wird das ganze Volk an ihn glauben, dann werden schließlich die Römer angreifen. Sie werden uns Land und Menschen wegnehmen.«

Der Erfahrung nach trat ein solcher Fall nur ein, wenn die Interessen Roms akut gefährdet waren. Als Gefährdung wurde aktiver Widerstand, Aufstand, angesehen. Das Argument, das die Tempelpriester gegen Jesus anführten, konnte nur bedeuten, daß sie einen Aufstand der Massen befürchteten – als direkte Folge der Predigten des Umstürzlers, der keine »Geldgeschäfte« im Tempel dulden wollte.

Wie gefährlich die Situation wirklich war, ist dem Markusevangelium zu entnehmen. Erzählt wird die Beratung der Tempelpriester über die Art und Weise der geplanten Verhaftung und über den Zeitpunkt. Die Festnahme zum Passahfest wurde als psychologisch ungünstig angesehen, da auch sie einen Aufstand auslösen konnte. Die Sorge, die Person Jesu werde zur Ursache für eine Rebellion, bewegte die Mächtigen mehr als alles andere.

Daß es tatsächlich zu gewalttätigen Aktionen gekommen ist, steht ebenfalls im Text des Johannesevangeliums: Barabbas, der Mitgefangene Jesu, war beschuldigt, »im Aufruhr« einen Menschen ermordet zu haben.

Nach der Verhaftung wurde Jesus mit der Anklage konfrontiert, er habe von sich gesagt, er sei der Juden König. Eine derartige Behauptung aber betraf, wenn sie wirklich ernst genommen wurde, die Souveränität der Kolonialmacht Rom, die allein darüber bestimmen konnte, wer König der Juden war. Der Fall Jesus gehörte also zu den Rechtsangelegenheiten, die dem Vertreter Roms vorbehalten waren. Jesus wurde, gemäß den Ansprüchen Roms, der Verantwortung des Pontius Pilatus überstellt.

Konfrontation mit der Anklage und Verhör durch die Rechtsgelehrten und Tempelpriester hatten im Hause des Hohenpriesters Kaiphas stattgefunden, das am Osthang des südwestlichen Hügels lag. Um sich vor Pontius Pilatus zu verantworten, wurde Jesus durch die Stadt nach Westen geführt, zum Palast, den Herodes hatte bauen lassen; hier amtierte der Vertreter Roms, wenn er sich in Jerusalem aufhielt.

Mit der Überstellung wurde dem römischen Beamten mitgeteilt, welches Verbrechen sich Jesus nach ihrer Meinung hatte zuschulden kommen lassen: Er habe das Volk aufgewiegelt im ganzen jüdischen Land – und er halte sich für den König der Juden. Auf Hochverrat lautete die Anklage.

»Pilatus ließ Jesus rufen und fragte ihn: Bist du der König der Juden? Jesus antwortete: Fragst du dies von dir aus, oder haben das andere über mich erzählt? Pilatus erwiderte: Bin ich etwa ein Jude? Dein Volk und die Hohenpriester haben dich mir ausgeliefert. Was hast du getan? Jesus antwortete: Mein Reich ist nicht von dieser Welt. Wäre mein Reich von dieser Welt, so würden meine Anhänger mich verteidigen, damit ich den Juden nicht überliefert werde. Nun aber ist mein Reich nicht von hier. Pilatus sagte nun zu ihm: Also bist du ein König? Jesus antwortete: Ja, du sagst es, daß ich ein König bin. Ich bin dazu geboren und dazu in die Welt gekommen, daß ich für die Wahrheit zeuge. Jeder, der aus der Wahrheit ist, hört meine Stimme. Pilatus sagte zu ihm: Was ist Wahrheit?«

Dieser Text aus dem Johannesevangelium kann als Beispiel dafür gelten, wie die Überlieferung im Verlauf der kommenden Generationen verändert wurde. Spezialisten für Evangelientexte haben herausgefunden, daß die Antwort Jesu, sein Reich sei nicht von dieser Welt, eingefügt wurde. Die Worte sind offenbar ein Zusatz aus späterer Zeit, als der Person Jesu das Normale, Menschliche, genommen wurde, als seine Messiasfunktion der politischen Komponente beraubt und ins Überirdische entrückt wurde.

Bei seinem Einzug in Jerusalem jedenfalls war Jesus wie ein Monarch gefeiert worden. »Viele breiteten ihre Kleider auf dem Weg aus, andere legten grüne Zweige, die sie auf den Feldern abgeschlagen hatten. Diejenigen, die vor Jesus gingen, und andere, die hinter ihm gingen, schrien laut: Hosianna! Gelobt sei, der da kommt im Namen des Herrn. Gelobt sei das Reich unseres Vaters David, das kommen wird. Hosianna!« (Markus 9,8 f.)

Auch das Matthäusevangelium (21,8) erzählt, viele Menschen in Jerusalem hätten Jesus während seines Rittes in die Stadt hinein als Mitglied der Familie David bejubelt. Dies geschah nicht aus nostalgischem Gefühl, nicht aus sentimentaler Anhänglichkeit gegenüber einem Mann, von dem behauptet wurde, er gehöre zum alten Adelsgeschlecht der Nachkommen Davids.

Der Name des Königs, der schon tausend Jahre tot war, stand für ein politisches Programm: David wurde bewundert als Begründer des *Nationalstaats der Juden*. Geglaubt wurde, David habe Jerusalem zur schönsten, reichsten, prächtigsten Stadt des Erdkreises gemacht – zur Stadt der tausend Türme. Daß dieses Verdienst mit weit mehr Berechtigung dem König Herodes zuzuschreiben war, nahm niemand zur

Kenntnis. Die historische Realität war ohne Bedeutung: Die Lage der einstigen Davidstadt am Abhang des Kidrontals über der Gihonquelle kannte kein Bewohner von Jerusalem mehr. Geblieben war eine Täuschung: Jeder war überzeugt, die Jahre des Königs David seien eine Epoche des Glanzes und der nationalen Souveränität gewesen – also das Gegenteil zur derzeitigen Situation. Von Jesus erwarteten die Jubler die Wiederaufrichtung des Nationalstaats nach dem Muster der Erinnerung an das Reich Davids.

Trotzdem soll, nach den Evangelienberichten, Pontius Pilatus gezögert haben, den endgültigen Schuldspruch zu fällen, der das Todesurteil bedeutete. Dem Text des Johannesevangeliums ist zu entnehmen, der Römer habe erst reagiert, als er die Drohung der Tempelpriester hörte, er werde beim Kaiser denunziert, dessen Gegner zu sein, da er einen Mann freilasse, der sich ohne Genehmigung des Kaisers zum König gemacht habe. Diese Episode ist den späteren römerfreundlichen Korrekturen der Evangelientexte zuzurechnen. Einen Hinweis dazu gibt der römische Historiker Tacitus, der etwa vom Jahr 55 unserer Zeitrechnung bis zum Jahr 116 gelebt hat. Er schrieb in seinen Annalen (Buch 15,44), Jesus sei »während der Regierungszeit des Kaisers Tiberius durch den Prokurator Pontius Pilatus hingerichtet worden«. Für Tacitus bestand also kein Zweifel, daß der Römer die Verantwortung für den Tod Jesu am Kreuz trug. Wäre der Sachverhalt nicht eindeutig gewesen, hätte er statt »durch den Prokurator Pontius Pilatus« wohl die Formulierung gebraucht »unter dem Prokurator Pontius Pilatus«.

In seinem Buch »Jesus, Rebell oder Erlöser« gibt Harald von Mendelssohn ernstzunehmende Hinweise, daß Jesus jüdischen Widerstandskreisen gegen Rom angehörte. Ein bisher unbekannter Text aus der Feder des Josephus Flavius, der in altrussischer Version aufgefunden wurde, zeigt Johannes den Täufer als Propagandisten eines politisch-religiösen Königs, der zum Retter des jüdischen Volkes aus der Fremdherrschaft aufsteigen soll: »Zu jener Zeit wandelte unter den Juden ein Mann in einer merkwürdigen Kleidung, denn er hatte an seinem Körper überall dort, wo er keine eigenen Haare hatte, Tierhaare befestigt. Er sah wie ein Wilder aus. Dieser Mann kam zu den Juden, um sie zur Freiheit zu verführen. Er sprach: Gott hat mich zu euch gesandt, um euch den Weg des Gesetzes zu zeigen, wodurch ihr von den vielen Tyrannen befreit werden sollt. Kein Sterblicher soll über euch herrschen, sondern nur der Höchste, der mich gesandt hat. Als das Volk dies hörte, freute es sich. Er tat nichts anderes, als die Menschen in den Jordan zu tauchen, worauf er sie gehen ließ, jedoch mit der Warnung vor bösen Taten. Dann würden sie einen König bekommen, der sie befreien und der alle Ungehorsamen zügeln werde.

Dieser König würde keinem anderen untertan sein. Manche spotteten, aber andere glaubten diesem Mann.«

Von diesem Johannes – der später hingerichtet wurde, weil die Staatsautorität seine Aufrufe zum Ungehorsam gegen die »Zöllner«, die in römischem Auftrag Steuern eintrieben, nicht länger ertragen konnte – hatte sich Jesus in seine Aufgabe einweihen, hatte sich salben lassen.

Christus, der Auferstandene

Eine Erinnerung an das Gebäude, in dem der Tod Jesu beschlossen worden ist, besteht noch: Ein Bruchstück ist am Jaffator zu betrachten, im Westen der Altstadt. Auf der rechten Seite des Tores, von außen gesehen, sind direkt über dem Boden Mauern aus mächtigen Quadern zu erkennen. Sie sind übriggeblieben von den Befestigungsanlagen des Herodespalasts. Schwierig ist allerdings die Beurteilung, wo im Mauergefüge Aufbauten aus späterer Zeit ansetzen. Der in diesem Festungskomplex gezeigte Davidsturm hat nichts mit David und nichts mit der Zeit Jesu zu tun; er entstand in der islamischen Epoche der Stadt Jerusalem.

Geschützt durch dicke Mauern hat Pontius Pilatus sein Urteil gesprochen, im Herodespalast. Für ihn bestand kein Grund, sich dazu aus seinem Amtssitz hinüberzubegeben in die Antoniafestung, die in der Nordwestecke des Tempelareals lag. Die Tradition christlicher Überlieferung aber besagt, Jesus sei dort verurteilt worden, er sei von dort aus einen Weg zur Hinrichtungsstätte gegangen. Die Via Dolorosa soll diesem Weg ungefähr folgen. Sie gilt für viele Christen als die heiligste Stätte der Welt. Sie wird weiterhin die heiligste Stätte bleiben, auch wenn mit Sicherheit anzunehmen ist, daß Jesus einen völlig anderen Weg gehen mußte.

Jesus ist nicht durch die Stadt geführt worden, sondern vom Amtssitz des Pontius Pilatus hinaus vor die Stadtmauer, durch unbebautes Gelände. Das Markusevangelium läßt diese Version vom Verlauf des Leidenswegs zu. Der Text beschreibt, daß ein Mann, »der vom Felde kam«, dazu gezwungen wurde, für Jesus das Kreuz zu tragen. Weit war dieser Weg nicht: Etwa 300 Meter entfernt, im Norden des Palastes, lag ein Steinbruch. Dort fanden die Hinrichtungen am Kreuz statt. Der Steinbruch bildet das Fundament der Grabeskirche am Ende der Via Dolorosa. Daß die Kirche tatsächlich am richtigen Ort, am Platz des Leidens Jesu, errichtet wurde, ist bezweifelt worden. Erst seit dem vierten Jahrhundert besagt die Überlieferung, der Steinbruch sei genau die Stelle, die einst als »Golgatha« bezeichnet worden sei. Damals, im vierten Jahrhundert, ist ein römisches Heiligtum abgebrochen worden, das fast zweihundert Jahre lang auf dem höchsten Punkt des Steinbruchs gestanden hatte. Skepsis, den Standort der Grabeskirche betreffend, war angebracht gewesen, solange Historiker und Archäologen der Meinung waren, der Steinbruch habe in der Zeit Christi zum ummauerten Gebiet gehört, er sei Teil der Stadt gewesen. Stimmte diese Meinung, dann konnte der Steinbruch nicht die Stelle sein, an der das Kreuz stand, denn Hinrichtungen dieser Art fanden damals grundsätzlich nicht innerhalb der Mauern statt. Ausgrabungen, die erst wenige Jahre zurückliegen, haben jedoch bewiesen, daß die Stadtmauer in jenen Jahren östlich des Steinbruchs verlief. Er lag also draußen vor Jerusalem, in einer Gegend, die gemieden wurde.

Die römische Verwaltung und die Hohenpriester waren gut beraten, Jesus ohne übermäßiges Aufsehen zum Richtplatz gehen zu lassen. Wäre er durch Jerusalem geführt worden, hätte ein Aufruhr oder Aufstand der religiös-nationalen Gruppen der Bevölkerung nicht vermieden werden können.

Die Stadt war überfüllt, weil viele Frauen und Männer aus Judäa und Galiläa mit ihren Kindern das Passahfest in Jerusalem feiern wollten. Da waren viele gekommen, die Jesus kannten, und manche gehörten der Schicht an, die ihn am besten verstand.

Jesus entstammte einer kinderreichen Familie. Das Markusevangelium, die früheste Biographie Jesu, erzählt, er habe vier Brüder und eine nicht näher genannte Anzahl von Schwestern gehabt. Nach Lukas (2,24) waren die Eltern Jesu so arm, daß sie bei der Geburt eines Sohnes den Priestern das vorgeschriebene Opferlamm nicht geben konnten. Wie sein Vater war Jesus Zimmermann geworden, und er hatte die Heiligen Schriften studiert. Er war ein Schriftkundiger und Laienprediger. Er sprach die Sprache des einfachen Volkes und hat gegen die Reichen gepredigt. Erst nach seinem Tod ist Jesus »entproletarisiert« worden, vor allem durch den Arzt Lukas, der ihn der Oberschicht annehmbar machen wollte. Jesus selbst hätte sich vermutlich dagegen gewehrt. Auch ist zu bedenken, daß sich die Pharisäer nicht am Prozeß gegen Jesus beteiligt haben – dieser Sachverhalt ist aus drei der vier Evangelien zu entnehmen. Jesus hatte zwar einige böse Worte über die Engstirnigkeit der Pharisäer gesprochen – doch er war noch immer einer der ihren. Und er starb als Gesetzestreuer.

Als ältester Bericht von der Hinrichtung Jesu gilt dieser Text aus dem Markusevangelium: »Und sie führten ihn hinaus, um ihn zu kreuzigen. Und sie zwangen einen Vorübergehenden, der vom Felde kam, Simon aus Cyrene, den Vater von Alexander und Rufus, ihm das Kreuz zu tragen. Und sie brachten ihn auf den Platz Golgatha, das heißt übersetzt Schädel. Und sie gaben ihm Wein, der mit Myrrhe gewürzt war, doch er nahm ihn nicht an. Und sie kreuzigten ihn und verteilten seine Kleider unter sich, in dem sie das Los über die Kleider warfen. So bestimmten sie, was jeder bekommen sollte. Es war die dritte Stunde, als sie ihn kreuzigten. Die Aufschrift mit der Angabe seiner Schuld lautete: Der König der Juden. Und mit ihm kreuzigten sie zwei Banditen, einen zu seiner Rechten und einen zu seiner Linken. [...]

Und in der neunten Stunde rief Jesus mit lauter Stimme: Elohi, Elohi, Lama Sabachthani? – das heißt übersetzt: Mein Gott, mein Gott, warum hast du mich verlassen? Und als dies einige von denen hörten, die dabeistanden, sagten sie: Siehe er ruft den Elia. Einer aber lief, füllte einen Schwamm mit Essig, steckte ihn auf ein Rohr und gab ihm zu trinken, indem er sagte: Laßt uns sehen, ob Elia kommt, um ihn herabzunehmen. Da stieß Jesus einen lauten Schrei aus und verschied.«

Als Pontius Pilatus erfuhr, daß Jesus tot war, soll er sich gewundert haben über das frühe Hinscheiden, das ungewöhnlich gewesen sei. Dem Markusevangelium ist zu entnehmen, daß ein Zusammenhang bestanden haben könnte zwischen dem Getränk, das Jesus im Schwamm gereicht wurde, und seinem Ende. Der Begriff »Essig« ist Luthers Übersetzung aus dem Griechischen – das betreffende Wort ist eher mit »schlechter Wein« wiederzugeben. Es war das Anrecht eines Gekreuzigten, zur Linderung seiner Schmerzen Betäubungsmittel zu bekommen. Frauen hatten sich darum zu kümmern.

Eine Besonderheit ist noch zu vermerken: Das Johannesevangelium teilt mit, den beiden anderen Verurteilten seien die Beine gebrochen worden. Davon ist Jesus verschont geblieben.

Es war Brauch, daß die Familie die Leiche eines hingerichteten Mitglieds abholen konnte, um sie ordnungsgemäß zu bestatten. Dies geschah im Fall Jesu jedoch nicht. Ein Fremder – sein Name war Joseph von Arimathia – ließ den Körper vom Kreuz abnehmen. Er sei Ratsherr gewesen, Mitglied des Sanhedrin. Das Lukasevangelium gibt darüber Auskunft. Korrekt braucht diese Angabe nicht unbedingt zu sein: Der Autor des Lukasevangeliums neigte dazu, Jesus mit den Mächtigen der Oberklasse in Verbindung zu bringen – seiner eigenen Leserschicht zu Gefallen. Das Matthäusevangelium teilt nur mit, Joseph von Arimathia sei ein reicher Mann gewesen. Er galt als Anhänger Jesu; »auch er wartete auf das Reich Gottes« (Lukas 23,10).

Das Johannesevangelium nennt noch einen weiteren reichen Anhänger, Nikodemus, der sich mit Joseph um den Leichnam kümmerte: Die beiden ließen die Wunden reinigen und gaben Anweisung, daß der Körper gewaschen werde. Dann wurde Jesus in ein Tuch gewickelt, das mit Aloesaft getränkt war. Als Bestattungsort bestimmte Joseph von

Arimathia eine Grabkammer, die er für sich selbst in den Felsen hatte schlagen lassen. Nach drei Tagen war das Grab leer. Den Frauen, die das Grab Jesu aufsuchten, sobald die Regeln des Sabbat dies erlaubten, sagte ein junger Mann, der ein langes, weißes Kleid trug: »Ihr sucht Jesus von Nazareth. Er ist auferstanden.« (Markus 16,9)

Seltsames ereignete sich wenig später. Mehrere Menschen sahen den Gekreuzigten und redeten mit ihm. Ein Mann schloß sich zwei Jüngern an, die auf dem Weg nach Emmaus waren; an der Art, wie er das Brot brach, erkannten sie Jesus. Da fischten Jünger im See Genezareth; sie legten ihre Netze vergeblich aus, bis ihnen ein Fremder zu besserem Fang verhalf. Dieses Wunder machte sie darauf aufmerksam, daß Jesus zurückgekommen war. Der Jünger Thomas wollte nicht daran glauben, doch der Zurückgekehrte zeigte ihm seine Wunden.

Jesus war auferstanden von den Toten. In der Grabkammer lag nur noch das Tuch, in das Jesus gewickelt worden war. Jemand hatte es sorgfältig zusammengelegt. Simon Petrus hatte es entdeckt, nachdem er von Maria Magdalena an das offene und leere Grab geholt worden war. Der Passionsbericht des Johannesevangeliums, der dieses Detail erwähnt, gilt deshalb als besonders glaubwürdig, weil er eine ältere Darstellung zur Grundlage hat.

Das Unwahrscheinliche ist reale Möglichkeit: Es kann sein, daß genau dieses Tuch noch immer vorhanden ist – in Turin. Das »Grabtuch von Turin« weist Verfärbungen im Leinengewebe auf, die den Körper eines Gekreuzigten erkennen lassen. Forscher haben mit Spezialkameras der NASA festgestellt, daß auf dem Tuch ein dreidimensionales Bild fixiert ist, das offenbar durch eine chemische Reaktion entstanden ist: Das mit Aloe getränkte Tuch scheint unter dem Einfluß von Schweiß und Blut wie eine Fotoplatte gewirkt zu haben. Erkennbar sind die Verletzungen des Gekreuzigten. Festgestellt sind Wunden am Kopf, die von einer Dornenkrone herrühren können, Wunden durch Geißelung, Wunden an Armen und Beinen, verursacht durch die Nagelung, und eine Wunde, an der ein Lanzenstich schuld sein kann. Bedeutsam sind Blutspuren, die am Liegenden entstanden sind, denn sie sind ein Hinweis darauf, daß der, der in dieses Leinentuch gewickelt war, noch lebte. Das Herz muß noch geschlagen haben.

Kein Zweifel besteht, daß dieses »Grabtuch von Turin« tatsächlich in der Gegend der Ostküste des Mittelmeers gewebt worden ist. Den Beweis dafür ergaben Gewebeanalysen. Festgestellt wurden winzige Pollenpartikel, die nur aus dem geographischen Bereich des fruchtbaren Landes zwischen Wüsten stammen können. Wissenschaftler, die sich mit dem Grabtuch beschäftigt haben, stimmen darin überein, daß es in der Zeit Jesu gefertigt worden ist und daß seine Geschichte praktisch lückenlos zurückzuverfolgen ist.

Seltsames fügte sich an Seltsames und ergibt doch ein Bild von verblüffender Logik. Für den Gekreuzigten, der in diesem Tuch lag und dessen Herz noch schlug, hatte bei medizinischer Pflege die Möglichkeit des Überlebens bestanden. Joseph von Arimathia mag dafür gesorgt haben. Einen Beweis dafür, daß Jesus von eben diesem Leinentuch bedeckt war und daß er von einem Kundigen der Medizin behandelt wurde, kann es nicht geben.

Jesus aber ist tatsächlich »auferstanden«. Als Lebender, nicht als Geist, erschien er seinen Jüngern. Die Berichte hinterlassen nicht den Eindruck, die Jünger seien durch Halluzinationen verwirrt gewesen. Daß erzählt wird, Jesus habe sich verändert, erhöht die Glaubwürdikeit der Texte, denn selbstverständlich blieben überstandene Qualen und Wundfieber nicht ohne Auswirkung auf Gesicht und Gestalt.

Der letzte Zeuge für das Fortleben Jesu war Paulus, der damals noch Saulus hieß. Die Begegnung zwischen Jesus und Paulus fand in einem Ort bei Damaskus statt. Jesus war über Galiläa nach Nordosten gewandert. So hatte er den unmittelbaren Machtbereich des Hohenpriesters verlassen. Jerusalem lag weit hinter ihm.

Fida Mohammed Hassnain, der indische Altertumsforscher und Historiker, sagt, er wisse, wohin Jesus damals gegangen und wo er schließlich gestorben sei. Dorthin sei er zurückgekehrt, wo er als junger Mensch schon einmal gelebt hatte: in das Kaschmirtal vor dem Himalajamassiv. Tatsache ist, daß die Evangelientexte nichts über Aufenthalt und Tätigkeit Jesu zwischen seinem 12. und 30. Lebensjahr berichten. Der indische Forscher aber ist davon überzeugt, daß sich Jesus in der Jugend und im Alter in Indien aufgehalten habe. In Srinagar sei er beigesetzt worden.

In der Altstadt von Srinagar, mitten in einem armseligen Viertel mehrstöckiger, fast baufälliger Ziegelhäuser, steht ein niederes Gebäude, bedeckt mit einem Wellblechdach. Das Haus birgt ein Grab, das durch eine Steinplatte gekennzeichnet ist. Eine Tafel mit persischer Aufschrift gibt Auskunft über den hier Bestatteten. Yuz Asaf ruhe hier, sagt der Text. Er sei unter dem Namen Yusu der Prophet des Volkes Israel gewesen und sei aus seinem Land ins Kaschmirtal gewandert. Yuz Asaf habe das Wort Gottes gepredigt und habe die Wahrheit verkündet.

Fida Mohammed Hassnain sagt: »Jesus hat die Kreuzigung in tiefer Ohnmacht überlebt. Er war schwer verletzt, wurde aber gepflegt. Die Pflege hatten wahrscheinlich Angehörige des Geheimordens der Essener übernommen. Dann floh Jesus aus Jerusalem. Er starb, sehr alt geworden, in Kaschmir.«

In der Familie des Maharadschas von Kaschmir war jahrhundertelang ein Buch ehrfurchtsvoll behandelt worden, das jetzt in der Universität Bombay aufbewahrt wird. Es enthält eine Chronik, die im Jahr 115 verfaßt worden sein soll. Geschildert wird, unter anderem, ein Ereignis aus dem Jahr 76: Die Begegnung zwischen dem Großkönig Shalewahin und einem hellhäutigen Mann, der sich Isa Massih nannte – Jesus, der Messias. Dieser Isa schilderte dem Großkönig seine Heimat als ein Land, in dem die Wahrheit keinen Platz mehr habe, in dem das Böse keine Grenzen kenne.

Wer sich mit diesem Buch, das den Titel trägt »Bhavishya Maha Purana« – »die große Legende von der Zukunft« –, bisher befaßt hat, der traf sehr rasch die Feststellung, es handle sich um eine Fälschung. Eine wissenschaftlich-kritische Untersuchung der Materie ist noch nicht unternommen worden. Sie wird wohl auch unterbleiben, im Interesse des christlichen Viertels der Menschheit.

Zu bedenken ist bei der Beurteilung der These, Jesus sei zum Kaschmirtal gewandert, daß entlang der Seidenstraße allenthalben jüdische Familien gesiedelt haben und daß in Vorderindien schon kurz nach dem Jahr 50 christliche Gemeinden entstanden sind – zu einem Zeitpunkt, als die Lehre von Christus, dem Auferstandenen, in Europa noch nicht Fuß fassen konnte. Ein kompetenter Missionar hat die indischen Gemeinden damals angeleitet: Thomas, jener Skeptiker, den erst der Anblick der Wunden überzeugte, daß Jesus zurückgekommen war. Sicher ist, daß dieser Thomas den Weg nach Indien tatsächlich gefunden hat.

Rätsel um eine Geheimorganisation

Ähnlich nüchtern wie das Markusevangelium schildert das Lukasevangelium die Begegnung bei der Grabkammer Jesu: Zwei Männer in glänzenden Kleidern seien dort angetroffen worden. Das Matthäusevangelium verändert den Sachverhalt. Es behauptet, ein Engel habe die Frauen angesprochen, seine Kleidung sei weiß wie Schnee gewesen. Das Johannesevangelium teilt mit, zwei Engel seien im Grab zu sehen gewesen, angetan mit weißen Kleidern.

Sosehr sich die Geschichten unterscheiden, sie haben eines gemeinsam: Gleichgültig, ob sie Männer waren oder Engel, die Gesprächspartner der Frauen trugen helle Kleidung. Dies aber war das Kennzeichen einer geheimnisvollen Sekte, deren Regeln als Schriftdokumente erhalten sind, von deren praktischer und politischer Bedeutung wir jedoch fast nichts wissen. Historiker und Theologen haben sich darauf geeinigt, sie – nach Josephus – »Essener« zu nennen oder »die Sekte der Schriftrollen«. Über ihre Wirkung ist deshalb wenig bekannt, weil jedes Mitglied, das über Struktur, Tätigkeit, über Erfolg und Mißerfolg der Organisation Informationen nach außen dringen ließ, hart bestraft wurde – wahrscheinlich mit Ausstoßung aus der Gemeinschaft, was häufig genug den baldigen Tod des Betroffenen zur Folge hatte.

Diese Sekte hatte sich von allen anderen Gruppierungen abgewendet: Sie distanzierte sich von den Pharisäern ebenso wie von den Tempelpriestern und Sadduzäern; sie seien alle drei schlecht und korrupt, weil ihre Anhänger das Gesetz des Mose nur mehr nachlässig beachteten. Die Essener aber wollten Perfektion erreichen und glaubten, allein noch das Volk zu repräsentieren, das Gott ausgewählt hatte, um mit ihm den ewigen Bund zu schließen. Sie fühlten sich als die wahren Erben des Mose und zugleich als die Erfüller des göttlichen Willens in der Zukunft. Sie hielten sich für beauftragt, den letzten, den entscheidenden Krieg auf der Erde zu führen: den Kampf des Lichts gegen das Dunkel. Zusammen mit dem Messias würden sie den Sieg erringen; mit ihm würden sie den Triumph des Guten teilen. Daß Kampf und Sieg in unmittelbarer Zukunft stattfinden würden, war ihre feste Überzeugung. Im Grunde erwarteten sie den Messias in zweifacher Gestalt: Der eine aus der Familie Aaron sollte der endzeitliche Hohepriester sein und eine moralisch geistige Erneuerung der Nation bewirken, der andere »aus den Israeliten« sollte die politische und militärische Befreiung bringen. »Der« Messias aus Israel würde aus dem Haus David kommen, aus Bethlehem, vom Stamm Juda.

Welche Bedeutung die Essener Jesus beigemessen haben, wissen wir nicht. Er war sicher nicht einer der ihren; dazu war ihm die Gemeinschaft zu elitär. Dennoch könnte Jesus ein Noviziat durchlaufen haben. Denkbar wäre ferner, daß auch die Essener Hoffnung in Jesu Mission setzten, und dann wäre es gar nicht so abwegig, darin ein Motiv für die Fluchthilfe zu suchen. Immerhin verfügten die Essener in Damaskus über eine starke Niederlassung.

Erstaunlich ist auch, daß die jüdisch-christliche Urgemeinde Lebensformen entwickelte, die in manchem an die Sektenregeln der Essener erinnern – und die wir in Abwandlungen in christlichen Orden späterer Jahrhunderte wiederfinden. »Ora et labora«, die nachmalige Benediktinerregel, traf auch auf die Essener schon zu. Nach einem Morgengebet, das bei Sonnenaufgang gesprochen werden mußte, wurde mit einer kurzen Unterbrechung bis zum Sonnenuntergang hart gearbeitet: auf Äckern, in Gärten, Ställen in Werkstätten. Zum Mittag- und Abendessen erschienen die »Brüder« nach einem rituellen Tauchbad in einer besonderen Kleidung in einem eigens dafür bestimmten Haus. Nach dem gemeinsamen Tischgebet segnete der Priester Brot und Wein. Die Schriftrollen vom Toten Meer enthalten eine Reihe solcher Gebete, auch eine Vorform des Vaterunsers und einen Text, der – zumindest im Wortlaut – eine verblüffende Ähnlichkeit mit der Bergpredigt aufweist.

Die Anhänger der Essener, die sich selbst als Bund freier Männer und Gegner der Sklaverei verstanden, wurden beim Eintritt in den Orden gefragt, ob sie während der Zeit bis zum Anbruch des Endkampfes in Lagern leben wollten. Diese befanden sich an abgelegenen Orten und waren so organisiert, daß sich ihre Bewohner selbst versorgen konnten. Alles, was für ein schlichtes Leben notwendig war, wurde innerhalb des Lagers produziert. Gedanken an Luxus, Bequemlichkeit waren nicht erlaubt. Kleider mußten zum Beispiel so lange getragen werden, bis sie in Fetzen vom Leib hingen. Jedes Lager bildete eine in sich abgeschlossene Siedlung, meist ohne Kontakt zur Nachbarschaft.

Wer sich nicht für das Lager entschied, der durfte in den Städten leben. Viele der Sektenmitglieder zogen nach Jerusalem. Die Stadtbewohner, die Berufe ausübten, waren denselben Regeln unterworfen wie die Männer in den Lagern. Sie waren alle unter der Kontrolle von gewählten Priestern, denen die letzte Entscheidung auf dem Gebiet der religiösen Lehre und bei Rechtsproblemen zustand.

Strenge hierarchische Ordnung galt auch für sie. Einer der Priester wurde zum Aufseher ernannt. Seine Aufgabe war vor allem, Bewerber zu prüfen, die in die Gemeinschaft aufgenommen werden wollten. Sie wurden beurteilt nach ihrem bisherigen Leben, nach Verstand und Charakterstärke. Waren die Kandidaten aufgenommen, dann hatten sie sich in einer Probezeit zu bewähren. Der Probezeit schlossen sich Lehrjahre an. Dann wurden die Kandidaten zu Brüdern unter Brüdern erklärt. Was sie an Eigentum besaßen, hatten sie in der Endphase der Lehrjahre an ein Verwaltungsorgan der Sekte abgeben müssen.

Für die Stadtbewohner unter den Mitgliedern galt die Regel von der persönlichen Armut nicht mit voller Strenge. Ihr Eigentum durften sie jedoch nur gemäß den heiligen Gesetzen der Fünf Bücher Mose verwenden. Die Mitglieder hatten sich das »Geld des Übels« vom Leibe zu halten – gemeint war gestohlenes oder durch Wucher erworbenes Geld. Untereinander wurde Tauschhandel getrieben. Reisende wurden umsonst versorgt. Sie hatten wie Alte und Kranke auch Anspruch auf medizinische Hilfe. Das Wissen der Essener über Körper und Heilmittel war für diese Zeit offenbar sehr hoch.

Die Lebensregeln sahen kein Zölibat für die Mitglieder vor. Keines der erhaltenen Dokumente bestimmt, daß die Männer – sie allein waren zur Mitgliedschaft zugelassen – ohne Frauen leben sollten. Josephus Flavius ist allerdings der Meinung, nur wenige der endgültig aufgenommenen Männer hätten geheiratet. Archäologische Grabungen auf dem Gelände einstiger Essenersiedlungen bestätigen diese Information: Gräber, die weibliche Skelette enthalten, sind meist nur am Rand von Friedhofsanlagen zu finden.

Die höchste Autorität in der Gemeinschaft wurde »Lehrer der Gerechtigkeit« genannt. Von ihm wurde gesagt, daß ihn Gott selbst ausgewählt habe. Ihm seien Kenntnisse offenbart worden, über die andere nicht verfügten. Nur der »Lehrer der Gerechtigkeit« konnte, nach der pflichtgemäßen Überzeugung der Mitglieder, alle Geheimnisse ausloten, die in den Heiligen Schriften enthalten sind. Über ihn ist der Bund mit Gott, den Moses einst geschlossen hatte, bestätigt, wenn nicht sogar aufs neue zur Verpflichtung geworden – nicht mehr für das Volk allerdings, sondern nur für die Eingeweihten.

Niemand weiß heute, wer der »Lehrer der Gerechtigkeit« war – ob er überhaupt je wirklich existiert hat. Wenn er eine historische Persönlichkeit war, dann hat er nach Meinung von Religionswissenschaftlern etwa hundert Jahre vor der Zeit Jesu gelebt. Texte, die erhalten geblieben sind, informieren, daß er von einem Gegner bekämpft wurde, den die Sekte als »Frevelpriester« bezeichnet. Der »Lehrer der Gerechtigkeit«, so wird erzählt, habe mit Getreuen in die Einsamkeit fliehen müssen.

Allmählich ist die Lehre des Lehrers in den Hintergrund getreten. In der Erwartung des Endzeitkampfes zwischen Licht und Dunkel wurden die Mitglieder immer kleinlicheren Regeln unterworfen. Verständlich ist, daß einer, der seinen Besitz verschwiegen hat, ein Jahr lang von den gemeinsamen Mahlzeiten ausgeschlossen sein soll – diese Strafe kam einer schlimmen Entehrung gleich. Einzusehen ist noch, daß einer, der einem Bruder lieblose, ungeduldige Worte ins Gesicht gesagt hat, ebenfalls ein Jahr lang den gemeinsamen Eßsaal meiden soll. Auf weniger Verständnis stößt die Strafe für einen, der »närrisch« dahergeredet hat: Er darf drei Monate lang nicht mit den anderen essen. Einer, der vor der Gemeinde ausspuckt, muß einen Monat lang der Gemeinschaftsspeisung fernbleiben. Wer mit der linken Hand fuchtelt, muß zehn Tage lang allein essen.

Peinliche Beachtung von Gesetzen war den Mitgliedern der Sekte auch im Bereich der Hygiene vorgeschrieben. Offenbar waren sie auf diesem Gebiet Vorbild für andere: Sie waren mehr als ihre Mitbewohner darauf bedacht, für Reinlichkeit zu sorgen. Die Untersuchung von Dokumenten aus jener Zeit ließ diese Eigentümlichkeit der Essenersekte deutlich werden. Sie wiederum gab Aufschluß für die Identifizierung einer Stadtgegend von Jerusalem.

Lange Zeit waren sich die Wissenschaftler nicht einig, wie diese Detailbeschreibungen des Mauerverlaufs in einer Schrift des Josephus Flavius zu deuten sei: »Auf der westlichen Seite der Stadt führte die Mauer von der Säulenhalle des Tempels durch eine Gegend, die Bethso hieß, bis zum Essenertor.«

Erkennbar wurde, daß der Begriff Bethso eine volkstümliche Verkürzung des aramäischen Wortes »Bethsoa« war, das mit »Haus des Kotes« übersetzt werden kann. Lange Zeit aber brachten Historiker die Gegend Bethso mit dem heute noch bestehenden Misttor im Süden der Altstadt in Verbindung. Durch dieses Tor waren über Jahrhunderte hin Abfall und Kot aus der Stadt geschafft worden. Erst die Auffindung eines Dokuments aus der Blütezeit der Essener lenkte die Vorstellung auf den richtigen Weg. Da war zu lesen:

»Und du sollst für sie einen Abort machen, außerhalb der Stadt, wohin sie hinausgehen sollen, noch außerhalb, im Nordwesten der Stadt. Häuschen sollen dort entstehen, in denen sich Gruben und Balken befinden. Die Gruben müssen so beschaffen sein, daß der Kot hineinfällt und nicht zu sehen ist. Dreitausend Ellen soll dies alles von der Stadt entfernt sein.«

Dreitausend Ellen – das sind ungefähr eineinhalb Kilometer. So weit von der menschlichen Siedlung abgelegen befand sich die Latrinenanlage der Essener. Das bisher nicht lokalisierbare Essenertor war nun leichter zu finden. Zu suchen war die Öffnung der Stadtmauer, die von den Angehörigen der Essenersekte benützt wurde, wenn sie sich hinausbegeben wollten zum »Haus des Kotes«. Das Essenertor lag im nordwestlichen Bereich der Mauer.

Josephus Flavius wunderte sich über die Vorschriften, die den Hygienebereich betrafen. Er notierte: »Am Sabbattag getrauen sie sich nicht, ihre Notdurft zu verrichten.« Befanden sie sich nicht in der Stadt, und waren sie nicht in der Nähe des Bethso, der Latrinenanlage, dann waren die Mitglieder der Sekte gehalten, sich streng nach Vorschriften zu richten. Josephus Flavius schildert ihr Betragen voll Erstaunen und Bewunderung: »Beim Eintritt in die Gemeinschaft erhält jeder eine kleine Hacke. Damit schlägt er ein Loch in den Boden, einen Fuß tief. Dann hüllt er sich in den Mantel, um den strahlenden Glanz Gottes nicht zu verunehren, und entleert sich in das Loch. Daraufhin schaufelt er die aufgeworfene Erde wieder in die Grube. Zu diesem Zweck suchen die Mitglieder der Gemeinschaft ganz entlegene Plätze auf. Obgleich die Entleerung des Körpers etwas völlig Natürliches ist, waschen sie sich hernach, als ob sie sich beschmutzt hätten.«

Auf Vollkommenheit achteten die Essener in allen Bereichen. Reinheit, Frömmigkeit, Affektlosigkeit, Schmerzverachtung und Bedürfnislosigkeit, das waren Merkmale der Auserwähltheit. Liebe und Pazifismus spielten eine große Rolle, aber nur den eigenen Leuten gegenüber. Was andere betraf, gab es keine Kompromisse. So gehörten die Essener auch in der Politik zur radikalsten Richtung jüdischer Nationalisten und damit zu den schroffsten Gegnern der Römer. Die Führer der Essenersekte predigten Haß und trugen damit bei zur restlosen Vergiftung des Verhältnisses zwischen Juden und Römern. Die Ideologie und die Propaganda der Essener weckte die Bereitschaft des jüdischen Volkes, sich gegen die Fremden zu wehren. In der Konfrontation, die sie gewollt hatten, gingen die Essener allerdings zugrunde. Grausam wurden sie, nach dem Zusammenbruch des Aufstandes im Jahre 70, für ihre Hetze bestraft. Sie mußten aus Jerusalem fliehen. Die Römer verschonten keinen, der im Verdacht stand, der Organisation der Essener anzugehören.

Die letzte Basis vor dem Verlöschen der Sekte war Qumran, südlich von Jericho am Westufer des Toten Meeres gelegen. Die Verteidiger des Klosters Qumran, den sicheren Tod vor Augen, versteckten ihre Dokumente, ihre Schriftrollen, in schwer zugänglichen Höhlen. Erst vor wenigen Jahren – zwischen 1947 und 1958 – sind die Bibeltexte, die Gesetzesniederschriften und Kommentare aufgefunden worden.

Die Geschichte des Widerstands gegen Rom

Die Zeitspanne von etwa vierzig Jahren, die den Untergang der Essener (nach dem Jahre 70) von den Ereignissen um die Kreuzigung Jesu (etwa im Jahr 30) trennt, war eine Periode der Unruhe und Gewalttaten in Jerusalem gewesen. Die Vorgänge in der Hauptstadt Judäas spiegelten allerdings Zustände in der Zentrale des Imperiums wider. Fast jeder Kaiser, dem absolute Macht zufiel, war despotischer als der Vorgänger. In Gajus Caesar, Caligula genannt, verband sich Schwachsinn mit Mordlust. Gewalttätig wollte er durchsetzen, daß im Tempel von Jerusalem Statuen aufgestellt werden, die ihn als Kaiser und verehrungswürdigen Gott präsentierten. Die gläubigen Juden aller Schichten protestierten gegen dieses Ansinnen. Sie ließen die römische Verwaltung wissen, jüdische Gesetze würden Götterbilder verbieten. Der Anblick der Statuen gelte als Greuel. Juden könnten, bei allem Respekt vor dem Kaiser in Rom, die Aufstellung der Caligulafiguren in Jerusalem, vor allem aber im Heiligen Bezirk des Tempels nicht dulden. Da der Kaiser wiederum die Haltung der Juden als frechen Widerstand gegen seine Autorität ansah, schien der Beginn eines blutigen Konflikts zwischen Juden und Besatzungsmacht unmittelbar bevorzustehen.

Caligula beorderte drei kriegsstarke Legionen aus der Küstenebene hinauf nach Jerusalem. Sie sollten die aus Rom eingetroffenen Statuen in die widerspenstige Stadt bringen. Die Truppen aber wurden von einem vorsichtigen Kommandeur geführt, der den kaiserlichen Befehl, jeden Juden umzubringen, der sich gegen die Aufstellung der Standbilder wehrte, für unklug hielt. In Verhandlungen mit Sprechern der Sadduzäer und der Pharisäer suchte er Zeit zu gewinnen. Der Kommandeur brachte sich damit allerdings selbst in Gefahr, denn Caligula warf ihm vor, er hintertreibe den Befehl, die Anbetung seiner kaiserlichen Gottheit auch in Jerusalem einzuführen. Der Kommandeur hatte allerdings Glück: Caligula wurde in Rom ermordet. Die Statuen konnten zerschlagen werden.

Nach Caligula übernahm im Jahre 41 ein Mann die Macht, der als Ausnahme gelten konnte: Claudius war weder blutrünstig noch schwachsinnig. Er gab keine Befehle, die religiöse und nationale Gefühle allzusehr verletzten. Doch die Emotionen waren bereits derart heiß geworden, daß eine Verständigung zwischen Juden und Römern nicht mehr möglich war. Judäa kam nicht zur Ruhe. Vorfälle, die den Besatzungssoldaten als Bagatellen erschienen, empörten die Gläubigen über alle Maßen. Da hatte eine Militärstreife in einem Dorf ein Exemplar der Fünf Bücher Mose beschlagnahmt. Wahrscheinlich wollten die Legionäre die Dorfbewohner nur ärgern. Streit entwickelte sich. Ein Mann der Militärstreife reagierte im Zorn: Er warf das den Juden heilige Buch ins Feuer.

Damit war in jüdischen Augen eine der schlimmsten Untaten geschehen. Spannung herrschte, ob sich die aufgespeicherten Emotionen in Anschlägen gegen die Besatzungsmacht entladen würden. Der Statthalter verhinderte den Ausbruch des bewaffneten Konflikts durch rasche Hinrichtung des verantwortlichen Soldaten.

Die Militärstreife war unterwegs gewesen, um Kampfgruppen aufzuspüren, die sich überall im Lande organisierten. Dutzende solcher Gruppen wollten Guerillakrieg gegen die Römer führen. Sie waren häufig jedoch nicht nur von nationalem Geist getrieben, sondern auch durch Raubgier. Mancher Kommandochef wurde reich durch diese Art Guerillakrieg.

Kaiser Claudius verlangte von seinen Statthaltern energisches Durchgreifen. Das Land wurde mehrfach systematisch durchgekämmt. Je mehr sich jedoch die Römer Mühe gaben, die Guerillagruppen zu vernichten, desto stärker wuchs der Widerstandswille.

Jerusalem selbst wurde zum Zentrum des Widerstands. Rätselhafte Vorgänge schreckten die für Sicherheit Verantwortlichen. Da wurde der Hohepriester Jonathan an einem Festtag auf der Straße erdolcht, ohne daß der Mörder entdeckt werden konnte. Er hatte sich inmitten einer Masse von Menschen befunden. Es blieb nicht bei dieser Einzeltat: Von nun an brachen häufig Menschen, von Messern heimtückisch getroffen, tot zusammen. Die Morde geschahen fast immer dort, wo sich viele Menschen zusammendrängten. Kein Festtag ging ohne neue Mordtat vorüber. Die Opfer gehörten meist zur reichen Schicht; von ihnen war bekannt, daß sie mit den Römern zusammenarbeiteten. Kein einziger dieser Anschläge konnte wirklich aufgeklärt werden – den Mördern gelang es immer, in der Menschenmasse unterzutauchen.

Josephus Flavius beschreibt den Zustand der Gesellschaft in Jerusalem so: »War eine Unruhe gedämpft worden, brach eine andere aus. Es war wie bei einem kranken Körper: Eine Entzündung löst die andere ab. Religiöse Fanatiker und Banditen taten sich zusammen. Sie sammelten Anhänger um sich, die angestachelt wurden, für die Freiheit zu kämpfen. Wer sich weiterhin der römischen Herrschaft fügen wollte, der wurde mit dem Tod bedroht. Offen wurde ausgesprochen, daß auch Personen, die gar nicht befreit sein wollten, mit Gewalt zur Freiheit geführt werden müßten. Ein Netz von organisierten Gruppen überzog das ganze Land. Ihre Mitglieder plünderten die Häuser einflußreicher Persönlichkeiten. Wenn möglich, wurden die Inhaber umgebracht. Die Partisanen legten Ortschaften in Schutt und Asche. Ganz Judäa wurde ein Opfer ihres Wahnwitzes. Tag für Tag nahm dieser Krieg an Heftigkeit zu.« Der Autor dieser Diagnose war Freund der Römer.

Während der Regierungszeit des Kaisers Nero verschlimmerte sich die Situation. Die Statthalter besaßen meist Charakterzüge, die denen der Mächtigen am Tiber ähnlich waren: Sie waren unberechenbar und besitzgierig. Als einige Männer und Frauen in Jerusalem über die Habsucht des Statthalters Gessius Florus lästerten, rächte sich dieser brutal. Josephus Flavius berichtet darüber:

»Um Gessius Florus zu begrüßen, eilte das Volk den römischen Truppen, die nach Jerusalem heraufzogen, mit Willkommensrufen entgegen. Die Stadt bereitete sich auf einen ehrenvollen Empfang des Statthalters vor. Der aber schickte den Centurio Capito mit fünfzig Reitern voraus und ließ die Menschen auffordern, sich fortzuscheren und jetzt nicht so freundlich zu tun, nachdem sie zuvor nur Beleidigungen im Sinn gehabt hatten. Wenn sie rechte Männer seien, die ein freies Wort wagten, dann sollten sie ihn doch auch jetzt, da er anwesend sei, schmähen und beleidigen. Als die Reiter des Capito nun in die Menge hineingaloppierten, packte alle das Entsetzen. Sie kamen gar nicht dazu, den Gessius Florus zu begrüßen. Sie konnten auch nicht zeigen, daß sie sich wirklich fügen wollten. Alle versteckten sich in ihren Häusern und verbrachten die Nacht in Sorge und Verzweiflung. Am Morgen ließ der Statthalter vor dem Palast den Richterstuhl aufstellen. Er setzte sich darauf. Da kamen die Hohenpriester, die einflußreichen Persönlichkeiten und die vornehmen Juden zur Tribüne des Statthalters. Gessius Florus verlangte, daß diejenigen ausgeliefert werden, die über ihn gespottet hätten. Er ließ keinen Zweifel daran, daß Hohepriester und Vornehme seine Härte verspüren sollten, wenn sie die Schuldigen nicht beibrächten. Die Angesprochenen wiesen darauf hin, daß alle Bewohner den Frieden wollten. Der Statthalter möge doch den wenigen Schreihälsen verzeihen. Es sei doch nicht verwunderlich, daß sich in der Masse einige dumme, junge Menschen befanden. Die Schuldigen zu finden sei so gut wie unmöglich. Sie hätten sowieso längst ihre Meinung geändert. Wenn es ihm wirklich um den Frieden gehe und wenn er tatsächlich die Menschen von Jerusalem für die Römer gewinnen wolle, dann sei es doch sicher besser, den wenigen Störenfrieden zu verzeihen, als das Volk in

Aufruhr zu versetzen. Diese Worte aber brachten den Gessius Florus noch mehr in Zorn. Er brüllte seine Soldaten an, sie sollten am Oberen Markt alles zusammenschlagen und jeden niederstechen, der sich ihnen in den Weg stellte. Die Soldaten legten den Befehl jedoch weiter aus: Sie drangen auch in die Häuser ein und metzelten die Bewohner nieder. In panischer Flucht rannten die Menschen durch die schmalen Gassen. Wer gefaßt wurde, dem war der Tod sicher. Häuser wurden ausgeraubt in der Umgebung des Oberen Markts. Die Soldaten schleppten zuletzt eine Menge Leute vor Florus. Er ließ sie erst schmachvoll geißeln und dann ans Kreuz schlagen. 630 Menschen starben an diesem Tag – Männer, Frauen und Kinder. Selbst die Kleinsten wurden nicht verschont.«

Die Besatzungsmacht hatte nicht die Absicht, die Gemüter der Menschen von Jerusalem abkühlen zu lassen. Die Soldaten waren angewiesen, sich in der Stadt provozierend hochmütig zu benehmen. Sie warteten nur darauf, daß Unbeherrschte aus der Masse heraus Beleidigungen gegen die Römer riefen. Kaum trafen Patrouillen auf Menschen, die ihre Verachtung nicht verbargen, da gaben die Offiziere Befehl, gegen die »Rebellen« vorzugehen. Josephus Flavius schrieb auf, was bei einem derartigen Vorfall geschah: »Im Augenblick hatten die römischen Soldaten die Gruppe eingeschlossen und ließen ihre Klingen auf sie niedersausen. Wer fliehen wollte, der wurde von den Reitern niedergetrampelt. Zahlreiche Juden kamen schon unter den Hieben der Römer ums Leben, der größere Teil jedoch durch die Panik, die entstand. Wer sich nicht aufrecht halten konnte, wer zusammenbrach, der starb auf die entsetzlichste Weise. Er wurde erstickt und bis zur Unkenntlichkeit zertrampelt. Keiner, der so starb, konnte für die Bestattung durch die Familienangehörigen identifiziert werden.«

Versuche der Besatzungstruppen, die Antoniafestung in die Hand zu bekommen, schlugen fehl. Eine Art jüdischer Bürgerwehr hielt die Türme, die das Tempelareal beherrschten, besetzt. Ihre Kämpfer konnten von den Zinnen aus durch Geschoßhagel die römischen Soldaten davon abhalten, sich den Schatzkammern des Tempels zu nähern. Gessius Florus mußte schließlich seinen Plan aufgeben, die im Heiligtum eingelagerten Edelmetalle wegzuführen.

Dieser Erfolg verleitete die Entschlossenen der Gegner Roms dazu, den Plan einer allgemeinen Volkserhebung zu entwickeln. Sie konnten nach den Erfahrungen der Auseinandersetzung in Jerusalem damit rechnen, die Massen der Handwerker, Bauern und Kleinhändler tatsächlich ganz auf ihre Seite zu ziehen. Abwägende Politiker, oft nicht weniger national gesinnt als die Propagandisten des Volkskriegs, aber gaben zu bedenken, daß der Aufstand Folgen haben werde für die jüdischen Gemeinden in allen Städten des Römischen Reiches, besonders aber für die Juden in Rom selbst. Dort lebten inzwischen mehr als 10 000 Männer und Frauen jüdischer Abstammung. Die Verantwortlichen in Jerusalem mußten damit rechnen, daß Kaiser Nero – wenn seine Truppen in Judäa Verluste erlitten – die leicht erregbaren Massen der Proletarier in Rom gegen die Juden aufhetzte. Dieses Risiko zu tragen fiel schwer.

Bald war die Stadt gespalten. Die Gegner des offenen Konflikts mit den Römern – dazu gehörten die Familien der Priesterelite und vor allem die Wohlhabenden, die viel zu verlieren hatten – kontrollierten die Quartiere zwischen dem Palast im Westen, den einst Herodes für sich gebaut hatte, und den Brücken, die zu den Vorhallen des Tempels führten, im Osten. Den Tempel selbst beherrschten die Rebellen; sie waren auch die Herren des südlichen Stadtgebiets, das die Hänge von Kidrontal und Zentraltal umfaßte. In den Grenzzonen der gespaltenen Stadt fanden häufig Schlägereien und manchmal Kämpfe mit tödlichen Waffen statt. Die Reichen, an feine Lebensart gewohnt, schlugen sich weniger hart als die Armen, die nur zu gewinnen hatten.

Wie sehr sich der Zwist bereits zum Klassenkampf entwickelt hatte, ist daraus zu ersehen, daß ein Vorstoß aus der Unterstadt geradewegs das Archiv zum Ziel hatte. Es diente zugleich als Notariat und Grundbuchamt. Im Archiv hatten Generationen von Geldverleihern die Schuldscheine deponiert. Nun verbrannten Gebäude und Urkunden – die Reichen konnten bei den Armen keine Schulden mehr eintreiben.

Diese Aktion hatte schlimme Folgen. Überall in den Städten, in denen die Juden als Minderheit lebten – dies war in Syrien der Fall und in den Siedlungen an der Ostküste des Mittelmeers –, wuchs in den nichtjüdischen Familien die Furcht, ihre Juden würden ähnlich handeln wie die Rebellen in Jerusalem. Dieses Risiko wollten sie nicht bestehen lassen. So geschah es an manchen Orten, daß die nichtjüdische Mehrheit die Juden vertrieb oder ermordete. Das schlimmste dieser Verbrechen geschah in Alexandria. Dort wurden an einem Tag etwa 50 000 Juden ermordet. In der kleinen Stadt Aschkelon starben 2 500 Juden.

Diese Gewalttaten lösten bei den Bewohnern von Jerusalem Entsetzen aus. Sie gaben der Besatzungsmacht schuld an der aggressiven Stimmung – und hatten damit nicht unrecht. Verzweiflung steigerte ihre Wut. Die Besonnenen verloren nun jeden Einfluß auf den Gang der Ereignisse. Der bewaffnete Aufstand gegen die Römer brach los. Er begann mit einem Erfolg der Juden: Durch ständige Attacken leichtbewaffneter Gruppen gerieten die schwerfälligen römischen Verbände derart in Bedrängnis, daß der Oberbefehlshaber die Legionen aus dem Bereich von Jerusalem abrücken lassen mußte.

Diese Entwicklung hatte zwei Konsequenzen: Die Angehörigen der Sadduzäerpartei, die Wohlhabenden, flohen aus der Stadt. Schlimmer war, daß die Juden von Damaskus ermordet wurden. Josephus Flavius gab die Zahl der Opfer mit 10 500 an.

Kaiser Nero kannte die Ursachen der blamablen Entwicklung: Seine Generäle verstanden ihr militärisches Handwerk nicht mehr; sie wollten sich auch nicht mit den politischen und religiösen Problemen des Landes befassen, das sie zu verwalten hatten; sie waren nur habgierig. Da sie, auch bei ansteigenden Schwierigkeiten, faul, bequem und arrogant blieben, wuchsen ihnen die Probleme über den Kopf. Nero kannte nur einen Mann, der geeignet war, die Versager abzulösen, um endlich dem Aufstand der Juden ein Ende zu bereiten. Dieser eine war der Feldherr Titus Flavius Vespasianus, der bisher im Westen des römischen Imperiums Ruhm errungen hatte.

Im Jahre 67 trat Vespasianus den Dienst an der Ostküste des Mittelmeers an. Von Norden her überwältigte er den Widerstand der Juden; viel Mühe bereiteten sie ihm nicht. Sein wichtigster Gegner während des Feldzugs in Galiläa war der Priester Josephus: ein Geistlicher mit geringer Kriegserfahrung, aber von beachtlichem Organisationstalent. Übertroffen wurde seine Begabung zum Organisator nur durch seinen analytischen Verstand: Präzise konnte er die politische und militärische Situation beurteilen. Ihm war bewußt, daß der Rebellion keine Chance blieb, gegen die römischen Legionen zu siegen. Trotz dieser Einsicht glaubte der Priester Josephus, es sei die Pflicht gegenüber Gott, Widerstand zu leisten, den Vormarsch der Fremden aufzuhalten. Er hob selbst Truppen aus, sorgte für deren Ausbildung und ließ die Kämpfer Schanzen um Städte und Siedlungen aufwerfen.

Nach einem wenig ruhmvollen Rückzug durch Galiläa entschloß sich Josephus, in der Festung Jotapata dem Gegner standzuhalten. Jotapata lag etwa 20 Kilometer östlich der heutigen Stadt Haifa. Obgleich Josephus wußte, daß die Festung und die zahlreichen Menschen in ihr letztlich in die Hand der Belagerer fallen mußten, gab er seinen Kämpfern ein gutes Beispiel an Widerstandskraft. Er kam auf die Idee, die Wucht des Rammbocks der Römer durch spreugefüllte Säcke zu mindern, die er an gefährdeten Stellen über die Mauer hängen ließ. Josephus leitete den Einsatz von kleinen Spezialverbänden, die siedendes Öl auf die anstürmenden Römer gossen. So hielt die Festung 47 Tage lang stand. Dann gelang den Legionären der Sturm über die geborstenen Mauern.

Mehrere tausend Tote lagen nach der Eroberung auf den Straßen von Jotapata. Unter ihnen ließen die römischen Befehlshaber nach dem Festungskommandanten suchen; sie dachten, ein derart entschlossener

Mann müsse im Kampf gefallen sein. Der Priester Josephus aber war geflohen. Er verbarg sich außerhalb der Stadt in einer Zisterne. Als er nach drei Tagen von einer Frau, die um sein Versteck wußte, verraten wurde, da nahm er das Angebot des Vespasianus an, sich unbehelligt in römische Gefangenschaft begeben zu können.

Die Gunst des Vespasianus gewann der Priester Josephus leicht: Er prophezeite ihm, daß er und sein Sohn Titus dereinst Kaiser sein würden. Daraufhin war Josephus Gefangener mit Vorzugsstellung.

Daß er sein Leben lang darunter gelitten hat, nicht ebenfalls – wie seine Mitkämpfer – auf den Straßen von Jotapata sein Leben verloren zu haben, ist seiner eigenen Erzählung dieser Erlebnisse anzumerken. Er fühlte sich fortan als Verräter an seinem Volk. In Niederschriften versuchte er, mit der Vergangenheit ins reine zu kommen. Er wurde Historiker – unter dem Namen Josephus Flavius.

Geprägt vom schlechten Gewissen berichtete Josephus Flavius in seinem Buch »Der Jüdische Krieg«, daß die Menschen in Jerusalem nach dem Fall der Stadtfestung Jotapata von seinem Heldentod überzeugt gewesen seien. In öffentlichen Trauerfeiern sei an ihn gedacht worden. Dreißig Tage lang habe die Klage in der Stadt kein Ende genommen. Josephus Flavius verbarg aber auch nicht, daß der Zorn in Jerusalem gewaltig gewesen sei, nachdem die Wahrheit bekannt geworden war.

Jerusalem selbst blieb zunächst ungeschoren, doch sein Umland reduzierte sich. Im Jahr 68 unterwarf Vespasian zunächst die Gebiete nördlich des Toten Meeres. Bald standen beide Ufer des Jordan unter römischer Verwaltung. Nach der Einnahme von Jericho waren die Legionen nur 20 Kilometer Luftlinie von Jerusalem entfernt. Militärische Operationen in der Küstenebene des Mittelmeers schlossen sich an. Lydda und Emmaus mußten sich ergeben. Damit betrug auch im Westen der Abstand zwischen den feindlichen Linien und Jerusalem nur noch 20 Kilometer.

Da sahen die Bedrängten eine Chance, auf ein Wunder hoffen zu können. Mißerfolg in Spanien hatte Kaiser Nero veranlaßt, Selbstmord zu begehen. Drei Herrscher folgten einander im Abstand von Monaten, von Wochen. Die Entscheidung wurde schließlich in den zwei Städten Alexandria und Caesarea gefällt: Die dort stationierten römischen Truppen riefen Titus Flavius Vespasianus zum Kaiser aus. Im Frühling des Jahres 70 übernahm er die Macht in Rom. Sein Sohn Titus wurde Oberbefehlshaber im Krieg um Jerusalem.

Schnell verblaßte die Hoffnung in der Stadt, daß der Machtwechsel am Tiber die Entschlossenheit der Römer schwäche, den Aufstand der Juden niederzuwerfen. Nach nur kurzer Unterbrechung setzte die

Besatzungsmacht ihre Strategie fort, das Umland von Jerusalem weiter einzuengen. Es beschränkte sich schon bald nur noch auf ein Dreieck um die Festung Jerusalem, Herodeion bei Bethlehem und Masada am Toten Meer.

Belagerung und Sturm

Obgleich jeder in Jerusalem wußte, was die Zukunft bringen würde, bereiteten sich die Bewohner keineswegs auf die Verteidigung vor. Sie hatten dafür weder Zeit noch Kraft. Ein Bürgerkrieg lähmte ihre Abwehrbereitschaft. Viele Männer und Frauen nahmen nicht einmal, mehr wahr, was draußen vor der Mauer geschah.

In der Stadt herrschten Fremde – Männer, die nicht in Jerusalem geboren waren, die nie innerhalb seiner Mauern gelebt hatten. Sie waren Mitglieder von Kampforganisationen, die von den Römern aus ihren Aktionsbereichen in Judäa verdrängt worden waren. Begonnen hatten sie als flammende Nationalisten, doch längst schon war der Idealismus verflogen. Aus Guerillaorganisationen waren Räuberbanden geworden, deren Führer zwar noch immer von religiös-nationaler Erhebung gegen die Römer sprachen, in Wahrheit aber nur gewalttätige Beschaffung von Beute im Sinn hatten. Bei jeder Gelegenheit betonten sie, für die edelsten Ziele des jüdischen Volkes zu kämpfen, eigentlich aber waren sie allein darauf bedacht, die Stadt auszuplündern. Wer gegen ihre Gewalttätigkeit protestierte, der wurde als Verräter an der Ideologie des jüdischen Nationalismus bezeichnet und entsprechend behandelt. Die dominierende Persönlichkeit war ein Mann, der sich Johannes nannte. Der Mächtigste in Jerusalem zu werden, das war seine Absicht. Für dieses Ziel setzte er seine Kampforganisation ein. Für die herkömmliche Ordnung kannte er nur Verachtung. Diese Haltung brachte ihm zunächst die Sympathie der Pharisäerschicht ein, die sich darüber freute, daß Johannes den Reichen Geld abnahm; nur Wochen später aber waren auch die Ärmeren nicht mehr von Beschlagnahme und Plünderung verschont.

Sicherheit war niemand vergönnt, der nicht direkt zur Kampforganisation des Johannes gehörte. Jeder andere konnte verhaftet und als »Verräter am jüdischen Volk« angeklagt werden. Wer tagsüber verschleppt wurde, den fanden Verwandte und Freunde meist nachts auf der Straße liegen – ermordet.

Wenig Hilfe brachte die von den Elitefamilien aufgebaute Bürgerwehr. Ihre Mitglieder richteten wenig aus gegen die in Guerillataktik ausgebildeten Kämpfer des Johannes. Ratlos und hilflos litt die ursprüngliche Bevölkerung von Jerusalem unter der Schreckensherrschaft der pervertierten Kampforganisationen. Täglich versuchten Dutzende von Familien die Flucht in das von Vespasian beherrschte Gebiet. Doch die Guerillakämpfer hatten Befehl, jeden am Verlassen der Stadt zu hindern.

Als die Verbände einer zweiten Kampforganisation vor Jerusalem eintrafen und zu erkennen gaben, daß sie eingelassen werden wollten, da glaubten die Verantwortlichen der wohlhabenden Sadduzäerschicht, im Kommandeur dieser Verbände einen Verbündeten gefunden zu haben. Sein Name war Simon Ben Giora. Er war in Gerasa aufgewachsen, in der Stadt, die heute Djerasch heißt und zum Staatsgebiet des Königs Hussein gehört. Weil Gerasa die Heimat von Simon Ben Giora war, hatte Vespasian diese Stadt erobern und zerstören lassen.

Die neu angekommenen Kämpfer sahen ihre Aufgabe nicht darin, den ursprünglichen Bewohnern von Jerusalem wieder Sicherheit zu geben, im Gegenteil – ihre Anwesenheit verwandelte Jerusalem völlig zur Hölle: Die Männer des Simon Ben Giora machten den Kämpfern des Johannes die Kontrolle von Stadtvierteln streitig. Simon richtete sein Hauptquartier in der Oberstadt westlich des Tempels ein. Von hier aus führte er Bürgerkrieg gegen Johannes. In wochenlangen Kämpfen schwächten sie sich gegenseitig die Schlagkraft ihrer Verbände, die eigentlich nur dem nationalen Befreiungskampf dienen sollten.

Schlimm wirkte sich später aus, daß während der wochenlangen internen Kämpfe Getreidelagerhäuser in Flammen aufgingen. Brandstifter waren die Kommandoorganisationen, die sich um die Vorräte stritten. Sowohl Johannes als auch Simon Ben Giora hatten jeweils nahezu 10000 Männer zu ernähren. Die benötigten Lebensmittel konnten sie nicht bezahlen, so blieb ihnen nur der Ausweg, sie zu beschlagnahmen. Waren die betreffenden Getreidelager in der Hand der konkurrierenden Organisation, dann wurde versucht, sie anzuzünden – der Gegner innerhalb der Stadt sollte seine Kämpfer nicht mehr ernähren können. Zu leiden hatte die Bevölkerung, die schon vor der Ankunft der Römer zu hungern begann, weil das Getreide für billiges Brot fehlte.

Hatte der Kommandochef Johannes proklamiert, er werde den Reichen nehmen, um den Armen zu geben, so bemühte sich Simon Ben Giora, ihn zu übertreffen: Er versprach, daß er die Sklaven befreien werde. Beide entwickelten revolutionäre soziale Programme und benahmen sich dabei so, als wäre die Stadt nicht unmittelbar bedroht. Da Johannes und Simon Ben Giora als national-religiöse Politiker gelten wollten, sahen sie den Tempel als ihre symbolische Basis an – und so stritten sie sich um den Besitz des Tempels. Innerhalb weniger Tage sanken die Häuser auf dem Tempelberg, die das Heiligtum umgaben, in Schutt und Asche. In jenen Wochen wünschten sich viele der Familien in Jerusalem die rasche Ankunft der römischen Legionen.

Anfang Mai des Jahres 70 stand Titus, der Sohn des Kaisers Vespasian, auf dem Skopusberg im Nordosten von Jerusalem. Die Stadt lag, etwas tiefer, vor ihm. Der frühere Oberbefehlshaber der jüdischen Truppen in Galiläa, der Priester Josephus, gehörte jetzt als Dolmetscher zu seinem Gefolge; der Überläufer trug bereits den Namen Josephus Flavius. Er schildert im Buch »Der Jüdische Krieg«, was Titus vom Skopusberg aus sah: »Die Stadt war durch ein System von Wällen geschützt. Dort, wo steile Hänge Jerusalem begrenzten, befand sich nur eine schlichte Mauer. Jerusalem lag auf zwei gegenüberliegenden Hügeln, die durch ein ausgeprägtes Tal getrennt waren. Dort war die sonst überaus dichte Bebauung unterbrochen. Der westliche Hügel war höher. Die östliche Erhebung, im ganzen niedriger, wurde Unterstadt genannt. Beide Erhebungen sind in drei Himmelsrichtungen von Tälern mit steilen Hängen umgeben. Von dort war kein Zugang möglich.«

Titus sah die Aufgabe, Jerusalem zu erobern, nicht als einfach an. Josephus Flavius beobachtete: »Titus wählte einige Offiziere aus und ritt mit ihnen um die Stadt. Er wollte den Punkt finden, von wo aus sich die Mauer erstürmen ließ. Nirgends wollte es ihm recht passen, da man dort, wo die Täler um die Stadt zogen, nicht herankonnte, während andererseits der erste Mauerring für die Belagerungsmaschinen zu stark erschien. Titus entschloß sich, im Westen, beim Palast des Herodes, anzugreifen. Hier war die Mauer nicht so hoch. Bei diesem Erkundigungsritt wurde Nikanor, einer der Freunde des Titus, an der linken Schulter durch einen Pfeil verletzt. Er war mit Josephus zu nahe an die Mauer herangekommen.« Dieser Josephus aber war der Autor des Berichts selbst.

Erst jetzt, als sie voll Bestürzung die Masse der Römer am Skopusberg und am Ölberg lagern sahen, als sie den Feldherrn Titus bei der Erkundung des Geländes beobachten konnten, erwachten die patriotischen Gefühle der verfeindeten Kommandochefs. Sie redeten endlich miteinander und berieten die Situation. Keiner wollte sich dem anderen unterordnen, und so verteilten sie die Aufgabe der Verteidigung: Johannes wurde Befehlshaber an der östlichen Stadtbefestigung; Simon Ben Giora kommandierte den Mauerabschnitt von der Nordwestecke bis zum Siloahteich, er hatte den Ansturm abzufangen.

Die Verteidiger auf der Westmauer bekamen gleich während der ersten Tage der Belagerung das hohe Können der Spezialisten aus der

X. Legion zu spüren. Sie verfügten über zwei Neuheiten der Kriegs-
technik: Sie setzten Steinschleudern ein, die einigermaßen präzise auf
das Ziel gerichtet werden konnten, und sie brachten Maschinen in
Stellung, die riesige Felsbrocken von mehreren Zentnern Gewicht über
die Mauer werfen konnten. Die Reichweite war beachtlich: Die Schleudern trafen ihr Ziel auch noch in einer Entfernung von 400 Metern. Die
Geschosse zermalmten Menschen und richteten besonders auf den
Märkten der Oberstadt Schaden an.

Während der ersten Belagerungsphase konnten die Kämpfer auf den
Mauern den Menschen in den Straßen unter ihnen noch Warnungen
zurufen, denn sie sahen die Steine, die recht langsam flogen, schon bald
nach dem Abschuß. Als die Besatzungen der Schleudern die bisher
hellen Geschosse dunkler färbten, erreichten die Steine meist unbemerkt ihr Ziel. Erst im letzten Augenblick vor dem Einschlag hörten
die Beschossenen ein Pfeifen und Sausen in der Luft. Bald aber lernten
die Menschen in der Stadt ein anderes Geräusch mehr zu fürchten: das
Donnern der Rammböcke, die mit gewaltiger Wucht gegen die Steinquader der Mauern schlugen. Schreckenerregend muß der Widerhall in
den Straßen gewesen sein, wenn die Mauern vibrierten. Angstvoll
warteten die Bewohner Tag und Nacht auf das berstende Geräusch, das
anzeigte, daß Quader aus dem Mauergefüge brachen.

Beide Kommandoorganisationen – bemüht, ihre Feindschaft zu vergessen – versuchten in gemeinsamen Aktionen, die Arbeit der Stein-
schleuderer und der Mannschaften an den Rammböcken zu stören. Sie
ließen Pfeile hinabregnen auf die Legionäre. Sie schickten Stoßtrupps
aus mit dem Auftrag, die Holzgerüste der Kriegsmaschinen zu verbrennen. Ohne Risiko war das Geschäft der Belagerer nicht. Josephus
Flavius berichtet von großer Nervosität der Belagerungstruppen: »In
einer Nacht wurden die Römer von Angst gepackt. Titus hatte drei
Türme von jeweils 25 Meter Höhe errichten lassen, damit er von ihnen
aus die Gegner von der Mauer verjagen könne. Nun aber stürzte einer
dieser Türme in der Nacht von selbst zusammen. Das Getöse war
furchterregend. Das Heer geriet in Schrecken. Jeder glaubte, ein
feindlicher Angriff finde statt. Alle stürzten zu den Waffen. Panik
brach aus. Da bei Dunkelheit und Lärm niemand die Ursache der Panik
feststellen konnte, liefen alle in ihrer Verlegenheit wirr durcheinander.
Daß kein Feind sichtbar wurde, verstärkte nur das Gefühl der Unsicherheit. Jeder verlangte von jedem die Parole. Alle benahmen sich so, als
ob die Juden schon ins Lager eingedrungen wären. Selbst als schließlich
alle wußten, was sich zugetragen hatte, war die Ruhe kaum wiederher-
zustellen.«

Im letzten Drittel des Monats Mai hatte der Rammbock so viele

Steine aus der äußersten Westmauer gebrochen, daß eine Bresche entstanden war, die breit genug war für den Angriff einer Sturmkohorte. Den Verteidigern gelang die Reparatur nicht mehr; sie hatten im offenen Gelände hinter der äußersten Mauer auch kaum mehr die Kraft zu geordnetem Widerstand. Sie litten am Hunger. Nun rächte es sich, daß während der internen Auseinandersetzung Vorräte verbrannt worden waren. In Jerusalem war kein Getreide mehr zu finden.

Der Erfolg brachte den Mannschaften am Rammbock keine Ruhepause. Sie transportierten ihr Gerät durch das eroberte Stadtgebiet zum nördlichen Teil der inneren Mauer. Nun war das Dröhnen der Schläge in den Häusern der Stadt noch viel stärker zu hören. Tag und Nacht wurden die Nerven der Bewohner gepeinigt. Nur fünf Tage waren vergangen seit dem Sturm durch die äußere Mauer, da hatten die Spezialisten der römischen Legionen auch eine Lücke in die innere Bastion gebrochen. Jetzt konnten die Märkte der Oberstadt erstürmt werden. Die Soldaten drangen in die Straßen der Stoffhändler und Schmiede ein.

Sie begingen allerdings einen taktischen Fehler. Nach den damals gültigen Regeln der Kriegskunst hätten sie sich sofort durch Niederreißen der Häuser an der Mauer ein freies Gesichtsfeld schaffen müssen. Titus aber hatte befohlen, diesmal die Regel nicht zu beachten. Der Oberbefehlshaber war zu diesem Zeitpunkt gewillt, die Zerstörung Jerusalems zu vermeiden. Er gab damit den Verteidigern – trotz deren Unterlegenheit an Kraft – eine Chance, die Angreifer zu treffen. Zur Überraschung der Römer drangen plötzlich überall aus Schlupfwinkeln in engen Gassen jüdische Kämpfer hervor, die mit den Örtlichkeiten genau vertraut waren. Sie schnitten ihren Gegnern den Weg ab, drängten sie in Sackgassen und trennten sie in kleine Gruppen auf, die überwältigt werden konnten. Dem römischen Befehlshaber bot sich keine andere Wahl an, als sofort den Rückzug zu befehlen. Diese Anordnung rettete einem Großteil der in die Falle Geratenen das Leben. Viele aber fanden den Weg zur Bresche nicht mehr; sie starben durch Schwerter und Messer der Verteidiger.

Johannes und Simon Ben Giora, die beiden Befehlshaber in Jerusalem, waren nach diesem eindeutigen Erfolg der Meinung, die Stadt könne, trotz des unerträglichen Hungers der Bevölkerung, die Belagerung bis zu einem guten Ende durchstehen. Sie glaubten sogar, Titus würde den Befehl zum Abzug geben. Gott werde rettend eingreifen, wie dies schon einmal geschehen sei zur Zeit des Königs Hiskia, als der Assyrer Sanherib die Belagerung abbrach. Gott habe jetzt gesehen, daß es den Juden ernst sei mit der Verteidigung des Tempels.

Titus wußte um die Stimmung in der Stadt. Er wollte dem Optimismus ein Ende machen. Über seine Methode, die Gegner psychologisch zu beeindrucken, informiert Josephus Flavius: »Es war der Termin gekommen, an dem die Soldaten ihre Löhnung empfingen. Titus traf die Anordnung, daß die Kommandeure der Heeresgruppen die Legionäre unmittelbar unter den Augen der Feinde in voller Ordnung antreten ließen, um jedem Mann seinen Sold auszuzahlen. Die Soldaten traten also feldmarschmäßig an, samt ihren Waffen. Die Reiter führten ihre großartig aufgeputzten Pferde am Halfter. Weit blinkten Münzen aus Gold und Silber, die bereitlagen, um ausbezahlt zu werden. Für die eigenen Männer brachte dieses Schauspiel Ermutigung, für die Feinde war es deprimierend. Die Mauer und der Nordrand des Tempels waren dicht mit Zuschauern besetzt. Auch auf den Dächern der Häuser hinter der Mauer standen Menschen. Wie sie da nun das gesamte Heer, dessen Waffen und dessen Disziplin vor Augen sahen, ließen auch die kühnsten Streiter den Mut sinken. Es dauerte vier Tage, bis alle Römer, Legion für Legion, ihre Löhnung bekommen hatten.«

Titus hatte gehofft, Johannes und Ben Giora würden, durch die römische Machtdemonstration entmutigt, die Kapitulation anbieten. Er wurde enttäuscht. Da er den Sturm durch die Bresche nicht noch einmal wagen wollte, sah er sich veranlaßt, eine neue Taktik anzuwenden: Dämme wurden aufgeschüttet, von denen aus die Befestigungen überwunden werden sollten. Gleichzeitig aber hoffte er noch immer auf ein Einlenken der Verteidiger. Titus schickte Josephus Flavius um die Mauer herum. Der Überläufer sollte mit den Kämpfern auf den Befestigungen reden, sollte ihnen die Vorteile der Kapitulation deutlich machen. Dies war deshalb eine schwierige Aufgabe, weil er sich außerhalb der Reichweite der Pfeile aufhalten mußte, die von der Mauer herab auf ihn abgeschossen wurden.

Josephus Flavius notierte, er habe geweint bei diesem Gang um die Stadt, denn er habe von der unbeschreiblichen Not der Belagerten gewußt. Auf den Märkten in der Stadt sei überhaupt nichts Eßbares mehr zu finden gewesen. Er habe davon gehört, daß sich Nachbarn wegen einer Handvoll Getreidekörner umgebracht hatten, daß Mütter ihre Kinder erwürgten, weil sie deren Qual nicht länger mit ansehen konnten.

Die beiden Kommandeure wollten Ordnung schaffen. Sie richteten Revolutionstribunale ein, die Urteile sprachen über Frauen und Männer, die – trotz aller Aufrufe zur Solidarität der Hungernden – noch Lebensmittel verborgen hatten. Mit dem Tod durch das Schwert wurden Familienväter und Mütter bestraft, die Getreide und Fett nicht an die Kommandoorganisation zur Weiterverteilung abgeliefert hatten. Zur selben Strafe verurteilt wurde auch, wer von den Wachen beim

Versuch, über die Mauer zu fliehen, ergriffen wurde. Der Gedanke an Flucht verflog beim Blick über die Mauer. Am Rand des Römerlagers standen Hunderte von Kreuzen. An ihnen hingen die Körper von Männern, denen der Sprung über die Mauer trotz der Wachen gelungen war. Diese Flüchtlinge waren mit Wissen des Oberbefehlshabers Titus ans Kreuz geschlagen worden. Er glaubte den gefangenen Juden nicht, wenn sie erzählten, sie seien geflohen. Er hielt sie allesamt für Angehörige der Kommandoorganisation, die losgeschickt worden waren, um Anschläge gegen die Nachschublinien der Römer zu verüben.

Siebzehn Tage lang schleppten die Legionäre unter Gefahr Sand, Erde und Steine herbei, dann war die Aufschüttung der Wälle gelungen, die den Sieg ermöglichen sollten. Doch dann erlebten die römischen Offiziere und Soldaten wieder eine Überraschung. Der Augenzeuge Josephus Flavius schildert den Vorgang: »Mittlerweile hatte Johannes das Gelände bei den Erdaufschüttungen von der Innenseite der Mauern her durch unterirdische Stollen aushöhlen lassen, und zwar mit Abstützungsvorrichtungen aus zahlreichen Pfählen. Nun wurde auf seinen Befehl hin Holz in die Stollen geschafft, das mit Öl und Teer bestrichen war. Die Holzstapel wurden dann angezündet. Als die Pfähle unten verbrannten, da senkte sich plötzlich der Boden, und gleichzeitig sanken die Erdaufschüttungen mit ungeheurem Lärm in die Tiefe. Zuerst erhob sich eine dunkle Rauchwolke, in der auch Staub hochgewirbelt wurde, dann loderte der helle Brand auf. Das Feuer zu löschen erschien den Legionären sinnlos, denn die Erdaufschüttungen waren ohnehin vernichtet.«

Wenige Tage später gelang den ausgehungerten Kämpfern eine mutige Kommandoaktion. Einige hundert Männer kletterten über die Mauer herab und wagten einen Angriff auf die Belagerungsmaschinen. Sie konnten die meisten der Türme und Sturmböcke durch Feuer vernichten.

Der Ratlosigkeit seiner Offiziere machte Titus ein Ende. Er befahl, daß rings um die belagerte Stadt ein Erdwall aufgeworfen werde, der den Kämpfern und den Unbewaffneten jeden Ausbruch unmöglich machte. Die Absicht war, die Menschen der Stadt auszuhungern. Da der glanzvolle militärische Erfolg versagt geblieben war, wollte der römische Oberbefehlshaber jetzt sein Ziel durch Geduld erreichen: Der Hungerstod sollte ihm die Tore von Jerusalem öffnen.

Die Soldaten, die noch vor wenigen Tagen voll Stolz ihre Waffen und Ehrenzeichen präsentiert hatten, wurden zu Erdarbeitern. Sie bauten einen Wall von beachtlichen Ausmaßen auf. Er wurde mehr als drei Kilometer lang; seine Höhe war mit zweieinhalb Metern festgelegt. Überall, in weitem Bogen rings um Jerusalem, wurde gleichzeitig gearbeitet. 20000 Männer schleppten Körbe mit Erde, Sand und Steinen; sie planierten Unebenheiten des Bodens; sie hackten und schaufelten in der Junihitze.

Die Ingenieure des Titusheers hatten den Verlauf der Erdaufschüttungen so festgelegt: Ihr Ausgangspunkt war der Gefechtsstand des Oberbefehlshabers bei den eroberten Märkten im Nordwesten des Tempels. Von hier aus folgten sie einer geraden, südwestlichen Linie in Richtung des einstigen Herodespalastes. Die Ingenieure behielten die eingeschlagene Richtung bei bis zum Familiengrab des Herodes, das heute noch gezeigt wird. Der Wall verlief in freiem, unbebautem Gelände entlang der westlichen und südlichen Hänge des Zentraltals. 200 Meter im Süden des Siloah-Wasserbeckens wandte sich der Damm nach Norden. Die Ingenieure bezogen das Kidrontal in die umzingelte Zone ein; die Aufschüttung entstand in diesem Gebiet ostwärts der Stadt am Fuße des Ölbergs. Dort, wo heute die Jericho Road beginnt, machte der Wall einen nahezu rechtwinkligen Knick; die Ingenieure führten ihn wieder auf die Märkte der oberen Stadt, auf den Gefechtsstand des Befehlshabers zu. Entlang des Erdwalles wurden dreizehn ständig besetzte Wachstationen eingerichtet. Dazuhin waren Tag und Nacht Patrouillen unterwegs, die jeden Meter der Aufschüttung kontrollierten. Die Belagerten konnten nicht mehr entkommen. Kein Lebensmitteltransport erreichte die Hungernden fortan. Über die Situation in Jerusalem informiert Josephus Flavius:

»Der Verlust der Ausgänge aus der Stadt hatte den Juden jede Hoffnung auf Rettung genommen. Immer mehr breitete sich Hunger aus, so daß ihm das Volk häuser- und familienweise zum Opfer fiel. Auf den Dächern lagen in Massen Frauen und Kinder, die den Hungertod nahe fühlten. Die engen Gassen waren angefüllt von Leichen. Da bewegten sich noch alte Leute und junge Männer mit aufgedunsenen Leibern. Sie brachen zusammen, wo sie das Unheil überkam. Niemand war noch kräftig genug, die Familienangehörigen zu begraben. Häufig geschah es, daß jemand zusammenbrach über der Leiche, die er gerade hatte bestatten wollen. Viele krochen schon zu ihren Gräbern, ehe sie ganz gestorben waren. Eine tiefe Stille legte sich über die Stadt. Doch schlimmer noch als dies alles war das Unwesen der Kommandoorganisationen. Ihre Mitglieder benahmen sich wie Leichenschänder. Sie drangen in die Häuser ein und beraubten die Leichen. An den Toten erprobten sie, ob ihre Waffen gut geschärft waren. Sie durchbohrten sogar Menschen, die wohl zusammengebrochen, aber noch nicht völlig tot waren.«

Der Gestank der verwesenden Leichen wehte mit dem Wind bis zu den Erdwällen herüber. Titus, der selbst an den regelmäßigen Patrouillen teilnahm, konnte vom nördlichen Teil der Aufschüttung in die oberen Märkte hinuntersehen. Kein Mensch rührte sich da unten; Titus bemerkte nur den Schlamm von faulenden Exkrementen. Da befahl er, daß erneut Rampen zu bauen waren für die Überwindung der Stadtmauern. Dieser Befehl konnte jedoch nur unter Schwierigkeiten befolgt werden, weil keinerlei Holz, das zur seitlichen Abstützung und Sicherung der Rampen gebraucht wurde, in der Umgebung von Jerusalem zu finden war. Für den Bau des Belagerungswalls waren die Berge von Judäa abgeholzt worden. Kahl war das Land in weitem Umkreis.

Zwar erstarb das Leben der Bevölkerung in der Stadt, doch das Terrorregime der Kommandoorganisation steigerte seine Brutalität noch. Simon Ben Giora ließ weiterhin Todesurteile aussprechen über Mitglieder der Sadduzäerschicht. An Hunger, so meinte er, seien bisher meist die Armen gestorben – dies müsse einen Grund haben. Dafür lasse er die Reichen jetzt sterben. Die Anklage war immer allgemein gehalten. Jeder der Reichen wurde beschuldigt, ein Freund der Römer zu sein. Simon Ben Giora verschonte sogar diejenigen nicht, die ihm die Stadttore geöffnet hatten.

Aus Angst vor den Schergen der Kommandoorganisationen versuchten auch jetzt noch einzelne Männer die Flucht aus dem Herrschaftsbereich des Simon Ben Giora. Die Verzweifelten sprangen von den Mauern herunter und rannten auf den Belagerungswall zu. Besonders in der Gegend des Herodespalastes betrug der Abstand nur wenige Meter. Erreichten sie den Wall, waren sie noch keineswegs gerettet. Die Römer schlugen zwar schon seit Wochen keinen Überläufer mehr ans Kreuz, doch den Flüchtlingen drohten andere Gefahren. Sie bekamen von den römischen Soldaten alles zu essen, was sie sich wünschten. Verständlich, daß die Ausgehungerten möglichst viel in sich hineinschlingen wollten. Ihr Magen, ihr Gedärm aber waren der Belastung nicht gewachsen – sie platzten. Fast alle der Überläufer starben unter schrecklichen Qualen.

Im zweiten Monat der Belagerung war die Stimmung in den Zelten der Römer mutlos geworden. Niemand konnte einen handfesten Erfolg vorweisen. Bisher hatte dieser Feldzug weder Beute noch Ruhm gebracht. Zermürbt waren die Soldaten, die in der Sommerhitze Rampen aufzuschütten hatten, von denen sie annehmen mußten, daß sie ein zweites Mal durch die List der Belagerten zum Einsturz gebracht würden.

Tatsächlich hatte Johannes, der Befehlshaber an der Ostmauer und im Tempelbereich, unter der Mauer wieder einen Stollen in Richtung auf die Rampen graben lassen. Doch diesmal schadete diese Kriegslist den Belagerten selbst. Die Schicht aus Fels und Erde über dem Stollen war zu dünn; sie hielt dem ungeheueren Druck der riesigen Quader nicht stand. Als die Bodendecke einbrach, da stürzte auch die Mauer zusammen. Die Verteidiger glaubten, die Stunde des entscheidenden Sturmangriffs sei gekommen, doch zu ihrer Überraschung stieg keiner der römischen Legionäre über die Trümmer hoch. In Gruppen standen sie vor der Bresche, entschlußlos.

Titus war gezwungen, erst eine anfeuernde Rede zu halten, damit sich endlich ein einziger, ein Syrer, an die Mauerlücke heranwagte. Ihm folgten elf Römer nach. Trotz heftiger Gegenwehr – die Mutigen mußten mit ihren Schilden einen Regen von Felsbrocken abschirmen – erreichte der Syrer die Mauerkrone. Er kam jedoch nicht dazu, seine Kameraden nachzuholen, da er ausglitt und kopfüber von der Mauer stürzte. Als zwei Tage später ein Angriff gegen den Tempel deshalb scheiterte, weil einer der Anführer wegen seiner Nagelschuhe auf dem Kopfsteinpflaster stolperte, wunderte sich Titus über die Wendung des Feldzugs ins Lächerliche. Er konnte an diesem Tag dann aber doch noch einen Erfolg vorweisen: Die Festung Antonia im Nordwesten des Tempels war von den Verteidigern geräumt worden. Die Türme dieser Burg ragten hoch über das Tempelareal. Wer die Antonia besetzt hielt, der beherrschte das Heiligtum.

Der Tempel brennt

Unmittelbar nach dem Fall der Festung mußte das tägliche Opfer vor dem Allerheiligsten eingestellt werden. Das letzte der Opfertiere war geschlachtet worden – am 6. August des Jahres 70. Seit jenem Tag ist nie mehr im Tempel geopfert und nie mehr Gottesdienst abgehalten worden bis zum heutigen Tag.

Das Ende der Gottesdienste bedeutet noch immer nicht Bereitschaft zur Kapitulation. Erstaunlich ist, mit welcher Zähigkeit die Männer des Simon Ben Giora die Verteidigung in aussichtsloser Situation fortsetzten. Immer wieder erdachten sie sich Listen, um die Kampfmoral der Römer zu zermürben. Josephus Flavius konnte seine Bewunderung über die Hartnäckigkeit nicht verhehlen: »Die Männer der Kommandoorganisationen setzten täglich den Krieg gegen die auf den Dämmen postierten Römer fort. An einem Tag stopften sie zwischen Gebälk und Dach der westlichen Tempelhalle getrocknetes Holz, das mit Teer bearbeitet war. Dann täuschten sie einen Rückzug vor. Viele der Römer waren nun so unvorsichtig, ihnen nachzustoßen. Über Leitern stiegen sie auf die Tempelterrasse hinauf. Kaum aber hatten sie die Halle gefüllt, da entfachten die Verteidiger ein Feuer. Mit einem Male flammte nun überall der Brand auf. Verzweiflung packte die Römer in der Halle. Vom Feuer umringt, stürzten sich Dutzende über die Mauer hinunter. Sie brachen sich dabei die Gliedmaßen. Doch alle anderen wurden durch die Flammen erbarmungslos verzehrt.«

Der Tempel war in der Hand der Verteidiger geblieben. Sie hatten den Brand wieder löschen können. Die Stille, die nach dem grausigen Ereignis eingetreten war, wurde plötzlich durch Donner unterbrochen: Die Legionäre hatten an der Nordmauer des Tempels den Rammbock zum Einsatz gebracht. Im Abstand von wenigen Minuten wiederholte sich fortan das furchtbare Geräusch – sechs Tage lang, dann erst brachen Quader aus dem Gefüge, doch eine wirkliche Bresche entstand nicht. Nach diesen Erfahrungen war das Vertrauen der Römer in ihre Kriegsmaschinen erschüttert.

Feuer zu legen war die Taktik, die sie nun selbst anwandten. Es gelang ihnen, die Tore in Flammen zu setzen. Eine gewaltige Hitze entstand, die das Gebälk anstoßender Bauteile entzündete. Eine Halle nach der anderen brannte nieder. Die Verteidiger brachten nicht mehr die Energie auf, die Ausbreitung der Flammen zu verhindern. Sie zogen sich vor dem Feuer aus dem Tempel zurück.

Als Brandwolken verkündeten, daß die verzehrende Glut das Allerheiligste erreicht hatte, da war in der Stadt ein Aufschrei zu hören, der im Römerlager noch vernehmbar war. Der Oberbefehlshaber begriff, daß die letzten Stunden des Tempels begonnen hatten. Neugierig, das »Unschaubare« noch zu sehen, stieg er selbst über die aufgeschüttete Rampe hoch.

Bis zu diesem Zeitpunkt waren der Altarraum und die Halle hinter dem Vorhang noch unversehrt. So betrat Titus den Raum, der Gott und dem Hohenpriester vorbehalten war. Titus entweihte damit den Tempel kurz vor der endgültigen Zerstörung.

Am Osttor ließ Titus die Feldzeichen der Legionen aufstellen; damit zeigte er an, daß die Tempelterrasse den Römern gehörte. Den Legionären gab er die Erlaubnis zu plündern. Sie zerteilten die Goldplatten, mit denen einige Gebäudeflügel abgedeckt waren. Für die Soldaten hatte sich mit diesem Tag der Feldzug gelohnt.

Die Kommandochefs Johannes und Simon Ben Giora zeigten jetzt Bereitschaft, mit Titus über eine mögliche Kapitulation zu verhandeln. Der Oberbefehlshaber der römischen Legionen trat daraufhin an der Westseite des Tempels hinaus auf die Brücke, die zur Oberstadt hinüberführte. Josephus Flavius, der die Ansprache des Titus an die Menschen drüben vor den Häusern übersetzte, schrieb später in seinen Erinnerungen, Titus habe erklärt, er wolle nur die Unbelehrbaren zur Rechenschaft ziehen, die Masse der Juden in der Stadt aber habe nichts zu befürchten. Er verlange jedoch die sofortige und bedingungslose Kapitulation aller Kampfverbände.

Die Belagerten hatten gehofft, Bedingungen aushandeln zu können, die das bittere Gefühl der Niederlage mildern würden. Sogar Johannes und Simon Ben Giora hatten noch Hoffnung gehabt, Titus werde auch sie ziehen lassen. Als nun diese Hoffnung zerschlagen war, sahen sie keine Zukunft mehr vor sich. Sie verkündeten deshalb dem römischen Oberbefehlshaber, sie seien zur Fortsetzung des Kampfes entschlossen. Würdig, aber wütend verließ Titus die Brücke zwischen Stadt und Tempel.

Von der südlichen Mauer des zerstörten Heiligtums war während der nächsten Stunden zu erkennen, daß die Kämpfer das Gebiet bis hinunter zum Siloah-Wasserbecken räumten. Sie verließen den südöstlichen Hügel über dem Kidrontal, auf dem sich einst die Stadt Davids befunden hatte. Die römischen Legionäre bekamen Befehl, alle tieferliegenden Quartiere südlich des Tempels zu besetzen. Ihnen war erlaubt, die Häuser zu plündern, doch keiner der Soldaten fand auch nur ein einziges wertvolles Stück. Die Kämpfer der Kommandoorganisationen hatten alles Brauchbare hinauf in die Oberstadt geschafft. In zorniger Enttäuschung handelten jetzt die Legionäre: Sie warfen Brandfackeln in die Häuser. Die Unterstadt brannte nieder.

Wieder mußten die Soldaten des Titus die mühselige Arbeit zur Vorbereitung eines Sturmangriffs beginnen. Inzwischen war der August des Jahres 70 zu Ende gegangen. Noch immer waren die Tage heiß, in den Nächten aber wehten schon kühle Winde. Ein Vierteljahr lang dauerte nun die Belagerung von Jerusalem. Kein Offizier und kein Soldat der Legionen hatte gedacht, so viele Wochen in der baumlos gewordenen Gegend vor der Stadt lagern zu müssen. Als ruhmreich konnten die Kämpfe für die Römer kaum gelten. Titus mußte sich, wenn er an die Erfahrungen der letzten Wochen dachte, in denen noch jede Hoffnung zur Enttäuschung geworden war, sogar die Frage stellen, ob er nicht auch noch den Winter im Feldzugsplan für die nächsten Monate zu berücksichtigen hatte.

Tausende von Männern, die gewohnt waren, glänzende Rüstungen zu tragen, schleppten erneut Steine und Erde – mit geringer Begeisterung. Die Soldaten, die sich entwürdigt glaubten durch die Dreckarbeit, wurden skeptisch, ob sich die Mühe lohnte, da in der Oberstadt doch kaum noch Beute zu holen sei. Die Eroberung des Tempels habe sicher für den einzelnen das beste Ergebnis gebracht; weiterer Reichtum sei nicht zu erwarten. Doch sie waren Soldaten: Sie hatten zu gehorchen. Gerade in dieser Phase der völligen Lustlosigkeit fiel den Römern der größte Erfolg zu.

Achtzehn Tage lang hatte die Arbeit an den Aufschüttungen gedauert, dann waren wieder die Belagerungsmaschinen in Stellung gebracht worden. Schlag auf Schlag hatte der Rammbock die Mauer getroffen, tagelang. Einige Quader hatten schließlich nachgegeben, wie so oft schon. Diesmal aber stellten die Legionäre fest, daß die Verteidiger von den Mauern verschwunden waren.

Das furchtbare Donnern des Rammbockschlages hatte die Nerven der Kämpfer verbraucht. Da war plötzlich das Gerücht zu hören gewesen, die Römer hätten die Westmauer völlig aufgebrochen, sie seien dabei, in die Stadt einzudringen. Da hatte jeder der Verantwortlichen Angst, gefangengenommen und von den Siegern zur Rechenschaft gezogen zu werden. Die Kommandeure hatten die Türme der Mauerbefestigungen verlassen, nur von dem einen Gedanken getrieben, sich von den Römern weit zu entfernen. Sie flohen über den Südwesthügel, an unzerstörten Häuserreihen vorbei, durch den unteren Ausläufer des Zentraltals zum Siloah-Wasserbecken am südlichen Ende der Stadt. Mit den Verantwortlichen verließen auch die einfachen Kämpfer ihre Posten. Die Legionäre konnten ungehindert Mauern und Türme besteigen.

Als die Besiegten, noch immer einige hundert Männer, am Siloah-Wasserbecken angekommen waren, da fand ihre Flucht ein rasches Ende. Wenige Meter entfernt verlief die Erdaufschüttung der Römer, die jeden Durchbruch verhinderte. Die Kämpfer wandten sich zurück in die Stadt. Sie suchten und fanden zunächst Unterschlupf in Häusern und in unterirdischen Gängen. Josephus Flavius notierte, was er in den Reihen der Sieger während jener entscheidenden Stunden feststellen konnte:

»Als die Römer die Feldzeichen auf den Türmen festgesteckt hatten, da brüllten sie mit viel Lärm den Siegesgesang. Sie konnten aber kaum glauben, daß sie, ohne einen Tropfen Blut zu vergießen, die letzte Mauer hatten einnehmen können. Sie kamen sich vor wie im Traum, als sie keine Feinde erblicken konnten. Mit gezückten Schwertern rannten sie durch die engen Gassen. Erwischten sie einen Juden, dann schlugen sie ihn nieder.

In die Häuser, in denen sie zufluchtsuchende Kämpfer vermuteten, warfen sie Brandfackeln. Sie legten die Häuser samt allem, was darin war, in Schutt und Asche. Wenn sie in ein Haus einbrachen, sahen sie ganze Familien, die tot dalagen. Sie waren verhungert. Auch die Dächer waren bedeckt mit Verhungerten. Die Römer entsetzten sich über den Anblick derart, daß sie oft die Häuser wieder verließen, ohne etwas anzurühren. Hatten die Legionäre Mitleid mit den Toten, so waren sie unbarmherzig mit den Lebenden, gleichgültig ob sie Kämpfer waren oder nicht. So waren die Gassen bald unpassierbar vor lauter Leichen. Erst gegen Abend wurde weniger gemordet. Die Feuersbrunst aber raste die Nacht hindurch. Die Sonne ging am Morgen über dem schwelenden Jerusalem auf, über der Stadt, die während der Belagerung derartige Qualen auszustehen hatte. Hätte Jerusalem je ein gleiches Maß an Glück genossen im Verlauf seiner Geschichte, es wäre zu beneiden gewesen.«

Titus, der Sieger, inspizierte die Stadt, die er erobert hatte. Erhalten geblieben war noch immer der Mauerring. Es wird berichtet, Titus habe gestaunt über die tatsächliche Stärke der Befestigungsanlagen, über das dicke Mauerwerk, über die Größe der Quader. Bewundert habe der Oberbefehlshaber, wie kunstvoll die Mauersteine gefügt waren. Uneinnehmbar, so habe er gesagt, seien diese Bollwerke gewesen – hätten die Verteidiger einen kühlen Kopf behalten, sie hätten noch lange standhalten können.

Titus gab Befehl, die stolzen Mauern abzutragen. Nur drei der gewaltigen Türme sollten stehenbleiben, zum Zeichen, daß Götter und Glück ihm geholfen hätten, Uneinnehmbares zu erobern. Keine Spur sonst als eben diese Türme wollte Titus von Jerusalem übriglassen. Er stellte sich vor, daß mit der auf seinen Befehl hin erfolgten Zerstörung die Geschichte Jerusalems für immer zu Ende war.

Die Vernichtung der Stadt wird durch die archäologische Forschung nachgewiesen. Ausgegraben wurde das Pflaster der Straße, die im Südwesten am Tempel vorbeiführte. Auf ihr lagen die herabgestürzten Quader der Einfassungsmauer der Tempelterrasse genau so, wie sie damals, im September des Jahres 70, mit gewaltiger Wucht aufgeprallt waren. Im jüdischen Viertel der heutigen Altstadt fanden die Forscher Häuser, die in herodianischer Zeit gebaut und bis zur Zerstörung bewohnt worden waren. Von einem der Häuser konnte sogar der Name der Bewohner festgestellt werden – die Familie Kathros lebte darin. Festgestellt werden konnte auch, daß im Haus der Familie Kathros eine Frau in der Küche durch stürzendes Mauerwerk getötet worden ist: Unter Steinen begraben lagen Skelettreste. Fast alle Gebäude, deren Reste aufgedeckt werden konnten, wiesen deutliche Spuren gewaltsamer Zerstörung auf.

Die Archäologin Kathleen M. Kenyon spürte während der Grabungsarbeiten auf dem Südosthügel im Wasserabfluß eines Hauses menschliche Gebeine auf. In den Ruinen eines anderen Hauses fand sie drei Schädel. Frau Kenyon legt Beweise vor, daß jene Gegend auf dem Südosthügel, in der die menschlichen Gebeine gefunden wurden, bis in neuere Zeit nie mehr bewohnt worden sind.

Geschätzt wird, daß beim Beginn der Belagerung etwa 60 000 Menschen in der Stadt gewesen waren. Etwa die Hälfte wird während Belagerung und Sturm das Leben verloren haben. Aus den Reihen der Überlebenden wurden mehrere tausend Männer und Frauen nach Rom verschleppt; sie mußten dort am Triumphzug des Siegers Titus teilnehmen. Eine wohl gleichgroße Zahl an Menschen wurde als Sklaven verkauft. Die wichtigsten Abnehmer waren die Landbesitzer am Nil, die Arbeitskräfte benötigten. Die wenigen, die nicht getötet und nicht gefangen worden waren, flohen aus der Stadt, die ihnen nicht mehr Heimat sein konnte.

Kaum vorstellbar ist, wie Jerusalem nach der Zerstörung ausgesehen hat. Verschwunden war der Goldglanz der Tempeldächer, der bei sonnigem Wetter weit über die Hügel von Judäa gestrahlt hatte. Die Steine der Tempelhallen waren hinuntergestürzt worden ins Kinrontal. Bestand hatten noch die Tempelterrasse und die Struktur der in sie eingebauten Gewölbe. Erkennbar waren die Einfassungsmauern der

Tempelterrasse; meist war nur ihr oberer Kranz abgebrochen. Von den Häusern hatte keines der Zerstörungswut standgehalten: Die Trümmer lagen zwischen den Grundmauern. Sie waren bald schon überwuchert von niederem Gesträuch. Im Winter, der auf die Zerstörung folgte, verwandelte Regen den Ort der Zerstörung in einen wilden, grünen Garten, den allerdings die Sonne des Frühjahrs bald wieder wegbrannte.

Dort, wo Gott wohnte, leben Füchse

Titus sorgte selbst dafür, daß die Hügel, auf denen Jerusalem gebaut war, kein verwüsteter Platz blieben. Die drei Türme, die er von der Zerstörung ausgenommen hatte, wurden zur Basis starker römischer Besatzungsverbände. Der Krieg war noch nicht zu Ende: Nationalistisch-religiöse Kräfte verteidigten ihre Überzeugung im Südosten von Jerusalem weiter. Erst am 2. Mai des Jahres 73 starben die Verteidiger der Festung Masada am Toten Meer durch Freitod. Bis dahin mußten die römischen Belagerer der Bergfeste von Jerusalem aus versorgt werden. Aber auch nach dem Fall von Masada glaubte die Führung des Imperiums in Rom an die Notwendigkeit einer überzeugenden Militärpräsenz im Mittelpunkt der Berge von Judäa.

Ausgrabungsfunde zeigen, daß die römischen Legionäre ihr Lager nicht nur im Bereich des einstigen Herodespalastes an der abgetragenen Westmauer aufgeschlagen hatten, sondern im ganzen Gebiet der Oberstadt, bis hin zur Tempelterrasse. Entdeckt wurden in unserer Zeit Ziegel mit eingeprägten Kennzeichen der X. Legion. Mit diesen Ziegeln waren Kasernen und Wohnhäuser gebaut worden. Aufschluß über das Leben auf den Hügeln gibt auch der aufgefundene Grabstein eines römischen Offiziers, dessen Aufschrift zu entnehmen ist, daß er Frau und Kinder bei sich hatte.

Die römischen Offiziere, die an hohe Lebensqualität gewöhnt waren, werden bald für die Beseitigung der schlimmsten Kriegsspuren gesorgt haben. Die Trümmerfelder wurden abgeräumt, der Schutt wird in das Zentraltal geworfen worden sein. Die Hänge der Schluchten von Kidrontal und Zentraltal haben in jener Zeit durch Aufschüttung viel von ihrer Steilheit verloren.

Die Region der Ostküste des Mittelmeers vermißte die jüdische Stadt im Hinterland nicht. Die Küstenstädte besorgten den Handel. Die dazu notwendigen Straßen wurden von römischen Ingenieuren nach reichseinheitlichen Prinzipien gebaut – keine führte an den Hügeln des einstigen Jerusalem vorüber. Die Besatzungsverwaltung verlagerte den Schwerpunkt des Transitverkehrs nach Osten: Im Verlauf von mehreren Jahrzehnten entstand die wirtschaftsstrategisch wichtige »via regis« im Gebiet ostwärts des Jordan.

So geriet der Platz, auf dem Jerusalem gestanden hatte, bei den Bewohnern der allernächsten Umgebung in Vergessenheit. Hatte der Sieger Titus das Römerlager mit Energie aufbauen lassen, so herrschte dort nach wenigen Jahren schon Routine und Langeweile. Auf den Hügeln Judäas änderte sich über Jahrzehnte hin wenig. Kaum merklich, in jahreszeitlichen Schüben, erholte sich die Natur wieder: Der magere Baumbestand auf Skopusberg und Ölberg, der während der Belagerungszeit abgeholzt worden war, begann langsam nachzuwachsen. Die Gebäude, in denen die Legionäre wohnten, aber alterten, wurden baufällig. Für die Zentralverwaltung des Reiches in Rom war die judäische Basis kein Ort von Bedeutung. Sie schickte zwar immer neue Generationen von Soldaten und Offizieren hin, stattete sie jedoch nur mit dem notwendigsten Geld aus.

Die Legionäre verachteten den öden Platz. Daß einst eine Stadt Jerusalem bestanden hatte, mit einem goldglänzenden Tempel, bedeutete den Soldaten gar nichts. Nur ihre Aufgabe band sie an den Boden, auf dem das Lager stand. Ihre Anwesenheit hatte jahraus, jahrein denselben Zweck: Sie hatten die Juden in Städten und Dörfern ringsum von Rebellion abzuhalten. Mit Erfolg erfüllten die Legionäre diese Aufgabe, obgleich die jüdischen Gemeinden im römischen Herrschaftsgebiet insgesamt unruhig blieben. Besonders die Juden der östlichen Mittelmeerregion hofften auf ein Zerbrechen des Imperiums – sie waren überzeugt, jede andere Nachfolgergroßmacht würde ihnen mehr Freiheit zugestehen.

Die Juden in Alexandria, in Caesarea, in den großen Städten Griechenlands bewahrten in einer Umwelt, für die der Name Jerusalem jeglichen Klang verloren hatte, die Erinnerung an die zerstörte Stadt. Die jüdischen Gemeinden Mesopotamiens, die zur Regierungszeit des Kaisers Trajan ebenfalls unter römischen Einfluß gerieten, pflegten besonders intensiv die Überzeugung, daß der Tempel bald wieder aufgebaut werde. An Euphrat und Tigris wurde das Gebet gesprochen, das der Talmud überliefert: »Hab Erbarmen, Herr, unser Gott, über Israel, dein Volk, und über Jerusalem, deine Stadt, und über dein Heiligtum und über deinen Altar. Und erbaue Jerusalem, die Stadt deiner Heiligkeit, schnell, in unseren Tagen, und bring uns hinauf in ihre Mitte und erfreue uns an ihr! Denn du bist gut und schaffst Gutes.«

Über die Stimmung der Juden in Judäa während jener Jahre informieren kurze Erzählungen aus talmudischen Schriften. Da wird berichtet, drei Männer aus dem Kreis der Schriftkenner seien nach Jerusalem hinaufgewandert. »Als sie den Skopusberg erreichten, zerrissen sie ihre Kleider. Als sie den Tempelberg erreichten, da sahen sie, wie ein Fuchs dort umherlief, wo einst der Raum des Allerheiligsten war. Da fingen sie an zu weinen. Befragt, warum sie weinten, gaben sie zur Antwort: In dem Ort, von dem geschrieben steht: ›Aber der Fremde, der sich ihm nähert, soll sterben‹, in eben diesem Ort gehen jetzt Füchse umher – wie sollten wir da nicht weinen?«

Es wird aber auch berichtet, daß einer der drei Männer aus Weissagungen, die den Wiederaufbau des Tempels vorhersahen, Trost schöpfte. Einmal, so ist im Talmud zu lesen, hörten die drei Männer aus der Ferne lautes Gerede der Römer. »Da fingen zwei von ihnen an zu weinen, der dritte aber lächelte. Die zwei sagten zu ihm: Warum lächelst du? Er sagte zu ihnen: Und ihr? Warum weint ihr? Sie sagten zu ihm: Diese Römer, die sich vor Götzenbildern hinwerfen, die Rauchopfer veranstalten vor Göttern, die es gar nicht gibt, sie wohnen sicher und ruhig in unserem Land. Wir aber, deren Haus, der Fußschemel unseres Gottes, mit Feuer verbrannt ist – wie sollten wir nicht weinen? Der dritte antwortete: Eben deshalb lächle ich. Wenn es schon denen gutgeht, die seinen Willen mißachten, um so viel besser wird es denen ergehen, die sich nach seinem Willen richten.«

»Seit dem Tage, da das Heiligtum zerstört ist, gibt es keinen Tag, der nicht fluchbeladen wäre. Es steigt der Tau nicht mehr herab, und der Geschmack der Früchte ist weggenommen.« Solche Klagelieder waren zu hören in den Dörfern Judäas und Samarias, in denen die Rabbis aus Jerusalem als Flüchtlinge wohnten. Die Rabbis starben, und ihre Kinder gaben die Worte der Klage weiter.

In der Resignation bildeten weder vertriebene Tempelpriester noch Laientheologen irgendwo einen Gegenpol zur Tendenz der Hellenisierung an der Ostküste des Mittelmeers – auch wenn sich in Jamnia, der heutigen Stadt Javne, ein Oberster Rat, wieder unter der Bezeichnung Sanhedrin, konstituierte. Seine Entscheidungen wurden zwar in Judäa und Samaria beachtet, nicht aber in Alexandria und Athen. Die Juden hatten ihr politisches und religiöses Zentrum verloren.

Die Juden konnten ohne Tempel nicht mehr durch Opfer entsühnt werden; ihnen blieb nur Gehorsam gegenüber den Gesetzen. Den Stellenwert, der bisher dem Tempel vorbehalten war, übernahm nun, bis in unsere Zeit, das Gesetz.

Die Konsequenz der Entwicklung war, daß sich Juden und Anhänger der griechischen Lebensart nur noch bedingt zur Kenntnis nahmen. Die wahrhaft gläubigen Juden kapselten sich ab in der Konzentration auf das Gesetz; diejenigen aber, die sich an griechischer und römischer Kultur orientierten, lebten nach ihrem Geschmack, ohne sich um die unterlegene Religion und Lebensauffassung zu kümmern.

Eine dritte religiöse Kraft hatte sich während des ersten Jahrhunderts unserer Zeitrechnung in Jerusalem herausgebildet: die Gemeinde derer, die in Jesus Christus den Erlöser erkannten. Noch vor Beginn der Belagerung durch die Römer hatten diese Christen Jerusalem verlassen, um im Jordantal, südlich des Sees Genezareth, zu siedeln. Manche von ihnen kehrten später wieder in die Gegend von Jerusalem zurück. Bestehen blieben immer die von den Jüngern Jesu in den Küstenstädten gegründeten Gemeinden. Waren sie auch bereits verstreut, so blickten die Christen doch alle nach Jerusalem. Ihre Überzeugung war, daß die Stadt ihnen gehöre. Sie verstanden ihre Gemeinde als die Erneuerung des Volkes, das den Pakt mit Gott geschlossen hatte. Der Pakt, durch Jesus Christus besiegelt, sah keinen Neuaufbau des Tempels vor.

Die Apokalypse des Johannes wagte den Blick in die Zukunft. In Kapitel 21 wurde diese Vision niedergeschrieben: »Und ich sah einen neuen Himmel und eine neue Erde. Denn der erste Himmel und die erste Erde sind vergangen, auch das Meer ist nicht mehr. Und die Heilige Stadt, das neue Jerusalem, sah ich herabsteigen aus dem Himmel von Gott her, bereitet wie eine Braut, die für ihren Gatten geschmückt wurde. Und ich hörte eine mächtige Stimme vom Thron her sprechen: Siehe, das Zelt Gottes unter den Menschen. Und er wird bei ihnen sein Zelt aufschlagen, und sie werden seine Völker sein. Und er selbst wird ihr Gott sein. Er wird abwischen jede Träne von ihren Augen. Und es wird keinen Tod mehr geben, auch keine Trauer und kein Klagegeschrei. Keine Mühsal wird es mehr geben, denn alles, was früher war, ist vorbei.«

Die Hoffnung, die Juden und Christen, wenn auch in unterschiedlicher Form, auf Jerusalem gesetzt hatten, zerstob, als sich die höchste Autorität des Imperiums für die Fortentwicklung des verwahrlosten Ortes einsetzte. Sechzig Jahre lang war der Platz auf den Hügeln nur von römischen Soldaten bewohnt gewesen und von einigen wenigen Juden, die als Hilfskräfte bei der Besatzungsmacht gearbeitet hatten, da kam im Jahre 130 Kaiser Hadrian auf einer Inspektionsreise in die judäische Militärbasis. An Ort und Stelle entschied der Herrscher, daß eine neue Stadt auf den Hügeln gebaut werde – eine glanzvolle Stadt, die ihm selbst Ehre einbringen sollte.

Kaiser Hadrian dachte nicht daran, eine Siedlung zu schaffen für die Juden. Er wollte, daß Römer in ihr wohnten, verdiente Soldaten außer Dienst und siedlungswillige Familien aus anderen Provinzen des Imperiums. Nicht der Gott des Bundes mit den Juden war als Schutzherr vorgesehen, sondern Jupiter. Geplant war, sein Heiligtum dort zu errichten, wo sich der Tempel befunden hatte.

Den Inschriften von aufgefundenen Münzen ist abzulesen, daß der Kaiser seiner Stadtgründung den Namen »Aelia Capitolina« gab. Aelia ist abgeleitet von Aelius – dies war ein Bestandteil seines eigenen Namens Aelius Hadrianus. Das Wort Capitolina ist als Verneigung gedacht vor Jupiter Capitolinus, dem Gott des Kapitols und damit der Stadt Rom.

Den Kaiser hatte durchaus nicht Begeisterung für die Schönheit der Hügel beim Kidrontal zu seiner Entscheidung, eine Stadt zu bauen, hingerissen. Ihn leiteten strategische Überlegungen. Das Reich hatte sich gewaltig nach Osten ausgedehnt; vorgesehen waren weitere Eroberungen in Richtung Kaspisches Meer. Während seines Inspektionsbesuches in Judäa hatte Hadrian die strategische Bedeutung der Landbrücke zwischen Ägypten im Westen und dem Grenzland Mesopotamien im Osten begriffen. Die Gefahr war ihm deutlich geworden, daß ein unruhiges Volk, wie die Juden, die Sicherheit in dieser Landbrücke gefährden könnte. Den Juden war Jerusalem genommen worden; dieser Akt der Enteignung hatte die Symbolkraft des Namens gesteigert. Der Kaiser aber wollte durch sein glanzvolles Projekt gerade diese Symbolkraft erlöschen lassen. »Aelia Capitolina« sollte durch Größe und Pracht das vergangene Jerusalem völlig aus dem Gedächtnis der Menschen verdrängen.

Das Projekt, das zur Sicherheit des Landes an der Mittelmeerküste entwickelt worden war, löste Unruhe in jenem Gebiet aus. Daß sie alle Hoffnung verlieren sollten auf das »neue Jerusalem«, verstörte die Juden – vor allem in der Diaspora. Dort hatte ein Mann Erfahrungen gesammelt, der sich Rabbi Akiba nannte. Er war bis nach Gallien gereist, hatte an der Küste Afrikas die Meinung jüdischer Gemeinden gehört und hatte dann noch die Zentren der Juden im Zweistromland von Euphrat und Tigris besucht. Überall war Rabbi Akiba auf Empörung über die Absichten der Römer in Jerusalem gestoßen und auf Bereitschaft, einen Aufstand zu unterstützen. Alle Gemeinden wollten Kämpfer und Geld schicken.

Der Rabbi hatte seine Absicht dargelegt, eine Widerstandsbewegung ins Leben zu rufen, die sich grundsätzlich unterschied von der Organisation, die drei Generationen zuvor den Kampf gegen die Römer aufgenommen hatte. Die Fehler von damals zu vermeiden, das war die feste Absicht des Rabbi Akiba. Diesmal mußte ein Oberbefehlshaber für alle Aktionen zuständig sein. Streit zwischen zwei Kommandeuren – abschreckendes Beispiel war die Auseinandersetzung zwischen Johannes und Simon Ben Giora unmittelbar vor der Belagerung Jerusalems im Jahre 70 – durfte sich nicht wiederholen.

Die Widerstandsbewegung erobert Jerusalem

Rabbi Akiba hatte den Mann schon gefunden, den er für geeignet hielt, Begeisterung im Widerstand zu entfachen. Sein Name war Simeon Bar Kosiba. Da die zwei Worte »Bar Kosiba« die wenig schmeichelhafte Bezeichnung »Sohn der Lüge« ergaben, veränderte sie Rabbi Akiba in »Bar Kochba«, in »Sohn des Sterns«. Der Entdecker des jungen nationalistischen Kämpfers verkündete, in diesem Mann erfülle sich die Weissagung: »Es wird ein Stern aus der Sippe Jakobs aufgehen.« Rabbi Akiba wurde zum Propagandisten des Chefs der jüdischen Widerstandsbewegung.

Der Rabbi wanderte als Prediger durch die Dörfer Judäas und Samarias. Er sprach vom Messias, dessen Kommen vor langer Zeit schon verkündet worden sei. Simeon Bar Kochba sei dieser Ersehnte. Warum die Juden sich unter dem Kommando dieses Messias gegen die Römer wehren müßten, erklärte Rabbi Akiba seinen Zuhörern mit der Fabel vom schlauen Fuchs und dem Fisch: »Der Fisch jammerte darüber, daß er ständig in Gefahr sei, vom Netz des Fischers gefangen zu werden. Der Fisch bat den Fuchs um Rat, wie er sein Leben künftig gestalten solle. Der Fuchs schlug daraufhin vor, der Fisch möge doch an Land kommen, wenn er sich im Wasser nicht mehr wohl fühle.« Rabbi Akiba legte diese Fabel so aus: »Der Fuchs muß als Römer gesehen werden. Er bietet uns, die wir ständig in Gefahr leben, von unserem Gott gezüchtigt zu werden, das sichere Land an – wir sollen Teil des römischen Imperiums sein. Doch wir würden auf dem festen Land umkommen. Das Leben der Römer ist nicht unser Leben.«

»Er ist, wie David, euer gesalbter König!« Mit dieser Parole erreichte Rabbi Akiba den Durchbruch für Simeon Bar Kochba in der Volksmeinung. Innerhalb weniger Wochen bekannten sich Tausende junger Männer zu diesem Messias; sie waren bereit, für ihn zu kämpfen. Der Rabbi aber blieb der eigentliche Organisator: Er formierte in den Dörfern die Widerstandszellen; er verwaltete Geld; er kaufte Waffen, er schwor alle Kämpfer auf die »Bruderschaft des Krieges« ein. Rabbi Akiba sicherte sich für alle Maßnahmen ab durch Konsultationen mit dem Sanhedrin, dem Obersten Rat der Juden.

Im Herbst des Jahres 132 – etwas mehr als zwölf Monate waren vergangen seit Hadrians Besuch in Judäa – schlugen die Kämpfer des Simeon Bar Kochba zu. Sie überfielen einen Verband römischer Legionäre bei Kaphar-harib, etwa zehn Kilometer östlich des heutigen Ben-Gurion-Flughafens. In der Nähe von Kaphar-harib lag der Ort Modi-'in, in dem einst der Makkabäeraufstand gegen die Freunde der Griechen begonnen hatte.

Auf den ersten Schlag der Kommandokämpfer folgten sofort weitere Aktionen in Jericho und bei Hebron. Die Vorbereitungsarbeit, die Rabbi Akiba geleistet hatte, erwies sich als wirkungsvoll. Die zeitliche Koordination der Anschläge machte der Besatzungsmacht sofort deutlich, daß ein gefährlicher Aufstand in ganz Judäa begonnen hatte, der nicht räumlich zu begrenzen war. Statthalter Tinius Rufus hatte keine Ahnung gehabt, welche explosive Spannung über ein Jahr lang in seinem Machtbereich aufgebaut worden war. Die Anschläge von Kaphar-harib, Jericho und Hebron überraschten ihn völlig. Als ihm gemeldet wurde, daß die jüdischen Kämpfer in Kolonnen von allen Seiten her auf Jerusalem zumarschierten, da befahl er den sofortigen Abzug der X. Legion aus der Stadt. Der Statthalter ordnete auch an, daß alle nichtjüdischen Bewohner Jerusalem zusammen mit der Legion zu verlassen hätten. Die Christen, die nicht an den Messias Simeon Bar Kochba glaubten, da ihr Erlöser bereits auf Erden gewirkt hatte, zogen freiwillig mit.

Die Evakuierung verlief keineswegs reibungslos: Zweimal hatten die Legionäre auf dem Weg durch die Täler Judäas mit Einheiten der Widerstandsbewegung zu kämpfen, die Riegel bildeten, um der Legion die Straße zu verlegen. Aufhalten ließen sich die römischen Soldaten nicht. Legionäre, Nichtjuden und Christen fanden schließlich Zuflucht in Caesarea.

Da die Garnison abgezogen war, konnte Simeon Bar Kochba ohne Kampf in Jerusalem einziehen. Er verkündete sofort, daß mit diesem Ereignis das »Jahr Eins der Erlösung Israels« begonnen habe. Münzen wurden geprägt, die jene Datierung tragen. Bei Ausgrabungen auf dem Tempelberg fanden Archäologen eine ganze Reihe dieser Münzen. Bemerkenswert sind die Geldstücke auch deshalb, weil sie die Säulen am Eingang des im Jahre 70 zerstörten Tempels zeigen. Den Tempel wiederaufzubauen war der feste Wille des Chefs der Widerstandsbewegung.

Simeon Bar Kochba ließ das Ruinengrundstück säubern. Beseitigt wurden Büsche und Bäume, die seit 62 Jahren hier wucherten. Ein freier Platz entstand für Gottesdienst und Opfer, er war zum Bauplatz für das neue Heiligtum bestimmt. Simeon Bar Kochba wollte Jerusalem wieder zum Zentrum des jüdischen Glaubens machen. Doch hatten andere Aufgaben Vorrang.

Erstaunlich ist, in welch kurzer Zeit der Kommandochef und der Rabbi eine arbeitsfähige Staatsverwaltung aufbauen konnten. Das Land wurde erfaßt und nach Feststellung der Eigentumsverhältnisse auf die Namen der Besitzer in Grundbücher eingetragen. Konnten für Felder, Ölbaumwälder und Weinberge keine Besitzer ausfindig gemacht werden, dann wurde der Boden verpachtet. Zurückgegeben an die ursprünglichen Eigentümer wurden Grundstücke, die von der Besatzungsmacht enteignet worden waren. Einige Listen der Landerfassung sind erhalten geblieben.

Simeon Bar Kochba und Rabbi Akiba setzten in allen Städten Bezirkskommandeure ein, die für zivile Verwaltung, aber auch für Verteidigungsaufgaben und für Rekrutierung der Kämpfer zuständig waren. Sie hatten den Auftrag, alle Kräfte des jüdischen Volkes zum Krieg gegen die Römer zu mobilisieren.

In den Schriften des Talmud ist die Erinnerung an die Kämpfer des Kommandochefs bewahrt. Da wird erzählt: »Die Männer des Bar Kochba hatten alle einen amputierten Finger. Die Weisen fragten ihn: Wie lange noch willst du die Männer des Volkes Israel verstümmeln? Er antwortete ihnen: Sagt mir, wie soll ich sonst ihren Mut prüfen? Sie sagten: Verweigere jedem, der keine Zeder in den Libanonbergen samt Wurzel ausreißen kann, die Aufnahme in deine Truppe. Bar Kochba nahm viele auf: Reiche und Arme, Gelehrte und Unwissende aus dem jüdischen Volk. Wenn sie in die Schlacht stürmten, dann schrien sie: Gott, du brauchst uns nicht zu helfen, aber laß uns auch keine Schande erleben. Und wie benahm sich Bar Kochba selbst in der Schlacht? Er fing die Geschosse, die aus den Katapulten der Feinde geflogen kamen, mit dem Knie auf, dann schleuderte er sie zurück. Auf diese Weise tötete er viele Feinde. Bar Kochba war so stark, daß er mit einem Fußtritt einen Menschen umbringen konnte.«

Doch Stärke und Entschlossenheit des Kommandochefs und seiner Männer nützten wenig – der Aufstand hatte auf Dauer keine Chance des Erfolgs gegen den römischen Militärapparat. Doch wollten Simeon Bar Kochba und Rabbi Akiba die Realität nicht wahrhaben. Sie ließen sich täuschen, als sie zwei Jahre lang keine römische Gegenwehr zu spüren bekamen. Beide glaubten, der Kaiser resigniere, und die Juden könnten friedlich ihren Nationalstaat aufbauen. Sie erkannten nicht, daß die Führung des Imperiums keineswegs zauderte, sondern der Armee nur Zeit für eine gründliche Vorbereitung des Angriffs ließ.

Während Bar Kochba versuchte, auch Galiläa in seinen Staat einzugliedern – dies gelang ihm nur unvollkommen, weil die Juden dort nicht an seinen Erfolg glaubten und ihn deshalb nicht für den Messias hielten –, zog die römische Heeresleitung so viele Soldaten zusammen wie nie zuvor. Nicht nur aus den nahegelegenen syrischen und arabischen Provinzen wurden Truppen bereitgestellt, sondern auch aus dem Donauraum und aus Zentraleuropa. Nahezu ein Drittel des römischen Heeres wurde aus dem Riesenreich abbeordert und an die Ostküste des Mittelmeers verlegt. Den Oberbefehlshaber, Prokonsul Julius Severus, holte der Kaiser aus Britannien.

Als zehn Legionen versammelt waren, da begann Julius Severus den Angriff. Behutsam gingen seine Legionen vor. In drei Marschsäulen näherten sie sich Judäa. An den Grenzen des Bar-Kochba-Staates hielten sie zunächst an. Ein Klagelied aus dem Talmud beschreibt die Situation zu Beginn der römischen Invasion: »Hadrian, dieser abscheuliche Schurke, ließ drei Kontingente Wachstellung beziehen. Eines in Emmaus, eines in Kefar-Laqitajah, eines in Bethel.«

Der Widerstand der Kämpfer des Simeon Bar Kochba war zäh. Obgleich keine direkte Schilderung dieses Kampfes erhalten geblieben ist, läßt sich die Härte des Kampfes aus anderen Dokumenten ablesen: In den Legionslisten des Imperiums wurde nach dem Kampf um Judäa und Jerusalem die aus Ägypten herangeführte Legion »Deioteriana« nicht mehr geführt; sie war offenbar völlig aufgerieben worden.

Von Norden und Westen her rückten die Legionen langsam auf Jerusalem zu, immer wieder aufgehalten durch jüdische Kampfverbände. Simeon Bar Kochba hatte Zeit, die Verteidigung der Hauptstadt zu organisieren. Er gab sich überzeugt, den Römern vor Jerusalem eine entscheidende Niederlage beibringen zu können.

Das Ende des letzten Fürsten von Israel

»Ich werde mit den Römern fertig werden.« Dieser Satz, der nur als Selbstbelügung oder als Ausdruck der Überzeugung, wahrhaftig der Messias zu sein, verstanden werden kann, stammt tatsächlich von Simeon Bar Kochba. Die Worte, samt seinem Namen und der Bezeichnung »Fürst von Israel«, sind auf einem Papyrusstreifen zu lesen, der nur wenige Quadratzentimeter groß ist. Dieser Papyrusstreifen gehört zu einem ganzen Bündel von Dokumenten, das erhalten geblieben ist. Einigen beharrlichen Männern ist es in unserer Zeit gelungen, das Archiv des Simeon Bar Kochba aufzuspüren. Den Experten der Hebräischen Universität in Jerusalem waren seit der Gründung des Staates Israel immer wieder Papyrusdokumente zum Kauf angeboten worden. Verkäufer waren Beduinen, die sich darauf spezialisiert hatten, uralte Gräber auszurauben und Plätze zu finden, wo Menschen vor Jahrhunderten in kritischer Zeit wertvolles Eigentum versteckt hatten. Die Wissenschaftler – unter ihnen Professor Yigael Yadin –, die ihre Aufgabe darin sahen, alle erreichbaren Zeugnisse der früheren jüdischen Kultur im Gebiet der Mittelmeerostküste zu bewahren, kauften die angebotenen Papyri.

Auf einem Streifen entdeckten sie Seltsames: Sie lasen einen Befehl des Simeon Bar Kochba an die Verantwortlichen der Oase En-Gedi. Dieser Ortsname löste kein Rätselraten aus, denn die Oase En-Gedi besteht heute noch; sie liegt in der tiefen Senke des Toten Meeres. Sie stellt einen grünen Flecken dar auf dem gelbbraunen Boden zwischen dem Ufer des Toten Meeres und den östlichen Ausläufern des judäischen Berglands. Nichts hat sich verändert seit der Lebenszeit des Simeon Bar Kochba: Niedere Lehmhäuser stehen unter Palmen. Höhlen sind zu sehen, eingegraben in die Berghänge. Sie dienen als Lager für Getreide und andere Feldfrüchte, manchmal auch als Behausung für ärmere Familien. Die Menschen von En-Gedi leben von ihren Dattelpalmen, ihren Haustieren, ihren ärmlichen Feldern.

Manchmal allerdings bekam eine der Familien auch bares Geld in die Hand – wenn die Männer der Familie in einer der Höhlen ein Stück beschriftetes Papyrus entdeckten, das sie an Wissenschaftler der Hebräischen Universität verkaufen konnten. Fast nie gaben die Verkäufer darüber Auskunft, wo sie ein Dokument gefunden hatten. Im Falle des Bar-Kochba-Befehls lag der Schluß nahe, daß er in oder in der Nähe von En-Gedi gefunden worden war. Die Spezialisten der Hebräischen Universität waren einigermaßen sicher in der Annahme, die einstigen Bewohner der Oase hätten während der Endphase der Eroberung Judäas durch die Römer alle Dokumente, die in ihrem Besitz waren, in einer der zahlreichen Höhlen versteckt. Die Höhlen eines nahegelegenen Tales, Nahal Hever genannt, schienen für ein derartiges Versteck besonders geeignet zu sein. Die reißenden Wasser der alljährlichen Regenzeit hatten Nahal Hever in die Kalksteinhügel gegraben. Etwa 200 Meter hoch sind seine Steilhänge, die in unterschiedlichen Farben von Hellbraun, Gelb, Grün und Blau getönt sind. Sie boten den Wissenschaftlern, die nach dem Eingang einer bisher nur den Beduinen bekannten Höhle suchten, keinen Anhaltspunkt.

Vom Hubschrauber aus überprüften die Spezialisten die Steilhänge: Sie suchten nach Eigentümlichkeiten, die auf eine verborgene Höhle schließen ließen. Offene Eingänge beachteten sie nicht. Sie waren dabei aufzugeben, da erkannten sie aus einer Luftaufnahme Spuren eines Römerlagers auf der Ebene über der Nordwand des Nahal Hever. Das Foto zeigte Linien von aufgehäuften Steinen, die den Verlauf des Schutzwalls markierten, und die Fundamente der Baracken, der Gebäude für die Lagerung der Vorräte. Dieses Römerlager konnte nur den einen Sinn haben, die Legionäre aufzunehmen, die Menschen in einem Schlupfwinkel unterhalb des Lagers auszuhungern hatten.

In der entsprechenden Position wurden drei Höhlen entdeckt. In einer von ihnen fand Yigael Yadin das Briefarchiv, das viele Befehle des Simeon Bar Kochba an die Verantwortlichen in En-Gedi enthielt. Es war 160 Meter tief im Berg versteckt. Die Dokumente, die dieses Archiv enthält, geben Auskunft über den Verlauf einer Niederlage, die nicht durch Zuversicht und nicht durch Anstrengung abzuwenden war.

»Von Simeon Bar Kochba an die Männer von En-Gedi, an Masabala und an Jonathan Bar Be'ayan. Schalom! Ohne Not zu leiden sitzt ihr und eßt und trinkt vom Eigentum des Hauses Israel und vergeßt eure Brüder.«

Als diese Klage des »Fürsten von Israel« geschrieben wurde, da war Jerusalem von den jüdischen Kämpfern bereits geräumt worden. Die Aufständischen hatten zwar in kurzer Zeit eine Staatsverwaltung geschaffen und den Kampfverbänden eine Ordnung gegeben – die auf Befehl von Titus im Jahr 70 zerstörten Mauern und Bastionen aber hatten sie nicht wiederherstellen können. Als die römischen Legionäre auf die Stadt zumarschiert waren, muß Simeon Bar Kochba schnell begriffen haben, daß trotz Mut und organisatorischer Vorbereitung Jerusalem gegen die Übermacht der kampferprobten Legionäre nicht zu verteidigen war. Er hatte seine Hauptstadt verlassen und war in die Festung Bethar geflohen. Zerbrochen war die Legende vom »Messias«. Die Notwendigkeit der Flucht aus Jerusalem hatte auch den Gläubigsten die Illusion genommen. Rabbi Akiba, dessen wirkungsvolle Propaganda den Aufstand angestachelt hatte, war bereits in den Wochen zuvor von bisher gläubigen Anhängern mit skeptischen Worten bedacht worden: »Aus den Höhlen deiner Schädelknochen wird längst Gras wachsen, und der ersehnte Messias ist immer noch nicht erschienen.« Mit Simeon nach Bethar gekommen waren nur die Hartnäckigsten der Nationalisten – Männer, die keinerlei Gnade von den Römern zu erwarten hatten.

Elf Kilometer südwestlich von Jerusalem sind die Ruinen von Bethar zu sehen. Fachleute haben zeigen können, daß die Anlage einst in Eile vergrößert worden ist, daß die Bastionen aber wegen dieser Eile nur unvollkommen haben verstärkt werden können. Nach der Räumung von Jerusalem war der Staat des »Fürsten von Israel« auf eine Länge von 200 Metern und 80 Metern Breite geschrumpft. In geschlossenem Kreis umgab der römische Belagerungswall die Festung Bethar, trotzdem gelang es den eingeschlossenen Kämpfern immer wieder, den Weg nach En-Gedi zu öffnen. Das Archiv in der Höhle von Nahal Hever bewahrte 1 800 Jahre lang die Befehle, die Simeon aus Bethar schickte: »Simeon Bar Kochba, Fürst von Israel. Schalom! Ich befehle, daß ihr allen Weizen beschlagnahmt, der sich im Besitz des Hanun befindet.« – »Simeon Bar Kochba an Jonathan und Masabala. Schickt alle Männer aus Tekoa und anderen Orten, die sich bei euch befinden. Ihr sollt wissen, daß ihr bestraft werdet, wenn ihr sie nicht schickt.« – »Von Simeon an Jonathan und Masabala. Schickt an das Lager vier Eselsladungen Salz.«

Rund 70 Kilometer beträgt die Entfernung zwischen der Festung Bethar und der Oase En-Gedi. Hatten die Verpflegungsstoßtrupps den Belagerungswall überwunden, dann hatten sie fünf Tagesmärsche vor sich für den Weg hin und zurück, der über Berge, Schluchten und Geröllhalden führte. Hatte Simeon einen Kampfverband von auch nur 500 Mann in die Festung gebracht, dann war er unter diesen Umständen nicht zu versorgen. Das Ende des »Fürsten von Israel« muß sich abgezeichnet haben, als Simeon einen Brief schrieb, der nur in Bruchstücken erhalten geblieben ist: »Ende... keine Hoffnung... fielen durch das Schwert... meine Brüder.« Simeon Bar Kochba ist beim Versuch, die Festung Bethar in Richtung En-Gedi zu verlassen, erschlagen worden.

Die letzten Anhänger des »Fürsten von Israel« erwarteten in den Höhlen von En-Gedi das Ende. Legenden erzählen von ihrem Leiden: »Einigen Familien, die in einer Höhle überleben wollten, wurde der Hunger unerträglich. Ein Mann war bereit, außerhalb der Höhle nach Leichen von Getöteten zu suchen, um den Familien Nahrung zu beschaffen. Er fand eine Leiche, aber es war die seines Vaters. Er versteckte den Körper und schlich in die Höhle zurück. Er sagte den anderen, er habe nichts gefunden. Ein zweiter verließ die Höhle. Der Gestank machte ihn auf die versteckte Leiche aufmerksam. Er grub sie aus und brachte sie zu den Familien. Alle aßen davon, dem Sohn aber wurden die Zähne stumpf. Er begriff, daß er vom Fleisch des Vaters gegessen hat. Er verfluchte sich selbst.«

Vor einer der Höhlen von Nahal Hever wurde im Geröllschutt eine Münze gefunden. Sie war einst wohl weggeworfen worden, als Geld für die Belagerten wertlos geworden war. Die Schrift, in hebräischen Buchstaben, ist primitiv geprägt. Auf der einen Seite steht: »Simeon« – auf der anderen: »Für die Freiheit Jerusalems«.

Schon wenige Wochen nach der Niederlage der jüdischen Nationalisten wurden wieder Münzen geprägt in Jerusalem. Kampf und Sieg müssen noch frisch in der Erinnerung gewesen sein, denn die Geldstücke wurden zur Ehrung der V. Legion »Macedonica« benützt, die sich offenbar während der Kämpfe besonders ausgezeichnet hatte. Als Prägungsort nennen die Münzen »Colonia Aelia Capitolina«. Die Beschriftung der Münze macht deutlich, daß die Eroberer im Jahre 135 die Pläne verwirklichten, deren Ausführung durch den Aufstand des Simeon Bar Kochba und des Rabbi Akiba im Jahre 132 unterbrochen worden waren. Die römische Stadt zu Ehren des Kaisers Hadrian und des Gottes Jupiter sollte nun endlich entstehen.

Aelia Capitolina in Syria-Palaestina

Den Kern der Stadtbevölkerung bildeten die Angehörigen der X. Legion, die früher schon in Jerusalem stationiert gewesen war. Auch ihre Präsenz ist durch Prägung von Münzen dokumentiert, deren Aufschrift mitteilt, die Gründung von Aelia Capitolina sei nach dem militärischen Sieg erfolgt. Zusätzlich zu den aktiven Soldaten und deren Familien wurden siedlungswillige Veteranen in die Stadt geholt. Aufgenommen wurden auch Angehörige anderer Völker der Region – sie durften nur keine Juden sein. Wer zu diesem unterlegenen Volk gehörte, mußte Aelia Capitolina meiden. Hinrichtung drohte jedem, der die Anweisung mißachtete.

Eine rigorose Umsiedlungspolitik sorgte dafür, daß nur wenige Juden überhaupt in den judäischen Bergen bleiben durften. Viele Dörfer und Flecken wurden durch Deportation entvölkert. Zerstreut über die Städte des römischen Imperiums lebten die Juden fortan. In den Amtsakten verlor ihre Heimat den Namen Judäa. Das Gebiet wurde umbenannt in Syria-Palaestina. Die »Philister« hatten sich in der Namensgebung durchgesetzt.

Den Juden blieb nur übrig, die Entwicklung zu beweinen. Die Stadt, die entstand, vermied jegliche Erinnerung an die jüdische Vergangenheit. Die freie Fläche, die Simeon Bar Kochba auf dem Tempelberg für Gottesdienst und Opferung hatte schaffen lassen, wurde von den römischen Stadtbaumeistern als Basis für ein Jupiterheiligtum benützt. An der Nordwestecke der Tempelterrasse entstand ein dreiteiliger Triumphbogen. Ein Rest dieses Bauwerks ist über der Via Dolorosa als »Ecce-Homo-Bogen« erhalten – fälschlicherweise wird er mit der Passion Jesu in Verbindung gebracht.

Die Zerstörung durch die Kriege der Jahre 70 und 133/134 hatten nichts von der alten Stadt übriggelassen. Die römischen Architekten konnten ohne Rücksicht auf Überkommenes ganz nach ihrer Vorstellung bauen. Sie legten Straßen an, die rechtwinklig aufeinander zustießen. Da keine Mauern ihre Planung beengten, konnten sie eine breitgelagerte Stadt schaffen, die zunächst – da den Römern keinerlei Gefahr drohte – auch unbefestigt blieb.

Auch von inneren Spannungen blieb die Stadt verschont, dafür sorgte schon die militärische Ordnung; sie schloß Anbetung der Götter ein, die der Kaiser in der Hauptstadt am Tiber verehrte. Sein Standbild und das Jupiterheiligtum, in klassischem Säulenstil neben der ehrwürdigen Felsplatte auf dem Tempelberg errichtet, waren zu einer Einheit zusammengefaßt. Als der Jupitertempel dem religiösen Bedürfnis der immer zahlreicher werdenden Menschen nicht mehr genügte, entstand im Westen von Aelia Capitolina ein Anbetungsort, der den drei Göttern Jupiter, Juno und Minerva geweiht war. Dieser Tempel bedeckte den Felsen, in dessen Aushöhlung sich wohl einst das Grab Jesu befunden hatte. Auf Münzen jener Zeit ist die Fassade des Tripelheiligtums am einstigen Steinbruch zu sehen: Sie ist der Vorderfront des Allerheiligsten des Herodianischen Tempels nachempfunden.

Mehr als fünf Generationen lang dauerte der äußere und innere Frieden in Syria-Palaestina und in Aelia Capitolina. Die Stadt wurde stetig größer und sah bald aus wie jede bedeutendere Siedlung des Imperiums. Bäder wurden gebaut und Märkte, Arenen, Theater und ein Tagungsgebäude für den Senat der Stadt. Gleich blieben Baustil und Bauweise: Säulen beherrschten das Aussehen der Gebäude, deren Eigentümer nicht gerade arm waren. Den Wandel der Zeiten zeigte allein der stetige Wechsel der Kaiserstatuen vor dem Jupitertempel an.

Die Stadt wird christlich

Der Gang der Jahre brachte den Juden erst allmählich Erleichterung. Zunächst blieb Generation für Generation der Zutritt zur Aelia Capitolina versperrt. Vom Ölberg aus konnten die Juden hinuntersehen auf die Umfassungsmauer der Tempelterrasse, die als einziges noch geblieben war vom Prachtbau des Herodes. Die Gläubigen stellten sich in Gedanken die Herrlichkeit des Tempels von einst vor – Väter schilderten sie ihren Kindern und schmückten dabei das, was sie wußten, weiter aus.

Am Ende des 3. Jahrhunderts durften die Juden sich einmal im Jahr den Tempelresten nähern: Am Jahrestag der Zerstörung des Allerheiligsten war ihnen erlaubt, zur Westmauer der Terrasse zu gehen, um den Untergang des Gotteshauses zu beklagen. Seither ist der westliche Teil der Umfassungsmauer als Klagemauer bekannt.

Zu denen, die der Stadt fernbleiben mußten, zählten auch die jüdischen Familien, die vor dem Jahr 130 christlich geworden waren durch das Bekenntnis, Jesus sei der Erlöser. Sie hatten alle beim Herannahen der Kommandogruppen des Simeon Bar Kochba mit der X. Legion Jerusalem verlassen. Sie galten wie die jüdischen Gläubigen des Alten Bundes als Juden und mußten in Caesarea bleiben.

Geduldet – wenn nicht gerade von der Staatsautorität die Verfolgung der Christen angeordnet war – wurden Christen aus nichtjüdischen Familien. Ihre Gemeinde war allerdings zunächst winzig. Sie bestand aus ganz wenigen römischen Soldaten, die der damals oft belächelten Überzeugung waren, Jesus habe der Welt Heil gebracht. Sie waren froh, wenn von fernher Männer nach Aelia Capitolina kamen, die Kenntnisse der Heiligen Schrift besaßen. Das Wissen um Jesus war gering in der Stadt, in der er am Kreuz gelitten hatte.

Anderswo im Römischen Imperium blühten schon größere Christengemeinden. Von Italien, vom Balkan, von Griechenland und aus Städten der afrikanischen Küste kamen Gläubige in der Absicht nach Aelia Capitolina, die Orte zu sehen und sie durch Kniefall zu ehren, an denen Jesus gefangengenommen, geschlagen und gekreuzigt worden war. Aber niemand in der Stadt konnte den ersten Pilgern sagen, wo ihr Erlöser gelitten hatte. Kaum jemand zeigte überhaupt ein Interesse dafür. Versuchten die Christen, die in den Evangelientexten genannten Orte zu identifizieren, dann waren sie auf ihre Phantasie angewiesen, da die Stadt der Zeit Jesu völlig verschwunden war.

Münzfunde ermöglichen eine Spur von Wissen um das religiöse Leben in Aelia Capitolina. Trugen nach der Gründung der römischen Stadt die Münzen häufig Abbildungen und Symbole der Götter Jupiter Capitolinus, Juno, Minerva und Dionysos, so wurden im dritten Jahrhundert Astarte und Isis bevorzugt. Die meist weiblichen Götter des Ostens setzten sich durch.

Die Legionäre, die in Aelia Capitolina siedelten, waren selbst bereits Männer des Ostens geworden. Für den damals noch ebenfalls als östliche Religion einzustufenden Glauben an den gekreuzigten Jesus entschieden sich deshalb nur wenige, weil immer wieder heftige Wellen der Christenverfolgung das Imperium durchrollten. Da Syria-Palaestina die Heimat des Jesusglaubens war, achteten die Behörden hier besonders darauf, daß die Anhänger Christi eine unbedeutende Gemeinde blieben.

Die Situation änderte sich im Jahre 313, als die Herrscher der westlichen und der östlichen Hälfte des Römischen Reiches in Mailand eine Vereinbarung trafen, die der Unterdrückung des christlichen Glaubens ein Ende machte. Jedem Römer war damit erlaubt, sich zu Jesus zu bekennen. Damit war eine Entwicklung in Gang gekommen, die in ihrer Tragweite noch gar nicht abzusehen war: Bereits zwölf Jahre später rief Kaiser Konstantin selbst ein Konzil zusammen, das dann in Nicaea tagte, um Streit in der ständig wachsenden Christengemeinschaft zu schlichten – weitere 55 Jahre später wurde der christliche Glaube durch Edikt zur Ideologie der römischen Staatskirche. Die vielen und individuellen Götter waren durch die einfache, mehr monotheistische Kombination von Gott und Gottessohn verdrängt worden.

Dieser religiöse Umsturz konnte nicht ohne Folgen bleiben für den Status der Stadt, in der Jesus gekreuzigt worden und auferstanden war. Schon während des Konzils von Nicaea zeichnete sich die Wende ab. Aelia Capitolina war durch einen eigenen Bischof vertreten – sein Name war Makarius –, der allerdings der Aufsicht des Metropoliten von Caesarea unterstellt war. Die kirchliche Ordnung war darin dem weltlichen Regiment gefolgt: Caesarea war in jener Zeit Provinzhauptstadt über Aelia Capitolina. Makarius verlangte von den Konzilsvätern, daß sie die Vorrangstellung der Stadt anerkennen sollten, die von Gott durch Jesus so besonders hervorgehoben worden war. Das Gremium der hohen Geistlichen lehnte die Bitte des Bischofs Makarius zwar ab; es gestand jedoch zu, daß die Stadt Christi mehr sei als ein normaler

Bischofssitz. Kaiser Konstantin – selbst anwesend beim Konzil – regte an, dem Bischof von Jerusalem zeitweise den Vorsitz der Bischofskonferenz zu überlassen. Parallel zu diesem Prozeß der Aufwertung der Stadt durch die christlichen Autoritäten verlief die Auflösung der Militärkolonie Aelia Capitolina. Die X. Legion wurde nach und nach zum Schutz der Region gegen Einfälle aus der Wüste nach Eilath am Roten Meer verlegt. Fast zweieinhalb Jahrhunderte lang war diese Legion Besatzungstruppe in der Stadt gewesen. Nun bestand kein Anlaß mehr, den Namen Aelia Capitolina beizubehalten, dem eigentlich immer der Zusatz »Colonia« beizufügen war – Militärkolonie.

Mit der wachsenden Bedeutung des Glaubens an Jesus und dessen göttlichen Vater verschwanden die Jupiterstatuen aus der Stadt. Der Stadtname, der an Jupiter Capitolinus erinnern sollte, war nun völlig sinnlos geworden. Die Bewohner nannten den Ort wieder Jerusalem.

Vierzig Jahre ehe der christliche Glaube zur Staatsreligion erhoben wurde, durfte Bischof Eusebius von Caesarea zu Recht annehmen, daß Kaiser Konstantin für einen Bericht dankbar sein würde, der ihm mitteilte, Bischof Makarius von Jerusalem habe das Heilige Grab aufgefunden. Bischof Eusebius läßt den Kaiser wissen, dieser überaus verehrungswürdige Platz sei während der Regierungszeit der kaiserlichen Vorgänger absichtlich durch Schmutz entheiligt worden; römische Legionäre hätten die Stätte einst durch eine dicke Schicht Erde abgedeckt und schließlich sogar unter Pflastersteinen versteckt. Die Vermutung, der Tempel, der Jupiter, Juno und Minerva geweiht war, markiere den heiligen Ort, habe sich als richtig erwiesen: Er sei über dem Grab Christi errichtet worden, um den Triumph der drei römischen Götter über Jesus deutlich zu machen. Jetzt aber, so erfuhr Konstantin, sei das Heiligtum der Legionäre samt der Plattform, auf der es stand, abgerissen worden.

Bischof Eusebius schrieb: »Da wurde eine neue Ordnung sichtbar. Da erschien der in der Tiefe der Erde verborgene Ort. So lag vor uns das allerheiligste Denkmal der heilbringenden Auferstehung. Und die verehrungswürdigste Grotte ließ das Bild des Wiederauferstandenen glänzen.«

Die Gruft, die heute in der Grabeskirche gezeigt wird, ist nur ein Bruchteil dessen, was die Bischöfe Makarius und Eusebius entdeckt hatten. Damals waren, so sagt der Bericht aus jener Zeit, deutlich eine Vorkammer und die eigentliche Beisetzungsstätte zu erkennen; beide Räume trennte ein bearbeiteter Rollstein, der als Tor diente. Der Gesamtkomplex ist im Jahre 1009, in einer intoleranten Periode der islamischen Herrschaft, zerstört worden.

Damals sind auch die kirchlichen Gebäude zum Einsturz gebrac worden, die um das Jahr 335, also unmittelbar nach der Auffindung des Jesusgrabes, errichtet worden waren. Nur noch Reste der Fundamente jener Bauten sind zu erkennen. Altertumsforscher lesen aus ihnen ab, daß zunächst eine Basilika entstand; angenommen wird, sie sei am 17. September 335 eingeweiht worden. Ihre westliche Stirnseite lag etwa 30 Meter östlich des Jesusgrabes. Für diese Basilika sind Grundmauern eines Gebäudes aus der Zeit des Kaisers Hadrian benützt worden. Sie lassen erkennen, daß die Kirche 40 Meter lang und 10 Meter breit gewesen sein muß. Bischof Eusebius berichtete in seiner Lebensbeschreibung des Kaisers Konstantin, die Basilika sei innen reich mit bunten Steinen verziert gewesen; die Decke habe aus vergoldeter Täfelung und aus geschnitzter Holzarbeit bestanden.

Das Grab Christi selbst, das nicht in die Basilika einbezogen war, wurde aus dem Felsen herausgeschält. So entstand eine natürliche Grabkapelle, der ein Vorraum angebaut wurde; wobei der Rollstein, durch den sich die eigentliche Grabkapelle öffnen und versperren ließ, an seinem Platz blieb. Über Grabkapelle und Vorraum wurde schließlich eine Kuppel gewölbt, die von einem Rundbau getragen war.

An der Südwestecke der Basilika erhob sich ein auffälliger Felsblock mit einer schmalen, fast rechteckigen Plattform; dieser Felsblock muß gute fünf Mannslängen hoch gewesen sein. Er war bei der Zuschüttung des einstigen Steinbruchs, als die Grabeshöhle unter einer Erdschicht verschwand, nicht zugedeckt worden. Der bemerkenswerte Fels wurde schon zur Zeit des Baus der Grabeskirche als Platz der Kreuzigung Christi angesehen. Die Baumeister bezogen ihn deshalb durch Säulen und Mauern in das Gesamtgebäude ein. So war die räumliche Einheit von Kreuzigungsstätte und Grab Christi, die dem Johannesevangelium zu entnehmen ist, in der Grabeskirche deutlich gemacht.

Bald schon bildeten sich um diesen Felsen Legenden, die als Parallele zur Erzähltradition um den Felsen auf der Tempelterrasse gewertet werden müssen. Hatten die Gläubigen des Alten Bundes den Felsen dort als Mittelpunkt der Welt angesehen, so übertrugen die Gläubigen des auf Jesus beruhenden Neuen Bundes diese Überzeugung auf den Kreuzigungsfelsen. Kyrillus von Jerusalem, einer der frühen Kirchenlehrer, hielt dies für Glaubenswahrheit: »Jesus breitete am Kreuz die Hände aus, damit er die Enden der bewohnten Welt umfasse. Der Ort der Kreuzigung ist der Mittelpunkt der Erde. Diese Wahrheit weiß ich nicht von mir selbst, sondern der Prophet hat gesagt: ›Inmitten der Welt hast du Heil gewirkt.‹«

Die Christen pflegten überkommene Traditionen weiter, die schon zur Zeit der jebusitischen El-Religion in Jerusalem feststellbar und später mit Salomos Tempel beim ehrwürdigen Felsen verbunden blieben. Waren die Juden überzeugt, Abraham habe seinen Sohn Isaak auf dem östlichen Felsen zur Opferung vorbereitet, so glaubten die Christen, dies sei in Wirklichkeit auf dem westlichen Felsen geschehen. Der Felsblock der Kreuzigung wurde schließlich sogar als das steinerne Gehäuse von Adams Grab angesehen.

Diese Übernahme religiöser Traditionen durch Christen geschah vier Jahrzehnte, ehe der Glaube an Jesus zur Staatsideologie des Oströmischen Reiches wurde. Manchen Anstoß hat die Pilgerin Helena gegeben, die Mutter des Kaisers Konstantin, die nach Jerusalem gereist war, um für ihren kaiserlichen Sohn zu sühnen, der seine Frau hatte töten lassen. Helena fand durch Inspiration das Holz des Kreuzes Christi und zwei Nägel, die dazugehörten.

Überraschende Baugenehmigung für den Tempel der Juden

Der Blick auf diese Entwicklung läßt den Eindruck entstehen, die Bevölkerung von Jerusalem sei während der Regierungszeit des Kaisers Konstantin christlich geworden. Doch die Ereignisse, die einige Jahre nach seinem Tod folgten, lassen erkennen, daß in der Stadt wieder eine beachtliche traditionell jüdische Gemeinde lebte. Der Abzug der X. Legion hatte Aufhebung der Aussperrung für die Juden bedeutet; sie durften wieder in Jerusalem wohnen und Gottesdienst abhalten. Wahrscheinlich ist, daß sie innerhalb weniger Jahrzehnte die Mehrheit der Bewohner darstellten. Die römischen Siedler, die den Umschwung vollzogen vom Glauben an Jupiter zur Überzeugung, Jesus sei der Erlöser, waren nach Abzug der aktiven Legionäre an Zahl nie stark gewesen – sie genossen nur zeitweilig die allerhöchste Protektion im Ostteil des Imperiums. Ihr Vorteil war, daß sie sich zum selben Gott bekannten wie der Kaiser.

Dieser Vorteil verflog jedoch im Jahre 361, als Kaiser Julian, ein philosophisch hochgebildeter Mann, die Verantwortung im Byzantinischen Reich übernahm. Er hatte den festen Willen, eine Entwicklung aufzuhalten, die er für verhängnisvoll ansah. Er hielt das Edikt zur Religionsfreiheit für einen schlimmen Fehler: Es hatte, nach seiner Meinung, eine orientalische Überlagerung der lateinischen Tradition gebracht, eine Verfremdung der bestehenden römischen Kultur. Julian sah die Gefahr eines beständigen Verfalls kaiserlicher Autorität durch Völker, die sich, unter Berufung auf ihren Glauben, dem Souverän zu widersetzen wagten. Aus diesem Grund wollte dieser Kaiser die Entstehung des religiösen Machtzentrums Jerusalem nicht dulden. Er setzte deshalb den Glauben an den Erlöser Jesus auf die Liste der Überzeugungen, die in seinem Reich nicht geduldet wurden.

Diese Entscheidung wurde von den jüdischen Gemeinden begrüßt: Sie ließen den Kaiser wissen, er habe, nach ihrem Glauben, recht gehandelt. Die jüdische Lehre von Gott befand sich nicht auf der Liste der verbotenen Ideologien.

Was die jüdische Gemeinde nicht zu hoffen gewagt hatte, geschah:

Kaiser Julian gab die Erlaubnis zum Wiederaufbau des Tempels von Jerusalem. Seine Absicht war wohl, in Jerusalem einen Gegenpol zu schaffen zum Politikum Grabeskirche. Julian konnte sich ausgedacht haben, daß Tempel und Grabeskirche einander neutralisieren.

Die Männer der jüdischen Gemeinde begannen sofort, den Bauplatz vorzubereiten. Sie räumten die letzten Trümmer weg, die noch vom Plan des Simeon Bar Kochba zeugten, wieder ein Haus für Gottesdienst und Opfer zu bauen; sie schütteten Schutt und Abfall, die sich in Jahrzehnten des römischen Lagerlebens angesammelt hatten, hinunter ins Kidrontal. Berichtet wird, daß diese Arbeiten die Christen von Jerusalem beunruhigten, verwirrten. Viele glaubten, mit dem Wiederentstehen des Tempels kündige sich die Endzeit der Welt an, denn Jesus habe Bau und Zerstörung vorausgesagt.

Grund zur Beunruhigung bestand jedoch nicht, denn die Arbeiten stockten bald. Die kaiserliche Genehmigung hatte nur die legale Basis für den Bau geschaffen. Das Finanzierungsproblem aber war nicht zu lösen, da die byzantinische Reichskasse vom kaiserlichen Gönner der Juden keinerlei Anweisung für Zuschüsse oder Kredite erhielt. Die jüdische Gemeinde aber war arm. Seit 300 Jahren waren die Zahlungen der Tempelsteuer ausgeblieben – keine der Gemeinden in der Diaspora hatte für einen Tempel bezahlt, der gar nicht existierte. Ein jüdischer Staat, aus dessen Haushalt der Bau finanziert werden konnte, bestand nicht. Zum erstenmal waren die Juden gezwungen, als private Glaubensgemeinschaft einen Tempelbau zu bezahlen. Dies konnte nicht gelingen.

Noch kein Stein war auf den anderen gestellt worden, da wurde im Jahre 363 die Baugenehmigung für den Tempel wieder entzogen. Der Protektor der Juden, Kaiser Julian, hatte nach zweijähriger Regierungszeit sein Leben im Krieg gegen die Perser verloren. Kein Zweifel besteht, daß er die Absicht hatte, die Christen überall im Reich verfolgen zu lassen. Sein Nachfolger machte der christenfeindlichen Politik ein Ende. Die Entwicklung zur Identität von Kirche und byzantinischem Staat konnte voranschreiten.

Jerusalem wird wohlhabend

Je mehr sich die christlichen Autoritäten jener Jahre darüber stritten, ob Jesus mehr göttliche oder mehr menschliche Eigenschaften besessen habe, desto schneller gelang es geschickten Taktikern unter den Bischöfen von Jerusalem, ihrer Stadt einen Vorrang vor anderen Bischofssitzen zu sichern. Das Konzil von Chalkedon entschied im Jahre 451, daß der Bischof von Caesarea schließlich doch dem Kirchenoberhaupt von Jerusalem unterstellt wurde, obgleich die oströmische Provinzregierung weiterhin in Caesarea verblieb.

Damit war die Übereinstimmung von kirchlicher und staatlicher Ordnung aufgelöst. Deutlich wurde bereits eine Polarisierung, die beide Hälften des Römischen Reiches und das spätere Römische Reich Deutscher Nation belasten sollte: Neben die staatliche Autorität trat die kirchliche Autorität.

Als der Bischof von Jerusalem den Status eines Patriarchen erhielt, war die Stadt der Kreuzigung Jesu den vier bestehenden Zentren der Christenheit Rom, Konstantinopel, Alexandria und Antiochia gleichgestellt. Im Verlauf eines Jahrhunderts war Jerusalem, die bisher kaum wahrgenommene Siedlung der römischen Ostprovinz, den Menschen des gesamten Imperiums zwischen Vorderasien und der Iberischen Halbinsel bekannt geworden.

Daß der Bischof von Jerusalem seine Stadt durch Kirchen geprägt sehen wollte, verwundert nicht. Sie wurden meist an Orten gebaut, die – häufig ohne Grund – mit Jesus in Verbindung gebracht wurden. Auf dem Südwesthügel, dort, wo einst der auferstandene Jesus erschienen sein soll, wurde die Hagia-Sion-Kirche errichtet. Zuvor schon war eine Kapelle auf dem Ölberg geweiht worden, die an den Ort der Himmelfahrt erinnern sollte. In der unteren Stadt, auf dem Hang über dem Kidrontal, wurde bald schon nördlich des Siloahbeckens an einer Kirche gearbeitet. Außerhalb des eigentlichen Stadtgebiets ließ Kaiser Theodosius I. am Platz von Jesu letztem Gebet vor der Verhaftung ein Bethaus aufmauern; ein anderes entstand vor dem Nordtor, zur Erinnerung an den Heiligen Stephanus. Die Lokalisierung einer weiteren Kirche, Hagia Maria genannt, war bis zur Gegenwart nicht möglich.

Ausgrabungen des Jahres 1973 haben im jüdischen Viertel Fundamente und Reste eines Marmorfußbodens zutage gebracht, die wohl zu dieser Kirche auf dem Osthang des Südwesthügels gehört hatten.

Jerusalem befand sich fest in der Hand der christlichen Verwaltung. Die Stadt war einer der sichersten Plätze in beiden Hälften des Römischen Imperiums. Als das Unvorstellbare geschah, als Rom im Jahr 410 von den Goten erobert und ausgeplündert wurde, da zog Jerusalem Menschen und Kapital an. Aus dem ganzen Reich wurden Werte in die Stadt auf den judäischen Hügeln transferiert: Münzen der unterschiedlichsten Prägungen wurden in den wenigen Handelshäusern der Stadt deponiert. Die Händler wiederum vermittelten günstige Anlageprojekte. Das meiste Geld wurde in Bauten investiert: in Villen, Klöster, Geschäftshäuser und Gasthöfe.

Bei reger Bautätigkeit erhielt Jerusalem bald wieder den Umfang der herodianischen Stadt. Erweitert wurde die überbaute Fläche durch Quartiere um die Grabeskirche; zur Zeit des Herodes hatte hier kein Haus gestanden. Ein Mosaik, am Boden einer alten Kirche im transjordanischen Ort Madaba entdeckt, gibt einen Eindruck vom damaligen Aussehen der Stadt Jerusalem, auch wenn dieses Abbild kaum nach topographischen Gesichtspunkten angefertigt worden war. Überraschend ist die Identität des Straßenverlaufs zwischen damals und heute.

Das Madaba-Mosaik zeigt, daß im Zentrum der ummauerten Stadt die Hauptstraße in Nord-Süd-Richtung verlief. Sie begann am Stephanstor, das heute Damaskustor heißt, und führte herunter zur Hagia-Sion-Kirche auf dem Südwesthügel. Die Straße der byzantinischen Zeit entspricht heute im oberen Teil beim Damaskustor der Gasse Suk Khan ez-Zait und ihrer Verlängerung. Sie war einst von Säulengängen begleitet. In der Mitte zwischen Tor und Hügel lagen auf der rechten Seite, also nach Süden ausgerichtet, Treppen und Torbogen der Grabeskirche. Die anschließende Basilika und der Rundbau über der Beisetzungsstätte sind deutlich zu erkennen.

Eine zweite Straße, offenbar nur auf ihrer linken Seite durch Säulengänge geschmückt, nahm ihren Anfang ebenfalls am einstigen Stephanstor und wandte sich dann nach Südosten, der Umfassungsmauer des Tempels zu. Auch diese Straße ist in ihrer Führung erhalten; sie heißt heute El-Wad Road, Talstraße. Das südliche Ende im Bereich der Klagemauer ist seit 1967 durch Beseitigung von Häusern so verändert worden, daß die frühere Linie nicht mehr zu erkennen ist – sie zog sich bis zum Misttor hin.

So schlicht das Mosaik von Madaba auch ist, es drückt doch Stolz aus auf Jerusalem, auf die in sich geschlossene Stadt, in der Altes, wie der deutlich erkennbare »Davidsturm« (der allerdings zur Zeit des Herodes erbaut worden war), mit einer Vielzahl von Kirchen verbunden war, die als Bauten der neuen Zeit galten. Mehr als zwei Jahrhunderte lang konnte sich das christliche Jerusalem formen. Es schien sich für die Ewigkeit im christlichen Sinne eingerichtet zu haben. Das Unheil, das den Frieden bedrohte, wurde zunächst kaum wahrgenommen.

Perser und Juden – gemeinsam gegen die Christen

Die Christen in Jerusalem fühlten sich sechs Generationen lang, als Angehörige einer bevorzugten Stadt, im Verband des Römischen Imperiums recht geborgen. War auch der Kaiser kein Mann, der christlich handelte, so war er doch mächtig und konnte Schutz gewähren. Nach und nach aber wurde auch den Verantwortlichen in der Stadt der Kirchen deutlich, daß sich eine Veränderung der politischen Situation vollzog: Im Osten war Persien so stark geworden, daß seine Heere die Grenzen der byzantinischen Ostprovinzen bedrohen konnten. Dieser Druck war von 610 an deutlich spürbar.

Im Jahr 613 eroberten die Perser Damaskus. Diese Niederlage der byzantinischen Truppen weckte in den jüdischen Gemeinden der Mittelmeerostküste außerordentliche Hoffnungen. Die christlich orientierte Reichsverwaltung in Konstantinopel war von den Juden immer als Übel angesehen worden. Daß Jerusalem unmittelbar bedroht wurde, war ihnen recht, denn sie erkannten gerade in dieser Stadt die Wurzel des Übels.

Nach dem Verlust von Damaskus begriffen die Christen der Region, daß sie durch internen Streit selbst ihre Abwehrkraft geschwächt hatten. Da hatte zu Beginn des fünften Jahrhunderts der Patriarch Nestorius von Konstantinopel eine Lehre verkündet, deren Grundlage der Gedanke war, Jesus sei in seinem Wesen mehr Mensch als Gott gewesen. Darauf hatten die Theologen von Alexandria mit der Gegenlehre reagiert, Jesus sei überhaupt nur göttlicher Natur gewesen. Nestorianer wurden die Anhänger der einen Lehre genannt; Monophysiten hießen die anderen. Zwar hatte schon das Konzil von Chalkedon im Jahre 451 die monophysitische Lehre verurteilt, doch dieser Spruch führte während der folgenden Jahre nicht zur Wiedereingliederung dieser »Irrgläubigen« in die christliche Gesamtgemeinde, sondern zur Spaltung. Die Monophysiten trennten sich von der übrigen Christenheit. So geschah es, daß alle Christen Ägyptens, die Mehrzahl der syrischen Gemeinden und die gesamte armenische Kirche fortan eigene Glaubenswege verfolgten.

Diese Abspaltung hatte die Politik aller oströmischen Kaiser seit dem

Jahr 451 belastet. Sie waren durch Härte und Güte bemüht gewesen, die Kluft zwischen den zwei Strömungen unter sonst Gleichgläubigen zu verringern. Aus politischen Gründen hatten sie darauf Energie und Wachsamkeit konzentriert, denn die Spaltung konnte ihre eigene Position schwächen. Erst der Verlust von Damaskus brachte den Mächtigen im Oströmischen Reich ein bitteres Erwachen; sie begriffen, daß sie sich mit dem falschen Konflikt beschäftigt hatten. Die syrischen Gemeinden sahen sich einer tödlichen Gefahr ausgesetzt, doch zu diesem Zeitpunkt war die Organisation von gemeinsamem Widerstand nicht mehr möglich.

Von den Juden als Befreier aus den Händen der Christen begrüßt, drang das persische Heer, nach Sicherung der eroberten Stadt Damaskus, im Jordantal in südlicher Richtung vor und wandte sich dann von Jericho aus gegen Jerusalem. In allen christlichen Siedlungen, die am Weg der Perser lagen, ließ ihr Feldherr Sahrbaras Kapellen und Kirchen verbrennen. Er verschonte nur die Geburtskirche in Bethlehem. Zu dieser Geste der Gnade sah sich Sahrbaras veranlaßt, weil er über der Tür der Geburtskirche ein Mosaik sah, das die Heiligen Drei Könige in persischer Kleidung zeigte.

Am 15. April des Jahres 614 wurde Jerusalem wieder einmal eingeschlossen. Der Patriarch Zacharias, der geistliche und politische Chef vor Ort, sah keinen Sinn darin, die Stadt zu verteidigen, da er ihre Befestigungen nicht für stark genug hielt, der persischen Übermacht lange zu trotzen; doch er wurde von den Ältesten der wichtigen christlichen Familien gezwungen, die Tore geschlossen zu halten. Berichte aus jener Zeit aber lassen wissen, daß es den Juden drei Wochen später gelang, die Stadt den Belagerern zu öffnen.

Perser und Juden fielen gemeinsam über die Christen her. 60 000 Menschen, so wurde berichtet, hätten in einem barbarischen Gemetzel ihr Leben verloren. Was damals geschah, wurde in Europa bekannt und blieb lange im Gedächtnis; der Antisemitismus des Mittelalters fand dadurch häufig Nahrung.

Die Grabeskirche brannte aus am Tage der Eroberung. Das angebliche Kreuz Jesu, einst aufgefunden von Helena, der Mutter des Kaisers Konstantin, wurde im Triumphzug nach Persien gebracht. Der jüdische Teil der Bewohner übernahm die Kontrolle der Stadt. Die Christen sahen das Ende der Zeit gekommen, in der Jerusalem ein Zentrum der Glaubenswelt war. Die jüdischen Gläubigen aber konnten hoffen, noch einmal, wie in ferner Vergangenheit, von Persien Genehmigung und Finanzmittel zum Wiederaufbau des Tempels zu erhalten. Diese Hoffnung zerplatzte jedoch bald, da der persische Herrscher immer mehr Verständnis für die Christen zeigte. Vielleicht mißfiel ihm auch die überaus triumphierende Haltung der Juden; er ließ sie schließlich aus Jerusalem ausweisen. Die Christen hatten danach keinen Grund mehr, über die Herrschaft der Perser zu klagen. Sie bekamen sogar die Erlaubnis, ihre Kirchen zu reparieren.

Die Menschen in Jerusalem – erstmals waren die Christen unter sich – richteten sich auf eine lange persische Regierungszeit ein, war es doch den Eroberern aus dem Osten sogar gelungen, Ägypten einzunehmen, das eine reiche Provinz Ostroms gewesen war. Doch im Jahre 622 begann der byzantinische Gegenangriff, der zwar nur langsam an Schwung gewann, aber sechs Jahre später zum Erfolg führte: Persien mußte sämtliche eroberten Provinzen an Ostrom zurückgeben. Auch das Heilige Kreuz wurde wieder nach Jerusalem gebracht und vom Kaiser selbst in die Grabeskirche geleitet.

Als der erfolgreiche Kaiser – sein Name war Heraklius – im Jahre 629 in Konstantinopel seine eigene Leistung und die seines Heeres feierte, trafen Gesandtschaften ein aus den Vasallenstaaten, aber auch aus dem Frankenreich und aus Indien. Sie alle brachten Schreiben ihrer Herrscher mit, die Gratulation ausdrücken wollten und Wünsche überbrachten für weiteres Glück in der Zukunft. Eine Delegation aber gab am Kaiserhof einen Brief ab, in dem Heraklius aufgefordert wurde, dem Glauben, Jesus sei der Erlöser, abzuschwören; Allah sei der Herr der Welt, zu dem sich auch der Kaiser bekennen müsse. Unterzeichnet war dieser Brief von einem Mann, der sich Mohammed nannte und sich als Prophet des Gottes Allah bezeichnete. Die Überbringer des Briefes gaben an, aus Mekka zu kommen; der Mächtige dort sei eben jener Prophet des Gottes Allah. Kaiser Heraklius dachte nicht daran, der Gesandtschaft aus Arabien eine Antwort nach Mekka mitzugeben.

Weder der Kaiser noch seine Berater hatten eine Ahnung, was seit sieben Jahren in Arabien geschehen war. Da hatte sich aus dem Nichts um die zwei Städte Mekka und Medina ein unabhängiger Staat entwickelt. Unangefochtene Autorität des Staates war Mohammed – ein Mann, der zu überzeugen wußte, daß er das Wort Allahs höre. Im Jahre 622 hatte der Aufbau des arabischen Staates erst begonnen; in eben jenem Jahr aber war von Heraklius der Befehl zur Offensive gegen Persien gegeben worden. Diese Offensive war damals das bekannte Ereignis gewesen. Die Vorgänge in Mekka und Medina hatte niemand beachtet.

Zu holen war in jener Region nie etwas gewesen. Die Städte Arabiens hatten zu Recht immer als arm gegolten. Das Land ringsum, Steppengebiete und Wüste, war, nach Kenntnis der Beamten in Konstantinopel, von unzivilisierten und ungebärdigen Stämmen bevölkert, die meist als Nomaden von Wasserstelle zu Wasserstelle zogen. Jeder

Stamm glaubte an seinen eigenen Gott. Nach Meinung der Beamten sei der Götzenglaube jedoch im Abklingen gewesen, da christliche Mönche manchen Stammeschef überzeugt hatten, Jesus und Gottvater seien die Lenker der Welt. Daß der Brief aus Mekka im Jahre 629 in Konstantinopel keine Beachtung gefunden hat, kann nicht überraschen. Die Verantwortlichen waren von der alleinigen Gültigkeit des eigenen Glaubens überzeugt; diese Überzeugung war die Basis ihres politischen Handelns. Ihre Ideologie hieß »Jesus ist Gottes Sohn«. Daß ein Mann aus der Wüste behauptete, diese Ideologie sei eine Irrlehre, weil Jesus doch offenbar von einer Frau geboren worden sei, mußte als lächerliche Anmaßung erscheinen. Sie wußten, wer der Erlöser war. Sie brauchten keine Belehrung durch einen Ungläubigen.

So war der Blick der Politiker um den oströmischen Kaiser beengt: Sie hielten Mohammed für einen Schwindler – und sie waren abgelenkt durch den Konflikt mit einer anderen Großmacht.

Die zwei Superstaaten Ostrom und Persien waren in eine Auseinandersetzung auf Leben und Tod verwickelt. Für die Herrschenden beider Staaten galt der gemeinsame Konflikt als wesentlichster Faktor der Weltpolitik, er allein bestimmte ihr Denken. Blind waren beide Seiten für Entwicklungen, die nicht unmittelbar mit diesem Konflikt zu tun hatten. Daß der Mann, der sich Mohammed nannte, Stamm für Stamm und damit Gebiet für Gebiet auf der Arabischen Halbinsel seinem Staat hinzugewinnen konnte, wurde kaum als bemerkenswert und schon gar nicht als bedrohlich empfunden. Selbst als die schnellen Reiter des Mohammed vor Angriffen gegen das kaiserliche Heer in den Grenzgebieten Syriens nicht zurückschreckten, stufte der Hof in Konstantinopel derartige Attacken noch immer als Überfälle durch marodierende Haufen ein, durch Banden aus räuberischen Stämmen.

Jerusalem wird islamisch

Zweifelhaft ist, daß in Konstantinopel der Tod des Propheten Mohammed im Jahre 632 registriert worden ist. Die Vorgänge, die bald darauf folgten, mußten jedoch zur Kenntnis genommen werden: Die Stadt Gaza, an der Mittelmeerküste westlich von Jerusalem gelegen, wurde überraschend von Kämpfern erobert, die im Namen Allahs stritten. Sie töteten, für diesen Gott, die christlichen Soldaten der Garnison von Gaza. Die Verantwortlichen in Konstantinopel stellten sich die Frage, ob die Eroberung von Gaza noch als Überfall durch Banden räuberischer Stämme einzuordnen war.

Zum erstenmal waren Christen durch das »Schwert des Islam« gefallen. Dieser Begriff wurde rasch Bestandteil des politischen Vokabulars in Konstantinopel, sowenig dort auch sonst von dieser islamischen Religion bekannt war. Bestürzung lösten Berichte aus, die Kämpfer des Islam würden mit einer Entschlossenheit angreifen, die aus den Kriegen der Vergangenheit unbekannt sei; die Kämpfer würden, im Gedanken an ihre baldige Aufnahme ins Paradies, den Tod mißachten. Schnell wuchs der Respekt vor dem islamischen Heer.

Der Kaiser, der sich in Nordsyrien befand, weil er den Persern noch immer mißtraute, sah sich gezwungen, den unbekannten Staat auf der Arabischen Halbinsel ernster zu nehmen. Leicht fiel ihm der Entschluß zu militärischem Eingreifen nicht, weil er eigentlich daran gedacht hatte, das eigene Heer nach dem Erfolg gegen die östliche Großmacht schrumpfen zu lassen. Er hatte zu spüren bekommen, daß die Menschen in seinem Staat kriegsmüde waren. Die Begeisterung über den Sieg gegen die Perser war verflogen, Lust auf weitere Siege hatte niemand.

Kaiser Heraklius glaubte, er könne den Einbruch der Araber in die Gegend von Jerusalem durch die Truppen abriegeln, die in Syrien in Garnison lagen. Um der Gegenoffensive Gewicht zu geben, beauftragte er seinen Bruder Theodor mit dem Oberbefehl. Doch gegen den Kampfwillen der Moslemreiter konnten die christlichen Streiter, die zwar Erfahrung, aber keinen ideologischen Zusammenhalt besaßen, nicht bestehen. Die Moslems kämpften für Allah – die Christen nur für den Kaiser. Heraklius hatte, um den Glaubensstreit zwischen Nestorianern und Monophysiten vom Heer fernzuhalten, sich gehütet, die Truppe auf den christlichen Glauben auszurichten.

Doch der Vorteil der Moslems bestand nicht nur in der festen Überzeugung, Gott helfe ihnen, wenn sie nur intensiv genug an ihn glaubten, sondern auch in der Beweglichkeit ihrer Kriegführung. Die christlichen Soldaten trugen Panzer und Kettenhemden, die zwar Schutz boten, aber die Fähigkeit, Schwert und Lanze zu führen, behinderten. Standen sie in geordneter Formation auf dem Schlachtfeld, wurden sie umkreist von Kämpfern auf flinken Pferden. Die Gepanzerten mußten sich nach vorn und nach rückwärts verteidigen. Da ihr Gegner die Position ständig wechselte, kam ihre Schlagkraft nicht zur Wirkung. Dazuhin setzten die Moslems mit großem Geschick ihre Bogenschützen ein, deren Geschosse durch die eisernen Kettenglieder der Rüstungen drangen. Alle diese Erfahrungen mußte das Heer des christlichen Kaisers beim ersten Treffen mit größeren islamischen Kampfverbänden machen. Es fand in der Ebene südwestlich von Jerusalem statt – und endete mit dem Sieg der Moslems.

Jerusalem blieb noch verschont. Die Reiter des Islam, von Beutegier getrieben, hatten sich ein anderes Ziel vorgenommen: die wohlhabende Oase Damaskus. In dieser Handelsstadt hatte sich im Verlauf von Generationen beachtlicher Reichtum angesammelt. In den Häusern der Kaufherren lagerten Gewürze, Stoffe, Edelsteine und wertvolle Metalle; die Geschäftskassen waren gefüllt. Der Wille zur Verteidigung aber fehlte. Nach nur kurzer Belagerung ergab sich Damaskus im August des Jahres 635 den islamischen Angreifern. Ihrer Belagerungskunst hatten sie diesen Erfolg nicht zuzuschreiben, sondern allein der Resignation der Bewohner. Um überleben zu dürfen, verzichteten sie auf ihren Reichtum. Was innerhalb der Mauern von Damaskus wertvoll war, wurde von den Siegern nach Mekka und Medina transportiert.

Heraklius, der Sieger über die Perser, war durch die, in traditionellem Sinn unorganisierte Reitertruppe des Islam in eine blamable Situation geraten. Der arabische Staat, der offiziell noch immer nicht zur Kenntnis genommen wurde, hatte das christliche Oströmische Reich gedemütigt. Der Kaiser sah ein, daß diesem Gegner nicht mit Reservetruppen beizukommen war. Den Verlust des Gebiets zwischen Damaskus und Gaza konnte Heraklius nicht hinnehmen, so blieb ihm kein Ausweg, als ein Heer aufzustellen von der Größe des Verbandes, der zuvor die Perser bezwungen hatte. Die Anwerbung erfahrener Soldaten gelang nur unter Schwierigkeiten.

Ein erstes Kontingent von etwa 30000 Soldaten zu Pferde und zu Fuß veranlaßte die Moslems, Damaskus wieder zu räumen. Sie wichen aus, weil ihr Reiterverband nicht einmal ein Drittel so viele Männer umfaßte wie die Truppe des Kaisers. In günstiger Position konnten die Kämpfer des Islam am Jordan einen Angriff abwehren – am Jarmuk aber drohte ihnen der Untergang. Sie waren der großen Zahl der Gegner nicht gewachsen. Doch dann geschah die Überraschung: Am späten Vormittag des entscheidenden Kampftages wechselten 10000 Araber, die bisher zu Ostrom gehalten hatten, die Front. Sie waren monophysitische Christen – sie glaubten, Jesus sei allein göttlicher Natur gewesen. Der islamischen Propaganda war während des morgendlichen Kampfes der Coup gelungen, die Truppe zu überzeugen, ihr Glaube werde von den Moslems eher geteilt als vom oströmischen Kaiser. Daß diese Araber seit Monaten keinen Sold von der kaiserlichen Heeresverwaltung bekommen hatten, war sicher auch ein Grund für den Frontwechsel.

Der Sieg war damit den Feldherren des Kaisers aus der Hand geglitten. Sie versuchten den Rückzug zu organisieren, doch die schnellen islamischen Reiter zerstörten jeden Ansatz einer geordneten Truppenbewegung. Ostrom erlitt eine vernichtende Niederlage.

Am 20. August des Jahres 636 war die Entscheidung gefallen: Der Islamische Staat war zur wichtigsten Macht an der Ostküste des Mittelmeers geworden – nur siebzehn Jahre nachdem Kaiser Heraklius die Delegation jenes Staates gar nicht zur Kenntnis genommen hatte. Der Kaiser sah jetzt ein, daß die Mißachtung der Entwicklung auf der Arabischen Halbinsel ein Fehler von gewaltiger Auswirkung gewesen war. Von ähnlicher Bedeutung war allerdings auch die Einstellung der Zahlungen an die christlichen arabischen Stämme gewesen. Dieser Akt der Sparsamkeit hatte sich schlecht gelohnt. Heraklius sah den schlimmsten Fehler jedoch bei sich selbst. Er lebte, gegen den Willen der Geistlichkeit, in einer Ehe mit seiner Nichte Martina. Dieser Beziehung gab er die Schuld an der Niederlage: Gott wollte ihn offenbar für Blutschande bestrafen.

Die Bewohner von Jerusalem waren in jener Zeit noch damit beschäftigt, wiederaufzubauen, was bei Belagerung und Sturm durch die Perser nur zwanzig Jahre zuvor zerstört worden war. Sie hatten bisher noch keinen Moslem zu Gesicht bekommen, doch sie wußten, daß sie abgeschnitten waren vom christlichen Oströmischen Kaiserreich, dem die Ostküste des Mittelmeers nicht mehr gehörte. Der Patriarch Sophronius, ein Mann, der bald achtzig Jahre alt war, hatte die politische, geistliche und militärische Verwaltung zu leiten. Obwohl er nicht mehr an den Sieg der Waffen in christlicher Hand glauben konnte, resignierte er nicht. Er beobachtete voll Sorge, wie der jüdische Teil der Bevölkerung, der nach der Ausweisung durch die Perser nach und nach wieder zurückgekehrt war, erneut Hoffnung auf fremde Eroberer setzte. Widerstandsgruppen hatten sich gebildet, die Reiter und Fußwanderer auf den Straßen zwischen den Siedlungen überfielen. Die Unsicherheit in der Umgebung von Jerusalem war an Weihnachten des Jahres 634 bereits so groß geworden, daß Patriarch Sophronius darauf verzichten mußte, die Messe in der Geburtskirche des nahegelegenen Bethlehem zu feiern.

Zwanzig Jahre zuvor war den Persern bei der Eroberung der Stadt das Heilige Kreuz als Beute in die Hände gefallen; Heraklius hatte es nach militärischen Anstrengungen und Opfern wieder zurückbringen können. Dem Patriarchen waren die Jahre, da sich das Heilige Kreuz in der Hand Andersgläubiger befand, in bitterer Erinnerung geblieben. Er wollte nicht erleben, daß ein Feind noch einmal das Zeichen der Erlösung – im Triumphmarsch – forttrage. Er ließ deshalb alle Reliquien, die Jesus zuzuordnen waren, aus den Kirchen holen und gerade noch rechtzeitig unter Bewachung in die vom Feind nicht besetzte Küstenstadt Caesarea bringen. Dort wurden das Heilige Kreuz und die anderen Erinnerungsstücke auf ein kaiserliches Schiff verladen und nach Konstantinopel in Sicherheit gebracht.

Im Herbst des Jahres 636 war das gesamte Gebiet rings um Jerusalem von islamischen Verbänden besetzt. Eine Belagerung im traditionellen Sinn war diese Einschließung nicht. Die Kämpfer des Islam besaßen keine Erfahrung mit Rammböcken, beweglichen Türmen, feurigen Geschossen und Belagerungswällen; sie schnürten durch ihre Reiter einfach die Zufahrtswege und die Schleichpfade ab und sorgten so dafür, daß weder Getreide noch Vieh die Stadt erreichen konnten.

Diesmal wurde Jerusalem nicht durch Sturmangriff bezwungen, sondern durch Hunger. Die Not der Bevölkerung veranlaßte den Patriarchen Sophronius zur Kapitulation. Zuvor aber hatte er dem Oberhaupt des Islamischen Staates, dem Kalifen Omar, einen vorteilhaften Vertrag abgehandelt. Christliche Überlieferung berichtet, der Vertrag habe diesen Wortlaut gehabt: »Im Namen Allahs, des Allbarmherzigen. Der Kalif Omar läßt die Bewohner von Aelia wissen, daß ihr Leben und das ihrer Kinder geschützt ist. Sie sollen ihren Besitz und auch ihre Kirchen behalten dürfen. Nichts soll beschlagnahmt oder zerstört werden.« Vorausgesetzt, dieser Text ist echt, dann macht er deutlich, daß der Name »Aelia« in der ersten Hälfte des siebten Jahrhunderts noch immer gebräuchlich war.

Es war ein Tag im Februar des Jahres 638, als Kalif Omar mit dem Patriarchen Sophronius auf dem Ölberg zusammentraf. Gemeinsam ritten sie vom Garten Gethsemane hinauf zum Tor in der Ostmauer von Jerusalem – der Kalif auf einem weißen Kamel, der Patriarch auf einem grauen Esel. Mit Absicht trug Omar einen geflickten, dreckigen Mantel; er wollte bescheiden in Jerusalem auftreten. Sophronius war besser gekleidet.

Selbst wenn der Patriarch gewollt hätte, wäre es ihm nicht mehr erlaubt gewesen, auf einem Pferd zu reiten, denn die Übergabebestimmungen schrieben vor, kein Christ dürfe fortan ein Pferd besteigen. Weiterhin war vereinbart: Verzicht der Christen auf jede Art von Bewaffnung und auf weiteren Zuzug von Glaubensbrüdern in die Stadt. Wer wollte, der durfte samt Familie und beweglicher Habe ins Oströmische Reich umziehen. Wer blieb, der mußte Steuern an den Islamischen Staat zahlen. Der Patriarch konnte mit den Bedingungen, die er mit Omar vereinbart hatte, durchaus zufrieden sein. Beim Ritt durch das Osttor wußte Sophronius, daß den Bewohnern von Jerusalem kein großes Übel geschehen werde.

Der Kalif ritt mit bestimmten Absichten nach Jerusalem hinein. Er wollte zunächst die Felsplatte sehen, die nur wenige Meter vom Osttor entfernt lag. Sie war einst wohl Bestandteil des jüdischen Tempels gewesen, doch seit der Zerstörung des Herodestempels durch den Römer Titus war diese Felsplatte frei zugänglich. Für Kalif Omar besaß sie eine besondere Bedeutung: Er war mit dem Propheten Mohammed, der knapp sechs Jahre zuvor gestorben war, eng verbunden gewesen. Er hatte aus des Propheten Mund erfahren, daß Mohammed in einer nächtlichen Reise auf unerklärliche, wunderbare Weise nach Jerusalem entrückt worden sei.

Im Kreis der unmittelbaren Mitarbeiter des Propheten herrschte Einigkeit, was in jener geheimnisvollen Nacht geschehen ist: Mohammed war zu jenem Heiligen Felsen gekommen und hatte dort in der Gemeinschaft anderer Propheten gebetet – Abraham, Moses und Jesus waren aus dem Paradies zum Felsen herabgestiegen. Dann hatte Mohammed eine Leiter aus Licht erklommen und war in den Himmel aufgestiegen. Der Erzengel Gabriel hatte dem Propheten dort das Buch Gottes gezeigt, in dem alles vermerkt ist, was je auf der Erde geschah, geschieht und geschehen wird. Mit dem Wissen um Gottes Ordnung, mit der Inspiration zum Islam war Mohammed wieder auf jenen Felsen zurückgekehrt.

Kalif Omar ließ sich am Felsen, der so bedeutungsvoll gewesen war für den Propheten Mohammed und für den Islam, zum Gebet nieder. Er dachte daran, daß Allah durch den Propheten Mohammed die Gläubigen zu Beginn der Offenbarung aufgefordert hatte, in Richtung Jerusalem zu beten; erst später war die Verpflichtung offenbart worden, beim Gebet das Gesicht zur Kaaba von Mekka zu wenden. Mohammed hatte immer mit Worten höchster Achtung von Jerusalem und von der engen Bindung dieser Stadt an Gott gesprochen. Nun war es ihm, Omar, gelungen, die durch viele Propheten des einen und wahren Gottes bevorzugte Stadt dem Reich des Islam anzugliedern.

Omar war gewillt, gerade in Jerusalem ein besonderes Beispiel für Gnade gegenüber einer Religion zu geben, die – nach seiner Überzeugung – zwar in der Verehrung des einen Gottes einen richtigen Kern hatte, nicht aber im Glauben, Jesus sei der Sohn Gottes gewesen. Eine solche Lehre empfand Omar als Gotteslästerung. Omar wollte als Sieger über das bisher christliche Jerusalem den Christen zeigen, daß er dem Vorbild des Propheten folgte, der die Anhänger Jesu als Gläubige niederer Klasse behandelt, ihnen jedoch, da sie Besitzer einer Offenbarung waren, gestattet hatte, ihre Art von Gottesdienst abzuhalten.

Als Gebet, Besichtigung des Heiligen Felsens und Augenblicke der Besinnung vorüber waren, bestieg Kalif Omar wieder das Kamel, und Patriarch Sophronius setzte sich auf seinen grauen Esel. Der Herrscher der Moslems äußerte jetzt den Wunsch, den heiligen Ort der Christen zu sehen. Vom Felsen aus ritten Kalif und Patriarch nach Westen durch die unzerstörte Stadt; ihnen folgten die islamischen Reiter in strenger Disziplin. Die christlichen Geschichtsquellen weisen ausdrücklich auf die außerordentliche Ordnung der Kämpfer des Kalifen hin. Tausende waren unterwegs auf der Straße, die im Verlauf etwa der heutigen Via Dolorosa entspricht.

Eine reiche Stadt war dieses Jerusalem nicht mehr. Kaum vergleichbar mit der Oase Damaskus, die zweieinhalb Jahre zuvor dem Kalifen und den islamischen Reitern zugefallen war. In Damaskus hatten sie Gebäude vorgefunden, die Paläste genannt werden konnten; in Jerusalem war kein Haus höher als zwei Stockwerke. Der Patriarch wird den Kalifen wohl auf die Verwüstung durch die Perser im Jahre 614 hingewiesen haben. Auch die Grabeskirche, die der Kalif sehen wollte, war nach den Beschädigungen von damals nur notdürftig ausgebessert worden.

Der Patriarch zeigte dem Herrscher der Moslems alles, was sehenswert war. Der Kalif betrachtete die Grabeshöhle und den Felsen, auf dem einst das Kreuz Jesu gestanden haben soll. Am Ende der Besichtigung brach die mittägliche Gebetsstunde der Moslems an. Der Kalif, als Chef des Islamischen Staates gewohnt, sich an die Glaubensvorschriften zu halten, fragte den Patriarchen, wo er seinen Gebetsteppich ausbreiten könne. Er bekam zur Antwort, er möge doch dort beten, wo er sich gerade befinde. Omar sah, daß er noch in unmittelbarer Nähe des Kreuzigungsfelsens stand. Da meinte der Kalif, wenn er hier bete, könnte dies zur Folge haben, daß einer seiner Nachfolger einmal Anspruch auf diesen Platz und auf die ganze Kirche erhebe, mit dem

Argument, Omar habe ja schon hier gebetet. Er wolle nicht schuld sein, daß die Christen irgendwann die Grabeskirche verlieren würden. Zum Erstaunen des Patriarchen Sophronius betete Omar draußen auf den Stufen der Basilika.

Daß in unmittelbarer Nähe des Heiligen Felsens auf der ehemaligen Tempelterrasse eine Moschee gebaut werden mußte, war für den Kalifen selbstverständlich. Die Frage war nur, an welchem Platz des weitläufigen Areals das Gebäude stehen sollte. Erzählt wird, ein zum Islam übergetretener Jude, der Ka'abal Ahbar hieß, habe dem Kalifen vorgeschlagen, die Moschee nördlich des Heiligen Felsens errichten zu lassen. Omar aber sei argwöhnisch gewesen gegenüber Rat aus dem Mund eines Mannes, der so gründlich seine Ansicht von Gott geändert habe. Omar habe den Verdacht gehabt, der ehemalige Jude wolle damit die Moslems, wenn sie ihr Gesicht zur Andacht in Richtung Mekka wandten, zwingen, auch den Felsen anzubeten, der ja einst Bestandteil des jüdischen Tempels gewesen war.

Diese Geschichte klingt deshalb unwahrscheinlich, weil Omar selbst sich nicht gescheut hatte, den Felsen, den der Fuß Mohammeds berührt hatte, zu verehren. Tatsache ist aber, daß Omar die Moschee am südlichen Ende der Terrasse errichten ließ; von dort aus blickten die Gläubigen beim Gebet über die ehemalige Davidstadt hinweg nach Mekka.

Die erste Moschee in Jerusalem muß einige Jahrzehnte lang nur ein schlichter Bau gewesen sein. Eine Beschreibung aus der Feder eines Christen, die ums Jahr 685 niedergeschrieben wurde, schildert die Anlage so: »Dort, wo einst der prächtige Tempel stand, haben sich nun die Moslems einen viereckigen Gebetsplatz eingerichtet. Sie haben ihn mit senkrechten Pfählen und großen Balken über Steinruinen umgeben.« Dies war die Urform der Al-Aqsa-Moschee.

Der Felsendom

Nur sechs Jahre nachdem diese Beobachtung gemacht worden war, entstand über dem Heiligen Felsen das Wahrzeichen des Islam in Jerusalem, das mit seiner Goldkuppel heute noch, nach nahezu 1300 Jahren, über die Stadt strahlt.

Während der 50 Jahre, die zwischen der Einnahme Jerusalems und dem Bau des Felsendoms vergangen waren, hatte sich das Islamische Reich gewaltig vergrößert: Ägypten war dem oströmischen Kaiser weggenommen worden; die nordafrikanische Küste befand sich zum größten Teil im Besitz der Moslems; Persien hatte dem Sturm der Reiter Allahs nicht standhalten können.

Im Prozeß der Ausdehnung hatte sich die Struktur des Reiches verändert: Mekka und Medina waren nicht mehr das Zentrum. Kalif Mu'awija aus der Familie Omaija, der fünfte Nachfolger des Propheten, hatte die Hauptstadt nach Damaskus verlegt. Er hatte als Statthalter in Syrien dort gelebt und Gefallen gefunden an der weltoffenen Handelsstadt. Mekka und Medina waren ihm zu abgelegen erschienen. Beide galten ihm als altmodische Siedlungen in der Wüste, die er haßte. Die vier Kalifen aber, die in Medina regiert hatten, waren – wie einst der Prophet Mohammed selbst – von der Wüste geprägt gewesen. Ihre Ansichten und ihr Charakter waren jetzt nicht mehr gefragt. Der Kalif Mu'awija hatte sich von der hellenistisch-christlichen Kultur beeinflussen lassen.

Zwar war der Koran als unantastbare Autorität für das Verhalten des Menschen bewahrt geblieben, und doch war der Hof des Kalifen offen für eine Erweiterung des Lebensgefühls, die der Prophet Mohammed als Ablenkung vom Wesentlichen empfunden hätte. Baumeister und Künstler aus Ostrom fanden Beschäftigung – niemand stieß sich daran, daß sie Christen waren, wenn sie ihre Kunst verstanden. Dichtung und Musik, einst vom Propheten wenig geschätzt, wurden gepflegt. Die karge Kost der Wüste war durch raffinierte Speisen nach Damaszener Art abgelöst worden.

Die Entfremdung von Mekka hatte zur Folge, daß die religiösen Empfindungen des Kalifen, der Menschen am Hofe und der Bewohner von Damaskus insgesamt weniger zum Heiligtum Kaaba orientiert waren. In der Folge dieser Entwicklung wollte der Kalif schließlich den Gläubigen einen Ort der Anbetung bieten, der mehr in der Nähe seiner Residenz lag – selbstverständlich mußte auch dieses neue Heiligtum eng mit Leben und Wirken des Propheten Mohammed verbunden sein. Der Gedanke, Jerusalem aufzuwerten, lag nahe.

Durch die Begründung der Tradition eines islamischen Heiligtums konnte das Ziel erreicht werden, den Platz Jerusalem der jüdischen und der christlichen Religion streitig zu machen: Der Islam, der von den Gläubigen als Vollendung aller bisherigen Religionen betrachtet wurde, erhob Anspruch auf Jerusalem.

Der Kalif Abdelmalik Ibn Marwan erteilte im Jahr 691 den Auftrag, über dem Heiligen Felsen im Osten der Stadt eine Kuppel zu wölben. Den Ausschlag für die Wahl gerade dieses Platzes gab sicher der Wunsch, eine islamische Parallele zu schaffen zum Ort der Himmelfahrt Christi, die – nach der Überlieferung – vom Ölberg aus geschehen war. Seit der Zeit der Propheten galt es für seine Anhänger als sicher, daß auch Mohammed zum Himmel aufgefahren, im Unterschied zu Christus jedoch wieder zurückgekehrt war. Die islamische Überlieferung bezeichnete den Heiligen Felsen in Jerusalem als die Stelle, die Mohammed bei Himmelfahrt und Rückkehr mit dem Fuß berührt habe.

Durch den Propheten selbst war eine weit auslegbare Andeutung der Himmelfahrt in die 17. Koransure aufgenommen worden. Der Text liest sich in deutscher Übersetzung so: »Lob und Preis sei Allah, der seinen Diener bei Nacht vom nahen Ort der Anbetung zum weit entfernten Ort der Anbetung geführt hat. Diese Reise haben wir gesegnet, damit wir ihm unsere Zeichen zeigen. Allah hört und sieht alles.«

Zum Verständnis des Textes muß gesagt werden, daß Allah – nach der Überzeugung der Moslems – selbst aus dem Munde des Propheten sprach. Allah habe also diese Reise gesegnet; er selbst habe dem Propheten im Himmel das Buch der Wahrheit zeigen lassen – dies drückt der Text aus. Als »naher Ort der Anbetung« wurde von den Gläubigen, die mit Mohammed lebten, die Kaaba in Mekka verstanden; als »weit entfernter Ort der Anbetung« haben die Gläubigen Jerusalem begriffen.

Der Surentext verleitete zur Interpretation. Im Jahre 691, als der Kalif Abdelmalik Ibn Marwan den Bauauftrag zum Felsendom erteilte, da hatten die Gläubigen keinen Zweifel daran, daß Mohammed tatsächlich auf seinem Pferd Al Burak (der Blitz) in einer Nacht des Jahres 621 durch die Luft nach Jerusalem geritten sei. An der Klagemauer habe er das Pferd angebunden – mit dieser Erweiterung der Legende erhob der Islam auch Anspruch auf den Klage- und Betplatz der Juden. Dann habe Mohammed vom Heiligen Felsen aus die Himmelfahrt angetreten.

350 Jahre zuvor hatten die Christen in Jerusalem eine Glaubenstradition um den Felsen der Kreuzigung entwickelt, die als Parallele zu erkennen ist zur Tradition um den Heiligen Felsen im Osten, der damals noch der jüdischen Glaubenswelt zugeordnet war. Jetzt nahm der Islam ein christliches Glaubenselement zur Basis und versuchte, durch seine Lehre beide früheren Religionen zu übertrumpfen. Wurde in der Himmelfahrtskirche auf dem Ölberg ein Stein gezeigt, der angeblich Christi Fußabdruck im Augenblick des Verlassens der Erde erkennen ließ, so wiesen auch bald nach Fertigstellung des Felsendoms die islamischen Geistlichen nach, daß die riesige Steinplatte unter der Kuppel durch den Fuß des Propheten Mohammed geprägt worden sei. Der Felsendom sei gebaut worden, damit die Grabeskirche nicht die Sinne der Gläubigen verwirren könne, schrieb der islamische Historiker Mukadasi um das Jahr 985. Sie traf sicher die Wahrheit. Der Bau war zur Abwehr christlicher Einflüsse errichtet worden. Der gläubige Moslem sollte in Jerusalem nicht durch die Schönheit einer Kirche vom rechten Weg abgelenkt werden. Die Baumeister waren angewiesen, ein Gebäude von besonderer Wirkung zu schaffen.

Um dieses Ziel zu erreichen, übernahmen sie das dominierende Bauelement der Grabeskirche für den Felsendom: Sie krönten ihren Bau durch eine Kuppel, die dem damaligen islamischen Baustil fremd ist. Die Kuppel über dem Heiligen Felsen entspricht dem gewölbten Rundbau über dem Felsengrab Christi in der Form und in den Maßen. Die Baumeister hatten sich offenbar das Konstruktionsprinzip der Rotunde in der Grabeskirche genau angeschaut.

Die Kuppel des Felsendoms wird allerdings von Pfeilern getragen, denn ihre Basis wird vom offenen Raum eines achteckigen Baus rings umgeben. Die Halle unter der Kuppel und der Raum des Basisbaus gehen ineinander über. Von außen gesehen, bilden Achteckbau und Kuppel einen Gesamtkomplex von geschlossener Harmonie, der – durch die ihn umgebende freie Fläche der breit angelegten Tempelterrasse – weit eindrucksvoller auf den Beschauer wirken kann als die ins Häusergewirr der Stadt gedrängte Grabeskirche.

Wie das Heiligtum der Christen von Anfang an in zwei Bauteile gegliedert war – in Rundbau und Basilika –, so übernahmen die Baumeister des Felsendoms auch dieses Prinzip; allerdings zogen sie Rundbau und Basilika 200 Meter weit auseinander. Der Felsendom entspricht der Rotunde, die Al-Aqsa-Moschee im Süden der Tempelterrasse der Basilika. Diese Moschee, deren Name »der weit entfernte Ort der Anbetung« bedeutet, war als Platz für das Gebet gedacht. Der Felsendom aber diente eigentlich nie dem Gottesdienst. Zum Heiligen Felsen kam, wer der Himmelfahrt des Propheten Mohammed gedenken wollte.

Unbekannt sind die Namen der Baumeister, die den Felsendom geschaffen haben. Daß sie Erfahrung in oströmischer Architektur besaßen, kann nicht bezweifelt werden; sie kannten sogar die gängige Bauweise in beiden römischen Reichen. Fachleute sehen den Felsendom als Glied einer Kette von Sakralbauten, die Kirchen in Mailand, Ravenna, Konstantinopel und Jerusalem umfaßt.

Eine Schrift in der Kuppel sagt aus, sie sei im 72. Jahr nach der Hedschra, nach dem Zug des Propheten Mohammed von Mekka nach Medina, fertiggestellt worden – also im Jahr 692 unserer Zeitrechnung. Die Schrift sagt allerdings auch aus, die Fertigstellung sei während der Regierungsjahre des Kalifen Ma'mun erfolgt. Eine genaue Prüfung der Schrift ergibt, daß der Name »Ma'mun« erst später eingefügt wurde, an Stelle des Namens Abdelmalik. Dieser Mann, Abdelmalik Ibn Marwan, aus dem Geschlecht der Omaijaden, ist der wahre Bauherr des Felsendoms gewesen. Ma'mun, aus dem Geschlecht der Abbassiden, hat seinen eigenen Namen in die Kuppel schreiben lassen und damit die Baugeschichte zu fälschen versucht. Doch er hat vergessen, die Jahreszahl ändern zu lassen. Das Jahr 72 nach der Hedschra gehört in die Regierungszeit des Abdelmalik Ibn Marwan.

Karl der Große – Herr über Jerusalem

Die Fälschung der Baugeschichte des Felsendoms markiert eine entscheidende Veränderung der Machtverhältnisse im Gebiet östlich des Mittelmeers: 55 Jahre nach Fertigstellung des islamischen Heiligtums von Jerusalem ist die Kalifenfamilie Omaija, die in Damaskus regiert hatte, von der Elitefamilie Abbas, die in Baghdad zu Hause war, in blutiger Auseinandersetzung nahezu vollkommen ausgetilgt worden. Die Familie Abbas war zum Kampf um die Macht angetreten unter der wirkungsvollen, aber unwahren Parole, sie sei näher mit dem Propheten verwandt als die Omaijaden, die nichts als üble Usurpatoren der Macht gewesen seien. Der Familie Abbas, den Abbassiden, gebühre allein das Recht, das Islamische Reich zu regieren.

Die Omaijaden unterlagen, weil ihre verfeinerte Lebensart sie daran hinderte, an radikalen Widerstand gegen die brutale und kompromißlose Gewalt des Ansturms aus dem Osten zu denken. Statt Krieg zu führen, beschäftigten sie sich mit Kunst. Sie glaubten, in Bequemlichkeit befangen, lange an einen Ausgleich der Interessen zwischen den Familien Omaija und Abbas. Die Abbassiden aber hatten nur die Ausrottung der Omaijaden im Sinn, denen sie Verkommenheit und Abkehr vom wahren Glauben vorwarfen. »Ich bin der schonungslose Blutvergießer und der verderbenbringende Rächer« – so hatte sich Abul Abbas, der Führer der Rebellion gegen die Omaijaden, in Kufa den Gläubigen des Ostens vorgestellt –; das war zu Beginn des Sturms in Richtung Westen, in Richtung Damaskus, gewesen.

Im Jahre 750 war der historische Prozeß der Ablösung des Omaijadenregimes tatsächlich abgeschlossen. Das Islamische Reich wurde fortan von einem Geschlecht regiert, das keine Bindung an den Westen des Staates mehr hatte. Zu Ende war die Epoche des hellenistisch-christlichen Einflusses auf den Islam; persische Gebräuche wurden am Kalifenhof üblich. Waren unter den Omaijaden Künstler aus Ostrom beschäftigt worden, so bestimmten jetzt Perser den Geschmack. Auch Christen konnten, wenn sie klug und kenntnisreich waren, einflußreiche Stellungen im Staat besetzen; sie mußten jedoch Nestorianer sein, Anhänger der Lehre, Jesus sei mehr menschlicher als göttlicher Natur gewesen. Diese Lehre war von den Verantwortlichen des Islam akzeptiert worden, da sie wegführte von der üblichen christlichen Ansicht, Jesus sei Gottes Sohn.

In Jerusalem aber hatte die Lehre, Jesus sei eigentlich doch nur ein Mensch gewesen, nie Fuß fassen können. Geistliche und Gläubige wichen auch den Abbassiden zuliebe nicht von ihrer Überzeugung ab, Gott habe seinen Sohn in Jerusalem als Zeugen seiner Existenz leben und lehren lassen. Die Bewohner der Stadt hatten auch keinen Grund zur Klage: Die Abbassidenherrscher ließen die Christen dort in Ruhe.

Sie kümmerten sich allerdings kaum um die Stadt, die nicht in ihrem Blickfeld lag. Die Kalifen hielten sich im Gebiet von Euphrat und Tigris auf. Die Hoffnung der Kaufleute von Damaskus, das mächtige Geschlecht, das die Omaijaden abgelöst hatte, möge doch ebenfalls die syrische Oase zur Residenz wählen, erfüllte sich nicht. Damaskus wurde zum unbedeutenden Ort, den die Handelsstraßen kaum noch berührten – mit Damaskus verlor Jerusalem seinen Wert im Islamischen Staat. Zur Pilgerfahrt zogen die Gläubigen den Weg nach Mekka dem Weg nach Jerusalem vor.

Der Niedergang der Stadt ist durch archäologische Befunde zu dokumentieren. Unmittelbar vor dem Untergang des Omaijadengeschlechts hatte ein Erdbeben die Gebäude eines wohlhabenden Stadtviertels an der südwestlichen Ecke der einstigen Tempelterrasse, die jetzt Felsendom und Al-Aqsa-Moschee trug, zum Einsturz gebracht. Festzustellen ist nach dem Ergebnis der Ausgrabungen in jenem Viertel, daß die Häuser nicht wiederaufgebaut wurden, daß dort, in den Ruinen, während der kommenden Jahrzehnte Arme wohnten.

Jerusalem, das unter den Herrschern in Damaskus begonnen hatte, ein wichtiger Brennpunkt des islamischen Glaubens zu werden, zerfiel unter den Baghdader Kalifen zu einer Siedlung am westlichen Rande des Staates. Die Christen sahen diese Entwicklung nicht ungern: Sie fühlten sich von der Gefahr erlöst, daß die Grabeskirche doch noch abgebrochen werde, weil die islamischen Herrscher nicht länger den Wettbewerb des christlichen Heiligtums mit dem Felsendom dulden wollten.

Die christlichen Bewohner der Stadt konnten sogar an eine glückliche Zukunft glauben, als sie erfuhren, Karl der Große, der mächtige Herrscher im Abendland, habe dem Abbassidenkalifen Harun ar-Raschid das Recht abgehandelt, souverän für alle Belange der Grabeskirche zuständig zu sein: Dem fränkischen König war ein symbolischer Schlüssel der Grabeskirche übersandt worden.

Der Absender des Schlüssels war seit dem Jahr 786 Kalif in Baghdad. Die Märchen aus »1001 Nacht« porträtieren ihn als prachtliebenden

Monarchen, der sich wie ein persischer Kaiser benahm. Darin erzählen die Märchen sicher die Wahrheit. Grausam und verschwenderisch konnte Harun ar-Raschid sein, aber auch weise und von politischer Weitsicht. Ihm fehlte allein das Durchsetzungsvermögen, um ein wirklich bedeutender Herrscher des Islam zu werden. Bei aller Einsicht in Zusammenhänge vermied er doch Fehler nicht, die schlimme Auswirkungen hatten. Durch personelle Entscheidungen verschärfte er in seinem Staat den Konflikt zwischen Arabern und Persern – diese Polarisierung belastete das Abbassidenreich fortan. Die Spannungen zu mildern, dazu fand Harun ar-Raschid die Kraft nicht. So verzichtete er zeitweise darauf, Politik zu gestalten; er gab keine Impulse mehr, sondern er repräsentierte.

Daß Harun ar-Raschid eine Delegation edler und gelehrter Männer aus dem Frankenreich empfangen konnte, muß ihm überaus gefallen haben. Fast das ganze Jahr 799 hindurch waren die Gäste zu Land und zu Wasser gereist, um Baghdad, um den Kalifenhof zu erreichen. Sie hatten den Auftrag, dem Kalifen die Hochachtung des Frankenherrschers zum Ausdruck zu bringen. Dann wiesen sie auf gemeinsame Interessen hin: Karl, ihr Auftraggeber, sah in Ostrom eine Gefahr für seine europäischen Pläne – Harun ar-Raschid hatte Sorge, das oströmische Heer könnte wieder zum Euphratgebiet vorstoßen. Die Delegation aus Franken machte den Vorschlag, gemeinsame, abgestimmte Aktionen gegen Konstantinopel zu unternehmen.

Harun ar-Raschid hatte allen Grund, sich großzügig zu erweisen, war doch sein Ansehen in Baghdad durch die Gesandtschaft aus dem weit entfernten Westen beachtlich gesteigert worden. Als die Grafen Langfried und Sigismund, die Sprecher der Delegation, das Problem Jerusalem und die Sorge ihres christlichen Herrschers um die Heiligtümer dort ansprachen, fanden beide ein offenes Ohr. Es kostete Harun ar-Raschid nur ein Wort und einen sonst nutzlosen Schlüssel, um die Delegation aus dem Frankenreich zu beglücken. Karl der Große konnte sich fortan Beschützer der Grabeskirche nennen, was wiederum seinem Ansehen in Europa – und vor allem in Rom – überaus dienlich war. Bald ging das Gerücht um, Karl sei persönlich in Jerusalem gewesen, um dort die rechtlichen und finanziellen Verhältnisse der Grabeskirche zu ordnen.

Eckart Otto, der Hamburger Professor für Biblische Archäologie, nennt eine Textstelle als Beweis dafür, daß in Jerusalem um das Jahr 870 ein Hospiz den Namen des Kaisers trug. Da berichtete der Mönch Bernhard: »Von Ramla eilten wir zu dem Dorf Emmaus, und von Emmaus erreichten wir die Heilige Stadt Jerusalem, wo wir im Hospiz des hochberühmten Kaisers Karl wohnten.« Sicher ist, daß Karl der Große tatsächlich dafür gesorgt hat, daß die westliche christliche Kirche eine erste Basis in der Stadt bekam – jenes Hospiz gehörte dazu.

Die Grabeskirche wird eingerissen

Karl dem Großen war es gelungen, die Bedeutung des christlichen Staates Ostrom aus dem Bewußtsein der Bewohner von Jerusalem zu verdrängen. Als schließlich sogar Gelder aus Stiftungen frommer Römer und Franken eintrafen, da schien die Brücke nach Westen geschlagen zu sein. In Jerusalem breitete sich die Überzeugung aus, die Regierungszeit des Kaisers Karl bezeichne den Anfang der letzten Vorbereitungsphase für das Kommen des Reiches Gottes.

Doch der Staat des Kaisers überlebte seinen Gründer kaum. Im Zerfall des Reichs erlosch das westliche Interesse an der Grabeskirche. Ostrom aber erwachte wieder aus der Lethargie. In der Wellenbewegung zwischen Aufstieg und Untergang, die in der Geschichte aller Reiche zu beobachten ist, war das Abbassidenregime in Baghdad in die Periode des Absturzes geraten. Die Kalifen verloren den Einfluß auf die westlichen Grenzgebiete. In Jerusalem schwand die Hoffnung auf den Westen jäh dahin. Der Blick der Enttäuschten richtete sich wieder auf Konstantinopel.

Im Jahre 945 begann das oströmische Heer die Offensive in Richtung Mesopotamien. Langsam wurde die Grenze des Islamischen Reiches nach Osten zurückgedrängt. Zwanzig Jahre lang dauerten die Kämpfe, die allerdings zeitweise durch Waffenstillstand unterbrochen wurden.

Einige Männer der Geistlichkeit von Jerusalem glaubten im Jahre 965, die Tage der Sprengung des islamischen Ringes um die Stadt seien gekommen. Patriarch Johannes schrieb einen Brief an den Kaiser, der sich beim Heer am Euphrat befand, mit der dringenden Bitte, zuerst an die Stadt zu denken, in der Jesus für die Menschen gekreuzigt worden sei; Jerusalem sei das einzige Ziel, das wirklich aller Anstrengungen wert wäre.

Zum Zeitpunkt, als der Patriarch diesen Brief schrieb, befand sich das kaiserliche Heer 500 Kilometer von der Grabeskirche entfernt. Der Bote, der diese 500 Kilometer islamisches Gebiet zu durchqueren hatte, wurde abgefangen. So erfuhr die islamische Verwaltung von den konspirativen Absichten des Patriarchen. Sie beorderte eine Reiterabteilung nach Jerusalem, in dessen Mauern sich keine ständige Garnison befand, mit dem Befehl, den Patriarchen Johannes zu verhaften.

Es zeigte sich jetzt, daß Johannes eigenmächtig gehandelt hatte. Vertreter der Geistlichkeit und der Bevölkerung – sie alle waren verängstigt – stimmten der Hinrichtung des Patriarchen zu. Er wurde in Jerusalem auf dem Scheiterhaufen verbrannt. Möglich ist, daß durch diese Hinrichtung die Zerstörung der Grabeskirche, die als Sühne für die Verschwörung nicht auszuschließen war, verhindert werden konnte.

Die Vorsichtigen hatten recht behalten: Die Führung Ostroms blieb die nächsten zehn Jahre mit internen Schwierigkeiten beschäftigt. Erst 971 rückte das christliche Heer wieder vor, erreichte Damaskus und schließlich sogar Tiberias am See Genezareth und Nazareth. Jerusalem rüstete sich bereits zum Empfang der christlichen Kämpfer, da verhinderte der Beginn des winterlichen Regenwetters jeden weiteren Vormarsch. Die Truppen rückten sogar aus den eroberten Gebieten wieder ab.

Während dieser Vorgänge hatte sich die Situation im Gebiet an der Ostküste des Mittelmeers gründlich verändert. Für Jerusalem waren nicht mehr die Abbassiden im fernen Baghdad zuständig, sondern der schiitische Clan der Fatimiden, der Ägypten vom Reich der Baghdader Herrscher losgesprengt hatte. Diese Familie hatte die Gläubigen am Nil überzeugen können, daß sie – durch Abstammung von der Prophetentochter Fatima – weit enger mit Mohammed verwandt war als die Familie Abbas in Baghdad. Wer mehr als andere darauf pochen konnte, das Blut des Propheten in den Adern zu haben, durfte Macht beanspruchen.

Kaum hatten die Nachfahren der Fatima Ägypten in der Hand, da ließen sie sich daran erinnern, daß die Ostküste des Mittelmeers jahrhundertelang vom Nil aus regiert worden war. Sie schickten ihre Reitertruppe nach Gaza, Aschkelon, Jerusalem und Caesarea. Auf bedeutenden Widerstand stieß sie nicht. Eineinhalb Jahrtausende waren vergangen, seit Jerusalem zuletzt unter der Kontrolle der Herrscher am Nil gewesen war. Jetzt gehörte die Stadt wieder zu Ägypten.

Zunächst änderte sich nichts für die Christen. Sie hatten die neuen Herren durch Steuerzahlung anzuerkennen; war die Steuerpflicht erfüllt, blieben sie unbehelligt. Doch im Jahre 1004 begann eine bedrückende Entwicklung.

Der Kalif Hakim hatte die Macht in Cairo übernommen. Seine Mutter war Christin gewesen; und er war von ihr christlich erzogen worden. Als er kein Kind mehr war, entdeckte er, daß der Vater und alle wichtigen Männer des Hofes nicht an den Gottessohn Jesus glaubten. Hakim begann, sich gegen das Ergebnis der Erziehung durch die Mutter aufzulehnen. Er empfand als schlecht, was sie ihn gelehrt hatte. Er entwickelte Haß nicht nur gegen die Mutter, sondern gegen alle Christen. Sobald er, Kalif geworden, die Macht dazu besaß, erließ Hakim Gesetze zur Diskriminierung der Christen. Über fünfzehn Jahre zog sich der schleichende Prozeß der Einengung ihrer Rechte hin. Die Christen im Reich der Fatimiden mußten sich durch Zeichen an der Kleidung erkennbar machen; das Eigentum der Kirchen wurde beschlagnahmt; auf den Dächern der Kirchen mußte das Zeichen des Halbmonds angebracht werden. Hinzuzufügen ist allerdings, daß Kalif Hakim auch den Lebensgewohnheiten der Moslems in seinem Staat strenge Beschränkungen auferlegte, die nur durch religiösen Wahnsinn zu erklären waren, der ihn befallen hatte. Der Kalif glaubte schließlich, er selbst sei göttlicher Abstammung und zur rechten Anleitung der Menschen auf die Erde geschickt.

Als Hakim den Befehl gab, grundsätzlich alle Kirchen seines Herrschaftsbereichs abzubrennen oder niederzureißen, da war abzusehen, daß diesmal auch die Grabeskirche nicht zu retten war. Die ausdrückliche Order, auf die der für Jerusalem zuständige Gouverneur wegen der Besonderheit des Falles ausdrücklich wartete, blieb einige Monate lang aus.

Am 19. Oktober des Jahres 1009 trat das mit Bangen erwartete Ereignis ein: Männer, die von auswärts gekommen waren, besetzten die Kirche und jagten die Geistlichen hinaus. Unmittelbar darauf begannen die Kirchenbesetzer mit dem Abbruch aller Gebäude, die um das Grab Christi gruppiert waren. Das Dach der Basilika wurde zum Einsturz gebracht, dann wurden die starken Mauern eingerissen. Es blieben nur die Fundamente erhalten. Daß die Arbeit nicht leicht fiel, scheinen die Reste des Rundbaus auszusagen, die von den Archäologen identifiziert werden konnten: Die Außenmauern der Rotunde sind in wesentlichen Teilen erhalten geblieben. Offenbar widerstanden die schweren Steine den Äxten und Hämmern.

Vielleicht aber hatten die Beauftragten des Kalifen mit der Zerstörung der Grabkammer Jesu, die – herausgehauen aus dem großen Fels des einstigen Steinbruchs – bis dahin in der bei der Entdeckung vorgefundenen Form erhalten geblieben war, ihre Aufgabe als erfüllt angesehen. Sie hatten die Felsumrahmung zertrümmert und die Steinbrocken weggetragen. Damit war der Befehl Hakims ausgeführt, das Grab Jesu vom Erdboden verschwinden zu lassen. Die Grabkammer, die heute in Jerusalem gezeigt wird, hat nichts mit der Höhle gemeinsam, die bis zum Jahr 1009 unter dem Rundbau zu sehen war. Die Grabkammer, die der Gläubige heute verehrt, ist eine Rekonstruktion.

Der Schaden am Heiligtum war nicht mehr gutzumachen, wenn er auch dem Kalifen in späteren Jahren leid tat. Hakim vollzog gegen Ende seines Lebens eine erstaunliche Wende: Er ließ die Christen ihre Feste feiern und verbot den Moslems die Fastentage des Ramadan und die Pilgerfahrt nach Mekka.

Im Jahre 1020 erhielten die christlichen Kirchen alles Eigentum zurück, das zuvor beschlagnahmt worden war. Im selben Jahr ließ Hakim seinen Namen beim Freitagsgebet an die Stelle des Namens Allah setzen. Ein Jahr später verschwand der inzwischen verhaßte Kalif für immer während einer Nacht, die er allein auf dem Berg Mokatam über Cairo verbringen wollte.

Vernunft begann wieder zu regieren am Fatimidenhof in Cairo. Den Christen Jerusalems wurde der Wiederaufbau der Grabeskirche gestattet. Da der Gemeinde das Geld fehlte und keine Mittel aus europäischen Stiftungen eintrafen, konnten die Bauarbeiten aber erst 1042 beginnen. Dabei war Jerusalem von den Europäern keineswegs im Stich gelassen worden: Die Zahl der Pilger hatte sich von Jahrzehnt zu Jahrzehnt gesteigert. Hunderte von Wallfahrern aus dem Westen hatten sich 1038 zur Jahrtausendfeier des Todes Jesu in den Trümmern der Grabeskirche zum Gottesdienst versammelt. Als schließlich der Wiederaufbau begann, kamen kaiserliche Beamte aus Konstantinopel ungehindert in die Stadt. Nach Ansicht der islamischen Bevölkerung benahmen sie sich so, als ob Jerusalem ihnen gehörte.

Die Bewohner Jerusalems blieben für die unmittelbare Zukunft von weiteren antichristlichen Ausschreitungen verschont. Sie litten jedoch unter den Kriegen, die Moslems gegeneinander führten. Aus der Tiefe des Landes östlich des Kaspischen Meeres war das kraftvolle Turkvolk der Seldschuken ins Islamische Reich eingefallen, hatte den Glauben an Allah angenommen und den Abbassidenkalifen in Baghdad zu seinem Vasallen gemacht. Sich auf diesem Erfolg auszuruhen entsprach nicht der Mentalität dieses tatengierigen Volkes. Die Reiterführer und ihre Männer wollten erobern, Beute an sich reißen.

Ihrem Schwung waren die oströmischen Garnisonen in Syrien nicht gewachsen. Im Jahr 1072 brachen die Seldschuken zum Bergland ostwärts der Mittelmeerküste durch. Am Ende dieser Offensive nahm das Turkvolk Jerusalem den in Cairo residierenden Fatimiden weg – kampflos vollzog sich die Besetzung. Doch der Versuch der Eroberer, zum Nil vorzustoßen, mißlang. Diese Niederlage löste in Jerusalem einen Aufstand zugunsten der Fatimiden aus, der von Moslems und Christen gemeinsam ausgefochten wurde. Der Rückschlag an Ägyptens Grenze hatte aber die Entschlossenheit der Seldschukenfürsten nicht geschwächt, eroberte Gebiete festzuhalten: Sie ließen den Aufstand niederschlagen, wobei Tausende der Moslems und Christen ihr Leben verloren. Diese Strafaktion ist jedoch nicht als antichristliche Ausschreitung einzustufen.

Als sich am Ende des 11. Jahrhunderts die spektakulärste Militäraktion in der Geschichte Jerusalems abzeichnete, da befand sich die Stadt wieder in der Hand der Fatimiden. Gerade dieser Familie konnten Geistliche und Laien im christlichen Europa nicht verzeihen, daß eines ihrer Mitglieder die Grabeskirche hatte zerstören lassen. Was zu Beginn des Jahrhunderts geschehen war, löste an seinem Ende eine späte Reaktion aus. Der Rundbau über der vermutlichen Stelle des Grabes Jesu war bereits wiedererrichtet, da wurde die Forderung nach Bestrafung der Fatimiden und der Moslems insgesamt laut. In der Auvergnestadt Clermont rief Papst Urban II. zum Kreuzzug auf gegen die Moslems, die er als Feinde Gottes bezeichnete. Dieser propagandistisch wirkungsvolle Abschluß eines sonst unbedeutenden Konzils fand am 27. November des Jahres 1095 statt. Am 7. Juni 1099 sah das Kreuzfahrerheer die Mauern und Türme von Jerusalem vor sich.

Die Gihonquelle rettet die Kreuzfahrer

Ein unbekannter Augenzeuge hat einen ausführlichen Bericht von der Ankunft des christlichen Heeres hinterlassen: »Vor Freude frohlockend kamen wir bis zur Stadt Jerusalem, und wir belagerten sie bewunderungswürdig. Robert von der Normandie übernahm die nördliche Mauer bei der Kirche des ersten Märtyrers, des heiligen Stephan, an dem Ort, wo er um des Namens Christi willen gesteinigt worden ist. Hinter ihm befand sich Robert, der Graf von Flandern. Im Westen hatten die Herzöge Gottfried und Tankred die Verantwortung für die Belagerung übernommen. Der Graf von Saint-Gilles war im Süden zuständig, dort, wo der Herr mit seinen Jüngern das Abendmahl gefeiert hatte.«

Wilhelm von Tyrus hat diese Erlebnisse niedergeschrieben: »Das Heer litt jedoch schrecklich unter Durst. Die Umgebung von Jerusalem ist an sich schon wasserarm und dürr. Nur in ziemlich großer Entfernung sind Quellen oder Brunnen zu finden, die wirklich Wasser spenden. Diese Quellen aber waren kurz vor der Ankunft unserer Truppen von den Feinden zugeschüttet worden. Sie hatten Erde hineingeworfen. Sie hatten auch die Zisternen auslaufen lassen. Die Einwohner von Bethlehem kamen oft zum Heer und führten dann die Kreuzfahrer zu den Brunnen, die sich vier oder fünf Meilen vom Lager entfernt befanden. Dort ergaben sich allerdings neue Schwierigkeiten. Die Kreuzfahrer rempelten einander an und drängten sich gegenseitig weg. Jeder wollte zuerst Wasser schöpfen. Oft artete das Anrempeln in Streit aus. So füllten sich die Schläuche nur langsam mit dem meist schlammigen Wasser. Die brennende Hitze des Juni vermehrte noch die Qual. Der Staub trocknete den Gaumen aus.«

Erst die Entdeckung des Siloah-Wasserbeckens linderte die Not. Das Reservoir im Süden der Stadt war in herodianischer Zeit durch Gemäuer neu gefaßt worden, aber noch immer blieb es von außerhalb der Stadtbefestigung schwer zugänglich. Daß aus der Höhle am Hang ständig frisches, unverdorbenes und unvergiftetes Wasser floß, erschien den Kreuzfahrern ein Wunder zu sein. Vom Verlauf des Hiskiatunnels und von der Gihonquelle, die den Bach in der Tunnelröhre speiste, wußten die Krieger aus Europa nichts. Der anonyme Beobachter, der die Qualität des Wassers lobte, sah aber auch Grund zur Klage: »Das Wasser wurde viel zu teuer verkauft.« Geschäftemacher kontrollierten also das Siloahbecken.

Der Schilderung der Durstqualen und ihrer Ursachen ist zu entnehmen, daß sich die Verteidiger gut auf die Ankunft des christlichen Gegners vorbereitet hatten. Dazuhin war in den letzten Tagen vor Beginn der Belagerung kilometerweit im Umkreis alles Holz vernichtet worden, damit die Kreuzfahrer kein Material zum Bau von Belagerungsmaschinen finden konnten. Verantwortlich in der Stadt war Iftikhar ad-Daula, der Statthalter der Fatimiden. Seine wichtigste Maßnahme zur Sicherung der Festung Jerusalem war die Ausweisung aller Christen gewesen; sie hatten innerhalb von Stunden die Stadt verlassen müssen. Der Statthalter hatte mit gutem Grund annehmen können, daß die Christen mit allen Mitteln versuchen würden, ihren Glaubensbrüdern den Weg durch Tore und über Mauern zu öffnen.

Diese Maßnahme traf jedoch keine Minderheit: Die Zahl der Ausgewiesenen ist auf etwa 50000 zu schätzen. Die meisten der Bewohner waren Christen gewesen. Ihre Entfernung brachte dem Statthalter auch den Vorteil, daß er mit geringerem Verbrauch an Lebensmitteln und Trinkwasser rechnen konnte. Iftikhar ad-Daula wußte, daß ein fatimidisches Entsatzheer vom Nil her unterwegs war. Kein Zweifel bestand für ihn: Bis zur Ankunft der Truppe konnte er hinter den starken Befestigungen mit der islamischen und der jüdischen Bevölkerung sowie der Fatimidengarnison ausharren.

Fünf Tage nach dem Eintreffen vor Jerusalem, am 5. Juni, begaben sich die Kommandeure des Kreuzfahrerheeres auf den Ölberg, um von diesem erhöhten Platz aus in die belagerte Stadt hineinzusehen. Sie trafen dort auf einen sehr alten Einsiedler, der ihnen den dringenden Rat gab, am nächsten Morgen anzugreifen. Auf den Einwand, daß sie nicht einmal Leitern besäßen, um die Mauerkronen zu erreichen, erhielten die Befehlshaber die Antwort, wenn ihr Glaube wirklich stark wäre, würde Gott ihnen über die Mauern helfen. Gegen diese Worte des Einsiedlers fand niemand mehr ein Argument. Der Angriff fand am andern Morgen statt, doch er scheiterte schmählich.

Bitter war die Erkenntnis, daß die Befestigungen von Jerusalem nicht, wie einst die Mauern von Jericho, durch die Kraft des Glaubens zum Einsturz zu bringen waren. Fasten und Beten nützten nichts gegen Wälle und Türme, die zu den stärksten des Orients zählten. Während vieler Belagerungen im Verlauf der Jahrhunderte waren mögliche Schwächen des Verteidigungssystems erkannt und korrigiert worden. Da der Schwerpunkt der meisten Sturmangriffe im Nordabschnitt der

Mauer gelegen hatte, waren gerade dort besonders massive Quader zu beachtlicher Höhe aufgeschichtet.

Da der Rat des frommen Einsiedlers keinen Erfolg gebracht hatte, blieb nichts anderes übrig, als die Stadt mit konventionellen Mitteln zu belagern; dazu aber waren bewegliche Türme und Schleudermaschinen nötig. Für ihren Bau aber wurde Holz gebraucht. Doch nirgends fanden die Ritter auch nur einen Baum, aus dem ein Balken hätte geschlagen werden können. Hätten die Ritter Holz gefunden, so wäre ihr Vorhaben, Belagerungsmaschinen zu bauen, daran gescheitert, daß sie weder Hämmer noch Äxte und Nägel mitgebracht hatten – als Werkzeuge besaßen sie nur ihre Schwerter. Die Verteidiger auf den Mauern sahen die ratlosen Ritter, die zornig die starken Mauern betrachteten. Ägyptische und sudanesische Bogenschützen entwickelten großes Geschick, die Männer zu treffen, die nach Schwachstellen der Festung spähten.

Die Situation des Kreuzfahrerheeres änderte sich durch zwei Glücksfälle. Im Hafen Jaffa, der den Belagerern zur Verfügung stand, trafen zwei genuesische und vier englische Schiffe ein, die Werkzeuge – Sägen, Hämmer und Äxte – an Bord hatten. Da den Schiffen der Rückweg durch islamische Patrouillenboote, die vor Jaffa kreuzten, versperrt war, stimmten die Kapitäne zu, daß Masten und Aufbauten demontiert und hinauf nach Jerusalem gebracht wurden. Die Stämme und Bretter fanden Verwendung bei der Herstellung einfacher Steinschleudern.

Der zweite Glücksfall war, daß die Ritter Tankred und Robert von Flandern in Samaria, 50 Kilometer vom Lager vor Jerusalem entfernt, einen Wald fanden, der aus hohen Stämmen bestand. Jetzt konnten Sturmleitern gezimmert und bewegliche Türme gebaut werden. Drei Wochen verbrachten die Ritter mit dieser ungewohnten Arbeit. Dabei stritten sie über die Verteilung der Beute und der Privilegien nach erfolgreicher Eroberung. Durch Bescheidenheit zeichnete sich niemand aus.

Als Leitern und Türme fertig waren, zogen die Belagerer in einer Bittprozession um die Mauern. Sie begannen mit ihrem Zug am Stephanstor im Norden, marschierten, nach Landsmannschaften geordnet, der Westmauer entlang hinunter zum Siloahbecken und wandten sich dann durch das Kidrontal hinauf nach Norden. Obgleich sie Abstand hielten von den Mauern, erlitten sie hohe Verluste durch präzise geschossene Pfeile. Schlimm waren die Beschimpfungen, denen sich das christliche Heer ausgesetzt fühlte. Die Verteidiger hatten hölzerne Kreuze auf den Zinnen errichtet, die sie bespuckten, bepißten und mit Kot beschmierten.

Die Prozession um die Stadt hatte die Wut der Belagerer gesteigert, die Hoffnung auf Erfolg jedoch gedämpft. Die Führung der 1300 adeligen Ritter begriff, daß so wenige Männer kaum die vielfache Zahl der Verteidiger bezwingen konnten. Sie hatten zwar 12000 Kämpfer zu Fuß um sich, doch deren Aufgabe bestand hauptsächlich darin, die Steinwurfmaschinen zu bedienen, die beweglichen Türme an die Mauern heranzuschieben und Pfeile abzuschießen. Die Hauptlast des Kampfes lag bei den Rittern. Immer häufiger trafen Nachrichten im Lager des Christenheeres ein, die vom bedrohlichen Näherrücken des ägyptischen Entsatzheeres meldeten. Die Zeit drängte. Einen Monat nach dem schmählichen Abbruch des Sturmangriffs setzte der Rat der Ritter einen neuen Angriffstermin für die Nacht vom 13. zum 14. Juli fest. Dieser Termin konnte jedoch nicht eingehalten werden, da die hölzernen Türme durch einen Graben von der Mauer ferngehalten wurden. Erst mußte die Vertiefung vor der Nordmauer aufgeschüttet werden. Diese Arbeit aber war gefährlich: Viele der Fußsoldaten, die Steine herbeischleppten, starben durch Pfeiltreffer; mancher wurde durch flammendes Pech verbrannt, das die ägyptischen und sudanesischen Verteidiger von den Mauern sprühten. Die Ritter mußten schließlich Geldprämien aussetzen für diejenigen, die besonders hartnäckig in der Gefahrenzone ausharrten.

Das Massaker von Jerusalem

Am späten Vormittag des 15. Juli 1099 standen endlich zwei Türme in der richtigen Position im östlichen Teil der Nordmauer. Iftikhar ad-Daula, der fatimidische Statthalter, kommandierte die Verteidigung in diesem Frontabschnitt selbst. Seine Taktik bestand darin, Feuer gegen die Holztürme zu schießen, um sie durch Brand zu zerstören. Die leicht entflammbaren Konstruktionen waren jedoch durch Lederdecken geschützt, die mit Wasser aus dem Siloahbecken feucht gehalten wurden.

Da die Türme nicht zu vernichten waren, mußte Iftikhar ad-Daula verhindern, daß Kämpfer von der oberen Plattform aus auf die Mauer hinüberspringen konnten. Dies gelang beim Turm, der weit ostwärts vom Stephanstor stand. Vom Turm direkt beim Tor konnten jedoch um die Mittagszeit Bretter hinüber zur Mauerzinne geschoben werden. Ritter aus Lothringen und Flandern drangen entschlossen über die improvisierte Brücke. Sie sicherten den Brückenkopf auf der Mauer und ermöglichten so das Anlegen der Sturmleitern.

Kaum waren die christlichen Kämpfer auf der Mauerkrone von der Stadt aus zu sehen, da brach der islamische Widerstand in diesem Abschnitt zusammen. Die Ägypter und Sudanesen räumten eilig ein Quartier nach dem anderen und zogen sich auf die Plattform um den Felsendom zurück. Inzwischen sprengten die Ritter das Stephanstor und stürmten samt Fußvolk in die Straßen der Stadt. Iftikhar ad-Daula, fassungslos vor Verblüffung über das Versagen der eigenen Truppe, gab noch Befehl, den Felsendom in das Zentrum einer Festung zu verwandeln, deren Außenwälle die Umfassungsmauern der Plattform sein sollten. Doch der Druck der Angreifer war jetzt so stark, daß keine Möglichkeit blieb, die fliehenden Streitkräfte zu sammeln und neu zu gruppieren. Hunderte der Verteidiger, die im Felsendom eingeschlossen waren, ergaben sich. Dem Statthalter gelang mit einer Elitetruppe der Rückzug auf die westlichen Befestigungswerke, auf den sogenannten Davidsturm. Von dort aus bot er unverzüglich die Kapitulation an; sie wurde von den christlichen Grafen nach kurzer Überlegungsfrist angenommen. Iftikhar ad-Daula durfte Jerusalem verlassen. Begleitet von seiner Garde ritt er in Richtung Aschkelon davon. Er war klug, keinen Augenblick zu warten.

Nur diese Gruppe um den ägyptischen Statthalter konnte ihr Leben retten. Niemand sonst wurde von den Eroberern verschont. Die Ritter aus Europa verwandelten sich in die brutalsten Bestien, die je in Jerusalem gehaust hatten. Sie übertrafen an Grausamkeit alle bisherigen Sieger. Alle ägyptischen und sudanesischen Kämpfer, die in den Felsendom geflohen und sich dort ergeben hatten, wurden erschlagen. Felsplatte und Wände waren nach dem Morden blutbedeckt. In den Häusern und auf den Straßen wurden Bewaffnete und Unbewaffnete, Junge und Alte, Frauen, Männer und Kinder erstochen. Gebrüll und Toben der Ritter und der einfachen Soldaten mischten sich mit den Aufschreien der islamischen und jüdischen Opfer.

Fast alle jüdischen Familien hielten sich in der Stunde des christlichen Sieges in der Synagoge auf. Dichtgedrängt warteten und beteten sie. Die Christen umstellten das Gebäude und zündeten es an. Brennend stürzten die Dachbalken auf die Betenden herunter und erschlugen viele. Andere erstickten im Rauch. Die meisten starben durch die Flammen.

Keiner der Grafen befahl, das Morden zu beenden. Den Nachmittag und die ganze Nacht hindurch suchten die Eroberer nach Opfern. Als der Morgen über dem Ölberg graute, soll, nach Berichten jener Zeit, kein Moslem und kein Jude mehr in Jerusalem gelebt haben. Beim ersten Tageslicht erschraken die Ritter selbst, daß überall auf Straßen und Plätzen Tote lagen. Die Vornehmen unter ihnen bemerkten mit Entsetzen, daß ihre Kleidung, ihr Gesicht, ihre Hände mit Blut verschmiert waren. Doch keiner ließ sich davon abbringen, jetzt die Häuser nach Gold, Silber, Edelsteinen, schönen Stoffen, nach Pferden und Eseln zu durchsuchen. Jeder fand mehr, als er mit sich nehmen konnte. Der Reichtum Jerusalems stapelte sich bald in und zwischen den Zelten im christlichen Heerlager nördlich der Stadt.

Auf sechs Kamelen verteilt, ließ der normannische Ritter Tankred seine Beute ins Lager transportieren. Ihm war es gelungen, die Schatzkammer des Felsendoms zu finden. Die vielen goldenen Leuchter, die er dort entdeckte, erklärte Tankred zu seinem Eigentum. Persönlich riß er Vergoldungen von den Wänden und Pfeilern.

Als Morden und Rauben abgeschlossen waren, da zogen die Ritter und Soldaten die Rüstungen aus, wuschen sich Gesicht und Hände und streiften weiße Leinenhemden über. Dann begaben sich die Sieger barfuß durch die Blutlachen der Straßen zur Grabeskirche. Tausende küßten, was sie noch vom Felsen des Kreuzes und der Grabeshöhle zu erkennen glaubten. Unter Tränen und Lobpreisungen dankten sie Gott für den Triumph, den sie zu seinen Ehren erkämpft hatten. Viele waren danach überzeugt, sie hätten deutlich den gekreuzigten Leib Christi vor sich gesehen.

Die Schreckensereignisse des 15. und 16. Juli des Jahres 1099 prägten von nun an die Vorstellung der Moslems von den Christen: Die Moslems sahen die Europäer als lustvoll mordende Banditen, die ohne Gewissen handelten, die an sich nahmen, was sie nur finden konnten. Edle Motive für die Besitznahme von Jerusalem konnte kein Moslem erkennen. Was an jenen beiden Tagen geschah, belastete das Verhältnis zwischen der islamischen Bevölkerung und dem Kreuzfahrerheer derart, daß eine Aussöhnung nicht mehr möglich war. Für die Moslems konnte es nur noch das eine Ziel geben, die Christen wieder zu vertreiben. Der Kreuzritterstaat Jerusalem, der nun entstand, blieb während aller Jahre seiner Existenz ein Fremdkörper im Gebiet der Mittelmeerostküste.

Am 17. Juli begannen die Ritter die eroberte Stadt zu verwalten. Tausende der Toten wurden von den einfachen Soldaten auf Karren geladen und ins Kidrontal gefahren; dort wurden sie in Massengräbern verscharrt. Stapel von Leichen wurden in der Stadt auf Scheiterhaufen verbrannt. Ein furchtbarer Gestank, fortgetragen von schwarzem Rauch, legte sich über Jerusalem.

Am Nachmittag versammelten sich die Grafen vor dem Felsendom. Sie wollten Rat halten, um zu beschließen, was mit der Stadt geschehen solle. Keiner hatte ein Konzept für die Zukunft. Sie waren im Auftrag des Papstes Urban II. ins Heilige Land gezogen. Sie kannten alle die Worte, die dieser Papst am 27. November 1095 am Ende des Konzils von Clermont gesprochen hatte:

»Als Sendbote Gottes werde ich euch den göttlichen Willen enthüllen. Es ist unbedingt nötig, daß wir unseren Brüdern im Orient sofort die schon oft versprochene und so dringend benötigte Hilfe bringen. Die Türken und die Araber haben sie angegriffen und in sieben Schlachten besiegt. Viele unserer Brüder wurden getötet, viele gefangengenommen. Kirchen wurden zerstört, das Land verwüstet. Wenn ihr jetzt nicht den Türken und Arabern Widerstand entgegensetzt, dann werden die treuen Diener Gottes im Osten diesem Ansturm erliegen. Deshalb bitte und ermahne ich euch – aber eigentlich ist es der Herr selbst, der euch bittet und ermahnt –, daß ihr euch als Herolde Christi beeilt, ich meine dabei Arme und Reiche, dieses gemeine Gezücht aus den von euren Brüdern bewohnten Gebieten zu verjagen und den Gläubigen Christi rasche Hilfe zu bringen. Wenn diejenigen, die ins Heilige Land ziehen, ihr Leben verlieren, sei es auf der Fahrt zu Lande oder zu Wasser, oder in der Schlacht gegen die Heiden, so werden ihnen in dieser Stunde alle Sünden vergeben. Dies gewähre ich nach der Macht Gottes, die mir verliehen wurde.«

War zunächst in den Worten des Papstes nur davon die Rede gewesen, daß es die Pflicht der Christen im Westen sei, ihren Brüdern im Oströmischen Reich beizustehen, so wurde Urban II. damals am Ende seiner Rede um so deutlicher, welches Ziel der Kreuzzug haben müsse: »Die Ungläubigen haben es gewagt, die Heilige Stadt Christi, die geweiht worden ist durch Sein Leiden und durch Seine Auferstehung, unerträglicher Knechtschaft zu unterwerfen. Die Ungläubigen müssen für ihr dreistes Verbrechen, für ihr barbarisches Wüten bestraft werden.«

Unter der Parole »Dieu le volt!« (»Gott will es!«) waren Ritter aller Grade der Vornehmheit, Raubritter, Geistliche, verirrte Seelen auf der Suche nach Gott, Bauern, Handwerker, Verbrecher, Abenteuerlustige und die Ärmsten der armen Teufel nach Osten gezogen. Begonnen hatten sie den Kreuzzug mit Verbrechen: Besessen von wirren Gedanken, den Tod Jesu schon in Deutschland rächen zu müssen, hatten sie in den Handelsstädten am Rhein Tausende von Juden umgebracht. Dafür hatten sie dann bei Begegnungen mit islamischen Heeren im östlichen Grenzgebiet der heutigen Türkei schwer gebüßt. Die ersten, meist undisziplinierten Haufen, die auf Widerstand der Moslems stießen, wurden vernichtet. Erst als erfahrene Heerführer die Organisation der Orientfeldzüge übernahmen, als französische und deutsche Adlige – wie Graf Gottfried von Bouillon, die Herren von Zweibrücken und Hartmann von Dillingen – sich das Kreuz an die Rüstung hefteten, waren Erfolge möglich.

Doch waren Wunder nötig gewesen, um das Heer bis Jerusalem zu führen: An Weihnachten des Jahres 1097 war der Schwung der Ritter und einfachen Soldaten vor Antiochia am Fluß Orontes auf heute syrischem Gebiet erlahmt. Der Führung der Ritter war schließlich ein Mittel eingefallen, um die Niedergeschlagenen aufzurütteln; sie hatte dafür gesorgt, daß die Lanzenspitze gefunden wurde, mit der Christus am Kreuz einst an der Seite verwundet worden war. Die Offensive war wieder in Bewegung gekommen, weil die meisten der Kämpfer geglaubt hatten, Gott habe ihnen durch dieses Zeichen den Sieg verkünden wollen.

So waren sie in Not, Entbehrung und oft von Verzweiflung getrieben nach Jerusalem gelangt: durch das Wort des Papstes verpflichtet, diejenigen zu bestrafen, die für »barbarisches Wüten« verantwortlich waren. Nach Erfüllung dieser Verpflichtung, als kein Ziel mehr lockte, wußte niemand, welchen Sinn ein Aufenthalt in Jerusalem noch haben sollte. Die meisten der Ritter, nun entbunden von ihrem Kreuzzugsgelübde, ließen wissen, daß sie in die Heimat zurückkehren wollten. Die Geistlichen aber wollten fast alle an der Stätte des Wirkens Christi bleiben und sprachen sich für die Gründung eines theokratischen Staates unter der Führung eines hohen Kirchenmannes aus. Doch als sie Namen nennen sollten, da stellten sie in kluger Einsicht selbst fest, daß unter ihnen keiner das Format zum Staatsmann habe. Wenn die

Gründung der Theokratie aus personellen Gründen nicht möglich war, blieb nur die Ausrufung eines weltlichen Staates, eines Königreichs. Dafür fiel die Verantwortung den Grafen zu; sie besaßen wenigstens Erfahrung in der Lenkung von Gemeinwesen. Doch da war niemand, dem alle Ritter ohne Widerrede gehorcht hätten. Landsmannschaftliche Differenzen waren schon Stunden nach dem Sieg aufgebrochen. Raimund von Toulouse, Gottfried von Lothringen, Robert von Flandern und Robert von der Normandie mißgönnten sich gegenseitig jede Erhöhung; keiner wollte sich dem anderen unterwerfen. Raimund von Toulouse, der politisch denken konnte, kommandierte das größte Truppenkontingent. Doch er nützte diesen Vorteil nicht aus. Er lehnte die Würde eines Königs von Jerusalem, die ihm von seinen Anhängern angeboten wurde, mit der Begründung ab, er sei nicht würdig, König in der Stadt Christi zu werden.

In Wahrheit hatte Raimund von Toulouse gespürt, daß seine zahlreichen Kämpfer nicht auf Dauer in Jerusalem bleiben wollten. Da sie allein die Grundlage seiner Macht gewesen wären, konnte er nicht an eine feste Basis seiner Autorität glauben. Die Begründung, er sei unwürdig, aber sollte auch den Konkurrenten den Griff nach der Macht unmöglich machen. Niemand durfte von sich behaupten, er sei würdig, König zu sein, wenn Raimund von Toulouse sich für unwürdig erklärte.

In Gottfried von Lothringen aber fand Raimund seinen Meister in der politischen Taktik. Gottfried ließ wissen, selbstverständlich sei auch er unwürdig, König der Stadt Christi zu sein, deshalb wolle er sich mit dem Titel »Advocatus Sancti Sepulchri« begnügen. Die Mehrheit der Ritter und Geistlichen jubelte ihm nach dieser Erklärung zu. Sie fanden die Bescheidenheit des Grafen angebracht, sich als Oberhaupt des christlichen Staates Jerusalem »Verteidiger des Heiligen Grabes« zu nennen. Das Argument, kein Sterblicher dürfe sich dort, wo Jesus, der Sohn Gottes, die Dornenkrone getragen habe, eine goldene Krone aufs Haupt setzen, wurde von allen, deren Wort Gewicht besaß, als überzeugend angesehen. Gottfried von Lothringen hatte es ausgesprochen – damit hatte er die Demut des Grafen von Toulouse für die Ohren der Zuhörer übertroffen. Die Begeisterung der Mehrheit ließ keinen Zweifel aufkommen, wer Sieger war im Kampf um die Führungsspitze im jungen Staat.

Das Erbübel des christlichen Königreichs wurde deutlich: Neid beherrschte das Denken der Verantwortlichen. Raimund von Toulouse, durch den Erfolg des Konkurrenten rachsüchtig geworden, war ein schlechter Verlierer. Er besetzte die einzige noch erhaltene Festung der Stadt; sie stand am Platz des einstigen Herodespalastes und wurde irrtümlich »Davidsburg« genannt. Raimund erklärte, dieser Bau sei seine Burg – hier wolle er bleiben. Er mußte jedoch bald aus der Davidsburg ausziehen, weil ihn seine Anhänger verließen, die dem Unterlegenen nicht weiterhin helfen wollten. Im Zorn ritt Raimund davon, ins Jordantal hinunter.

Gleich während der ersten Tage des christlichen Königreichs wurde ein weiterer bleibender Zwist deutlich, als die ursprüngliche christliche Bevölkerung, die vom fatimidischen Statthalter ausgewiesen worden war, wieder nach Jerusalem zurückdrängte. Voll Freude über den Sieg der Ritter Christi kamen die Christen – und sahen, daß ihre Häuser von den Eroberern bewohnt wurden, daß ihr Eigentum von den Franzosen und Deutschen als Beute betrachtet wurde. Sie wollten in der Grabeskirche Dankgottesdienst abhalten in ihrem gewohnten oströmischen Ritus – und wurden von den Geistlichen aus dem Westen hinausgeworfen. Die Kreuzfahrer sorgten dafür, daß an der Stelle von Jesu Tod und Grab nur Gottesdienst nach lateinischem Brauch gehalten wurde. Die oströmisch orientierten Christen sehnten sich bald schon nach der Fatimidenherrschaft zurück. Während der Regierungszeit des Statthalters Iftikhar ad-Daula hatte ihnen wenigstens die Grabeskirche gehört.

Die Priester der oströmischen Kirche waren überzeugt, ein Stück Holz des echten Kreuzes Christi zu besitzen. Sie hatten den Balkensplitter aus der Grabeskirche mitgenommen, als sie vom Fatimidenstatthalter aus Jerusalem gewiesen worden waren – jetzt hielten sie den Splitter in der Stadt versteckt. Die oströmischen Geistlichen wiesen die Herren aus dem Westen darauf hin, daß sie nicht gewillt waren, die Reliquie an die neue Verwaltung der Grabeskirche auszuhändigen. Die Grafen aber handelten entschlossen: Sie ließen die führenden oströmischen Geistlichen foltern, bis das Holz wieder an seinem Platz beim Kreuzigungsfelsen war.

Einer nach dem anderen aus dem Kreis der Ritter entschloß sich zur Heimreise. Die meisten der Adligen besaßen Burgen und Ländereien in Frankreich oder in Deutschland, auf die sie nicht verzichten wollten. Die Geistlichen aber, die zu Hause nichts besaßen, blieben in der Heiligen Stadt. Nach einigen Monaten übertraf die Zahl der Priester die der Grafen und Ritter. Da sie die Mehrheit hatten, dachten die geistlichen Herren daran, den weltlichen Staat Jerusalem doch noch in eine Theokratie zu verwandeln. Wahrscheinlich ist, daß Gottfried von Lothringen, der »Advocatus Sancti Sepulchri«, als Schwerkranker dem Patriarchen schriftlich zugesichert hatte, daß die Stadt künftig ihm gehöre.

Als Gottfried am 18. Juli des Jahres 1100 überraschend starb, hielt sich der Patriarch jedoch nicht in Jerusalem auf; er konnte das Amt des Staatsoberhaupts nicht übernehmen. Die Ritter sahen darin einen Wink Gottes. Sie reagierten rasch und bestimmten selbst einen Nachfolger für Gottfried. Niemand als Balduin, der Bruder Gottfrieds, sollte künftig befehlen dürfen. Balduin aber befand sich ebenfalls weit außerhalb der Stadt auf einem Feldzug im Norden. Da organisierten die Ritter einen Staatsstreich: Sie besetzten die »Davidsburg« und übernahmen damit die Kontrolle über das Arsenal. Sie mußten dort einige Wochen lang gegen die wütenden Proteste der Geistlichkeit ausharren. Erst am 9. November traf Balduin in Jerusalem ein. Zwei Tage später rief er sich selbst zum König aus. Jetzt erst war das christliche Königreich Jerusalem geschaffen.

Der Umfang des Staates war gering. Fest in der Hand hatten die christlichen Ritter den Gebirgsrücken zwischen Bethlehem im Süden und der Ebene von Jesreel im Norden. Wichtige Städte waren Nablus und Jenin. Auch Jericho im Jordantal war eine Stadt des christlichen Königreichs. Das Kernland im Gebirge war gut geschützt durch den Jordan im Osten und durch die schwer passierbaren Gebirgsschluchten im Westen. In der Gegend zwischen Bethlehem und der Jesreelebene lebten keine Moslems mehr; sie hatten ihre Heimat während des ersten Jahres der christlichen Herrschaft verlassen.

Im Norden schloß sich das christliche Fürstentum Galiläa an, das der Ritter Tankred erobert hatte. Das Fürstentum galt als Bestandteil des Königreichs. Sein Zentrum war das Hügelland von Nazareth bis zur heutigen libanesischen Grenze. Seine Randzonen waren nur schwer zu verteidigen. Von Westen her war der Anstieg überall leicht möglich, und im Osten führten gut ausgebaute Straßen vom oberen Jordan und vom See Genezareth aus in Richtung Nazareth und Safed. So galt das Fürstentum Galiläa als verwundbarer Teil des christlichen Königreichs.

Das Land sah anders aus als heute. In einiger Entfernung von der Hauptstadt – um sie herum hatten Generationen von Kriegen jeden Baum gefällt, der nachwuchs – standen weite Wälder. Dadurch war das Klima in jener Zeit feuchter und kühler. Der häufige Regen machte in den Talebenen Anbau von Getreide möglich. Wo der Wald zurückgedrängt war, hatten Bauern Olivengärten angelegt. Moslems, Juden und Christen hatten – jeder Bevölkerungsteil in seinem Siedlungsgebiet – das Land intensiv kultiviert. Die Franzosen und die Deutschen brachten allerdings zusätzliche Erfahrung in Düngung und Bewässerung mit; sie wußten, wie der Ertrag gesteigert werden konnte. Alle Landwirte der Region profitierten von den Fremden.

Doch das Land war nicht für die Fremden geschaffen. Grafen, Ritter, Geistliche und einfache Soldaten – sie alle litten unter klimabedingten

Übeln. Sie konnten sich nicht an leichte Kleidung gewöhnen; sie wollten essen und trinken wie zu Hause. Die Sitte, sich regelmäßig zu waschen, lernten sie erst unter Erstaunen im Heiligen Land kennen. Die Fremden waren den Krankheiten leicht verfallen. War ihr Zustand erst schwach, konnte sie auch kein islamischer Arzt mehr retten.

Die wenigsten der Grafen und Ritter waren ohne Begleiterin nach Jerusalem gezogen. Viele hatten Frauen und Geliebte zur Kreuzfahrt mitgenommen. Doch sie mußten wenigstens nicht zu Fuß gehen, sie durften reiten, wurden umsorgt. Den einfachen Soldaten aber war auf dem weiten Weg ein Heer von Frauen gefolgt, die als Mägde, Köchinnen und Wäscherinnen arbeiteten, die Schilde und Pfeile für die Kämpfer schleppten, die Steine zusammentrugen für die Wurfmaschinen und die nachts noch für Vergnügen sorgten. Tausende starben an Krankheiten. Hunderte wurden durch Moslemstoßtrupps entführt. Das Schicksal dieser Frauen war meist, vielfach vergewaltigt und dann geköpft zu werden. Die Köpfe flogen dann häufig am frühen Morgen, durch Katapulte abgeschossen, ins christliche Lager.

Über Jahre hin waren ständig Ritter und Geistliche zu Land oder zu Wasser in Richtung Jerusalem unterwegs. In jedem Jahr erreichten Kreuzfahrerzüge unterschiedlicher Größe das Heilige Land. Fragwürdig ist die von Historikern erdachte Einteilung der Kreuzzüge in jeweils abgetrennte Unternehmungen. Solange das Königreich Jerusalem bestand, kamen Ritter an und reisten wieder ab. Wer blieb, der starb – wenn er sich nicht bemühte, von den Menschen, die zu diesem Lande gehörten, die Geheimnisse des Überlebens zu erfahren. Fulcher von Chartres, ein Augenzeuge, notierte, daß im Laufe der Jahre doch vielen die Anpassung gelungen sei:

»Wir aus dem Abendland sind Orientalen geworden. Einer, der Römer oder Franke war, ist hier Galliläer oder Palästinenser geworden. Einer, der in Reims oder in Chartres wohnte, betrachtete sich als Bürger von Tyrus oder Antiochia. Wir haben schon unsere Geburtsorte vergessen. Manche von uns besitzen in diesem Land Häuser und Diener, die ihnen gehören wie nach Erbrecht. Ein anderer hat eine arabische Frau geheiratet, die mit der Gnade der Taufe bedacht worden ist. Die verschiedensten Mundarten sind jetzt der einen wie der anderen Nation gemeinsam. Vertrauensvoll nähern sich die entferntesten Rassen einander an.«

Mochten sich die Christen den Lebensgewohnheiten der Moslems anpassen, so konnten sie doch nie damit rechnen, daß sie von den Moslems als Bewohner des Landes akzeptiert wurden. Die Unterschiede der Religionen trennten Eingesessene und Fremde. Der christliche Glaube erschien den Moslems als Gedankengebäude abscheulicher und irrsinniger Natur. Der syrische Emir Usama, der die Christen mit Neugierde betrachtete, war über dieses Erlebnis erstaunt: »Ich sah einmal einen Franken zum Emir Mu'inaddin kommen, als dieser sich gerade im Felsendom aufhielt. Der Franke fragte: ›Möchtest du Gott als kleines Kind sehen?‹ Der Emir bejahte, worauf der Franke nahe vor uns hintrat und ein Bild von Maria und einem kleinen Kind auf ihrem Schoß zeigte. Der Franke sprach: ›Dies ist Gott als kleines Kind.‹ Entsetzt beschloß Emir Usama seinen Erlebnisbericht mit den Worten: ›Weit erhaben ist Gott über allem, was die Ungläubigen von ihm sprechen.‹«

In einem aber fanden die Fremden aus Europa Verständnis: Da die Emire Arabiens Raubritter waren, wunderten sie sich nicht, daß auch die Franzosen und Deutschen Beutezüge unternahmen. So entwickelte sich das christliche Königreich rasch zum Gemeinwesen wohlorganisierter Straßenräuber. Ihr Anführer war König Balduin. Er hatte im Frühling des Jahres 1101 erfahren, daß eine Karawane mit wertvollen Gütern unterwegs war im Gebiet ostwärts des Jordan. Um die Staatskasse und sich selbst zu bereichern, gab er den Rittern Befehl, die Karawane zu überfallen. Er selbst ritt der Truppe voraus ins Jordantal hinunter und durch die Furt bei Jericho. In der Nacht, ehe sich erste Helle über der östlichen Wüste zeigte, überfielen die Ritter ahnungslose Wachposten und schlafende Beduinen. Innerhalb weniger Minuten hatten Balduins Männer die Karawane erobert. Sie ließen nur Frauen und Kinder am Leben, um sie auf Sklavenmärkten zu verkaufen. Zur Beute gehörte auch die Frau des vornehmen Karawanenbesitzers, der selbst die Kolonne nicht begleitet hatte. Als König Balduin erfuhr, daß die Frau bald ein Kind zur Welt bringen würde, besann er sich darauf, ritterlich zu handeln: Er schickte die Frau samt weiblicher Begleitung wohlversorgt mit Vorräten an Trinkwasser und Lebensmitteln zu ihrem Mann – zum Erstaunen des islamischen Adligen, der einem Christen keine derartige Geste zugetraut hatte.

Der Verkauf der übrigen Gefangenen und der wertvollen Sachbeute trug dem Königreich so viel an barem Geld ein, daß Balduin über Finanzreserven verfügen konnte. Dazuhin brachte ihm dieser Raubzug erheblichen Prestigezuwachs bei allen Emiren zwischen Mesopotamien und der Sinai-Halbinsel ein. Balduin hatte gehandelt wie sie – und er war erfolgreich gewesen.

Während der folgenden Jahre war Balduin darauf bedacht, die Fatimidenstatthalter aus den Küstenstädten zu vertreiben. Die Häfen Aschkelon, Tyrus, Sidon und Beirut erschienen ihm deshalb wertvoll, weil er begriffen hatte, daß sein Staat in einer feindlichen Umwelt existierte und dringend ständige Unterstützung aus Europa benötigte;

Hilfe aus Italien, Frankreich oder Deutschland aber konnte das Königreich nur auf dem Seeweg erreichen. Hatte Balduin gedacht, ihm gelinge ein Überraschungserfolg, so täuschte er sich. Die Hafenstädte waren starke Festungen, die nicht im Handstreich zu nehmen waren. Erst nach Fehlschlägen und unter hohen Verlusten gelang die Eroberung. Sie wäre beinahe mit dem Verlust der eigenen Hauptstadt erkauft gewesen, denn die ägyptische Armee nützte den Vorteil aus, daß Balduin seine Truppe an der Küste brauchte: Die Ägypter stießen vor bis zu den Mauern von Jerusalem. Dort erlosch allerdings ihre Angriffskraft.

Diese stürmische Offensive der Fatimidenreiter hatte gezeigt, daß der Gegner nicht auf Jerusalem verzichtet hatte. Die Stadt war ständig in Gefahr, unbemerkt von der Wüste her angegriffen zu werden. König Balduin konnte der Bevölkerung des kleinen Reiches weder Frieden noch Sicherheit schenken. Ein Ende des Krieges war nicht abzusehen.

In dieser die Seelen der christlichen Siedler zerrüttenden Situation entschloß sich Balduin zu einer Demonstration seiner Zuversicht: Er holte sich eine Fürstin aus Europa zur Frau nach Jerusalem. Die attraktivste der Frauen, die in Betracht kamen, war Adelheid von Salona, die Gräfin von Sizilien. Reichtum und Schönheit zeichneten sie aus. In den vergangenen Jahren hatte sie Sizilien regiert, war aber zugunsten ihres Sohnes vom Herrscheramt zurückgetreten, da sie als Witwe noch einmal heiraten wollte – selbstverständlich einen regierenden Fürsten von möglichst hohem Rang.

Als der Heiratsantrag aus Jerusalem eintraf, nahm ihn die Gräfin an. König Balduin erschien ihr ein angemessener Partner zu sein. Sie stellte dabei die Bedingung, nur ihr Sohn, und niemand sonst, dürfe die Herrschaft im christlichen Königreich erben. Eine Ausnahme sei nur dann gegeben, wenn sie in der Ehe mit Balduin noch einen Sohn zur Welt bringe; aber dies war wegen ihres Alters unwahrscheinlich. Balduin stimmte dieser Regelung zu, ohne die Grafen und Ritter zu fragen, ob sie jemals vom sizilianischen Grafen Roger II. regiert werden wollten.

Im Sommer des Jahres 1113 fuhr die Gräfin von Sizilien ab, auf einem prächtig geschmückten Schiff. Mit Gold und Silber sei der Bug verziert gewesen, edle Teppiche hätten die Aufbauten umhüllt. Ein Jahrtausend lang, seit der Zeit der Königin Kleopatra, so wird berichtet, sei niemand mehr auf einem derart kostbar ausgestatteten Schiff über das Mittelmeer gereist. Begleitet wurde die Gräfin von schlanken, jungen Arabern aus der Leibwache ihres Sohnes Roger II.

In Akkon wurde die Gräfin vom König empfangen. Was das Land an wertvollen Stoffen besaß, war zu Kleidern für den Hofstaat verarbeitet worden. Teppiche bedeckten den Boden, über den die Gräfin schritt. Die Bewohner der Städte und Dörfer bis hinauf nach Jerusalem waren aufgefordert, ihre Häuser zu schmücken. Nie hatte das Königreich ein derartiges Fest gefeiert; nie wurde es später nachgeahmt.

Balduin imponierte durch Betrug. Sein Staat war arm geworden, da die Feldzüge an der Küste die Einnahmen aus dem transjordanischen Raubzug aufgezehrt hatten. Er war auf die Mitgift angewiesen, die Adelheid in Koffern und Truhen nach Jerusalem mitbrachte. Der Staat hatte Schulden bei seinen Soldaten und bei den Arbeitern, die die Befestigungsanlagen der Hauptstadt verstärken sollten. Das Geld der Gräfin war bald verbraucht.

Als die Feste vorüber waren, erinnerten sich viele Menschen in Jerusalem daran, daß der König eigentlich noch immer mit einer ganz anderen Frau verheiratet war, die in Konstantinopel lebte. Aus Rom trafen Proteste gegen den Patriarchen ein, der die Ehe zwischen Adelheid und Balduin geschlossen hatte. Nach Monaten wachsender Unzufriedenheit wurde der König von der Geistlichkeit gezwungen, selbst die Ehe mit der sizilianischen Gräfin als ungültig zu erklären. Adelheid reiste gedemütigt ab. Sie hatte ihren Reichtum in Jerusalem verloren. Balduin verwand das Unglück nicht, das er für selbstverschuldet hielt. Er starb am 2. April des Jahres 1118.

Mit Adelheids Abreise war die Regelung über die Erbfolge hinfällig geworden. Balduin selbst hatte keine Vorsorge für Kontinuität im höchsten Staatsamt getroffen, doch die Verwaltung des Königreichs überstand die Krise. Ein neuer König wurde gefunden. Er erbte die Bedrohungen des Gemeinwesens durch äußere Feinde, durch Streit im Innern. Mit dem König wurden die Männer alt, die als Ritter und Soldaten aus der Fremde gekommen waren. Grafen und Ritter übernahmen die Führung, die im Heiligen Land aufgewachsen waren. Doch nichts änderte sich an der Situation des Staates, der über Generationen hin kaum einen Tag des Friedens erlebte. Die neue Führung war zwar in ihren Ansichten und in ihrem Lebensstil nicht mehr von Europa geprägt, und trotzdem wurde das von ihnen regierte Königreich von den Moslems insgesamt nicht hingenommen.

Über die Gefühle der islamischen Bewohner des Gebiets zwischen Sinai und Orontes in jener Zeit gibt dieser Text des Dichters Mosaffer Allah Werdis Auskunft: »Wir haben alle unser Blut vermischt mit unseren Tränen. Keiner ist fähig, den Feind zurückzuschlagen, der uns bedroht. Traurig sind die Waffen für einen Mann, der Tränen vergießt, während der Krieg alles in Brand steckt. Oh! Daß so viel Blut geflossen ist! Daß den Frauen nichts blieb, ihre Scham zu schützen, als die Fläche ihrer Hände. So schrecklich ist dieser Krieg, daß auch einer, der sich retten konnte, mit den Zähnen knirscht vor Wut und Jammer.«

Trotz aller Depression: Die islamischen Emire brauchten sich von der Hoffnung nicht zu trennen, irgendwann einmal in gar nicht ferner Zukunft werde das christliche Königreich zu bestehen aufhören. Zwar kamen immer wieder neue Schübe von Rittern und Abenteurern an die Ostküste des Mittelmeers, doch die Gesamtzahl der christlichen Kämpfer vermehrte sich nicht. Schuld daran trugen die permanent hohe Abwanderungsrate und der frühe Tod vieler Menschen. Wahrscheinlich haben sich nach der Anfangsphase zu keiner Zeit mehr als tausend Ritter auf einmal im Königreich Jerusalem aufgehalten. Sie allein bildeten die Oberschicht des Staates. Ihnen untergeordnet waren ehemalige Soldaten und deren Nachfahren. Deren Familien gingen nach und nach in den christlichen Sippen auf, die schon vor der Kreuzfahrerzeit in und um Jerusalem gelebt hatten.

Angst vor der Zukunft war das alle Lebensäußerungen beherrschende Gefühl der Menschen im Königreich. Sie waren sich der schwachen Position ihres Staates als christlicher Fremdkörper in der islamischen Welt bewußt. Niemand konnte wissen, ob nicht irgendwo die Allianz islamischer Fürsten geschmiedet wurde zur Vernichtung des christlichen Gemeinwesens.

Solange auf der Seite des Gegners keine starke Persönlichkeit zu entdecken war, die Kraft genug besaß, andere Fürsten unter ihren Willen zu zwingen, glaubten sich die Grafen und Ritter in Jerusalem einigermaßen sicher. So nahmen sie einen Mann zunächst nicht sonderlich ernst, der laut verkündete, er wolle den Staat der Christen auslöschen. Dieser Mann – er war der Herr des kleinen Fürstentums Aleppo – hieß Nur ed-Din.

Im Juni des Jahres 1149 erlebte Nur ed-Din einen ersten Triumph: Er konnte dem Kalifen von Baghdad den präparierten Schädel eines Christenfürsten in silberner Einfassung zusenden; es war Nur ed-Din gelungen, einen Truppenverband des Königreichs Jerusalem zu schlagen. Zwei Jahre später dehnte sich sein Herrschaftsgebiet schon bis Baalbek aus, und bald darauf gehörte ihm auch Damaskus. Nun kontrollierte er die Ostgrenze des christlichen Königreichs.

Solange die Herren von Jerusalem einen zuvor geschlossenen Waffenstillstand einhielten, widerstand Nur ed-Din der Verlockung, über ihr Land herzufallen. Doch nach geringer Provokation führte er Krieg am See Genezareth. Krankheit zwang ihn zum Rückzug nach Homs. Während der Genesungszeit entwickelte er sich zum überaus religiösen Mann, der immer intensiver daran glaubte, Allah habe ihn damit beauftragt, Jerusalem dem Islam zurückzugeben. Daß die wirtschaftliche Kraft Syriens dazu nicht ausreichte, war ihm aus den Erfahrungen der vergangenen Jahre deutlich geworden. Das Studium der Vergangenheit lehrte ihn diese Grundregel: Das Gebiet zwischen Ostküste des Mittelmeers und Jordanfluß war meist aus den tiefen Räumen Mesopotamiens oder des Nildeltas erobert worden. Eines dieser Reservoirs an Menschen und Reichtum mußte er besitzen, ehe er daran denken konnte, Jerusalem anzugreifen.

Nur ed-Din erkannte die Chance, als ein abgesetzter ägyptischer Minister ihn bat, ihm zu helfen, am Nil wieder Macht zu erlangen. Am Ende von Intrigenspiel und Feldzügen, in die auch Truppen aus Jerusalem verwickelt waren, triumphierte der Feldherr des Nur ed-Din, der in Ägypten kommandierte. Schon bald aber starb dieser Feldherr. Sein Neffe übernahm die Nachfolge. Ein Mann von unscheinbarem Aussehen – klein, dicklich, auf einem Auge blind –, aber von hoher Intelligenz. Sein Name war Salah ad-Din. Als Saladdin (oder Saladin) ist er in die Geschichtsbücher des Abendlandes eingegangen.

Saladin zerstört das christliche Jerusalem

Nur ed-Din bekam bald den Ehrgeiz des jungen Mannes zu spüren. Er beobachtete Saladin voll Mißtrauen. Ehrgeiz des einen Mächtigen und Argwohn des anderen neutralisierten sich. Das Resultat war, daß weder Saladin noch Nur ed-Din den Einsatz ihrer Truppen gegen das Christenheer befahl, aus Sorge, Männer und Waffen zu verlieren und damit dem islamischen Partner unterlegen zu werden.

Am 15. Mai 1174 starb Nur ed-Din in Damaskus. Saladin fühlte sich nun stark genug zu handeln: Von Ägypten aus griff er den Christenstaat an, erlitt jedoch eine schlimme Niederlage; er mußte seinem in Richtung Nil fliehenden Heer quer durch die Halbinsel Sinai nachreiten. Nach dieser Überraschung hielt es Saladin für klug, mit der Führung in Jerusalem Waffenstillstand über eine Dauer von zwei Jahren abzuschließen.

Saladin hätte sich an die Abmachungen gehalten, wäre nicht der christliche Ritter Rainald von Châtillon aus purer Habgier so töricht gewesen, eine Karawane zu überfallen, mit der die Schwester Saladdins nach Damaskus reiste. Der Ritter Wilhelm von Tyrus, der damals in Jerusalem lebte, notierte: »Mit dem Raub dieser Karawane ist der Anlaß zum Untergang des Königreichs Jerusalem gegeben.«

Der Karawanenräuber Rainald von Châtillon proklamierte im Herbst 1182 die Absicht, Mekka, die Heilige Stadt der Moslems, von der Erde vertilgen zu wollen. Da er ein Mann von Willenskraft und Einfallsreichtum war, mußte diese Erklärung ernst genommen werden. Tatsächlich lag wenige Monate später eine Flotte im Roten Meer bereit, die Rainald hatte am Toten Meer bauen und auf jenem Binnengewässer testen lassen. Auf Kamelrücken waren die Galeeren dann, in Einzelteile zerlegt, über 200 Kilometer weit zum Golf von Aqaba transportiert worden. Als Kapitäne hatte Rainald erfahrene Seeräuber angeheuert; ihnen gab er Befehl, fremde Schiffe und die Küstenstädte auszuplündern. Sie raubten, töteten und verbrannten. Sie nahmen Mekkapilger gefangen und lieferten die Moslems als Ware an die Sklavenmärkte. Selten waren größere Greuel im Gebiet des Roten Meeres begangen worden. Der Abscheu über die Christen einte damals die islamischen

Könige und Emire. Sie unterstellten sich Saladdin, den nun nichts mehr davon zurückhielt, rächend in den Christenstaat einzubrechen.

An der Straße von Tiberias nach Haifa, etwa zehn Kilometer vom See Genezareth entfernt, fand die Schlacht statt, die den Kreuzritterstaat zerbrechen ließ. Saladdin hatte in Ruhe günstige Positionen am Seeufer bezogen. Das Ritterheer aber war gezwungen, über das Bergland nördlich von Nazareth zu ziehen, dem Feind entgegen. Der Aufmarsch fand Anfang Juli statt – alle Brunnen entlang des Wegs waren ausgetrocknet.

Am Abend des 3. Juli 1187 sah die Vorhut der christlichen Verbände von einer Anhöhe beim Dorf Hattin aus das Lager des Saladdin seewärts im grünen Tal. Die Moslemtruppe verfügte dort über sprudelnde Quellen – dies bemerkten die christlichen Kämpfer voll Neid. Erfolg hätte ihnen ein rascher Angriff noch am selben Abend bringen können. Doch sie wollten vor der Schlacht ausruhen und erlebten eine Nacht, in der die Durstplage unerträglich wurde.

Wilhelm von Tyrus beschrieb die Ereignisse der Nacht und des folgenden Tages so: »Jeder im Heer litt, weil weder Mann noch Pferd zu trinken hatte. Die ganze Nacht blieben die Christen in Waffen und konnten den Durst nicht ertragen. Am nächsten Tag hielten sie sich zum Kampf gerüstet, und die Moslems ebenso. Doch dann zogen sich die Moslems zurück. Sie wollten erst kämpfen, wenn die Hitze gekommen war. Und ich werde euch sagen, was sie taten. Es gab viel Krautgewächs und trockenes Gras, und ein starker Wind hatte sich aufgemacht. Da kamen die Moslems und entzündeten Feuer ringsherum. Sie verursachten den Christen noch mehr Pein, vom Feuer ebensoviel wie von der Sonne.«

Der arabische Chronist Ibn al-Athir, ebenfalls ein Zeuge aus jener Zeit, notierte über den weiteren Kampfverlauf: »So vereinigte sich alles gegen die Christen, der Rauch, die Hitze des Feuers und der Mittagssonne und die Hitze des Kampfes. Sie waren so bestürzt, daß sie sich beinahe ergeben hätten. Als sie schließlich sahen, daß es keine Rettung gab, warfen sie sich mit solchem Ungestüm auf die Moslems, daß man ihnen ohne Allahs Hilfe nicht hätte widerstehen können. Bei jedem Angriff aber verloren sie Männer und Körperkräfte. Endlich waren sie von allen Seiten umzingelt und auf einen Hügel zurückgedrängt, der direkt beim Dorf Hattin lag. Dort versuchten sie, Zelte aufzustellen und sich zu verteidigen. Bald aber hatte der Christenkönig auf dem Hügel nur noch 150 Reiter um sich.«

Aus dem Munde des Saladdinsohnes Afdal ist dieser Bericht erhalten: »Ich war an der Seite meines Vaters, als sich der fränkische König auf den Hügel zurückgezogen hatte. Die Tapferen, die bei ihm waren, warfen sich auf uns und trieben die Moslems bis zum Fuß des Hügels zurück. Ich betrachtete meinen Vater und bemerkte Traurigkeit auf seinem Gesicht. ›Macht, daß der Teufel lügt!‹ schrie er den Kämpfern zu und faßte in seinen Bart. Nach diesen Worten stürzte sich unser Heer auf den Feind und trieb ihn wieder auf den oberen Teil des Hügels. Da rief ich voll Freude: ›Sie fliehen, sie fliehen!‹ Aber die Franken kamen zum Angriff zurück und drangen von neuem bis zum Fuß des Hügels vor. Doch dann wurden sie noch einmal zurückgeworfen, und ich rief wieder: ›Sie fliehen, sie fliehen!‹ Da sah mich mein Vater an und sagte: ›Schweig! Sie werden erst wirklich geschlagen sein, wenn die Standarte des Königs fällt.‹ Er hatte diese Worte kaum gesprochen, als die Standarte sank. Sogleich stieg mein Vater vom Pferd, warf sich vor Allah nieder und dankte ihm unter Freudentränen.«

Ibn al-Athir nennt die Ursache, warum die Standarte sank: »Als sich die Franken wieder zurückgeworfen sahen, stiegen sie von den Pferden und setzten sich auf die Erde, weil sie so entsetzlich unter Durst litten. Da stiegen die Moslems den Hügel hinauf und stürzten das Zelt des Königs um. Alle Christen, die sich dort befanden, wurden gefangengenommen. Wer die Zahl der Gefangenen sah, der glaubte nicht, daß es Tote gegeben hatte. Wer die Toten sah, der glaubte nicht, daß es Gefangene gab.«

Emad ed-Din war ein Mann aus Saladdins Stab. Er erinnerte sich später: »Ich schritt selbst über den Hügel von Hattin. Ich sah abgeschnittene Köpfe, erloschene oder ausgestochene Augen, staubbedeckte Körper, ausgerenkte Glieder, abgetrennte Arme, gespaltene Knochen, durchschnittene Hälse, eingeschlagene Schädel.«

Wilhelm von Tyrus schilderte Saladdins Rache an Rainald von Châtillon: »Als Saladdin den König und die Fürsten erblickte, die seiner Gnade ausgeliefert waren, wurde er sehr froh. Er sah, daß der König unter der Hitze litt, und wußte wohl, daß er Durst hatte. So ließ er ihm einen vollen Becher Fruchtsaft bringen, um ihn zu erfrischen. Als der König getrunken hatte, reichte er den Becher an Rainald von Châtillon weiter, der neben ihm saß. Saladdin bemerkte mit Zorn, daß der König gerade dem Mann zu trinken gegeben hatte, den er am meisten auf der Welt haßte. Saladdin sagte zum König: ›Es verdrießt mich, daß ihr ihm zu trinken gegeben habt!‹ Aber da ihm zu trinken gegeben worden war, mochte er trinken. Es war ohnehin sein letzter Schluck. Weil Rainald von Châtillon niemals einen Waffenstillstand gehalten hatte, wollte ihm Saladdin mit eigener Hand den Kopf abschlagen. Nachdem Rainald von Châtillon getrunken hatte, ließ ihn Saladdin ergreifen und aus dem Zelt führen. Er verlangte nach seinem Schwert, und als man es ihm brachte, schlug Saladdin dem Rainald von Châtillon den Kopf ab.«

Das Heer des christlichen Königreichs Jerusalem war geschlagen, seine Führungsspitze tot oder gefangen. Niemand fand mehr die Kraft, Widerstand gegen Saladdin zu organisieren. Erstaunlich rasch fielen die Städte dem Islam zu. Tiberias, nur wenige Kilometer vom Kampfplatz Hattin entfernt, ergab sich bereits am 5. Juli 1187, also nur einen Tag nach der Entscheidungsschlacht. Am 10. Juli kapitulierte Akkon und nur kurze Zeit später Nablus. Sidon fiel kampflos am 29. Juli in Saladdins Hände. Beirut öffnete am 6. August seine Tore. Am 4. September empfing die Stadt Aschkelon den Sieger.

Am Tag des Einzugs der Moslems in Aschkelon legte sich Dunkelheit über das Land: Eine Sonnenfinsternis fand statt. Gerade zu dieser Stunde sprach Saladdin mit einer Delegation aus Jerusalem. Er hatte die Männer zu sich gerufen, weil er mit ihnen eine Kapitulationsvereinbarung treffen wollte. Weder Saladdin noch die Verantwortlichen aus Jerusalem ließen sich durch die Dunkelheit beeindrucken. Die Grafen und Ritter verweigerten die Übergabe der Stadt, in der Jesus gekreuzigt worden war. Saladdin kündigte an, daß er Jerusalem belagern werde.

Am 20. September des Jahres 1187 blickte Saladdin mit seinen Befehlshabern vom Skopusberg auf Jerusalem herab. Er sah den Felsendom vor sich liegen – er bemerkte das große, aus Gold geformte Kreuz auf der Kuppel des einst islamischen Heiligtums. Wie nahezu alle Eroberer entschloß sich auch Saladdin zum Angriff auf die Nordmauer. Die beste Möglichkeit, die Stadt zu packen, sah er am heutigen Damaskustor, das damals Säulentor hieß. Über den Ablauf der Ereignisse um Jerusalem liegt dieser Bericht des Ibn al-Athir vor:

»Jerusalem war damals eine stark befestigte Stadt. Der Angriff erfolgte auf der Nordseite, beim Säulentor. Dort befand sich auch Saladdins Hauptquartier. Die Belagerungsmaschinen waren während der Nacht aufgestellt worden. Die Franken zeigten zuerst große Tapferkeit. Von ihnen und von uns wurde der Kampf als Angelegenheit des Glaubens betrachtet. Es brauchte nicht des Befehls eines Vorgesetzten, um die Soldaten anzufeuern. Alle verteidigten ihren Posten furchtlos, alle griffen an, ohne zurückzublicken. Die Belagerten machten jeden Tag Ausfälle. Als bei einem dieser Angriffe ein vornehmer islamischer Emir getötet wurde, drangen die Moslems alle auf einmal vor, um seinen Tod zu rächen. Sie jagten die Christen in die Flucht. Dann näherten sie sich den Festungsgräben und schlugen eine Bresche. Bogenschützen vertrieben die Christen mit Pfeilschüssen von den Wällen und beschützten die Arbeiter, die dabei waren, einen Minengang zu graben. Als der Gang fertig war, schaffte man Holz hinein. Es blieb nur noch übrig, Feuer daran zu legen. Die Führer der Christen erkannten die Gefahr und glaubten, es sei Zeit zu kapitulieren. Sie schickten die angesehensten Bürger zu Saladdin vor die Stadt. Der aber sagte: ›Ich werde mit euch verfahren, wie die Christen mit den Moslems verfuhren, als sie die Heilige Stadt einnahmen. Das heißt, ich werde die Männer töten lassen und Frauen und Kinder zu Sklaven machen. Ich werde Böses mit Bösem vergelten.‹ Auf diese Rede hin erbat Balian, der in Jerusalem den Oberbefehl hatte, freies Geleit, um selbst mit Saladdin zu verhandeln. Seine Bitte wurde gewährt. Balian stellte sich bei Saladdin ein und ließ sich schließlich zu demütigem Bitten und Flehen herab. Da aber Saladdin unerbittlich blieb, wahrte er keine Mäßigung mehr und sagte: ›Wisse, o Sultan, daß wir an Zahl unendlich sind und daß nur Gott sich eine Vorstellung von unserer Zahl machen kann. Die Einwohner wollen sich derzeit deshalb nicht schlagen, weil sie mit einer Kapitulation rechnen, wie Ihr sie so vielen anderen zugestanden habt. Sie fürchten den Tod und hängen am Leben. Wenn der Tod jedoch unvermeidlich ist, so schwöre ich bei Gott, der uns hört, wir werden unsere Frauen und Kinder töten. Wir werden unser Eigentum verbrennen und euch nicht ein Goldstück hinterlassen. Ihr werdet keine Frauen mehr vorfinden, um sie in die Sklaverei zu führen, keine Männer, um sie in Fesseln zu legen. Wir werden die Kuppel über dem Felsen zerstören und die Moschee Al-Aqsa und alle anderen Heiligen Stätten. Wir werden alle Moslems umbringen, die innerhalb unserer Mauern leben; sie sind fünftausend an Zahl. Wir werden kein einziges Tier am Leben lassen. Wir werden bis zuletzt gegen euch kämpfen, wie Menschen, die ihr Leben verteidigen. Für einen von uns, der umkommt, werden mehrere von euch sterben.‹ Nach diesen Worten beriet sich Saladdin mit seinen Offizieren. Sie waren der Meinung, man solle die Kapitulation bewilligen. Sie sagten: ›Die Christen sollen zu Fuß herauskommen und nichts mit sich tragen, ohne es uns zu zeigen. Wir werden sie als Gefangene behandeln, die von unserer Gnade abhängen. Sie sollen sich loskaufen zu einem Preis, den wir noch festsetzen.‹ Diese Worte befriedigten Saladdin. Es wurde mit den Christen abgemacht, daß jeder Mann aus der Stadt, reich oder arm, ein Lösegeld von zehn Goldstücken bezahle. Für Frauen sind fünf und für Kinder zwei Goldstücke zu zahlen. Für die Zahlung dieses Tributs wurde eine Frist von vierzig Tagen zugestanden. War dieser Zeitpunkt überschritten, sollten alle, die ihre Schulden nicht bezahlt hatten, als Sklaven behandelt werden. Wer den Tribut bezahlt hatte, war auf der Stelle frei und konnte hingehen, wohin er wollte. Für die Armen der Stadt, deren Zahl durch Schätzung auf

18000 festgesetzt wurde, verpflichtete sich Balian, 30000 Goldstücke zu zahlen. Als alles so vereinbart war, öffnete die Heilige Stadt ihre Tore, und die islamische Standarte wurde auf ihren Mauern aufgepflanzt.«

Achtundachtzig Jahre lang war Jerusalem in christlicher Hand gewesen; ebensolange war der Felsendom als Kirche benützt worden. Dieser für Moslems unerträgliche Zustand wurde schnell beendet. Ibn al-Athir schrieb auf, was geschah: »Auf der Kuppel befand sich ein großes Kreuz aus Gold. An dem Tag, als die Stadt sich ergab, stiegen mehrere Moslems hinauf, um es herunterzuschlagen. Bei diesem Schauspiel wendeten sich die Blicke der Christen wie der Moslems zur Kuppel über dem Felsen. Als das Kreuz fiel, erhob sich ein allgemeines Geschrei in der Stadt. Die Moslems stießen Freudenschreie aus. Die Christen aber schrien vor Schmerz und Wut. Der Lärm war derartig gewaltig, daß man glauben konnte, die Welt ginge unter.«

Nach christlicher Zeitrechnung geschah dies am 2. Oktober des Jahres 1187 – nach islamischem Kalender am 27. Tag des Monats Radschab. An genau diesem Tag war einst, nach der Überlieferung, der Prophet Mohammed während der »Nachtreise« nach Jerusalem gekommen, um von der heiligen Felsplatte aus in den Himmel aufzusteigen. Eine Woche nach der Entfernung des Kreuzes, am 9. Oktober 1187, wurden Felsendom und Al-Aqsa-Moschee wieder dem Islam geweiht.

Saladin hielt sich präzise an alle Absprachen – er kam den Armen der Unterlegenen sogar häufig entgegen: In Härtefällen übernahm Saladin selbst die Bezahlung des Tributs. Die Freigekauften und Freigelassenen verließen in drei langen Kolonnen Jerusalem in Richtung der Küstenstädte. Schwierig war es, die rund 20000 Menschen unterwegs zu ernähren. Die Stadt Tyrus wies die Flüchtlinge weiter nach Tripolis. Aber auch dort standen keine ausreichenden Lebensmittelvorräte bereit; so zogen die Nachfahren der ersten Kreuzritter und deren Fußsoldaten zusammen mit Männern und Frauen, die erst später ins Heilige Land gekommen waren, schließlich nach Antiochia. Nur wer Geld hatte, konnte sich Hoffnung machen, im Hafen St. Symeon bald Platz auf einem Schiff nach Europa zu finden.

Andenken an die Kreuzritterstadt

Kaum waren die von Saladdin gnädig Entlassenen aus Jerusalem fortgezogen, da begannen die Sieger mit der Zerstörung der Stadtbefestigung. Die gewaltigen Mauern wurden abgetragen, Stein für Stein. Kein Mauerabschnitt blieb erhalten, der für die Verteidigung der Bewohner hätte genützt werden können. Ausgrabungen in der Nordwestecke der Altstadt, beim Neuen Tor, beweisen die Zerstörung: Aus der Zeit der Kreuzritter stammen nur die Mauerfundamente. Die Quaderwälle, die heute sichtbar sind, entstanden in türkischer Zeit, im 16. Jahrhundert. Die Baumeister der Türken folgten allerdings im wesentlichen der Baulinie aus der Kreuzritterepoche. Deshalb ist die Form der Altstadt, wie sie heute erkennbar ist, bis auf geringfügige Abweichungen identisch mit der äußeren Gestalt der Hauptstadt des christlichen Königreichs.

Die Ausgrabungen beim Neuen Tor haben auch Reste des »Tankredturms« vom Schutt der Zerstörung befreit. Er war zur Kreuzritterzeit aus behauenen Steinen der Herodesepoche erbaut worden. Er bildete eine Eckbastion der Stadt. Die Turmbasis ist im Keller des Christian Brother's College am Neuen Tor zu besichtigen.

Die einzige Befestigungsanlage, die nicht von Saladdins Arbeitern abgebrochen wurde, war die Zitadelle, heute als »Davidsturm« bezeichnet. Das Gebäude war nach der Eroberung sofort mit Saladdins Truppen belegt worden. Sie diente fortan als Standort der islamischen Garnison. Da die Zitadelle gebraucht wurde, blieben die Mauern, Türme, Zinnen, Erker und Balkone erhalten.

Südlich der Zitadelle hatte sich auf dem Gelände des einstigen Herodespalastes die Burg der Kreuzritterfürsten befunden. Auch diesen Bau hat Saladdin abtragen lassen. Die Basis des Südflügels, Gemäuer von 17 Metern Länge, ist im Garten westlich des Armenischen Patriarchats in der Südwestecke der Altstadt entdeckt worden. Erhalten geblieben sind auch große Zisternen, die wohl für die Gartenbewässerung gebraucht worden waren. In einem dieser Becken wurde ein Lothringer Kreuz aus Stein gefunden.

Nicht angetastet wurden von Saladdin die meisten der baulichen

Veränderungen, die im Heiligen Bereich vorgenommen worden waren. Die Tore an der Südmauer blieben durch Steine verschlossen. Die Nebengebäude der Al-Aqsa-Moschee waren als zweite Residenz der Kreuzritterfürsten entstanden – sie wurden von Saladdins Emiren übernommen und auf diese Weise vor der Zerstörung bewahrt. Im Felsendom entfernten die islamischen Sieger nur den Altar, der von den Christen auf dem Felsen errichtet worden war. Sie beließen die Balustrade um den Steinblock, die bis heute erhalten ist.

Saladdin wurde von seinen Ratgebern bedrängt, die Grabeskirche zerstören zu lassen. Sein kluges Argument gegen diesen Vorschlag war, die Christen verehrten ja nicht das Gebäude, sondern den Ort, an dem Jesus gekreuzigt worden war – die Erinnerung daran aber könne er nicht auslöschen. So ist dieses wichtigste Zeugnis der Baukunst aus der Kreuzritterzeit durch Saladdin selbst vor der Spitzhacke gerettet worden. Nur drei Tage lang blieb die Grabeskirche geschlossen. Sie wurde wieder geöffnet, noch ehe die Moslems ihre Heiligtümer erneut geweiht hatten. Da waren noch Christen in der Stadt geblieben, die Gottesdienst feiern wollten. Als Flüchtlinge abgezogen waren nur die Anhänger des römischen Zweigs der Kirche. Wer Gottesdienst nach oströmischem Ritus abhielt, der hatte bleiben dürfen. Die Orthodoxen galten nun als bisher Verfolgte, die unter den »Lateinern« gelitten hatten. Ihnen gehörte fortan die Grabeskirche, doch sie waren Menschen zweiter Ordnung in der islamischen Stadt.

Ihnen war künftig auferlegt, im christlichen Viertel in der Nordwestecke der Stadt zu leben. In der Mitte dieses Viertels lag die Grabeskirche. Südlich davon befand sich das Hospiz, das zu den größten Krankenanstalten und Herbergen der damaligen Welt zählte. Von ihm hatte ein Pilger mit Namen Theoderich um das Jahr 1170 diese Beschreibung gegeben: »Der Bau ist ein Palast für arme und kranke Menschen. Wir gingen durch große Räume und konnten nicht die Kranken zählen, die dort lagen. Wir sahen, daß die Zahl der Betten höher als eintausend war.« Spuren des Hospizes sind schon um die Jahrhundertwende gefunden worden. Die Fundamente lassen den Schluß zu, daß der größte Krankensaal 80 Meter lang und 40 Meter breit gewesen sein muß. Drei Säulenreihen hatten einst das Dach getragen. Es war ein gewaltiger Bau.

Das am besten bewahrte Bauwerk der Kreuzritterzeit liegt außerhalb des christlichen Viertels, an der östlichen Mauer der alten Stadt – es ist die Kirche St. Anna. Im romanischen Stil ist sie erbaut, mit hohen Gewölben, die acht Jahrhunderte standgehalten haben. Die Legende berichtet, am Ort, wo diese Kirche steht, sei einst Maria geboren worden, von ihrer Mutter Anna, der Namenspatronin der Kirche.

Möglich ist, daß Saladdin dieses christliche Gotteshaus aus Respekt vor jener Legende verschont hat.

Von Nachsicht und Rücksicht des Siegers Saladdin erfuhren die Menschen in Europa nichts. Zu ihnen drangen nur Greuelmärchen von den Untaten der Moslems. Die Geschichten trafen auf unvorbereitete Ohren.

Die Nachricht von der Eroberung Jerusalems durch die Moslems überraschte Papst und Geistlichkeit. Sie verlangten von Königen und Fürsten sofortige Rüstung zum erneuten Kreuzzug. Kaiser Friedrich wurde von Papst Clemens III. aufgerufen, persönlich ein Heer zu führen, um die Schande des Verlusts der Heiligen Stadt vor Gott auszulöschen, doch der Kaiser reagierte lange Monate nicht. Der Kreuzzugsgedanke war beim deutschen Adel nicht so beliebt wie bei den Franzosen. Die deutschen Grafen und Barone hatten nur geringe Lust, für Jerusalem zu kämpfen; diese Stadt lockte sie nicht.

Im Mai des Jahres 1189 konnte Kaiser Friedrich die Abreise nicht länger hinauszögern. Als er Regensburg mit 3000 Rittern verließ, da war seine Hoffnung berechtigt, daß es ihm gelingen könne, den Islam wieder aus Jerusalem zu vertreiben. Seine Männer waren diszipliniert und erfahren. Doch Kaiser Friedrich, genannt Barbarossa, ertrank am 10. Juni 1190 unter rätselhaften Umständen in einem Fluß der südlichen Türkei – noch mehr als 500 Kilometer von Jerusalem entfernt.

Mit dem Tod des Kaisers hätte der Plan, nach Jerusalem zu reiten, noch keineswegs aufgegeben werden müssen, da das Ritterheer weiterhin schlagkräftig war. Barbarossas Sohn faßte noch den richtigen Entschluß, die Leiche des Vaters in Essig zu legen und der Truppe als Symbol des Durchhaltewillens vorantragen zu lassen; doch die Ritter folgten seinem Befehl nur kurze Zeit, dann löste sich dieser Kreuzzug auf. Die meisten der Berittenen kehrten um, viele wurden von Räuberbanden erschlagen, wenige erreichten Antiochia.

Reste des christlichen Staates bestanden noch eine Generation lang weiter. Geschickte regionale Kommandeure hatten vor Burgen und Stadtfestungen den Siegeszug Saladdins aufhalten können. Jerusalem aber blieb – trotz mehrfacher Versuche, in die Berge Judäas vorzudringen – von christlichen Kämpfern unerreicht. Der Erfolgreichste der Feldherren, die den Ehrgeiz hatten, Jerusalem zu besitzen, war der englische König Richard Löwenherz. Als seine Truppen nicht mehr vorankamen, schloß er Waffenstillstand mit Saladdin und erlangte dessen Zugeständnis, die christliche Pilgerfahrt zum Heiligen Grab weiterhin dulden zu wollen. Bald nach der Abreise des englischen Königs von der Mittelmeerküste starb Saladdin, der islamische Staatsmann, der das Königreich des Kreuzes vernichtet hatte.

Keiner der Päpste jener Zeit konnte die Erfolglosigkeit aller Anstrengungen, wieder nach Jerusalem vorzudringen, verwinden. Immer wieder gaben sie Impulse. Ihre Motive lagen offen: Sie wollten irdischen Ruhm und göttliche Gnade gewinnen. Beides versprachen sie auch dem europäischen Adel, doch bei diesem Kreis stießen sie mehr und mehr auf Skepsis. So war die Geistlichkeit in Rom hochbefriedigt, als im Jahr 1202 Enrico Dandolo, der neunzigjährige Doge von Venedig, mit einer beachtlichen Streitmacht, die sich in der Lagunenstadt angesammelt hatte, ins Heilige Land fahren wollte. Dandolo hatte sich verpflichtet, Jerusalem zu erobern – in Wahrheit aber war die Zerstörung Ostroms sein Ziel. Daß er dies erreichte, erwies sich für die Zukunft der christlichen Welt als verhängnisvoll.

Das Unglück des Stauferkaisers in Jerusalem

»Nicht um euer Land zu erobern, sind wir über die Meere gefahren, denn Länder besitzen wir mehr als irgendein Herrscher der Erde. Wir sind gekommen, um vertragsgemäß die Heiligen Stätten zu übernehmen. Ruhe sollt ihr haben vor den Christen und nicht länger gezwungen sein, das Blut eurer Untertanen gegen uns zu vergießen.«

Solche Worte eines Mächtigen des Christentums waren an der Ostküste des Mittelmeers bisher noch nie gehört worden. Verfasser dieser Sätze war Kaiser Friedrich II., der am 7. September 1228 mit 600 Rittern aus Deutschland, England, Pisa und Genua in Akkon gelandet war. Mit dem Mann, der jetzt als Sultan von Ägypten und Beherrscher aller Gebiete zwischen Nil und Orontes das Erbe Saladdins verwaltete, hatte Friedrich II. schon von Europa aus Briefe gewechselt. Der Nachfahre des Siegers von Jerusalem hieß Malik al-Khamil. Aus dem Briefwechsel war der Ansatz einer Freundschaft entstanden. Kaiser und Sultan hatten schließlich vereinbart, daß Friedrich II. samt ritterlicher Begleitung das Heilige Land betreten dürfe.

Der Sultan hatte bei Abschluß dieser Vereinbarung durchaus an seinen Nutzen gedacht: Von Friedrich hatte Malik al-Khamil Hilfe erhofft gegen die eigenen Brüder, die ihm die Sultanswürde nicht gönnen wollten. Während der Monate, die seit der Absprache der kaiserlichen Reise vergangen waren, hatte sich jedoch die politische Lage zugunsten des Sultans verändert – er stand nun nicht länger unter dem Druck der Brüder. Da er jetzt nicht mehr auf Friedrich angewiesen war, wollte er die Erfüllung der Absprache vermeiden. Spät war ihm eingefallen, daß er die Stadt Jerusalem nicht einem christlichen Herrscher ausliefern dürfe, wenn er in der islamischen Welt sein Ansehen bewahren wollte. So bemühte Malik al-Khamil die Kunst der Diplomatie, um sich von der Last der Absprache zu befreien: Er verlangte Detailverhandlungen und ließ sich vor allem viel Zeit. Der Kaiser aber war auf raschen Erfolg angewiesen. Um sein politisches Überleben zu sichern, mußte er an Ort und Stelle König von Jerusalem werden. Seine Streitmacht war zu schwach zum Kampf, deshalb blieb ihm nur der Ausweg, fast demütig zu bitten, daß der Sultan der kaiserlichen

Expedition ins Heilige Land den Anschein eines glücklichen Ausgangs gönne:

»Ich bin Dein Freund. Du weißt sehr wohl, wie hoch ich über allen Fürsten des Abendlandes stehe. Du bist es, der mich veranlaßt hat, hierher zu kommen. Die Könige und der Papst sind vom Zweck meiner Reise unterrichtet. Wenn ich zurückkehrte, ohne irgend etwas erreicht zu haben, würde ich in ihren Augen jede Achtung verlieren. Jerusalem ist der Ort, an dem die christliche Religion entstanden ist. Ihr habt es zerstört. Jerusalem ist jetzt in tiefes Elend gestürzt. Ich bitte Euch, übergebt mir die Stadt in dem Zustand, in dem sie sich jetzt befindet, damit ich bei meiner Rückkehr den Kopf unter den Königen hoch tragen kann. Ich verzichte von vornherein auf alle Vorteile, die ich daraus ziehen könnte.«

Friedrich II. konnte in arabischer Sprache mit Malik al-Khamil verhandeln. Er war in Palermo aufgewachsen, in einer Stadt, die nie vergessen konnte, daß sie zum islamischen Kulturkreis gehört hatte. Sein Vater war der deutsche Kaiser Heinrich VI. von Hohenstaufen gewesen, der durch Heirat Erbe des Normannenreichs in Sizilien und Unteritalien geworden war. In Messina war Heinrich VI. am 28. September 1197 gestorben. Der Sohn Friedrich Roger, den er hatte nach Deutschland mitnehmen wollen, blieb in Palermo und wurde von arabischen Familien aufgezogen, die ihm ihre Sprache und ihre Kultur beibrachten. Da war niemand sonst, der sich um ihn kümmerte, denn auch die Mutter war früh gestorben. Er hatte zwar Aufnahme bei arabischen Familien gefunden, doch als deren eigener Sohn war der Hohenstaufensproß nicht angenommen worden – so verbrachte das Kind, alleingelassen, Stunden des Tages ohne Aufsicht. Friedrich Roger streifte durch Palermos Altstadt, wurde verprügelt und schlug zurück. Er sah Handwerkern und Händlern zu. Er betrat Moscheen und Synagogen. Er lernte Moslems, Juden und Christen kennen – ihre Überzeugung, ihre Rituale, ihre Schwächen. Als er Bescheid wußte, stellte er keine Religion über die andere; so wurde Friedrich Roger auch zeitlebens kein überzeugter Christ. An Weisheit und Gerechtigkeitssinn fand er allerdings islamische Rechtsgelehrte unübertroffen. Beeinflußt hatte ihn der Kadi, der Moslemrichter von Palermo; bei ihm hatte er als Sechsjähriger philosophisches Denken und juristische Logik gelernt.

Alleinsein, frühe Bewährung und Begegnung mit den ärmsten Schichten Palermos in der eigenen Not – vom Reichtum des Vaters hatten ihm betrügerische Treuhänder nichts gelassen – machten ihn entschlossen zum späteren Kampf um seine Ansprüche. Friedrich Roger bestand darauf, daß er rechtmäßiger Erbe des Herrschers von

Sizilien sei, und er stritt mit Energie und List gegen die Welfenfamilie um die führende Position unter den deutschen Fürsten. Daß er glanzvoll, im arabischen Stil, Hof hielt, umgeben von gelehrten und kunstfertigen Moslems, brachte ihm Gönner, aber auch Neider ein. Selbst der Papst war zeitweise nicht sicher, ob sich Friedrich Roger von Hohenstaufen überhaupt noch zum Christentum bekannte. Die Ursache für die Skepsis des Papstes war der Harem in Palermo – und die schönen Frauen, die ihn bewohnten.

Um dem Papst die Zweifel an seiner Rechtgläubigkeit zu nehmen, hatte Friedrich Roger im Jahre 1215 versprochen, schon bald einen Kreuzzug nach Jerusalem anzuführen. Das Ergebnis des Versprechens war, daß er in Aachen zum Kaiser gekrönt wurde. Seinen arabischen Ratgebern sagte der König, er habe nicht die Absicht, das Versprechen in absehbarer Zeit wahrzumachen; es sei von ihm nur aus politischen Gründen gegeben worden, um seinen Ansprüchen auf die Kaiserkrone päpstliche Unterstützung zu beschaffen. So hatten die arabischen Ratgeber, die allesamt Moslems waren, nichts dagegen einzuwenden, daß König Friedrich immer wieder lautstark verkündete, der Kreuzzug werde bald schon seinen Anfang nehmen. Der Papst wurde zwar ungeduldig, doch er glaubte dem Staufer, der ihm versicherte, er werde ins Heilige Land fahren, sobald er sein Reich fest im Griff habe. Als Friedrich bereit war, den Frühling des Jahres 1221 zum festen Termin für die Abreise zu bestimmen, da bestätigte der Papst in Rom Friedrichs Kaiserwürde.

Jerusalem war schon seit nahezu einem Vierteljahrhundert wieder islamisch, aber noch immer bestand ein christlicher Rumpfstaat an der Ostküste des Mittelmeers. Sein Herrscher nannte sich König von Jerusalem. Der Titelträger um das Jahr 1220, darauf bedacht, die Dynastie zu erhalten, suchte in Europa einen Mann für seine elfjährige Tochter Isabella; der Ehemann sollte dann der nächste König von Jerusalem sein. Der Gedanke, nicht nur Kaiser zu sein, sondern auch König von Jerusalem, gefiel Friedrich II. Für diese Würde war er bereit, Isabella zu heiraten. Der Papst aber sah eine Chance, den zögernden Staufer doch noch zum Kreuzzug zu zwingen. Er redete ihm ein, es sei unabdingbar, daß der König von Jerusalem persönlich das Heilige Grab in seinen Schutz nehme. Wiederum erhielt der Papst die Zusage, der Kreuzzug sei fest geplant. Friedrich fügte sogar hinzu, er werde die Ehe mit Isabella im Heiligen Land bestätigen lassen. Doch die Heirat wurde geschlossen, der Bund vollzogen, und auch der Erbe kam zur Welt – er hieß Konrad –, die Reise nach Osten aber trat Friedrich nicht an.

Inzwischen hatte die Geistlichkeit in Rom den wahren Charakter dieses eleganten und gewandten Mannes erkannt: Er war unzuverlässig, hintertrieben, ehrgeizig und von seinen sexuellen Trieben gelenkt. Ein neuer Papst, Gregor IX., gewählt im Frühjahr 1227, zog aus dieser Erkenntnis die Konsequenz: Er belegte Friedrich II. mit dem Kirchenbann. Der Kaiser war damit für jeden gläubigen Christen ein Mann ohne Heil, ein Geächteter.

Nach den Regeln der Kirche war einem Gebannten die Teilnahme an einem Kreuzzug in führender Position nicht gestattet. Der Papst schickte Friedrich zu diesem Sachverhalt eine ausdrückliche Warnung. Für den eigenwilligen Kaiser aber war jetzt, da er eigentlich nicht mehr teilnehmen durfte, der Kreuzzug überhaupt erst wichtig geworden. Friedrich erzwang die Aufstellung des Ritterheeres gegen geistlichen Widerstand und fuhr mit einer kleinen Flotte am 28. Juni 1228 von Brindisi ab. Nach Unterbrechung der Reise auf Zypern trafen Kaiser und christliche Ritter am 7. September in Akkon ein.

Die Begleiter des Kaisers waren der Meinung, nun beginne die ruhmreiche Eroberung der Stadt Jerusalem. Mit Erstaunen stellten sie fest, daß der Kaiser sie in keine Schlacht führte, daß statt dessen Boten Briefe zum Feind trugen und Antwort zurückbrachten. Der Ritter und die Geistlichkeit, aufgezogen in der Überzeugung, mit Andersgläubigen werde nicht verhandelt, begannen Verrat zu wittern. Sie hatten sich einem Gebannten anvertraut und bereuten nun diesen Entschluß. Besonders die Geistlichen glaubten auch noch an Friedrichs Untreue gegenüber der Kirche, als dieser tatsächlich einen Vertrag mit Sultan Malik al-Khamil über die Besitzverhältnisse in Jerusalem aushandeln und abschließen konnte. Am 28. Februar 1229 kamen Kaiser und Sultan überein, Friedrich II. sei Herr des Königreichs Jerusalem, dem diese Städte angehörten: Jerusalem, ohne die Terrasse um Felsendom und Al-Aqsa-Moschee, Bethlehem, Lydda und die Hafenstadt Jaffa, deren Lage etwa der des heutigen Tel Aviv entsprach. Durch einen Korridor sollten diese Städte miteinander verbunden werden. Nazareth, 120 Kilometer Luftlinie nördlich von Jerusalem gelegen, sollte, als Enklave im Gebiet des Sultans, ebenfalls zum christlichen Königreich gehören. Friedrich garantierte allen Moslems freien Zugang zum Felsendom und zur Al-Aqsa-Moschee. Der Vertrag sah eine Friedenszeit von zehn Jahren vor, die dazu benützt werden sollte, die neuen und ungewöhnlichen Besitzverhältnisse zu festigen.

Für christliche Ohren mußte der Vertragstext günstig klingen, hatte doch der Kaiser, ohne daß ein einziger Mann sein Leben hatte lassen müssen, ohne daß auch nur ein Blutstropfen vergossen worden war, der christlichen Welt alle Heiligtümer, die an Jesus erinnerten, zurückgewonnen. Der Vertrag war eigentlich als Wunder zu bezeichnen. Doch gerade die Leichtigkeit, mit der er dem islamischen Gegner abgerungen worden war, machte ihn für manche Geistliche und für viele der Ritter wertlos und ehrlos. Gott, so meinten die Kritiker des Kaisers, hätte die Eroberung durch Feuer und Schwert und den Massentod der Ungläubigen dem von Friedrich eingeschlagenen unblutigen Weg der Diplomatie vorgezogen. Die Tempelritter – sie stellten einen beachtlichen Teil der kaiserlichen Streitmacht – fühlten sich lächerlich gemacht, da das eigentliche Tempelgebiet weiterhin in der Hand der Moslems blieb. Der Patriarch von Jerusalem, der an den Verhandlungen nicht beteiligt gewesen war, verkündete, er werde die eigene Stadt verfluchen, wenn in ihren Mauern für Friedrich II. ein Empfang bereitet werde.

Da er so weit gereist war und – nach seiner Meinung – Lobenswertes erreicht hatte, konnte Friedrich II. auf den Triumph des Einzugs in der Heiligen Stadt nicht verzichten. Am 27. März des Jahres 1229, an einem Samstag, erreichte der Kaiser, nach nächtlichem Ritt von Jaffa her, die seit dreißig Jahren zerstörten Mauern und Tore von Jerusalem. Begleitet wurde er von deutschen und italienischen Reitern und von Männern der deutschen Ritterorden; die Hälfte des Kreuzfahrerheeres aber wollte nicht zusehen, wie der Freund der Ungläubigen die Stadt Jesu in seinen Besitz nahm.

Da war allerdings noch ein anderer Grund wichtig geworden für Ritter, Grafen und Barone, die nicht aus Deutschland oder aus den italienischen Besitzungen des deutschen Kaisers stammten, der sie veranlaßte, am Einzug in Jerusalem nicht teilzunehmen. Sie hatten den Verdacht, Friedrich II., ein Deutscher mit islamischen Neigungen, werde eine Allianz schmieden zwischen deutschen und islamischen Rittern, unter Ausschaltung der Franzosen, die während der zurückliegenden Kreuzritterzeit die Politik im Königreich Jerusalem bestimmt hatten. Sie begriffen das neuentstandene Königreich als Ableger des Deutschen Reiches. Die Franzosen hatten geglaubt, selbst wieder mächtig zu werden in Jerusalem.

So ritt Friedrich II. zwar mit stolzer, aber wenig eindrucksvoller Begleitung in die Stadt. Am Stephanstor übergab ihm der Kadi von Nablus im Auftrag des Sultan Malik al-Khamil den Schlüssel. Mit dieser Geste war der Kaiser zum Herrn der Heiligen Stadt geworden. Doch dem Herrn jubelte niemand zu. Leer waren die engen Straßen, denn Moslems und Christen hatten den Stadtkern verlassen.

Die islamischen Familien waren auf Anweisung des Sultans im Bereich des Heiligen Bezirks untergebracht worden, meist in Zelten. Er wollte vermeiden, daß auch nur der geringste Anlaß zu Reibereien und Streit entstand. Die einheimischen Christen aber waren deshalb auf den nur dünn besiedelten Südwesthügel gezogen, weil sie ihren Kummer zeigen wollten über den Einzug der Ritter aus dem Westen. Sie hatten dreißig Jahre lang ungestört von weströmischer Bevormundung Gottesdienst nach oströmischem Ritus feiern dürfen. Jetzt mußten sie befürchten, daß sie in der Grabeskirche, wie zur Zeit des ersten christlichen Königreichs, nicht mehr geduldet wurden.

Die Stephanusstraße, die dem heutigen Suk az-Zait entspricht, ritt der Kaiser hinunter; nach etwa 300 Metern bog er links ab, zum alten Hospital. Dort verbrachte er die Nacht, schlaflos offenbar, denn am anderen Tag sprach er den Kadi von Nablus, der ihn zu betreuen hatte, darauf an, daß er am frühen Morgen den Ruf des Muezzin nicht gehört habe. Der Kadi, so wird berichtet, habe geantwortet: »O Fürst der Könige, man weiß in der Stadt die Ehre Deines Besuchs zu würdigen.« Der Kaiser soll erwidert haben: »Ihr handelt nicht richtig, wenn Ihr im eigenen Land die Bräuche ändert. Das wäre nicht einmal nötig, wenn Ihr in meinem Lande wohnen würdet. Und übrigens hatte ich mich auf den Gesang des Muezzin in den frühen Morgenstunden gefreut.«

Zur Peinlichkeit entwickelte sich die Krönungsfeierlichkeit am Sonntagmorgen. Kein einziger Priester wartete in der Grabeskirche auf den Kaiser. Der Patriarch hatte die Geistlichen darauf hingewiesen, daß dieser Mann geächtet sei. Nur Ritter der deutschen Orden standen um Friedrich II., als er selbst die mitgebrachte Krone erst auf den Altar beim Grab Jesu legte, um sie sich danach aufs Haupt zu setzen.

Am Nachmittag unternahm der Kaiser und König, was ihm Freude machte: Er besichtigte den Felsendom. Jedes Detail ließ er sich erklären. Er fragte den Kadi aus Nablus, warum Gitter über dem Eingang angebracht waren, und erhielt zur Antwort: »Damit wird erreicht, daß die Sperlinge nicht ins Innere des Heiligtums fliegen.« Er soll daraufhin bemerkt haben: »Die Sperlinge konntet Ihr Euch fernhalten, die Schweine aber hat Euch Allah hergebracht.« Ohne Zweifel hat Friedrich gewußt, daß die Moslems den Christen die Bezeichnung »Schweine« gaben. Es wird berichtet, dem Kadi habe diese Bemerkung des Königs von Jerusalem nicht gefallen. Er und viele andere Moslems waren fortan der Meinung, Friedrich habe keinen Respekt vor dem eigenen Glauben.

Sie besahen sich diesen Monarchen aus dem Westen mit kritischen Augen und stellten fest, daß er ihnen nicht gefiel. Das bartlose Gesicht erschien ihnen zu glatt; die kurzsichtigen Augen strahlten nicht. Die islamischen Herren waren gewohnt, einen Christen nach dem Betrag einzustufen, der auf dem Sklavenmarkt für ihn erlöst werden konnte. Daß für diesen Mann trotz seiner Sprachkenntnisse nur wenig bezahlt werden würde, darin waren sie sich einig.

So endete schmählich, was mit dem vornehmen Gedanken begonnen hatte, einen Kreuzzug ohne Schwertstreich zu führen. Am dritten Tag floh Friedrich aus der Stadt, in der ihm nur die eigenen Ritter wirklich wohlgesonnen waren. Im Zorn verlor er schließlich die Beherrschung: Da ihm die Tempelritter nicht gefolgt waren, ließ er deren Haus in Akkon besetzen. Diese Aktion nahm ihm wiederum die Bevölkerung übel. Da begriff der König von Jerusalem, daß ihm das Heilige Land nicht gehörte. Am 1. Mai 1229 verließ Friedrich II. den Hafen Akkon zur Heimfahrt.

Über diesen Tag berichtete ein Chronist: »Auf häßliche Weise reiste er ab. Der Kaiser bereitete seine Überfahrt heimlich vor. Noch ehe die Sonne aufging und ohne es jemand wissen zu lassen, begab er sich auf eine Galeere vor dem Schlachthof. Es geschah nun, daß die Schlächter ihn verfolgten und ihn unflätig mit Eingeweiden und Därmen bewarfen. Der Herr von Beirut und Herr Odo von Montbéliard hörten den Tumult, eilten herbei und vertrieben die Männer und Weiber. Dann riefen sie vom Land aus zur Galeere des Kaisers hinüber, daß sie ihn Gott empfahlen. Der Kaiser antwortete ihnen sehr leise. Ich weiß nicht, ob im Guten oder im Bösen. So schied der Kaiser, verflucht und entwürdigt.«

Lange konnte sich seine Lösung für das Königreich Jerusalem nicht halten. Die Deutschen Ordensritter, die dem Staat innere Sicherheit hätten geben können, hatten, von Ausnahmen abgesehen, das Heilige Land wieder verlassen. Die orthodoxen Christen aber waren an diesem weströmischen Gemeinwesen überhaupt nicht interessiert. Sie sahen voraus, daß für alle Christen in der Stadt die Katastrophe nicht zu vermeiden war.

Sultan Malik al-Khamil war für den Rest seines Lebens in einer Situation, die so ausweglos erschien wie die des Kaisers bei der Abreise. Auch er war mit empörten Untertanen konfrontiert. Seine Emire waren erbitterte Gegner des christlichen Staates, den sie als Fremdkörper im islamischen Gebiet betrachteten. Sie machten dem Sultan Vorwürfe, er habe die vom Propheten Mohammed geheiligte Stadt ohne Not den Christen übergeben. Malik al-Khamil verteidigte sich, er habe dem Kaiser doch nur baufällige Kirchen zugesprochen, den Felsendom aber habe er den Moslems bewahrt. Dieses Argument beruhigte die Emire keineswegs. Mit Mühe konnte der Sultan seine Ritter dazu zwingen, den Waffenstillstand zu halten.

Kaum war Malik al-Khamil im Jahre 1238 gestorben, da begannen die Überfälle auf das christliche Königreich, das völlig ungeschützt war und überhaupt nicht verteidigt werden konnte.

Das Ende des Staates brach an im Sommer des Jahres 1244, als an der Ostküste des Mittelmeers jede Ordnung zerfiel. Das von Cairo und

Damaskus aus gelenkte Sultanat zerbrach in einem Wirbel anstürmender Turkvölker. Der Stamm der Choresmier nahm Jerusalem im Sturm. Etwa 6000 Christen überlebten die Stunden des Mordens nach dem Zusammenbruch der Verteidigung. Sie erhielten von den Siegern die Erlaubnis zum freien Abzug in Richtung Jaffa. Doch nur 300 erreichten die Hafenstadt. Die anderen waren unterwegs erschlagen worden.

Die Kleinstadt in den Bergen von Judäa

Die Vernichter des christlichen Königreichs hatten nicht die Absicht, in Jerusalem zu bleiben. Sie raubten die Häuser aus und freuten sich, wenn es ihnen gelang, Gebäude in Brand zu stecken. Mit dem beweglichen, halbwegs wertvollen Eigentum der einstigen Bewohner, mit Kleidern, Stoffen, Hausrat und wenigen Leuchtern aus Edelmetall beluden sie ihre Pferde und ritten weiter, getrieben von der Lust, weiteren Städten Gewalt anzutun.

So leer waren die Straßen noch nie gewesen. Nie hatte eine derartige Stille geherrscht. Die Glocken der vielen Kirchen, von den Türmen gestürzt, lagen zersprungen am Boden. Selten war ein Priester in der Grabeskirche zu sehen. Sie hatte diesen Sturm überstanden. Für die wenigen Menschen, die noch in Jerusalem wohnten, wurden Räuberbanden zur Qual; sie nisteten sich in allen Vierteln ein. Da war niemand, der auf Recht und Gesetz achtete. Die Gegend um Jerusalem gehörte dem, der ein Schwert besaß.

Der Ruf des Muezzin war wieder zu hören. Der Schrei »Allahu Akbar« – Gott ist über allem – zeigte an, daß die Stadt wieder islamisch geworden war. Die Juden, die im christlichen Königreich kein Bürgerrecht besessen hatten, blieben auch jetzt Jerusalem fern. Im Jahr 1267, also fast ein Vierteljahrhundert nach dem Auszug der Christen, wunderte sich Rabbi Moses Ben Nachman bei der Ankunft in Jerusalem über die Bevölkerungsstruktur. Er schätzte, daß etwa 2000 Menschen innerhalb des zerstörten Mauerrings lebten: 1700 waren nach seiner Meinung Moslems, 300 Frauen und Männer waren Christen, die sich wieder eingefunden hatten. Zu seinem Erstaunen fand Rabbi Moses Ben Nachman nur zwei Juden vor. Die beiden waren Brüder, Färber von Beruf.

Als der Rabbi eine improvisierte Synagoge eröffnete, war für Familien, die in anderen Städten der Region lebten, ein Anreiz zum Umzug in die menschenleere Stadt gegeben. Handwerker kamen und Händler; ein Markt entwickelte sich. Doch niemand erließ eine Marktordnung. Jerusalem, das keinem zu gehören schien, war eine Stadt ohne Vorschriften. Der Rabbi sah sich veranlaßt, nach und nach jüdischen

Familien zu sagen, wie sie sich zu verhalten hätten. Er wies sie an, die Stadtteile zu meiden, die zuvor von Christen bewohnt worden waren. So bauten sie Häuser auf dem Südwesthügel, südlich des Zionstors und an der Südwestecke des Heiligen Bezirks, in der Nähe des Platzes, auf dem 1200 Jahre zuvor der Tempel gestanden hatte.

Während Jerusalem langsam wieder Menschen anzog, bildete sich aus dem Chaos ein neuer Machtpol am Nil. So war der Ablauf der Entwicklung gewesen: Von Osten her waren Mongolenstämme ins Zweistromland um Euphrat und Tigris eingedrungen. Im Jahr 1258 hatten sie Baghdad erobert und der Kalifenherrschaft ein blutiges Ende bereitet. Ein Jahr später hatten die mutigen und schnellen Mongolenreiter bereits Syrien erreicht. Als Damaskus ausgeplündert war, hatten die Eroberer, die sich als Herren der Welt fühlten, die reichen Städte am Nil zum nächsten Ziel gewählt. Doch unter gewaltigen Anstrengungen und unter hohen Opfern gelang es dem ägyptischen Heer, die gefährliche, alles zerstörende Invasion aufzuhalten.

Den Widerstand hatte eine Kaste organisiert, eine ganz bestimmte Schicht der Bevölkerung. Von ihr war zuvor der faule, müde und korrupte Clan der späten Saladin-Nachfolger aus Ämtern und Palästen geworfen worden. Die Mamluken waren die Herren in Cairo.

Wer zunächst ganz unten war in der Gesellschaftsordnung, war nun nach oben, an die Staatsspitze gewirbelt worden: Die Mächtigen waren Sklaven gewesen. Ihr Name leitet sich ab vom Wort »mamlukun«; so wurden in Ägypten die Militärsklaven genannt. Sie waren als Diener ins Land geholt worden. Sie sollten auf Befehl gehorchen; sie sollten kämpfen und, wenn nötig, sterben – doch nun regierten sie. Sie hielten sich Sklaven und waren doch selbst gekauft worden.

Auf den Märkten in Anatolien und Nordsyrien waren sie feilgeboten worden. Ihre Heimat aber war weiter nordöstlich gelegen, im Bergland des Kaukasus. Aus christlichen Bauernfamilien, die ihr Einkommen durch Verkauf überflüssiger Esser aufgebessert hatten, stammten sie. Jahrzehntelang hatten die Agenten des Clans der Mächtigen am Nil den Auftrag gehabt, auf den Märkten im nördlichen Vorderasien junge, weiße Männer zu ersteigern. Zehntausende waren nach Cairo gebracht worden. Sie hatten in Kasernen gelebt, abgesondert von den Stadtbewohnern, und sich nach eigenen, strengen Moralgesetzen gerichtet. Im Verlauf der Jahre war ein elitäres Bewußtsein gewachsen; bewaffnet, diszipliniert, rücksichtslos und gewalttätig stellten sie ein innenpolitisches Machtpotential. Ihre Offiziere waren immer einflußreicher geworden; kein Sultan konnte schließlich ohne ihr Einverständnis regieren. Als sie nur noch mit Widerwillen die Hand des schwachen Sultans küßten, da putschten sie. Hatten die Offiziere zunächst die Absicht, gemeinsam durch ein kollegiales Gremium zu regieren, so waren sie in der praktischen Erfahrung belehrt worden, daß nur ein Mann bestimmen durfte. So wählten sich auch die Mamluken einen Sultan.

Sie folgten bald einem bewährten politischen Muster, das sich seit der Zeit der erfolgreichen Pharaonen nicht verändert hatte: Sie sicherten ihre Nordostgrenze durch Besetzung des Gebiets zwischen Mittelmeerostküste und Jordan. Sie begriffen die Bedeutung dieser Landbrücke, die den Nil und die Ströme Mesopotamiens verband.

Verwalter des Gebiets war der Pascha von Damaskus. Seine Aufgabe war eng umrissen: Von ihm wurde verlangt, daß er keine Unruhe aufkommen ließ und daß er Steuern eintrieb. Der Pascha nahm zwar Jerusalem in Besitz, doch er kümmerte sich wenig um diese Stadt. Er hatte reichere Städte wie Beirut, Gaza, Nablus und Sidon zu verwalten.

Als Moslem begünstigte er die islamische Gemeinde: Moscheen entstanden und Koranschulen. Jedes der islamischen Stadtviertel – sie befanden sich westlich und nordwestlich des Heiligen Bezirks – erhielt eine Gebetsstätte, erbaut mit Unterstützung der Provinzverwaltung. Bedeutsamer aber war, daß die Moscheeneubauten eine Entwicklung der Wasserversorgung zur Folge hatten. Wer beten wollte in der Moschee, der mußte sich zuerst waschen. Für das Wasser hatten die Moscheevorstände zu sorgen. Sie meldeten Bedarf an. Zum erstenmal seit Generationen wurden die Wasserleitungen instand gesetzt. Sie waren zur Zeit des christlichen Königreichs nicht gebraucht worden, da die Grafen und Ritter samt Fußvolk kaum zu baden pflegten. So hatte das in Zisternen angesammelte Regenwasser völlig genügt, um die Versorgung der Stadt zu sichern. Die Gouverneure in Damaskus aber hatten den festen Willen, die hygienischen Einrichtungen Jerusalems dem islamischen Standard anzupassen.

Ein Muster dieser Anlagen ist auf der Tempelterrasse zu sehen. Dort steht der Springbrunnen, den Sultan Kait Bai im Jahre 1482 auf Kosten des Staates hatte errichten lassen. Der Bau stellt einen niederen Turm dar, auf dem sich eine Kuppel wölbt. Die Mauern bestehen aus abwechselnden Schichten dunkelroter und heller Steine. Dieser farbige Kontrast gilt als Merkmal der Mamlukenarchitektur.

Der Besitz des Heiligtums in Jerusalem bot den Mamlukenfürsten am Nil die Möglichkeit, die Menschen ihres Gebiets von Mekka unabhängig zu halten und damit von Einflüssen radikaler Moslems. Wer immer in Cairo regierte, hatte Sorge, seiner Bevölkerung werde der Wille mächtiger Geistlicher der Großen Moschee von Mekka aufgezwungen. Pflege und Ausschmückung des Felsendoms förderten das Interesse der Gläubigen an einer Wallfahrt nach Jerusalem und ließen sie weniger an eine Reise zur Kaaba denken. Daß sich um den

Felsendom ein islamisches Lehrinstitut entwickelte, paßte ins Konzept der Mamlukenfürsten. So baute sich ein geistiger Gegenpol zu den dogmatischen Ansprüchen der Geistlichen von Mekka auf.

Trotz der offiziellen Förderung der Heiligen Stätten wurde Jerusalem in jener Zeit doch nicht zur religiösen Attraktion. Die Zahl der Gläubigen blieb gering, die den Felsen sehen wollten, von dem aus der Prophet Mohammed in den Himmel gestiegen sei. Feststellbar ist, daß dem Staat der Mamluken insgesamt der religiöse Schwung fehlte – trotz des Bekenntnisses zum Islam als Staatsreligion.

Viele Spuren sind geblieben von den Aktivitäten der Mamlukenverwaltung. Die farblich unterschiedlichen Steinschichten der Mauern sind ein Anhaltspunkt. Hellere und dunklere Schichten wechseln miteinander ab. Diese Besonderheit kennzeichnet viele der Gebäude westlich und nordwestlich der Tempelterrasse. Gut erhalten ist der Eingang zur Medrese al-Ashrafija, einer Koranschule aus der Mamlukenzeit. Der Gang durch die Stadt von heute, der Blick auf die erhaltenen Gebäude zeigt, daß sich die Methode der Sultane für Jerusalem gelohnt hatte, Emire an die Spitze der Stadt zu setzen, die in Ungnade gefallen waren, aber noch keine Hinrichtung verdient hatten. Sie mußten sich bewähren in Jerusalem, und so sorgten sie für die Stadt und ihre Bewohner.

Unzuverlässig sind die Angaben aus jener Zeit über die Anzahl der Menschen in Jerusalem und über ihre Religionszugehörigkeit. Aus dem geringen Material, dessen statistischer Wert einigermaßen ernst genommen werden kann, ist zu ersehen, daß der jüdische Bevölkerungsanteil über viele Generationen hin nur langsam zunahm. Aus den zwei Juden des Jahres 1267 waren im Jahr 1483 etwa 500 geworden, bei einer Gesamtzahl der Einwohner von 3000.

Aus jenem Zeitraum schildert ein Augenzeuge, was er in Jerusalem gesehen hat: Der Deutsche Johannes Schiltberger hat um das Jahr 1400 die Stadt besucht – als Sklave eines mongolischen Heerführers. Mit wenigen Worten skizzierte er sein Leben: »Ich, Johannes Schiltberger, zog aus meiner Heimatstadt München, die in Bayern liegt, mit einem Herrn Leinhart Richartinger aus zu der Zeit, als König Sigismund gegen die Heiden zog. Das war im Jahr 1394 nach Christi Geburt, und ich kehrte erst im Jahre 1427 wieder aus dem Heidenland zurück.« Der Bayer aus altem Geschlecht lebte 33 Jahre in osmanischer und mongolischer Gefangenschaft. Er war sechzehn Jahre alt gewesen, als er nach der Niederlage des christlichen Heers bei Nikopolis in die Hand der Moslems geraten war. Wenig später brachen Mongolenheere unter Tamerlan in das Gebiet der Osmanen ein. Sie mordeten und machten Gefangene – Johannes Schiltberger wurde in die »Tatarei« abgeführt.

Im Gefolge der Mongolenherrscher nahm er teil an einem Feldzug zur Ostküste des Mittelmeers. Jerusalem war kein lockendes Ziel für die Eroberer aus dem Osten. Schiltberger aber benützte die Gelegenheit, um die Stadt zu sehen. Er berichtet:

»Jerusalem liegt zwischen zwei Bergen, von denen viel Wasser herabfließt. Die Kirche des Heiligen Grabes ist ein schönes, hohes, gewölbtes Gebäude, das mit Blei bedeckt ist. Gleich, wenn man in die Kirche kommt, befindet sich rechter Hand der Kalvarienberg, auf dem Christus gemartert wurde. In der Kirche neben dem Berg ist ein Altar, und dort liegt die Säule, an die unser Herr gebunden war, als man ihn geißelte. Mitten in der Kirche ist um das Grab ein herrliches Tabernakel errichtet. Wenn man hineingeht, ist gleich rechts das eigentliche Grab, in das man aber nur große Herren hineinläßt. In die Mauer des Tabernakels ist jedoch ein Stein vom Heiligen Grab eingemauert, den küssen und berühren die Pilger. Es gibt eine Ampel, die das ganze Jahr über bis zum Karfreitag brennt. Dann erlischt sie und entzündet sich erst wieder am Ostersonntag. Am Osterabend geht vom Heiligen Grab ein Schein aus, wie von einem Feuer. Vor der Stadt ist die Kirche des heiligen Stefan, und zwar an der Stelle, wo er gesteinigt wurde. Gegen das Tal im Osten hin ist vor der Kirche des Heiligen Grabes das goldene Tor. Nicht weit vom Heiligen Grab ist das große Spital zu Sankt Johann. Dort pflegt man kranke Leute. Das Spital hat einhundertvierunddreißig Säulen, und es gibt noch ein anderes, das auf vierundfünfzig Marmorsäulen steht. Ganz in der Nähe ist das Haus des Pilatus und gleich daneben das des Herodes, der die Kinder töten ließ. Ein Stück weiter entfernt steht die Kirche der heiligen Anna. Dort wird ein Arm von Sankt Johannes Christostimos und der größere Teil des Hauptes von Sankt Stefan aufbewahrt. Eine Kapelle ist an der Stelle, an der Christus einem Jünger die Füße wusch. Dort hörte auch Maria die Engel eine Messe singen. In derselben Kapelle, gleich beim Altar, saßen die zwölf Apostel am Pfingsttag, als der Heilige Geist zu ihnen kam.«

Den Felsendom hält Johannes Schiltberger für den Tempel der Juden: »Der Tempel ist sehr schön und hoch gewölbt, groß und mit Zinn überzogen. Um ihn herum ist ein schöner Platz mit Häusern, der mit Marmor gepflastert ist. Dorthin lassen die Heiden weder Juden noch Christen. Gleich beim Tempel steht eine bleigedeckte Kirche, die Salomos Stall genannt wird, und links davon ein Palast, den man Salomos Tempel nennt.«

Außer Moscheen, einigen Kirchen und einer Synagoge hatte Jerusalem wenig zu bieten. Der wichtigste Faktor für die Bewohner einer Stadt war, daß sich die Menschen in ihr sicher fühlen konnten. Doch gerade dieser Faktor fehlte völlig seit der Zerstörung der Mauern durch

Saladdin. Um ein Beispiel der Unsicherheit zu nennen: Im Jahre 1480 drangen Beduinenbanden in die unbefestigte Stadt. Sie plünderten den Markt und erschlugen die Händler. Einen Zufluchtsort gab es nur für den islamischen Emir; er rettete sich in die Zitadelle, in die »Davidsburg«. Der Emir war der Statthalter der Mamluken. Daß er floh und nicht versuchte, Widerstand zu leisten, ist als Indiz zu sehen für die Schwäche der Mamlukenherrschaft in jener Zeit.

Die Mamluken verloren dann tatsächlich zu Beginn des 16. Jahrhunderts ihre Unabhängigkeit. Sie mußten sich aggressiven Turkvölkern unterordnen, die vom Clan der Osmanen geführt wurden. In Konstantinopel, der einstigen Hauptstadt Ostroms, regierten sie seit 1453. Ihre Völker besaßen die Kraft, das Osmanische Reich sowohl nach Westen auszudehnen – sie belagerten im Jahre 1529 Wien – als auch nach Osten, in ägyptisch beherrschtes Gebiet hinein. So wurde Jerusalem Teil des Osmanischen Reiches.

Der Wechsel schien auch einen Wandel im Geschick der Kleinstadt anzukündigen. Sultan Suleiman der Prächtige, der Belagerer von Wien, kümmerte sich persönlich um Jerusalem. Er gab Order, die Stadt endlich wieder durch eine Mauer zu schützen. Eine Inschrift am Jaffator zeugt von Suleimans Absicht, Jerusalem in eine befestigte Stadt zu verwandeln. Die Mauern, die heute die Altstadt umgeben, sind damals entstanden.

Suleiman war auch verantwortlich dafür, daß das »Goldene Tor« an der Ostseite der Tempelumfassungsmauer durch Quader verschlossen wurde; es war bisher das Osttor des Heiligen Bereichs gewesen. Anlaß für die Schließung war die Überzeugung der jüdischen Gemeinde, der Messias werde dereinst durch dieses Tor in Jerusalem einziehen – der Beherrscher der Moslems wollte ihm den Weg versperren, der zum Felsendom und damit zum Platz des Tempels der Juden führte.

Die türkischen Gouverneure waren zwar von der absoluten Überlegenheit ihres Glaubens überzeugt, doch sie unterdrückten andere Religionsgemeinschaften nicht. Zeigten ausländische Mächte Interesse, Handelsmissionen in Jerusalem zu gründen – Frankreich schloß 1538 einen Vertrag über Warenaustausch –, so wurde ihnen zugestanden, daß sie ungehindert Gottesdienst ihrer Art zelebrieren durften.

Sultan Bajezid II. muß als der toleranteste der Osmanenherrscher genannt werden: Er lud die Juden des Mittelmeerraums ausdrücklich ein, Jerusalem als ihre Heimat zu betrachten. Diese Aufforderung, in die Stadt zu ziehen, war deshalb für die Juden von Bedeutung, weil Tausende von Glaubensbrüdern am Ende des 15. Jahrhunderts aus Spanien vertrieben worden waren. Viele der heimatlos gewordenen Familien nahmen das Angebot des Sultans Bajezid II. an. So stieg die

Zahl der Juden in Jerusalem bis zum Beginn des 17. Jahrhunderts auf etwa 1000 an. Sie waren damit eindeutig zur zweitstärksten Bevölkerungsgruppe nach den Moslems angewachsen. Die Christen waren eine Minderheit unter den 5000 Einwohnern geworden.

»Häufig genug prügeln sich die Mönche.«

Der Wandel im Geschick der Kleinstadt war nicht von langer Dauer. Auf die starken Sultane, die sich Toleranz hatten leisten können, folgten schwache Herrscher, die ihre Position bei Geistlichkeit und Hofstaat durch schroffe Behandlung der Minderheiten zu festigen versuchten. Die Christen wurden glimpflich behandelt: Ihnen wurden nur leerstehende Klöster weggenommen. Harte Diskriminierung aber traf die Juden: Sie mußten sich durch gelbe Turbane kenntlich machen, und sie hatten außerordentlich hohe Steuern zu bezahlen. Da ihnen kein Recht vor Gericht zugestanden war, konnten sie auch niemand verklagen – auch nicht, als im Jahre 1721 die bedeutendste Synagoge im jüdischen Viertel niedergebrannt wurde.

Vierzig Jahre später reiste der Däne Carsten Niebuhr durch Arabien. In seiner Reisebeschreibung »Entdeckungen im Orient« schildert er Jerusalem so:

»Die Stadt gehört zum Gouvernement des Paschas von Damaskus. Sie liegt in einer etwas bergigen, sehr fruchtbaren Gegend. Besonders gedeiht hier der Weizen, wenn der Acker gut bearbeitet wird und das Jahr nicht zu trocken ist. Auch an Baumfrüchten, besonders Oliven, ist, wie in den ältesten Zeiten, kein Mangel. Jedoch das Land ringsum liegt brach. Darüber darf sich niemand wundern, denn man muß bedenken, wie viele blutige Kriege hier geführt wurden und daß das Land schon tausend Jahre lang von den Mohammedanern verwaltet wird, die viele andere, ebenso fruchtbare Gebiete haben verfallen lassen.

Die Stadt ist nach türkischer Art von einer Mauer umgeben und hat ein kleines Kastell. Die Häuser sind zum Großteil aus behauenen Steinen erbaut, die Dächer sind, wie meistens in den Morgenländern, flach. Einige Häuser sind mit Marmor verkleidet. Handel gibt es hier ebenso wenig wie Fabriken. In Jerusalem leben die Mohammedaner, die in der Überzahl sind, auf Kosten der Christen und Juden.

Befände sich Jerusalem noch in den Händen der Christen, würden diese den Mohammedanern wohl kaum erlauben, ihre Gottesdienste öffentlich abzuhalten. Die Mohammedaner sind nicht so streng. Sie erlauben es den Christen und Juden sogar, nach Jerusalem zu wallfahrten. Man hat den Christen auch die Auferstehungskirche gelassen, welche über der Stelle stehen soll, wo Christus begraben wurde. Des weiteren dürfen die Christen Kirchen und Kapellen besuchen, die sich, nach ihrer Meinung, über heiligen Stätten befinden. Am Osterfest, wenn Tausende von Pilgern in der Auferstehungskirche versammelt sind, sorgen Janitscharen für Ruhe und Ordnung. Denn es kommt nur zu häufig vor, daß Pilger einander am Grabe Christi verprügeln. Daß die Christen für die Freiheiten, die sie hier genießen, an die Mohammedaner beträchtliche Abgaben entrichten müssen, finde ich billig. Es ist auch billig, daß die Christen ihre Kirchen und Klöster selber erhalten müssen. Ausbesserungen oder gar Neubauten hängen von einer Erlaubnis der mohammedanischen Obrigkeit ab, und solch eine Erlaubnis kostet viel Geld. Der Statthalter, der Kadi, andere Vornehme – alle fordern von den Mönchen Geld und Geschenke. Dazu kommt noch, daß zwischen den Mönchen ständig Neid, Mißtrauen, Haß, ja offene Feindschaft herrschen. Jedes Kloster will das vornehmste sein und sich Vorrechte sichern. Daraus ziehen die Mohammedaner den meisten Nutzen. Wer am meisten gibt, darf das Grab Christi pflegen.

Es ist sehr selten, daß ein Laie von Europa nach Jerusalem reist, weil ihn seine Andacht dazu bewegt. Hingegen sind die Spenden, welche von Europa nach Palästina fließen, sehr groß. Alles, was die Franziskaner zur Erhaltung der Kirchen und Klöster brauchen, kommt aus Europa.

Alle Christen, die nach Jerusalem kommen, müssen an den Statthalter, an den Kadi, an die mohammedanischen Vorsteher der Auferstehungskirche Zahlungen leisten. Diese Abgaben sind allerdings nicht hoch. Daß die Mohammedaner aus der Verehrung, welche die Christen den heiligen Stätten erweisen, Nutzen ziehen, beweist nur ihre Klugheit. Im übrigen erheitert es die Mohammedaner, wenn die Christen behaupten, daß es zu diesem oder jenem bedeutsamen Ereignis an einer bestimmten Stelle und nicht hundert Schritte weiter südlich oder nördlich gekommen ist.«

Mit der Auferstehungskirche, üblicherweise Grabeskirche genannt, befaßt sich Carsten Niebuhr, der Jerusalemreisende der sechziger Jahre des 18. Jahrhunderts, besonders ausführlich. Seine realistische Beschreibung zeigt, daß damals in Jerusalem wenig Grund bestand, Christentum und Christen zu achten.

»Für den Christen ist die Auferstehungskirche das bedeutendste Bauwerk in Jerusalem. Denn hier zeigt man nicht nur das Grab Christi, sondern auch das Gefängnis, in das Christus geworfen wurde, und den Platz, wo die Soldaten um das Gewand Christi würfelten. Und dies alles zeigt man in einer Kirche, die wohl erst zur Zeit der Kreuzzüge erbaut wurde, als nämlich die Europäer Herren von Jerusalem waren. Daß man damals die Lage der heiligen Stätten noch kannte, mag ich nicht glauben. Aber die Mönche bleiben starr bei ihren Behauptungen. Die Mohammedaner glauben nicht, daß Christus dort, wo man sein Grab zeigt, begraben wurde. Würden sie das glauben, hätten sie den Christen die Auferstehungskirche sicherlich nicht gelassen.

Diese große Kirche mit den vielen Wohnungen der Mönche hat nur einen einzigen Eingang. Dieser ist nicht nur verschlossen, sondern sogar verriegelt. Und davor steht auch noch eine Janitscharenwache. Man kann jederzeit mit den hier eingeschlossenen katholischen, griechischen, armenischen und koptischen Mönchen durch ein Loch in der Kirchentür sprechen. Durch dieses Loch werden auch die Nahrungsmittel gereicht. Die Tür selbst aber wird nur an gewissen Festtagen geöffnet. Erkrankt ein Mönch so schwer, daß er in ein Kloster gebracht werden muß, wird die Tür von einem Mohammedaner geöffnet, allerdings gegen beträchtliche Bezahlung. Dann bleibt sie zwei Stunden offen, so daß jeder aus- und eingehen kann. Auch das ist nicht umsonst. Als Obulus verlangen die Janitscharen, daß man ihnen eine Schale Kaffee zahlt.

Das Gemach, in dem man das Grab Christi zeigt, ist so klein, daß darin nur drei Personen gleichzeitig ihre Andacht verrichten können. Auf einem Marmorblock stehen zahllose silberne und goldene Leuchter, in denen sich brennende Kerzen befinden. Vor dem Grab liegt eine kleine Kammer, in welcher der Stein steht, auf dem der Engel saß, der den Weibern verkündete, daß Christus auferstanden sei. Diese beiden Räume sind ganz aus Marmor. Wäre es anders, würden die Pilger allmählich nicht nur das Grab, sondern auch die ganze Kirche forttragen.

Die Wohnungen der Franziskaner befinden sich in einem Nebengebäude der Kirche, das man auch nur durch das einzige Tor erreichen kann. Hier zeigte man mir ein Stück Holz, das man als Kreuz Christi ausgibt und an Festtagen herumträgt. Es steht in einem großen vergitterten Schrank hinter einem breiten Marmoraltar. Man kann es also, wenn man vorübergeht, mit der Hand nicht erreichen. Auf dem Altar liegt ein langer Stock, mit dem man das Kreuz berührt. Das Ende des Stockes, das mit dem Kreuz in Berührung gekommen ist, küßt man. Auf der anderen Seite des Altars steht ein Stück einer Säule, an der Christus gegeißelt worden sein soll.

Der große, prächtige Chor der Kirche, der unter einer prunkvollen Kuppel liegt, gehört den Griechen. Mitten im Chorgestühl befindet sich ein kleines Loch, das, nach Aussage aller Mönche, der Mittelpunkt der Welt ist. Man zeigt mir auch einen kleinen Steinkasten, in dem

Adams Kopf aufbewahrt wird. Wie die guten Mönche zu diesem Kopf gekommen sind, konnte man mir nicht sagen.

Der Reichtum an goldenen und silbernen Lampen, Ampeln und anderen wertvollen Gefäßen ist sehr groß. Das meiste besitzen die Franziskaner. Die Griechen besitzen das wenigste. Das erregt Haß, und häufig genug prügeln sich die Mönche in der Kirche oder sogar vor dem Heiligen Grab. Treiben sie es so arg, daß ihr Geschrei bis zu der Janitscharenwache hinausdringt, wird die Kirche geöffnet, und die Janitscharen bringen mit großen Knüppeln beide Parteien zur Räson. Außerdem müssen die Mönche dann eine ansehnliche Geldstrafe bezahlen. Die Franziskaner zeigten mir die Trümmer einer großen silbernen Ampel, die von den Griechen zerschlagen worden war. Ein Grieche wies mir eine große Narbe vor, die von einer Wunde herrührte, die man ihm bei einer dieser Prügeleien zugefügt hatte.«

Über die Juden berichtet Carsten Niebuhr nur in wenigen Sätzen: »Die Juden verehrten Jerusalem nicht weniger als die Christen. Sie verehrten die Ruinen der Ringmauer ihres früheren Tempels und halten ihre Andachten auf unbebauten Plätzen ab. Die Mohammedaner würden ihnen gerne erlauben, diese Plätze zu bebauen, doch denken die Juden nicht daran, hierfür Geld auszugeben. Es kommen sehr viele alte Juden nach Jerusalem, um sich nach ihrem Tode hier begraben zu lassen. Es erübrigt sich fast, zu sagen, daß die Türken hierfür eine beträchtliche Summe verlangen.«

Im zweitletzten Satz ist das gewichtigste Problem der jüdischen Gemeinde in Jerusalem angesprochen: Der Kreis der Zuwanderer bestand im 19. Jahrhundert hauptsächlich aus älteren Menschen, die in der Heiligen Stadt beten und sterben wollten und sich ein Grab am Ölberg wünschten, weil sie überzeugt waren, daß sie hier frühzeitig das Signal zum Anbruch des Gottesreiches hören würden, das von der Tempelterrasse aus gegeben werde. Das Resultat der Seniorenzuwanderung war, daß die jüdische Gemeinde nicht wachsen konnte, sondern eher abnahm. Möglich geworden war diese Entwicklung durch Erleichterung der Reiseumstände: Da die Schiffe komfortabler geworden waren, konnten ältere Menschen die Reise wagen. Jüngere Menschen, die in Europa und Nordafrika lebten, hüteten sich, ins Heilige Land zu emigrieren – dort gab es keine Verdienstmöglichkeit für sie und keine Sicherheit.

Der Engländer John Lothian klagte im Jahr 1843: »Der Jude erleidet Unterdrückung und Verfolgung in seiner eigenen Stadt und nahe dem Ort, an dem sein Tempel stand. In Jerusalem ist seine Lage sehr schlecht. Wenn er auch nur ein wenig Reichtum besitzt, wird er von den Türken unbarmherzig ausgeraubt. Für ihn gibt es weder Gesetz noch Recht. « Um diese Zeit stellt Chateaubriand fest, Lumpen seien die Kleidung der Juden; oft treffe man sie im Staube kauernd, doch ihre Augen seien unablässig auf die Tempelterrasse gerichtet.

Hurrah in der Heiligen Stadt

Auch Moslems und Christen waren arm in dieser Stadt, in der weder Händler noch Handwerker ein ausreichendes Einkommen hatten. Europäer, die im vergangenen Jahrhundert Jerusalem besuchten, waren entsetzt über den schlechten Zustand der Häuser. Sie hatten alle den Eindruck, niemand denke daran, Reparaturen vornehmen zu lassen. Überall sammle sich Schutt und Unrat an.

Doch in die Zeit des Niedergangs der Stadt fällt ein starkes Anwachsen der europäischen Interessen an Jerusalem. Die französische Regierung erklärte sich bereit, die Protektion der römischen Geistlichkeit bei den heiligen Stätten zu übernehmen, worauf Rußland verkündete, der Schutz der orthodoxen Geistlichen sei Angelegenheit der zaristischen Diplomatie. Vorausgegangen war handfester Streit zwischen der katholischen und der orthodoxen Geistlichkeit: Sie hatten sich gegenseitig vorgeworfen, einen silbernen Stern gestohlen zu haben, der in Bethlehem den Platz der Geburt Christi gekennzeichnet hatte. So lächerlich das Vorspiel war, so dramatisch wurde der Epilog: Als der Zar vom türkischen Sultan das Zugeständnis verlangte, dem russischen Staat nicht nur in Jerusalem, sondern im gesamten Osmanischen Reich den Schutz aller orthodoxen Menschen zu übertragen, brach im Jahre 1854 der Krimkrieg aus zwischen Rußland und der Allianz von Türken, Franzosen und Engländern.

Da die französische Regierung Interesse gezeigt hatte für Jerusalem, war zu erwarten, daß auch deutsche regierende Fürsten Fühler ausstreckten. Im Jahre 1870 konnte der Journalist Gustav Freytag in einer Kurzbiographie des preußischen Kronprinzen triumphierend vermerken, daß mit diesem deutschen Prinzen das Morgenland zum erstenmal seit 500 Jahren wieder eine deutsche Flotte sehen könne. Kronprinz Friedrich wird im Jahr 1888 für 99 Tage deutscher Kaiser sein. Neunzehn Jahre zuvor besuchte er, auf dem Weg zu den Einweihungsfeierlichkeiten am Suezkanal, die Heilige Stadt. Vorausgeschickt worden war ein Trupp Seesoldaten. In seinem Tagebuch vermerkte Friedrich: »Sie empfingen mich mit Hurrah – gewiß der erste preußische Militärgruß dieser Art in Jerusalem.«

Seine Eindrücke schilderte er so: »Die Stadt ist schmutzig und dumpfig. Ganze Straßen sind überwölbt und völlig dunkel, mit einem Pflaster aus großen, nach der Mitte sich senkenden Feldsteinen, auf denen das Pferd bei jedem Schritt ausgleitet. Jegliche Art von Vorwärtsbewegung wird zur Unerträglichkeit. Jegliches fromme und tiefernste Gefühl, mit dem man sich der heiligen Grabstätte naht, weicht zurück, wenn man von den lateinischen und griechischen Mönchen sofort am Eingang der Kirche darauf angeredet wird, daß dieser Teil oder dieser Stein der einen, jener aber der anderen Confession angehöre, und daß man dementsprechend also erst hierhin müsse und dann dorthin dürfe. Tritt man dann in die große Rotunde hinein, in deren Mitte sich der mit einer Kapelle überbaute Raum befindet, der das Grab des Heilands genannt wird, so sieht man zunächst nichts weiter vor sich, als eine enge, dunkle, niedrige Halle. Aus dieser gelangt der Beschauer durch eine nur drei Fuß hohe Öffnung in ein kleines, mit marmornen Tafeln ausgelegtes Kapellchen, in welchem kaum vier Menschen stehen können und in dem sich ein länglicher Altar befindet. Die eigentliche Altarplatte, gleichfalls von Marmor, versteckt den in den Felsen gehauenen Raum, in welchem der Erlöser ruhte, so daß man wohl an der Grabesstelle sich befindet, nicht aber die Felsaushöhlung sehen kann. Wird man dann, nach abermaligen Hin- und Herzerrungen endlich nach Golgatha geführt, so sieht man vollends nichts. Um hier hinauf zu gelangen, muß man aus dem Raum der Grabesrotunde durch die unmittelbar daran stoßende griechische Kirche hindurchgehen, viele dunkle Stufen steigen, um dann in eine nur durch Lampen erhellte und mit geschmacklosen Heiligenbildern verunstaltete Kapelle zu gelangen. Hier hebt dann ein Mönch einen Deckel unter dem Altar in die Höhe und zeigt ein Loch in dem Marmorfußboden, durch welches eine kleine Vertiefung im Felsen sichtbar wird, in die das Kreuz des Herrn eingelassen worden sein soll. Eine daneben befindliche längliche Öffnung im Felsen wird für den Spalt ausgegeben, der im Augenblick als der Herr verschied, den Erdboden zerriß. Ich fühlte mich durch alles dies bitter enttäuscht, wurde aber außerdem durch das Conglomerat von Kapellen, Altären, Treppen und Gängen so verwirrt, daß mir schließlich ganz schwindlig zu Mut wurde. Dazu kam eine enge dumpfe Luft und endlich das widerwärtige Gefühl über alle die märchenhaften Legenden beider Confessionen. Als mir Adams Schädel gezeigt wurde, hatte ich genug.«

Friedrich zog kurz und bündig das Fazit: »Die heiligen Stätten sind in frevelhafter Weise verunziert und verdeckt worden.« Friedrich lobte die Moslems, da sie in ihrem Heiligtum den Felsen, auf dem einst Mohammed gestanden haben soll, unbedeckt den Gläubigen zeigten.

Preußen faßte damals Fuß in Jerusalem – es war durchaus die Absicht des regierenden Hauses, an die Tradition der Kreuzritter anzuknüpfen. Die Mächtigen im Osmanischen Reich wehrten sich nicht dagegen; sie fühlten sich sogar geschmeichelt. Kronprinz Friedrich notierte stolz in sein Tagebuch: »Mittags ergriff ich, in Gegenwart der evangelischen Gemeinde, sowie Kiamil-Paschas und unserer Seesoldaten, feierlich und öffentlich Besitz von den Ruinen des ehemaligen Johanniter-Hospizes und der dazu gehörigen Kirche. Ein bereits vorbereitetes Adlerwappen war an dem schönen, noch erhaltenen Tor befestigt, und die preußische Standarte auf dem höchsten Punkt aufgepflanzt, in dem wir unserem König ein dreifaches Hurrah! brachten.«

Fast dreißig Jahre dauerte es, bis wieder Hurrahschreie in Jerusalem zu hören waren: Am 29. Oktober des Jahres 1898 zog Wilhelm II., der deutsche Kaiser, in Jerusalem ein. Auf einem prächtig herausgeputzten Rappen ritt er durch das Jaffator, seinem Gefolge voraus. Er trug weiße Galauniform und einen Helm, den ein großer, goldener Adler zierte. Deutlich zeigte er seine Zufriedenheit über den Jubel der Menschen, die am Straßenrand standen. Zu seiner Begleitung gewandt, sagte er, die Berliner sollten sich an den Leuten von Jerusalem ein Beispiel nehmen. Er wollte zu Hause künftig mit ähnlicher Begeisterung begrüßt werden.

Wie der preußische Kronprinz eine Generation zuvor, so glaubte auch Kaiser Wilhelm II., er schlage die historische Brücke zur Kreuzritterzeit. Dabei bewies er Urteilsvermögen und häufig auch Takt. Bei Begegnungen mit den Honoratioren der Stadt sprach er von seiner Bewunderung für Saladin und ließ erkennen, daß er sich nicht für den späten Nachfolger des Gottfried von Bouillon hielt. Er fand bei seinen Gastgebern Verständnis für den Wunsch, das Osmanische Reich möge den Christen die Verantwortung für die Stätte überlassen, an der Jesus gekreuzigt worden ist. Zur Gegenleistung bot er sich selbst als Protektor der Moslems insgesamt an. Den 300 Millionen Gläubigen des Islam – so viele lebten nach damaligen Schätzungen auf der Erde – versprach der Kaiser, daß er zu allen Zeiten ihr Freund sein werde.

Der Statthalter des Sultans mußte allerdings auch zur Kenntnis nehmen, daß der Kaiser eine jüdische Delegation empfing, die eigens aus Wien angereist war. Die fünf Mitglieder dieser Gruppe hatten den Schriftsteller Theodor Herzl zu ihrem Sprecher gewählt. Herzl bat den Kaiser, er möge die Schirmherrschaft für ein ausgedehntes jüdisches Ansiedlungsprogramm im Heiligen Land übernehmen. Wilhelm II. zeigte Interesse, gab jedoch keine Zusage. Er entließ den Wortführer der Zionistischen Bewegung mit der Ermunterung, weiterhin für die Idee einzutreten, die Juden in ihre frühere Heimat zurückzubringen.

Wilhelm II. empfahl Herzl, dafür zu sorgen, daß mehr Bäume bei Jerusalem gepflanzt werden. Der Kaiser hat später nie mehr über das Projekt der Ansiedlung jüdischer Menschen im Land um die Heilige Stadt gesprochen.

Die Zeitungen in England und Frankreich bedachten die Reise des deutschen Kaisers mit dem hämischen Kommentar, Wilhelm II. sei in Siegerpose und nicht voll Demut durch das Jaffator geritten; die Kreuzritter hätten es meist verschmäht, sich hoch zu Roß in der Stadt zu bewegen, in die einst Jesus auf einem Esel eingezogen sei.

Die Mutter des Zaren von Rußland teilte wenig später ihrem Sohn mit, was sie von der Jerusalemreise halte: »Die ganze Sache ist abstoßend. Aus purer Eitelkeit ist er in die Stadt eingezogen. Diese Pose des Oberhirten, der Frieden auf Erden mit einer Donnerstimme predigt, als hätte er Truppen zu kommandieren. Einfach ekelhaft!«

Am Ende der Reise nach Jerusalem zog Wilhelm II. selbst dieses Fazit: »Meine persönliche Empfindung beim Verlassen der Heiligen Stadt war, daß ich mich tief beschämt den Moslems gegenüber fühlte und daß ich, wenn ich ohne Religion nach Jerusalem gekommen wäre, sicherlich Mohammedaner geworden wäre.«

Für die deutsche Industrie wurde die Reise des Kaisers zum großen Erfolg. Ohne daß Wilhelm II. direkt Propaganda für Waren »Made in Germany« gemacht hätte, begann bald nach seiner Heimkehr eine starke Nachfrage nach Gütern der Schwerindustrie spürbar zu werden. Ein Resultat der Jerusalemfahrt war auch, daß deutsche Firmen die Konzession zum Bau einer Bahnlinie zugesprochen erhielten, die den Bosporus mit dem Persisch-Arabischen Golf verbinden sollte. Der Kaiser sprach davon, daß man bald schon in einem Zug von Berlin nach Baghdad durchfahren könne. Nach der Jerusalemreise war er überzeugt, im Orient stünde die Möglichkeit offen, strahlenden Ruhm zu ernten.

Daß er mit seinem Erscheinen in jenem Gebiet englische Ängste und Gegenreaktionen weckte, war dem Kaiser wohl kaum bewußt.

Die Vision vom Staat Israel

Als Kaiser Wilhelm II. den Schriftsteller Theodor Herzl empfing, da lag der erste Zionistenkongreß – er hatte in Basel stattgefunden – zwei Jahre zurück. Auf diesem Kongreß hatte Herzl die systematische Einwanderung der Juden ins Heilige Land propagiert. Er hatte die Vision ausgebreitet von der Heimat der Juden im Land ihrer Väter. Zum erstenmal seit Jahrhunderten hatten Männer dieses Volkes das Gefühl, es sei sinnvoll, an die Auswanderung in das einst verheißene Land zu denken. Besonders die Juden Rußlands, durch die Staatsgewalt häufig verfolgt, suchten nach Wegen, in dieses Land zu kommen.

Als Theodor Herzl im Jahre 1904 starb, da hatte sich die Wanderbewegung in Jerusalem bereits ausgewirkt. Die Stadt war in einen Sog des Aufschwungs geraten: In ihren Mauern lebten inzwischen 60000 Menschen. Davon bekannten sich 7000 zum islamischen und 13000 zum christlichen Glauben. Die jüdische Gemeinde aber war auf 40000 Menschen angewachsen.

Die Vision vom Staat Israel mit der Hauptstadt Jerusalem hatte realistische Konturen erhalten. Chaim Weizmann, der Herzls Aufgabe übernahm, konnte daran denken, der Vision eine politische Basis zu geben. Er bemühte sich nicht länger um deutsche Unterstützung, da das Kaiserreich, trotz aller guten Ansätze, sich nicht zur Macht von Gewicht im Nahen Osten entwickelt hatte. Allein England besaß die Kraft und die Möglichkeiten, den Juden zu ihrer Heimat zu verhelfen.

Die Zeit war günstig, um in dieser Frage aktiv zu werden, da deutlich wurde, daß das Osmanische Reich, das die Völker des Nahen Ostens miteinander verklammert hatte, zerbrach. Wenn Jerusalem eines Tages nicht mehr von den Türken beherrscht wurde, dann gab es eine Chance, der Stadt mit jüdischer Bevölkerungsmehrheit eine jüdische Verwaltung zu geben. Diesen Schritt konnte allein England unternehmen, dessen Regierung dabei war, in weiten Gebieten des Nahen Ostens die Nachfolge des Osmanischen Reiches anzutreten.

England hatte sich am Nil festgesetzt und war willens, die Region im Nordosten der Halbinsel Sinai den Osmanen wegzunehmen. Die Überlegung, daß ein Krieg den Zerfall des Sultanimperiums beschleunigen könnte, gehörte durchaus zu den Gedankenspielen der Politiker in England. Im Jahre 1913 aber stellte der britische Generalstab fest, daß keine präzisen Landkarten der Gegend zwischen Beerscheba und Jerusalem existierten. Ohne Landkarten und ohne Wissen um die Beschaffenheit des Terrains konnte eine militärische Operation nur schwer durchgeführt werden. Wichtig war vor allem die Kenntnis der Lage der Wasserstellen. Da alles Land von osmanischen Truppen kontrolliert wurde, konnte die britische Regierung nicht einfach Landvermesser in die Negevwüste schicken, mit dem Auftrag, die Grundlagen für Landkarten zu erarbeiten. Sie mußte Männer finden, die bereit waren, sich zu tarnen, sich harmlos zu geben. Ein junger Abenteurer bot sich an, der schon als Archäologe in der Wüste gearbeitet hatte. Sein Name war Thomas Edward Lawrence. Ihn beorderte der Director of Military Operations nach Rafah und Beerscheba. Er sollte sich als privater Forscher ausgeben, der auf der Suche war nach Spuren des Zugs der Hebräer durch die Wüste.

Die Arbeit vor Ort war erfolgreich abgeschlossen, Lawrence saß über der Anfertigung seines Berichts, als in Europa am 4. August 1914 Krieg ausbrach. Drei Monate später war er mit dem Titel »Leutnant-Dolmetscher auf Zeit« aktives Mitglied des britischen Geheimdiensts. Lawrence wurde in Arabien gebraucht. Das Osmanische Reich hatte zu erkennen gegeben, daß seine Armee gegen England kämpfen werde. Die Regierung in London sah eine Chance, die Landkarte des Nahen Ostens zu verändern.

Doch der Krieg entwickelte sich nicht nach Wunsch der Engländer. Ein deutsches Expeditionskorps hatte den Türken geholfen, ihre Lage zu stabilisieren. Deutlich war geworden, daß die türkischen Soldaten nur aus Arabien zu vertreiben waren, wenn die Araber selbst sich zum Aufstand gegen die osmanischen Herrscher entschlossen. Diesen Aufstand zu entfesseln war die wichtigste Aufgabe der britischen Vertretung in Cairo, zu der Lawrence gehörte. Die Erfolgsaussichten der Engländer stiegen, als es ihnen gelang, eine der angesehensten Familien Arabiens, die Scherifen von Mekka und Medina, zu gewinnen, Führer der nationalen Erhebung zu werden.

Der Aufstand der Scherifen von Mekka und Medina gegen die Osmanen wurde in Berlin als schwerer Schlag empfunden, hatte doch das Deutsche Reich seit eineinhalb Jahrzehnten um Freundschaft der Moslems geworben. Der Sultan des Osmanischen Reichs schien jetzt allein Garant zu sein für enge, gegen England gerichtete Zusammenarbeit der islamischen Welt mit Deutschland. Der deutsche Kommandeur der 5. Türkischen Armee schrieb besorgt nach Berlin: »Die Lage auf der Arabischen Halbinsel ist für die Türkei sehr ungünstig. Wir

Deutsche sollten die Situation viel ernster nehmen, als wir es tun. Durch seinen Verrat hat der sehr kluge, einflußreiche Emir von Mekka mit seiner großangelegten Rebellion die religiösen Interessen aller Mohammedaner der Region ernsthaft aufgestört. Diese könnten sogar die Existenz der gegenwärtigen Regierung in Gefahr bringen.«

Die gegenwärtige Regierung der Türkei in Gefahr zu bringen war die Absicht der Verantwortlichen in London, als sie Lawrence zu den Aufständischen schickten, um den Aktionen der Scherifen von Mekka und Medina Schwung zu geben. Erst im Frühjahr 1917 war die arabische Truppe stark genug, um wirklich loszuschlagen.

Bis zu diesem Zeitpunkt hatte sich die Führung der Zionisten nicht entschließen können, ganz auf die Kontakte zum Deutschen Reich zu verzichten. Sie hatten zwar ihre Zentrale von Berlin nach Kopenhagen, auf neutrales Territorium, verlegt, doch sie erinnerte die Reichsregierung häufig daran, daß eine Heimat der Juden um die Stadt Jerusalem – geschaffen mit Hilfe der Deutschen – ein Gegengewicht zum englischen Einfluß bilden könnte. Die Formulierung lautete: »Wir wollen an der Ostküste des Mittelmeers ein modernes kulturelles und wirtschaftliches Zentrum aufbauen, das direkt und indirekt eine Basis für deutschen Einfluß sein wird.« Der Verzicht auf deutsche Unterstützung war erst eindeutig, als der arabische Aufstand den türkisch-deutschen Sieg im Nahen Osten unwahrscheinlich werden ließ. Dieser Aufstand erschien der Zionistischen Bewegung im übrigen gefährlich zu sein, denn es war abzusehen, daß die Araber ebenfalls Ansprüche auf Jerusalem erheben würden, mit der Begründung, dieser Ort sei vom Propheten geheiligt worden. Den drohenden Griff der Araber nach Jerusalem konnte nur die englische Regierung verhindern.

So hatte sich der pro-englische Kurs in der Organisation, die für eine Heimat der Juden eintrat, durchgesetzt. Chaim Weizmann fand Unterstützung für die Bewegung beim Herausgeber des »Manchester Guardian«. Die Zeitung argumentierte, ein künftiger jüdischer Staat um Jerusalem stehe auf der Seite Englands – so, wie die Juden des Empire im aktuellen Konflikt mit dem Deutschen Reich und mit der Türkei vorbehaltlos hinter der britischen Regierung stünden. Gerade dieses Argument, die Juden beteiligten sich aktiv und mit ihrem Kapital am Krieg gegen Deutschland, beeindruckte den britischen Außenminister derart, daß er bereit war, den folgenden Text zu unterzeichnen: »Die Regierung Ihrer Majestät faßt mit Wohlwollen die Einrichtung einer nationalen Heimat für das jüdische Volk in Palästina ins Auge. Sie wird sich mit besten Kräften dafür einsetzen, daß dieses Ziel erreicht wird. Festgestellt wird, daß nichts unternommen wird, was die zivilen und religiösen Rechte der bestehenden nichtjüdischen Gemeinden in Palästina oder die Rechte und den politischen Status der Juden in anderen Ländern berührt.«

Dieser Text, samt Unterschrift, später »Balfour-Declaration« genannt, wurde auf formlose Art am 2. November 1917 dem Baron Lionel Rothschild ausgehändigt. Er ist nur zu interpretieren unter Berücksichtigung der Umstände zur Zeit seiner Niederschrift: Zweideutig war er abgefaßt – er sollte die Juden zur stärkeren Teilnahme an Kriegsanstrengungen bewegen, ohne die Araber zu verletzen. Doch er wurde von den Adressaten eindeutig als Zusage verstanden, sie dürften in Palästina eine »nationale Heimat« aufbauen. Die »Balfour-Declaration« stellte die stärkste Form der Ermutigung dar, die den Juden während ihres Kampfes um Jerusalem in der Neuzeit zuteil wurde.

Baron Lionel Rothschild, Chaim Weizmann und die Organisation der Zionistischen Bewegung wären allerdings verblüfft gewesen, hätten sie erfahren, daß das Gebiet um Jerusalem, das sie nun als ihre »nationale Heimat« betrachteten, durch internationale Verträge bereits anderweitig vergeben war. Am 16. Mai 1916 hatten sich die Unterhändler Englands und Frankreichs, Sir Mark Sykes und Charles François Georges Picot, geeinigt, das arabische Erbe des Osmanischen Reiches aufzuteilen: Syrien fiel an Frankreich, der Irak und die Golfregion an England. Palästina, einschließlich der Stadt Jerusalem, sollte internationaler Kontrolle unterstehen.

Erstmals war für das Land zwischen Mittelmeerostküste und der Linie Jordan–Totes Meer in einem völkerrechtlich bindenden Dokument der Begriff »Palästina« verwendet worden. Festgestellt werden muß, daß es nie einen Staat Palästina gegeben hat, daß selbst zur Zeit der osmanischen Herrschaft keine zusammenhängende Provinz Palästina existierte. Das »Abkommen Sykes–Picot« gab dem Namen Bedeutung.

Der Engländer Allenby zieht zu Fuß in Jerusalem ein

Genau zur Zeit, als sich England und Frankreich über die Aufteilung Arabiens einig geworden waren, hatte sich General Sir Henry McMahon, der britische Hochkommissar für Ägypten, in einem Briefwechsel mit Hussein, dem Scherifen von Mekka und Medina, für England verpflichtet, einen unabhängigen arabischen Staat anzuerkennen, »innerhalb der Grenzen, die vom Scherifen Hussein vorgeschlagen wurden, mit Ausnahme besonderer Gebiete« – mit diesen besonderen Gebieten war der Suezkanal gemeint. Scherif Hussein – er war der Urgroßvater von Hussein, dem derzeitigen König von Jordanien – konnte davon ausgehen, daß Palästina, und damit Jerusalem, zum künftigen unabhängigen Staat Arabien gehören werde.

Dem Scherifen von Mekka und Medina war das Abkommen Sykes–Picot unbekannt geblieben – er erfuhr erst im Februar 1918 davon; Hussein wußte auch nichts von der Existenz der Balfour-Declaration. So halfen er und Tausende seiner Männer gutgläubig den Engländern bei der Eroberung von Palästina. Seine Stoßtrupps unterbrachen die Nachschublinien des türkischen Heeres und eroberten, unter Mitwirkung des englischen Geheimdienstmanns Lawrence, die Hafenstadt Aqaba am Roten Meer.

Unmittelbar nach der Einnahme von Aqaba lernte Lawrence auf dem Bahnhof von Ismaïlia am Suezkanal seinen künftigen Vorgesetzten kennen, den General Edmund Allenby.

Der Oberbefehlshaber an der britischen Palästinafront war zuvor Schuldirektor gewesen. Pedanterie gehörte zu seinem Charakter; er glich sie jedoch aus durch Bescheidenheit, großes Wissen und durch einen Anflug von Gutmütigkeit. Ein General, der keine Memoiren und keine theoretischen Schriften über Kriegführung hinterließ. Seine besondere Leistung bestand darin, daß er die damals noch seltenen Panzerfahrzeuge im Feldzug gegen türkische und deutsche Truppen verwendete. Unter Allenbys Befehl kamen sie erstmals in einem Nahostkonflikt zum Einsatz – die Panzer sollten später zur wichtigsten Waffe der Kriege in jener Region werden.

Am 28. Oktober 1917 hatte der britische Vormarsch von Sinai aus die Linie Gaza–Beerscheba erreicht. Die Londoner Regierung forderte Allenby auf, noch vor Weihnachten Jerusalem zu erobern. Die Einnahme der Stadt sollte als großer Erfolg Englands gefeiert werden – als Ablenkung der Bevölkerung auf der Britischen Insel von der schlechten Lage an der Front in Frankreich.

Gegenspieler Allenbys war der deutsche General Erich von Falkenhayn. Er kommandierte vom Hauptquartier in Jerusalem aus. Seine Situation hing ab von der Sicherung des Nachschubs. Er war auf die Bahnlinie angewiesen, die von Damaskus nach Deraa und von dort durch die Schlucht des Jarmuk nach Besan führte, um über Nablus und Lydda Jerusalem zu erreichen. Gelang es den Aufständischen, eine der Hochbogenbrücken in der Jarmukschlucht zu sprengen, dann blieben die Munitionstransporte für Wochen aus, denn die Reparatur an einer derartigen Brücke dauerte lange. General Falkenhayn hatte Glück: Die für den Zeitraum vom 5. zum 8. November 1917 geplante Sprengaktion mißlang, da der von Lawrence geführte Stoßtrupp durch eine türkische Wache entdeckt wurde.

Falkenhayn erhielt Reservetruppen und Munition – so konnte er die Verteidigung von Jerusalem organisieren. Seine türkischen Verbündeten aber glaubten nicht mehr an den eigenen Erfolg in der Heiligen Stadt. Sie waren überzeugt vom Wahrheitsgehalt des damals häufig zitierten Sprichworts: »Die Herrschaft der Osmanen in Jerusalem geht dann zu Ende, wenn das Wasser des Nil bis an die Stadt heranreicht.« Bei weiter Ausdeutung des Sprichworts hatte es bereits seine Erfüllung gefunden: Englische Pioniere hatten eine Pipeline gelegt, die Nilwasser durch den Sinai bis zu den englischen Feldlagern vor Jerusalem leitete. Das Schwinden der Kampfkraft des Osmanischen Heeres zwang Falkenhayn zu einem bitteren Entschluß: Als den Engländern, unter großer Anstrengung allerdings, der Anstieg in die Berge Judäas gelang, verzichtete der deutsche General auf Kampf um die Stadt. Er zog sich in Richtung Norden aus Jerusalem zurück. Vor Nablus baute Falkenhayn eine neue Verteidigungsstellung auf.

»Heute betrat ich Jerusalem, zu Fuß« – diese Worte schrieb Edmund Allenby am 11. Dezember 1917 an seine Frau. Er war der bescheidenste aller Eroberer, die je nach Jerusalem gekommen waren. Mit Unwillen nahm er zur Kenntnis, daß manche Moslems der Stadt seinen Namen »Allenby« als »Allah an-Nebi« deuteten; die Worte können bei Mißachtung gängiger Sprachregeln als »Prophet Allahs« übersetzt werden.

Durch das Jaffator schritt er in die Stadt. Er blieb allen Heiligtümern der Christen und Moslems fern; er besuchte weder die Grabeskirche noch den Felsendom. Gleich beim Jaffator wandte er sich nach rechts zur Zitadelle, die noch aus der Kreuzritterzeit stammte und von der osmanischen Verwaltung nur durch Anbauten ergänzt worden war. In der Zitadelle empfing der englische General die Vertreter der jüdischen, christlichen und islamischen Gemeinden. Er versprach ihnen, England werde ihre Gefühle und ihre Rechte respektieren, dann ging er mit seinem Stab, wieder zu Fuß, durch das Jaffator zu den Pferden zurück, die draußen warteten. Allenby dachte nicht daran, sein Hauptquartier in einem Gebäude der Heiligen Stadt aufzuschlagen.

Von Anfang an achtete die britische Verwaltung auf das Befinden der jüdischen Gemeinde. Major William Ormsby-Gore stellte in einem offiziellen Bericht am 4. Mai 1918 fest: »Die gegenwärtige Lage der jüdischen Einwohner von Jerusalem ist schlecht. Sie zählen nur etwa 25000, von denen ungefähr 20000 Hilfe in irgendeiner Form benötigen. 60 Prozent haben sich mit Malaria infiziert, sehr viele sind durch Armut, Hunger und durch die Nachwirkungen von Typhus geschwächt.« Viele von ihnen waren voll Hoffnung, der Traum von der Heimat der Juden werde bald Wirklichkeit werden.

Ohne Rücksicht auf die Hoffnungen der Juden und der Araber verkündeten die Großmächte am 5. Mai 1920, was mit Jerusalem und dem Heiligen Land geschehen werde. Von Internationalisierung war nicht mehr die Rede. England erhielt allein das Mandat übertragen, das Gebiet um Jerusalem zu verwalten. Ihm die Unabhängigkeit unter arabischer Führung zu gewähren war nicht geplant. Ausdrücklich aber war vereinbart worden, daß der Inhalt der Balfour-Declaration in einer noch zu bestimmenden Form verwirklicht werden sollte. Von jenem 5. Mai 1920 an waren die Araber insgesamt – und die Familie der Scherifen von Mekka und Medina im besonderen – überzeugt, sie seien von den Engländern heimtückisch hintergangen worden.

England wollte unter keinen Umständen dulden, daß ein Nationalstaat Palästina, ob jüdisch oder arabisch orientiert, so nahe am Suezkanal entstand, der für das Britische Empire so lebenswichtig war. Das Territorium rings um den Kanal mußte direkt englischer Kontrolle unterstehen. Deshalb setzte sich die Diplomatie der Londoner Regierung mit Intelligenz und Gerissenheit dafür ein, daß das Mandat über Palästina völkerrechtlich abgesichert wurde. Dies geschah im Jahre 1923 durch den Völkerbund.

Zu diesem Zeitpunkt dachte die britische Regierung zwar daran, sich der Verpflichtung zu stellen, die in der Balfour-Declaration enthalten war, jedoch in sehr bescheidenem Maß: Den Juden sollte Siedlungsrecht zugestanden werden, jedoch nicht die Gründung eines staatsähnlichen Gebildes. Lord Grey, der britische Außenminister, machte deutlich, daß ein derartiger völkerrechtlicher Schritt nicht geschehen könne in einem Land, dessen Bewohner zu 93 Prozent aus Arabern und nur zu

7 Prozent aus Juden bestand. So blieb die Politik der Regierung zweideutig: Eine nationale Heimat der Juden sollte entstehen, jedoch kein Staat. Wie das eine ohne das andere existieren könnte, wußte niemand zu sagen – auch Winston Churchill nicht, der sich im Unterhaus um die eindeutige Definition künftiger Politik drückte, als er erklärte: »Wir unterstützen die weitere Entwicklung der bestehenden jüdischen Gemeinde Jerusalems mit Hilfe von Juden in anderen Teilen der Welt, damit Palästina zu einem Zentrum werden kann, auf das die Juden mit Interesse und Stolz blicken.«

An Ort und Stelle fanden die Juden allerdings deutliche Unterstützung durch die britischen Behörden. Sir Herbert Samuel, der erste Hochkommissar in Jerusalem, war voll Sympathie für die jüdische Gemeinde. Er interpretierte die Balfour-Declaration als Rechtsbasis jüdischer Selbstverwaltung. Sir Herbert Samuel ließ zu, daß sich die Kibbuzbewegung eine administrative Organisation gab, daß der jüdische Nationalfonds Boden aufkaufte, daß paramilitärische Verbände entstanden als Kader für eine Kampftruppe. Er verhinderte nicht die Etablierung der »Jewish Agency« als Vertretung der sozialen, politischen und wirtschaftlichen Interessen der jüdischen Gemeinschaft in Palästina.

Unter der Aufsicht von Sir Herbert Samuel und seiner Nachfolger verdreifachte sich die Zahl der jüdischen Bewohner in der Zeitspanne von 1922 bis 1944: Sie wuchs auf 92000 an. Die Zahl der Araber erreichte 59000. Das Wachstum der jüdischen Gemeinde war besonders hoch während des Zweiten Weltkriegs. Jerusalem war in jenen Jahren das Zentrum der britischen Militärverwaltung an der Mittelmeerostküste. Arbeitskräfte wurden gebraucht, der Handel blühte. Jerusalem bot Arbeit und Geld.

Begleitet war die Steigerung der jüdischen Präsenz in der Stadt von wachsender Unruhe der arabischen Bevölkerung. Schon am Ende der zwanziger Jahre gehörte Streit an der Klagemauer zu den häufigen Zwischenfällen: Die Moslems wollten die Sackgasse vor der Mauer zur Durchgangsstraße machen – mit dem Hintergedanken, den gläubigen Juden durch fließenden Verkehr das Gebet vor dem Heiligtum zu erschweren. Von 1936 an hatte die englische Polizei fast täglich Krawalle zu schlichten. Hunderte von Menschen starben durch Messerstiche und Gewehrkugeln. Die britische Verwaltung bekam, trotz harten Zupackens, den Konflikt nicht in den Griff. Allein zur Kriegszeit konnte sie – durch Verhängung des Kriegsrechts – der Stadt Ruhe aufzwingen.

Der Kampf um Jerusalem beginnt

Am Ende des Zweiten Weltkriegs hatten sich die Stärkeverhältnisse der am Nahen Osten interessierten Staaten völlig verschoben: Frankreich war aus dem Wettbewerb um Einfluß ausgestiegen; Englands Kraft war geschwunden. Dafür hatten die USA Bedeutung erlangt. Wollte die Zionistische Bewegung ihr Ziel erreichen, Palästina in einen jüdischen Staat zu verwandeln, mußte sie in Washington, und kaum mehr in London, Sympathien gewinnen. Dies war schwierig, solange Roosevelt Präsident der USA war. Er hatte sich gegenüber König Ibn Saud verpflichtet, daß in Palästina keine Veränderung geschehe ohne Konsultation mit den maßgeblichen Verantwortlichen in Arabien. Im April 1945 aber starb Roosevelt. Sein Nachfolger Truman fühlte sich nicht an das Wort des Vorgängers gebunden. Er geriet unter Einfluß jüdischer Politiker, die erkannt hatten, daß allein jetzt, da die Wahrheit über die deutschen Vernichtungslager in vollem Umfang bekannt wurde, das Ziel der Gründung des eigenen Nationalstaats möglich war. Die psychologische Situation war günstig wie nie zuvor.

David Ben Gurion formulierte die Entschlossenheit der Politiker seiner Generation so: »Den Juden mußte erlaubt werden, ihr Haus in Ordnung zu bringen, ohne daß sich irgend jemand einmischte. Ihr Anspruch auf Palästina war legitim. Sie konnten nicht dulden, daß sie darauf verzichten sollten, weil einem arabischen Pascha der Gedanke an die Heimat der Juden nicht gefiel. Die Juden wollten nicht länger anerkennen, daß irgendein ägyptischer Pascha oder ein Beduinenscheich Bemerkungen zur Palästinafrage machte.«

Die US-Regierung begann auf die Verantwortlichen in London einzuwirken, die Erlaubnis für die Einwanderung von 100 000 Juden nach Palästina zu geben und einer Teilung des Landes zuzustimmen. Außenminister Bevin, zuerst entschlossen, dem amerikanischen Druck zu widerstehen, fand England in jenem fernen Landstrich in einen Wirbel von Chaos und Blutvergießen hineingezogen, für den kein Politiker mehr die Verantwortung übernehmen konnte.

Achtzig Menschen, meist Offiziere und Beamte der britischen Verwaltung, aber auch jüdische Beamte und zufällige Besucher, hatten am

22. Juli 1947 ihr Leben verloren, als der Südflügel des King-David-Hotels, das auf dem Hügel westlich der Altstadt steht, nach der Explosion von Sprengladungen in sich zusammengestürzt war. Verantwortlich für den Anschlag war die jüdische Kommandoorganisation »Irgun Zewa'i Le'umi« gewesen, die »Nationale Militärische Organisation«, zu deren Führungsstab in jener Zeit Menachem Begin gehörte.

Das Ereignis der Sprengung war fotografiert worden. Reporter hatten in der Nachbarschaft des Hotels auf die Detonation gewartet. Sie waren informiert gewesen, daß etwas geschehen werde. Die Warnung hatte auch die englischen Offiziere erreicht, die in jenem Gebäude ihr Hauptquartier untergebracht hatten; doch sie waren nicht bereit gewesen, das Hotel zu räumen mit der Begründung: »Von Juden nehmen wir keine Befehle an.« So waren die Milchkannen voll Sprengstoff, die durch als Araber verkleidete Kämpfer des »Irgun Zewa'i Le'umi« in das Untergeschoß gebracht worden waren, detoniert. Unter einer riesigen Staubwolke war das südliche Drittel des siebenstöckigen Baus in einen Trümmerhaufen verwandelt worden. Längst wiederaufgebaut, beherrscht das King-David-Hotel noch heute das Stadtviertel gegenüber der Zitadelle.

Samuel Katz, Begins Mitarbeiter, berichtet über die damalige Reaktion der britischen Mandatsverwaltung:

»Die Briten bereiteten einen vernichtenden Angriff auf Irgun Zewa'i Le'umi vor. Man erklärte, es handle sich dabei um eine Erwiderung auf die Sprengung des Hauptquartiers im King-David-Hotel. Aber auch die lauteste Propaganda gegen diese ›Greueltat‹ konnte die bittere Wahrheit nicht aus der Welt schaffen, daß sie eine so große Niederlage hatten hinnehmen müssen, wie sie sich in der Geschichte der Partisanenkämpfe vielleicht noch nie ereignet hatte. Deshalb wollten sie jetzt die Täter ein für allemal vernichten. Sie vermuteten zu Recht, daß das Herz des Widerstands in Tel Aviv zu finden war. An einem Augustmorgen griffen sie in aller Frühe plötzlich an. 20000 Soldaten – Infanterie, die von Panzern unterstützt wurde – besetzten die Stadt. Für vier Tage wurde eine ununterbrochene Ausgangssperre verhängt. Das Leben in Tel Aviv kam zum Stillstand. Die Falle war zugeschnappt. Schub auf Schub wurde die gesamte männliche Bevölkerung zu den Untersuchungsplätzen, die man in der ganzen Stadt eingerichtet hatte, geführt. Geheimdienstoffiziere, die mit Namenslisten und Fotos ausgerüstet waren, überprüften und identifizierten über hunderttausend Menschen. Als einziger Untergrundführer entging Begin der persönlichen Gegenüberstellung mit den Briten. Die vier heißen Sommertage verbrachte er in einem geheimen Einbauschrank in seiner Wohnung, der allerdings nur als Versteck für kürzere Fristen gebaut worden war. Als die Hausdurchsucher kamen, wurde ihnen von Frau Begin mitgeteilt, daß Dr. Koenigshoffer (das war Begins damaliges Pseudonym) nach Jerusalem gefahren sei. Frau Begin wagte es in der ganzen Zeit nicht einmal, den Schrank zu öffnen, um ihrem Mann Wasser oder Nahrung zu geben: Eine Abteilung britischer Soldaten hatte sich den Garten des Hauses zum Kampieren ausgesucht und lagerte genau unter dem Fenster der Erdgeschoßwohnung der Begins. Von Zeit zu Zeit kam ein Engländer herein und bat um Wasser. So blieb Begin vier Tage lang ohne Essen und Trinken in einem Raum, der gerade groß genug war, ihn aufzunehmen.«

Die Engländer bezeichneten Menachem Begin als Terroristen; diese Bezeichnung erhielt er auch in der westlichen Medienberichterstattung jener Jahre. Begin war zum Terroristen geworden, weil er der Überzeugung war, allein durch blutigen Kampf die Engländer zu einer Abänderung ihrer Politik bewegen zu können. Begin warf den Engländern vor, sie würden die jüdische Einwanderung nach Jerusalem verhindern, sie seien jetzt – unter Verletzung des Versprechens, das Balfour gegeben hatte – gegen die Gründung der nationalen Heimat für die Juden. Das Argument der britischen Regierung, sie müsse Jerusalem als Basis halten, weil Cairo an die ägyptischen Nationalisten verlorengehe, konnte Begin nicht überzeugen.

Männer wie Begin veränderten durch ihre Aktionen nach und nach das Bewußtsein der Engländer. Politiker und einflußreiche Journalisten waren schließlich immer weniger davon überzeugt, daß Palästina samt Jerusalem auch weiterhin von London aus verwaltet werden sollte. Hatte im Jahre 1936 eine Royal Commission festgestellt, die Aufsicht über die Heiligen Stätten gehöre zu den zivilisatorischen Pflichten Englands, so setzte sich jetzt die Meinung durch, das Heilige Land bilde einen Hexenkessel, der internationalen Beruhigungsaktionen überlassen bleiben müsse. Nur die Vereinten Nationen könnten in der jüdischen Einwanderungsfrage drei Standpunkte koordinieren: den Willen der zionistischen Organisationen, noch viele Juden ins Land zu holen; die Entschlossenheit der Araber, den Zufluß weiterer Emigranten zu verhindern; den Wunsch der Regierung der Vereinigten Staaten, Palästina den Juden zu öffnen. Die Verantwortlichen der britischen Politik waren letztlich froh, daß sich eine United Nations Special Commission des Problems Palästina annahm.

Ein charakteristischer Faktor des Nahostkonflikts der zweiten Hälfte des 20. Jahrhunderts erschwerte die Arbeit der Special Commission: Die Araber sagten »nein« zu jedem Lösungsvorschlag, legten jedoch keine eigenen Ideen vor. Die Chefs der jüdischen Organisationen aber waren kooperationswillig. Sie gaben Auskunft über Bevölkerungsstrukturen einzelner Regionen und konnten so die Ermittlungen der Kommission in ihrem Sinne beeinflussen.

Die Special Commission faßte den Beschluß, Friede könne nur dann ins Heilige Land einziehen, wenn Palästina zwischen jüdischen und arabischen Palästinensern geteilt werde, wenn zwei unabhängige Staatsgebilde entstünden. Für Jerusalem aber fand die Special Commission der Vereinten Nationen nur eine Verlegenheitslösung, die nie politische Wirklichkeit werden konnte: Die Stadt sollte ein »Corpus Separatum« werden, ein »losgelöster Körper«, eine für sich getrennt bestehende Verwaltungseinheit, die von einem Treuhänderrat der Vereinten Nationen kontrolliert werden müßte.

Da dem Sekretariat der UN-Generalversammlung kein besserer Lösungsvorschlag vorgelegt wurde, hatte das höchste internationale Gremium darüber abzustimmen. Am 29. November 1947 beschloß die Generalversammlung mit 33 gegen 13 Stimmen, bei 10 Enthaltungen, Palästina werde, gemäß dem vorgelegten Plan, in zwei getrennte Administrationsbereiche geteilt; Jerusalem sei als »Corpus Separatum« zu betrachten.

Die jüdischen Organisationen rangen sich dazu durch, den Teilungsplan zu akzeptieren. Die Sprecher der Palästinenser und die arabischen Regierungschefs sagten wiederum »nein«. So positiv der jüdische Standpunkt auch war, deutlich wurde, daß zumindest die militanten Gruppen, wie Begins Irgun Zewa'i Le'umi, nicht bereit waren, die Sonderbehandlung der Stadt Jerusalem zuzulassen. Pläne wurden entwickelt zur Angliederung des gesamten Stadtgebiets an den zu begründenden jüdischen Staat in der Küstenebene. Derartigen Plänen hinderlich war die Präsenz von 45 000 Bewohnern nichtjüdischen Glaubens. Der Irgun Zewa'i Le'umi wollte diese Zahl reduzieren. Furcht und Schrecken sollten die islamischen und christlichen Menschen aus Jerusalem vertreiben.

Da überfielen am 9. April 1948 Einheiten der jüdischen Terrororganisation das Dorf Deir Jassin, das knapp drei Kilometer westlich der Stadt lag. Das Ergebnis der Aktion schilderte Jacques de Reynier, der damalige Chefdelegierte des Internationalen Roten Kreuzes, so: »Dreihundert Männer, Frauen und Kinder sind in einem Massaker umgebracht worden. Es gab dafür keinen militärischen Grund, und es war keine Provokation irgendwelcher Art vorausgegangen. Unter den Toten waren ganz Alte und Neugeborene. Brutal sind sie mit Handgranaten und Messern getötet worden. Verantwortlich sind die Chefs des Irgun Zewa'i Le'umi.« Jacques de Reynier beschrieb, was er selbst gesehen hatte.

Dr. Stephen Penrose, ein amerikanischer Wissenschaftler und zeitweise Präsident der Amerikanischen Universität Beirut, hat die Gründe und die Folgen des Massakers von Deir Jassin untersucht: »Die Aktion von Deir Jassin hatte hauptsächlich den Sinn, der arabischen Bevölkerung Angst einzujagen und sie zur Flucht zu veranlassen. Die jüdischen Radiostationen wiederholten danach häufig die Warnung ›Erinnert euch an Deir Jassin‹. Es kann nicht verwundern, daß arabische Familien Gegenden verließen, in denen ihnen Gefahr drohte. Angst wirkt ansteckend, und so entstand rasch eine Fluchtbewegung, deren Resultat in den Flüchtlingslagern zu sehen ist.« Nach der Aktion von Deir Jassin flohen etwa 25 000 islamische und christliche Palästinenser. Damit war für Irgun Zewa'i Le'umi die Vorbereitungsphase für die entscheidende Schlacht um Jerusalem abgeschlossen.

Als die Entscheidung der UN-Generalversammlung über die Zukunft Palästinas gefallen war, da gab die britische Regierung ihre Absicht bekannt, ihr Mandat am 1. August 1948 aufzugeben sowie zu diesem Termin ihre Verwaltungsorgane und ihre Truppen abzuziehen. Die Steigerung jüdischer und arabischer Anschläge in Anzahl und Brutalität veranlaßte jedoch die verantwortlichen Politiker in London, vorzeitig die Aufsicht über das unregierbar gewordene Land an der Mittelmeerostküste niederzulegen. Der Abzug der Briten wurde auf den 15. Mai 1948 festgesetzt.

Ende April nahmen jüdische Verbände strategische Positionen im Südwesten der Stadt ein. Sie stürmten auch arabische Dörfer, wie Scheich Jarrach westlich des Skopusberges, die den Norden beherrschten.

Scheich Jarrach war zuvor Ort eines schrecklichen Geschehens gewesen. Palästinenser hatten wenige Tage nach dem Massaker von Deir Jassin furchtbare Rache genommen: Ein Fahrzeugkonvoi, der Krankenschwestern und Ärzte hinauf ins Hadassa-Krankenhaus auf dem Skopusberg bringen sollte, war aus dem Hinterhalt völlig vernichtet worden. In den zerfetzten und brennenden Wagen hatten dreißig Menschen einen qualvollen Tod gefunden.

Als Sir Alan Cunningham, der letzte britische Hochkommissar, am 14. Mai 1948, einen Tag vor dem verkündeten Termin, seinen Amtssitz auf dem »Berg des Bösen Rates« im Süden der Stadt verließ, da wußte er, daß in dieser Stunde die Schlacht um Jerusalem begann. Sir Alan Cunningham meinte, daß es wohl unklug gewesen war, die Zentrale der britischen Verwaltung gerade auf einem Berg dieses Namens unterzubringen. Nie zuvor hatte er über die Symbolkraft der Bezeichnung »Berg des Bösen Rates« nachgedacht. Sir Alan Cunningham zog an jenem Morgen des 14. Mai 1948 dieses Fazit der fast dreißigjährigen Bemühung Englands, in Jerusalem Ordnung zu halten: »Erreicht haben wir hier nichts, weder für die Bewohner noch für England.« Der Hochkommissar bestieg sein gepanzertes Auto mit dem deprimierenden Bewußtsein, ein Chaos zu hinterlassen.

Etwas mehr als zehn Kilometer südlich des Government House ging in diesen Stunden der Kampf um die Siedlung Kfar Etzion zu Ende. Der Kibbuz lag links der Straße von Hebron nach Jerusalem. Die Bewohner hatten den Auftrag gehabt, die »Arabische Legion« Jordaniens daran zu hindern, Nachschub in die islamischen Viertel Jerusalems zu bringen. Da Kfar Etzion die einzige jüdische Siedlung der Gegend war, kämpften die Männer auf verlorenem Posten. Die Unterbrechung der strategisch wichtigen Straße konnte ihnen auf Dauer nicht gelingen, und so blieb als Resultat der Aktion nur, daß sich der geballte Zorn der arabischen Kämpfer gegen Kfar Etzion entlud. Von der militärischen Führung der Zionistischen Bewegung hatten die Verteidiger der Siedlung Befehl erhalten, bis zum letzten Mann auszuhalten – sie befolgten ihn.

Die wichtigste Entscheidung über die Zukunft fiel an diesem 14. Mai 1948 im Museum der Küstenstadt Tel Aviv. Dort trafen sich um 16 Uhr 200 führende Persönlichkeiten der Zionistischen Bewegung zur Proklamation der Gründung des Staates Israel. Trotz heftiger Bedenken religiöser Gruppen, die das Entstehen des jüdischen Staates allein in enger Verbindung mit der messianischen Erlösung für möglich hielten, hatten die Politiker um David Ben Gurion den Entschluß gefaßt, die Chance des Machtvakuums beim Abzug der Briten zu nutzen. Daß Tel Aviv nur vorübergehend Hauptstadt des jungen Staates sein sollte, darin waren sich die Zweihundert einig. Der einzige Schmuck des Raumes war eine Fotografie des Visionärs Theodor Herzl, der fünfzig Jahre zuvor den deutschen Kaiser für die Idee einer deutschen Protektion jüdischer Ansiedlung in Palästina zu gewinnen gehofft hatte.

Unter dem Bild des Begründers der Zionistischen Bewegung sagte David Ben Gurion: »Unser Volk blieb dem Land Israel, aus dem es vertrieben worden ist, treu. Niemals verlor es die Hoffnung, niemals hörte es auf, für die Rückkehr in dieses Land zu beten. Die Juden bemühten sich durch die Jahrhunderte, in das Land ihrer Väter heimzukehren, um wieder einen eigenen Staat zu schaffen.«

Nach 37 Minuten war die Feier der Proklamation des Staates Israel zu Ende. David Ben Gurion gestand später, daß er die kurze Rede ohne freudige Bewegung verlesen habe. Ihm sei unablässig der Krieg in den Sinn gekommen, der mit diesem Tag seinen Anfang nahm – und über Generationen andauern würde.

»Unternehmen Jebusi«

Der Plan der bewaffneten Kräfte des Staates Israel sah vor, Jerusalem innerhalb von 48 Stunden nach Abzug der Engländer in die Hand zu bekommen. Dieser Plan trug die Bezeichnung »Unternehmen Jebusi«. Sie sollte an die rasche und reibungslose Einnahme der Stadt durch David nahezu drei Jahrtausende zuvor erinnern. David hatte Jerusalem, die Siedlung der Jebusiter, nach dem Einstieg in den Schacht der Gihonquelle im Kidrontal im Handstreich an sich gerissen und zum Zentrum des jüdischen Staates gemacht. Die Zionisten wollten den Erfolg von damals wiederholen. Da bestand nur ein Unterschied zwischen damals und heute: Die jüdischen Politiker der Gegenwart, Männer wie David Ben Gurion und Menachem Begin, waren keineswegs daran interessiert, die bisherige Bevölkerung in Jerusalem zu belassen: Die Palästinenser sollten zur Flucht veranlaßt werden; David aber hatte einstmals Frieden mit den Jebusitern gemacht.

Als entscheidende Stufen des »Unternehmens Jebusi« waren Vorstöße zum Ölberg und zum Siloahbecken vorgesehen, um jordanische Truppen daran zu hindern, die von den Engländern freigegebene Stadt zu erreichen. Der Vormarsch der Arabischen Legion, der von Jericho her über Bethanien zu erwarten war, sollte im Kidrontal gestoppt werden. So hätten die in der Stadt wartenden palästinensischen Kampfverbände, die sich parallel zur Entwicklung der jüdischen Organisationen Haganah und Irgun formiert hatten, isoliert werden können. Zur Unterstützung der Palästinenser waren irakische, syrische und libanesische Einheiten in den Tagen der zerbrechenden englischen Herrschaft nach Jerusalem gelangt – diese arabischen Hilfstruppen bestanden zumeist aus Freiwilligen mit geringer Kampferfahrung. Sie und vor allem die Palästinenser warteten darauf, die Gebäudekomplexe zu besetzen, die von den Engländern freigegeben wurden. Sie ließen sich jedoch Zeit, da sie der festen Überzeugung waren, der Abzug der Briten vollziehe sich am 15. Mai.

Die Männer von Haganah und Irgun aber hatten erkannt, daß der britische Hochkommissar und seine Soldaten die vorzeitige Flucht aus der Stadt vorbereiteten. Die jüdischen Bewaffneten konnten so den

Engländern auf dem Fuß folgen. Kämpfer der Haganah drangen entlang der Jaffastraße vor und erreichten die Hauptpost und das festungsartige Gebäude des Hospizes Notre-Dame de France, das noch immer eindrucksvoll gegenüber dem Neuen Tor steht. Kaum hatte die Highland Light Infantry das Hospiz geräumt, da bestiegen die ersten Haganahmänner schon das Dach, von dem aus Einblick in die Altstadt möglich war.

Rasch gelang der Haganah auch der Vormarsch im Süden. Der weitläufige Komplex der Allenby-Kaserne in der Nähe des Bahnhofs an der Straße nach Bethlehem wurde von den Juden eingenommen, noch ehe der irakische Verband, der ihn besetzen sollte, überhaupt festgestellt hatte, daß sich keine Briten mehr darin befanden.

Am frühen Nachmittag des 14. Mai hatten die bewaffneten Verbände des jungen Staates Israel das Stadtverwaltungsgebäude gegenüber der Nordwestecke der Altstadtmauer in der Hand. Die Gefechte verlagerten sich auf die Gegend um das Jaffator. Das »Arabische Kommando« in der Stadt zog am Spätnachmittag das richtige Fazit: »Die Juden sind fast bis an die Tore der Altstadt vorgedrungen.« Das »Arabische Kommando«, gedacht als Koordinierungsstelle der palästinensischen und arabischen Verteidigung, hatte schmählich versagt. Doch noch blieb der arabischen Bevölkerung von Jerusalem die Hoffnung auf die regulären und modern bewaffneten Armeen aus Syrien, Jordanien, Irak und Ägypten. Es existierte ein Beschluß der Arabischen Liga, der Dachorganisation aller Staaten, die sich zu ihrem arabischen Charakter bekannten, ein gemeinsames Oberkommando unter dem Befehl des Königs Abdullah von Transjordanien zu schaffen. Schließlich befand sich die beachtliche jordanische Armee der palästinensischen Grenze am nächsten. So klug diese Entscheidung auch war, so argwöhnisch blickten die arabischen Könige und Präsidenten jetzt auf die Aktionen, die Abdullah durchführen ließ. Da war keiner, der nicht zu Recht annahm, der Herrscher von Transjordanien werde auch »Cisjordanien«, das Gebiet westlich des Jordan, seinem Staat eingliedern.

Das Mittel dazu hatte ihm der britische Generalleutnant Sir John Bagot Glubb, der unter dem Namen »Glubb Pascha« bekannt war, an die Hand gegeben. Zusammen mit anderen britischen Offizieren hatte er die »Arabische Legion« aufgestellt. Aus einer unbedeutenden Grenztruppe hatte Glubb Pascha eine schlagkräftige Armee von zehntausend Mann geschaffen, die in drei Brigaden gegliedert war und auch Panzerbataillone und Artillerieregimenter umfaßte. In der Tat wollte König Abdullah diese von England subventionierten Verbände nicht im gesamtarabischen, sondern nur im eigenen Interesse einsetzen, was natürlich seine Entscheidungen als Oberbefehlshaber beeinflußte. Er wollte die Armeen der anderen arabischen Länder davon abhalten, sich in Palästina ruhmvoll zu bewähren – um so den politisch Verantwortlichen dieser arabischen Länder nicht die Rechtfertigung zu geben, sich auch ein Stück Palästinas zu sichern.

Der ägyptische König Faruk hatte sich verpflichtet, 5000 Soldaten von Süden her nach Palästina zu schicken; die Armee Ägyptens zeichnete sich durch geschulte Panzereinheiten aus. 8000 Mann sollten sich von Nordosten her, aus Syrien, in Richtung Jerusalem auf den Weg machen. Vom Irak konnten die Palästinenser und die arabischen Armeen Luftwaffenunterstützung erwarten. Der Libanon stellte dem zentralen Oberkommando 2000 Mann zur Verfügung. Die gesamtarabische Streitmacht besaß die Sollstärke von 25000 Mann. Wer nur die Zahlen betrachtete, der konnte gar nicht daran zweifeln, daß der Staat Israel rasch ausgelöscht werden würde.

Die Radiostationen verbreiteten Optimismus. Der syrische Rundfunk, gut zu empfangen in Jerusalem, sendete Militärmusik und Proklamationen, Israel werde so rasch wieder verschwinden, daß es gar nicht erst in Landkarten eingezeichnet werden müsse. Doch den Proklamationen folgten keine Taten; die syrischen Verbände rückten nicht vor. Einzig die Arabische Legion des Königs von Transjordanien überquerte in der Nacht vom 14. auf den 15. Mai die Grenzen: Gepanzerte Einheiten und Infanterie zogen über die Allenby-Brücke. Zunächst waren Nablus und Ramallah als erste Angriffsziele vorgesehen, doch auf Anweisung von König Abdullah bezogen sie schließlich Positionen auf dem Ölberg. Dies geschah am 17. Mai, als die Weststadt längst in israelischer Hand war. König Abdullah hatte dem neuformierten Staat Zeit gelassen, sich in Jerusalem einzunisten – nur die Altstadt sollten die Israelis nicht betreten dürfen, die hatte der Herrscher von Transjordanien sich selbst vorbehalten. Auf seinen Befehl hin marschierte die 1. Infanteriekompanie der Arabischen Legion am Morgen des 18. Mai vom Ölberg herunter durch den Garten Gethsemane, vorbei am Grab der Maria und hinauf zum Löwentor in der östlichen Stadtmauer. Hier betrat der jordanische Verband die Altstadt, um sich mit palästinensischen Bewaffneten zum Kampf gegen die Verteidiger des jüdischen Viertels westlich der Klagemauer zu verbinden. Kurze Zeit später drang die Panzertruppe des Glubb Pascha in das Dorf Scheich Jarrach ein – es hatte mehrfach den Besitzer gewechselt – und schnitt damit die jüdischen Stellungen um das Hadassakrankenhaus ab; sie blieben von diesem Tag an für neunzehn Jahre isoliert, bis zum Junikrieg des Jahres 1967. Ein Teil der jordanischen Panzertruppe fuhr weiter bis zum Damaskustor. Diese Kampffahrzeuge standen künftig für die Verteidigung der Altstadt zur Verfügung.

Während der letzten Stunden des britischen Mandats war durch palästinensische Freischärler die Wasserleitung gesprengt worden, die von der Küstenebene nach Jerusalem führt. Die Versorgung der gesamten Stadt war abhängig von diesem Röhrenstrang; am schlimmsten betroffen von der Unterbrechung des Wasserzuflusses war die inzwischen völlig israelisch gewordene Weststadt. Die heiße Jahreszeit hatte eben begonnen, und den jüdischen Bewohnern Jerusalems stand nur das Wasser zur Verfügung, das sich während der Regenzeit in den Zisternen angesammelt hatte. Wieder einmal ließ ein Krieg die Schwachstelle der Wasserversorgung dieser Stadt abseits von den Reservoirs mit großer Schüttung deutlich werden. Diesmal halfen Gihonquelle, Kanal des Hiskia und das Siloahbecken den jüdischen Kämpfern und Familien nicht: Dieses Versorgungssystem lag ganz im arabisch kontrollierten Gebiet. Vom Wasser der Gihonquelle profitierten nur die Palästinenser im Ostteil der Stadt. West-Jerusalem war eine belagerte Stadt mitten im palästinensisch-arabischen Gebiet.

Die nächste Stadt des Staates Israel war Ramla, 30 Kilometer Luftlinie von Jerusalem entfernt, beim heutigen Ben-Gurion-Flughafen gelegen. Die Straße zwischen der Stadt im Westen an den Ausläufern der Berge und Jerusalem windet sich durch Täler, die zu Schluchten werden, durch Baumplantagen und Wälder. Nur über diese Straße konnte West-Jerusalem versorgt werden. Schon während der Wochen vor dem Abzug der Briten war es kaum gelungen, Lastwagenkonvois in die Berge hochzubringen. Palästinensische Freischärler hatten alle Transporte beschossen. Das Gelände war günstig für sie; in Verstecken konnten sie abwarten, bis die Lastwagen direkt vor ihren Maschinengewehren vorbeifuhren. Wer heute die Straße zwischen Latrun und Jerusalem benützt, der sieht die Wracks der gepanzerten Fahrzeuge, die versucht hatten, die Blockade zu durchbrechen. Als Denkmäler jener Tage werden die Wracks durch Anstrich mit Rostschutzmitteln konserviert.

Die Fallen, die von den Freischärlern gestellt worden waren, hatten noch hin und wieder überwunden werden können, doch nach dem Abrücken der Engländer hatte das Vierte Bataillon der Arabischen Legion des jordanischen Königs die Kontrolle über die Stadt Latrun übernommen, die am westlichen Anfang des schwierigen Straßenstücks lag. Die Führung der Haganah hatte vergeblich versucht, Latrun rechtzeitig in ihre Hand zu bekommen.

Zwar hatte das »Unternehmen Jebusi« vorgesehen, daß die gesamte Stadt Jerusalem binnen 48 Stunden durch jüdische Kampfeinheiten besetzt werden sollte, doch nach 72 Stunden gehörte der wertvollste Teil, die Altstadt und der Tempelberg, den Juden immer noch nicht. Die militärischen Chefs des jungen Staates beschlossen, das »Unter-

nehmen Jebusi« durch einen nächtlichen Überraschungsangriff erfolgreich abzuschließen. Als Ort der Attacke wurde das Jaffator im Westen
ausgewählt, das direkt bei der Zitadelle, beim »Davidsturm«, liegt. Die
Angreifer vergangener Jahrhunderte hatten diesen Sektor meist gemieden, da sich hier die Verteidiger durch hohe Mauern schützen konnten.
Die Strategen der jüdischen Streitkräfte aber sahen eine Chance, gerade
an dieser Stelle erfolgreich zu sein, da die arabischen Bewohner der
Altstadt das Tor während der Nächte offenstehen ließen und nicht
einmal für Barrikaden sorgten. Beabsichtigt war, gepanzerte Fahrzeuge
um Mitternacht durch das Jaffator rollen zu lassen, die in den Häusern
dahinter durch wahllose Schüsse Schrecken erzeugen sollten. Die
arabischen Bürger zur Flucht durch das östliche Tor zu veranlassen war
der Zweck der Aktion.

Seit dem Massaker von Deir Jassin hatte der Schrei »Die Juden
kommen!« in palästinensischen Siedlungen immer Panik und Flucht
ausgelöst. Doch als der Schrei diesmal in den Straßen der Altstadt zu
hören war, da rannten die Menschen nicht kopflos in Richtung Felsendom und Löwentor, sondern sie eilten bewaffnet zur Zitadelle und zum
Jaffator. Sie verteidigten ihre Stadt. Unter schweren Verlusten brach
der Angriff der jüdischen Kämpfer schließlich zusammen. Die Wieder-
holung des Überraschungserfolgs, der Davids Männern einst gelungen
war, wurde vereitelt.

Auch die Palästinenser hatten ihr Ziel nicht erreicht. Sie waren
entschlossen gewesen, den jüdischen Teil der Altstadt zu erobern. Das
Viertel der Juden befand sich innerhalb des Stadtmauerrings. War
während vergangener Generationen das Zusammenleben zwischen
Arabern und Juden fast selbstverständlich gewesen, so hatten die
Gründung des Staates Israel und der offensichtliche Griff der Juden
nach der Alleinherrschaft in der Stadt das psychologische Klima verändert. Das jüdische Viertel, nahe beim Felsendom und bei der Al-Aqsa-
Moschee gelegen, wurde als Fremdkörper empfunden.

Die Juden verlieren die Klagemauer

Selbst wenn die 1700 Bewohner des jüdischen Viertels die Absicht gehabt hätten zu fliehen, so wäre ihnen die Möglichkeit versperrt gewesen, nach Westen, in den israelischen Teil von Jerusalem, auszuweichen: Sie waren von palästinensischen Wohngebieten und arabischen Kämpfern umgeben. Ihre einzige Hoffnung bestand darin, daß Hilfe von außen kam. Für Stunden wurde der Glaube, gerettet zu werden, zur sicheren Überzeugung, als israelische Freiwillige durch eine Sprengladung das Zionstor im südlichsten Ausläufer der Altstadtmauer zertrümmerten und so in die Befestigung eine Bresche schlugen. Die Explosion vertrieb die Verteidiger auf den Mauern um das Zionstor. Sie gaben einem Stoßtrupp jüdischer Kämpfer den Weg frei durch die Straßen des armenischen Viertels, das direkt westlich des jüdischen Stadtteils liegt. Doch die übergeordnete militärische Führung des jüdischen Staats holte den Stoßtrupp wieder aus dem ummauerten Gebiet zurück, mit der Begründung, die Männer hätten ihre Kräfte dort zu sehr erschöpft, sie seien nicht in der Lage, wirklich zu den Juden in der Altstadt durchzustoßen. Die Verteidigung blieb fortan den Bewohnern des jüdischen Stadtviertels überlassen.

Die Angreifer, palästinensische Freischärler, wurden von seltsamen Verbündeten unterstützt: Europäische Abenteurer, durch Frieden in der Heimat arbeitslos geworden, kämpften auf der arabischen Seite. Berichtet wird, ein deutscher SS-Offizier – sein Name soll Robert Brandenburg gewesen sein – habe einen Teil der Freischärler kommandiert. Seine Spur hat sich völlig verloren.

Die Taktik der Angreifer bestand darin, den Lebensbereich der Verteidiger, der ohnehin nur wenige tausend Quadratmeter groß war, immer mehr einzuengen. Ein Stützpunkt nach dem anderen wurde von den Palästinensern erobert. Sie richteten ihre Angriffe besonders gegen die zahlreichen Synagogen, die meist zu Bollwerken ausgebaut waren. In den Kellern dieser Synagogenfestungen lagerten Munition, Gewehre und Sprengstoff. In ihren Kuppeln befanden sich Schießstände. Sie waren das Ziel der Artillerie, die von der Arabischen Legion auf dem Ölberg in Stellung gebracht worden war.

Die Artilleriegranaten detonierten Tag und Nacht in dem immer kleiner werdenden jüdischen Viertel. Da gab es keinen Platz mit freier Erde, wo die Toten hätten bestattet werden können; für die Verwundeten stand kein Blutplasma, kein schmerzstillendes Mittel zur Verfügung. Auch für die Unverletzten wurde das Leben zur Hölle: Aus den Leitungen kam kein Tropfen Wasser; die Elektrizitätsversorgung war unterbrochen; die Kanalisation war zerstört. Vom Krankenhaus aus, auf dessen Hof die Toten gestapelt lagen, zog ein furchtbarer Verwesungsgestank durch die Straßen.

Schwierig wurde die Lage der Verteidiger, als die Frontkommandeure der Arabischen Legion sich dazu durchrangen, zwei der Panzerfahrzeuge, die am Damaskustor bereitstanden, in das Winkelgewirr der Altstadtgassen zu schicken; in schwierigen Fahrmanövern drangen die für die Enge viel zu breiten Spähwagen bis zur Via Dolorosa vor. Damit war für die arabische Seite zwar kein spektakulärer Sieg errungen, aber ein beachtlicher psychologischer Erfolg: Die Verteidiger, die über keine panzerbrechenden Waffen verfügten, konnten nicht mehr an Rettung glauben.

Gewehre und Gewehrmunition waren im jüdischen Viertel in genügender Zahl vorhanden – die Kämpfer, die Waffen und Munition gebrauchen konnten, fehlten jedoch; sie reichten nicht einmal mehr aus, um die Synagogenfestungen zu verteidigen. Als erster dieser wichtigen Stützpunkte fiel die Nissan-Bek-Synagoge, deren Kuppel der österreichische Kaiser Franz Joseph gestiftet hatte, in die Hand der Angreifer. Sie sprengten das Bauwerk.

Während der nächsten Stunden konzentrierte sich der Angriff auf die Hurva-Synagoge am Westrand des jüdischen Viertels. Ihre Kuppel beherrschte das südwestliche Gebiet der Altstadt. Der Bau galt als schönste Synagoge in Jerusalem. Nach stundenlangem Kampf mußten die jüdischen Verteidiger – alle waren verwundet – die Hurva-Synagoge aufgeben. Als die Fahne der Arabischen Legion auf der Kuppel wehte, da sahen die Menschen der Weststadt, daß ihre Glaubensbrüder drinnen hinter der Stadtmauer das jüdische Gebiet nicht mehr lange halten konnten. Wehgeschrei löste die Sprengung der Synagoge durch die palästinensischen Freischärler aus. Die Juden innerhalb und außerhalb der Mauer, die von der gewaltigen Detonation aufgeschreckt wurden, beklagten den Einsturz des Gebäudes. Lange Minuten noch stand eine rotbraune Staubwolke über der Stadtgegend, wo bis dahin die Kuppel die Silhouette beherrscht hatte.

Am 28. Mai sah sich der Kommandant des jüdischen Viertels von Jerusalem zur Kapitulation gezwungen. Die Rabbiner hatten die Beendigung der Kämpfe gefordert, obgleich sie wußten, daß Kapitulation

Verzicht auf die Klagemauer bedeutete. Ein derartiger Verzicht mußte von nahezu allen Juden in der Welt als schmerzhaft empfunden werden – und dennoch waren die Rabbiner nicht bereit, für die Verlängerung des Kampfes um Stunden die im jüdischen Viertel verbliebenen eineinhalbtausend Menschen weiterhin akuter Gefahr auszusetzen.

Die Belagerten konnten nicht hoffen, irgendwelche Bedingungen für die Kapitulation aushandeln zu dürfen. Sie waren an Kampfkraft derart schwach geworden, daß sie sich fügen mußten. Bewaffnete und Zivilisten waren froh, als ihnen die englischen Kommandeure der Arabischen Legion das Versprechen gaben, sie persönlich würden mögliche Massaker verhindern. Die Auflagen, die den Verlierern vorgeschrieben wurden, waren den Umständen entsprechend: Die 239 noch wehrfähigen Männer wurden gefangengenommen; 1200 Frauen, Kinder und Alte erhielten die Erlaubnis, sich in die Weststadt zu begeben.

3000 Jahre lang hatten jüdische Familien an der Klagemauer gelebt. Waren sie von Christen oder Moslems vertrieben worden, so hatten sie auf Gelegenheit zur Rückkehr gewartet. Auch die Menschen, die sich jetzt auf den Weg machten, vorbei an den Trümmern ihrer Synagogen und durch die unzerstörten Häuserzeilen des armenischen Viertels zum Zionstor und hinüber in die jüdisch gewordene Weststadt, gingen im Bewußtsein, daß sie zur Klagemauer zurückkehren würden. Hätte ihnen jemand versprochen, die Zeit der Anbetung ihres Heiligtums aus der Ferne würde neunzehn Jahre dauern, sie hätten ihn umarmt – vor Freude über die Kürze der Zeit der Trennung.

Am 28. Mai 1948 verließen die Juden die Klagemauer. Als sie sich in Zweierreihe durch das Zionstor schleppten, da flammten hinter ihnen die ersten Häuser auf. Das jüdische Viertel brannte nieder. Die ganze Nacht hindurch waren die Feuer von der Weststadt aus zu sehen.

Die englischen Frontkommandeure der Arabischen Legion hatten die Absicht, den Erfolg, den sie schließlich im jüdischen Viertel erzielt hatten, beim Angriff auf die Weststadt zu wiederholen. Glubb Pascha, der Oberkommandierende, verbot ihnen den Vormarsch. Er hatte begriffen, daß seine Beduinensoldaten für den Straßenkampf, bei aller Tapferkeit, wenig geeignet waren. Doch nicht der Kampf an der Klagemauer hatte ihn dies gelehrt, sondern blutige Gefechte um ein Gebäude, das gegenüber der Nordwestecke der Altstadt steht, um das Hospiz Notre-Dame de France.

Beim Abzug der Engländer hatten Kämpfer der Haganah sofort den hohen Bau besetzt, von dem aus Teile der Altstadt bedroht werden konnten. Ein stabiler gemauertes Gebäude als dieses war in ganz Jerusalem nicht zu finden. Das Hospiz war während der achtziger Jahre des vorigen Jahrhunderts bewußt auf Kreuzritterart gebaut worden.

Eine nationalistisch gesinnte katholische Pilgerorganisation Frankreichs hatte das Hospiz Notre-Dame de France als Gegenstück zu deutschen Bauvorhaben in und um Jerusalem errichten lassen.

Von der Einnahme dieses festungsartigen Baus hatte Glubb Pascha von vornherein die Entscheidung abhängig gemacht, ob der Angriff der Arabischen Legion auf die jüdische Weststadt ausgedehnt werden könnte. Seine Truppe hatte sich Mühe gegeben: Von den Artilleristen waren Geschütze mittleren Kalibers zwischen Neutor und Damaskustor auf die Stadtmauer gehoben worden; dort standen sie außerhalb der Reichweite von Geschossen der Verteidiger. Die Granaten der Araber detonierten am starken Gemäuer des Hospizes. Die Explosionen rissen Steine los und wirbelten Staubwolken auf. Die Wände des Hospizes aber hielten stand. Die Kämpfer dahinter wehrten Panzerangriffe und Infanterieattacken ab. Sie mußten zwar Teile des weitläufigen Gebäudekomplexes räumen, brachten jedoch der angreifenden Infanterie derartig hohe Verluste bei, daß Glubb Pascha der Arabischen Legion befahl, den Sturm auf das Hospiz Notre-Dame de France einzustellen. Es blieb in jüdischer Hand.

Die Grenzen der arabischen und jüdischen Stadtgebiete, wie sie für die nächsten neunzehn Jahre bestehen bleiben sollten, hatten sich während der Kämpfe fixiert. Die Trennungslinie zog sich in Nord-Süd-Richtung hin. Sie stieß von Norden her auf das Neutor, wurde im Mittelabschnitt von der Westmauer der Altstadt gebildet und setzte sich vom Zionstor aus nach Süden fort.

Doch auch nach dem Verzicht auf direkte Attacken hatten die Chefs der Arabischen Legion des Herrschers von Transjordanien die Hoffnung nicht aufgegeben, die Stadt unter eigener Kontrolle erneut vereinigen zu können. Da der jüdische Teil durch Blockade der Straße bei Latrun von jeder Versorgung abgeschnitten war, machte sich Glubb Pascha aus militärischen – und mit ihm König Abdullah aus politischen – Gründen Hoffnung, die Juden Jerusalems in die Knie zwingen zu können.

Schweiß und Blut für eine Straße nach Jerusalem

Die Hoffnung der Verantwortlichen in der transjordanischen Hauptstadt Amman, ganz Jerusalem in ihr Staatsgebiet eingliedern zu können, war nicht unbegründet. Die Versorgungslage in der Weststadt hatte sich um den 20. Mai 1948 kritisch verschlechtert: Lebensmittel und Munition waren knapp; Blutplasma und Verbandszeug fehlten. Wie gering die Kraft der neugebildeten jüdischen Stadthälfte war, konnte daran abgelesen werden, daß ihre Bewohner nichts unternahmen, um den Verteidigern der Straßen bei der Klagemauer gegen die arabischen Angreifer zu helfen. Die politischen und militärischen Führer des jungen Staates Israel mußten ihre gesamte Energie daransetzen, die blockierte Straße über Latrun nach Jerusalem zu öffnen.

Ein Konvoi, beladen mit den dringend benötigten Gütern, stand am 23. Mai auf der Straße von Gaza her bereit zur Fahrt hinauf nach Jerusalem. Solange sich der befestigte Ort Latrun, dessen Polizeistation die Straße beherrschte, aber noch in der Hand der Arabischen Legion befand, war überhaupt nicht daran zu denken, die Fahrzeuge loszuschicken. Daß Latrun kaum durch einen Handstreich, durch überraschende Kriegslist zu erobern war, das war der israelischen Führung bewußt. Obgleich ihre Kämpfer dafür nicht geeignet waren – sie hatten im besten Fall eine Guerillaausbildung hinter sich –, mußte eine ganz normale Offensive geplant werden, mit generalstabsmäßiger Vorbereitung.

Im Kibbuz Hulda, südlich der biblischen Stadt Geser, dort, wo die Hügel sanft aus der Küstenebene aufzusteigen begannen, versammelten sich die Kämpfer, denen die Eroberung von Latrun zum Ziel gesetzt war. Ihre Bewaffnung war schlecht, ihre Ausbildung ebenfalls. Tadellos war nur ihr Wille, den Juden in der Stadt zu helfen.

Der Vormarsch begann in den frühen Morgenstunden – und doch schon viel zu spät. Die Sonne schob sich bereits hoch hinter den Bergen von Judäa. Den Beduinensoldaten auf den Hügeln von Latrun entging nicht, daß sich gepanzerte Fahrzeuge und Infanteristen näherten. Das volle Feuer der Einheiten des Glubb Pascha empfing die Angreifer. Diese waren besonders behindert durch die eigenen Minen, die sie selbst Tage zuvor in die Fahrbahn gegraben hatten. Die wenigen Geschütze, die dem Oberkommando der Offensive im Kibbuz Hulda zur Verfügung standen, reichten nicht aus, um die jordanische Artillerie zu vernichten. Die zuständigen Offiziere erkannten rasch, daß die Aktion scheitern mußte – sie befahlen den Rückzug zum Kibbuz Hulda.

Von Nachteil war gewesen, daß die Angriffsverbände fast ausschließlich aus Einwanderern bestanden, die an das Klima nicht gewöhnt waren. Schon am frühen Morgen hatte ein warmer Wind von Süden her geweht, der den Körper lähmte. Dazuhin waren für die Kämpfer keine Wasserfeldflaschen vorhanden gewesen; ohne einen Schluck zu trinken hatten sich die Männer im freien Feld befunden.

Für die schmähliche Niederlage trug die Führung die Verantwortung, doch sie lernte nur wenig aus dem eigenen Versagen. Wenn schon der Durchbruch nach Jerusalem von derart strategischer Bedeutung war, dann hätte die Kampfkraft des Offensivkeils in Richtung Latrun verstärkt werden müssen – und sei es durch Abzug von Truppen aus anderen Frontabschnitten. Der nächste Angriff, eine Woche später, aber wurde erneut zu schwachen Kräften anvertraut. Verändert worden war lediglich die Taktik: Der Hauptstoß sollte aus der Flanke südlich der Straße Latrun–Jerusalem geführt werden. Vorgesehen war die Umgehung von Latrun mit nachfolgendem Angriff von Osten; gleichzeitig sollte, wie eine Woche zuvor, vom Kibbuz Hulda her ein frontaler Schlag erfolgen.

Die angreifenden Soldaten holten sich Mut aus biblischen Erinnerungen: In derselben Gegend, westlich von Emmaus, hatten die Anhänger der Makkabifamilie 2000 Jahre zuvor einen glänzenden Sieg für die Idee des jüdischen Nationalstaats errungen. Doch der Sieg von damals ließ sich nicht wiederholen: Auch diese Offensive schlug fehl. Wieder wurden die jüdischen Kämpfer, die meist keine ausgebildeten Soldaten, sondern begeisterte Nationalisten waren, frühzeitig entdeckt und konzentriert beschossen. Viele verloren die Nerven und rannten ohne Überlegung davon. Sie ließen Hunderte von Toten zurück. Der Kampfbericht des Oberbefehlshabers faßte die Wahrheit so zusammen: Plan gut, Artillerie gut, gepanzerte Fahrzeuge gut, Infanterie schändlich. Die Kämpfe um die Straße Latrun–Jerusalem endeten mit der schlimmsten Niederlage der Kriegsgeschichte des Staates Israel von seiner Gründung bis heute.

Als wieder Ruhe herrschte auf dem Kampfplatz in den Weizenfeldern vor Latrun, da stand der Konvoi mit Lebensmitteln, Munition, Waffen und Verbandszeug noch immer beim Kibbuz Hulda. Die Bewohner der Weststadt hungerten: Ihre Lebensmittelrationen sanken unter den Standard der Versorgung in deutschen Großstädten während des Kriegswinters 1944/45 ab. Als viel schlimmer wurde jedoch empfunden, daß den Kämpfern nur noch einzelne Patronen zur Verfügung standen – die Menschen fühlten sich wehrlos der Gefahr eines arabischen Angriffs ausgeliefert.

Selbst eine so wichtige Bastion wie das Hospiz Notre-Dame de France konnte nicht besser mit Munition versorgt werden; pro Gewehr und Mann wurden an jedem Tag fünf Patronen ausgegeben.

Die militärischen Chefs und die Verantwortlichen der zivilen Bereiche hatten errechnet, daß alle 24 Stunden mindestens 150 Tonnen an Gütern in die Weststadt gebracht werden müßten. Drei Tonnen waren das Maximum, das während der langen Wochen der Straßenunterbrechung pro Tag ins jüdische Jerusalem gelangte – ein Sportflugzeug transportierte die drei Tonnen im Pendelverkehr.

So abwegig war der Gedanke des jordanischen Herrschers nicht, daß der jüdische Teil von Jerusalem, von arabischem Gebiet umgeben, seine Beute werden müßte. Solange der Riegel von Latrun standhielt, blieb der Nachschub für die Weststadt auf den Küstenstraßen liegen.

Da eine Eroberung des Straßenkontrollpunkts Latrun nicht möglich war, kam der junge Offizier Chaim Herzog, der heute Israels Staatspräsident ist, auf die Idee, eine Behelfsstraße zu bauen, die südlich um Ort, Polizeistation und Trappistenkloster herumführte. Die Landschaft besteht hier aus steilen Hängen und Bachschluchten. Der Boden, außerordentlich felsig, wurde als ungeeignet für den Straßenbau angesehen. Doch es stand kein anderes Gelände zur Verfügung – und die Zeit drängte. Nicht nur, daß die Hungernden in der Weststadt verzweifelten, zur Beunruhigung der militärischen Führung Israels zeichnete sich ein von den Vereinten Nationen initiierter und beaufsichtiger Waffenstillstand ab, dessen wichtigste Bestimmung lautete, die militärische und politische Situation dürfe nicht verändert werden.

Diese Bestimmung bedeutete, daß die Straße Latrun–Jerusalem auch weiterhin von der Arabischen Legion blockiert wurde. Abzusehen war zwar eine Lockerung der Blockade für Lebensmitteltransporte, aber auch eine strenge Handhabung des Verbots, Waffen und Munition durch Demarkationslinien zwischen arabischen und jüdischen Siedlungsgebieten zu fahren. West-Jerusalem aber durfte nicht ohne Munitionsvorräte bleiben, denn die israelische Führung war entschlossen, den Waffenstillstand als zwar für den Augenblick willkommene, aber doch nur vorübergehende Phase zu betrachten, auf die, im Interesse des jüdischen Staates, wieder Kampf folgen mußte. Für das Wiederaufflammen des Krieges sollten die Kämpfer in den Stellungen westlich der Altstadtmauer und im Hospiz Notre-Dame de France besser gerüstet sein.

David Ben Gurion gab dem Bau der Umgehungsstraße höchste Priorität: Weder an Geld noch an Material sollte gespart werden. Planierraupen und Arbeiter aus dem ganzen Küstengebiet wurden im Ort Beit Susin konzentriert. Menschen und Material schufen innerhalb von zehn Tagen eine Trasse an Hängen und über Schluchten, die zwar primitiv war, jedoch von geländegängigen Fahrzeugen benutzt werden konnte. Arabische Kämpfer haben erstaunlicherweise die Bauarbeiten kaum zu stören versucht; der Grund mag in der Einsicht des Oberbefehlshabers der Arabischen Legion gelegen haben, daß West-Jerusalem nicht mehr unter arabische Kontrolle gebracht werden konnte.

Am 10. Juni 1948 konnte der erste Konvoi von Jeeps und Kettenfahrzeugen, die mit Munition beladen waren, auf der »Burmastraße« genannten Behelfsroute vom Kibbuz Hulda nach Jerusalem fahren. Einen Tag später, am 11. Juni, trat der Waffenstillstand in Kraft. Beauftragte der Vereinten Nationen postierten sich an der Hauptstraße. Sie wiesen Munitionstransporte zurück.

Während der gesamten Bauzeit der »Burmastraße« – sie hieß so nach der berühmten Umgehungsstraße, die in Burma während des Zweiten Weltkriegs gebaut worden war – bestand die Gefahr, daß die Arabische Legion von Süden her Unterstützung bekam. Die ägyptische Armee hatte bereits am 14. Mai eine Offensive begonnen, an der Panzer, Artillerie, Luftwaffe und Infanterie teilnahmen und die zunächst erfolgreich verlief. Die Angreifer nahmen die alte Philisterstadt Gaza ein, in der sich allerdings keine jüdischen Verteidiger befanden, und planten bereits Schlachten bei Tel Aviv und Jerusalem. Sie ließen die befestigten Dörfer abseits liegen und fuhren auf der Küstenstraße Gaza–Aschkelon nach Norden. Die Ägypter legten jedoch nur 15 Kilometer zurück, dann kamen ihre Panzer unter Beschuß aus der Ortschaft Jad Mordechai, die direkt an der Straße liegt. Jad Mordechai war nach Mordechai Anie Levitz benannt worden, nach dem Mann, der im Jahre 1943 den Aufstand im Warschauer Ghetto angeführt hatte.

Fünf Tage lang hielten einige hundert jüdische Siedler gegen zwei Infanteriebataillone und ein Panzerbataillon stand. Der wichtigste Verbündete der Verteidiger war die ägyptische Artillerie, die derart schlecht schoß, daß sie häufig die eigene Infanterie mit Granaten belegte. Die Übermacht siegte schließlich; die Männer von Jad Mordechai mußten ihre Siedlungen den Ägyptern überlassen. Noch heute ist ein Wahrzeichen jenes Kampfes zu sehen: Der Wasserturm, von Geschossen durchlöchert, ist so erhalten geblieben, wie er am Ende des Kampfes ausgesehen hat.

Die Frist von fünf Tagen, die durch die Verteidigung von Jad Mordechai gewonnen worden war, hatte ausgereicht, um weiter nördlich, bei Aschdod, Auffangstellungen auszubauen. Die Offensive der Ägypter erlahmte und brach schließlich 30 Kilometer vor Latrun ab. Auch während späterer Gefechte blieb Jerusalem weit außerhalb der Reichweite ägyptischer Truppen.

David Ben Gurion verhindert die Eroberung
der Altstadt

Die Chefs der arabischen Streitkräfte waren, wie ihre Gegner, überzeugt, daß der Waffenstillstand nicht von Dauer sein konnte. Sieger im bisherigen Verlauf der Auseinandersetzung waren die Israelis, denn sie hatten standgehalten; den arabischen Armeen und den palästinensischen Freischärlern war es nicht, wie beabsichtigt, gelungen, den jungen Staat zu vernichten. Daß sie aber letztlich darin doch erfolgreich sein würden, war die Überzeugung der Politiker in Cairo, Damaskus und Baghdad. Allein König Abdullah von Transjordanien konnte eben daran nicht mehr so recht glauben. Er reiste in die Hauptstädte der wichtigen arabischen Staaten, um für aktivere und entschlossenere Beteiligung am Krieg zu werben und um den Oberbefehlshabern der ägyptischen, syrischen und irakischen Armee deutlich zu machen, daß ihm, als dem höchsten Kommandeur, umfassende Vollmachten für die Kriegführung übertragen werden müßten. Er bat auch um Verständnis für seine Absicht, die arabisch-palästinensischen Teile des Landes zwischen Jordan und Mittelmeerostküste seinem Haschemitischen Königreich anzugliedern – und stieß auf erbitterten Widerstand. Keiner der Könige und Präsidenten gönnte dem transjordanischen Herrscher den Zuwachs an Land und an Prestige. König Faruk von Ägypten war strikt dagegen, daß Abdullah zuständig sein sollte für die Altstadt von Jerusalem. Wem allerdings an Stelle des Königs Abdullah die Funktion des Souveräns über die heilige Stätte des Felsendoms übertragen werden sollte, blieb eine unbeantwortete Frage.

War das arabische Lager durch Mißgunst und Streit zwischen den Monarchen Abdullah und Faruk belastet, so wurde auch Israel von Spannungen nicht verschont. David Ben Gurion spürte die Gefahr der Rivalität zwischen der regulären Armee, die den Namen Zewa Haganah Le Jisrael (Zahal) oder »Israel Defence Force« (IDF) bekam, und der Privattruppe »Irgun Zewa'i Le'umi«, für die Menachem Begin im wesentlichen verantwortlich war: »Befehl Nr. 4«, erlassen am 28. Mai 1948 von der Provisorischen Regierung des Staates Israel, verbot den Fortbestand bewaffneter Kräfte außerhalb des Zahal. Begin kümmerte sich nicht um diesen Regierungsbefehl. Seine Organisation hatte in Europa das Schiff »Altalena« gechartert, das mit 900 Irgunrekruten und Waffen beladen in Israel eintraf. David Ben Gurion ordnete an, Irgun habe Waffen und Rekruten sofort Zahal zu übergeben. Die »Altalena« lief am Strand von Tel Aviv auf Grund, da ihr der Hafen versperrt wurde. Sofort brach ein Gefecht aus zwischen Zahal und Irgunkämpfern. Sechzehn Männer starben, vierzig wurden verwundet.

Samuel Katz, damals engster Mitarbeiter des Irgunführers und später, ab 1977, Berater des Ministerpräsidenten Menachem Begin, schilderte die Hintergründe so: »An Bord der Altalena befand sich Begin. Man hatte die ganze Geschichte mit dem Schiff so gedreht, daß er als ›Aufständischer‹ gegen die ›Legale Macht‹ von David Ben Gurion behandelt werden konnte. Sollte es gelingen, Begin zu beseitigen, nahm man dafür als Preis in Kauf, ein ganzes Schiff zu sprengen. Man nahm in Kauf, daß die Anhänger Begins einen Aufstand begannen. Um so besser: Dann konnte man die Anhänger Begins in Massen zerschmettern. Damals standen Begin und Irgun Zewa'i Le'umi auf dem Gipfel der Popularität bei den Massen. Ben Gurion hatte die Absicht, Menachem Begin zu töten. Begin wurde zur Zielscheibe von Kugeln und Granaten. Doch er überlebte.«

David Ben Gurion war nach diesem Zwischenfall überzeugt, die Führung des Irgun Zewa'i Le'umi habe verstanden, daß für eine Terroristenorganisation im jüdischen Staat kein Platz war. Sie hatte ihren Zweck erfüllt, hatte wesentlich beigetragen zum Kampf um die Entstehung des jüdischen Nationalstaats. Jetzt aber, nachdem Israel ein international anerkannter Staat war, schämten sich viele Israelis der wenig ehrenhaften Kampfmethoden des Irgun Zewa'i Le'umi; Männer wie Menachem Begin hatten wenig zu sagen in dieser Phase der Existenz des jüdischen Staates. David Ben Gurion wollte vergessen lassen, daß erst Monate zuvor von Juden der vollbelegte Südflügel des King-David-Hotels in Jerusalem gesprengt worden war. Israel sollte ein respektierter Partner der zivilisierten Welt werden; sie sollte nach Möglichkeit nicht mehr daran erinnert werden, daß die Juden vor Terror nicht zurückgeschreckt waren.

Die Zeit des Waffenstillstands wurde von den Vereinten Nationen dazu benützt, um eine Lösung des Konflikts zwischen Arabern und Israelis auf friedlichem Weg zu erreichen. Im Government House, dem früheren Amtssitz des britischen Hochkommissars auf dem »Berg des Bösen Rats«, zog der schwedische Graf Folke Bernadotte ein; er war zum »UN-Vermittler« ernannt worden.

Nach Jerusalem war er mit der festen Überzeugung gekommen, es werde ihm gelingen, das Waffenstillstandsabkommen in einen bindenden Friedensvertrag umzuwandeln. Optimistisch glaubte er an den Friedenswillen beider Gegner im Konflikt. Graf Folke Bernadotte erkannte kaum, daß für die Juden Jerusalem nicht eine beliebige Stadt war, die durch eine andere, Tel Aviv etwa, ersetzt werden konnte – und daß auch die Araber nicht auf den Felsendom und das ihn umgebende Gebiet verzichten konnten. Dem schwedischen Grafen fehlte die Erkenntnis der religiösen Dimension des Konflikts. Er glaubte an die Macht der Vernunft auch in diesem Fall. Neue Ideen hatte Bernadotte nicht mitgebracht. Auf alte Pläne der Vereinten Nationen griff er zurück: Jerusalem sollte eine getrennte Verwaltungseinheit sein, die zwar völkerrechtlich der Souveränität des Königs Abdullah, in Realität aber weder den Jordaniern noch den Palästinensern wirklich gehören würde – aber auch den Israelis nicht. Bernadotte bediente sich damit der Idee des »Corpus Separatum«, die von Israelis und Arabern bereits eindeutig abgelehnt worden war. Daß sich diese Reaktion wiederholen würde, war vorauszusehen.

Der Streit um Israel belastete auch die Diskussion um den vernünftigen Teil des Bernadotteplans, der vorsah, Galiläa den Israelis und die Negevgegend den Arabern zuzusprechen. Über diesen Punkt hätte Einigung erzielt werden können, auch wenn starke politische Kräfte in Israel die Eingliederung des Negev forderten. Bernadotte aber wollte keine Lösung für einzelne Konfliktbereiche aushandeln, sondern verlangte, daß der arabisch-israelische Streit als Paket von Problemen anzupacken sei. Da kein Resultat der Verhandlungen in Aussicht war, endete der Waffenstillstand, wie vorgesehen, am 9. Juli 1948.

Zahal war darauf vorbereitet, offensiv zu werden. Bisher hatte er weitgehend auf arabische Aktionen reagiert. Dabei hatte Zahal allerdings beachtliche Vorteile erzielt. Jetzt aber wollten seine Generäle das Handeln bestimmen. Erleichtert wurde ihnen dieses Vorhaben durch eine überraschende Schwächung der Arabischen Legion des transjordanischen Herrschers. In London waren Besorgnisse wach geworden, britische Offiziere, die in jordanischem Dienst standen, könnten in israelische Gefangenschaft geraten. England wollte nicht erkennen lassen, daß es, durch die Arabische Legion, noch immer Partei im Israelkonflikt war. So wurde Glubb Pascha gezwungen, seine besten Kommandeure von der Front weit fernzuhalten. Sie mußten aus Hauptquartieren ostwärts des Jordan Befehle geben. Trotz der dadurch notwendigen Strukturveränderungen in der Arabischen Legion hielten ihre Soldaten auch während der Kriegsphase des Hochsommers 1948 allen israelischen Angriffen gegen Latrun stand. Die Versorgungslage in Jerusalem besserte sich allerdings durch den Ausbau der »Burmastraße«, die gefährliche Positionen der Arabischen Legion umging.

Durch Eroberung arabischer Dörfer westlich von Jerusalem hatte Zahal Raum für einen Korridor geschaffen, der die Stadt mit der Küstenebene verband. Gleichzeitig verloren palästinensische Freischärler die Kontrolle über das letzte Stück der Bahnlinie Tel Aviv–Jerusalem, die südlich der Straße verläuft. Jerusalem war damit keine eingeschlossene Stadt mehr.

Unmittelbar vor dem Beginn eines neuen Waffenstillstands – die Kämpfe hatten zehn Tage lang gedauert – entschloß sich die Führung des Irgun Zewa'i Le'umi zur Eroberung der Altstadt. Durch diese Aktion sollte der Krieg einen krönenden Abschluß finden.

Im Küstenland war die Auflösung des Irgun vollzogen worden. In Jerusalem aber, weitab von der Regierung, die in Tel Aviv saß, hatte er seine militärische Substanz bewahren können. Die Chefs des Irgun wollten gerade hier aktiv bleiben, weil sie glaubten, David Ben Gurion verhindere aus Rücksicht auf die Weltmeinung die Eroberung der Altstadt. Irgun als Organisation, die nicht an den Staat Israel gebunden war, konnte sich die Eroberung eher leisten als der Zahal.

Warum Irgun den Teil von Jerusalem, der von Mauern umgeben ist, unbedingt für den jüdischen Staat erobern wollte, macht Samuel Katz, Begins Mitarbeiter, deutlich: »Das, was wir unbestimmt als Altstadt bezeichnen, ist nicht irgendeine alte Stadt. Es ist Jerusalem. Alle Träume, Gebete und Hoffnungen, denen Juden bei der Anrufung Jerusalems Ausdruck verleihen, beziehen sich nicht auf eine abstrakte Vorstellung, auch nicht auf die Neustadt, die außerhalb der Stadtmauer erbaut worden ist, sondern nur auf diese Altstadt. Allein die Altstadt ist das wahre Jerusalem.«

Samuel Katz beschreibt, als Beteiligter, den Angriff des Irgun Zewa'i Le'umi auf die Altstadt:

»Um vier Uhr morgens bestiegen unsere Männer im Hauptquartier im Stadtviertel Katamon die Lastwagen, die sie zur Frontstellung im Hospiz Notre-Dame de France gegenüber dem Neutor bringen sollten. Gleich darauf schlug auf der Straße zwischen mir und den Lastwagen eine Granate ein; danach eine zweite, ein wenig weiter ab.

Mehrere hundert Männer warteten hier eng zusammengedrängt. Innerhalb weniger Minuten detonierte ein halbes Dutzend Granaten. Aber dennoch wurde niemand auch nur leicht verletzt. Die Männer sangen ›Auf die Barrikaden‹, ein Lied, das in den Monaten des offen geführten Krieges zum Kampflied des Irgun in Jerusalem geworden war. Die Lastwagen setzten sich in Richtung des Hospizes in Bewegung. Der Gefechtsstand befand sich im Gebäude der Barclay-Bank, direkt bei Notre-Dame de France. Nur noch wenige erbärmliche Stunden blieben uns bis zum vereinbarten Beginn des Waffenstillstands, dennoch mußten wir warten, weil die militärische Führung des Staates uns den Angriff zunächst verbot, da David Ben Gurion die Eroberung nicht wollte.

Als wir dennoch angreifen wollten, belegte die Armee unser Ziel, die Gegend um das Neutor, mit Geschützfeuer. Erst als die Kanonade, die uns nicht gepaßt hatte, eingestellt worden war, konnte der Angriff beginnen. Unter arabischen Maschinengewehrsalven brachte einer der altgedienten Irgunpioniere die Sprengladung an der Mauer an, zündete die Zündschnur und rannte in Deckung. Die Explosion riß ein großes Loch in die Mauer. Der Weg in die Altstadt war offen. Die Männer stürmten sofort durch die Bresche. Ihnen schlug heftiges Feuer entgegen.«

Zur gleichen Stunde war geplant, daß zwei weitere Attacken auf die Altstadt erfolgen sollten: Ein Stoßtrupp hatte Befehl, weiter ostwärts die Mauer zu durchbrechen, und ein Verband der Haganah, die inzwischen Teil der Israel Defence Force geworden war, sollte mit Sprengstoff eine Bresche in die Mauer beim Zionstor schlagen. Beide Vorhaben mißlangen. Samuel Katz nennt die Gründe des Scheiterns: »Den Lastwagen, der Sprengstoff zum ostwärts des Neutors gelegenen Mauerabschnitt bringen sollte, traf eine arabische Granate und zerriß ihn völlig. Ähnlich ging es mit der Sprengladung, die von der Haganah beim Zionstor an der Mauer angebracht wurde. Zunächst versuchte man, sie durch einen engen Tunnel zu schaffen, den Pioniere des Irgun während des Waffenstillstands gegraben hatten. Der Sprengkörper war jedoch zu breit. Daraufhin trugen ihn zwei Männer der Haganah unter starkem arabischem Beschuß bis an die Mauer. Dort explodierte er, beschädigte die Mauer jedoch nicht. Andere Sprengladungen waren nicht an Ort und Stelle verfügbar, und man schaffte auch keine herbei. Weitere Versuche, die Mauer zu sprengen, wurden von der Haganah nicht unternommen.«

David Ben Gurion hatte Oberst David Schaltiel, seinen Oberbefehlshaber in Jerusalem, angewiesen, die Pläne des Irgun Zewa'i Le'umi zu vereiteln. Ben Gurion wollte sich um Aufnahme des jungen Staates Israel in die Vereinten Nationen bemühen – der Griff nach dem Felsendom aber hätte innerhalb der Weltorganisation Stimmung gegen Israel erzeugt. Dem Ministerpräsidenten war jedoch internationale Anerkennung und damit Absicherung der Existenz seines Staates wichtiger als alles andere. Von dem jetzt illegalen Irgun Zewa'i Le'umi des Menachem Begin wollte sich David Ben Gurion nicht das außenpolitische Konzept verderben lassen. So hatte, in Ben Gurions Auftrag, Oberst Schaltiel den Versuch der Haganah zum Einbruch in die Altstadt beim Zionstor nur halbherzig beginnen lassen.

Über die entscheidenden Minuten vor Anbruch des Waffenstillstands am frühen Morgen des 18. Juli berichtete Samuel Katz: »Es blieb nur noch wenig Zeit. Zweifellos stand jetzt eine kämpfende jüdische Truppe in der Altstadt. Nun würde es sich zeigen, ob Oberst Schaltiel wenigstens sein Versprechen wahr machen würde, uns freie Hand zu lassen. Wir stellten ihm die entscheidende Frage: Es sei doch wohl in Ordnung, daß unsere Einheit auch nach 5.45 Uhr, wenn der Waffenstillstand in Kraft getreten sei, die Operation in der Altstadt fortsetze. Die Einheit sei in der Lage, so lange auszuhalten, bis die Haganah gleichfalls in die Altstadt eindringen würde. Schaltiels Antwort war unmißverständlich: ›Dann werden wir euch wie Rebellen behandeln. Wir werden euch angreifen, wie wir den Feind angegriffen haben, und wir werden euch den Nachschub abschneiden.‹ Irgun Zewa'i Le'umi mußte seine Kämpfer aus der Altstadt zurückrufen.«

Ermordung des Friedensvermittlers

Bei Beginn des Waffenstillstands war Jerusalem weiterhin eine geteilte Stadt. Der UN-Vermittler, Graf Folke Bernadotte, begann sofort nach Beginn der Waffenruhe mit Gesprächen, die der Suche nach einer Lösung des Konflikts zwischen Israelis und Arabern dienen sollten. Seine Verhandlungspartner waren beeindruckt von der kühnen Hartnäckigkeit und vom Selbstbewußtsein des schwedischen Grafen. Er hatte seine Vorschläge inzwischen leicht verändert: Da war nicht mehr davon die Rede, daß Jerusalem formell der Souveränität des Königs Abdullah unterstellt werden sollte – jetzt wollte er, daß die Verantwortung für die Stadt ganz den Vereinten Nationen übertragen werde.

Da Folke Bernadotte offenbar von den USA und von Großbritannien unterstützt wurde, mußte sich David Ben Gurion ernsthaft mit den Vorschlägen befassen. Generelle Ablehnung hätte die Regierungen beider Länder gegen Israel aufgebracht. Zur Zeit des Ministerpräsidenten David Ben Gurion hatte der jüdische Staat noch nicht das ausgeprägte Bewußtsein des eigenen Werts, das während der Regierungsjahre des Menachem Begin selbstverständlich war. Ben Gurion trat für vorsichtige Politik in der Jerusalemfrage ein. Die Neigung wuchs innerhalb der israelischen Regierung, einer Internationalisierung der ganzen Stadt zuzustimmen, wenn garantiert werde, daß dieses »Corpus Separatum« zur demilitarisierten Zone erklärt werde. Dies bedeutete, daß auch die jüdische Weststadt auf Waffen verzichten mußte. In Washington war dieser Gedanke der waffenlosen Zone um die Heiligtümer der Juden, Moslems und Christen entwickelt worden. Jerusalem sollte zur Zone des Friedens werden. Der Gedanke, das mußte Ben Gurion zugeben, war zugkräftig in einer Welt, die gerade einen furchtbaren Weltkrieg durchgemacht hatte. Der Ministerpräsident, der wußte, wie sehr Israel auf die Freundschaft mit den USA angewiesen war, glaubte, der amerikanischen Regierung in dieser Frage entgegenkommen zu müssen.

Mitte September legte Graf Bernadotte schriftlich der Organisation der Vereinten Nationen seinen Bericht über den Stand der Verhandlungen vor. Er glaubte, in den Gesprächen über die Internationalisierung von Jerusalem vorangekommen zu sein; er war sogar der Meinung, den Flughafen Lydda und den Hafen Haifa einer internationalen Aufsichtsbehörde unterstellen zu können. Seinen Optimismus hatte er aus Gesprächen mit dem israelischen Ministerpräsidenten gezogen. Daß ihn andere Israelis als britischen Agenten betrachteten, der dem König von Transjordanien, dem anerkannten Schützling der Londoner Regierung, zu Vorteilen verhelfen wollte, kränkte ihn sichtlich. Sein einziges Ziel, so entgegnete Bernadotte, sei es, Palästina den Frieden zu bringen. Politiker wie Menachem Begin konnte er von seiner Integrität freilich nicht überzeugen; sie sahen im UN-Vermittler eine Gefahr für ihre nationalen Pläne.

Samuel Katz erinnert sich: »Im Juli 1948 waren wir uns absolut sicher, daß die Juden selbst über das Schicksal ihres Landes bestimmen konnten, vom Jordan im Osten bis zum Litani-Fluß im Norden und, wenn es um grundsätzliche Entscheidung ging, im Süden bis zum Roten Meer und bis zum Suezkanal.«

Als deutlich wurde, daß David Ben Gurion unter dem Einfluß des Grafen sich davor hütete, Jerusalem zum Bestandteil des Staates Israel zu erklären, war für Politiker, die wie Menachem Begin und Samuel Katz dachten, die Zeit zum Handeln gekommen. Samuel Katz erläuterte damals die Situation: »Sollte die Provisorische Regierung Jerusalem nicht zu einem Teil des Staates Israel erklären, dann müßte sich der Irgun dort weiterhin und so lange wie möglich halten. Wir würden auf diese Weise unsere Entschlossenheit zeigen, uns jedem anderen Status für Jerusalem zu widersetzen, der nicht die volle jüdische Souveränität über die Stadt herstellte.« Begin und Katz verheimlichten nicht, daß sie den UN-Vermittler als Feind betrachteten.

Am 17. September 1948 fuhr Graf Folke Bernadotte in seinem Dienstfahrzeug, das von anderen UN-Wagen begleitet war, durch den Westteil von Jerusalem in Richtung »Berg des Bösen Rates« zu seinem Amtssitz im ehemaligen Government House. Im Stadtteil Katamon, in dem der Irgun Zewa'i Le'umi sein Hauptquartier hatte, blockierte ein Jeep den Weg der Wagenkolonne, die abrupt bremsen mußte. Drei Männer sprangen aus dem Jeep und schossen mit Maschinenwaffen auf Bernadottes Wagen. Nach wenigen Feuerstößen fuhren sie davon. Die Schüsse hatten den Grafen und seinen französischen Assistenten tödlich getroffen.

Augenzeugen berichteten, die Schützen hätten kaum wie Araber ausgesehen. Da sie nicht gefaßt wurden, konnte nie festgestellt werden, wer sie wirklich waren, in wessen Auftrag sie geschossen hatten, welcher Organisation sie angehörten. Ob Ben Gurion wußte, wem die Mörder zuzuordnen waren, ist ungewiß – er verlangte aber, daß nach diesem Attentat der Irgun Zewa'i Le'umi auch in Jerusalem aufgelöst werden müsse. Der Organisation wurde ein Ultimatum gestellt. Menachem Begin und Samuel Katz fügten sich: Sie gaben zwei Stunden vor Ablauf des Ultimatums das Ende des Irgun bekannt, wobei sie die Gelegenheit benützten, Ben Gurion des Verrats an Jerusalem zu bezichtigen.

Die Position des Ministerpräsidenten gegenüber der Weltöffentlichkeit hatte sich an jenem 17. September 1948 dramatisch verschlechtert. Was die Regierung hatte vermeiden wollen, war eingetreten: Israel hatte sich als Land dargestellt, in dem der Terrorismus auch nach Gründung der staatlichen Autorität weiterhin zu Hause war. Israels Glaubwürdigkeit in seinen Bemühungen, als Hort der Zivilisation im Nahen Osten zu gelten, war erschüttert. Zu dieser Schwächung der eigenen moralischen Position kam, daß die Friedensvorschläge des Grafen Bernadotte durch seinen gewaltsamen Tod an Gewicht gewonnen hatten. Sie wurden nun zum Vermächtnis aufgewertet. Gerade Israel, auf dessen Territorium der Mord geschehen war, konnte es sich kaum mehr leisten, über dieses Vermächtnis zu diskutieren, an ihm zu mäkeln, ihm ein »Nein« entgegenzusetzen. Israel mußte sich die Frage gefallen lassen, ob es überhaupt Frieden wollte.

Die Regierung hatte die feste Absicht, den Krieg fortzusetzen, denn noch befanden sich arabische Armeen auf dem Gebiet, das der jüdische Staat beanspruchte – die Ägypter und die Jordanier hielten strategisch wichtige Punkte besetzt –, doch David Ben Gurion stellte nach dem Vorfall von Katamon den Entschluß zur Fortsetzung der Kämpfe in Frage. Ehe der Ministerpräsident jedoch über Verschiebung des Kriegsbeginns und über Möglichkeiten der Annahme eines modifizierten Bernadotteplans für Jerusalem nachzudenken brauchte, halfen ihm die Ägypter aus der Verlegenheit: Sie begannen an der Südfront zu schießen. Sie konnten vor der Weltöffentlichkeit als Aggressoren angeklagt werden – Israel hingegen erreichte seine Ziele und galt trotzdem als Friedensfreund.

In Jerusalem aber fielen für lange Zeit überhaupt keine Schüsse mehr. Die militärische und politische Situation blieb unverändert und wurde durch den Waffenstillstand zwischen Jordanien und Israel am 3. April 1949 ohne Hoffnung auf Veränderung eingefroren: Die Altstadt gehörte fortan zu Jordanien – aber fünfzehn arabische Quartiere waren in den jüdischen Teil der Stadt eingegliedert worden. Die einstigen Bewohner hatten ihre Häuser verlassen müssen.

Die Generalversammlung der Vereinten Nationen war nicht gewillt, dieses Einfrieren der Situation hinzunehmen. Sie beschloß, im Sinne der Vorschläge des Grafen Bernadotte für Jerusalem eine internationale

Verwaltung einzurichten. Die Begründung für den Sonderstatus war, die Stadt sei durch ihre Verknüpfung mit drei Weltreligionen als Besonderheit zu sehen. Praktische Vorschläge für die Durchführung der Internationalisierung sollten von einer »Versöhnungskommission« ausgearbeitet werden.

Diese Kommission hatte absichtlich oder unabsichtlich den Auftrag der Generalversammlung mißverstanden, denn sie legte einen Plan vor, der zwei getrennte Verwaltungseinheiten vorsah: Jordanien und Israel hatten jeweils die von ihnen besetzten Stadtgebiete zu kontrollieren; die Oberaufsicht war einem UN-Hochkommissar zu übertragen. Da dieser Vorschlag in keiner Weise der Resolution der Generalversammlung entsprach, wurde er von diesem Gremium erst gar nicht diskutiert. Wiederum forderte die Generalversammlung, Jerusalem sei als politisch separate Einheit zu betrachten, die von einem Organ der Vereinten Nationen verwaltet werden müsse.

Das Versöhnungskomitee machte sich erneut an die Arbeit. Seine Mitglieder sondierten, ob die am Jerusalemkonflikt beteiligten Parteien eine Internationalisierung der Stadt akzeptieren könnten. Das Resultat sah laut Kommissionsprotokoll so aus: »Während der Verhandlungen der Kommission in Beirut haben sich die arabischen Delegationen prinzipiell bereit erklärt, einer internationalen Kontrolle des Gebietes von Jerusalem zuzustimmen. Als Voraussetzung betrachten sie, daß die Vereinten Nationen die nötigen Garantien für Stabilität und Dauer dieser Kontrolle geben. Die israelische Regierung jedoch machte von Beginn der Gespräche an deutlich, daß sie nicht in der Lage sei, einer internationalen Verwaltung von Jerusalem zuzustimmen. Sie war nur bereit, eine internationale Kontrolle der heiligen Stätten zu akzeptieren.« Wobei hinzuzufügen ist, daß die Israelis über den Boden um den Felsendom gar nicht zu entscheiden hatten.

Die geteilte Stadt

Obgleich die israelische Regierung der Internationalisierung von Jerusalem nicht zustimmen wollte, hütete sie sich weiterhin, die Stadt in den Staat einzugliedern. Wieder waren außenpolitische Gründe maßgebend: Die Eingliederung hätte den noch immer andauernden Prozeß der Aufnahme Israels in die Organisation der Vereinten Nationen gefährdet.

Dieser Prozeß verlief ohnehin nicht reibungslos. Am 17. Dezember 1948 hatte der Weltsicherheitsrat den ersten israelischen Aufnahmeantrag abgelehnt, da nicht sichergestellt sei, daß sich der Staat nach den Regeln der Völkergemeinschaft verhalten werde. Im Februar 1949 wurde Israel aufgefordert, dem Sicherheitsrat mitzuteilen, welche Absichten die Regierung in Jerusalem verfolge. Auf die ersten hinhaltenden Antworten erfolgten intensivere Nachfragen, die David Ben Gurion schließlich veranlaßten zu versichern, Israel werde alle Sicherheitsratsbeschlüsse einhalten. Auf Grund dieser Zusage wurde der jüdische Staat am 11. Mai 1949 Mitglied der Organisation der Vereinten Nationen.

Wenige Wochen nach der Aufnahme in die Gemeinschaft der Nationen begann die israelische Regierung mit der Eingliederung der Weststadt in den israelischen Staat. Im Frühjahr 1950 schuf das israelische Parlament, die Knesset, durch die Erklärung, Jerusalem sei schon immer die Hauptstadt Israels gewesen, die innenpolitische Rechtsgrundlage für die Annexion.

Um die gleiche Zeit befaßte sich auch das jordanische Parlament mit dem Rechtsstatus von Jerusalem. Es beschloß die Vereinigung von Palästina und Transjordanien – damit war die Altstadt von Jerusalem in das Haschemitische Königreich eingegliedert. König Abdullah dachte jedoch nie daran, Jerusalem zu seiner Hauptstadt zu machen. Diese Ehre blieb der eigentlich unbedeutenden Stadt Amman östlich des Jordan vorbehalten.

Der jordanische Herrscher hatte sein Ziel erreicht: Eine der heiligen Stätten des Islam gehörte zu seinem Königreich. Er sah in diesem Erfolg eine historische Wiedergutmachung, hatte doch seiner Familie bis zum Ende des Ersten Weltkriegs das Glaubenszentrum in Mekka gehört – von dort war sie durch die Familie Saud vertrieben worden, die sich damals ihr Königreich Saudi Arabien erobert hatte. Die Saudis, seit jener Zeit Todfeinde der Haschemiten, der Sippe des Königs Abdullah, blickten mit Unwillen auf den Prestigezuwachs des Monarchen von Amman. Sie erkannten die Eingliederung Ost-Jerusalems ins Haschemitische Königreich nicht an; Ägypten und Syrien folgten diesem Beispiel.

So war die Stadt gespalten und verteilt. Die Demarkationslinien verwandelten sich in befestigte Fronten, die durch Mauern, Minen und Stacheldraht unpassierbar gemacht waren. Eine einzige Möglichkeit bestand, um von einem Teil Jerusalems in den anderen zu gelangen. Der Übergang befand sich nördlich der Altstadt. Er trug den Namen »Mandelbaumtor«. Der Check Point, der kein Tor war, leitete seinen Namen von der Familie Mandelbaum ab, die ein Haus ganz in der Nähe besaß. Ausländische Touristen durften den Übergang benützen – auf jordanische Anordnung allerdings nur in einer Richtung: Wer aus West-Jerusalem in die arabische Stadt übergewechselt war, der konnte Jordanien nicht wieder auf dem Weg nach Israel verlassen.

Juden blieb das »Mandelbaumtor« völlig versperrt. Sie durften nicht zum Gebet an die Klagemauer. Die jordanische Regierung hörte nicht auf Mahnungen der UN-Gremien, sie habe die Verpflichtung, für die Juden den Zugang zu den heiligen Stätten offenzuhalten. Die Araber, die Moslems, die in Israel lebten, wurden von den jordanischen Behörden keineswegs besser behandelt; sie erhielten keine Erlaubnis zum Besuch des Felsendoms. So wurden die Araber auf israelischem Territorium eine isolierte Gruppe, der Kontakt zu Glaubensbrüdern versagt blieb.

Die Unterbrechung jeglicher Kommunikation hatte eine unterschiedliche Entwicklung der beiden Stadthälften zur Folge. Der Teil, der jetzt Weststadt oder Neustadt genannt wurde, bestand nicht nur aus Quartieren, die ursprünglich von Juden bewohnt gewesen waren; etwa die Hälfte der Weststadt waren eigentlich arabische Wohngegenden. Die Araber waren geflohen. Graf Bernadotte hatte noch versucht, die israelische Regierung zu veranlassen, den Flüchtlingen die Rückkehr in ihre Häuser zu gestatten, doch er hatte keinerlei Entgegenkommen gefunden. Die Regierung Ben Gurion verhinderte auch weiterhin die Rückkehr, obgleich die UN-Generalversammlung Jahr für Jahr die Forderung stellte, Israel müsse den Flüchtlingen ihr Eigentum zurückgeben – doch Häuser und Grundstücke waren längst beschlagnahmt und an israelische Familien verteilt.

Die Flucht der Araber aus den Gebieten, die westlich der Altstadt lagen, hatte eine Veränderung der Bevölkerungsstruktur bewirkt. Eine Bestandsaufnahme, durchgeführt im Auftrag der Vereinten Nationen, hatte ergeben, daß im »Corpus Separatum« Jerusalem unter normalen Bedingungen rund 105000 Araber und 100000 Juden leben würden. Nun aber hatte die Zahl der Juden innerhalb des Stadtgebiets um etwa ein Drittel zugenommen; die Zahl der Araber aber war auf 70000 abgesunken. Sie blieb während der nächsten Jahre auf dieser Höhe.

Der Grund lag darin, daß die jordanische Verwaltung wenig unternahm, um die Stadt westlich des Jordan zu fördern. Nachdem das Ziel der Annexion der heiligen Stätten erreicht war, interessierte Jerusalem nur noch aus religiösen Gründen: Von Amman aus gesehen, war nur der Felsendom wichtig, nicht das lebende Gemeinwesen.

Die Bewohner der Gebiete am Westufer des Jordan spürten, daß sich König Abdullah keineswegs um sie kümmerte. Er hatte schon andere Projekte ins Auge gefaßt: Der Prestigezuwachs sollte ihm nützlich sein bei der Schaffung eines bedeutenden Reiches, das neben Transjordanien und dem Jordanwestufer auch den Irak umfassen sollte – in Baghdad, der Hauptstadt des Irak, regierte seit Ende des Ersten Weltkriegs ebenfalls ein Mitglied der Haschemitenfamilie, ein naher Verwandter also des Königs Abdullah. Beide Staaten zu vereinigen war ein naheliegender Gedanke. Drei Pläne für eine Zusammenlegung der beiden Haschemitenstaaten schufen Verärgerung rings in Arabien, ganz besonders aber in Jerusalem. Die Bewohner fürchteten, daß allein Baghdad noch Bedeutung haben würde im Unionsstaat. Jerusalem würde weit an den Rand gedrängt werden – im geographischen und im politischen Sinn. Agitatoren stachelten Wut an. Sie entlud sich in einem Gewaltakt: Am 20. Juli des Jahres 1951 wurde König Abdullah direkt an der Tür der Al-Aqsa-Moschee im heiligen Bereich von Jerusalem durch Schüsse ermordet. Sein Enkel Hussein, der jetzige König von Jordanien, stand neben ihm. Von seinem Großvater und von dessen Tod in Jerusalem berichtet er:

»Als ich noch ein Kind war, erzählte mir mein Großvater, König Abdullah, immer wieder, daß Jerusalem eine der schönsten Städte der Welt sei. Er war ein tief religiöser Mensch und konnte die Stadt nie betreten, ohne von ihrer geistigen Bedeutung ergriffen zu sein. Als Knabe sah ich Jerusalem mit seinen Augen. Die heiligen Stätten, die alten Mauern, die schlanken Minaretts, die Ölbäume von Gethsemane, die geschäftigen, engen Marktplätze rings um die Via Dolorosa, sie alle haben zu ihrer Zeit Kämpfe und Blutvergießen gesehen. Aber sie sind auch die Geburtsstätten von Hoffnung und Glauben gewesen, und wenn die Sonne über Jerusalem scheint und die Luft kühl und heiter ist, dann ist es eine unvergleichliche Stadt. Meine eigene Geschichte beginnt in dem schönen und einzigartigen Jerusalem. Es war Freitag, der 20. Juli 1951, ein ziemlich heißer Tag; der zweite Tag des Aufenthalts meines Großvaters in der Stadt. Und es geschah an diesem Tag, in der Al-Aqsa-Moschee unweit des Felsendoms, daß ich vom Kind zum Mann reifen mußte.

Die Atmosphäre war bereits die ganze Woche sehr gespannt gewesen. Der schlechte Ausgang des Feldzugs gegen Israel mehr als zwei Jahre zuvor hatte die arabische Welt in einen Zustand der Erbitterung und Unzufriedenheit versetzt. Trotz meiner sechzehn Jahre spürte ich, wie die Spannung zunahm. Das ganze Land war wie in eine Giftgaswolke gehüllt. Als wir den Besuch in Jerusalem besprachen, war das Gefühl eines nahenden Unheils so stark, daß sogar mein Großvater, der nicht zu unnötigen Sorgen neigte, eine Vorahnung zu haben schien. Einen Tag vor unserer Abreise aus Amman bat der Botschafter der Vereinigten Staaten um eine Audienz. Er flehte meinen Großvater an, nicht nach Jerusalem zu fahren. Mein Großvater aber antwortete: ›Ich werde sterben, wann es mir bestimmt ist.‹ Es war ursprünglich nicht geplant gewesen, daß ich mitreisen sollte, aber am Abend vorher ließ mein Großvater mich kommen und sagte: ›Ich habe viele Leute aufgefordert, mich morgen nach Jerusalem zu begleiten. Seltsamerweise kommen einige nur ungern mit. Sie scheinen in Sorge zu sein, daß etwas geschieht. Noch nie in meinem Leben habe ich so viele fadenscheinige Ausflüchte gehört.‹ Er sah mich lange an und sagte dann: ›Würdest du gerne mitkommen?‹ Ich antwortete: ›Natürlich möchte ich!‹ So reisten wir also zusammen nach Jerusalem.

Im Wagen fuhren wir bis vor die Tore der Stadt. Schwerbewaffnete Soldaten bewachten die Straßen, und ich sah viele böse, verdächtige Gesichter. Es herrschte ein fürchterliches Gedränge. Als wir die Altstadt erreichten und aus dem Wagen stiegen, um zu Fuß weiterzugehen, wurde es noch schlimmer. Ich ging ein paar Schritte hinter meinem Großvater zur Rechten. Er unterhielt sich mit seinen Begleitern. Dann erreichten wir den Eingang der Al-Aqsa-Moschee. Eine Ehrenwache präsentierte. Mein Großvater war schon durch die Tür geschritten, als er sich zurückwandte und einem Offizier sagte, er fände, daß militärische Ehrenrituale an einem heiligen Ort wie diesem fehl am Platze seien. Dann trat er richtig in die Moschee ein. Als er drei Schritte in das Innere gemacht hatte, kam ein Mann hinter dem großen Portal zur Rechten hervor. Er sah geistesverwirrt aus. In der Hand hielt er einen Revolver und schoß, ehe irgend jemand eingreifen konnte. Er stand nur zwei Meter entfernt. Mein Großvater bemerkte ihn gar nicht. Er hatte einen Kopfschuß und stürzte sofort zu Boden, während sein Turban einige Meter von ihm wegrollte.

Ich muß in diesem Augenblick völlig den Kopf verloren haben, denn es geschah alles in meiner unmittelbaren Nähe. Während einer schier endlosen Sekunde stand der Mörder unbeweglich. Die Kräfte hatten ihn verlassen. Zu meinen Füßen lag ein weißes Bündel. Ich begriff nicht, was geschehen war. Plötzlich fing der Mann an zu rennen, und ich versuchte ihn aufzuhalten, als er in das Innere der Moschee laufen wollte. Als ich mich auf ihn stürzte, sah ich von der Seite her, daß die meisten der vorgeblichen Freunde meines Großvaters in alle Richtungen flohen, alle diese hochgestellten und würdigen Männer krümmten und verhüllten sich und stoben auseinander wie verängstigte Weiber. Dieses Bild ist mir lebhafterer in Erinnerung geblieben als das Gesicht des Mörders. Es hat mir die Fragwürdigkeit politischer Freundschaften gezeigt.

Das geschah in einem Augenblick, während der Mörder in einem Zickzackfluchtweg zu entkommen versuchte. In der Moschee brach nun eine wilde Schießerei los. Plötzlich stellte sich der Mann seinen Verfolgern. Noch immer hatte er den kleinen, schwarzen Revolver in der Hand, und ich sah wie hypnotisiert, daß er auf mich anlegte – ich sah den Rauch, hörte den Schuß und schwankte, als ich einen Schlag gegen meine Brust spürte. War das der Tod? fragte ich mich. Ich wartete, aber nichts geschah, nichts. Ich muß wohl etwas schräg zu dem Mann gestanden haben, denn wir entdeckten später, daß die Kugel einen meiner Orden getroffen hatte und an ihm abgeprallt war. Ich war unverletzt. Ohne Zweifel hatte das Drängen meines Großvaters, ich müsse unbedingt Uniform anziehen, mir das Leben gerettet.

Als der Mörder, immer noch wild um sich schießend, zu Tode getroffen niederstürzte, wandte ich mich wieder meinem Großvater zu. Ich machte die Knöpfe seines Gewandes auf, und der Arzt untersuchte ihn. Aber sein Leben war zu Ende. Wir bedeckten seinen Leib mit den Gewändern, die einmal weiß gewesen waren.«

Der Mörder hatte im Auftrag eines Kreises von Männern geschossen, die dem König die Eingliederung Ost-Jerusalems in seinen Staat nicht verzeihen konnten. Aber auch im jüdischen West-Jerusalem war kein Bedauern über den Mord zu spüren.

König Abdullah war von den Juden verantwortlich gemacht worden für die Entweihung eines Geländes, das ihnen überaus heilig war: Jordanier hatten bald nach Besetzung des Ostteils der Stadt begonnen, den jüdischen Friedhof am Westhang des Ölbergs, der über tausend Jahre alt war, zu verwüsten. Viele Juden glauben daran, daß die Toten, die hier beerdigt werden, am Tag des Jüngsten Gerichts schneller als andere den Weg ins Paradies finden. Rund 50000 Gräber waren auf diesem Friedhof angelegt; sie bestanden aus massiven Steinplatten.

Die jordanische Stadtverwaltung störte die Ruhe der Toten. Die jüdischen Posten im Westteil der Stadt konnten Tag für Tag beobachten, wie sich der Friedhof veränderte. Arbeiter schlugen zunächst eine Schneise durch die Gräberreihen; sie durchschnitten das riesige Totenfeld, um eine Straße anzulegen, die zur nächsten Ortschaft Bethanien und weiter nach Jericho im Jordantal führte. Für die Festigung des Untergrunds wurden Grabplatten verwendet. Auch das Fundament der Zufahrtstraße zum Intercontinental Hotel auf dem Ölberg erhielt seine Stabilität durch Grabplatten. Es war sicher die Absicht der Jordanier, den Friedhof als Teil der einstigen jüdischen Präsenz in Ost-Jerusalem auszulöschen.

König Abdullah mag Jerusalem als eine der schönsten Städte bezeichnet haben; wirklich für sie gesorgt hatte er nicht. Auch als Hussein König von Jordanien geworden war, änderte sich am Verhältnis der Regierung zur Stadt um den Felsendom wenig. Hussein kam selten ins Gebiet westlich des Jordan. Er besaß dort gar keine passende Unterkunft. Erst in der Mitte der sechziger Jahre ließ sich Hussein einen Palast errichten; nördlich von Jerusalem, an der Straße nach Ramallah. Als Jordanien Jerusalem dann ganz verlor, war das Gebäude noch nicht fertig.

Nur in jener Gegend, in der sich der König eine Nebenresidenz bauen wollte, wurde von der jordanischen Verwaltung eine Ausweitung der Stadt begonnen. Nirgends sonst wurde Ost-Jerusalem während der Jahre nach 1948 größer an besiedeltem Raum. West-Jerusalem aber – obgleich es sich in geographisch ungünstiger Lage befand, am Ende eines Korridors, der sich vom eigentlichen Kernland Israel heraufwand – wurde zu einer Stadt von Bedeutung, mit Regierungsgebäuden, Universität, Gewerkschaftssitz, Oberstem Rabbinat, mit Wohnsiedlungen, Parkanlagen und mit dem eindrucksvollen Komplex des Israel Museums. Die Juden der ganzen Welt trugen dazu bei, ihre Stadt lebensfähig und attraktiv zu gestalten. Den Jordaniern und Palästinensern ist allerdings nicht unbedingt der Vorwurf zu machen, sie hätten unterlassen, der Oststadt ein modernes Gesicht zu geben: Sie konnten und wollten keinen Sinn darin sehen, die Silhouette von Jerusalem durch Hochhäuser zu verändern; sie wußten, daß der Charakter ihrer Stadt zum Felsendom und zur Grabkirche paßte. Dieser Charakter war an der Vergangenheit orientiert – er sollte so bleiben, auch für die Zukunft.

Daß der Fortschritt der Weststadt in den Jahren nach 1948 nicht nur Freude bereitete, beschreibt Bürgermeister Teddy Kollek: »Jerusalem erscheint mir ebenso ein Problem zu sein wie ganz Israel. Es wird ohne ausreichende Planung und ohne architektonisches Konzept aufgebaut.

Große, häßliche Wohnblocks sind überall hingesetzt worden. Verstreut liegende Vororte sprießen allenthalben aus dem Boden. Die unaufhörlich fortschreitende Bautätigkeit nimmt keinerlei Rücksicht auf die Umgebung, auf bereits bestehende Gebäude oder auf die Menschen, die dort wohnen. Die Straßenbaupläne sind hoffnungslos im Rückstand. Die Straßenbauarbeiten sind schlecht geleitet worden, so daß ein Dutzend neuer Straßen fehlerhaft angelegt, vorzeitig eröffnet und dann geschlossen wurden. Es gibt eine überwältigende Menge von Schmutz, Durcheinander und Mißwirtschaft, und die Einwohner von Jerusalem fangen schon an, den Stolz auf ihre eigenen Wohnviertel zu verlieren.«

Schuld an diesem Zustand von West-Jerusalem trug die Mentalität der Verantwortlichen im Staat Israel, die wenig Verständnis für Stadtentwicklung, aber sehr viel Gefühl für Wert und Ausbau landwirtschaftlicher Siedlungen besaßen. Zu diesen Männern gehörte Finanzminister Pinchas Schapir, der West-Jerusalems Stadtverwaltung finanziell an der kurzen Leine hielt.

Teddy Kollek empfand die Planungsprobleme als brennend, die Bewohner gewöhnten sich an die Unvollkommenheit ihrer Stadt. Für sie drängten sich Schwierigkeiten, die mit der Demarkationslinie verbunden waren, in den Vordergrund. Teddy Kollek schildert die Situation im geteilten Jerusalem: »Wenn man irgendeine Straße oder Seitengasse hinunterfuhr, stieß man fast unweigerlich auf solche Zeichen: ›Stop! Gefahr! Vorsicht Grenze!‹ Es gab kaum einen Monat, in dem an der Grenze nicht jemand erschossen, verwundet oder zumindest von einem Stein getroffen wurde, der von der Altstadtmauer heruntergeschleudert worden war. Beschwerten wir uns bei den Jordaniern darüber, dann erhielten wir in entschuldigendem Ton die Antwort: ›Ein Soldat hat die Nerven verloren!‹«

»Der Tempelberg gehört uns Juden.«

Die Spannungen mußten zur Explosion führen. Der einstige israelische Außenminister Abba Eban umreißt das Denken der Militärs und mancher Politiker jener Zeit mit einem Satz: »Es war völlig klar, daß die Verteidigung West-Jerusalems die Notwendigkeit in sich schloß, den Ostteil zu erobern.« Längst lagen in den Stahlschränken des israelischen Generalstabs die Pläne zur Eroberung der Altstadt und des gesamten Bereichs von Ost-Jerusalem – natürlich in der Absicht, beides für immer zu behalten. Abba Eban gibt diesen Hintergedanken zu: »Wir wußten, daß es, sobald eine israelische Armee die Altstadt betreten hatte, aus historischen und emotionalen Gründen unmöglich sein würde, diese Altstadt wieder in jordanische Hände zurückzugeben.« Mit Ungeduld warteten die israelischen Militärs auf einen Vorwand für den Angriff – doch als dieser Vorwand schließlich gegeben war, da wollten ihn die verantwortlichen Politiker zunächst nicht ausnützen.

Der ägyptische Präsident Gamal Abdel Nasser persönlich öffnete den Israelis politisch und psychologisch den Weg zum Tempelberg. Er glaubte, der starke Mann im Nahen Osten zu sein. Am 16. Mai 1967 verlangte Nasser den Abzug der UN-Truppen, die zur Überwachung der Waffenruhe an der ägyptisch-israelischen Grenze eingesetzt waren. Ursache für diese Forderung war eine Desinformation aus Moskau: Der ägyptische Präsident hatte von der sowjetischen Führung die Nachricht erhalten, Israel konzentriere überaus starke Panzerverbände im Norden des jüdischen Staates; Geheimdiensterkenntnisse deuteten darauf hin, daß ein Angriff gegen Syrien vorbereitet werde. Daß diese Nachricht falsch war, blieb der ägyptischen Führung verborgen. Nasser mußte handeln, wenn er nicht seine Bündnisverpflichtungen gegenüber Syrien brechen wollte. Einhaltung der Bündnisverpflichtungen aber bedeutete Angriff gegen Israel. Um ihn möglich zu machen, mußten die UN-Soldaten, die Bewahrer des Waffenstillstands, aus dem Aufmarschgebiet der Ägypter verschwinden.

Überraschend schnell reagierte die Organisation der Vereinten Nationen auf Nassers Forderung: Nur einen Tag nachdem der ägyptische

Staatschef den Abzug verlangt hatte, rückten die ersten UN-Soldaten aus ihren Stellungen an der Waffenstillstandslinie östlich der Sinai-Halbinsel ab. Sieben Tage später befand sich kein Soldat der internationalen Truppe mehr zwischen den Positionen der ägyptischen und der israelischen Armeen. Mosche Dayan, in jenen Tagen eben im Begriff, die Verantwortung über die militärischen Aktionen zu übernehmen, berichtet: »Ich begleitete eine Patrouille auf ihrem Gang an der Grenze des Gazastreifens. Die Beobachtungsposten der UN-Truppen lagen verlassen da, die Lagerbaracken waren geplündert: Dächer, Türen, Fensterstöcke waren abmontiert bis auf die letzte Schraube, in altbekannter ägyptischer Manier. Die ägyptischen Truppen hatten wieder ihre Schützengräben an der ersten Hügelkette gleich hinter der Grenze bezogen.«

»Das arabische Volk will kämpfen. Wir haben den richtigen Zeitpunkt abgewartet.« Diese Worte Nassers lösten Begeisterungsstürme aus in Ägyptens Städten. In jeder Wohnung, in jedem Beduinenzelt waren die wirkungsvollen Reden Nassers aus Transistorradios zu hören. Angesteckt von der Stimmung im Lande fühlte er sich stark genug, Israel zu demütigen. Er verordnete die Sperrung der Straße von Tiran für israelische Schiffe. Damit war das Südtor Israels zwischen Rotem Meer und dem Golf von Aqaba verriegelt. Diese Meerenge den Israelis verschließen zu wollen war eine tollkühne Idee, die ein Politiker nur dann realisieren konnte, wenn ihm der Ausbruch eines Krieges ins Konzept paßte. Israel durfte sich die Schließung nicht gefallen lassen, denn alle seine Erdöltransporte, die per Schiff aus Iran den Hafen Eilath erreichten, mußten die Straße von Tiran passieren.

Mosche Dayan und eine Schicht aktiver und inaktiver Offiziere, die über politischen Einfluß verfügte, waren der Meinung, diese Gelegenheit zur militärischen Auseinandersetzung, die nur mit Abrundung des israelischen Staatsgebiets enden konnte, dürfte nicht verstreichen. Von Levi Eschkol, dem Ministerpräsidenten, erwarteten die Offiziere Worte, die Nassers Herausforderung in Schranken weisen würden. Was wirklich geschah, beschreibt Mosche Dayan voll Enttäuschung so: »Der Ministerpräsident stammelte und stockte. Er stolperte über einzelne Worte. Was die Öffentlichkeit vernahm, waren die reichlich vagen Worte eines reichlich unsicheren Mannes.« Levi Eschkol zögerte, den Krieg zu beginnen.

Druck der Großmächte war Anlaß des Zögerns. Mitten in der Nacht hatte der sowjetische Botschafter den Ministerpräsidenten angerufen, um ihn aufzufordern, unter keinen Umständen den ersten Schuß feuern zu lassen. Eschkol wurde darauf hingewiesen, er trage die volle

Verantwortung, wenn die israelische Armee einen Krieg vom Zaun breche. Der amerikanische Verteidigungsminister Robert McNamara teilte mit, es bestehe keine Sorge vor einem ägyptischen Angriff, deshalb sei auch keine vorzeitige Lieferung moderner US-Waffen an Israel vorgesehen.

Auf Drängen des Militärclans um Mosche Dayan erklärte McNamara schließlich in einem inoffiziellen Gespräch, die Vereinigten Staaten würden es dulden, wenn Israel wegen der Sperrung der Straße von Tiran offensive Aktionen begänne; die Regierung in Tel Aviv könne in einem solchen Fall mit Unterstützung der USA im Sicherheitsrat und in der Vollversammlung der Vereinten Nationen rechnen. Diese mehr als zweifelhafte Zustimmung des amerikanischen Verteidigungsministers zu den Kriegsplänen der israelischen Militärs gab den Ausschlag: Am 5. Juni 1967, um 7 Uhr 45, überfiel die israelische Luftwaffe die wichtigsten ägyptischen Luftstützpunkte – innerhalb weniger Minuten war der Kern der Luftwaffe Ägyptens zerstört. Die israelischen Panzerverbände begannen ihren Vormarsch durch den Sinai.

Obgleich der Krieg begonnen hatte, wollte Levi Eschkol die Chance, ganz Jerusalem in die Hand zu bekommen, nicht nützen. Einen besonderen Vorwand hätte der Ministerpräsident kaum benötigt, da Jordanien, der Eigentümer Ost-Jerusalems, mit Ägypten verbündet war, doch Eschkol fürchtete internationalen Tadel. Er gab sich Mühe, den Konflikt mit Jordanien zu vermeiden. Um 9 Uhr, also fünfundsiebzig Minuten nach Beginn der Kämpfe gegen Ägypten, bat Eschkol den Chef der UN-Beobachter im Government House auf dem »Hügel des Bösen Rats«, er möge den Jordaniern sagen, daß sie nicht angegriffen werden würden, wenn sie sich ruhig verhielten. Um 9 Uhr 58 verkündete der Jordanische Rundfunk, der Krieg zur Vernichtung Israels habe begonnen. Zwanzig Minuten später mahnte Eschkol die Jordanier noch einmal, sie sollten den Frieden bewahren – wieder war General Odd Bull, der UN-Chefbeobachter, der Übermittler der Nachricht. Zur selben Zeit, um 10 Uhr 20, begann die jordanische Artillerie mit der Beschießung der Weststadt von Jerusalem.

Noch hätte König Hussein Zeit gehabt, das Feuer einstellen zu lassen, doch er glaubte um diese Stunde den Versicherungen Gamal Abdel Nassers, die ägyptische Luftwaffe habe nahezu alle Flugzeuge der Israelis zerstört und sei dabei, Tel Aviv zu bombardieren. Hussein wollte in dieser »Stunde des arabischen Triumphs« nicht abseits stehen. Er glaubte plötzlich daran, Jerusalem könnte in seinem Staat wiedervereinigt werden; die Eroberung West-Jerusalems schien ihm möglich. Um die Mittagsstunde verzeichneten seine Truppen einen leicht errungenen Erfolg. Sie besetzten das UN-Hauptquartier auf dem

»Hügel des Bösen Rats«. Mosche Dayan, gerade zum Verteidigungsminister ernannt, gab Befehl zum Angriff gegen Jordanien.

Schon wenige Stunden später stürmten israelische Infanteristen den »Hügel des Bösen Rats« und vertrieben die jordanischen Besetzer. Im Schwung des Angriffs fuhren die Israelis weiter in das Hügelland von Hebron und schnitten die südliche Zufahrt von Bethlehem her nach Jerusalem ab.

General Usi Narkiss, der israelische Befehlshaber von West-Jerusalem, hatte voll Ungeduld auf die Freigabe der Angriffspläne durch Eschkol gewartet, denn er wußte, daß auf der Straße vom Jordantal in Richtung Westen Verstärkung für Ost-Jerusalem unterwegs war. Rätselhaft blieb, warum die jordanischen Kolonnen in überaus langsamem Tempo fuhren; möglich ist, daß ihr ägyptischer Kommandeur überzeugt war, er müsse behutsam vorgehen. So ergab sich für die israelischen Einheiten die Chance, ihre Positionen zu verbessern: Sie eroberten den Bergkamm, der die Straße von Norden, von Ramallah nach Jerusalem, beherrscht und von dem aus der Blick frei ist hinunter ins Jordantal, auf Jericho. Die Jordanier konnten damit keine der Zufahrtsstraßen nach Ost-Jerusalem mehr benützen.

Während des Vormarsches zur Ramallahstraße war auch der stark befestigte jordanische Stützpunkt im arabischen Dorf Nebi Samuel, sieben Kilometer nordwestlich von Jerusalem, erobert worden. In der Moschee von Nebi Samuel soll sich das Grab des Propheten Samuel befinden. Den Hügel, auf dem das Dorf steht, hatten die ersten Kreuzfahrer einst »Mont Gaudi« genannt, den »Berg der Freude« – von ihm aus hatten sie Jerusalem zum erstenmal erblicken können.

Am 6. Juni, um 2 Uhr – die Nacht war noch völlig dunkel –, durchbrachen israelische Soldaten nördlich des Checkpoints »Mandelbaumtor« die jordanischen Linien. Sie kämpften jordanische Widerstandsnester nieder und bahnten sich Pfade durch Minenfelder. Als die Dämmerung anbrach, war der festungsartige Komplex des Rockefeller Museum direkt gegenüber der Nordostecke der Altstadtmauer erreicht. Das Gebäude besitzt dicke Mauern und ist in sternförmig auslaufenden Flügeln angelegt. In seinen hohen Räumen werden wertvolle historische Funde ausgestellt.

Generalleutnant Mordechai Gur war der Kommandeur der Verbände im Nordteil der Stadt. Er berichtet über die Kämpfe um das Rockefeller Museum: »Um 3 Uhr 30 war uns dieses Museum als Ziel genannt worden. Wir alle hatten Fotos gesehen von diesem imposanten und stabilen Bauwerk. Offensichtlich war seine Einnahme aus taktischen Gründen wichtig, denn es bildete den idealen Ausgangspunkt für einen Angriff in die Altstadt durch das Herodestor. Wir erlitten während des

Wartens auf Einsatzbefehle außerordentlich hohe Verluste. Nur die Hälfte der Männer einer Kompanie war unverletzt. Wir hatten auch schlimme Schwierigkeiten mit der Funkverbindung. Von der Saladdin-straße her kamen wir, und eigentlich dachten wir, ein derart prominentes Gebäude wie das Rockefeller Museum müßte leicht zu finden sein. Es befand sich jedoch im Gebiet, das uns Juden seit 1948 versperrt war, und so wußte keiner von uns, wo das Museum wirklich lag. Wir schlugen die allgemeine Richtung ein und bahnten uns Wege durch Stacheldrahtzäune, stiegen über Mauern und überquerten Höfe. Da war kein Feind zu sehen, aber auch kein Freund. Endlich sahen die Männer eine Gruppe von einem anderen Bataillon. Auf die Frage ›Wo befindet sich das Rockefeller Museum?‹ erhielten sie die Antwort: ›Irgendwo in dieser Richtung!‹ Der Offizier, der den Angriff führen sollte, kam sich vor wie ein Tourist, der ein Museum suchte, das eigentlich direkt vor seiner Nase liegen mußte. Ein Mann, der in Jerusalem geboren war, fand schließlich den richtigen Weg. Ganz plötzlich standen sie vor den hellen Mauern des Gebäudes. Ein recht-eckiger Turm erhob sich über ihnen: das Rockefeller Museum! Eine Gruppe rannte auf das Bronzetor zu, doch es war geschlossen. Der Platz vor dem Tor ist einsehbar von der Altstadtmauer aus; von dort her fielen Schüsse. Drei Handgranaten wurden von der Mauer aus gewor-fen, doch sie flogen nicht so weit. Die Granaten, die unsere Gruppe warf, detonierten hinter der Stadtmauer. Ein Feuerstoß aus der Ma-schinenpistole half nicht, das Tor zu öffnen. Da saßen einige arabische Arbeiter in Deckung. Sie wußten, wie man ins Museum hineinkam – einer von ihnen hatte den Schlüssel zum Tor in der Tasche. So wurde das Rockefeller Museum besetzt.«

Vom Fahnenmast auf dem Dach holten die Eroberer die jordanische Flagge herunter und zogen ein Tuch mit einem handgemalten David-stern auf. Jordanische Soldaten versuchten von den Bastionen der Nordmauer aus das Symbol des jüdischen Staates herunterzuschießen, doch sie trafen nicht.

Um 7 Uhr 15 – die Sonne stand schon hoch über dem Ölberg – war das Rivoli-Hotel, genau gegenüber dem Herodestor, erobert. Die Tele-fonzentrale des Hotels war intakt: Sie bildete für die nächsten Stunden das Kommunikationszentrum an der Nordfront von Jerusalem.

Die Entscheidung, wo der Angriff gegen die Altstadt anzusetzen habe, fiel den israelischen Kommandeuren nicht leicht. Zunächst war das Herodestor ins Auge gefaßt worden. Ein Blick auf den Stadtplan zeigte jedoch, daß die Altstadtstraßen hinter der Mauer sehr verwinkelt waren. Da die Absicht bestand, mit gepanzerten Fahrzeugen einzudrin-gen, um die eigenen Verluste an Soldaten niedrig zu halten, mußte ein

Tor gefunden werden, das Platz bot für die Einfahrt von Panzerspähwagen. Das Löwentor im Osten schien geeignet zu sein. Um die Straße dorthin zu sichern, mußten jedoch zuerst die Jordanier aus der Gegend des Augusta-Victoria-Krankenhauses südlich des Skopusberges und vom Ölberg vertrieben werden. Vom Rockefeller Museum aus beobachtete Mordechai Gur die Entwicklung der Kämpfe. Er und seine Offiziere warteten sehnlichst auf den Befehl des Obersten Kommandeurs zur Eroberung der Altstadt. Zur Ablenkung schauten sie sich Altertümer an, die in den Räumen ausgestellt waren; Generalleutnant Gur notierte später über diese Stunden: »Wir hatten keinen Kopf für Archäologie.«

Die Entscheidung über den Zeitpunkt des Angriffs lag bei Mosche Dayan, der vom Skopusberg aus den gesamten Kampfplatz einsah. Für ihn als Verteidigungsminister war jedoch nicht nur die militärische Situation maßgebend. Er war Mitglied der Regierung und mußte damit politische Faktoren berücksichtigen – und sie sprachen gegen die Eroberung der Altstadt. Um 13 Uhr 40, nach Stunden des Wartens, erhielt der Befehlsstand im Rockefeller Museum die Meldung, die Regierung genehmige den Angriff nicht. Bei Berücksichtigung der außenpolitischen Umstände sei kaum anzunehmen, daß Israel gestattet werde, die Altstadt zu behalten. Die Regierung war der Meinung, für eine derart unsichere Angelegenheit dürften keine Menschenleben gefährdet werden. Levi Eschkol fürchtete offensichtlich, unter Druck der amerikanischen Regierung zu geraten, der er die Macht zutraute, einen israelischen Rückzug durchzusetzen.

Mordechai Gur schildert Gefühle der Enttäuschung und seine Überlegungen an jenem frühen Nachmittag: »Gehorchte ich der Anweisung, dann häufte ich Schande auf die Israel Defence Force. Wir würden die Ursache sein des Wehklagens von Generationen. Ich würde verachtet werden, als der Mann, der vor dem Tempelberg stand und die Mauern nicht überwand, weil er zu feige dazu war. Auf der anderen Seite kannten nur die politischen Führer die komplizierten internationalen Zusammenhänge. Sie mußten wissen, ob die unglaubliche Möglichkeit genützt werden konnte.«

Die Überlegungen des Frontkommandeurs Gur wurden unterbrochen durch eine neue Meldung: Mosche Dayan hatte Levi Eschkol überzeugt, es sei sinnvoll, die Altstadt auf jeden Fall zu umzingeln. Der Befehl dazu wurde erteilt. Die folgende Nacht sollte für diese Aktion genutzt werden.

Die Fahrzeuge, die aus der Sultan-Suleiman-Straße herausrollten auf die beginnende Jericho Road, gerieten von der Altstadtmauer her unter Beschuß. Nervosität machte die Panzerfahrer unsicher in der

Dunkelheit. Ein gepanzertes Fahrzeug bog aus Versehen von der Jerichostraße ab und fuhr einige Meter zum Löwentor hinauf. Andere rollten, wie vorgesehen, hinunter zur Brücke über den Kidronbach. Auf die Stelle, an der heute das Denkmal für die Israel Defence Force steht, konzentrierten die Jordanier das Feuer schwerer Maschinengewehre. Die Ketten eines Panzers blockierten, nachdem sie getroffen worden waren; er stürzte hinunter in den Bach. Jeeps brannten aus. Tote lagen auf der Straße. Verwundete suchten Schutz hinter der Brückenmauer. Die Kommandeure im Rockefeller Museum mußten feststellen, daß sie die Jordanier unterschätzt hatten. Diese Operation endete mit einer Niederlage. Bitter wurden die Gefühle der Verantwortlichen, als auch die Vorstöße zur Bergung der Verwundeten zunächst fehlschlugen.

Ein zweites Unglück traf die Zahal: In den frühen Morgenstunden wurde der Befehlsstand im Rockefeller Museum, das nur wenig mehr als eine Straßenbreite von der Altstadtmauer entfernt liegt, von der eigenen Artillerie beschossen. Granaten, die für die Altstadt bestimmt waren, schlugen im Vorhof des Museums ein. Ein Dutzend der Stabsoffiziere wurden schwer verwundet; manche starben, ehe ihnen geholfen werden konnte. Zuständig für das Artilleriefeuer waren die israelischen Beobachter auf dem Dach des Rockefeller Museum. Ihre Angaben waren von den Kanonieren mißverstanden worden.

Bis gegen acht Uhr war der Optimismus der Angreifer gering – sie wußten nicht, daß die jordanischen Soldaten mit der Räumung der Altstadt begonnen hatten, als die Panzerreserven, die von Jericho heraufrollen sollten, zerschlagen worden waren und Gefahr bestand, daß die Verbindungen zum Jordantal unterbrochen wurden.

Um 9 Uhr 30 stand Mordechai Gur auf dem freien Platz vor dem Intercontinental Hotel auf dem Ölberg und blickte nach Jerusalem hinüber. Seit 1948 hatte kein Jude mehr die Stadt von hier aus sehen können. Gur meint: »Ich fand den Blick atemberaubend. Da lagen der Tempelberg, der Felsendom, die Al-Aqsa-Moschee. Ich sah die Häuser, Türme, Kuppeln.«

Auf dem Platz vor dem Intercontinental Hotel erreichte den Kommandeur dieser Befehl: »Sie müssen sofort in die Altstadt eindringen und sie erobern. Schonen sie die heiligen Plätze!« Vom Rand des etwas erhöht gelegenen Hotelgartens aus versuchte Gur, den Angriffsplan der topographischen Realität anzupassen, doch er sah Jerusalem bald nicht mehr. Die Stadt verschwand hinter einer dichten Rauchdecke. Mit jedem Einschlag einer israelischen Artilleriegranate auf dem Mauerkranz oder im engen Stadtgebiet dahinter wurde die Sicht schlechter.

Über Funk gab Mordechai Gur seinen Soldaten den Befehl zum Angriff mit diesen Worten weiter: »Wir werden in die Altstadt von

Jerusalem eindringen. Zahllose Generationen von Juden haben davon geträumt, daß sie den Tempelberg betreten können. Jeder lebende Jude sehnt sich danach.«

Der Ölberg war der Sammelpunkt für die Angriffstruppe gewesen. Über die wenigen Wege bewegten sich nun Fahrzeuge und Infanteristen ins Kidrontal hinunter. Sie mußten über die Brücke fahren, auf der während der Nacht ein Fahrzeugverband vernichtet worden war. Die Verwundeten waren inzwischen weggebracht worden, doch die ausgebrannten Fahrzeuge standen noch da. Nach rechts bogen die Truppen ab, in Richtung Rockefeller Museum. Granaten aus den Kanonen der Panzer schlugen in die Stadtmauer ein. Nach hundert Metern beginnt links die Seitenstraße zum Löwentor. Sie ist eingerahmt von hohen Mauern, von denen jede Detonation als höllisches Echo widerhallte. Einzelne Panzerabwehrgranaten wurden von der Mauer noch abgefeuert, dann erstarb der Widerstand der Jordanier.

Halb offen stand das Löwentor. Mauerwerk war heruntergebrochen. Doch die gepanzerten Fahrzeuge konnten über die Trümmer hinwegrollen und hinein in die Gasse, die den östlichen Anfang der Via Dolorosa bildet. Bei der nächsten Gasse wandten sich Fahrzeuge und Infanteristen nach Süden – die Tempelplattform lag vor ihnen. Um 10 Uhr jenes 7. Juni 1967 konnte Mordechai Gur seinem Oberbefehlshaber melden: »Der Tempelberg gehört uns Juden!«

Wenige Minuten später suchten der Gouverneur von Jerusalem und der Oberrichter den Kommandeur der Sieger auf, um mitzuteilen, daß auch in der Altstadt selbst kein Widerstand mehr geleistet werde, da die jordanischen Verbände Jerusalem verlassen hatten.

Die israelischen Soldaten machten sich auf die Suche nach der Klagemauer – keiner von ihnen war jemals davorgestanden; keiner kannte sich in der Altstadt aus. Sie mußten sich nach der Straßenkarte orientieren und brauchten lange Minuten, bis sie den Quaderwall fanden. Wer den Platz vor der Klagemauer im heutigen Zustand kennt, der wundert sich über die damalige Hilflosigkeit der Suchenden. Im Juni 1967 lag das Heiligtum der gläubigen Juden allerdings noch an einer engen Gasse, abseits der Durchgangswege der Altstadt. Über Funk hörten Stoßtruppführer, Panzerkommandanten und die Koordinateure des Angriffs im Hauptquartier den Schrei des ersten Soldaten, der in die Gasse eingedrungen war: »Die Klagemauer! Ich sehe die Klagemauer!« Wenige Augenblicke später kam Generalmajor Schlomo Goren, der Oberrabbiner der israelischen Armee, in die Gasse. Laut und lange blies er einen Ton auf dem Schofar, dem rituellen Widderhorn. Das Schofar durfte eigentlich nur an den wichtigsten jüdischen Feiertagen erklingen.

König Hussein erfuhr über Stunden hin nicht, daß Jerusalem für

Jordanien, für Arabien verloren war. Er befand sich im Jordantal, um Verstärkung nach Jerusalem zu schicken. Das bestürzende Schauspiel der Niederlage, so sagte er, wird ihm für immer im Gedächtnis bleiben: »Die Straßen waren verstopft von Lastwagen, Jeeps, von allen möglichen Fahrzeugen, die verbogen, aufgerissen, zerschmettert waren. Ich roch den unverkennbaren Gestank von verbranntem Metall, Öl und Schwefel, der nach Detonationen in der Luft hängen bleibt. Und inmitten dieses Trümmerfelds schleppten sich Menschen dahin. Sie marschierten in Gruppen von dreißig und vierzig Mann. Verwundet und erschöpft versuchten sie, den grauenhaften Todesstößen auszuweichen, zu denen die Horden der israelischen Kampfflugzeuge aus blauem, wolkenlosem Himmel immer wieder ansetzten.« Hussein fand keinen einzigen Truppenverband, den er nach Jerusalem hätte auf den Weg bringen können.

Am Montag, dem 12. Juni 1967 – der Sechstagekrieg war auch an der syrischen Front vorüber –, traten die Soldaten der Einheit, die den Tempelberg besetzt hatte, auf der Plattform beim Felsendom in Paradeuniform an. Mordechai Gur sprach Worte, die erkennen ließen, daß sich am Vormittag des 7. Juni eine Veränderung von historischer Bedeutung vollzogen hatte, die – wenn der Wille der Israelis bestimmend bleibt – nie mehr rückgängig gemacht wird. Mordechai Gur sah diese Veränderung als Abschluß eines gewaltigen geschichtlichen Prozesses. Er sagte: »Eroberer von Jerusalem! Als die Griechen den Tempelberg erobert hatten, befreiten ihn die Makkabäer. Als der Zweite Tempel zerstört war, leistete Bar Kochba den Römern heldenhaften Widerstand. Zwei Jahrtausende lang hatte kein Jude den Tempelberg betreten dürfen. Aber dann seid ihr gekommen und habt den Tempelberg der jüdischen Nation wiedergegeben. Der Klagemauer gehört der Herzschlag eines jeden Juden. Sie ist wieder in unserer Hand. In langen Jahrhunderten der Geschichte haben unzählige Juden ihr Leben gewagt, um nach Jerusalem zu kommen, um hier leben zu können. In vielen Liedern ist die Sehnsucht der Juden nach dieser Stadt zum Ausdruck gekommen. Während des Befreiungskrieges sind gewaltige Anstrengungen gemacht worden, um der Nation ihr Herz, die Altstadt, die Klagemauer, wiederzugeben. Alle Anstrengungen waren vergebens gewesen. Ihr aber habt der Nation die Hauptstadt und den Mittelpunkt des Glaubens wieder in die Hand gegeben. Jerusalem gehört euch – für immer!«

Mosche Dayan, der Chef des Truppenkommandeurs Mordechai Gur, sagte Ähnliches: »Wir sind zu all dem zurückgekehrt, was heilig ist in unserem Land. Wir sind gekommen, um uns nie mehr davon zu trennen!«

David Ben Gurion aber, der die politische Verantwortung aus den Händen gegeben hatte, sprach in jenen Tagen des Siegestaumels warnende Worte: »Das ist noch nicht das Ende des Krieges. Eine solche Demütigung, eine solche Niederlage können die Araber nicht einstekken. Damit werden sie sich nie abfinden!«

Daß der Krieg nicht zu Ende ist, wissen die Verantwortlichen des Staates Israel. Sie sorgen vor, um gerüstet zu sein für die Auseinandersetzung der Zukunft. Mosche Dayan hat unmittelbar nach dem Ende des Krieges von 1967 dazu geraten, keine Rücksichten zu nehmen. Der Grundsatz müsse gelten: »Tatsachen schaffen!« Diskutieren und verhandeln könne man später immer noch.

Kein Zweifel konnte bestehen, daß die Häuser des jüdischen Viertels – sie waren von den Jordaniern seit 1948 meist als Trümmer und Slumbauten belassen worden – wiederaufgebaut und jüdischen Bewohnern übergeben wurden. 650 Familien mit rund 3000 Menschen leben heute dort. Viele der Synagogen sind wiederhergestellt. Auch die Hurva-Synagoge gehört dazu; das Gebäude ist in schlichtem, modernem Stil errichtet, unter Einbeziehung alter Mauerelemente.

Diskussionen entzündeten sich um Neubauprojekte in den Außenbezirken der Stadt. Drei Großsiedlungen sind im Norden entstanden: Newe Jaakow, Ramot und Ramat Eschkol; im Süden liegen die Wohnblöcke Gilo und Ost-Talpiot. Ihre Bedeutung untersuchte der Direktor des Geographischen Instituts der Clark University in Massachusetts. Er beurteilt sie so: »Im Norden dominieren die neuen Wohnsiedlungen über Ramallah und dessen islamischer Schwesterstadt El-Bireh. Sie reichen drei Kilometer an diese arabischen Zentren heran und beherrschen dabei die gesamte Bergregion von Bethel. Die Ramotsiedlung dominiert eine Anzahl arabischer Dörfer nordwestlich von Jerusalem. Im Süden beherrschen neue israelische Vororte Bethlehem und die Hebroner Bergregion und damit einen wichtigen Teil von Judäa. Diese sich nach Norden und Süden fortsetzenden Vororte behaupten die israelische Präsenz in wichtigen arabischen Bevölkerungszentren.«

Abraham Rabinovich, Fachmann der »Jerusalem Post« für Archäologie und Baufragen, formuliert die Bedeutung der Siedlungen noch präziser: »Sie sind politisches Schwert und militärischer Schild.« Ebenfalls der »Jerusalem Post« ist zu entnehmen, die Siedlungen seien Teil der Strategie, das arabische Gebiet von Jerusalem zu umklammern. Diesem Zweck diene vor allem das Wohngebiet Maale Adumim, das an der Straße von Jerusalem nach Jericho liegt, an der Verbindungsroute zum Jordantal und zum Staat des Königs Hussein. Der israelische General Usi Narkiss, der Planer der erfolgreichen Altstadteroberung, nennt Maale Adumim den »militärischen Schlüssel zu Jerusalem«.

Trotz der Vorbereitung für kommende Konflikte flammte im Herbst des Jahres 1977 intensive, aber trügerische Hoffnung auf, vernünftige Köpfe könnten eine Verständigungsbasis finden zur Lösung des Jerusalemstreits. Der ägyptische Präsident Anwar As Sadat besuchte in mutigem Alleingang die Stadt der drei Religionen. Als Folge dieses Besuchs wandelte sich seine Position: Hatte Sadat zunächst in der Knesset davon gesprochen, daß die Altstadt von Jerusalem fester Bestandteil arabischen Territoriums sei, so äußerte er nach den Dialogen mit Menachem Begin die Erkenntnis, Jerusalem dürfe nicht wieder geteilt werden. Er gestand den Israelis schließlich sogar das Recht zu, Jerusalem als Hauptstadt ihres Staates zu betrachten. Sadat verlangte nur eine Garantie, daß der Heilige Bezirk um Felsendom und Al-Aqsa-Moschee seinen islamischen Charakter behalte. Eine derartige Zusicherung gab ihm Menachem Begin nicht. Sie widersprach seiner Überzeugung, der Tempelberg gehöre den Juden.

Mit Sadats Tod am 6. Oktober 1981 erlosch der Funke Hoffnung auf Verständigung. Der Präsident hatte zwar gesagt, die 800 Millionen Moslems auf der Erde, die mit heißem Herzen auf Jerusalem blickten, würden sein Entgegenkommen verstehen, da es dem Interesse der Heiligen Stadt diene, doch er hatte sich getäuscht. Sadat ist ermordet worden, weil ihm überzeugte Moslems den »Verrat am Islam, am Heiligtum Jerusalem« nicht verzeihen konnten.

Viele Moslems haben ein gutes Gedächtnis. Sie erinnern daran, daß Menachem Begin kurz nach der Eroberung der Altstadt durch israelische Truppen diesen Satz gesagt hat: »Ich hoffe, der Tempel der Juden möge schnell, in unseren Tagen, auf dem Tempelberg von Jerusalem wiederaufgebaut werden.«

Dieser Wiederaufbau würde Abbruch des Felsendoms und der Al-Aqsa-Moschee bedeuten.

Erobert Al Kuds Jerusalem!

Den Schlachtruf »Al Kuds ist unser Ziel« brüllen junge iranische Soldaten. Aus Zehntausenden von Kehlen ist der Schrei zu hören. Die Männer sind angetreten, um sich zu verpflichten, dem Befehl des Ayatollah
Ruholla Khomeini zu folgen. Er hat die Jugend des Iran aufgefordert, in
Allahs Namen »Al Kuds«, die Heilige Stadt, den Israelis zu entreißen.

Das Jahr 1987 begann mit der Offensive »Kerbela 5«. Das Ziel des
iranischen Vorstoßes war die Straße Basra – Baghdad. Auf ihr sollten
die Panzerkolonnen ins Innere des Irak dringen, um zunächst die Stadt
Kerbela zu erobern, die den Schiiten durch den Märtyrertod des Pro-
phetenenkels Husain heilig ist. »Erst Kerbela und dann Jerusalem!«
Dies ist der Kernsatz der strategischen Planung, die der iranischen
Offensive zu Grunde liegt. Gedacht ist daran, nach der erfolgreichen
Durchstoßung irakischer Verteidigungslinien die iranischen Massen in
den Libanon zu führen und dort zu sammeln. Fünftausend iranische
Kämpfer befinden sich bereits in der libanesischen Stadt Balbeck. Kho-
meini hat sie als Vorhut geschickt, um den Massenaufmarsch gegen
Israel vorzubereiten. In Balbeck werden die iranischen und libanesi-
schen Kämpfer geschult, die bereit sind, in der Schlacht um Jerusalem
den Märtyrertod zu sterben.

Die Offensive »Kerbela 5« hat durch ihre Wucht westliche Beobachter erschreckt. Entschlossenheit hatten die jungen Iraner in sechs Jahren Kriegsdauer immer bewiesen. Diesmal aber überraschten sie durch
Geschicklichkeit in der Handhabung moderner Waffen. Sie setzten ge-
konnt die Panzer-Abwehrrakete »Tow« ein, die über einen Draht ins
Ziel gelenkt wird. Diese Rakete war den Iranern in großer Zahl im
Spätherbst 1986 aus den USA geliefert worden. Diese Unterstützung
durch die amerikanische Regierung hatte die Offensive »Kerbela 5«
überhaupt erst möglich gemacht.

Unter hohen Verlusten an Panzern gelang es den irakischen Verteidigern schließlich, den Angriff zu stoppen. Doch der Geländegewinn der
Iraner war beträchtlich. Ende Januar 1987 verläuft die Front im
Iran – Irak-Krieg durch die Vororte von Basra, der zweitgrößten Stadt
von Irak. Damit ist der Ausgangspunkt geschaffen für künftige Kerbe-
la-Offensiven, denen das Endziel »Jerusalem« vorgegeben ist.

Khomeinis Tod wird nichts ändern. Fest eingepflanzt in die Herzen junger Schiiten ist die Überzeugung, daß es ihre historische Aufgabe ist, die Stadt zu erobern, die der Prophet Mohammed in der 17. Koransure geheiligt hat durch die Andeutung, er sei in einer Nacht von Medina nach Jerusalem und zurück gereist. Diese »Nachtreise«, so lautet die Überschrift der 17. Sure, gehört zur Überzeugung der Moslems. Die Gewißheit, Mohammed habe seinen Fuß auf die große Felsplatte gesetzt, die heute durch die Kuppel des Felsendoms gedeckt wird, ist den Schiiten Motivation für den Kampf um Jerusalem. Von dieser Felsplatte aus sei Mohammed in den Himmel aufgestiegen, um die Inspiration zum Islam und zum Koran zu empfangen – auch diese Überlieferung gehört zur Überzeugung der Moslems. Sie hat den Ayatolla Khomeini veranlaßt zu verkünden, Allah selbst verlange die Eroberung Jerusalems durch die Streiter des Islam.

Zu denen, die den iranischen Durchstoß in Richtung der Heiligen Stadt verhindern wollen, gehört der jordanische König Hussein. Er unterstützt die irakische Armee, indem er Waffen liefert und Ausbilder stellt. Hussein weiß, daß die Schiiten sich auch das Ziel gesetzt haben, alle Monarchen zu beseitigen, da der Prophet Mohammed nie die Absicht gehabt habe, die Gläubigen von Königen regieren zu lassen. In Kenntnis der Gefahr, in der er sich befindet, hat Hussein gehofft, das Jahr 1987 zum Jahr der Friedensinitiative im arabisch-israelischen Konflikt zu machen. Der Hintergedanke bei der Suche nach einer Lösung des Konflikts war, durch einen Frieden mit Israel den Rücken frei zu bekommen zur Abwehr der schiitischen Gefahr. Der Führung des jüdischen Staates sollte deutlich gemacht werden, daß die Khomeinianhänger im Iran und im Libanon die eigentlichen Gegner Israels sind und nicht die Palästinenser, Jordanier und Ägypter. »Die jüdische Präsenz in Jerusalem«, so sagte der König deutlich, »wird am stärksten und am eindeutigsten von den Schiiten bedroht, die sich auf keinerlei Kompromiß einlassen werden in der Frage, wer in der Heiligen Stadt zuständig sein soll«. Mit dem Argument »auch die Israeli sitzen im selben Boot« wollte der jordanische Monarch die Führung des Staates Israel gewinnen, sich in die Abwehrfront gegen die Gefahr aus Iran einzugliedern. Eine derartige Solidarisierung Israels mit Jordanien, Ägypten – und letztlich auch mit der PLO – wäre nur möglich gewesen, wenn das politische Gewicht der Vereinigten Staaten diese Lösung durchgedrückt hätte.

Von der amerikanischen Diplomatie erwartete Hussein, daß sie die israelische Regierung zum Einlenken im Streit um Jerusalem bewegen könnte. Präzise gesagt: In der Auseinandersetzung um die Heilige Stadt war der König der Meinung, Ronald Reagan könne Israel zur

Freigabe des Ostteils, des arabischen Teils der Stadt, bewegen. Reagan habe dazu jetzt die Möglichkeit, weil er während der letzten zwei Jahre seiner Amtszeit keine Rücksicht zu nehmen brauche auf jüdische Wählerstimmen, denn schließlich stehe er ja nicht mehr zur Wahl an.

Die Affäre um die Waffenlieferung an Iran aber hat diese Hoffnung des Königs Hussein zerstört. Der amerikanische Präsident wird sich hüten, eine Initiative zu ergreifen, die im eigenen Staat umstritten sein und damit neue Kontroversen auslösen wird. Ronald Reagan, darin sind sich König Hussein und der ägyptische Staatschef Mubarak einig, wird sein noch verbleibendes Ansehen nicht durch gewagte, risikoreiche diplomatische Aktionen aufs Spiel setzen.

So ist das Ergebnis der Lieferung amerikanischer Waffen an Iran nicht nur eine höhere Schlagkraft der iranischen Armee und die Stärkung ihrer Möglichkeit, tatsächlich Jerusalem zu erreichen, sondern auch die Schwächung der Friedensabsichten im arabisch-israelischen Konflikt. Die Konsequenz ist die Radikalisierung des Streits, da diejenigen Kräfte Arabiens sich ermutigt fühlen, die eine friedliche Lösung der Auseinandersetzung um die Heilige Stadt nie gewollt haben. Zu befürchten ist, daß die Radikalisierung auch Jerusalem selbst erfaßt. Spürbar ist bereits Unruhe der islamischen Bevölkerung. Der Argwohn gegen die Israelis verstärkt sich. Fanatische Demonstranten schüren Haß. Der Ausbruch der offenen Feindseligkeit ist nicht zu verhindern. Im Rückblick wird alles als harmlos gelten, was zwischen 1982 und 1987 in der Stadt geschehen ist.

Karten

Der Nahe Osten

Siedlungsgebiete der israelitischen Stämme

Das Reich Davids

MITTELMEER

Byblos

ZOBA

Sidon

PHÖNIZIEN

Damaskus

Tyrus

Abel ○ Dan

MAACHA

Akko Kinneret (Genezareth)

Afek Aschtarot

Megiddo

Ramot–Gilead

ISRAEL

Sichem

Jafo

Rabbat–Ammon

AMMON

Beth–El

Jerusalem

Aschdod

Medeba

Aschkelon

PHILISTER

Hebron

Gaza

JUDA

Beerscheba

MOAB

Kir Heres

Zoar

Bozra

Kadesch–Barnea

EDOM

Eilath

0   50   100

km

Jerusalem zur Zeit Salomos

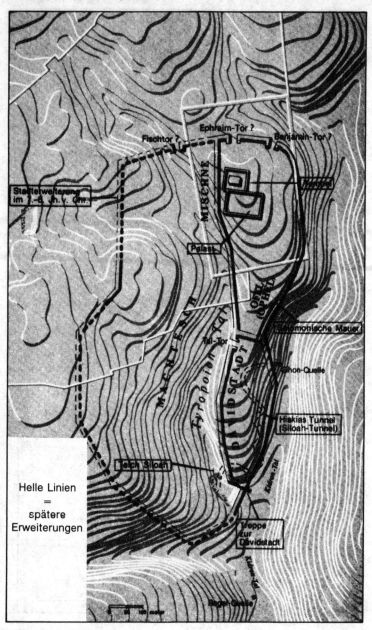

Ephraim-Tor ?

Fischtor ?

Benjamin-Tor ?

MISCHNE

Stadterweiterung
im 7.-6. Jh. v. Chr.

Palast

OPHEL

Salomonische Mauer

Tal-Tor

Gihon-Quelle

Hiskias Tunnel
(Siloah-Tunnel)

Teich Siloah

DAVIDSTADT

Treppe
zur
Davidstadt

MACHTESCH

Zyropoion-Tal

Helle Linien
=
spätere
Erweiterungen

Rogel-Quelle

Jerusalem zur Zeit Herodes des Großen

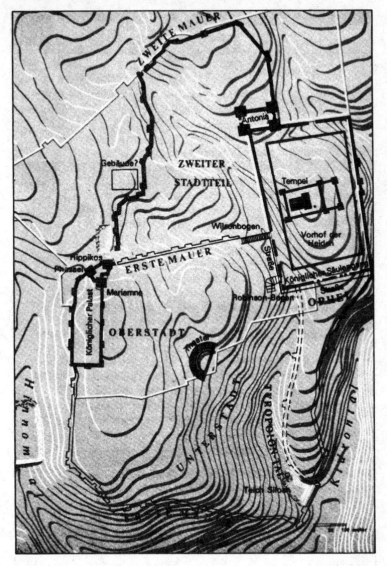

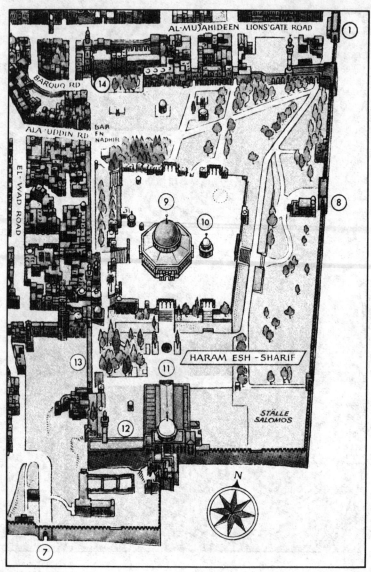

Legenden zu den Karten auf den Seiten 484 und 486/487
(Ausschnitt)

1 St.-Stephans-Tor (Löwentor)
2 Herodes-Tor
3 Damaskus-Tor
4 Neues Tor
5 Jaffa-Tor
6 Zions-Tor
7 Dung-Tor
8 Goldenes Tor
9 Felsendom
10 Kettendom
11 Al-Aqsa-Moschee
12 Museum islamischer Kunst
13 Klagemauer
14 Antonia-Festung
51 Gethsemane mit Kirche aller
Nationen
52 Grabeskirche der Maria u.
Grotte von Gethsemane
53 Maria-Magdalenen-Kirche
54 Viri Galilaei
55 Himmelfahrtskapelle
56 Russisches Kloster
57 Paternoster-Kirche
58 Dominus Flevit
59 Propheten-Gräber
60 Felsengräber:
A Grab Absaloms
B Grab des heiligen Jakobus
C Grab des Zacharias
61 Quelle der Jungfrau Maria
62 Teich Siloah
63 St. Peter in Gallicantu
64 Dormitioabtei
64a Davidsgrab u. Coenaculum
65 Dormitio Sanctae Mariae

66 Kirche von Schottland
St. Andrew's
67 Montefiores Windmühle
Sultansteich
68 Grab der Herodes-Familie
69 King-David-Hotel
70 Pontifizial-Biblisches Institut
71 Y·M·C·A mit Jesusturm
72 Schwestern des Rosenkranzes
73 Löwenhöhle
74 Hejchal Shlomo
(Oberrabbinat)
75 Yeshurum-Synagoge
76 Künstlerhaus
77 Felsengrab Jasons
78 Kreuzkloster
79 Knesset u. Menorah
80 Israel-Museum mit
Schrein des Buches
81 Allenby-Denkmal
82 Davidka-Denkmal
83 Äthiopisch-orth. Kirche
84 Ministerium u. Museum
für Agrikultur
85 Russisch-orth. Kirche
86 Notre Dame de France
87 Gartengrab (Christi Grab
nach Gordon)
88 St.-Stefans-Kirche
89 St.-Georgs-Kirche
90 Mandelbaum-Tor (1948–1967)
91 Königsgräber
92 Synedriumgräber
93 Grab des Simon Hatzadik
94 Archäologisches Museum

Jerusalem heute

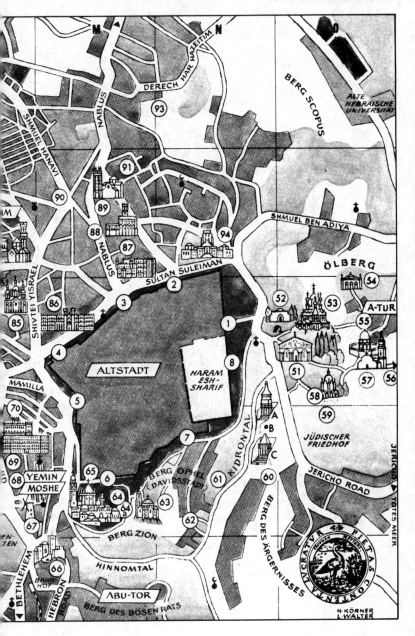

487

Jerusalem zur Zeitenwende

A = Der von König Herodes d. Gr. erbaute Tempel
B = Vorhof der Heiden
C = Die Burg Antonia
D = Hippodrom
E = Theater
F = Viadukt zwischen Tempel und Königspalast
G = Palast
H = Ölberg

Die Umgebung von Jerusalem

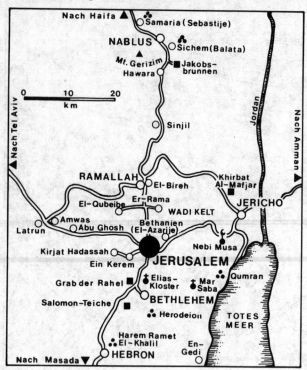

Nach Haifa

Samaria (Sebastije)

NABLUS

Sichem (Balata)

Mt. Gerizim
Hawara

Jakobs-
brunnen

0   10   20
km

Sinjil

Jordan

Nach Tel Aviv

Nach Amman

RAMALLAH

El-Bireh

Khirbat
Al-Mafjar

Er-Rama

JERICHO

El-Qubeibe

WADI KELT

Amwas

Abu Ghosh

Bethanien
(El-Azarije)

Latrun

Kirjat Hadassah

Nebi Musa

JERUSALEM

Ein Kerem

Elias-
Kloster

Mar
Saba

Qumran

Grab der Rahel

BETHLEHEM

Salomon-Teiche

Herodeion

**TOTES
MEER**

Harem Ramet
El-Khalil

En-
Gedi

Nach Masada

HEBRON

Die wichtigsten Daten zur Geschichte Jerusalems

v. Chr.	**Die Zeit der Erzväter**
4. Jtsd.	Zeitweilige Besiedlung des Hügels über der Gihonquelle
nach 1950	Ausgelöst durch Machtverfall der Könige (der Dritten Dynastie) von Urwanderbewegung verschiedener Stämme in Richtung Westen
nach 1900	Die Sippe Abrahams zieht nach Kanaan (Patriarchen: Abraham, Isaak, Jakob, Joseph)
	Terrassenaufschüttungen über der Gihonquelle
ca. 19. Jh.	Erwähnung Jerusalems in den ›Ächtungstexten‹ und anderen ägyptischen Schriften
ca. 18. Jh.	Jerusalem wird ummauert
ca. 1792–1750	Hammurabi, König von Babylon, schafft ein neues Kräfteverhältnis im Nahen Osten und erläßt Gesetze, die für andere Völker und Herrscher beispielhaft werden.
ca. 1750	Joseph in Ägypten
ca. 1750–1550	**Hyksoszeit**
ca. 1552–1070	**Kanaan unter ägyptischer Herrschaft**
	(Neues Reich in Ägypten)
ca. 1468	Thutmosis III. siegt in der Schlacht von Megiddo und dehnt seine Herrschaft bis zum Euphrat aus. Ägypten wird zur Großmacht
14. Jh.	Korrespondenz der kanaanäischen Herrscher mit dem Pharaonenhof in Amarna (Achetaton). Amenophis IV. nennt sich Echnaton und erhebt die Sonne zum einzigen Gott. Unter Tutanchamun Restauration der früheren Religion und Ordnung
nach 1250	Exodus: Auszug der Israeliten aus Ägypten unter der Führung Moses
nach 1230	Ansiedlung der Hebräer unter Josua im Westjordanland
1200–1025	**Richterzeit**
ca. 1200	Zerfall des Hethiterreichs. Kräfteverschiebung und Wanderbewegungen im Vorderen Orient
ca. 1190	Philister siedeln in Kanaan

1025–587	Königsherrschaft
1025–1006	Saul, König von Israel. Sieg über die Philister
1006–968	David, König von Juda, erobert Jerusalem und herrscht über das vereinte Königreich Israel
968–928	Salomo, König von Israel. Tempelbau in Jerusalem
928	Reichsteilung: in ein Nordreich = Israel (Kg. Jerobeam I.) und ein Südreich = Juda (Kg. Rehabeam)
868–851	Joraphat, König von Juda. Verwaltungsreform, welche die Stellung Jerusalems stärkt; es wird Sitz des Obersten Gerichts
836–799	Joas, König von Juda. Ausbesserungsarbeiten am Tempel
726–697	Hiskia, König von Juda. Läßt einen Wassertunnel durch den Berg von der Gihonquelle zum Teich Siloah graben. 701 Abwehr eines persischen Angriffs
639–609	Josia, König von Juda. Erneuerung des Alten Bundes. Wiedervereinigung der Kernlande des Davidreiches
598	Eroberung Jerusalems durch die Babylonier
587	Zerstörung Jerusalems und des Tempels auf Befehl Nebukadnezars. Verschleppung der jüdischen Oberschicht ins babylonische Exil
539	Einnahme Babylons durch die Perser
538	Edikt Kyros' II.: Tolerierung der Religionen unterworfener Völker. Erlaubnis zur Rückkehr der Juden in ihre Heimat

537–332	Perserzeit
537	Beginn des Wiederaufbaus in Jerusalem
515	Vollendung des Zweiten Tempels
445	Nehemia kommt aus Babylon und wird Statthalter. Baut die Mauern wieder auf
452	Der Schriftgelehrte Esra kommt aus Babylon und forciert den Wiederaufbau. Religionsgesetze

332–152	Epoche des Hellenismus
332	Eingliederung ins Reich Alexanders d. Gr.
312–198	Herrschaft der Ptolemäer über Judäa
198–(167) 152	Herrschaft der Seleukiden über Judäa
169	Antiochos IV. Epiphanes (175–163) plündert den Tempel

167–63 u. 40–37	Kriege und Herrschaft der Makkabäer/Hasmonäer
167	Beginn der Befreiungskriege unter Mattatias und seinen Söhnen
166–160	Judas Makkabäus. Wiedereroberung des Tempelberges und neue Weihung des Tempels (164)
160–143	Jonathan. Hoherpriester (ab 152) und ›Strategos Judaeae‹ (Vereinigung von weltlicher und geistlicher Macht)

143–135	Simon, seit 141 unabhängiger Herrscher, auch von Rom anerkannt, gründet die Dynastie der Hasmonäer
134–104	Hyrkanos I., Hoherpriester und Ethnarch
104–103	Aristobulos I.
103–76	Alexander Jannaios. Entstehung starker religiöser Gruppierungen (Pharisäer, Sadduzäer, Essener)
76–67	Salome Alexandra
67–63	Nach einem blutigen Bruderkrieg mit Hyrkanos regiert der jüngere Aristobulos II. allein. Eingreifen der Römer

63 v. Chr.– 324 n. Chr.	Zugehörigkeit zum Imperium Romanum
63	Pompejus erobert Jerusalem
63–40	Hyrkanos II. Julius Caesar zwingt ihm den Idumäer Antipater als Verwalter auf
40–37	Mattatias Antigonus. Mit Unterstützung der Parther vertreibt der letzte Hasmonäerkönig die Römer
37–4	Herodes d. Gr. Von Rom als König anerkannt. Rege Bautätigkeit (Befestigungsanlagen mit Türmen, Antonia, Königspalast). Tempelneubau. Jerusalem erlebt seine glanzvollste Zeit

n. Chr.

4 v. Chr.– 6 n. Chr.	Archelaos
6	Judäa wird röm. Provinz. Volkszählung unter Quirinius
26–36	Pontius Pilatus als römischer Prokurator in Judäa. Um 30 Kreuzigung Jesu
41–44	Agrippa, König von Judäa. Baut eine neue (dritte) Stadtmauer
66–70	Revolte und Krieg gegen die Römer
70	Fall Jerusalems und Zerstörung des Tempels durch Titus
132–135	Freiheitskampf unter der Führung Bar Kochbas, des Fürsten von Israel. Jerusalem wird wieder jüdische Hauptstadt
135	Kaiser Hadrian zerstört Jerusalem vollständig und läßt die Stadt Aelia Capitolina errichten

324–638	Byzantinische Epoche
326	Kaiserin Helena, die Mutter Kaiser Konstantins, besucht Jerusalem und veranlaßt den Bau mehrerer Kirchen (z. B. Kirche des Heiligen Grabes)
614	Eroberung Jerusalems durch die Perser
629	Rückeroberung durch die Byzantiner

638–1099	Zeit der Mohammedaner
638	Kalif Omar übernimmt Jerusalem
692	Vollendung des Felsendoms

1099–1187 u.	Die Kreuzfahrer und ihr Königreich
1229–1244	
1099	Eroberung Jerusalems durch die christlichen Heere. Massaker
1100	Ausrufung des Christlichen Königreichs Jerusalem durch Balduin von Bouillon
1149	Sieg Nur ed-Dins über ein christliches Heer
1187	Saladdin schlägt die Christen bei Hattin. Jerusalem wird wieder mohammedanisch
1229	Friedrich II., deutscher Kaiser (im Kirchenbann), erhält durch Vertrag mit Sultan Malik al-Khamil Jerusalem, Bethlehem und Nazareth sowie Verbindungsstraßen zum lateinischen Küstenrest. Friedrich zieht am 27. März in Jerusalem ein und setzt sich selbst die Krone aufs Haupt
1244	Eroberung Jerusalems durch Truppen des Sultans von Ägypten

1257–1517	Unter der Herrschaft der Mamluken
1267	Rabbi Mosche Ben Nachman kommt aus Spanien und errichtet in Jerusalem eine Synagoge

1517–1917	Unter osmanischer (türkischer) Herrschaft
1517	Die Ottomanen erobern Jerusalem
1538–1540	Sultan Suleiman I. läßt die Stadtmauer neu aufbauen
1700	Bau der Hurva-Synagoge
1860	Juden siedeln außerhalb der Stadtmauern
1898	Besuch von Theodor Herzl, dem Gründer der Zionistischen Bewegung

1917–1948	Unter britischer Herrschaft
1917	Eroberung durch die Engländer. General Allenby in Jerusalem
1920	Sir Herbert Samuel britischer Hochkommissar
1947	Resolution der Vereinten Nationen: Teilung Palästinas in einen arabischen und einen jüdischen Staat

1948–1967	Jerusalem als geteilte Stadt
14. 5. 1948	Proklamation des Staates Israel. Von diesem Tag
bis Jan. 1949	Israels Unabhängigkeitskrieg
April 1949	Waffenstillstandsvertrag zwischen Israel und Transjordanien. Teilung Jerusalems
13. 12. 1949	Die Neustadt Jerusalems wird zur Hauptstadt des Staates Israel erklärt
Juni 1967	Sechstagekrieg
7. 6. 1967	Israelische Truppen erobern die Altstadt. Jerusalem wird wiedervereinigt

Register

Aaron, Bruder des Mose 116f., 211, 219
Abbas, Kalifenfamilie 359, 364
Abbas, Abul, abbass. Heerführer 359
Abdi-Hepa, König v. Jerusalem 22f.
Abdullah, König v. Transjordanien 435ff., 442, 448, 450, 454f., 458ff., 462f.
Abraham (Abram), bibl. Gestalt 33–41, 43f., 48, 144, 156, 171, 185, 338, 352
Absalom, Sohn Davids 87–91, 121
Adam, bibl. Gestalt 338
Adelheid, Gräfin v. Salona u. Sizilien, Gem. König Balduins I. v. Jerusalem 382f.
Adonia, Sohn Davids 92
Adonizedek, König v. Jerusalem 55–58
Afdal, Sohn Saladdins 387
Ahas, König v. Juda 123, 126ff., 133, 138
Ahasja, König v. Juda 123
Akiba, Rabbi 323–326, 330f.
Alexander, Sohn Aristobulos' II. u. Vater der Herodesgem. Mariamme 231f.
Alexander, Sohn des Simon aus Cyrene 285
Alexander III., d. Gr., König v. Makedonien 188ff., 204, 233, 266
Alexander Jannaios (Alexander Jannai), König v. Judäa u. Hoherpriester, Sohn von Hyrkanos I. 220–223, 236
Alexandra, Gem. König Alexander Jannaios' u. später Herrscherin über Judäa 221, 223
Allenby, Edmund, engl. General 424ff.
Amazja, König v. Juda 123
Amel-Marduk, babyl. König 173
Ammon, Sohn Davids 87
Amon, König v. Juda 146
Amos, Prophet 140f.
Antigonos, Sohn Aristobulos' II. u. König v. Judäa 244–248, 251
Antiochos IV. (Epiphanes), Seleukidenkönig 197–201, 204, 206, 209

Antiochos V., Seleukidenkönig 209ff.
Antiochos VI., Seleukidenkönig 213
Antipas, Großvater Herodes' d. Gr. u. Statthalter in Idumäa 236
Antipater, Vater Herodes' d. Gr. u. Statthalter v. Judäa 233f., 236, 238, 240ff., 246
Antipater, Sohn Herodes' d. Gr. 273
Aristobulos II., Hoherpriester u. König v. Judäa, Sohn v. Alexander Jannaios u. Alexandra 223f., 226f., 231–234, 237ff., 244
Asa, König v. Juda, Sohn v. Rehabeam u. Maacha 121
Asarhaddon, assyr. König 143
Asarja, Prophet 121
Assurbanipal, assyr. König 143f., 146
Ataxerxes I., pers. Großkönig 180f., 183
Augustus, Julius Caesar Octavianus, röm. Kaiser 247, 267f., 270f., 273, 275

Bajezid II., osman. Sultan 409
Balduin I. (Graf v. Boulogne u. Bruder Gottfrieds v. Bouillon), Graf v. Edessa u. König v. Jerusalem 379, 381f.
Balfour, Arthur James Earl of, brit. Staatsmann 430
Balian v. Ibelin, Herr v. Ramla, Oberbefehlshaber v. Jerusalem 390
Barabbas, jüd. Partisan 280
Bar Kochba, Simeon (Bar Kosiba), Fürst v. Israel 324–332, 334, 340, 473
Bathseba, Gattin des Uria, Geliebte Davids u. Mutter König Salomos 79, 83
Begin, Menachem, israel. Ministerpräsident 11f., 429ff., 434, 448f., 452, 454ff., 475
Belsazar, babyl. König 173
Ben-Dov, Meir, israel. Archäologe 11
Ben Giora, Simon, jüd. Revolutionär 304ff., 308, 311, 313f., 323

495

Quellennachweis

Die Datierung der jüdischen Frühgeschichte richtet sich nach Yohanan Aharoni/Michael Avi-Yonah: Der Bibel-Atlas. Die Geschichte des Heiligen Landes 3000 Jahre vor Christus bis 200 Jahre nach Christus. Hamburg 1982.
Die Schreibung der Namen folgt der im Deutschen gebräuchlichsten Form.

Die Karten auf den Seiten 479–481 und 490 wurden von Herrn Alfred Skowronski gezeichnet. Die Grundrisse auf Seite 482 und 483 stammen aus Yohanan Aharoni/Michael Avi-Yonah: Der Bibel-Atlas. Hamburg 1982, Seite 74 und 139. Der Plan von Jerusalem vor der Zeitenwende ist ein Ausschnitt aus einer Zeichnung von Victor A. Lazzaro, in: Völker, Herrscher und Propheten. Die Menschen der Bibel – ihr Leben, ihre Zeit. Stuttgart/Zürich/Wien 1979, Seite 364/365; mit freundlicher Genehmigung des Verlags »Das Beste«, Stuttgart. Die Pläne von dem Tempel-Areal und der Stadt Jerusalem heute auf den Seiten 484–487 sind dem Merian-Heft (12/1973) »Jerusalem« entnommen, Skizzen von Hilda Körner und Lothar Walter.

Das Register wurde zusammengestellt von Astrid La Cognata.

Gerhard Konzelmann

Der Nil

Heiliger Strom unter Sonnenbarke, Kreuz und Halbmond.
504 Seiten, gebunden

Jerusalem

4000 Jahre Kampf um eine heilige Stadt.
496 Seiten, gebunden

Der Jordan

Ur-Strom zwischen Heil und Haß.
504 Seiten, gebunden

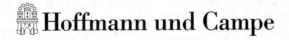 Hoffmann und Campe

Gerhard Konzelmann
im dtv

Der Nil
Heiliger Strom unter Sonnenbarke,
Kreuz und Halbmond

Die bewegte Geschichte der Länder
am Nil von den Pharaonen bis zu
Mubarak und den westpolitischen
Machtblöcken der Gegenwart –
geschrieben von dem exzellenten
Nahostkenner Gerhard
Konzelmann. Er macht die politi-
sche Brisanz vielfältiger kultureller
Brüche aus rund 5000 Jahren
deutlich. dtv 10432

Jerusalem
4000 Jahre Kampf um eine
heilige Stadt

Konzelmann erzählt detailliert und
kenntnisreich die viertausend-
jährige Geschichte dieser Stadt,
die sowohl für Juden wie für
Mohammedaner und Christen die
»heilige Stadt« ist. Ein wichtiges
Buch für jeden, der den Ursprün-
gen des unversöhnlichen Streites
um Jerusalem nachgehen möchte.
dtv 10738

Der unheilige Krieg
Krisenherde im Nahen Osten

Ein Versuch, das für den westlichen
Beobachter schier unentwirrbare
Knäuel verschiedener Einflüsse
und Strömungen im libanesischen
Bürgerkrieg zu entwirren und
durch geschichtliche Rückblicke
die Ursachen des Konflikts auf-
zudecken. dtv 10846

Die islamische Herausforderung

Der Ruf »Allah ist über allem!«
hat eine ungeheure Aufbruchstim-
mung unter allen Völkern des Islams
bewirkt, die die Rettung der Welt
zum Ziel hat. Der allumfassende
Anspruch und die Kompromiß-
losigkeit dieser Religion geben
der neuen islamischen Bewegung
ihre Kraft. Konzelmann vermittelt
das Wissen, das zum Verständnis
der islamischen Revolution nötig
ist, mit der das Abendland sich die
nächsten Jahrzehnte wird auseinandersetzen müssen.
dtv 10873